개정판

거버넌스의 이해

김석준 · 강인호 · 김정렬 · 최태현 · 강제상
문병기 · 이종열 · 이재호 · 윤태범 · 최병대
박흥식 · 조경훈 · 김지혜 · 채원호

도서출판 대영문화사

개정판 머•리•말

초판이 발행된 뒤 20여년 만에 전면 개정판을 내놓게 되었다. 이 책이 발간된 이후 전국의 행정학도들과 사회과학도들이 꾸준히 관심을 가진 덕분에 지금 사회과학계에서는 거버넌스라는 주제가 익숙해지고 분과학회와 분과학문으로까지 자리잡게 되어 이 책의 공저자들은 큰 보람으로 느낀다.

지난 20여년 동안 거버넌스에 관해 많은 연구들이 축적되었다. 특히 21세기 초반을 넘어 4차 산업혁명이 전 세계적으로 전개되면서 우리나라도 이것을 성공적으로 추진하기 위한 새로운 거버넌스에 대한 관심이 크게 높아졌다. 21세기 메타버스(metaverse)와 4차 산업혁명 시대를 맞아 국가간의 경쟁은 더욱 치열해지고 국가는 시민사회나 시장과의 관계뿐만 아니라 세계체제 내의 세계국가나 세계시장 및 글로벌 시민사회와의 관계가 더욱 중요하게 되었다. 특히 20세기까지는 개별 국가들이 자본주의 산업화와 민주화를 중심으로 경쟁하여 왔으나, 21세기로 접어들면서 지식정보화와 4차 산업혁명이라는 자본주의의 새로운 시대로 전환하면서 현실 세계에서의 활동뿐만이 아니라 가상공간인 메타버스와 사이버 세계에서의 활동이 더욱 중요하게 되었다.

세계화와 정보화 및 4차 산업혁명은 국민국가의 역할을 변화시키고 국가 개입의 내용과 정도를 새롭게 규정할 것을 요구하고 있다. 4차 산업혁명은 첨단 정보통신기술이 경제 · 사회 전반에 융합되어 혁신적인 변화가 나타나는 산업혁명이다. 인공지능(AI), 사물인터넷(IoT), 클라우드 컴퓨팅, 빅데이터, 모바일 등 지능 정보기술이 기존 산업과 서비스에 융합되거나 3D 프린팅, 로봇공학, 생명공학, 나노기술 등 여러 분야의 신기술과 결합되어 현실세계 모든 제품 · 서비스를 네트워크로 연결하고 사물을 지능화한다. 이러한 4차 산업혁명은 초연결성(hyperconnectivity)과 초지능성(super-intelligence)을 특징으로 하기 때문에 과거 1~3차 산업혁명에 비해 더 넓은 범위(scope)에 더 빠른 속도(velocity)로 더 크게 영향(impact)을 준다.

개정판에서는 이처럼 21세기 초에 달라진 4차 산업혁명과 메타버스 시대에 걸맞는 거버넌스는 어떤 모습인지에 대한 논의를 추가해 '제4부 4차 산업혁명과 디지털·사이버 거버넌스'를 추가했다. 구체적으로 보면, 서울대 최태현 교수는 '제4장 거버넌스와 리더십'을, 방송대 조경훈 교수는 '제12장 4차 산업혁명과 거버넌스'를, 서울미디어대학원대학교 김석준 총장과 김지혜 선생은 '제13장 한국의 거버넌스와 디지털·사이버 거버넌스'를, 가톨릭대 채원호 교수는 '제14장 지속가능발전과 거버넌스'를 각각 새로 집필했다. 이 외에 문병기 교수, 최병대 교수, 채원호 교수는 기존의 내용을 보완했고, 다른 교수들은 초판의 내용을 그대로 유지했다. 개정판에 새로 참여해 수고해주신 공저자 여러 분들께도 감사드린다.

특히 4차 산업혁명에 따라 새로운 거버넌스의 내용을 보완하여 독자들에게 이 책의 질적인 수준을 유지해야 한다는 사명감으로 본 개정판 출간을 독려해주신 대영문화사 임춘환 사장님과 임현준 부장님 등 임직원 여러분께 충심으로 감사드린다. 이 책이 거버넌스를 연구하고 학습하는 모든 분들께 조금이라도 도움이 되고 이 분야 연구자나 실무자들의 논의에 참고가 되었으면 하는 바람이다.

2023년 1월
저자를 대표하여
김석준 씀

초판 머·리·말

지난 수년간 행정학이나 정치학 분야에서, 거버넌스에 대한 논의가 국내외에서 활발하게 진행되고 있지만 아직도 이에 관한 체계적인 정리나 소개가 이루어지지 못한 편이다. 학생들은 물론 이 분야의 연구자들 사이에도 거버넌스의 개념과 이론들을 서로 다양하게 사용하여 어떤 의미에서는 초기의 논의보다 더 이론적으로 혼란스러운 점도 없지 않다. 지난 2000년 『뉴 거버넌스 연구』가 간행되고, 2001년 『뉴 거버넌스와 사이버 거버넌스 연구』가 여러 학자들의 공동 작업의 결과로 발간되어 그 혼란이 어느 정도 정리되었다. 하지만 아직도 거버넌스에 대한 바른 이해를 위해 이 분야를 연구해 온 연구자들이 공동으로 노력해야 할 필요성에 여러분들이 공감하면서 이 책의 작업이 시작되었다.

이 책은 거버넌스에 관한 기존의 두 책의 연속 연구물로 기획 · 출간되었다. 앞의 두 책이 거버넌스에 대한 다양한 이론들을 정리소개하거나, 이를 구체적인 사례에 적용하는 것에 초점을 둔 반면, 이 책은 기존 행정학의 이론들과 새롭게 제기되고 있는 거버넌스의 이론을 접목하여 '행정학에서 본 거버넌스 이론'을 정리 · 소개하는 데 치중하고자 했다. 이미 행정학 자체의 내용이 새롭게 바뀌어야 한다는 문제 제기가 활발하게 있어 왔기에 이를 고려하여 이 책의 내용과 필자를 선정했다.

이 책의 주요 내용은 3부 10장으로 나뉜다. 제1부에서는 거버넌스의 이론적 접근으로 거버넌스의 개념과 이론 유형, 행정윤리와 가치 및 정책 이념과의 관계를 다루었다. 구체적으로 제1장은 '거버넌스의 개념과 이론 유형,' 제2장은 '거버넌스와 행정윤리 및 가치,' 제3장은 '거버넌스와 정책 이념'을 논의했다. 제2부에서는 '거버넌스의 행정관리적 조명'으로 거버넌스와 행정관리, 재무관리 및 도시관리와의 관계를 다루었다. 장별로는 제4장이 '거버넌스와 행정관리,' 제5장이 '거버넌스와 재무관리,' 제6장이 '도시 거버넌스의 이론과 적용' 등이다. 제3부에서는 거버넌스와 부패 문제, 시민참여, 정보 공유 및 정책분석의 관계를 설명했다. 제7장은 '거버넌스와 부패 문제의 인식,' 제8장은 '거버넌스와 시민 참여,' 제9장은 '거버넌스와 정보 공유,' 제10장은 '거버넌스와 참여형 정책분석'을 다루고 있다.

이 책이 기획된 이후 출간되기까지 지난 1년 여간 많은 분들의 노고가 있었다. 먼저, 공동 저자로 참여한 조선대 강인호 교수, 대구대 김정렬 교수, 경희대 강제상 교수, 한남대 문병기 교수, 경일대 이종열 · 이재호 교수, 충남대 윤태범 교수, 한양대 최병대 교수, 중앙대 박흥식 교수, 영남대 채원호 교수의 노고에 감사드린다. 몇몇 분들은 원고를 제출한 이후 출간되기까지 1년이나 기다렸고, 일부는 여러 가지로 바쁜 일정 때문에 도저히 집필이 어려운 데에도 다른 일들을 뒤로 미루어 희생을 치르면서까지 이 일에 몰두하여 참여했다. 당초 몇 분들이 더 참여하기로 했으나 기존 행정학 분과 이론과 거버넌스의 이론을 연결하는 일이 너무나 어려워 마지막 순간까지 노력했음에도 이번에는 함께 참여할 수 없었다. 다음 개정판에는 연구의 진전이 있어서 참여할 수 있기를 기대한다.

다음으로 이화여대 BK21 거버넌스 교육연구단의 연구교수와 박사연구원을 지내면서 이 책이 기획되고 출간되는 모든 과정을 맡아 전적으로 많은 수고를 한 한국방송통신대 이선우 교수, 경상대 김주찬 교수 그리고 이화여대 김정해 박사의 노고에 깊은 마음으로부터의 감사를 드린다. 특히 김정해 박사는 신학기에 이화여대 학부 과목 '조직구조와 설계'의 강의까지 맡아 매우 분주한 가운데에도 책의 출간 마지막 단계에 원고 교정, 편집, 찾아보기 등 모든 면에서 헌신적인 수고를 아끼지 않았다. 또한 김 박사를 도와 이화여대 대학원의 서민애 양은 원고 교정과 찾아보기 작업에 참여하여 많은 수고를 했다.

이 책이 출간되기까지 공동 저자들이 여러 차례 모여 함께 연구할 수 있는 기회를 만들고 지원해 준 이화여대 BK21 거버넌스 교육 · 연구단과 삼성경제연구소 및 (주) 삼성카드에도 감사드린다. 이 책이 나오기까지 출판 과정에서 많은 수고를 한 대영문화사 임춘환 사장님과 임직원 여러분께도 감사드린다.

이 책이 행정학 분야에 거버넌스 이론을 적용하고자 하는 이 분야의 전문가, 연구자, 공무원, 학생 등 여러분들에게 도움이 되었으면 하는 바람이다. 나아가 이 책이 한국 행정학을 거버넌스의 패러다임에서 새롭게 정립하는 데 조금이라도 도움이 되기를 희망한다. 공저자들과 이 분야 연구에 관심이 있는 분들을 중심으로 앞으로도 계속 거버넌스의 이론과 실천적 적용에 노력하고자 한다. 이 책의 내용에 대해 많은 독자들의 좋은 조언과 격려 있기를 기대한다.

2002년 10월

이화여대 첨단연구동 연구실에서 저자를 대표하여

김석준 씀

차 례

제 1 부 거버넌스의 이론적 접근

제2부 거버넌스의 행정관리론적 조명

제3부 거버넌스의 행정환경적 조명

제4부 4차 산업혁명과 디지털 · 사이버 거버넌스

제1부

거버넌스의 이론적 접근

제1장

거버넌스의 개념과 이론 유형

김석준

제1 절

서 론

1 문제의 제기와 연구 방법

거버넌스(governance)[1)]에 대한 연구가 사회과학 분야의 새로운 대안으로 제기된 것은 최근의 일이다. 1990년대 후반부터 기존의 국가나 시장 및 시민사회에 의한 국가경영에 많은 어려움이 발생하고 세계화와 정보화에 따라 세계 체제와 국민국가 간의 경계가 모호해지고, 국민국가 내에서도 국가의 쇠퇴와 더불어 국가, 시장, 시민사회 간의 경계가 허물어지는 경향이 커지고 이들 3자가 협력하여 공동체의 문제를 해결해야만 하는 경우가 증가하면서 거버넌스에 대한 관심이 새롭게 증대한 것이다.

한국의 경우에도 1960년대에서 1980년대에 걸친 개발 연대의 국가 경영의 틀이 1990년대 민주화 이후 무기력화하고 국가실패, 시장실패 그리고 시민사회마저 실패의 길로 접어들면서 21세기의 새로운 거버넌스에 관한 이론적실천적인 대안에 대한 관심이 높아지고 있다. 기존의 개발 체제의 붕괴는 급속하게 이루어졌지만 민주주의 이행을 거쳐 민주주의의 공고화는 미처 효과적으로 이루어지지 못해 '민주화 이후의 민주주의 위기(최장집, 2010)' 상태인만큼 새로운 거버넌스, 즉 한국에 적합한 뉴 거버넌스에 대한 필요성은 더욱 커지고 있다.

특히 21세기를 맞아 4차 산업혁명과 메타버스 시대의 개막, 해킹과 사이버전쟁 등 사이버범죄 증대는 거버넌스에서도 새로운 사이버・디지털 거버넌스의 필요성을 높이고 있다.

이에 이 연구에서는 한국 사회에 적합한 뉴 거버넌스의 틀을 모색하기 위한 전 단계로 거버넌스에 관한 국내외 최근 논의를 비판적으로 검토평가하고자 한다. 이를 위해 국내외 다양한 분야에서의 연구물에 대한 문헌연구의 방법을 주로 사용하도록 한다.

---

1) governance에 대한 용어는 협치(協治), 공치(共治), 국정관리(國政管理), 국가경영(國家經營), 치리(治理) 등으로 표현되고 있으나 어느 것도 당초의 개념을 잘 표현하지 못하여 이 글에서는 거버넌스로 표현하기로 한다.

2 거버넌스의 이론성 문제

거버넌스의 개념이 모호하고 혼란스러우며 그 내용도 이론이 갖추어야 할 조건을 충분히 지니지 못하고 있기 때문에 거버넌스 이론으로 부르는 데에는 많은 제약이 따른다. 그럼에도 이 개념과 분석틀이 행정학은 물론, 제도경제학, 국제관계학, 조직학, 발전이론, 정치학, 정책학, 사회학, 네오 마르크시스트 정치경제학 등과 같은 많은 학문 분야에서 이용되고 있고, 각 학회에서 집단적인 연구를 추진하고 이를 주제로 한 학술대회를 개최하고 있어서 조만간 과학적인 이론으로 정교하게 정립될 가능성이 매우 높다. 어떤 측면에서는 이러한 다양한 학문 분야에서의 경쟁적인 연구들이 도리어 거버넌스의 단일 이론화를 어렵게 하는 점이 있을 정도로 활발하게 이론이 형성 과정에 들어서고 있다. 이 때문에 이 장에서는 이론으로서의 엄격함이 부족함에도 이를 이론으로 간주하고 다루도록 한다.

거버넌스가 국가, 시장, 시민사회 및 국제 체제와의 관계 틀에 관한 것으로 이해할 때, 한국은 IMF 관리 체제하에 있으면서 국가실패와 시장실패를 겪고, 최근 시민사회의 실패 우려마저 제기되고 있는 만큼 새로운 거버넌스의 모색은 이론적으로나 실천적인 측면에서 중요한 의미를 지닌다. 한국형 뉴 거버넌스를 고색하는 일은 다양한 이론적인 자원의 검토와 더불어 그 틀의 적실성을 면밀하게 검토해야 하는 어려운 과정을 거쳐야 한다. 이를 위해 먼저 다양한 거버넌스의 이론의 주요 유형이 지니는 성격을 비교하고, 평가하고자 한다.

3 거버넌스 이론 분석의 세 가지 접근 이론

거버넌스의 개념과 이론은 다양하지만 접근 시각에 따라 국가 중심적 거버넌스, 시장 중심적 거버넌스 및 시민사회 중심적 거버넌스로 나눌 수 있다(문순홍 · 정규호, 2000: 9-12). 관리주의적 관점이 국가 중심적인 반면, 자본주의나 시장주의적 관점은 시장 중심적 거버넌스를 중시한다. 그리고 민주주의적 관점은 시민사회 중심적 거버넌스를 지향한다. 이는 국가, 시민사회 및 시장이 각각의 논리와 지배 질서에 따라 작동함을 보여 주는 것이다.

거버넌스는 환경의 변화에 따라 시장실패에서 국가실패로, 그리고 국가실패에서 새로운 통치 과정의 등장으로 이어지는 순환론적 반응으로 등장했다기보다는 관련 행위자들의 목적 지향적이고 의식적 능동적인 노력의 결과라도 볼 수 있다(Jessop, 1998). 따라서 거버넌스는 국가 중심의 조정 양식이 한계에 처한 상황에 국가와 시장 및 시민사회를 구성하는 주체들의 영향력 정도에 따라 실제로 다양한 모습으로 나타날 수 있다. 이는 개별 국가가 관료제의 전통이 강한 대륙계 국가냐, 아니면 시장과 시민사회가 강한 역사적인 기반 위에 수립된 관료제냐에 따라 주도적인 행위자의 위상이 달라질 수 있지만, 세계화와 정보화의 전 지구적인 지배는 그 변형의 가능성과 여지를 남겨 두고 있다.

거버넌스의 유형에 대해서는 로드스(Rhodes, 1996)의 여덟 가지 분류, 오스본과 개블러(Osborne & Gaebler, 1992)의 기업가적 정부의 거버넌스, 피터스(Peters, 1997)의 네 가지 거버넌스 유형이 대표적이다. 이 장에서는 이들을 중심으로 국가 중심 이론, 시민사회 중심 이론 및 시장 중심 이론이라는 세 가지로 분류하여 각각의 거버넌스의 성격을 규명하도록 한다. 개괄적으로 보면 먼저 로드스(Rhodes, 1996)는 거버넌스를 최소국가론(the minimal state), 법인 거버넌스(corporate governance), 신공공관리론(new public management: NPM), 좋은 거버넌스(good governance), 사회적 사이버네틱 체제(socio-cybernetic system), 자기 조직적 네트워크(self-organising network)라는 여섯 가지로 분류했다. 그리고 피터스는 시장모형, 참여모형, 신축모형 및 탈규제모형이라는 네 가지로 유형화하고 있다.

이들 가운데 첫째 국가 중심 이론에 가까운 것은 최소국가론, 좋은 거버넌스, 신축모형 및 탈규제모형, 그리고 오스본(David Osborne)과 개블러(Ted Gaebler)의 기업가적 정부의 거버넌스 등이다. 둘째 시장 중심 이론에 가까운 것은 신공공관리론, 시장모형 등이다. 셋째 시민사회 중심 이론에 가까운 것은 사회적 사이버네틱 체제, 자기 조직적 네트워크, 법인 거버넌스, 참여모형 등이다. 이들을 차례로 비교·평가한 뒤, 한국사회에 적합한 뉴 거버넌스 모형을 개발, 제시하도록 한다.

4 분석 모형

국가 중심적 거버넌스 이론은 국가, 시민사회, 시장 및 국제 체제와의 관계 속에서 국가가 기본적으로 자신의 운영 논리인 관료주의와 관리주의를 어떻게 시장 원리나 시

그림 1-1 국가, 시장, 시민사회 중심적 거버넌스 모형

1) 수평적 관계 모형

국가 중심 이론: 국가(관료주의) ⟶ 시장(자본주의) ⟶ 시민사회(민주주의)
시장 중심 이론: 시장(자본주의) ⟶ 시민사회(민주주의) ⟶ 국가(관료주의)
사회 중심 이론: 시민사회(민주주의) ⟶ 시장(자본주의) ⟶ 국가(관료주의)

2) 삼자 간 관계 모형

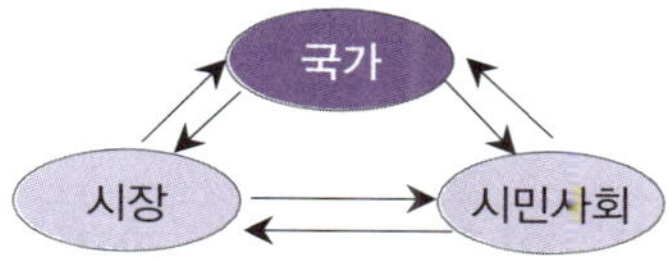

민사회의 원리에 맞추어 조정하느냐의 문제에 관심을 두고 있다. 이 때 관리주의나 관료주의는 시장과 시민사회의 영향력에 따라 개별 국가의 역사적 맥락에 따라 상대적으로 다르게 나타나지만, 기본적으로는 오랜 정부의 관료주의나 관리주의가 시장 자본주의에 영향을 주고, 이것이 시민사회의 민주주의에 영향을 주면서 삼자 간의 결합체를 형성하게 된다. 이것의 대표적인 것은 대륙계 국가 모형들이다. 이를 간략하게 표시한 것이 [그림 1-1]이다.

제2절

국가 중심적 거버넌스

1 이론적 배경

국가 중심적 거버넌스는 기본적으로 국가가 시장과 시민사회를 주도적으로 관리하는 입장을 지닌다. 대륙계 국가들이 영미계 국가들에 비해 시장과 시민사회에 깊이 개입하는 전통 위에 거버넌스가 이루어지는 것이 국가 중심적인 거버넌스인데, 전통적인 국가 중심적인 통치에 비해서는 국가가 시장이나 시민사회와 맺고 있는 관계가 더 민주적이고 더 경쟁적인 성격을 지닌다. 통치 방식도 과거에는 수직적이었는 데 반해, 거

버넌스는 수평적인 네트워크나 파트너십을 더 많이 지니는 차이점이 있다.

국가 중심적 거버넌스는 일견 시장 주도적 거버넌스와 운영 논리 측면에서 유사성을 보이지만 문제의 원인을 정부의 규모보다 잘못된 통치 행태에서 찾으므로, 정부의 새로운 통치 행태를 정착시키는 데 초점을 둔다. 즉, 정부는 새로운 모습으로 계속 중심적인 위치에서 문제를 해결해 나가야 한다는 입장이다. 이를 위해 기업가 정신을 정부에 도입하여 기업가적인 정부를 만들거나, 민간에서 개발된 효율적인 관리 기법들을 정부에 적용해서 정부조직의 유연화를 추구해야 한다는 것이다.

2 국가 중심적 거버넌스 이론의 원리: 관리주의와 시장주의의 갈등

국가 중심적 거버넌스의 지배 원리는 기본적으로 관리주의와 관료주의이지만 이것을 시장주의나 공동체주의 등과 조화시켜야 하는 문제를 안고 있다. 시장 논리를 사회 전체의 지도 원리로 삼아 탈규제, 민영화, 위탁관리 등을 통해 기존의 공적 영역을 축소시키려는 시장 중심적 거버넌스와 달리, 국가 중심적 거버넌스는 기업가 정신이나 민간 기법을 정부에 도입해 정부를 변화시키면서 동시에 정부가 담당해 오던 공적 역할과 권한 중 부담스러운 영역들을 시민사회로 이전시키려는 특성을 지닌다(DiGaetano & Lawless, 1999).

따라서 국가 중심적 관리주의 거버넌스는 과정과 결과에 대한 모순된 강조, 중앙집중과 분산적 경향의 공존, 다양한 이해 관계자들의 참여에 따른 경쟁과 이를 조정해야 하는 과제 등 모순과 긴장이 존재한다(Rhodes, 1996: 664-5). 특히 정부 운영에 관리주의와 시장주의가 혼재하면서 시민에 대한 형평성과 책임성 및 민주성의 문제가 심각한 문제로 대두한다. 조직화된 기업의 이해 관계가 시장주의를 통해 정책 과정에 중심적으로 반영되어 정치 없는 기술관료적 거버넌스로 전락할 우려가 높다. 또한, 시민사회의 참여에 대한 기회 구조는 열려 있으나 다양한 사회적 요구와 민주주의적 측면들이 관리의 대상으로 전락하여 대의적 민주주의의 정당성과 사회적 응집력이 시장주의에 매몰될 우려가 있다.

3 국가 중심적 거버넌스 이론의 유형

1) 신공공관리론(New Public Management: NPM)

신공공관리론(NPM)도 '방향잡기'의 관점에서 정부 중심 거버넌스의 형태이다(Rhodes, 1996). 즉, 신제도주의 경제학이 주장하는 관리주의적 대안으로 '기업가적 정부'를 지향하여 정부 운영에 정부가 직접 모든 것을 하는 '노젓기'를 줄이고 '방향잡기'를 확대하는 것을 내용으로 한다. 피터스와 피에르(Peters & Pierre, 1998)에 따르면, NPM과 거버넌스는 거의 동시에 전면에 부각되었다고 한다. 그 시각들 사이에는 여러 가지 유사점이 존재한다고 그들은 주장한다.

유사점의 하나는 두 시각들이 정치인의 일은 직접적 방향 제시를 하는 것이 아니라 목표를 형성하는 것이라고 주장하기 때문에 정치가에 대한 관점이 변화되었다.

두 번째로 두 시각은 공통적으로 책임성의 문제를 브유하고 있다. 책임성의 문제는 브로커들이 지닌 전통적 채널의 대체와 소비자 선택을 통해 해결될 수 있다고 거버넌스 시각은 강조한다. 반면, NPM 시각의 경우에는 사람들이 선호하는 것을 보여 줄 시장에 초점을 둔다. 그러므로 사람들은 그들의 의견을 그려하기 위해 선출된 대표제가 필요 없게 된다. 이는 대리인 중심의 대의 민주주의가 퇴색하게 됨을 의미한다.

셋째 양자는 상이한 이유 때문에 공적 · 사적 영역간 이분된 것으로 이해하는 것을 거부한다. 거버넌스 시각은 공적 · 사적 행위자가 함께 작용한다고 제시한다. 반면 NPM 시각은 정부와 관료제가 제거되어 왔고 효율성을 향상시켜야만 한다고 제안한다. 이는 사적 영역의 아이디어의 이용을 통해서 가능하다.

넷째 양자는 투입 대신 산출의 통제를 강조하는 시각에서 유사점이 있다. 양 시각들은 중심적 개념으로서 지배된다. NPM과 거버넌스 사이에 닮은 점이 있을지라도 NPM은 거버넌스와 다른 점이 있다고 주장될 수 있다.

로드스(Rhodes, 1996)는 NPM이 지닌 네 가지 약점을 밝히고 있다. 그에 따르면, 첫째 NPM은 조직 내부에 초점이 맞추어져 있다. 둘째 확립된 관계에 초점을 맞추는 대신에 목표에 초점을 두고 있다. 셋째 결과에 초점을 맞춘다. 넷째 경쟁과 방향잡기(steering)는 양립할 수 없다는 것을 지적했다. NPM은 또한 이데올로기적 배경을 지니는데 공공 영역은 모든 나쁜 것들의 원인이 된다.

이것을 통해서 다음과 같이 결론을 내릴 수 있다. 거버넌스는 이것이 국가와 사회

간 교환의 특정한 형태를 서술하는 한 필연적으로 정치이론인 반면, NPM은 조직이론이다(Peters & Pierre, 1998: 232). 유사점에도 불구하고 피터스와 피에르는 그 시각이 분리되어 다루어져야만 하는 그 차이점이 너무나 중요하다고 주장한다. 그 유사점들은 행정개혁의 운영 수준에서 중요한 것 같다. 반면 그 차이는 이론적 수준에 있는 것이다(Peters & Pierre, 1998: 231). 이들의 관계에 대한 구체적인 논의는 뒤에서 자세하게 다루도록 한다.

2) 오스본과 개블러의 '기업가적 정부'와 거버넌스

오늘날 세계 환경은 세계화, 정보화의 흐름에 따라 엄청난 속도로 급변하고 있다. 그러나 기존의 행정이 이러한 외부 환경의 변화에 적절히 대처하지 못하고 비효율성을 드러내자 서구 앵글로 색슨계 국가들 중심으로 새로운 패러다임에 기초한 정부개혁을 주장하고 있다. 이러한 개혁은 여러 가지 용어로 표현되나 오스본과 개블러의 '기업가적 정부' 개념이 미국에서 지배적인 이념으로 자리잡고 있다. 이들은 공공 부문에 시장원리인 '경쟁'을 도입하고 관료적 형식주의에서 벗어나 사명감을 가지고 국민을 고객으로 최우선시하는 기업가적 정신을 정부에 도입해야 한다고 주장한다. 즉 구체적인 전략과 사례를 들면서 고객 지향적 정부로서 경쟁의 원리에 입각해 최선의 서비스를 국민에게 효율적으로 제공하여 행정의 효과성을 극대화할 수 있는 길을 제시하고 있다. 공

표 1-1 전통적 행정과 거버넌스의 비교

기준	전통 행정(관료제 정부)	거버넌스(기업가적 정부)
정부 역할	노젓기 역할	방향잡기 역할
정부 활동	직접 해 줌(service)	할 수 있도록 해 줌(empowering)
서비스 공급	독점적 공급	서비스 제고에 경쟁 도입
관리 방식	규칙 중심 관리	임무 중심 관리
예산 제도	투입 중심 예산	성과 연계 예산
행정 가치	관료 중심	고객 중심
	지출 지향	수익 창출
	사후치료	예측과 예방
행정 주체	집권적 계층제	참여와 팀워크
행정 방식	명령과 통제	협의와 네트워크 형성
주요 운영 기제	행정 메커니즘	시장 메커니즘

자료: Osborne & Gaebler(1992).

공 부문에 시장 원리가 도입되고 경쟁, 권한위임, 책임 및 성과 확보 등이 강조되는 것이다. 따라서 행정 자체의 개념과 성격은 전통적인 행정에서 거버넌스의 개념으로 바뀌고 있는 것이다. 이를 요약하면 〈표 1-1〉과 같다.

오스본과 개블러의 행정개혁의 방향은 '방향을 조종하는 촉진적인 정부', '지역사회가 주도하는 정부', '경쟁 지향적 정부', '사명 지향적 정부', '결과 지향적 정부', '고객 지향적 정부', '기업형 정부', '미래를 내다보는 정부', '참여와 팀워크를 중시하는 정부', '시장 지향적 정부' 등의 모습으로 나타난다.

첫째 거버넌스는 '노젓기'에서 '방향잡기'로 정부의 역할을 변화시킨다. 오늘날의 공공 제도는 급변하는 환경에 대응할 수 있는 유연성을 가져야 한다. 따라서 기업가적 정부는 정책 결정과 서비스 제공을 분리시키는 체제로 전환되어야 한다고 한다.

둘째 '직접 해 주는 서비스'에서 '할 수 있도록 해 주는 권한 부여'로 정부의 활동 방식이 바뀌어야 한다. 민관 간의 네트워크는 권한 부여(empowerment)를 전제로 한다. 관료가 모든 권한을 갖기보다 지역사회에 스스로의 문제를 해결하고 통제할 수 있는 권한을 이양해야 한다는 것이다.

셋째 '서비스의 독점적 공급'에서 '서비스 제고에 경쟁 도입'으로 서비스 공급 방식이 전환한다. 공공 부문에 민간의 원리를 도입한다는 것은 즉 경쟁 방식을 채용한다는 것이다. 경쟁의 이점은 효율성이다.

넷째 '규칙 중심 관리'에서 '임무 중심 관리'로 관리 방식이 전환한다. 대부분의 공공조직은 사명보다는 규칙과 예산에 의해 운영된다. 규칙과 예산이 혼합되어 경직화된 조직은 엄청난 비용을 초래하고 거대한 조직 형태를 만들어 내게 된다. 저자는 규칙과 절차를 중시하여 비효율적인 관료적 형식주의를 타파하고 사명 지향적인 정부로 나아가야 한다고 주장한다.

다섯째 '투입 중심 예산'에서 '성과 연계 예산'으로 예산 제도가 전환한다. 이러한 예산 체제는 업무의 성과와 연계되어야 한다. 이는 사명 지향적 예산에 투입과 성과를 추가로 측정하는 것으로서 성과 향상을 위한 각종의 노력을 끌어 낼 수 있다.

여섯째 '관료 중심'에서 '고객 중심'으로 행정 가치가 전환한다. 기업가적 정부는 고객 지향적인 정부이다.

일곱째 '지출 지향'에서 '수익 창출 지향'으로의 전환이다. 과거 전통적 행정관리자는 이윤을 창출하기보다는 지출에 중점을 두고 있었다. 그러나 기업가적 정부의 관리자는 기업가처럼 행동한다.

여덟째 '사후치료'에서 '예측과 예방'으로의 전환이다. 미래에 대비하는 정부는 대량의 치료보다 소량의 예방을 사용해야 한다. 게다가 이제 정부는 문제를 예방하려 할 뿐 아니라 방향 탐지기를 사용해 미래를 예측할 수도 있어야 한다. 미래를 예측하기 위한 각종 조직과 전략계획들을 사용하여 정책 결정에 도입하는 것이다.

아홉째 '집권적 계층제'에서 '참여와 팀워크'로 행정 주체의 조직 방식이 전환한다. 정보화 시대가 가속화될수록 정책환경은 불확실성과 복잡성이 매우 증가하므로, 정책 결정자들은 이러한 환경에 유연하게 대처하고 의사결정을 빨리 해야 한다. 그러나 중앙 집권적이고 위계서열적인 전통적 행정으로써는 이러한 변화에 적절히 대응할 수가 없었다. 따라서 기업가적 정부는 많은 결정권을 소비자, 지역사회, 비정부조직 등으로 이관할 수밖에 없다.

열 번째 '명령과 통제'에서 '협의와 네트워크 형성'으로 행정 방식이 전환한다. 전통적 행정의 명령 통제를 통한 규제 방식보다, 시장 메커니즘인 유인책을 통한 정책이 더욱더 효과적으로 목표를 달성할 수 있다.

열한 번째 '행정 메커니즘'에서 '시장 메커니즘'으로 행정 운영 메커니즘이 전환한다. 공공 부문에 새로운 패러다임으로의 전환이 도래했으며 정부의 틀을 다시 이해해야 한다. 또한 이러한 정부 재창조를 위해 ① 위기, ② 지도력, ③ 지도력의 지속성, ④ 건전한 시민 하부구조, ⑤ 공유된 비전 및 목표, ⑥ 신뢰, ⑦ 외부자원, ⑧ 모방할 모형 등과 같은 요인이 필요함을 지적하고 있다.

3) 좋은 거버넌스

'좋은 거버넌스'의 시각은 발전도상 국가의 지배 구조에 대한 논의에 이용된다. 로드스(Rhodes, 1996)는 세계은행을 언급했는데, 세계은행은 제3세계 국가들을 위한 그들의 대출 정책에서 좋은 거버넌스의 개념을 이용한다. 이런 맥락에서 좋은 거버넌스는 신공공관리의 형태나 민주주의와 같은 것에 대한 요구처럼 정부의 변화가 이루어질 때 수령 국가들로부터 세계은행이 요구하는 것에 관한 것이다. 즉, 세계은행이 한 국가의 경제문제나 정책을 다루는 정부의 업무를 관리하기 위해 정치 권력을 사용하도록 권고하는 방식의 하나이다. 좋은 거버넌스는 자유 민주주의를 옹호하기 위한 NPM과 결합된다고 로드스는 주장한다. 제3세계 국가에서 공공 영역이 어떻게 발전되는가에 대한 논의는 거버넌스에 대한 시초가 된다고 미노그, 폴리도아노와 흄(Minogue, Polidoano

& Hulme, 1998)은 주장한다.

국가와 시장 간 협동시 경제적 목표와 효율성의 실현은 억압될 수 있다. 지배의 현대적 형태는 좀더 효율성을 중시하는 것이며 지배는 국가와 시민간의 책임성에 대한 것이라는 것을 우리는 깨달아야 한다고 미노그, 폴리드아노와 흄(Minogue, Polidoano & Hulme, 1998)은 주장한다. 그것은 소비자 또는 고객으로서의 사람들뿐 아니라 그들의 정부가 수행하는 행동 또는 실패에 책임을 지도록 할 권리를 가진 시민으로서의 사람들에 대한 것이다. 비록 공공 영역에는 효율성에 대한 요구가 존재할지라도 이것이 나쁜 서비스를 이끌도록 허용되어서는 안 된다. 그러한 발전에 대해 저항하는 시민들을 위한 방식이 정치가들을 책임을 가지도록 유지시키는 것이다. 그러나 NPM을 통한 서비스는 그 가능성들을 없앤다. 그러므로 책임성, 통제, 대응성, 투명성과 참여의 문제는 적어도 경제와 효율성의 문제만큼 중요하지 않다.

좋은 거버넌스라는 용어는 이런 아이디어를 반영하여 만들어진 것이며, 이는 세 가지 차원에서 이루어진다. 첫째 체제적 차원으로 이는 정부보다 넓은 의미로서 국내외의 정치적·경제적 권력의 배분을 주로 다룬다. 둘째 정치적 수준으로 국가가 민주주의적인 위임에 따른 정당성과 책임성 모두를 부여받고 인정된 상태를 좋은 거버넌스로 본다. 셋째 행정적 수준으로 관료제와 공무원 개인들이 효율적이고 개방적이며, 책임 있고 감사의 대상이 되면서도 적절한 정책 결정과 집행을 할 수 있는 관료제적인 능력을 지니는 것을 의미한다. 이 때 좋은 거버넌스란 NPM과 자유 민주주의를 결합하여 이를 실현하는 것을 의미한다(World Bank, 1994).

4) 신축적 정부모형의 거버넌스

피터스는 『미래의 국정관리(*The Future of Governing: Four Emerging Models*)』(1997)에서 네 가지의 정부모형을 제시하고 그들의 특징을 구분하여 설명하고 있다. 이들을 요약하면 〈표 1-2〉와 같다.

이 가운데 하나인 신축적 정부모형을 피터스는 네 가지 모형들 중 가장 모호한 것으로 보고 있다. 신축성이란 새로운 변화에 관행적으로 단순하게 반응하기보다는 환경의 변화에 반응하여 적합한 정책을 만들려는 정부와 그 기관의 능력을 의미한다. 이는 인사와 조직에 기준을 둔 개방형 임용을 중심으로 한 개방형으로 이해하기도 한다.

그에 따르면, 조직의 안정성은 조직 기억에 대한 중요한 원천이다. 그러나 조직의

표 1-2 네 가지 모형의 주요 특징

구분	시장모형	참여모형	신축모형	탈규제모형
진단 기준	독점	계층제	영속성	내부규제
구조	분권화	평면조직	'가상조직'	(특정 제안 없음)
관리	성과급 민간 부문의 기법	총품질관리, 팀제	임시적 관리	관리 재량권 확대
정책 결정	내부시장 시장적 유인	협의, 협상	실험	기업가적 정부
공익	저비용	참여, 협의	저비용, 조정	창의성, 활동주의

영속성은 창조적이고 적극적인 정책창안을 저지하고 점증적 변화만을 추구하여 정책 혁신을 가로막는 장애물로서 기능할 수 있다. 또한 기존의 조직들은 고객의 이익을 추구하는 것이 아니라 자신들의 이익을 추구한다. 이러한 자기 영속적인 구조는 공공 부문의 규모와 영향력을 축소하기 위한 메커니즘을 추구하는 산업 민주주의 국가들의 현 추세와는 동떨어진 것이다. 따라서 영속성에 대한 비판의 입장에서 보면 공공 부문과 정책의 변화를 가져오는 가장 쉽고 효과적인 방법은 그 정책을 형성하고 집행하는 조직을 대폭 개편하는 것이다.

따라서 이 접근법은 임시조직, 또는 가상조직의 필요성을 중시한다. 즉 환경이 변하고 현 국정관리의 속성이 변함에 따라 창조적인 대응이 필요하기 때문에 실제적으로 신축적인 구조가 공공 부문의 수요를 해결하는 데 더 적합하다는 것이다. 또한 공공 부문의 규모 축소의 압력이 거세어지는 추세 속에서 정부는 비부처조직과 준정부조직의 이용을 확대하기 시작했다. 그러나 임시고용인 및 한시적 조직은 책임성이라는 공공 서비스의 가치를 감소시키고 또한 탁월한 성과에 대한 그들의 동기 유발을 감소시킬 수 있다는 문제가 있다.

정책 결정에서 오래된 관료제적 구조의 안정성은 정책형성의 경험적 지식을 제공하는 반면 혁신에 대한 장벽으로 작용한다. 그러나 신축적 고용과 관련한 피고용인의 무작위적 결정은 더 많은 계층제적 감독을 필요로 할 것이다. 그래서 근로자들은 조직에서 자율성을 상실하고 이른바 참여적 관리가 곤란하게 될지도 모른다.

이 접근법은 공익의 의미를 명확하게 규명하고 있다. 즉, 정부의 비용이 낮을수록 사회에는 이득이 되고, 더욱 혁신적이고 덜 경직적인 정부가 국민을 더 잘 살 수 있게 한다는 것이다. 그러나 조직의 신축성의 확대는 고객들 간의 불확실성의 가능성을 증대시킨다. 효율성이 중요하다고는 해도 국민의 기본권을 보호하는 것은 민주주의를 영위하는 데 중요한 것이다. 신축성과 권리 보호의 부조화적 측면이 문제이다.

또한 비영속성의 위험은 신축적 조직 구성원이 자신의 조직에 아무런 집착을 가지지 않을 수도 있다는 것이다. 참여모형은 공무원들의 적극적인 참여를 필요로 하나 신축적 모형은 피고용인들이 중요하지 않는 것처럼 취급하는 경향, 즉 조직 부품화 현상의 문제가 있다.

이는 정부의 내부관리를 중심으로 거버넌스의 성격을 설명하는 한계가 있다.

5) 탈규제적 정부모형

피터스의 탈규제적 정부모형은 행정내부 통제모형으로도 이해되는데, 이는 정부 내부의 규제를 철폐함으로써 공공 부문에 내재하고 있는 잠재력과 독창성을 분출시키는 것이다. 이는 내부의 번문욕례(red tape) 등의 제약 요인을 제거함으로써 구성원들이 새롭고 창의적인 활동을 할 수 있도록 하여 효과적인 행정을 달성하고자 하는 것이다. 내부통제를 제거하는 것은 관리자들의 관리 능력을 향상시키기 위함이고 의사결정 과정에서 구성원의 참여를 통해 효율성을 제고하는 것이다. 그러나 관료제의 역기능과 비효율성에 대한 전반적인 인식이 탈규제의 불신 요인으로 팽배해 있다.

탈규제론자들은 관료제에 대해 긍정적인 것으로 보인다. 대부분의 내부 인사통제 기제가 탈규제의 과정에서 제고될 것이라고 여기고 있으며, 조직구성원의 조화된 행동을 통한 창조적 에너지를 분출시키려는 것이기 때문이다. 또한 이 모형은 정치지도자들의 집권화된 통제구조가 매우 비효율적으로 발전되어 왔음을 지적하고, 조직의 책임성을 확보하기 위해 중앙의 강력한 리더십을 강조한다.

이들은 전통적 관료제가 그리 나쁜 것이 아니며 계층의 관리 형태는 계서적으로 상층부에 있는 정책발안자에 의해 창도되고, 이러한 공공조직 내에서의 관리자는 시장모형의 관리주의가 아닌 기업가이자 민주적 지도자의 자격이어야 한다는 것이다. 이는 참여모형과 유사한데 정부의 창조적 힘이 발휘될 수 있으려면 조직의 고위 관리자뿐 아니라 조직의 모든 계층이 참여해야만 그 목표를 가장 쉽게 달성할 수 있다는 것이다.

전통적 관점에서 정책의 결정은 정치지도자에게 부여된 하나의 특권이지만 탈규제모형은 정책 결정시에 관료제에 더 강한 역할을 부여하려고 한다. 이들이 특히 중요시하는 부분이 바로 예산인데, 1980년대까지 예산개혁은 예산집행기관의 재량을 축소하는 방향으로 이루어진 경향이 있다. 그러나 최근의 개혁은 전반적인 사업 범위 내이기는 하나 탈규제적 재무관리 형태로 대체되고 있고 이는 관리자들의 결정권을 전통적 예산 체제에 비해서 넓히는 것이다.

또한 탈규제 개혁은 조정과 정책의 응집성을 문제시하는데, 이는 정책기획자와 관리자에게 정책을 형성하고, 이를 집행할 수 있는 권한을 더 많이 부여하기 때문에 각 조직 내부의 정책통합과 일관성을 확보할 수 있을 것이다. 탈규제모형은 책임성 확보를 위해 흔히 사용되는 규정과 규제를 다른 통제 형태로 대체하려 하기 때문에 더 적극적이면서도 어쩌면 책임은 적게 지는 정부의 공익에 확보될 수 있을 것이라고 전제한다. 공익은 공공 부문이 적극적이고 개입주의적일 때 더 잘 달성될 수 있으며, 현대사회의 관료제의 주요한 역할을 요구하는 집합적 행동은 문제가 아니라 해결책이라고 주장한다.

탈규제모형은 관료제 역기능의 주요 원천으로서 공공조직의 내부규제를 강조한다는 점에서 다른 모형과 구별된다. 과거 개혁론자들은 공공개혁의 수단으로서 새로운 규칙을 첨가하는 방법을 선호했으나 탈규제론자들은 내부규제가 해결책이 아니라 근본적인 문제라고 주장한다. 그러나 정부가 완전히 규제로부터 자유로워질 수는 없으며 관심은 탈규제가 얼마나 광범위하게 이루어질 것이며 어떤 결과를 가져오느냐의 문제인데 이는 국가마다 차이를 보일 것이다.

피터스는 위의 두 가지를 포함하는 그의 네 가지 모형을 실제로 적용했을 때 상대적인 성공과 실패를 이해하기 위해서는 모형 자체보다도 그 개별 국가의 정치경제적·역사적 맥락이 중요함을 강조하고 있다. 예로서, 국가적 맥락에서 살펴볼 때 왜 앵글로-아메리카 국가들이 개혁의 중심에 서 있으며 다른 국가들의 개혁으로 이어질 때 어떤 양상을 보일 것인가의 문제를 들 수 있다. 전통적으로 앵글로-아메리카 국가들은 시장을 옹호해 왔고 관료제에 대한 강한 불신과 관료제의 시민사회로의 통합 부족 때문에 개혁 추진이 전체 체제의 통제력을 확보하기 위한 최적 수단으로서 관행화 되었다. 반면, 유럽대륙의 경우 이들은 공무원에게 부과된 명백한 역할이 없기 때문에 민간의 관리 기법을 이들에게 적용하는 것은 개혁으로서 별 의미가 없었던 것이다.

피터스는 국정관리 문제와 그 전망에 관해 좀더 고도로 분화되고 상황 적합한 적실성 있는 견해가 필요하다고 보고 있다. 서로 경쟁 관계에 있는 각 접근법들은 문제점 및 해결책과 개혁 방법 간의 관계를 좀더 밀접히 연관시키기 위해 부단한 분석과 노력을 기울여야 한다(Pollitt, 1995). 또한 이러한 대안적인 국정관리 모형은 선택을 강요하는 것이 아니라 현재 정부가 직면하고 있는 선택의 의미를 좀더 명백히 하는 데 있다는 것이다.

4 평 가

국가 중심적 거버넌스는 기업가적 정부나 신공공관리를 중심으로 이루어져, 관리주의와 시장주의가 조화를 이루는 것이 가장 중요한 과제이다. 영미계 국가에서는 정부가 이미 자본주의 시장주의와 민주주의의 원리 위에 정착한 만큼 정부에 기업가 정신이나 민간 기법을 적용하는 것이 큰 문제가 아닐 수 있다. 그러나 대륙계 국가들의 경우에는 이들의 조화가 근본적인 문제로 남고 그 자체가 거버넌스의 핵심적인 요소가 될 것이다.

특히, 정부의 기능을 부분적으로 대신할 수 있는 NGO, 제3섹터, 기업, 협회 등이 제 기능을 할 수 있을 정도로 시민사회나 시장이 스스로의 능력을 향상시킴으로써 정부와 더불어 거버넌스의 체제와 네트워크를 구축하는 일이 매우 중요하다.

제3절

시민사회 중심적 거버넌스

1 이론적 배경

1) 대리인 체제의 실패와 거버넌스의 대두

시민사회 중심적 거버넌스(civil society-centered governance)가 대두하게 된 현실적 필요성 가운데 시민사회와 관련한 것은 기존의 대의 민주주의의 한계를 보완해야 한다는 문제 때문이다. 기존의 간접 민주주의가 정당과 국회를 통해 다양한 이익을 통합, 조정하는 대리인 체제(agent system)가 더 이상 다양한 갈등을 효과적으로 해결하지 못하면서 민주주의 자체에 대한 회의가 제기된 것이다. 정당이나 국회가 그 기능을 잘 발휘하지 못하면서 이를 대체할 새로운 공동체 운영 방식으로 등장한 것이 거버넌스이다.

시민사회 중심적 거버넌스는 강력하고 다원화된 시민사회가 책임 있게 시민을 대변할 수 있는 정부를 실현할 것을 전제로 하고 있다. 이 강한 정부는 정책 결정 과정을 투명하게 하고, 사회적인 약자들을 잘 대변할 수 있을 것으로 본다. 특히 정보화의 급속한 진전과 21세기로의 전환 과정에서 인간의 자기 결정 지향성이 높아지면서 직접 민주주의를 실현하고자 하는 욕구를 수용할 수 있게 되었다. 따라서 대리인 체제의 실패를 극복하는 과정에 시민사회의 역할이 증대하고 그 대표적인 제도인 NGO가 더욱 중요한 역할을 하게 되었다. NGO를 통한 국민들의 직접적인 참여 증대는 새로운 거버넌스의 등장을 가져오고, 이는 정부 중심의 거버넌스와 다른 형태의 거버넌스로 발전한 것이다. 이를 NGO 거버넌스로 부를 수 있다.

이는 NGO가 공동체의 주요 문제의 방향을 결정하고 이를 정부가 관료를 중심으로 집행하는 형태의 관계를 지닌다. 중요한 국가의 정책 아젠다가 NGO에 의해 선도되고, 그 구체적인 내용에 NGO의 주도에 의해 결정될 때 이를 NGO 거버넌스로 볼 수 있다.

2) NGO에 의한 시민사회의 새로운 대리인 모형

NGO 거버넌스의 경우 이론적으로는 직접 민주주의의 형태로 나타난 것이지만 시민사회 자체가 균열되어 다양한 NGO들이 등장하면서 이들 간의 상호 작용이 새로운 주제로 떠오르게 되었다. 다양한 NGO들이 하나의 국가적인 정책 아젠다에 대해 서로 다른 방식으로 정의하고, 이를 해결하는 방안을 서로 다르게 제기하게 되면서 NGO는 정당이나 정치사회를 뒤따르는 새로운 대리인 체제를 등장시킨 셈이 되었다. 여기에서 NGO 거버넌스는 또 다른 대리인 모형이 지니는 새로운 문제를 해결해야 하는 문제에 당면하게 되었다.

NGO 사이에 자율 조정 기능이나 정화 작용의 회복 여부가 NGO에 의한 대리인 체제의 효용성 여부를 결정하는 중요한 기준이 되었다. NGO들이 정교한 네트워크와 파트너십을 잘 발휘하여 공동체의 공동선을 잘 유지할 수 있을 때, NGO 거버넌스는 성공적일 수 있다.

2 시민사회 중심적 거버넌스의 기본 원리: 참여주의와 공동체주의[2)]

1) 참여주의: 내부 참여로서의 분권화와 외부 참여로서의 시민 참여

참여주의 가운데 시민사회 중심적 거버넌스가 중시하는 것은 시민들이 개인이나 NGO와 같은 집단으로 제도적으로 참여하는 것에 초점을 두고 있다. 분권화를 통한 내부 참여는 국가 중심적 거버넌스가 기업가적 정부 등에서 주장하는 내용이다. 신공공관리와 신국정관리에서도 중요한 측면으로 주장되고 있지만, 앞에서 본 측면들과 전혀 다른 성격을 지니고 있는 것이 참여주의와 공동체주의이다.

첫째 내부 참여로서의 분권화는 시민사회 중심적 거버넌스의 간접적인 효과로 나타난다. 대내적으로 의사결정 과정에서 부하들을 참여시키는 것도 조직 성원들의 직장 생활과 관련된 부분에 초점을 두는 경우와 대외적 활동에 초점을 두는 경우가 있다. 자신들의 직장 생활과 관련된 결정에 참여하는 것은 사기와 능률성을 향상시킨다는 주장은 오래 전부터 조직심리학자들의 연구 대상이었다. 정책 결정이나 집행과 관련하여 대외적 행정 활동에서 결정을 할 때도 부하들의 참여는 더욱 바람직한 정책 결정과 효율적인 집행을 보장한다는 주장이 옛날부터 있어 왔다. 특히 일선관료들은 정책문제가 발생하고 결정된 정책이 집행되는 현장에서 정책 대상 집단들과 끊임없이 접촉하기 때문에 정확한 정보를 풍부하게 지니고 있다. 그러므로 정책이 합리적으로 결정되고 효율적으로 집행되려면, 일선 관료들이 정책 결정 과정이나 집행 과정에 참여해야 한다는 주장이다. 일선관료들이 정책 대상 집단에게 미치는 영향이 크므로 이들이 올바른 행동을 하도록 유인을 제공하면서, 이들에게 더 많은 실질적인 결정권을 부여하려는 것이 분권화이다.

둘째 외부 참여로서의 시민 참여는 시민 중심적 거버넌스의 중요한 가치이다. 참여가 주장되는 가장 중요한 측면은 외부 참여로서, 바로 정책 결정이나 집행 과정에 정책 대상 집단이나 일반 시민들을 참여시켜서 직접 민주주의적 성격을 강화시키려는 것이다.[3)] 1960년대 말 형평성과 정의 및 민주주의를 지향한 신행정학(NPA) 이후 강조되어

---

2) 이에 관한 자세한 설명은 정정길(2000: 508-523) 참조.

3) 킹과 서셀(King & Susel, 1998)은 기존의 참여가 형식적 수준에 머물고 있음을 지적하면서 그 극복을 위해서는 ① 적극적인 시민 교육(조사 기법 교육, 리더십 트레이닝 등)을 통해 시민의 참여적 역량을 강화시키고, ② 전문성과 그로 인한 대(對) 시민 우월성에 기반한 행정가의 역할을 동반자적 · 협조적 참여자의 역할로 전환시킬 것을 주장한다

온 시민 참여가 여기에 해당된다. 시민 참여의 경우, 지적 합리성과 정치적 합리성은 합리성의 관점에서 중시되는 것이고, 이익의 조정이라는 점에서는 민주성이 중시된다. 그러나 시민사회 중심적 거버넌스가 지향하는 가치는 대의 민주주의가 지니는 대리인 체제의 한계와 시민들의 직접 참여 욕구와 자기 결정성의 욕구를 수용하는 관점에서 참여 민주주의로서의 참여주의를 강조하고 있다.

2) 대리인 체제인 대의제 민주주의의 위기와 담론적 정책 결정

시민사회 중심적 거버넌스는 제솝(B. Jessop)을 비롯한 사회학자들이 주장하는 협의의 거버넌스가 중시하는 사회의 자율적 자기결정과 자율적 관리를 의미하는 사회적 거버넌스의 가치를 지향한다. 이는 '정부가 없는 거버넌스'를 중요한 거버넌스의 유형으로 보고 있다. 이는 정치적인 대리인에 의해 영위되는 대의제 민주주의가 시민사회의 제반 문제들을 잘 다루지 못해 한계를 보이면서 제시된 것이다.

시민사회 중심 이론은 대리인 체제의 한계와 대의제 민주주의의 위기 극복을 시도한다. 행정국가의 대두에 따른 의회 기능의 약화는 대리인 체제의 한계와 그로 인한 대의제 민주주의의 위기로 이어졌으며, 이를 극복하기 위한 대안으로서 시민사회 중심의 거버넌스가 등장한 것이다. 특히 사이버 공간에서의 네트워크가 그 기능을 강화해 나가면서 시민들의 참여 욕구와 자기 결정의 요구를 기술적으로 가능하게 되면서 이를 거버넌스에 반영하는 기제가 필요하게 되었다. 이 과정에 제기되는 보조적인 기법들이 시민들의 행정에 대한 불만을 처리하는 소극적 사후적 구제 방법, 자문회의나 공청회, 이슈 네트워크, 정책 공동체 등이다.[4]

3) 공동체주의: 신우파의 자원봉사주의와 신좌파의 시민주의

시민사회 중심 이론은 공동체주의(communitarianism)[5]를 주장한다. 공동체주의는 다양한 형태로 논의되고 있지만 정책 활동과 행정관리에 직접적으로 관련되는 부분만

4) Peters(1997) 번역본(p. 115).

5) 현대 미국의 정치 사조에서 자유주의 및 개인주의적 사상에 대한 이론적·정채적 비판의 갈래 중 중요한 비중을 차지하고 있는 입장이 공동체주의(communitarianism)이다. 최근의 공동체주의는 근대 개인주의의 보편화에 따른 윤리적 토대의 상실, 즉 고도 산업사회화에 따른 도덕적 공동체의 와해와 이기적 개인주의의 팽배에 의한 원자화 등의 현상에 대한 불만의 이론적 표출이다. 더 자세한 내용은 유홍림(1997: 211-232)을 참고.

보면, 응집성 있는 공동체를 다시 구축하고 공동 문제를 구성원들이 직접 참여하여 해결해야 한다는 주장이다. 공적 문제를 스스로 해결하게 되면, 행정관료 조직이 그만큼 감소될 것이고 정치나 관료조직에 의한 부패를 감시할 수 있다는 주장이다. 한 걸음 더 나아가서, 개인주의적 사회생활에 젖어 있는 현대인들이 서로 돕는 이타주의적 활동을 하게 되면, 사회적 약자나 불우한 사람들이 따뜻한 인정 속에 살아갈 수 있고 남을 돕는 구성원들도 생활의 보람을 느끼게 되어 인간 소외 문제가 해결될 수도 있다는 주장이다.

공동체주의는 신우파의 자원봉사주의(volunteerism)[6]와 신좌파의 시민주의(civicism)로 나뉜다.

첫째 신우파의 공동체주의는 자원봉사주의에 기초한 공동체주의를 주장하고 있다. 주로 신우파, 신보수주의적 신자유주의자, 그리고 신공공관리론자들이 주장하는 내용이다. 공동체의 공동문제를 해결하기 위해 아무런 대가 없이 시간과 노력뿐만 아니라 돈까지도 제공하려는 구성원이 많이 있다. 그러므로 이들 자원봉사자들에게 적당한 명분이나 사회적 인정감을 제공하면 이들은 헌신적으로 공동체를 위해 일할 것이라는 주장이다. 신우파의 주장은 민간 부문 중심의 공동체가 국가 기능을 분담하는 것이 바람직하므로 공동체를 최대한 활용하여 작은 정부를 실현해야 한다는 주장이다. 우파적 신자유주의자들은 공동체 구성원들이 이타주의적 자원봉사 활동을 최대한 동원하고 활용하면 정부 기능은 그만큼 감소되면서도 효과는 향상시킬 수 있다고 생각한다. 효과를 향상시키면서도 정부 기능을 축소하는 일석이조의 장점을 지니고 있다. 그러므로 정부는 행정경비나 인원의 증가를 주장할 것이 아니라 민간 부문을 최대한 활용하는 전략을 도입해야 한다. 좌파적 공동체주의자들이 덕성 있는 시민의 양성을 강조한 것과는 대조적으로, 이들 우파들은 시민의 정신적 자세는 주어진 것으로 보고 시민들을 활용할 방안을 탐색한다. 그러나 대부분의 구성원들은 자원봉사자가 아니므로, 공동체의 공동문제 해결에 직접 참여하지 않는다.

둘째 그래서 적극적인 참여 증가를 위해서 정부가 주도하여 시민의 덕성을 함양해야 한다는 신좌파적 시민주의가 제기되고 있다. 소극적으로 방치하게 되면, 이기적인 인간들은 공공재적인 성격을 띠고 있는 참여를 기피하게 될 것이므로 정부가 앞장서서

6) 델라웨어 시는 해변 청소, 공원·오락 프로그램, 복지 업무 지원 서비스, 마약·알코올 남용 예방과 상담, 아동 보호, 노인·청소년 조언, AIDS 서비스 보조를 위한 민원조사 등에 자원봉사자를 이용한다. Auger(1999: 437-451).

이타적이고 헌신적인 시민을 양성해야 한다는 주장이다. 이러한 덕성 있는 시민을 양성해야만 공동체가 다시 살아날 것이며, 공동체주의의 이상이 실현될 수 있다는 것이다(정정길, 2000: 515-523).

3 시민사회 중심 거버넌스이론의 유형

대표적인 것으로 영미형을 들 수 있다. 대륙형이 국가나 정부 중심의 거버넌스를 택한 반면, 영미형은 오랜 역사적인 배경으로 인해 시민사회의 자율성과 도덕성이 높아 시민 중심적 거버넌스를 비교적 성공적으로 운영하고 있는 셈이다. 그러나 이들의 경우에는, 자본주의라는 사회 구성의 기본 구성 원리가 구조적으로 정치사회와 시민사회를 보이지 않게 규제하고 있어서 그 나름의 한계를 지닌다.

그 유형을 이데올로기와 관련하여 민주주의형과 사회 민주주의형 등으로 나눌 수 있다.

첫째 민주주의형으로는 로드스의 사회-사이버네틱 체제, 자기 조직적 네트워크, 법인 거버넌스 그리고 피터스의 참여모형 등이 대표적인 유형들이다.

둘째 사회 민주주의형으로는 서유럽 사회 민주주의 복지국가들의 형태를 들 수 있다. 이들은 복지 기능을 국가가 담당하더라도 다양한 강한 시민단체들의 영향력하에 추진하는 형태이다. 경제 분야와 달리 복지를 위한 기업(코퍼레이트) 거버넌스가 대표적인 예이다.

시민사회 중심 이론이 지향하는 참여주의와 공동체주의를 비교적 가깝게 실천하고자 하는 거버넌스 이론들은 로드스의 분류에 따른 사회-사이버네틱 이론, 자기 조직적 네트워크이론, 법인 거버넌스 그리고 피터스의 참여모형 등이다.

1) 사회-사이버네틱(인공지능) 체제이론 또는 사회-정치 거버넌스 이론

이는 사회정치 체제 내 모든 행위자들의 상호 작용 노력의 결과로서 출현하는 하나의 형태나 구조이며, 특정한 하나의 행위자나 집단으로 환원될 수 없다. 쿠이먼(Kooiman, 1994)은 변화하는 사회의 결과로서 상호 작용의 새로운 형태가 국가와 사회 사이에 발전되어 왔다고 주장한다. 쿠이먼에 따르면, 공공 영역과 사적 영역 간 상호 작용의 패턴에서의 변화는 우리가 살고 있는 세계의 복잡하고 역동적이며 다양한 속성의 지속적인 실현과 관련된다. 그러므로 민주적이고 효율적 방식으로 사회 문제를 다루는 구조는 복잡하고 역동적이며 다양한 속성을 가진 것이어야만 한다. 이러한 발전에 대한 이해의 부족은 예전의 구조가 지닌 역기능에 기여하게 된다. 그 결과는 심각하게 고려되지 않았고 실제 적합하지 않았던 부수 효과로 간주하게 된다. 역동적이고 복잡하고 다양화된 사회정치 시스템은 사회 문제를 해결하기 위한 사회-정치 거버넌스에 의존한다고 쿠이먼은 강조한다. 사회-정치 거버넌스의 발전은 존재하는 전통적 권력구조와 방법 및 도구의 실패에 의해 조장되어 왔다(Kooiman, 1994).

정부는 공식적인 권위에 의해 뒷받침되는 활동인 반면, 거버넌스는 공유된 목적에 의해 뒷받침되는 활동이다. 공식적인 권위가 없어도 효과적으로 기능하는 규칙적 기제가 있는 활동 영역에서 정부는 없더라도 거버넌스는 있을 수 있다는 것이다.

사회-정치 거버넌스에 대한 이론은 지배(governing), 거버넌스 및 지배능력(governability)이라는 세 가지 관련된 기본적 개념에서 발견된다. 증가하는 복잡성, 역동성과 다양성에 의해 성격지어지는 사회는 공공 행위자들, 대상 집단과 개인들 사이 상호작용의 높은 정도를 포함하는 절차들을 이끌 것이라고 주장된다. 그러므로 지배의 의미는 상호 작용에 대한 조정, 지도, 영향력 그리고 균형을 유지시켜 주는 것으로 변화되어 왔다. 그 결과 지배의 전통적 형태가 다소 그 매력을 잃고 있다. 그러나 이것은 그러한 사회에서 국가가 방향잡기(steering)를 할 모든 가능성을 잃었다고 말하는 것이 아니다. 이것은 오히려 그러한 방식으로 변화되었다고 말하는 것이 낫다. 상호 작용의 관점에서 지배는 사회의 힘과 사회의 이해들을 균형잡히게 하고 사회의 행위자들과 체제가 스스로 조직하도록 권한을 부여해 주는 쪽으로 향해져 있다.

사회-정치 거버넌스는 상호 신뢰 또는 상호 이해의 특정 정도, 책임성의 수용 및 사회로부터의 지원과 정치 개입의 특정 정도에 의존한다. 사회-정치 거버넌스를 위해 중요한 것은 공식적 또는 상대적으로 자율적인 정치적·사회적 행위자들 사이에 상호 의존성이다. 단일한 행위자는 자신을 위해 문제를 해결할 수 없고 최선의 기회를 만들 수도 없다. 더 나아가, 누군가에게 사회 문제를 위한 비용을 부담하도록 하거나 특정 방식으로 행동하도록 강요할 수 있을 만한 단일 행위자는 없다.

하나의 단일한 행위자는 발전된 패턴과 구조를 만들 수 없다. 구조와 패턴은 모든 행위자들의 행동들의 결과이다. 거버넌스는 모든 관여자들의 상호 개입 노력들의 공통된 결과 또는 산출물로서 사회-정치 체제에서 발생하는 패턴 또는 구조로서 이해될 수 있다(Kooiman, 1994: 258). 지배와 거버넌스는 언제나 상호 작용한다. 패턴과 구조는 지배하는 사람에게 영향을 준다. 그러나 동시에 그들을 변화시킬 수 있다. 지배 능력은 지배와 거버넌스의 질과 결합된다. 그러므로 지배 능력은 폭넓은 체제의 맥락 내에서 스스로를 지배하기 위한 사회-정치 체제의 전체적인 질에 관한 것이다.

2) 자기 조직적 네트워크이론

거버넌스는 자기 조직적 네트워크의 조정에 관한 것이라고 로드스(Rhodes, 1996)는 주장한다. 지배에서 거버넌스로의 변화는 이들 네트워크의 등장을 조장해 왔다. 이들 네트워크는 공공조직, 사조직 및 자발적 조직들의 혼합이다. 이들 각 영역 간의 경계는 사라지고 있다. 네트워크는 행위자들 간 자원을 필요로 하고 이들 자원의 교환에 의해 유지되기 때문에 발생한다. 네트워크 내에서 자원의 교환에 의해 참여하는 행위자들은 그들의 목표를 실현할 수 있고 그들의 영향력을 극대화할 수 있으며 다른 행위자들에게 의존적이 되는 것을 피할 수 있다. 네트워크 구성원들 사이 상호 작용은 게임을 닮았고 국가로부터 어느 정도의 자율성이 존재한다. 그러나 국가는 간접적으로 불완전한 방식으로 네트워크를 방향잡을 수 있다.

네트워크는 조정 메커니즘의 관점에서 시장과 계층제의 대안으로서 이해되어야 한다. 만일 시장의 중요한 조정 메커니즘이 가격 경쟁이고 계층제의 중요한 조정 메커니즘이 관리적 질서라면, 네트워크를 접합하는 것은 신뢰와 협동이다(Thompson et al., 1991: 15). 로드스에 따르면 좀더 중요한 것은 네트워크는 스스로 조직한다는 것, 자율적이고 스스로 지배한다는 것이다. 즉, 통합된 네트워크는 정부의 방향잡기를 거부하고 자신의 정책들을 발전시키며 그들의 환경을 조성한다(Rhodes, 1996: 659). 로드스의 관점에서 거버넌스는 스스로 조직하는, 조직간 네트워크에 관한 것이다. 자기 조직적 네트워크로서 거버넌스는 시장과 계층제만큼 독특한 지배구조이다. 정부에 있어 중요한 문제는 이러한 네트워크에게 권한을 부여하는 것과 협동의 새로운 형태를 찾는 것이다(Rhodes, 1996: 666).

자기 조직적 네트워크에 대한 유사한 아이디어는 키커트(Kickert, 1997)에 의해 제시되었는데 그는 이를 공공 거버넌스(public governance)라고 부른다. 그것은 신공공관리(NPM)에 의해 옹호되는 것에 대해 강하게 비판한다. 사적 영역을 위해 발전되어온 기술을 공적 영역에서 사용하는 것은 불가능한 것으로 이해된다. 왜냐 하면 공적 영역의 업무와 환경은 사적 영역과 매우 다르기 때문이다(Kickert & Koppenjan, 1997).

NPM의 대안으로서 공공 거버넌스는 더 많은 조직의 효율성 증가에 관한 것이라고 키커트는 주장한다. 그것은 또한 적법성, 정당성, 규범과 가치들을 보호하는 것에 관한 것이다.

국가와 사회는 처음에는 국가는 지배하고 사회는 지배당하는 분리된 실체로서 이해되었다. 공공 거버넌스에 따르면, 모든 행위자들은 같은 체제 내에서 참여한다. 그러므로 국가는 그 체제의 지배를 계획하는 데 초점을 두는 것이 아니라 조정의 역할에 초점을 두어야 한다. 공공 거버넌스는 많은 상이한 행위자로 구성된 복잡한 네트워크에 대한 관리라고 키커트(Kickert, 1997: 735)는 주장한다. 행위자들은 상이한 수준에 상이한 영역에 존재하며 필수적으로 같은 목적을 지니지 않는다. 심지어 그들은 서로 대조적일 수 있다. 이들 행위자들은 상이한 네트워크에서 상호 작용하고 서로 많이 혹은 덜 의존한다. 그러나 국가는 다른 행위자와 비교하여 특정한 위치를 점한다. 국가는 다른 행위자에게 자신의 관점을 단독적으로 강압할 수 있는 지위에 있지 않다. 그러므로 모든 행위자들은 수평적으로 동일하지 않으며 거기에는 실제 어떤 계층제적 질서도 없다. 이것은 규범적인 관점이 아니라 경험적 관찰이라고 키커트는 주장한다. 그는 다음과 같은 의문을 가진다. 어떻게 그러한 네트워크가 지배될 수 있으며 자기 조직적 네트워크가 특정 방향으로 발전하는 데 어떤 방식으로 영향받을 수 있는가? 이는 계층제와 시장 사이 회색지대에 놓여 있는 것으로서 네트워크 거버넌스에 대한 그림을 생각할 수 있다.

3) 기업 거버넌스

기업 거버넌스는 많은 이론들을 위한 공통의 이름이 되며 회사의 지배와 관리에 대한 연구를 말한다(Tricker, 1994). 거버넌스를 조직이 지휘되고 통제되는 체제(The Cadbury Report, 1992. Cited in Rodeds, 1996: 654)나 조직 내 의사결정과 통제와 결부된 구조와 절차들(Starkey, 1995: 838)을 나타낸다고 주장하는 사람들이 있다. 또 다른 이들은 법인 거버넌스는 상급 관리자, 주주들, 이사회와 다른 법인 관련 이해 관계자들 간 상호 작용으로부터 발생하는 구체적인 문제들을 포함하는 우산과 같은 용어이다(Cochran, Wartrick, 1988. Cited in Tricker, 1994). 연구들은 상이한 이해 관계자들이 그들의 권력을 이용하는 방식에 초점을 맞추고 있다. 어떻게 상이한 제도들이 지배적인 관리를 대체하고 이사회의 변화를 위해 그들의 힘을 이용해 왔는지 제도가 어떻게 전략적 의사 결정에 영향을 줄 수 있는지에 좀더 구체적으로 관심을 둔다. 어떤 이들

(Tricker, 1994; Pettigrew, McNulty, 1995)은 어떻게 회사의 이사회가 구성되며 실제에서 어떻게 기능하는가에 초점을 둔다. 사회적 책임성의 관점에서 논의될 수 있는 법인 거버넌스는 고용인, 고객, 대금업자, 생산자 그리고 전체로서의 사회와 가장 중요한 이해 관계자들로서의 사회를 위해 책임성을 보여 주어야만 한다(Tricker, 1994). 그러므로 일반적 용어로서 법인 거버넌스는 회사에 관심 있는 사람들과 이해 당사자들과 일치하여 행동한다는 것을 확실히 해 줄 수 있는 회사를 이끌어 가는 사람들의 책임성, 감독, 평가와 통제에 대해 말하는 것이다(Starkey, 1995). 다르게 말한다면 궁극적으로 법인 거버넌스는 현대 조직에서 권력의 행사에 대한 것이다.

4) 참여적 정부모형의 거버넌스

참여적 정부모형의 거버넌스는 자기 조직적 네트워크 등 위에서 논의한 유형의 정부 내적 측면에 초점을 둔 것이다. 이는 시장모형과는 거의 반대 입장으로서, 시장을 거부하며 정부에 대해 신호를 보낼 수 있는 정치적이고 민주적인 집단적 기제, 즉 참여를 모색하는 것이다. 시장모형이 독점을 가장 중요한 저해 요인으로 지적하는 반면, 참여모형은 계층제를 최대의 해악으로 지적하고 있다. 이 모형은 하급 관료, 즉 공공 부문에서의 재화와 서비스의 실질적 생산에 가장 밀접한 공직자들과 고객들이 오히려 프로그램에 대한 정보와 훌륭한 통찰력을 가지고 있다는 것을 가정한다. 즉, 정부의 기능을 향상시키기 위해서는 정부조직의 하위 영역 내에서 정책 결정 과정에서 배제되어 있던 개인과 집단의 참여를 활성화해야 한다는 것이다.

따라서 이 모형은 Y이론에 입각한 인간관과 권한 부여, TQM 등의 참여관리를 이념으로 한다. 나아가 국민 참여에 대한 좀더 강력한 개념으로서 담론 민주주의, 연합 민주주의 이념과 상통하는데 고객, 근로자, 특히 일반 국민들이 좀더 많이 참여할 것을 요구하는 것이다. 그러나 대부분의 국민들은 복잡한 정책의 세부 사항을 논의할 만한 유용한 정보를 충분히 가지고 있지 않으며 참여에 대한 많은 법적 제약이 존재하며, 참여를 제한하는 것이 더 효율적인 경우도 있다.

이 접근법은 구조보다는 과정 자체에 더 많은 관심을 가지지만, 계층 축소나 규모 축소를 통해 공공조직이 더욱 '평평'해질 것이며 다양한 참여의 통로를 보장할 것을 강조한다. 또한 폭넓은 참여는 당연히 엄격한 계층제보다는 분권화된 의사결정을 선호할 것이다. 반면 여기서 조정의 문제가 발생하게 된다. 또한 하급 관료의 참여는 책임성 문제를 야기시켜 자유재량과 책임 수준 간의 적절한 균형 문제가 나타난다.

참여 모형에서의 공익은 정책과 관리 결정에서 공무원과 고객 및 시민의 참여가 극대화될 때 이루어진다고 한다. 공익과 관련한 참여 기제는 다음과 같다.

첫째 시민과 근로자들의 효과적 참여를 위해 공공 부문의 정책과 관련한 정보가 개방적이어야 한다. 둘째 하의상달식 정책 결정이 가능한 영향력의 상향적 개방이다. 이는 조직 참여자들의 지식이 반영됨으로써 탁월한 정책 결정 및 권한 부여, 순응비용의 감소를 가져온다. 셋째 시민과 정부관료 간 대화 과정을 통해 공공정책을 결정해야 한다는 것이다. 참여모형은 관료제를 탈관료화하고 사익을 추구하지 못하도록 전략을 세우는 것이다. 다양한 집단의 참여는 정책 결정에서 협상과 협의를 강조하게 되고, 이는 결국 공공 부문과 민간 부문의 네트워크를 의미하는 것이다. 시장모형과 달리 참여모형은 민주화의 선결을 요구한다.

4 평 가

시민사회 중심적 거버넌스는 시민사회가 성숙하고 강력한 힘을 지니는 미국과 영국 등 서구 민주주의 국가들의 경우 어느 정도의 노력만으로 매우 효과가 있을 수 있다. 그러나 대부분의 사회에서는 국가와 시민사회 간의 불평등한 권력 관계가 존재하고 있는 상황에서 거버넌스에서 강조하고 있는 다양한 주체들 간의 참여와 협력보다는 새로운 갈등과 문제를 유발할 우려가 있다. 시민사회 영역이서 자기 조직적 네트워크를 구축할 경우에도 지역 NGOs, 민간단체, 지방정부, 다국적기업, 국제기구 지부 등 다양한 시민사회 조직들(civil society organizations: CSOs)이 참여하게 되는데, 이들 가운데 각종 정보와 자원 및 조직면에서 유리한 기업을 중심으로 한 특정 이익집단들이 다른 NGOs 등에 비해 더욱 강력한 목소리를 내고 영향력을 행사하게 될 가능성이 크다. 또한 강력한 시민사회가 약한 정부를 요구하거나 민주주의를 위한다는 명분에서 강한 시민사회를 구축하여 정부에 영향력을 키운다는 것이 잘못될 경우, 기업 등 특정 이익집단의 논리가 공익을 그르치게 하는 위험성을 내포하게 된다. 이 경우에는 시민사회를 활성화시키기 위해 차용한 '반국가주의 담론(anti-state discourse)'이 공공영역이나 공익과 같은 거버넌스가 실현하고자 하는 핵심 가치 영역들을 도리어 위협하는 상황으로 전개될 우려가 있다.

이러한 위험에도 불구하고, 사회 중심적 거버넌스는 시민사회가 자율적으로 힘을 키워 나가는 열린 기회를 제공한다는 점에서 시민의 권한을 강화할 수 있는 장점이 있다(Rosenau, 1992: 291). 시민들 스스로 관리 대상이 고객이 아닌 실질적인 주인으로 거듭나 능동적인 시민이 되어 공공 담론을 주도하고 공공 영역을 장악할 때 사회 중심적 거버넌스는 실질적으로 가동할 수 있을 것이다.

제4절

시장 중심적 거버넌스

1 자본주의의 세계화와 세계 자본주의 체제의 질적 심화

세계화가 자본의 세계화 형태로 나타나면서 세계 자본주의 체제의 구조화와 질적인 심화 현상이 전 세계적으로 나타나면서 시장 중심적 거버넌스의 경향이 신자유주의(neo-liberalism)의 강화와 더불어 새롭게 나타나고 있다. 국민국가의 국경에 세계화에 따른 세계 자본주의 시장의 영향력 강화로 개별 국가의 정부와 통치의 내용까지 크게 영향을 받게 되었다. 특히 경제적인 신자유주의의 지구적인 확대는 WTO, TR, CR, BR, GR 등 각종 뉴 라운드가 전 세계를 하나로 통합하면서 개별 국민국가들은 세계 자본주의의 강력한 영향력하에 편입되게 되었다.

이와 더불어 IMF와 단기 투기 자본의 영향력이 증가하면서 개별 국민국가는 물론 기업과 시민사회마저 세계자본의 영향력을 더욱 받게 되면서 공동체의 운영과 구성 원리마저 그 질서에 따라 이루어질 수밖에 없게 되었다. 이에 따라 개별 국민국가의 거버넌스는 그 정도에서 차이는 있지만 자본주의 시장 중심적으로 이루어지고 있다.

이러한 신자유주의적 정부개혁과 시장 중심적 거버넌스는 미국, 영국, 호주, 뉴질랜드 등 영미계 국가를 중심으로 등장했을 때에는 이미 이들 국가가 역사적으로 자본주의를 기반으로 한 민주주의 위에 이룩되었던 만큼 큰 진통이 없이 자연스럽게 정착할 수 있었다. 그러나 영미계와는 공동체의 형성 과정이 다른 대륙계 국가나 제3세계 국가들의 경우에는 심각한 갈등을 내포할 수밖에 없다. 왜냐 하면 대륙계 국가의 경우에는 국가가 중앙집권적인 관료 체제를 중심으로 오랜 역사를 지니고 정착한 뒤에 자본주의가 도입되고 그 다음에 민주주의가 발전하여 영미계 국가와는 발전의 양상이 근본적으로 다르기 때문이다. 국가는 관료주의나 관리주의를 지향하고, 시장은 자본주의를 지향하며, 사회는 민주주의를 추구하기 때문에 국가, 시장 및 사회 간에는 기본적으로 작동 원리가 다르기 때문이다. 비록 세계화가 영미계를 중심으로 진행되어 세계 자본주의의 영향력이 크지만 시장 중심 거버넌스의 정립에는 그만큼 제약이 따르는 것이다.

2 시장 중심적 거버넌스의 원리: 시장주의

시장 중심적 거버넌스는 경쟁 원리와 고객주의를 근간으로 하는 시장주의를 지향한다. 시장주의(market orientation)[7]는 가격을 매개로 한 자원 배분, 경쟁 원리, 고객주의 등으로 요약된다(정정길, 2000: 436-465).

첫째 시장주의는 공공 서비스의 생산에서 공공적인 결정과 집행에 의존하지 않고 가격을 매개로 움직이는 시장의 원리에 의존하려는 것이다. 그러므로 정부가 개입하지 않고 중요한 경제 문제를 시장에 의해 해결하려는 자유방임적 사상의 부활이라고 보아서, 신공공관리를 신자유주의적 관리라고 부르기도 한다.

둘째 가격을 매개로 하여 수요와 공급을 일치시키는 시장 원리는 수요자와 공급자가 다수가 있고 서로 경쟁하는 경우에 타당하다. 시장주의는 서비스나 상품의 공급에 경쟁 원리를 도입하는 것이다. 이러한 시장주의를 정부 서비스의 공급에도 적용[8]하려는 것이 신공공관리의 가장 큰 특징이다.

셋째 시장 메커니즘을 이용하려는 신자유주의적 공공관리론에서 경쟁 원리에 못지않게 중요한 것이 고객주의이다. 시장주의를 행정 서비스 제공에 도입하는 것은 행정 서비스를 소비하는 고객, 즉 시민이나 국민들을 왕으로 모신다는 의미가 된다. 고객주의는 그러므로 '국민을 위한 행정'이라는 민주적 원리를 다른 형태로 표현한 것이다. 그

---

7) market orientation이란 용어는 market-driven, marketing-oriented, market-oriented, customer-oriented, close to the customer, integrated marketing, marketing community 등으로 다양하게 쓰이나 각 용어 간의 두드러진 차이는 거의 없는 것으로 보아도 무방하다(Harris, 1999: 8/1).

8) 시장 기제 도입은 전형적으로 논쟁적이며 상당히 정치적일 수 있지만 시장적 신공공관리는 강력한 유인을 제공한다. 독점 공급자에게 경쟁 압력을 제공하여 자원 배분과 X효율성의 향상을 증진할 수 있다. 그러나 시장 기제 도입은 편익/비용, 승리자/손실자를 낳는다. 자세한 것은 Christiansen(1998: 286-287) 참조.

러나 시장주의의 고객과 민주주의의 시민 사이에는 권리와 의무 등의 성격에서 차이가 있기 때문에 세심한 조화가 필요하다.

넷째 신공공관리의 시장주의에서 가장 많은 실험적 시도가 있는 분야는 행정 서비스를 민간 기업체로 하여금 경쟁적으로 공급시키는 민간위탁(contract out)이다. 그러나 복지비 등의 감소로 정부 경비를 줄여서 기업의 세금 부담을 감소시키고 이를 통해서 투자를 자극하여 경기를 활성화시키고 실업을 감소시키려는 레이거노믹스적인 노력도 신공공관리의 한 요소가 되어 있다.

3 시장 중심적 거버넌스의 유형

1) 시장적 정부모형

시장적 정부모형은 정부 관료제의 비효율성과 시장의 효율성에 대한 신뢰를 전제로 하며 이는 신고전 경제학에 기초한 것이다. 즉, 시장은 경쟁적 체제를 통한 자원 배분의 효율성을 달성하고, 시장실패 또한 시장의 기제를 통해 해결하는 것이 바람직하다는 것이다. 특히 이는 관료적 독점을 문제의 핵심으로 강조하고 있는데 최고위층에 있는 조직 구성원들의 이기심 때문에 공공관료제가 비대해지고 이것이 공공 부문 실패의 원인이 된다는 것이다. 또한 공공재는 비배제성과 불가분성 때문에 사회 구성원에게 특정의 편익을 주지 않으나 민간재가 이들에게 더 많은 정치적 이득을 주므로 공공재는 과소 공급되고, 민간재 및 서비스는 불충분하게 공급된다는 것이다.

또한 신공공관리론자들은 공무원의 역할을 관리적 업무로 규정하고 공사 부문의 차이가 적음을 가정하며, 따라서 민간의 관리 기법(TQM, MBO 등)의 도입을 통해 공공 부문의 효율적 관리가 가능하다고 주장한다. 시장적 인센티브에 의한 동기 유발의 수단으로서 성과급제나 성과급 등 차등적 보상이 필요함을 강조하고, 정부의 시장화를 위한 주요한 구성 요소로 계약 방식과 시장 검증을 제시하고 있다. 그러나 공사 부문은 서로 상이한 업무 분야로 민간 영역의 관리 기법을 복잡한 공공 부문에 그대로 도입하는 것은 한계가 있다. 또한 '경쟁'이 관료제에 의한 공공재의 불충분한 공급 문제에 대한 효과적인 해결책이 될 수도 없고, 관료 기관의 독점적 권력이 비능률을 야기시킨다는 가정은 경쟁보다 독점을 통해 훨씬 능률적인 영역의 경우(가스, 전력 등) 문제점이 있다.

시장주의자는 공공관료제가 가격 체계의 부재로 시장으로부터의 신호에 둔감하며 계층제적 구조를 통한 통제로 행정의 비효율성을 초래한다고 하면서 조직을 분권화하고 정책 결정과 집행의 분리 및 공공 서비스 공급을 민간이나 정부 하위기관으로의 기능 이양 등을 통한 분권화를 주장한다. 그러나 정부의 기계적인 기능에는 적합할지도 모르지만 복잡하고 사회 발전적인 업무에는 다소 부적합하고, 부처간 거래비용의 증대를 초래할 수도 있다.

또한 정책 결정에서, 시장주의자들은 관료적 기능을 다수의 '기업적'인 사업소로 분권화할 것을 주장하고, 이를 통해 공공 부문의 창의성 제고와 혁신적인 프로그램의 산출 효과를 얻을 수 있다고 한다. 그러나 대부분 관료들은 현존하는 정치지도자들의 정책에 따르도록 강요받고 있어 공공 서비스와 정책의 정치화를 초래하여 실적주의와 직업공무원제를 침식할 수 있다. 분권화는 조정과 통제를 어렵게 하며, 시민을 소비자와 고객의 개념으로 전락시킴에 따라 시민의 국가에 대한 법적 지위 및 권력의 소유자로서의 역할이 축소되고, 지나친 경제적 합리성의 강조는 여성이나 소수 집단 등의 탈물질적 가치의 반영을 축소시킬 수 있다.

이들의 공익 개념은 공공 서비스 공급의 효율성, 시장의 신호에 대한 대응성, 고객으로서의 국민들에 대한 선택권의 부여를 통해 자유로운 선택을 허용하는 것으로 달성될 수 있다고 한다. 시장적 모형은 가장 대중적이며 공공 부문의 능률화를 가능케 하는 모형으로 인식되어 왔으며 각국에서 적용되어 왔다. 그러나 개혁에 따르는 비용과 전통적인 행정 체제인 긍정적인 면 및 새로운 체제의 잠재적 편익의 비교, 평가를 통한 개혁이 시도되어야 할 것이다.

2) 최소국가론

최소국가론은 국가의 공공 개입의 범위와 형태를 최소화하는 방향으로 재정의하고, 공공 서비스 공급에서 축소된 부분을 시장과 준시장의 활용으로 보완하고자 하는 거버넌스 이론이기 때문에 국가 중심 이론으로 간주할 수 있다. 보원워타나(Bowornwathana, 1997)가 새로운 민주적 거버넌스 패러다임을 주장한 것은 거버넌스의 개념이 최소한의 국가를 옹호하기 위해 어떻게 이용되는가에 대한 좋은 예이다. 그 주장은 우리가 21세기에 만나게 될 사회경제적, 정치적, 기술적 변화들이 오늘날의 공공관료제들을 없애게 될 것이라는 주장이다. 공공관료제는 너무나 크고 낭비가 많아 다른 활동을 위해 충분한 자원이 남아 있지 않다. 공공관료제들은 공공 서비스를 제공하는 데 불충분한 것으로 보여지며 그러므로 개혁은 필수적이게 된다. 이 때 새로운 거버넌스 패러다임이 제시된다. 이 최소국가론의 패러다임은 국가의 성격을 네 가지 중요한 원칙에 따라 재정의한다. 이들은 ① 적은 문제를 다루는 작은 정부, ② 국제적인 비전과 융통성을 가진 정부, ③ 책임을 지는 정부 및 ④ 공정한 정부이다.

최소국가에 대한 다른 주장은 사적 영역이 더 높은 질의 공공 서비스를 제공할 수 있다는 아이디어이다. 시장 메커니즘은 경쟁을 창출하기 때문에 사적 시장은 공적 영역보다 효율적인 것으로 보인다. 세계 경제는 자유무역과 시장 원리를 지닌 세계가 되어 왔고 비즈니스 영역이 경제 발전의 추진력이 되는 상황을 초래했다. 그런 상황에서 국가는 탈규제화된 시장 경제를 만들어야 하고 지원해야 한다(Bowornwathana, 1997).

4 평 가

시장 중심적인 거버넌스는 복잡한 사회 현상과 다양한 이해 관계들에 대한 효과적인 관리 기제로 작동할 수 있다. 이들은 집합적 행동의 문제를 해결할 때 이해 당사자들 간의 정보 교환에 필요한 거래비용의 감소(Young, 1996: 246), 구조화되지 않은 복잡성의 단순화(Jessop, 1997a: 100), 효과적인 동의와 순응의 확보(Midttun, 1999) 등 주로 기능적이고 관리적인 측면을 강조하고 있다. 일반적으로 신자유주의 논리에 기반하여 정부의 비효율성 문제를 해결하기 위해 민영화와 탈규제를 주장한다.

그러나 이는 국가가 사회에 제공하는 공공복지 서비스의 규모와 시장에 대한 공적 규제를 줄이는 데 초점을 맞추어 국가가 담당해 왔던 공적 활동과 그 관련 권한을 공공성이 약한 주체들에게 넘겨 주어 공공 영역의 축소와 쇠퇴 가능성이 높다. 이는 민주적 책임성의 결여와 시민사회에 기반한 사회적 거버넌스의 퇴화로 귀결한다. 따라서 시장 중심 거버넌스와 사회 중심 거버넌스의 조화가 필요하다.

제 5 절

결 론

한국은 21세기를 맞으면서 국가, 시장, 시민사회의 새로운 틀을 이들 3자간의 상호 협력과 공존을 바탕으로 한 네트워크 체제를 구축함으로써 뉴 거버넌스를 이루어야 할 것이다. 그러나 구체적인 틀의 설계에 앞서 이 글에서는 다양한 거버넌스의 이론들을 유형화하고 그 성격을 비교하면서 평가함으로써 한국형 거버넌스의 모형을 제시하기 위한 기초 자료로 삼고자 했다. 이를 위해 다양한 분야에서 논의되는 기존의 거버넌스 이론들을 국가 중심, 시장 중심 및 시민사회 중심으로 나누어 비교 검토했다.

한국은 서구 국가들과 달리 대륙계 국가로서 국가와 시장 및 시민사회의 형성 역사가 상이하고, 세계 자본주의 발달 과정에서 제4세대 '후기 후발 산업화 국가'로서 시장이나 시민사회에 비해 비정상적으로 비대한 규모와 역할을 행사해 왔다. 그러나 21세기 세계화, 정보화 시대에 접어들면서 국가 주도의 거버넌스가 더 이상 효과를 발휘하지 못해 국가실패를 가져오고, 시장이나 시민사회 또한 성숙한 정도로 발전하지 못해 이를 극복할 수 있는 새로운 거버넌스 틀을 필요로 하고 있다. 이를 위해 한국의 실정에 맞는 새로운 거버넌스의 이론과 틀을 구축하는 것이 매우 중요한 과제로 대두되고 있다.

그 동안 정부는 49회나 단행한 행정개혁들 가운데 성공적인 것이 많지 않고, 역대 정부에서 추진한 행정개혁도 그 성과보다는 부작용이 더 크다는 지적에 주의를 기울여야 한다. '신자유주의'에 입각하여 정부 기능, 조직, 인원, 기구의 축소와 통폐합에 치중했다가, 축소한 기구를 확장시키거나 격하시켰던 지위를 회복시키려는 시도를 하고 있는 점은 그 자체로 지난 행정개혁에 문제점이 많았음을 보여 주는 것이다.

정부의 4대 개혁 가운데 행정개혁이 가장 미진하고 실패라는 지적은 21대 총선 결과에도 일부 반영되어, 총선 이후 대통령은 행정개혁 담당 기구를 기획예산처 소속에서 대통령 자문기구로 변경하고 명칭도 '정부혁신위원회'로 변경하여 운영했지만 역시 그 성과는 크지 않았다. 향후 행정개혁의 성패는 대통령의 의지에도 많이 달려 있지만 더욱 중요한 것은 정부개혁에 대한 시장과 시민사회 나아가 당사자인 공무원과 국민의 공감을 얻는 일이다. 정부의 전통적인 행정의 개념이 21세기에는 거버넌스의 개념으로 전환하고 있기 때문에 국민들의 참여와 지지 획득은 매우 중요하다.

그러나 아직 대통령이나 정치권은 여기에 대해 충분한 패러다임 전환이나 청사진을 지니지 못한 것으로 보인다. 대표적으로 대통령 선거나 국회의원 선거에서 보인 정책 공약에 나타난 정부개혁의 의지나 프로그램은 20세기적인 패러다임을 넘어서지 못하고 있다. 일부 제시되고 있는 내용도 이 연구에서 제시한 행정관리 혁신의 차원에서 크게 벗어나지 못하고 있다. 그들 프로그램들 사이에도 상호 연계가 잘 되지 않는 내용들이 혼합되어 있는 점도 프로그램의 문제로 지적된다(한국정책학회, 2000).

중요한 것은 개혁과 관련하여 바람직한 뉴 거버넌스의 틀을 구축하고 이에 대해 국민들의 신뢰를 획득하는 일이다. 신뢰는 제도가 안정된 나라에서는 그 자체를 향상시키는 것을 정부혁신의 요체로 삼을 정도로 중요한 일이다(Nye et al., 1998). 신뢰성은 21세기 정부개혁의 핵심 과제로 삼을 정도로 중요한데 미국의 일부 학자는 그 자체를 국가의 힘의 가장 중요한 요소로 지적할 정도이다. 이 외에도 신뢰성은 거버넌스의 성공적인 운영을 위해 필요하다. 정부가 아닌 NGOs, 제3섹터, 민간단체 등이 전통적으로 정부가 해 오던 일들을 담당하게 될 경우에도 이들에 대한 국민의 신뢰가 매우 중요하기 때문이다. 이처럼 신뢰는 중요성을 지니는 만큼 향후 정부는 행정개혁의 비전과 프로그램 내용은 물론 추진 기구의 재조정 과정에도 국민의 지지를 얻으면서 추진하는 것이 행정개혁의 성공 여부에 매우 중요한 역할을 할 것임을 유념해야 할 것이다.

이제 정부는 행정개혁을 통해 당면한 2022 세계 경제위기와 코로나-19 관리 체제를 극복할 뿐만 아니라 21세기의 새로운 국가를 재창조하는 일이 이루어지도록 해야 하겠다. 지난 80여 년간 세계 체제나 국내 사회와 맺고 있는 국가의 기본적인 관계 틀을 재정립하고, 정부 스스로의 조직과 기능 및 역할을 다시 규정하며, 그러면서도 선진국들이 실천하고 있는 행정조직 내부의 관리 방식을 혁신하는 일은 정부와 정치권뿐만 아니라 노동자, 기업가, 시민단체가 함께 추진해야 한다.

이 국가 차원, 정부 차원 및 행정관리 차원에서의 뉴 거버넌스의 방향과 내용은 모든 국민이 지금 슬기롭게 추진해야 할 최소한의 일들이다. 권위주의 시대와는 달리 정부나 정치권만이 아니라 국민이 주도적으로 이러한 개혁을 추진하는 것은 이 시대의 역사적인 사명이기도 하다. 선진국이 시민혁명을 통해 이룬 민주주의와 민주정부를 우리는 평화적인 방법으로 달성할 수 있을 것인가는 우리 국민의 역량에 달려 있다. '제2의 경제 위기'가 우려되는 상황에서 우리는 국민 주도의 자율적인 방식으로 평화롭게 '시민혁명'을 통해 국가혁신, 정부혁신 및 정부관리 혁신을 이루어 새로운 국가재창조를 이루도록 해야 한다.

'세계화의 덫'을 '국민의 슬기'를 바탕으로 정부행정을 대신하는 뉴 거버넌스로 뛰어넘는 일이 이 시대의 역사적인 과제가 되고 있다. 민주주의, 자본주의 및 관료주의의 관계에서 우리 나라는 여전히 관료주의가 우월한 위치에 있는 만큼, 국민의 힘에 의한 민주주의가 관료주의를 개혁하는 일이 이루어져야 하겠다. 이 때문에 NGOs, 제3섹터, 민간단체, 사이버 등이 새로운 거버넌스의 주체로 국민의 힘에 의해 등장해야 하는 것이다.

전 세계에 유례가 없을 정도로 한국의 NGO가 세계에서 가장 짧은 기간 안에 정부에 가장 강력한 영향력을 행사한다는 점은 뉴 거버넌스의 성공을 위한 바람직한 현상이다. 그러나 NGO들이 권력과 지나치게 밀착하여 정부의 관변단체로 전락하고 있는 점은 크게 우려할 일이다.

또한 IMF 위기, 2008 외환위기, 2020 세계경제위기 등으로 어려움에 처한 국내 기업들의 경우에도 시장을 회복할 수 있는 힘을 스스로 육성해야 한다. 대기업과 중소기업의 공존, 제조업과 지식기반 산업 및 벤처산업이 공존 협력하는 질서 회복은 시장 기능 회복을 위한 전제 조건이다. 정부와 금융도 시장이 자율적으로 시장주의에 따라 운영되도록 각종 개입과 장애를 제거해야 할 것이다. 정부가 4대 개혁과제로 추진하고 있는 재벌 개혁과 금융 개혁 및 공공 부문 개혁도 조속하게 마무리하여, 시장, 정부 및 시민단체가 자율성과 책임성을 지니면서 협력, 공존, 경쟁하는 네트워크를 구축할 수 있도록 해야 할 것이다. 이에 대한 최종적인 감시자이며 집행자는 시민사회이고 국민 스스로임을 자각해야 할 것이다.

거버넌스에 대한 다양한 이론적인 자원들을 바탕으로 한국의 21세기 거버넌스의 이론과 틀이 역사적인 맥락을 고려하고 미래 세계의 역사 전개의 방향에 적합하도록 설정되길 기대한다. 이를 위해 이 연구는 이론적인 단초를 제시하고 기존 이론들을 비교하는 데 그쳤으나 향후 이 분야의 구체적인 연구들을 통해 더욱 현실적인 한국형 거버넌스 모형이 제시되길 기대한다.

특히 4차 산업혁명과 메타버스라는 새로운 21세기를 맞아 국가 · 시장 · 시민사회가 질적으로 변화함에 따라 새롭게 대두하는 AI · 디지털 · 사이버 거버넌스에 대한 이해가 필요하다. 이에 대해서는 이책의 제4부에서 다루도록 한다.

참고문헌

김광웅(2000). 협력체제(partnership)와 효과적인 국정 운영. 『정부와 NGO』. 한국행정학회 2000년도 기획세미나 발표논문집: 11-28.

김석준(1988a). 한국정권 변화의 정치경제: 세계 체제, 국가, 사회계급 간의 상호 활동을 중심으로. 『한국정치학회보』, 22(1).

______(1992). 『한국산업화 국가론』. 서울: 나남.

______(1994). 『국가변동론: 현대국가의 흥망과 21세기 한국의 전략적 국가경영』. 서울: 법문사.

______(1998). 범세계적 정보화시대의 정부재창조와 국가경쟁력: 패러다임의 전환과 정책과제의 모색. 김정길 외 편, 지구촌 시대의 한국: 『회고 50년, 전망 50년』, 163-214. 서울: 나남출판사.

______(2000). 한국의 국가재창조와 정부개혁 프로그램. 『사회과학연구논총』, 4: 5-30.

______(2000). 한국 국가재창조와 뉴 거버넌스: 새로운 패러다임 모색. 『한국행정학보』, 34 (2).

______외(2000). 『뉴 거버넌스 연구』. 서울: 대영문화사.

______외(2001). 『뉴 거버넌스와 사이버 거버넌스 연구』. 서울: 대영문화사.

김영래(1999). 비정부조직(NGO)과 국가와의 상호 작용 연구: 협력과 갈등. 『국제정치논총』, 39(3).

김정렬(2000). 정부의 미래와 거버넌스: 신공공관리와 정책 네트워크. 『한국행정학보』, 34(1): 21-40.

김준기(1999). 정부-NGO 관계에 관한 이론적 고찰 및 정부 NGO 지원사업 분석. 『한국행정학회 동계학술대회 발표논문집』.

마르틴, 한스 페터와 하랄드 슈만(1997). 『세계화의 덫-민주주의와 삶의 질에 대한 공격』, 강수돌(역). 서울: 동녘.

문순홍 · 정규호(2000). 거버넌스와 젠더, 젠더 친화적 거버넌스의 조건에 대한 탐구. 『Post-IMF Governance 하계학술회의 발표 논문』.

윤영민(2000). 21세기 공동체의 전망: 가상공동체의 분석을 중심으로. 『한국행정연구』, 9(1).

정정길(2000). 『행정학의 새로운 이해』. 서울: 대명출판사.

총무처 직무분석기획단 편(1997). 『신정부혁신론: OECD 국가를 중심으로』. 서울: 동명사.

최장집(2010). 『민주화 이후의 민주주의』. 개정판 2판, 후마니타스.

Alcantara, C. H.(1998). Uses and Abuses of the Concept of Governance, *International Social Science Journal*, 155. published by UNESCO.

Bjork, P. and Johansson, H.(2000). Towards a Governance Theory: A State-Centric

Approach. Paper presented at IPSA World Congress(Aug. 1-5, 2000).

Blair, H.(1997). Donors, Democratization and Civil Society: Relating Theory to Practice, In David Hulme and Michael Edwards(eds.), *NGOs, States and Donors: Too Close for Comfort?* London: MacMillan Press Ltd.

Bowornwathana, B.(1997). Transforming Bureaucracies for the 21st Century: The New Democratic Governance Paradigm. *Public Administration Quarterly*, 21.

Box, R. C.(1998). *Citizen Governance: Leading American Communities into the 21st Century*. Thousand Oaks. CA: Sage Publications.

Clark, A.(1995). Non-Governmental Organizations and Their Influence on International Society. *Journal of International Affairs*, 48(2), Winter.

______(1997). The State, Popular Participation and the Voluntary Sector. In David Hulme and Michael Edwards(eds.), *NGOs, States and Donors: Too Close for Comfort?* London: MacMillan Press Ltd.

Cochran, P. L. and Wartick, S. L.(1988). *Corporate Governance: a Review of the Literature*. Morristown, New Jersey: Financial Executives Research Foundation.

Commission on Global Governance.(1995). *Our Global Neighborhood*. New York, NY: Oxford University Press.

Coston, Jennifer M.(1998). A Model and Typology of Government-NGO Relationships. *Nonprofit and Voluntary Sector Quarterly*, 27(3).

DiGaetano, A. and Lawless, P.(1999). Urban Governance and Inderstrial Decline: Agendas in Birminggham and Sheffield, England, and Detroit, Michgan(1980－1977). *Urban Affairs Review*, 34(4).

Dunleavy, P.(1991). *Democracy, Bureaucracy, and Public Choice*. London: Harvester Wheatsheaf.

Feigenbaum, Harvey B. and Jeffrey R. Henig.(1993). Privatization and Democracy. *Governance*, 6(3): 438-453.

Fisher, Jule. (1998). *Non-Governments: NGOs and the Political Development of the Third World*. West Hartford: Kumarin Press.

Frederickson, H. Geroge.(1996). Public Administration as Governance. A paper presented at the Conference on New Politics and New Administration, Korea.

______(1996). Comparing the Reinventing Government Movement with the New Public Administration. *Public Administration Review*, 56(3).

______(2000). *The Repositioning of Americ Public Administration*.(mimeo).

Fuchs, D. and M. Kaase.(2000). Electric Democracy. Paper presented at IPSA World Congress (Aug. 1-5, 2000).

Fukuyama, Francis.(1999). *Trust.* New York: The Free Press.

Gaudin, J. P.(1998). Modern Governance, Yesterday and Today: Some Clarifications to be Gained from French Government Policies. *International Social Science Journal*, 155. published by UNESCO.

Gordenker, L. and T. G. Weiss.(1996). Pluralizing Global Governance: Analytical Approaches and Dimensions. In T. Weiss and L. Gordenker(ed.). *NGOs, the UN, and Global Governance.* Boulder, CO: Lynne Rienner.

Gore, Al.(1993). Creating a Government That Works Better & Costs Less. *The Report of the National Performance Review.* Penguin.

Hammond, Thomas H.(1996). Formal Theory and Institutions of Governance. *Governance*, 9: 107-85.

Hettne, B. and Soderbaum, F.(2000). 'Global Governance' Meets the 'New Regionalism': Modes of Regional Governance in Africa. Paper presented at IPSA World Congress (Aug. 1-5, 2000).

Hettne, B., Inotai, A. and Sunkel, O.(ed.).(1999). *Globalism and the New Regionalism.* London: Macmillan.

Hood, C.(1995). *Emerging Issues in Public Administration. Public Administration*, 73.

Hood, Christopher.(1991). A Public Management for All Seasons? *Public Administration*, 69(1): 3-19.

Hulme, D. and M. Edwards.(1997). NGOs, States and Donors: An Overview. In David Hulme and Michael Edwards(eds.), *NGOs, States and Donors: Too Close for Comfort?* London: Macmillan Press Ltd.

Ingraham, P. W. and B. S. Romzek.(1994). *New Paradigms for Government: Issues for the Changing Public Service.* San Francisco: Jessey-Bass Publication.

Jessop, B.(1995). The Regulation Approach, Governance and Post-Fordism: Alternative Perspectives on Economic and Political Change? *Economy and Society*, 24(3).

______(2000). Governance Failure. In Stoker G.(ed.). (2000): *The New Politics of British Local Governance.* Macmillan Press Ltd.

______(1997). The Povernance of Complexity and the Complexity of Governance: Preliminary Remarks on Some Problems and Limits of Economic Guidance. In. A. Amin and J. Hausner(eds.), *Beyond Market and Hierarchy.* Cheltenham: Edword Elgar.

______(1998). The Rise of Governance and the Risks of Failure: the Case of Economic Development. *International Social Science Journal*, 155. published by UNESCO.

______(1999a). The Social Embeddedness of the Economy and Its Implications for

Economic Governance. In F. Adaman and P. Devine(ed.), *The Socially Embedded Economy*. Montreal: Black Rose Book

______(1999b). The Changing Governance of Welfare: Recent Trends in Its Primary Functions, Scale, and Modes of Coordination. *Social Policy and Administration*. 33(4).

Jordan, Grant.(1994). Reinventing Government: But Will It Work? *Public Administration*, 72: 271-279.

Keane, J.(1998). *Civil Society: Old Images, New Visions*. Stanford, CA: Stanford University Press.

Kettl, Donald F.(1993). *Sharing Power: Public Governance and Private Markets*, Washington D. C.: Brookings Institution.

______(1994). Deregulating at the Boundaries of Government: Would It Help. In DiIulio, John, Jr.(ed.). *Deregulating the Public Service: Can Government Be Improved?* Washington, D.C.: The Brookings Institution.

Kickert W. J. M.(1997). Public Governance in the Netherlands: An Alternatives to Anglo American 'Managerialism', *Public Administration*, 75.

Kickert, W. J. M. and Koppenjan, J. F. M.(1997). Public Management and Network Management: an Overview. In Kickert et al.(ed), *Managing Complex Networks, Strategies for the Public Sector*. SAGE Publications.

Kooiman, J.(ed.).(1993). Modern Governance. London: SAGE.

______(ed.).(1994). *Modern Governance, New Government-Society Interactions*. SAGE Publications.

______(1993). Governance and Governability: Using Complexity, Dynamics and Diversity. In J. Kooiman(ed.), *Modern Governance: New Government-Society Interactions*. London: Sage Publications.

______(1993). Social-Political Governance: Introduction. In J. Kooiman(ed.), *Modern Governance: New Government-Society Interactions*. London: Sage Publications.

Kooiman, J. and Van Vliet, M.(1993). Governance and Public Management. In K. A. Eliassen and J. Kooiman(ed.), *Managing Public Organization*. London: Sage Publisher.

Light, Paul C.(1997). *The Tide of Reform: Making Government Work*, 1945~1995. New Haeven: Yale University Press.

Linden, Russell M.(1994). *Seamless Government*. San Francisco, CA: Jossey-Bass Publishers.

March, J., and Olsen, J.(1995). *Democratic Governance*. New York: Free Press.

Mashaw, Jerry L.(1997). *Greed, Chaos and Governance: Using Public Choice to Improve*

Public Law. New Haven, New York: Yale University Press.

Midttun, A.(1999). The Weakness of Strong Governance and the Strength of Soft Regulation. *Innovation*, 12(2).

Moe, Ronald.(1994). The 'Reinventing Government' Exercise: Misinterpreting the Problem, Misjudging the Consequences. *Public Administration Review*, 54(2).

Norris, P.(2000). Global Governance and Cosmopolitan Citizens. In J. S. Nye Jr. and E. Kamarck(eds.), *Globalization and Governance*.

Nye, Joseph Jr., Zelikw, Philip D. and King, David C. (eds.). (1997). *Why People Don't Trust Government*. Cambidge, MA: Harvard University Press.

OECD.(1995). *Governance in Transition: Public Management Reforms in OECD Countries*.

Osborne, David and Gaebler, Ted.(1992). *Reinventing Government: How the Entrepreneurial Spirit in Transforming the Public Sector*. New York: Addison-Wesley.

Osborne, David., and Plastrik, Peter.(1997). *Banishing Bureaucracy*. Reading, MA: Addison-Wesley Publishing Co.

Osborne, David., and Rivera, Victor Colon.(1998). *The Reinventing Government Workbook: Introducing Frontline Employees to Reinvention*. San Francisco, CA: Josssey-Bass Inc., Publishers.

Ostrom, E.(1990). *Governing the Commons: The Evolution of Institutions for Collective Action*. Cambridge: Cambridge University Press.

Ostrom, E., Walker, J. and Gardner, R.(1992). Covenants with and without a Sword: Self-Governance Is Possible. *American Political Science Review*, 86: 404-417.

Peters, B. G.(1998). 『미래의 국정관리』, (공역). 서울: 법문사; *The Future of Governing: Four Emerging Models*. Lawrence, Kansas: University Press of Kansas, 1997.

______(1988). Governance Without Government? Rethinking Public Administration. *Journal of Public Administration Research and Theory*, 8: 223-43.

______(1988). The Machinery of Government: Concepts and Issues. In Colin Campbell, S. J. and B. Guy Peters(eds.). *Organizing Governance, Governing Organization*. Pittsburgh, PA: University of Pittsburgh Press.

Peters, B. G. and Pierre, J.(1998). Governance without Government? Rethinking Public Administration. *Journal of Public Administration Research and Theory*, 8(2).

Prakash, A. and Hart, J. F.(ed.).(1999). *Globalization and Governance*. London and New York: Routledge.

Purkis, Jon and James, Bowen(eds.).(1997). *Twenty-First Century Anarchism: Unorthodox Ideas for a New Millennium*. London: Cassell Welington House.

Reich, Robert B.(1991). *The Work of Nations: Preparing Ourselves for the 21st Century*.

New York: Knopf.

Rheingold, H.(1993). *The Virtual Community: Homesteading on the Electronic Frontier.* Reading, Mass.: Addison-Wesley Publishing Co.

Rhodes, R. A. W.(1996). *The New Governance: Governing without Government, Political Studies*, 44: 652-67.

______(1997). *Understanding Governance, Policy Networks, Governance, Reflexivity and Accountability*, Buckingham: Open University Press.

Rosenau, J. N. and Czempeil, E. O.(1992). *Governace without Government: Order and Change in World Politics*. Cambridge University Press.

Salamon, Lester M.(1994). The Rise of Nonprofit Sector. *Foreign Affairs*, 74(4).

Schachter, H. L.(1995). Reinventing Government or Reinventing Ourselves: Two Models for Improving Government Performance. *Public Administration Review*, 55(6): 530-537.

Schmidt, S. M.(1977). Client-Oriented Evaluation for Public Agency Effectiveness. *Administration & Society*, 8(4): 403-422.

Self, Peter.(1993). *Government by the Market: The Politics of Public Choice*, London: Macmillan.

Smith, G. E. and Huntsman, A.(1997). Reframing the Metaphor of the Citizen-Government Relationship: Q Value-Centered Perspective. *PAR*, 57(4).

Smouts, M. C.(1998). The Proper Use of Governance in International Relations, *International Social Science Journal*, 155, Published in UNESCO.

Starkey, K.(1995). Opening a Corporate Governance. *Human Relations*, 48.

Stoker G.(1998a). Governance as Theory: Five Propositions, *International Social Science Journal*, 155. Published in UNESCO.

UNDP.(1996). *Participatory Evaluation in Programmes Involving Governance Decentralization.* Management Development and Governance Division, Revised 22.

Whitaker, G. P.(1980). Coproduction: Citizen Participation in Service Delivery, *Public Administration Review*, 40(3)(May/June).

World Bank.(1994). *Governance: the World Bank's Experience.* Washington, DC.

Young, O. R.(1994). *International Governance: Protecting the Environment in a Stateless Society.* Ithaca, NY: Cornell University Press.

______(1997). *Global Governance: Drawing Insights from the Environmental Experience.* Cambridge and London: The MIT Press.

제2장

거버넌스와 행정윤리 및 가치

강인호

| 제1절 |

서 론

포스트모더니즘(postmodernism)처럼 관료제의 한계와 전통적인 개념인 정부로부터 벗어나려는 시도들 중의 하나가 선진 제국의 행정개혁 과정에서 가장 많이 언급되고 거버넌스(governance)라는 용어일 것이다. 최근 선진 제국의 행정개혁 패러다임으로 등장하고 있는 거버넌스는 정부관료제에 대한 불신과 공격에서 연유되었다. 관료제 중심의 패러다임은 1970년대 후반부터 본격적으로 대두하기 시작한 새로운 패러다임인 거버넌스로 대체되었다.

이러한 패러다임들은 경쟁적 자유시장 체제에 원형적 근거를 두면서 대중주의적 접근 방식을 통해 행정의 효율성과 대응성을 확보하려는 것이다. 전통적인 개념으로서의 정부와 관료제의 위기 극복을 반영하는 대안적 패러다임인 거버넌스는 최근 국내외적으로 연구가 활발히 진행되고 있으나, 보편적인 개념적 정의를 발견하기는 어려운 실정이다. 그 이유는 거버넌스의 정의가 각 나라의 특수성을 강조하고 있기 때문에 보편적으로 수용할 수 있는 개념 정의가 어렵기 때문이다.[1] 또한 이러한 요인이 거버넌스의 일반화를 제약하는 주요 원인이기도 하다(김석준 외, 2000; 김정렬, 2000; Pierre, 2000).

거버넌스가 등장하게 된 배경 역시 학문적인 관점에 따라 조금씩 다르다. 조직이론에서는 조직 내부의 운영과 관리에 초점을 두면서, 과거의 조직관리 방식보다 더 유연하고 역동적인 관리 방식으로 거버넌스를 이해하고 있다. 행정학에서는 정부에 초점을 두고 변화하는 상황에 정부가 좀더 대응적이고 책임성 있는 관리 기법을 이를 어떻게 제도화하느냐에 관심이 집중되고 있다. 정치학에서는 다양한 이해 관계를 가진 행위자들을 포괄하는 통치 양식으로 거버넌스의 등장을 설명하고 있다(김석준 외, 2000: 36).

정치행정이론과 관련하여 거번넌스의 등장 배경을 살펴보면, 정치와 행정, 공공 부문과 민간을 포용하는 메타이론의 필요성, 근대성 개념의 한계, 부정부패와 책임성 저하로 인한 정치 체제와 공공기관에 대한 신뢰성 저하, 여론 형성과 공공 담론 형성 과정의 문제로 인한 정부나 정치 체제에 대한 불만 대두 등이 새로운 거버넌스를 필요로 하는 요인들이다(문순홍 · 정규호, 2000: 8). 이러한 요인들이 기존의 정치행정이론들을

1) 거버넌스의 개념에 대한 구체적인 논의는 김석준 외(2000), 『뉴 거버넌스 연구』 참조.

토대로 삼아 새로운 거버넌스 이론으로 발전시키게 되었다. 따라서 거버넌스 이론의 정치행정학 관점에서의 이론적 기반은 신공공관리론, 합리적 선택이론, 시장이론, 신제도론, 레짐이론, 조직이론, 네트워크이론, 행정윤리론 등으로 볼 수 있다(이종원, 1999; 김석준 외, 2000: 36).

거버넌스가 등장하게 된 배경이 학문적인 관점에 따라 조금씩 다르듯이, 논의 또한 매우 다양하게 전개되고 있다. 따라서 이 장에서는 거버넌스 자체에 대한 논의는 가급적 배제하고, 행정 윤리 및 가치의 시각에서 관련된 문제들을 언급하고자 한다. 또한 규범적이면서 가치 지향적인 행정윤리와 규범적이지 않은 거버넌스를 연구 방법론적인 측면에서 어떻게 접목시킬 수 있는가 하는 시론적 논의에 초점을 맞추고자 한다.

제2절 인식의 렌즈[2]로서 거버넌스

거버넌스에 대한 사전적 의미를 살펴보면, *American Heritage Dictionary*는 "통치 행위, 과정 및 권력 또는 정부"라고 하고 있고, *Oxford English Dictionary*는 "통제나 권위를 적용 대상에 행사하기 위해 필요한 통치 행위나 방식 또는 규제 체계"라고 정의하고 있다. 세계은행(World Bank)은 "국정 운영을 위한 정치적 권력 행사" 또는 "발전을 위해 한 국가의 경제·사회적 자원들을 관리하는 권력 행사의 방식"으로 정의하고 있다 (김정렬, 2000: 23). 정용덕 교수(2001a: 723)는 거버넌스라는 용어가 갖는 의미는 통상적인 의미를 지닌 정부(government)의 개념보다는 좀더 넓은 광의의 개념이며, 정부 부문의 제도들보다는 과정이나 결과를 의미한다고 하고 있다. 프레데릭슨(Frederickson,

2) 여기서 인용하고 있는 '렌즈(lenz)'라는 용어는 기초가 되는 이론적 준거를 지칭한다. 우리는 렌즈를 통해서 세상을 본다. 우리는 어느 하나의 준거의 틀을 벗어날 수 없으나, 그 준거가 우리가 보는 것에 영향을 미치는 방식에 관해 우리는 자각하고 있어야 한다. 주도적 관심은 왜 우리가 보는 것을 보며 그것을 달리 볼 수는 없는가 하는 것이다(Farmer, 1995: 28). 파머(Farmer, 1995)는 행정학 이론을 해석하기 위해 모더니티(modernity)라는 렌즈와 포스트모더니티(postmodernity)라는 렌즈를 사용하고 있다. 그는 모더니티의 렌즈를 포스트모더니티의 렌즈로 바꿈으로써 행정의 영역을 전반적으로 바꿀 수 있다고 주장하고 있다. 이 절에서는 기존의 행정윤리와 가치에 대한 인식의 렌즈로서 거버넌스를 논의해 보고자 한다.

1997)은 거버넌스를 규칙 지시 조건의 변화 또는 사회에 대한 새로운 관리 방식을 강조함으로써, 전통적인 정부가 갖는 의미에 변화를 가져오려는 개념이라고 하고 있다.

로드스(R. A. W. Rhodes는 거버넌스의 다양한 활용 사례를 주목하면서 거버넌스라는 용어가 적어도 여섯 가지의 다른 의미로 사용되고 있다고 하고 있다(정용덕 외, 1998: 역자 서문; 정용덕, 2001a: 726-733).

첫 번째 의미가 "최소국가(the minimal state)"이다. 이 의미는 공공 개입의 범위와 형태를 재정의하고, 공공 서비스 공급에서 시장과 준(準)시장을 활용하려는 것이다.

둘째가 "기업 거버넌스(corporate governance)"의 의미이다. 이것은 본래 조직들이 지시, 통제되는 체계를 의미하는 것으로서, 거버넌스의 역할은 회사의 사업을 운영하는 것이 아니라, 기업의 전반적인 방향 제시, 최고경영 활동의 통제, 기업의 범위를 넘어서는 이해 관계자들에 대한 책임성과 규제에 관한 정당한 기대를 만족시키기 등에 관심을 갖는 것이다. 일반적 의미로 기업적 거버넌스는 회사의 최고관리자들이 주주 및 기타 관심 있는 사람들의 이익을 보장하기 위해 책임성, 감독, 평가, 통제 등의 역할을 수행하는 것을 의미한다.

세 번째 다른 의미가 거버넌스를 "신공공관리(new public management)"[3]로 이해하는 것이다. 이것은 본래 다음의 두 가지 의미를 함축하고 있다. 관리주의(managerialism)가 그 하나로 이는 사부문의 경영 방식을 공공 부문에 도입하려는 것이다. 또한 신제도경제학(new institutional economics)이 다른 하나이다. 이것은 시장경제와 같은 유인 체계를 공공 서비스에 도입하려는 것이다. 신공공관리에서는 소위 '방향잡기(steering)' 기능을 분석의 중심으로 삼는데, 이 방향 잡기를 거버넌스와 동의어로 보고 있다. 정책 결정(즉 방향잡기)과 서비스 전달(노젓기: rowing)을 구분하여, 일종의 '부도난 노젓기 수단'인 관료제 대신에 '기업가적 정부(enterpreneurial government)'를 대안으로 제시한다. 즉 경쟁, 시장, 고객, 결과에 관심을 가지며, '작은 정부(less government)' 혹은 '작은 노젓기(less rowing)', 그러나 '더 많은 거버넌스' 혹은 '더 많은 방향잡기(more steering)'를 목적으로 한다.

---

3) 거버넌스와 신공공관리를 같은 의미로 보는 학자들도 있으나 양자를 서로 다른 것으로 보는 학자들(Bjoerk & Johansson)도 있다. 거버넌스와 신공공관리론은 비슷한 시기에 나온 것으로 두 관점 간에는 유사한 점이 존재하고 있으나 양자는 서로 다른 것이라고 생각된다. 신공공관리와 거버넌스가 행정개혁을 위한 적용 수준에서는 유사성을 찾을 수가 있으나, 이론적 수준에서는 차이가 있다고 하겠다. 자세한 내용은 정용덕(2001). 『현대국가의 행정학』, 서울: 법문사, p. 729 참조.

넷째가 '좋은 거버넌스(good governance)'이다. 이것은 세계은행의 개념 정의 방식으로, 신공공관리와 자유민주주의를 결합한 의미로 해석할 수 있다. 여기서 거버넌스란 나라 일을 관리하기 위해 정치 권력을 행사하는 것이다. 좋은 거버넌스가 되기 위해서는 효율적인 공무원단, 독립적인 사법 체계 및 계약 집행을 위한 법률구조, 책임성 있는 공공기금 관리, 대의제적 입법부에 책임을 지는 독립적 공공감사 기구, 모든 수준의 정부에서 법과 인권을 존중하며, 다원주의적인 제도적 구조와 출판의 자유 등이 전제되어야 된다고 본다.

다섯째 의미의 거버넌스가 '사회적 사이버네틱 체제(socio-cybernetic systems)'이다. 여기서 거버넌스는 사회정치 체제에서 하나의 모든 행위자들의 상호 작용 노력의 공통적인 결과로서 출현하는 유형 혹은 구조를 의미한다. 이 의미는 상호 작용적 사회정치 형태의 국정관리를 의미한다고 하겠다. 예를 들면, 공공정책의 성과는 중앙정부가 수행한 행위의 결과가 아니라는 것이다. 중앙정부가 법을 입안하기는 하지만, 실제로는 중앙은 지방정부, 보건 당국, 자원기구들, 사적 부문과의 상호 작용 속에서 이루어지며, 그들 간에 서로 상호 작용을 하기도 한다. 따라서, 특정 정책 분야에서의 모든 행위자들은 서로를 필요로 하고 서로 공헌한다. 중앙정부는 더 이상 최고가 아니며, 정치체계는 점차 분산화 된다는 것이다. 즉 우리는 중앙정부 없는 사회(centerless society)에서 살고 있다는 것이다.

거버넌스에 대한 여섯 번째의 의미는 '자기 조직화 네트워크(self-organizing networks)' 혹은 '자기 조직적인 조직간 네트워크(self-organizing interorganizational networks)'로 정의하는 것이다. 이 연결망들에 의해 시장과 계층제의 권위에 의한 자원 배분이나 통제 · 조정을 위한 거버넌스 구조를 보완한다. 최근 영국에서의 변화, 특히 "국가의 속 비우기 혹은 공동화하기(hollowing out the state)," "신공공관리," "정부간 관리(intergovernmental management)" 등의 개념들은 모두 이와 같은 개념 정의에 포함될 수 있다. 여기서 말하는 연결망들에 의해 현재 영국에서 가장 성행하고 있는 형태의 서비스 전달이 이루어지고 있는데, 이들은 신뢰와 상호 조정, 경쟁에 뿌리를 둔 관리의 강조, 자율성의 강조, 중앙 지도에 대한 거부 등을 통해 거버넌스 능력에 도전하고 있다.

위에서 설명한 로드스(Rhodes, 1996)의 거버넌스에 대한 여섯 가지 의미는 다양한 기관이나 학자들의 주장을 비교적 폭넓게 반영하고 있다(김정렬, 2000: 23). 이처럼 다양하게 정의되고 있는 거버넌스의 의미에는 공통적으르 공공 문제의 해결에 있어서 종래와 같이 정부라고 하는 제도적 장치에 전적으로 의존하기보다는 정부와 민간 부문

그리고 그 사이의 중간 조직들 간의 연결망(networks)에 의존하려는 의도가 포함되어 있다고 하겠다(정용덕 외, 1998: 역자 서문).

이러한 거버넌스에 대한 학자들의 견해를 정리해 보면, 크게 협의와 광의의 개념으로 요약될 수 있을 것 같다. 협의의 거버넌스는 공식적 권위 없이도 다양한 행위자들이 자율적으로, 호혜적인 상호 의존성에 기반하여 협력하도록 하는 제도 및 조종 형태(Kooiman & Vliet, 1993; Rosenau & Czempeil, 1992)이다. 이러한 협의 거버넌스 개념은 정부의 존재를 부정한다는 의미에서 소위 "정부 없는 거버넌스(governance without government)"의 형태에 가깝다(Rhodes, 1996). 반면에 광의의 거버넌스는 정부중심의 공적 조직과 사적 조직의 경계가 무너지면서 나타나는 국가(정부), 시민사회 및 시장 간의 파트너십을 통한 새로운 협력 형태(Stoker, 1998)라고 정의할 수 있다. 이 때는 기존의 계서제적 정부 그 자체를 배제하지 않으면서도 국가 권위에 기초한 통치로서의 정부 기능을 부인하는 대신 사회의 주요 행위자로서의 시장에서의 민간기업과 그에 대칭되는 행위자로서의 정부, 그리고 이들 양자의 중간에 위치한 시민과 그 대변자로서의 NGO간의 수평적이고 상호 협조적인 동반자적 관계를 형성한다는 점에서 "정부와 함께 하는 거버넌스(governance with government)"라고 할 수 있다(Rhodes, 1996; 김석준 외, 2000).

제3절 인식의 렌즈로서 행정윤리 및 가치

1 윤리 및 가치

사람들의 행동이 옳고 그름을 평가하는 윤리적 판단은 가치 판단을 의미하기 때문에 행정윤리를 이해하기 위해서는 먼저 윤리와 가치가 무엇인지에 대한 이해가 필요하다. 가치는 윤리의 기초가 되며, 양자는 서로 불가분의 관계에 있다. 그런데 가치의 문제를 이해하기 위해서는 가치란 무엇이며, 어떻게 인식할 수 있으며, 그리고 어떻게 실현되는가 하는 문제에 답 할 수 있어야 한다. 첫 번째 가치의 본질을 묻는 질문은 주관적(혹은 상대주의적)인 것으로 보는 견해와 객관적(혹은 절대주의)으로 보는 견해가 대립해 왔다. 두 번째 가치의 인식에 관한 질문도 사람들의 감정적 작용에 의해 파악되는 것으로 보는 견해와 이성적 작용에 의해 파악되는 것으로 보는 견해와 서로 대립해 왔다. 첫 번째, 두 번째 질문과 달리 가치의 실현에 관한 질문은 대체로 의견이 일치해 왔다. 즉 가치의 실현은 저절로 이루어지는 것이 아니라 가치를 인식하고 그것을 자기 목적으로 정립하려는 사람들의 활동이 매개되어야만 비토소 가능하다는 것이다. 이처럼 가치의 실현을 위해 사람들이 활동한 결과로서 학문, 도덕, 예술, 종교 등의 형태로 이루어지는 것을 넓은 의미의 문화라고 한다. 가치의 존재나 인식의 문제가 좀더 철학의 영역에 속한다면, 가치의 실현에 관련된 문화의 문제는 좀더 사회과학의 영역에 속한다고 할 수 있다(정용덕, 2001b: 114-115).

행정인이 갖추어야 할 바람직한 덕목이나 행정의 의사결정에 지침이 되는 가치는 행정인들의 태도에 영향을 미치거나 정책 결정에 영향을 미치므로 매우 중요하다. 행정이 추구해야 할 가치는 행정의 접근 방법에 따라 상이하지만 최근 행정이 추구하는 지배적인 가치는 관료적 정신(bureaucratic ethos)과 민주적 정신(democratic ethos)으로 요약된다. 푸(Derek Salman Pugh)는 관료적 가치는 능률성, 효율성, 전문기술, 충성심, 책임성 등이며, 이러한 가치들은 베버(Max Weber)의 관료제 모델, 윌슨(Thomas W. Wilson)의 정치행정이원론, 테일러(Frederik W. Taylor)의 과학적 관리, 굿노(Frank J. Goodnow)와 윌로비(William F. Willoughby)의 비교행정 연구와 합리성 등의 맥락에서 발견된다고 하고 있다. 민주적 가치는 정치 체제의 가치, 시민정신, 공익, 사회적 형평 등을 포함한다. 대부분의 행정윤리 학자들은 민주적 가치는 윤리적 패러다임하에서 성장했다고 주장하고 있다. 또한 그들은 행정윤리를 민주적 가치와 관료적 가치와의 대비를 통해 연구하려는 경향이 있다(문태현, 2000: 194).

윤리(ethics)를 단순하게 도덕성을 다루는 철학의 한 분야(a branch of philosophy)로 생각하는 사람들도 있을 것이다. 그러나 윤리에 대한 정의를 명확하게 내리는 것은 쉽지 않다. 사실 윤리라는 용어는 다양한 의미로 정의되고 있다. 어떤 이들은 윤리란 사실 존재하지 않는 추상적 개념이라고 주장하기도 한다. 그리고 윤리에 대한 다양한 정의만큼이나 윤리는 너무나 많다고 주장하는 사람들도 있다.

The Encyclopedia of Philosophy(1967)에서는 윤리라는 용어를 세 가지의 다르면서도 서로 연관되는 방식으로 사용하고 있다. 첫 번째는 일반적 형식 또는 생활 방식으로 정의하고 있는데 이것은 불교나 유대-그리스도적 윤리를 의미한다. 두 번째는 일련의

행위규칙이나 도덕 규범으로 정의되고 있는데, 이것은 전문직업적인 윤리(professional ethics)에서 발견되는 규약의 개념(concept of a code)을 의미한다. 세 번째는 생활 방식과 행동규칙에 대한 탐구로 철학의 한 분야를 의미한다. 이러한 사용 방식들은 인간의 행위를 규제하는 옳은 규범들이 발견될 수 있다는 것과 인간이 이 규범을 준수해야 한다는 것을 단정적으로 말하고 있다(Denhardt, 1988: 28). 브랜트(Richard B. Brandt)는 윤리이론(ethics theory)을 윤리적 사실에 관한 의문에 답하거나 답하려고 노력하는 총체라고 정의하면서, 그는 윤리이론을 두 분야로 구분하고 있다. 첫째 규범적 윤리(normative ethics)는 어떤 윤리적 진술이 왜 옳고 유효한가 하는 것을 다루며, 둘째로 비판적 윤리(critical ethics)는 윤리적 진술의 의미와 기능을 분석하고 정당화하는 문제를 다룬다고 했다(Brandt, 1959: 4-8; Denhardt, 1988: 28). 보우먼(Bowman, 1981: 61)은 윤리를 "인간 행동이 옳은가 또는 그른가를 결정하는 일련의 기준"이라고 정의하고 있다.

이러한 다양한 윤리의 정의는 다양한 이론들로부터 나오고 있지만 사실 이러한 정의들은 윤리 및 도덕 행동에 따라 일련의 결정을 할 때 타당한 이유를 제공하는 보편적 법칙에 초점을 맞추는 의무론적 관점(deontological view)과 행동의 결과에 따라 그 행동이 옳고 그른가를 판단하는 목적론적 관점(teleological view)에 근거를 두고 있다. 의무론적 관점에 따르면 윤리란 특정 사회의 철학적 종교적 전통으로부터 도출된 규범적 행위규칙을 의미한다. 이 정의가 내포하고 있는 핵심적 요소는 인간 행위에 대한 도덕적 행위규칙과 그러한 규칙이 이성에 의해 발견된다는 점이다. 의무론적인 정의가 윤리에 대한 객관주의(objectivism)에 근거를 두고 있다면 목적론적인 관점은 해석주의(interpretivism)에 바탕을 두고 있다. 목적론적 정의는 인간 행동의 도덕적 규칙을 발견하려고 노력하기보다 인간 행동이 어떻게 옳고 그른가에 대한 의미를 파악하려고 한다. 이것의 핵심적 요소는 옳고 그름의 의미와 그것이 행위의 결과에 의존한다는 점이다. 이 두 가지 접근 방법의 차이는 전자가 행위의 이유에 따라 그 행위의 도덕성을 판단하는 반면, 후자는 그 행위의 결과나 성과에 따라서 도덕성을 판단하는 데 있다.

이상의 정의를 살펴볼 때, 윤리의 본질은 인간의 올바른 행위 즉 사람들이 지켜야 할 도리와 관련된다. 인간이 윤리를 가지게 된 것은 바로 인간에게 이성이 있기 때문이다. 인간은 이성이 있기 때문에 무엇이 옳고 그른가를 구별할 수 있고, 어떤 것을 추구해야만 하는지를 판단할 수 있다. 인간이 무엇을 어떻게 해야 하는지를 규정하는 윤리는 당위적 · 규범적 · 가치적인 개념이다(오석홍, 1987: 567).

거버넌스라는 인식의 렌즈를 통해 윤리의 본질을 살펴본다면, 최소국가의 의미에서 윤리란 공공 서비스 공급의 주체로서 시장과 준(準)시장이 지켜야 할 도리이다. 기업적 거버넌스에서의 윤리의 본질과 역할은 회사의 최고관리자들이 주주 및 기타 이해 관계자(stakeholder)들의 이익을 보장하기 위해 책임 있는 역할을 수행한다는 것으로 해석할 수 있을 것이다. 거버넌스를 "신공공관리로 이해하는 경우 방향잡기(steering) 기능을 올바르게 수행하며 기업가적 정부가 책임성(responsibility)과 고객을 위해 무엇을 추구해야 하는지를 정확히 판단할 수 있는 능력이 윤리의 본질이라고 할 수 있을 것이다. 좋은 거버넌스(good governance)에서의 윤리의 본질은 국가의 일을 관리하기 위해 정치 권력을 올바르게 행사하고 수행하는 것이다. 사회적 사이버네틱 체계(socio-cybernetic systems)에서는 모든 행위자들이 상호 작용적 사회정치 형태 내에서 지켜야 할 도리와 관련될 것이다. 자기 조직화 연결망(self-organizing networks)에서의 윤리의 본질은 신뢰와 상호 조정 그리고 자율성의 추구라고 할 수 있다. 따라서 다양하게 정의되고 있는 거버넌스라는 인식의 렌즈로서 살펴본 윤리의 본질은 공공 문제의 해결에 있어서 정부와 민간 부문 그리고 그 사이의 중간 조직들 간의 연결망(networks)들의 올바른 행위이자 지켜야 할 도리이며, 상호 작용 간에 무엇이 옳고 그른가를 구별할 수 있고, 어떤 것을 추구해야만 하는지를 판단할 수 있는 당위적 · 규범적 · 가치적인 것이라고 해석할 수 있겠다.

2 행정윤리

미국의 1940~1980년 초반까지의 행정학 관련 저서에서 윤리에 관한 부분을 문헌분석한 덴하트(Denhardt, 1988: 1)는 행정의 다학문적 속성상 행정윤리 연구는 아직까지 공통의 개념이나 준거 기준을 제시하는 이론적 틀을 정립하기가 매우 어렵다고 지적하듯이, 행정윤리는 아직까지도 통일된 이론 체제를 정립하지 못하고 있다. 이처럼 행정윤리는 아직까지 통일된 이론 체계가 정립되지 못하고 있으며, 구체적인 내용도 그 사회가 처한 시대적 · 사회적 상황에 따라 달라지고 있다. 오늘날 행정의 전문화로 인해 행정의 재량권이 점차 확대되고 있으며, 이러한 재량권 확대는 행정인의 재량권 남용이라는 행정윤리 문제를 야기시키고 있기 때문에 통일된 이론 체제의 정립이 필요하다. 여기에서는 거버넌스라는 패러다임 속에서 행정인이 추구해야 할 바람직한 행동에 대한 가치 기준으로서의 행정윤리 문제를 논의해 보겠다.

학자들이 주장하고 있는 행정윤리의 견해는 크게 네 가지로 범주화할 수 있다(문태현, 2000: 192-193).

첫째 행정윤리란 올바른 행정이 무엇인지 해답을 찾기 위한 성찰의 과정이라고 보는 견해이다. 이러한 견해의 대표적인 학자는 전종섭 교수이다. 그는 행정윤리란 행정인들이 국민들의 요구에 대응하기 위해 무엇을 어떻게 해야 할지에 대해 탐구하고 성찰하는 활동이라고 본다. 이러한 견해의 핵심적인 요소는 행정인의 책임성과 성찰에 있다. 행정인은 국민을 대표하여 공익을 실현해야 하기 때문에 책임성 확보가 국민들에 대한 최대의 윤리적 의무이다.

둘째 행정윤리를 연구하는 대다수의 학자들이 주장하는 견해로 행정윤리란 행정의 의사결정과 관련하여 둘 이상의 가치 간에 갈등을 일으키는 상황에서 가치 간에 질서를 부여하고 무엇이 중요한 가치인가를 구별해 주는 지침이라고 정의하는 입장이다. 이러한 견해는 올바른 의사결정을 하기 위한 가치 기준에 중점을 둔다는 것이다. 덴하트(Denhardt, 1988: 28)에 의하면, 행정윤리 모형에서 사용하고 있는 윤리라는 말은 브랜트의 규범적 윤리와 가장 유사한데 그 이유는 그것이 행정의 의사결정에서 행태를 지도할 수 있고 진실되고 타당한 윤리적 진술의 탐색을 포함하기 때문이다.

덴하트(Denhardt, 1988: 26)는 행정윤리를 "개인적이고 전문직업적인 책임성을 적용할 수 있는 조직 경계 내에서 발견될 수 있는 핵심적인 사회적 가치에 근거하여 독자적으로 결정 기준을 비판하는 과정"으로 정의하고 있다. 그녀는 행정인은 조직의 목표와 사회적 가치를 바탕으로 새로운 의사결정 기준을 만들어야 하며 자신이 결정한 의사결정에 대해서 개인적으로나 전문직업인으로서 책임을 져야 한다고 주장한다. 또한 그녀는 행정인들에게 올바른 행동지침을 제공하는 내용적 측면과 의사결정이 윤리적이고 올바른지를 검토하고 비판하는 방법을 제시하는 과정적인 측면 등 행정윤리 개념에서 두 가지 측면을 강조하고 있다. 보우먼(Bowman, 1991: 2)도 행정윤리란 행정인들이 가치를 실현하는 방법이며 의사결정을 올바르게 안내하는 지침이라고 정의하고 있다. 고트너(Gortner, 1991: 15) 역시 행정윤리를 관료조직 속에서 행정인들로 하여금 올바른 의사결정을 하기 위한 지침으로 보고 있다. 이들 학자들의 공통된 주장은 올바른 의사결정을 하기 위한 가치 기준에 중점을 두고 있다는 것이다.

셋째 행정윤리를 정직성(rectitude)과 책임성(responsibility)의 관점에서 정의하는 입장이다. 이러한 주장은 허들스턴(Max K. Huddleston)에 의해서 입장이 대변되고 있다.

정직성은 공직이 사적 이익을 위해 이용되지 못하도록 행정인 개인으로서 가져야 할 덕목에 초점을 두고 있다. 반면에 책임성은 행정인들이 정책 결정을 하거나 행정재량권을 행사할 때 길잡이가 될 수 있는 도덕적 지침을 의미한다. 이 정의 핵심적 요소는 행정인들이 갖추어야 할 퍼스낼리티(personality)상의 덕목과 의사결정의 지침에 있다(Huddleston, 1981: 67-76).

넷째 행정윤리를 행정인들로 하여금 공공의 신뢰를 얻도록 하는 내부 통제장치로 인식하는 견해이다. 로젠블룸(David H. Rosenbloom)은 행정윤리란 행정인들의 행위에 정당성을 부여해 주는 공식적·비공식적 제약이라고 정의한다. 이 정의의 핵심적인 요소는 행위 규범에 대한 정당성의 기준과 사고 및 성찰을 통한 판단 능력에 있다.

주요 학자들의 개념을 통해 찾아본 행정윤리 개념의 공통적인 속성은 다음과 같다. 행정윤리의 행위 주체는 행정인이고, 그들이 행동하는 환경은 정치적 환경과 관료조직이며, 행정윤리의 핵심적인 내용은 전문직업인으로서의 행정인 개개인의 바람직한 퍼스낼리티상의 덕목과 의사결정의 지침이 되는 가치이고, 방법은 행정인들로 하여금 체계적인 사고와 성찰을 요한다는 점이다(문태현, 2000: 193). 국내의 다수의 교과서에서는 행정윤리를 부정부패를 방지하고 직권 남용과 무사안일을 타파하자는 소극적 측면과 공익성과 봉사성을 강조하는 등 행정책임의 확보라는 적극적 측면의 두 가지 측면에서 접근하고 있다(강인호, 1998).

거버넌스라는 인식의 렌즈로서 행정윤리에 관한 문제를 살펴보기 위해서는, 우선적으로 거버넌스 시대에 적합한 행정 및 정부의 역할이 무엇인지에 대한 논의가 전제되어야 할 것이다. 이러한 정부란 국정관리를 위해 정치 권력을 올바르게 행사하고 수행하는 책임성(responsibility) 있는 정부인 동시에, 국민이 무엇을 원하고 있으며, 정부가 무엇을 추구해야 되는지를 정확히 판단할 수 있는 능력을 갖은 정부일 것이다. 이러한 정부의 행정윤리란 개인적인 측면에서는 행정인 개개인이 국민의 요구에 적절하게 대응하기 위해서 무엇을 어떻게 해야 할지에 대한 성찰을 하는 동시에 전문직업인으로서 책임감을 갖는 것이다. 이러한 행정인들이 갖추어야 할 퍼스낼리티상의 덕목과 의사결정의 지침은 정직과 책임이다. 조직 내적인 측면에서는 행정인들로 하여금 공공의 신뢰를 얻도록 하는 내부통제 장치를 마련하는 것이다.

3 규범적인 행정윤리와 규범적이지 않은 거버넌스

거버넌스 이론을 구성하기 위한 공통적인 배경과 최소 공약수 중의 하나가 거버넌스는 규범적이지 않다는 것이다(정용덕, 20001a: 736). 거버넌스는 가치에 대한 것이 아니며, 거버넌스 이론은 경험적 관찰에 기초를 두며 따라서 어떤 숨겨진 규범적 아젠다(agenda)를 가지고 있지도 않고 또 있어서도 안 된다는 것이다[4](김석준 외, 2000: 102-103). 행정윤리는 핵심적인 사회적 가치에 근거하고 규범적이다. 이러한 논리로 볼 때 규범적이지 않은 거버넌스와 행정윤리는 서로 대립되는 논제라고 할 수 있다. 그러나 민주적 제도의 사회적 책임성이 강조되면서 관료적 패러다임은 새로운 패러다임인 기업가적 정부모형(entrepreneurial governmental model)이나 신관리주의(new managerialism)로 대체되었다. 이러한 패러다임들은 경쟁적 자유시장 체제에 원형적 근거를 두면서 대중주의적 접근 방식을 통해 행정의 효율성과 대응성을 확보하려고 하고 있다(김석준 외, 2000). 따라서 이론적인 측면에서 살펴본다면 책임성과 대응성 확보라는 면에서 거버넌스와 행정윤리의 인식은 출발이 같다고 할 수 있을 것이다. 또한 서론에서 언급했듯이 행정윤리는 거버넌스의 이론적 기반이기도 하다.

방법론적인 측면에서 살펴보면, 가치와 도덕 등 추상적인 문제들을 다루는 윤리와 행위(action) 및 결정(decision) 등 구체적인 문제들을 다루는 거버넌스가 서로 상호 보완적인 관련을 맺을 수 있게 해 주는 연결고리를 경험적 조사연구(research)를 통해 찾아볼 수 있지 않나 생각된다. 현재 행정윤리가 경험적 관찰과 연구를 통해 보완 발전되고 있기 때문에 경험적 조사 연구는 경험적 관찰에 기초를 두고 있는 거버넌스 이론과 행정윤리를 연결시키는 가교의 역할을 할 수도 있지 않나 생각해 본다. 거버넌스의 연구에서 경험적인 연구가 폭넓게 이루어지고 있지 않는 현실적 상황과 거버넌스의 일반화를 위해서 그리고 이에 대한 이해의 촉진을 위해서는 거버넌스 연구에서 사례연구

---

4) 김석준 외 3인의 학자는 거버넌스 이론을 위한 공동의 토대를 구성하는 다섯 가지 개념을 제시하고 있다. 첫째 새로운 수단과 방법을 가지고 통치되는 사회에 관한 것이며, 사회적 행위자들을 조직하기 위한 새로운 선결 조건을 만드는 것이다. 둘째 행위자들은 전통적 계층제를 통하기보다 다른 방식으로 조정된다고 제시된다. 셋째 통치하기 위한 야망을 지닌 국가에 대한 것이며 그러므로 국가는 중요한 행위자이다. 넷째 산출에 대한 것이 주가 아니라 안정된 정치 체계에서의 과정에 관한 것이다. 다섯째 규범적인 것이 아니다. 만일 거버넌스에 대한 연구를 수행한다면 연구의 시작을 공통의 토대로부터 할 필요가 있다라고 주장하고 있다. 더 자세한 내용은 김석준·이선우·문병기·곽진(2000). 『뉴 거버넌스 연구』, 서울: 대영문화사 참조.

등 경험적 연구의 활성화가 전제되어야 할 것이다.

지난 30여 년간 미국에서 행정윤리에 대한 학자들의 관심이 크게 증폭되면서 행정윤리는 행정학의 중요한 연구 주제 중의 하나가 되었지만, 행정윤리에 대한 경험적 연구는 앞에서 언급한 것처럼 아직도 빈약한 편이다. 아직도 대부분의 행정윤리에 대한 연구는 규범적(normative)이거나 철학적인 면에 초점을 맞추고 있다. 프레데릭슨(Frederickson, 1994: 31)은 가치와 도덕 등 추상적인 문제들을 다루는 윤리와 행위(action) 및 결정(decision) 등 구체적인 문제들을 다루는 행정이 서로 상호 보완적으로 관련을 맺을 수 있게 해 주는 계기는 경험적 조사연구라고 지적하고 있다. 이러한 맥락에서 살펴볼 때 제도로서보다는 과정으로 거버넌스를 보아야 한다는 최근의 경향(Plumptre & Graham, 2000)을 볼 때도 행정윤리와 거버넌스는 경험적 조사연구를 통해 상호 보완적으로 관련을 맺을 수 있을 것이다. 위트머(Wittmer, 1992: 455)는 행정윤리의 규범적 연구 역시 경험적 연구에 의해 보완 발전될 수 있다며 행정윤리에 대한 경험적 연구의 필요성을 강조하고 있다.

제4절

거버넌스라는 '렌즈'를 통해 본 행정윤리 및 가치

거버넌스 자체가 국가의 실패를 가져온 국가의 관리 체계 및 조정 양식에 대한 비판에서 출발했다고 할 수 있다. 즉 민주적 제도의 사회적 책임성이 강조되면서 관료적 패러다임은 새로운 패러다임인 거버넌스를 필요로 하게 된 것이다. 부정부패와 책임성 저하로 인한 정치 체제와 공공기관에 대한 신뢰성 저하가 거버넌스라는 패러다임의 확산에 크게 기여했지만, 국정관리에 시장 원리인 경쟁을 도입하여 행정의 효율성을 제고시키려는 거버넌스의 노력은 공익을 표방하는 전통적 관료제의 책임성을 약화시키고 순기능을 저해시킬 수 있는 가능성을 동시에 내포하고 있다. 특히 신공공관리론은 기존 관료제에 대한 비판과 공격을 통해서 개혁과 쇄신을 가져오는 긍정적인 측면도 있지만, 행정인의 중립성, 실적제, 전문성 및 연관된 가치를 저해하며 국민의 정부 신뢰도를 저하시켰다는 비판도 커지고 있다.

행정윤리 및 가치는 거버넌스의 이론적 기반이다. 그러나 실제상 거버넌스에 관한 일반적 견해들이 오히려 행정윤리와 가치가 저해되고 있기도 하다. 국정관리에 시장적 경쟁 원리가 도입되어 행정인이 이익, 경쟁, 능률 및 성과 등의 문제에 몰입하게 되면, 정의와 형평, 친절과 희생에 바탕을 둔 공공 서비스의 윤리적 · 도덕적 가치가 차지하는 영역과 비중이 줄어들게 마련이다(김번웅, 2000: 198-213).

21세기 지식기반 사회에서 정부와 행정인들의 책임성 확보는 국가경쟁력 제고의 필수 조건이다. 물론 현대 정부나 행정인들이 책임성 확보에서 문제를 지니고 있기는 하지만, 그래도 책임성에 대한 관념이 정부나 행정인의 경우 더욱 뿌리 깊이 내재되어 있는 사회 제도는 없다고 하겠다. 시장의 경우 책임성에 대한 관념이란 거의 없으며, 연결망 조직의 경우는 그들의 강점이자 약점인 자기 준거적(self-referentiality)인 성격을 지닌다. 그리고 '정부 없는 거버넌스'는 국정관리의 중요한 과제 가운데 하나인 일관성과 통합성을 감소시킬 뿐만 아니라 민주주의적인 측면을 감소시킬 우려도 있다(정용덕, 2001b: 818-819). 그러나 모든 거버넌스 이론들이 행정윤리 및 가치와 대립되고 상반되는 것은 아니다. 앞에서 설명한 자기 조직화 연결망과 유사한 개념으로 공공 거버넌스(public governance)가 있다. 이 개념은 신공공관리에 대한 반발로 대두되었다. 즉 공공 업무와 환경이 민간 부문과 많이 다르기 때문에 민간 부문에서 개발된 기술을 공공 부문에 적용하는 것은 불가능하다는 것이다. 신공공관리에 대한 대안으로서 공공거버넌스는 조직의 능률성뿐만 아니라 법의 준수, 정당성, 규범 및 가치의 보호, 책임성을 포함하는 개념이다(Kickert, 1997). 키커트의 공공 거버넌스와 유사한 아이디어가 로드스(Rhodes, 1996)가 주장하는 자기 조직화 네트워크(self-organizing networks)이다. 로드스는 거버넌스는 자기 조직화 네트워크의 조정에 관한 것인데 통치에서 거버넌스로의 전환은 이들 네트워크의 등장 때문이라는 것이다. 이러한 네트워크를 접합시키는 것은 신뢰와 협동이다.

시민사회 중심 거버넌스는 강력하고 다원화된 시민사회가 책임 있게 시민을 대변할 수 있는 책임 있는 정부를 실현할 것을 전제로 하고 있다. 시민사회 중심 거번넌스의 중요 가치는 외부 참여로서의 시민 참여이다. 시민사회 중심 거버넌스가 지향하는 가치는 대의 민주주의가 지니는 대리인 체제의 한계와 시민들의 직접 참여 욕구와 자기결정성의 욕구를 수용하는 관점에서 참여 민주주의로서의 참여주의를 강조하고 있다. 시민사회 중심 이론은 공동체주의(communitarianism)[5]를 주장한다. 공동체주의는 응집성

5) 공동체주의는 1990년대 미국 행정학의 주요한 흐름 중의 하나로 클린턴 행정부가 가장 많은 관심을 가졌던 정치적 주제의 하나이기도 하다. 여기에 대해서는 Stillman, II, Richard. J., (1995). The

있는 공동체를 다시 구축하고 공동 문제를 구성원들이 직접 참여하여 해결해야 한다는 주장이다. 공적 문제를 스스로 해결하게 되면, 행정관료 조직이 그만큼 감소될 것이고 정치나 관료조직에 의한 부패를 감시할 수도 있다는 주장이다. 한 걸음 더 나아가서, 개인주의적 사회생활에 젖어 있는 현대인들이 서로 돕는 이타주의적 활동을 하게 되면 사회적 약자나 불우한 사람들이 따뜻한 인정 속에 살아갈 수 있고 남을 돕는 구성원들도 생활의 보람을 느끼게 되어 인간 소외가 해결될 수도 있다는 주장이다. 공동체주의는 근대 개인주의의 보편화에 따른 윤리적 토대의 상실, 즉 고도 산업사회에 따른 공동체의 와해와 이기적 개인주의의 팽배에 의한 원자화 등의 현상에 대한 대안의 하나로 제기된 것이다(정정길, 2000; 김석준 외, 2000). 이러한 시민사회 중심의 거버넌스가 성공적으로 운영되기 위해서는 시민사회의 자율성과 도덕성이 높아야 할 것이며, 또한 관료에 대한 행정 책임이 확보되어야 할 것이다. 시민사회 중심 거버넌스가 우위적인 사회는 전반적으로 책임성이 확보될 것이며 관료들의 직권 남용과 무사안일이 타파될 것이다. 그러면 궁극적으로 공익과 봉사를 강조하는 행정책임이 관료사회에 뿌리를 내리게 될 것이다. 이러한 시민사회 중심의 거버넌스 이론이 주장하고 있는 많은 내용들과 행정윤리에서 주장하고 있는 내용들이 상호 연관성을 갖고 있다고 할 수 있다.

피터스(B. Guy Peters)의 참여적 정부모형의 거버넌스는 공공 부문에서의 재화와 서비스의 실질적 생산에 가장 밀접한 위치에 있는 하급 관료들과 고객들이 오히려 프로그램에 대한 정보와 훌륭한 통찰력을 가지고 있다는 것을 가정한다. 정부의 기능을 향상시키기 위해서는 정부조직의 하위 영역 내에서 정책 결정 과정에서 배제되어 있던 개인과 집단의 참여를 활성화해야 한다는 것이다(김석준 외, 2000; 정용덕 외, 1998). 행정윤리와 연관시켜볼 때 참여적 정부모형의 거버넌스는 관료제를 탈관료화하고 사익을 추구하지 못하도록 전략을 세우는 것이라고 할 수 있다.

행정인은 광범위한 재량권과 방대한 자원의 배분권을 행사하고 있으며, 이러한 권한이 증대되고 있다. 행정윤리란 이 같은 공적 권력의 재량권을 견제하는 중요한 수단이며, 또한 정부의 신뢰성을 유지하는 수단이다. 앞에서 언급한 것처럼, 오늘날 많은 국가들이 신뢰적 결함(confidence deficit)에 직면하고 있는데, 이것은 정부의 정당성, 정부조직, 그리고 정책에 대한 불신까지 포함되고 있다. 이러한 신뢰적 결함은 부도덕한 행동(inappropriate actions)이나 스캔들 등에 의해 증폭되고 있다. 이것의 해소 방안으

Refounding Movement in American Public Administration: From "Rabid" Anti-Statism to "Mere" Anti-Statism in the 1990s, *Administrative Theory & Praxis*, 17(1): 29-45 참조.

로는 윤리(적) 기반(ethics infrastructure)에 근거를 둔 윤리적 정부가 중요한 이슈로 부각되고 있다. 윤리 기반이란 OECD가 회원국의 윤리관리 실태를 조사하기 위해 개발한 분석 도구로서, 잘못된 행위를 억제하고 바람직한 행위를 고양하기 위한 일련의 수단과 과정으로 폭넓게 정의하고 있다. 이러한 윤리 기반은 공무원의 행동에 대한 일정한 경계를 규정한 규칙, 조건, 활동이라고 할 수 있으며, 또한 윤리 기반을 제대로 구축함으로써 높은 윤리적 수준의 공무원 행동을 확보할 수 있는 인센티브를 제공하는 적극적인 역할을 수행한다. OECD에서 제시하는 윤리 기반은 독점적 정부가 아닌 거버넌스 차원에서 통제, 안내, 관리의 세 가지 기능과 여덟 가지 요소로 구성되어 있다(윤태범, 2001: 20-21).[6] 이러한 윤리 기반에 기초한 윤리적 정부를 짐머만(Zimmerman, 1994: 216)은 행정관료의 부적절한 행위를 억제하고, 도덕적 분위기를 증진시키는 유리온실같이 개방된 정부로서 사익을 위해 공적 비용을 지출하지 않는 정부라고 하고 있다. 따라서 윤리적 정부에서는 부패에 대한 유인과 기회가 줄어들고, 반대로 탐지의 가능성은 증가하게 된다. 이러한 윤리적 정주가 성공하기 위해서는 윤리적 정주를 구성하는 각 요소들의 집행시에 지속적이고 강력한 집행부와 입법부의 지도력이 요구된다. 윤리적 정부는 단순히 목표에 그치는 것이 아니라 지향하고 달성해야 할 정부의 모습이라고 할 수 있다(윤태범, 2001: 21).

제5절

행정윤리 측면에서 본 거버넌스 시대의 적합한 행정인상(像)

거버넌스 시대의 행정은 네트워크의 관리에 기반을 두고 있다. 거버넌스 시대의 행정은 갈라지고 와해된 국가(disarticulated state)의 행정 네트워크 관리, 공공조직과 제

6) 여덟 가지 요소는 통제 기능의 내적 요소로 효과적인 책임성 메커니즘, 외적 요소로는 공공의 참여와 감시, 독립적 조사와 기소를 위한 법적 틀, 안내 기능의 내적 요소로 가치와 기준을 표현하는 행동강령, 교육·훈련과 같은 전문가적 사회화, 정치지도자의 헌신, 관리 기능의 내적 요소로 효과적인 인적 자원 정책에 기초한 건전한 공공 서비스 조건, 외적 요소로는 중앙의 관리체, 부, 자율기관, 특별한 윤리적 조직체 간 인프라의 상호 조정이다. 윤태범(2001), "거버넌스와 부패 문제의 인식: 확장의 가능성 모색," 『한국행정학회 창립 45주년기념 국제학술회의 발표논문집』. pp. 20-21 참조.

도의 민주적 정당성, 관료제에 대한 정치권의 통제, 민주적 대표성 등의 문제들에 직면하게 된다. 기존의 행정을 대체하는 거버넌스의 성향은 공・사 간은 물론 모든 조직들 사이의 네트워크를 형성하고 관리함으로써 국가와 시민, 정부와 민간, 조직과 시민 사이의 이른바 '웹관계(web of relationship)'로 새로운 뿌리를 내리는 새로운 패러다임을 창출하고 있다는 것이다(Frederickson, 1999). 네트워크 관리에 기반을 두는 행정은 구성원 간의 신뢰를 중요시 여긴다. 거버넌스 시대에 이상적인 정부란 미국의 공공행정 아카데미(The National Academy of Public Administration)가 서술하는 '좋은 정부(a good government)'에서 그 모형을 찾을 수 있을 것이다. 좋은 정부란 ① 국민이 대표를 선정하고 시민의 요구에 반응하는 과정에서 정의, 형평성 및 성실성을 지닌다. ② 정부의 정책 과정에서 시민이 쉽게 접근하고 능동적으로 참여할 수 있도록 시민 참여를 환영하고 증진시킨다. ③ 공공정책의 결정 과정에서 충분하고 믿을 수 있는 정보를 제공하고 정부의 업무 수행 실적을 정확하고 공정하게 평가하여 행정의 책임성을 높이기 위한 정보와 출판 등 커뮤니케이션을 증대시킨다. ④ 고도로 훈련된 전문가들의 기술과 능력에 의해서 관리되고 그들의 일에 대해 적절한 보수 등 보상과 일할 수 있는 자원이 주어져야 한다. ⑤ 정부의 업무 수행 실적이 항상 측정되고 행정의 비용과 편익의 최적 균형이 이루어져 결과에 초점을 둔다. ⑥ 시민단체, 회사・기업, 비영리단체 등과 목표를 공유하는 창조적 파트너십을 증진시킨다(김번웅, 2000: 202).

거버넌스 시대의 정부는 국민의 능동적인 참여를 유발함과 동시에 국민의 신뢰를 확보해야 한다. 정부에 대한 국민의 불신과 회의는 어느 정도 불가피하다고 할 수 있으나, 불신이 깊어지면 시민은 무력감을 느끼고 국정에 대한 참여를 기피하거나 무관심하게 되며 반정부적 성향을 가지게 된다. 정부와 국민 간의 신뢰를 회복하기 위해서는 행정윤리의 확보가 절실하다.

행정윤리 확보를 위해 거버넌스 시대의 적합한 행정인상은 브르워와 셀든(Brewer & Selden, 2000: 258-260)의 경험적인 조사 결과와 *PA TIMES* 2000년 2월에 실려 있는 진술문(statement)을 통해서 유추해 볼 수 있다. 브르워와 셀든 교수의 연구에 의하면, 개인이 공직을 선택하는 동기(public service motivation: PSM)는 첫째 선의가 있는 자(samaritans)로서 남을 돕고자 하는 동기가 강한 사람들이다. 이들은 소외되거나 어려운 처지에 있는 약자를 돕는 보호자적 역할에 관심이 있고 사회를 좀더 공정하게 만들려는 희생적인 의지를 가진 사람들이다.

둘째 공동체주의자(지역사회를 중시하는 자: communitarians)로서 공익의 봉사자로서 강력한 시민의 의무를 지닌 자들이다. 공직은 시민의 특권이라고 생각하는 사람들이다. 이들에게 공직이란 최고 형태의 시민적 역할을 의미하며 높은 공직윤리와 공무원으로서 엘리트 의식을 느낀다. 이들은 의미 있는 공직생활을 통해 자신의 이익이나 사회에서 받은 혜택보다는 지역사회에 더 많은 것을 돌려 주려고 한다.

셋째 애국자(patriots)로서 공직을 보호하고 증진시키려는 의무는 물론 충성심과 희생적 태도를 가진 사람들이다. 이들은 국가와 공익을 위해서는 개인의 희생을 각오하고 있으며, 사회의 발전과 다른 사람의 권익을 위해서 위험도 감수하는 마음을 지닌 이상적이고 행동 지향적인 성향을 가진 사람들이다.

넷째 인본주의자(humanitarians)이다. 이들은 정부와 공공 서비스 기관을 사회적 공정성과 정의를 실현하는 메커니즘으로 간주한다. 사회의 소외 계층과 약한 집단에 대한 배려를 개인적 차원보다는 사회적 제도의 차원에서 생각한다. 사회 정의를 실현하기 위해 개인적 만족이나 보상보다는 책임성 있는 공직윤리와 공직 수행 능력을 중요시한다는 것이다.

PA Times 2000년 2월에 실려 있는 진술문[7]을 보면 "민주적 국정관리를 위해 공무원은 말하기보다는 듣고, 명령하기보다는 이유를 발견하고, 강제하기보다는 권고하고, 결정에 앞서 중재하고, 통제하기보다는 힘을 부여해 주고, 변명보다는 이유를 설명하고, 문제 해결을 더욱 활성화하고, 정부와 공공기관이 좀더 반응성 있고 대표성을 지니며 더욱 책임 있도록 하는 동시에 좀더 경제적이고 능률적이고 효과적이도록 노력하고, 정부조직과 행정 제도가 다양성을 존중하고 헌법적 가치와 과정을 중시하며, 개인적인 이해 관계와 감정에 구애받지 않고 법과 질서를 집행하며, 시민들이 자유를 말하고 느낄 수 있도록 최선을 다하며…… 공익과 이웃인 시민 등의 공동선을 위해 능력과 잠재력을 최대한 발휘한다."

앞에서 언급한 내용을 살펴보면, 공직에 종사하려는 동기는 자기 중심적인 이익보다는 공익을 중시하고, 공직윤리와 사회에 대한 책임성을 강조한다는 것을 알 수 있다. 행정윤리 측면에서 거버넌스 시대의 적합한 행정인상은 앞에서 언급한 자질과 능력을 겸비하고 있는 사람들일 것이다. 이러한 상(像)은 시민의 입장에 선 행정가의 덕목을 모두 겸비하고 있는 사람이기도 하다.[8]

---

7) *PA Times* 지는 미국 행정학회에서 매달 발행하는 뉴스레터이다. 여기서 인용하는 내용은 김번웅(2000). "뉴 거버넌스 시대의 정부신뢰와 e-행정," 『한국행정연구』, 9(4): 211-212에서 참조하여 재인용했다.

참고문헌

강인호(1998). 한국 지방정부의 행정윤리에 관한 경험적 연구. 『한국지방자치학회보』, 10(3): 87-103.

김번웅(2000). 뉴 거버넌스 시대의 정부 신뢰와 e-행정. 『한국행정연구』, 9(4): 198-217.

김석준 · 이선우 · 문병기 · 곽진영(2000). 『뉴 거버넌스 연구』. 서울: 대영문화사.

김정렬(2000). 정부의 미래와 거버넌스: 신공공관리와 정책 네트워크. 『한국행정학보』, 34(1): 21-39.

______(2001). 영국 블레어 정부의 거버넌스. 『한국행정학회보』, 35(3): 85-105.

문순홍 · 정규호(2000). 거버넌스와 젠더, 젠더 친화적 거버넌스의 조건에 대한 탐구. 『Post-IMF Governance』. 한국정치학회 하계학술회의발표 논문집.

문태현(2000). 행정윤리의 개념과 본질, 『한국행정논집』 12(2): 187-203.

송희준 · 박기식(2000). 지식정보사회의 정부 역할: 시장, 정부, 그리고 네트워크 거버넌스. 『지식정부 구현을 위한 전략과 과제』. 한국행정학회 기획세미나 발표논문집, (2000년 11월): 189-206.

오석홍(1987). 『인사행정론』. 서울: 박영사.

윤태범(2001). 거버넌스와 부패문제의 인식: 확장의 가능성 모색. 『한국행정학회창립45주년 기념 국제학술회의 발표논문집』.

이종원(1999). 레짐이론의 발전과 과제. 『정부학 연구』. 5(2): 137-156.

정용덕(2001a). 『현대국가의 행정학』. 서울: 법문사.

______(2001b). 행정윤리의 다면성. 『행정논총』. 39(4): 113-127.

정용덕 외 5인 공역(1998). 『미래의 국정관리』. 서울: 법문사.

정정길(2000). 『행정학의 새로운 이해』, 서울: 대명출판사.

Bowman, James S.(1981). The Management of Ethics: Codes of Conduct in Organizations. *Public Personnel Management*, 10(1): 59-66.

______(1991). *Ebical Frontiers in Public Management*. San Francisco: Jossey-Bass.

Brandt, Richard B.(1959). *Ethical Theory: The Problems of Normative and Critical Ethics*. Englewood Cliffs: Prentice-Hall.

---

8) 시민의 입장에 선 행정가의 덕목은 다음과 같다: ① 공공의 선에 관심을 갖는다. ② 서비스 제공에 공평하다. ③ 사회적 상호 작용에 참여한다. ④ 자기 성찰을 한다. ⑤ 자율의식을 갖는다. ⑥ 공공적 담론과 대화에 참여한다. ⑦ 성실하고 실천적이다 ⑧ 신뢰감이 있다. ⑨ 적극적으로 참여한다. ⑩ 시민을 돌보고 동정한다. ⑪ 시민들의 책임의식을 위한 상황을 조성한다. ⑫ 정보를 공유한다. ⑬ 비판에 귀 기울인다. ⑭ 시민 참여를 촉진한다. ⑮ 시민의 욕구를 평가한다. Jong S. Jun(1994). 『행정철학』, 윤재풍 · 정희남(역). 서울: 대영문화사, p. 252 인용.

Brewer, Gene A. et al.(2000). Individual Conceptions of Public Service Motivation. *Public Administration Review*, 60(3): 254-264.

Denhardt, Kathryn G.(1988). *The Ethics of Public Services*. New York: Greenwood Press.

Farmer, David John.(1995). *The Language of Public Administration: Bureaucracy, Modernity and Postmodernity*. Alabama: University of Alabama Press.

Frederickson, H. George.(1993). Ethics and Public Administration: Some Assertions. In H. George Frederickson. (ed.), *Ethics and Public Administration*. New York: M. E. Sharpe.

______(1997). *The Spirit of Public Administration*. San Francisco: Jossey-Bass.

______(1999). The Repositioning of American Public Administration. *Political Science and politics*, XX: 701-711.

Gortner, Harold F.(1991). *Ethics for Public Managers*. New York: Praeger.

Huddleston, Mark K.(1981). Comparative Perspective on Administrative Ethics: Some Implications for American Public Administration. *Public Personnel Management*, 10(1): 67-76.

Kooiman, J. and Vliet, M. Van.(1993). Governance in Public Management. In K.A. Eliassen and J. Kooiman. (eds.), *Managing Public Organization*. London: Sage.

Menzel, Donald C. and Benton, J. Edwin.(1991). Ethics Complaints and Local Government: The Case of Florida. *Journal of Public Administration Research and Theory*, 1(4): 419-435.

Pierre, Jon.(ed.).(2000). *Debating Governance*. Oxford University Press.

Plumptre, T. and Graham, J.(2000). *Governance in the New Millennium: Challanges for Canada*. Ottawa, Canada: Institute on Governance. http: //www.iog.ca(검색일: 2000. 11.20).

Rhodes, R. A. W.(1996). The New Governance: Governing Without Government, *Political Studies*, 44(4): 652-67.

Rosenau, J. N. and Czempeil, E. O.(1992). *Governance without Government: Order and Change in World Politics*. Cambridge: Cambridge Univ. Press.

Stillman Ⅱ, Richard. J.(1995). The Refounding Movement in American Public Administration: From "Rabid" Anti-Statism to "Mere" Anti-Statism In the 1990s. *Administrative Theory & Praxis*, 17(1): 29-45.

Stoker, Gerry.(1998). Public-Private Partnership and Urban Governance. in J. Pierre(ed.), *Partnerships in Urban Governance*, London: Macmillan Press.

Wittmer, Dennis.(1992). Ethical Sensitivity and Managerial Decision Making. *Journal of Public Administration Research and Theory*, 2(4): 443-462.

Zimmerman, Joseph.(1994). *Curbing Unethical Behavior in Government*. Westport, C. T.: Greenwood Press.

제3장

거버넌스와 정책 이념

김정렬

제1절

서 론

경제사회 문제의 해결을 위해 적극적인 개입을 마다하지 않았던 전통적 정부상(政府像)에 대한 회의적 견해가 확산되면서 새로운 정부상에 대한 모색 작업이 다양한 형태로 이루어지고 있다. 행정국가(서유럽의 복지국가와 동아시아의 발전국가)로 통칭되는 개입주의적 정부 운영 방식이 기본적으로 관료제(bureaucracy) 원리에 충실했던 반면에 거버넌스(governance)로 수렴되는 새로운 정부상의 모색 작업은 관료제에 대한 이념적 비판과 밀접한 관련성을 지니고 있다.[1)]

최근의 거버넌스 논의가 다양한 정책 이념의 채택과 밀접한 관련성을 지니고 있다는 이 연구의 문제 인식은 관료제의 본질에 대해 기술한 관련 문헌들을 통해서도 설명될 수 있다. 비섬(Beetham, 1987)은 관료제의 비효율성과 권력 남용이 이념을 초월한 협공을 초래했음에 주목한다. 즉, 우파(The Right)는 자유시장(free market)을 앞세워 관료제를 제한하려고 하고, 중도파(The Centre)는 개방(openness)과 법적 의무(accountability)를 앞세워 개혁하려고 하며, 좌파(The Left)는 참여(participation)와 자기경영(self-management)이라는 이름하에 관료제를 대체하려고 한다는 것이다.

그러나 적어도 산업사회의 정부관료제는 이러한 모든 공세에 대항하는 놀라운 대응능력을 보여 주었다. 이 점은 관료들의 절대권(dictatorship)이 상승 가도를 달리고 있다는 베버의 주장을 통해 잘 나타나고 있다. 베버에 따르면 관료제의 성공 비결은 산업사회의 복잡한 행정적 업무(complex administrative tasks)를 조절하는 특이한 능력 때문이라고 한다. 하지만 세계화와 정보화로 대표되는 새로운 행정환경의 도전에 직면하여 전통적인 정부는 정책실패를 양산하고 있다.[2)]

---

1) 정부에 대한 전통적인 관점은 국가 중심주의, 제도적인 고립과 동질성, 국가 주권과 우월성, 헌법적 배열 상태의 중시 등을 지적할 수 있다. 부연하면 첫째 국가 중심주의는 국가를 명백한 권력의 원천으로 본다. 즉, 국가 개입을 통해 산업구조를 개편하거나 부(富)의 이전을 촉진하는 것은 당연한 권한으로 간주된다. 둘째 정부는 제도적인 고립과 동질성에 근거한다. 정부기관들은 자신들이 설정한 목표를 달성하기 위해 다른 사회적 행위자들과의 협력을 유도하기보다 사법적인 판단에 의존하려고 한다. 셋째 국가 주권과 우월성을 주창한다. 국가가 소유하는 주권은 다른 어떤 것들보다도 강력한 권한이다. 넷째 헌법적 배열 상태를 중시한다는 점이다. 즉, 헌법과 법률은 국가 권력의 궁극적인 원천이다(Pierre & Peters, 2000: 79-83).

2) 거버넌스의 대두 배경으로는 국가의 재정 위기, 시장을 향한 이념적 수렴, 세계화와 지방화 및 정

따라서 앞으로 전통적인 정부상의 개편 방향을 둘러싼 정책 이념 간의 경쟁은 더욱 촉진될 것으로 전망된다. 이에 이 연구는 다양한 정책 이념의 관점에서 제기되고 있는 정부혁신 논의를 영국 사례를 중심으로 검토하는 기회를 마련하고자 한다. 전후 영국의 사회 민주주의와 대처의 신자유주의 및 블레어(Tony Blair)가 표방한 '제3의 길'은 각기 좌와 우 및 중도 이념을 토대로 한다는 점에서 이 연구의 목표에 부응할 수 있기 때문이다.

제2절

사회 민주주의와 신자유주의 그리고 제3의 길

1 사회 민주주의와 신자유주의

20세기 이후 보수당과 노동당으로 재편된 영국의 양당정치는 기본적으로 입헌 민주주의 제도의 채택 이래 계속된 보수와 진보라는 비교적 명확한 이념 차이를 전제한다. 하지만 1940년대 이후 영국에서는 사회 민주주의 복지국가 명제로 수렴되는 이념적 동질기(consensus period)가 계속 유지되었다. 사회 민주주의는 지상천국은 아니더라도 최소한 세상에서의 지옥은 끝내겠다고 약속했다. 국가 주도 경제관리와 집단적인 복지 공급은 시장을 안정시킬 뿐만 아니라 평등과 사회 정의의 확대를 가져오고, 개인과 계급의 이익을 초월한 시민의식의 성장을 초래한다는 것이다.

그러나 사회 민주주의를 유지시켜 왔던 경제적 호황은 1960년대 말 이후 서서히 퇴조하기 시작했다. 통화 불안정, 다국적 생산, 세계무역의 개방화 추세로 인한 개발도상국과의 경쟁 등은 영국 경제와 정책 결정의 근본적이고 구조적인 결함을 노정시켰다. 사회 민주주의는 스태그플레이션(저성장과 고인플리이션)에 직면하여 경제 성장이 하락하면서도 공공지출이 늘어나는 부작용을 표출시켰다.[3)]

보화 추세의 심화, 국가의 정책실패, 정책 결정의 부분화와 전문화, 사회적 변화와 복잡성의 증가, 전통적 책임성의 변질 등을 지적할 수 있다.

3) 1970년대 중반 캘러헌(James Callaghan)의 노동당 정부는 IMF로부터의 감내하기 어려운 긴축 요구, 높은 실업률, 노동조합의 격심한 파동 등과 같은 총체적 위기에 직면하여 사회 민주주의의 종

1970년대를 전후해 사회 민주주의는 부정적으로 묘사되기 시작했다. 신우파(New Right)는 국가가 너무 많은 일을 하고 있다는 점을 부각시켰다. 특히, 복지를 위한 높은 공공지출과 세금은 개인의 동기를 감소시켜 투자를 밀어내고 의존적인 문화를 조장한다. 사회 민주주의는 보수당이나 노동당 누구에 의해서 실행되었건 영국을 농노(serfdom)로 전락시킨 악당이었다. 신우파의 강점은 전후 사회 민주주의 실행에 대한 공격이 아니고, 더욱 중요하다고 할 수 있는 사회 민주주의의 지적 원리에 대한 공격에 있었다(Driver & Martell, 1998: 9).

사회 민주주의를 대치하는 신우파 기조하에서 1979년 5월 집권에 성공한 대처의 보수당 정부는 당시 영국의 공직사회가 그러한 국가적 위기를 해결할 수 있는 능력을 전혀 갖추고 있지 못하다는 판단하에, 그 해결책을 시장부문의 활력을 회복시키는 데서 찾고자 했다. 즉, 케인스주의적 복지국가를 시장 지향적 경쟁국가로 전환시키는 것이

표 3-1 사회 민주주의와 신자유주의 간의 비교

사회 민주주의(구노동당)	신자유주의(대처리즘)
• 혼합경제	• 자유시장 경제
• 집단주의(collectivism)	• 개인주의(individualism)
• 통일주의(uniformism)	• 선택주의(chocism)
• 지역분권(regional devolution)	• 애국주의(patriotism/strong state)
• 지방분산	• 중앙집중
• 공유	• 사유
• 기획	• 방임
• 국유화	• 민영화
• 사회적 평등	• 사회적 계층
• 대의 민주주의	• 법의 지배
• 국가 독점주의(state monopolism)	• 경쟁(competition)
• 재분배	• 경제 성장
• 사회 책임	• 개인 책임
• 직접 복지 지원(direct welfare support)	• 파급효과(trickling-down effect)
• 적극적 공공지출	• 소극적 공공지출
• 노조 동반 관계	• 자유기업

말과 신자유주의의 강화를 촉진시키게 된다.

개혁의 목표였다. 대처리즘(Thacherism)의 모토인 자유경제와 강한 국가(free economy and strong state)가 이 목표를 상징한다(Gamble, 1988).

이러한 사고는 당시 영국 경제가 정부 주도의 경제계획과 반시장 정책을 추구한 프랑스나 고전적 자유주의에 기초해 국가 불간섭 기조를 채택한 서독의 경제에 비해 현저하게 뒤떨어진다는 영국민들의 요구를 반영하는 것이었다. 또한 경제 침체의 주요 원인으로 사회민주 이념하에서 시장 기능에 대한 정부의 지나친 개입과 규제, 정부재정 지출의 과다, 그리고 노조의 정치개입(corporatism)과 정부・노조・기업 간의 합의식 경제정책 결정(tripartism) 등을 지목하고 있었다(Barry, 1987; 양형일, 1997).

대처(Margaret Thacher)의 개혁철학은 하이에크(Friedrich Hayek)가 주창한 신자유주의였다. 하이에크는 국가나 노조 등 독점 세력이 시장을 지배하면 개인이 집단에 종속되는 결과를 초래하고, 규제와 개입은 모험을 추구하는 기업가 정신을 약화시키고 자원 배분도 왜곡시킨다고 주장했다. 경제는 원칙적으로 시장 기능에 맡겨야 하고 국가는 다만 공정경쟁의 규칙이나 정하고 심판자 기능에 머물러야 한다. 경제 성장의 원동력은 시장과 기업에 달려 있으며 정부개입은 가능한 한 줄여야 한다는 것이다.

한편 이러한 그녀의 개혁 의지는 노동개혁 사례를 통해 잘 나타나고 있다. 노동개혁을 위해 대처는 노조의 탈정치화를 시도했다. 노조의 정치기금에 대한 규제를 강화하고, 노정 연대를 뒷받침하는 기구들을 폐지 또는 약화시켰다. 기업은 노조를 상대로 파업으로 인한 손해배상을 청구할 수 있고 불법 파업 참가자를 선별적으로 해고할 수 있게 했다. 또한 클로즈드 숍(closed shop) 제도의 불법화와 정리해고제의 채택, 시장 원리에 따른 임금결정 제도의 도입 등을 추진했다(김호진, 2000).

2 대처리즘의 한계와 제3의 길

시장의 경쟁 논리를 앞세운 대처의 과감한 개혁정책은 영국병의 치유자라는 찬사와 객관적 경제지표의 호전을 통해 알 수 있듯이 소기의 성과를 산출한 것으로 평가되고 있다. 그러나 대처리즘은 경제 활성화라는 공적에도 불구하고 불평등의 확대와 고용 불안이라는 시장경제의 부작용을 심화시키는 부작용을 산출했음을 부인하기 어렵다. 대처리즘이 빈부 격차를 사전에 봉쇄하지 못한 이유는 시장주의의 맹신에 있었다. 과거 영국병의 원인이 '정부실패(government failure)'였다면 대처리즘의 후유증인 빈부 격차의 심화는 '시장실패(market failure)'를 의미한다.

결국 대처리즘의 공과에 대한 당내외의 논란은 대처의 사임과 메이저(John Major) 정부의 출범으로 이어지게 된다. 대처의 후광을 등에 업고 1990년 10월 출범한 메이저 정부는 1992년 총선에서 승리하는 등 7년 간이나 집권했지만 신우파 정부의 정체성을 재확립시키는 일에는 실패한 것으로 평가된다. 이점은 1994년 7월 24일 새로운 노동당 수로 취임한 블레어(Tony Blair)가 1987년 이후 키녹(Neil Kinnock)과 스미스(John Smith) 하에서 계속된 노동당의 현대화 작업을 가속화시키면서 신좌파(New Left)의 상승세가 계속 이어져 왔다는 사실을 통해 잘 나타나고 있다.

1987년의 총선 패배 이후 노동당은 정책 재검토(Policy Review)에 나섰으며, 그 출발은 여론 청취로부터 시작되었다. 그림자 내각의 각료들은 전국을 순회하며 노동당 정책의 나아갈 방향에 대한 의견을 청취했을 뿐만 아니라 정책 재검토반은 친시장적 정책대안들을 연속적으로 제시했다.[4] 하지만 노동당은 정책 재검토에도 불구하고 1992년 총선에서 메이저의 보수당에 패했다. 이에 자극받은 노동당의 현대화론자들은 더욱 급진적인 당의 개혁을 촉구했다.

현대화론자들의 지원에 힘입어 당수로 선출된 블레어는 새로운 집권전략으로 좌와 우를 초월하는 제3의 길(the third way)을 표방하게 된다. 당시 영국의 상황을 감안할 때 노동당이 집권할 수 있는 유일한 방법은 영국 남부에서 많은 의석을 차지하는 것이었다. 그렇게 하기 위해서는 1979년 이래 줄곧 보수당의 지지 세력이 되고 있는 화이트 칼라와 숙련 노동자들로 이루어진 영국의 신중산층(new Middle England)에게서 승리해야 했다.

중산층과 손잡기 위한 블레어의 노력은 공적 소유를 규정한 구당헌 제4조(the old Clause 4)의 공략으로 나타나게 된다. 유권자들에게 노동당이 진정으로 변했다는 상징적 조치가 필요했기 때문이다. 구당헌 제4조의 개정은 과거와의 공식적인 결별이자 신노동당(New Labour)의 출범을 의미했다. 1995년 4월 개최된 당 총회에서 승인된 신당헌 제4조에서, 노동당은 국유화와 기획이 시장을 대신한다는 이념을 포기했다.

한편 블레어는 대처리즘을 극복하기 위해 공동체주의와 사회 정의(social justice)를 대안적 정책 이념으로 제시했다. 먼저 공동체주의는 롤스(John Rawls)의 자유주의와 하

4) 1992년의 정책 재검토를 통해 제시된 친시장적 정책대안들은 정부의 역할을 교육훈련, 연구 개발, 지역 개발 등의 시장실패 부문과 경쟁력 강화를 위한 분야로 제한하는 것이었다. 또한 민영화된 공익사업의 재국유화 정책기조와 케인스주의적 수요관리의 완화를 추구했다.

이에크의 신자유주의에 기초해 전후 사회 민주주의에 대한 비판과 자유주의에 대한 비판을 결합시킨 것이다(Etzioni, 1995). 정치적으로 공동체주의는 노동당 현대화론자들에게 보수적 신자유주의(대처리즘)에 대한 대안을 제공하고, 구노동당의 사회 민주주의로부터 탈피할 수 있도록 해 주었다. 이후 신노동당은 국가 역할에 대한 일방적 의존보다는 공동체 내의 집단행동을 통한 '정부 재창조(reinventing government)'를 추구할 수 있었다.

다음으로 사회 정의는 평등의 중요한 요소들을 포함하고 있는데, 인간의 기회는 불평등하기 때문에 정부가 기회를 제공함으로써 좀더 평등해질 수 있는 복지국가가 되도록 하는 것이 바로 정부의 역할이라는 것이다. 또한 신노동당은 평등의 추구(더 많은 사람에게 일자리를 창출하는 것)는 경제적 효율성을 저해하는 것이 결코 아님을 강조한다. 이점에서 신노동당이 주창한 사회 정의는 결과르서의 평등을 주장하는 인류평등주의(egalitarianism) 개념은 아니다(Driver & Martell, 1998: 29-30).

제3의 길로 통칭되는 신노동당 이념에서 공동체와 사회 정의의 결합은 대처리즘을 초월하는 새로운 정치의 기초를 제공해 준다. 여기에는 도덕, 경제적 효율, 사회통합이라는 세 가지 테마가 어우러져 있다. 경제적 성공은 사회 정의와 사회통합을 가져오고, 책임과 의무를 다하는 시민들로 인해 더욱 강화되며, 결국 이러한 사회통합은 시장 경제를 더욱 활성화시키게 된다는 것이다. 이 점에서 '이해관계화(stakeholding)'로 집약되는 새로운 정책 정향은 공동체 구성원으로서의 소속감, 권리와 의무를 다하는 사회, 더 많은 기회와 공평성 그리고 사회 정의, 정부와 정치의 민주화와 책임감의 확대 등에 기여한 것으로 평가된다(Driver & Martell, 1998: 30).

공동체나 사회 정의와 같은 신노동당의 핵심적 사상은 사실상 좌파의 전통적인 가치들이다. 신노동당은 당의 현대화를 외치면서도 이런 가치들은 그대로 남겨두었던 것이다. 이에 보수당은 신노동당은 구노동당을 위장한 것에 불가하다고 비판하기도 한다. 나아가 미디어와 마케팅을 활용한 책략으로 규정하기도 한다. 하지만 여기서 우리는 시대의 변화와 요구에 부응해 이런 가치들을 달성하기 위한 수단들이 변화되었다는 사실에 주목할 필요가 있다. 또한 실제로 새로운 가치들이 우파로 다가섰다는 점을 간과해서는 안 된다.

결국 지금까지 제시된 대처리즘과 블레어리즘은 각기 정부혁신의 새로운 패러다임, 즉 거버넌스의 확산을 주도해 왔다는 점에서 공통점을 지니고 있다. 이러한 이유로 이 연구는 거버넌스의 의미를 대처가 채택한 신공공관리와 블레어가 채택한 정책 네트

표 3-2 신공공관리와 정책 네트워크 간의 비교

	신공공관리	정책 네트워크
초점	경쟁(우파 지향적)	협력(중도파 지향적)
목표	작고 효율적인 정부	깨끗하고 효과적인 정부
적용 대상	관리(행정 발전)	정책(발전행정)
방법론	개체주의 · 합리제도주의	총체주의 · 역사제도주의
기반 이론	다원주의, 자유시장이론…	국가주의, 조합주의이론…
핵심 쟁점	정부 감축(개선), 민영화(사유화), 탈규제…	정부간 관계(자치권 이양), 정부-기업 관계(재규제), 정부-시민사회 관계(파트너십)…

워크를 포괄하는 광의로 이해하고자 한다. 이 때 정책 네트워크는 시기적으로 앞선 신공공관리의 보완에 초점을 부여해 왔다는 점에서 협의의 거버넌스로 규정할 수 있다(김정렬, 2001).

제3절 신공공관리의 활용과 개입 능력의 약화

1 신공공관리의 의미와 특징

1979년 이후 대처와 메이저의 정부혁신 노력을 반영하는 신공공관리는 행정의 새로운 패러다임으로 간주되고 있다. 하지만 신공공관리는 아직까지 보편적인 정의의 사례를 발견하기 어려울 정도로 매우 다의적이고 포괄적인 개념이다. 이에 이 연구는 신공공관리의 이론화에 동참해 온 대부분의 학자들이 전통적인 정부상을 탈피하기 위해 시장의 경쟁 원리와 기업식 관리 방식의 활용을 주창해 왔다는 사실에 주목하고자 한다.

신공공관리에 대한 기존의 개념 정의는 크게 광의와 협의로 대별된다. 먼저 협의의 신공공관리는 신제도경제학과 기업식 관리주의에 기초한 일련의 혁신 논리로 정의된다. 여기에는 신제도경제학이 중시하는 경쟁 가능성, 사용자 선택, 투명성, 유인구조 등

은 물론 기업식 관리주의가 지향하는 결과 중심의 행정개혁을 위한 재량적 권력의 필요성과 조직의 성과 제고를 위한 전문직업주의적 관리가 포함된다(하혜수・정정화, 2001: 160-161).

다음으로 광의의 신공공관리는 세계화로 대표되는 새로운 도전에 직면해 각국의 정부들이 일반적으로 채택하는 합리적 문제 해결 방법으로 정의된다. 이론적 측면에 초점이 부여된 협의의 정의와 달리 광의의 정의는 현실적 측면에 주목한다는 점에서 앞서 제시된 혁신 논리는 물론 시민 참여, 공사 파트너십, 중간조직 등 뉴거버넌스(정책 네트워크)의 주요한 논점들까지 포괄한다. 따라서 광의의 신공공관리는 광의의 거버넌스와 동일시되는 결과를 초래하게 된다. 이에 상대적으로 정부 내부에 초점을 부여하는 신공공관리와 정부 외부에 주목하는 정책 네트워크 간의 구분을 가정하는 본 연구는 신공공관리를 협의의 개념으로 파악하고자 한다.

한편 앞서 제시된 포괄적 문제 인식을 반영하는 신공공관리의 주요한 특징으로는 고객의 중시와 고객의 영향력 증대, 공공 서비스 구매자와 공급자의 분리, 시장의 경쟁원리 적용, 민영화와 계약제 도입, 성과와 책임성의 강조, 유연성의 증대, 정보관리의 중요성 등을 지적할 수 있다(Hood, 1991). 신공공관리는 경제학의 자유시장 논리와 경영학의 최신 관리 기법들을 결부시키고 있다는 점에서 영국의 보수당은 물론 각국의 관심을 끌어 왔다.

하지만 신공공관리가 주창하는 시장 경쟁과 기업식 관리는 다음과 같은 부작용을 초래할 수 있다는 점에 유의해야 한다. 먼저 시장의 경쟁 원리에 대한 지나친 몰입이 신자유주의의 부작용을 확대 재생산할 우려가 크다는 점이다. 다음으로 기업과 정부 간에 존재하는 본질적 차이나 적용 대상 국가의 문화・제도적 특성을 간과한 무리한 개혁 추진은 지속적인 성과를 산출하기 어렵다는 점이다.

2 신공공관리의 구현 사례와 기대효과: 정부조직의 감축과 개선

1) 정부조직의 감축

1970년대 중반 이후 심화된 재정난의 시대를 맞이하여 영국 보수당 정부는 과대 성장한 정부조직의 감축을 위해 신공공관리의 적용을 선호해 왔다. 이를 반영하는 구체적 개혁 대안으로는 직접적인 사업 폐지(abolish)를 비롯해 민영화, 민간위탁, 아웃소싱,

민자 유치 등을 지적할 수 있다. 한편 이러한 개혁 대안들은 정부조직의 리스트럭처링(restructuring)을 지향하는 혁신적 개혁 대안이라는 점에서 공통점을 지니고 있다.

먼저 직접적인 인력 · 예산 축소를 동반하는 사업 폐지는 단기적으로 가시적인 효과를 창출할 수 있다는 점에서 고도의 상징성을 가정한다. 대처의 집권 초기는 물론 우리 나라 역대 정부의 행정개혁이 조직 통폐합을 통한 예산 · 인력 축소에 주력한 점도 이와 무관하지 않다(강원택, 1998). 하지만 행정 서비스에 대한 수요 증가 추세를 감안할 때 사업 폐지가 장기적으로 그 효과를 담보하기는 어렵다. 이 점에서 우리는 영국의 보수당이 정부 감축을 위한 방안으로 기존에 유지된 독점적 공공 서비스의 공급 체계를 다원화시키는 일에 주력한 사실에 주목할 필요가 있다.

다음으로 민영화와 민간위탁은 앞서 지적한 공공 서비스의 공급 체계 다원화와 직결된 문제로 평가될 수 있다. 즉, 기존에 정부가 담당해 온 정부기능의 일부를 민간에 매각하거나 위탁하는 방식으로 감축 효과를 기대할 수 있기 때문이다. 실제로 영국에서는 시장성 평가 제도를 통해 공공 서비스 공급 주체의 다원화라는 목표에 부응해 왔다.[5)]

한편 아웃소싱과 민자 유치는 정부가 기존에 담당했거나 앞으로 담당해야 할 공공 서비스의 제공을 위해 민간자본의 참여를 유도한다는 점에서 정부 감축은 물론 성장 억제에 기여할 수 있다. 이에 영국 보수당은 물론 우리 나라에서도 적극적인 활용이 이루어져 왔다. 한편 이를 반영하는 구체적 사례로는 조달 행정의 다원화나 사회간접자본 확충을 위한 민자 고속도로 건설 등을 지적할 수 있다.

앞서 기술한 보수당의 정부 감축 노력은 영국정부의 재정 안정과 경제 회복에 크게 기여한 것으로 평가되고 있다. 하지만 블레어는 이러한 평가의 이면에 잠재된 부작용에 주목하면서 새로운 방향을 모색하고 있다. 이 점은 민영화에 대한 신중한 접근을 천명한 정책의지나 강제 경쟁입찰제를 대치한 최고의 가치(Best Value) 레짐의 제도화를 통해 설명될 수 있다(DETR, 2000).[6)] 나아가 친시장주의나 복지 수요의 무시 등과 관련된

---

5) 시장성 평가제도는 공공 서비스 공급의 경쟁화를 추구한다. 이 때 경쟁화란 공공 서비스의 생산과 공급 그 자체를 시장 메커니즘에 친숙한 민간 부문으로 확대함과 동시에 공공 부문과 민간 부문 간의 경쟁을 조장시킴으로써 민간 부문을 벤치마킹해 공공 부문의 비효율성을 제거하려는 정책 수단을 말한다. 따라서 경쟁 체제의 구현을 배제한 상태에서 관할권의 이전을 경쟁화의 구현으로 보기는 어렵다.

6) 1999년 지방정부법을 통해 구체화된 최고의 가치(Best Value)는 지방정부가 제공하는 서비스의 비용과 질을 획기적으로 개선시킬 것으로 기대되고 있다. 일례로 임대주택 제공 서비스의 경우 이 제도의 도입으로 인해 민간위탁에 의한 임대사업자와 임차인 간의 합의에 의해 '임차인 참여 협정 표준안'을 제정토록 함으로써 주민 만족도 제고에 기여할 수 있다.

문제점들에 대해서는 뒤이어 경제사회 관리의 전환에 관한 논의를 통해 좀더 자세한 논의가 제시될 것이다.

2) 정부조직의 개선

관료제적 정부 운영이 산출한 부작용의 치유 차원에서 이루어지고 있는 정부조직의 개선 노력은 앞서 제시된 정부조직의 감축과 더불어 신공공관리의 주요한 논점이다. 여기에 포함될 수 있는 구체적 개혁 대안으로는 대처와 메이저의 집권 기간 동안 이루어진 성과관리와 책임운영기관을 비롯해 규제 완화, 전자정부, 복식부기, 다면평가제 등을 지적할 수 있다. 한편 이러한 개혁 대안들은 정부조직의 리엔지니어링(reengineering)을 지향하는 점진적 개혁대안이라는 점에서 공통점을 지니고 있다.

먼저 성과관리와 책임운영기관은 운영상의 권한 부여(enabling)와 평가기능(evaluation)의 강화를 요체로 한다.[7] 특히 이들은 조직 내 경쟁 분위기 확산을 통해 성과 제고를 추구한다는 점에서 유사점을 지니고 있다. 먼저 성과관리는 목표관리제, 성과급제, 총체적 품질관리제(TQM), 성과평가제, 자율운영팀제, 인센티브제, 시민헌장제 등과 같은 유사 개념들의 확산을 통해 알 수 있듯이 폭넓은 적용이 시도되고 있다.[8] 또한 영국에서 태동한 책임운영기관도 우리 정부의 개혁 대안으로 제도화 과정을 거치고 있다. 하지만 합리주의로 대표되는 서구적 조직문화를 반영하는 성과관리의 이상이 우리 나라의 조직 풍토에 단시일 내에 정착되기를 기대하기는 어렵다.

다음으로 규제 완화와 전자정부는 번잡한 절차(red tape)를 제거함으로써 행정 과정의 질적 개선을 도모한다는 점에서 유사점을 지니고 있다. 또한 규제 완화와 전자정부는 행정비용의 절감은 물론 민간 부문에 대한 유무형의 파급 효과가 크다는 점에서 보수당은 물론 신노동당 정부의 공통적인 관심사로 자리해 왔다. 나아가 양자 간에는 밀접한 보완 효과가 존재한다. 일례로 최근 우리 정부가 규제개혁 차원에서 시도하고

---

7) 평가기능의 활성화에 기여해 온 주요한 평가의 종류로는 정책 수행 능력에 초점이 부여된 역량평가, 특정한 프로그램의 효과성을 측정하는 정책평가(시책평가), 프로그램의 집행 과정을 모니터링하는 과정평가, 투입 대비 산출에 주목하는 성과평가, 고객 만족에 초점이 부여된 만족도 평가, 앞서의 평가 기능을 종합한 기관평가 등을 지적할 수 있다.

8) 시민헌장제는 시민들에게 행정 서비스의 내용과 수준 그리고 제공 방법에 대해 계약 방식으로 제시하고, 이행하지 못할 경우 시정 조치와 보상을 약속한다는 점에서 성과관리와 유사하다. 하지만 시민헌장제는 공급자 중심의 공약이 아니라 고객과의 쌍방향적 약속이라는 점에서 특징적이다.

있는 증명민원의 감축 방안이 실효성을 기하기 위해서는 정부 부처간 정보의 공동 활용이 전제되어야 한다.

한편 복식부기나 다면평가제와 같은 관리 기법들은 민간기업에 대한 직접적인 벤치마킹 사례라는 점에서 특이점을 발견할 수 있다. 이러한 관리기법들이 정부에 도입될 경우 그 파급 효과가 크다는 점에서 주목을 끌고 있지만 성공적인 제도화를 위해서는 좀더 철저한 준비가 필요하다. 일례로 복식부기의 경우 기존에도 기업적 운영이 필요한 지방자치단체의 경영사업에 적용이 되고 있지만 담당자의 전문성 부족과 운영 기준의 미확립으로 인해 의도한 성과를 달성하지 못하고 있기 때문이다.

나아가 이러한 개혁 노력은 블레어의 신노동당이 집권한 이후에도 계속 유지되고 있다. 다만 보수당 정부와의 주요한 차이점으로는 국민들이 신뢰하는 좀더 깨끗하고 투명한 정부의 구현에 초점을 부여하고 있다는 점이다. 우선 블레어는 보수당 정부가 경제적 성과에도 불구하고 국민들의 신뢰를 상실한 주요 원인이 고위 관료들의 독직 사건에 기인한다는 점에 착안해 장관윤리규정을 강화시켰다. 또한 블레어 정부는 '정부 내의 불필요한 비밀'이 정부를 오만하게 하고 정책 결정의 결함을 유발한다는 인식하에 정보자유법(a freedom of information act) 제정을 추진하는 한편 국가 통계 서비스의 독립성 강화를 추구했다.

제4절

정책 네트워크의 활용과 조정 능력의 강화

1 정책 네트워크의 의미와 특징

시장의 경쟁 원리를 신봉하는 영미 국가에 비해 상대적으로 계급 타협의 전통에 친숙한 북서유럽 국가들의 정부 혁신 노력에 착안해 이론화된 정책 네트워크는 최근 들어 뉴 거버넌스로 지칭되고 있다. 이는 다시 말해 조합주의와 하위정부이론을 모태로 1990년대 이후 본격화된 정책 네트워크 이론이 기존에 정부혁신론을 주도해 온 신공공관리를 초월해 정부의 미래상을 탐구하는 거버넌스 논의의 유력한 대안으로 부상하게 되었음을 시사한다(Rhodes, 1996; Adshead & Quinn, 1998). 특히 공동체의 부활을 추구한 블레어 정부의 정책 네트워크는 중도파의 경제사회 정책을 규정하는 주요한 특징으로 지적될 수 있다.

하지만 전통적인 정부의 기능과 역할이 정책 네트워크 또는 자기 조직화 네트워크로 대치되고 있다는 인식 논리가 이론적 공고화의 단계로 도약하기 위해서는 그 의미와 특성을 더욱 명확히 해야 한다. 일반적으로 정책 네트워크란 "특정한 정책문제의 해결 과정에서 정책참여자들 간의 반복적 상호 작용을 통해 산출되는 제도적 틀"로 정의된다.[9] 부연하면, 먼저 정책참여자는 크게 정부와 이해 관계자(기업이나 국민) 및 중간조직(intermediate organization)으로 구분된다. 다음으로 신제도주의 인식 논리를 가정하는 제도적 틀은 정책의 성패를 좌우하는 독립 변수의 역할을 수행하는 것으로 간주된다. 일례로 제도적 틀이라는 연계 관계 속에 내재된 신뢰 효과는 정책성공으로 담합효과는 정책실패로 나타난다.

한편 정책 네트워크는 정부 역할이나 연계 관계의 강도에 따라 다양한 유형으로 나뉜다. 먼저 정부 참여의 수준에 따라 크게 협력형과 위임형 정책 네트워크로 구분된다. 이 때 위임형은 문제 해결을 위해 정부와 이해 관계자들이 공동으로 협력(제3섹터나 파트너십)하는 방식이며, 위임형은 정부가 해결해야 할 문제를 사적 이익정부(정부의 정책 결정 기능을 사업자 단체에 위임)나 자발조직(자원봉사 조직이나 시민단체)에게 대리케 하거나 관할권을 이전하는 방식이다. 다음으로 연계 관계의 지속성 여부에 따라 크게 임시적인 이슈 네트워크(issue network)와 지속적인 정책 공동체(policy community)로 구분된다.

그리고 정부혁신의 구현 논리로서 정책 네트워드는 정책 과정의 민주성은 물론 효율성까지를 담보하는 미래 지향적 조정 기제라는 점이다. 정책 네트워크는 기본적으로 정책 과정에 참여하는 다양한 집단 간의 상반된 이익을 중재하는 민주적 조정 기제라는 위상을 확고히 구축하고 있다. 하지만 일단 정책 네트워크가 제도화의 과정을 종결하게 되면 새로운 참여자에 대해 배타적인 폐쇄적 특성을 산출한다는 점에서 문제를

---

9) 정책 네트워크의 유사 개념으로는 정책 레짐(policy regime)을 들 수 있다. 양 개념은 정책 행위자 간 반복적 상호 작용의 결과물로서 연계 관계의 지속성이 산출하는 파급 효과에 주목한다는 점에서 합의를 형성하고 있다. 하지만 정책 네트워크 이론이 주로 국가 수준을 중심으로 발전되어 왔음에 반하여 레짐이론은 초국가 수준이나 지방 수준을 중심으로 적용되어 왔다는 차이를 지니고 있다.

제기해 볼 수 있다. 그러나 현실의 정책 과정이 다수의 참여자를 제도적으로 보장하기는 어려울 뿐만 아니라 현대의 정책문제들은 고도의 전문성을 요구한다는 점에서 일정 수준의 제한된 참여자는 능률성을 담보하는 희생물로 이해될 수 있다.

하지만 정책 네트워크의 활성화를 위해서는 정책 참여자의 제도적 다원성과 타협문화의 성숙이 요구된다는 점에서 유럽을 제외한 여타 국가들에서 폭넓은 벤치마킹을 기대하기는 어렵다. 일례로 조직 구성원 간 신뢰, 규범, 협력 등과 같은 사회자본이 취약한 한국의 현실을 감안할 때 정부와 사회 간의 협력이 활성화되기를 기대하기는 어렵기 때문이다(전영평, 2000: 151-153). 이 점은 또한 중범위 분석 수준을 가정하는 정책 네트워크가 상대적으로 구조에 친숙한 논리라는 사실을 통해서도 설명될 수 있다. 즉, 정책 네트워크의 제도적 효용성은 특정 행위자의 의도를 반영하기보다 역사나 문화적 유산에 기인하는 바가 크다는 점에서 단시일 내에 가시적인 성과를 산출하는 정부개혁 대안으로서의 의미는 약한 편이다.

2 정책 네트워크의 구현 사례와 기대 효과: 경제와 사회정책의 조정 패턴 변화

1) 경제정책의 조정 패턴 변화: 재규제 방식의 제도화

전후 영국의 경제정책은 케인스주의적 거시경제정책으로 대표된다. 일반적으로 재정과 금리라는 양대 조정 기제에 의존하는 케인스주의적 거시경제정책은 동아시아 국가들의 산업정책에 비해 덜 개입적인 것으로 평가되고 있다. 하지만 영국 경제의 최대 호황기에 해당하는 1950~73년간에 이루어진 거시경제정책은 정부의 경제조정 기능에 대한 과신으로 이어지면서 국유화와 기획을 경제정책의 기조로 채택하게 된다.

하지만 1973년 오일 쇼크를 계기로 촉발된 경제위기는 국유화와 기획으로 대표되는 정부의 경제정책 기조에 대한 심각한 도전으로 인식되었다. 이 점에서 1976년에 발생한 'IMF 위기'는 기존 경제관리의 취약성을 노출시킨 상징적 사건으로 평가될 수 있다. 1976년에 들어서면서 파운드화의 지속적 하락 현상이 나타나기 시작하자, 노동당 정부는 정부 지출을 줄이는 방식으로 대응했다. 그러나 이와 같은 단기적 처방으로 파운드화의 투매를 막을 수는 없었다. 결국 노동당 정부는 1976년 9월 외환 및 통화 위기를 극복하기 위해 IMF에 구제금융을 신청하면서 경제정책의 기조를 케인스주의에서 통화주의(monetarism)로 전환했다.

1979년 집권한 대처 정부의 경제관리 모델은 완전고용과 복지를 통해 수요를 자극하고 이를 통해 성장을 달성한다는 케인스주의적 모델과 달리 자본에 대한 인센티브 강화를 위해 공급 측면을 중시함으로써 성장을 달성하고 그것이 가져오는 '확산 효과'를 통해 장기적으로 분배 문제를 해결한다는 것이었다. 이를 위해 대처 정부는 노동조합의 영향력을 약화시키는 조치를 취했다. 포괄적인 민영화 직전에 보수당 정부는 노사협력 기구 를 해체함으로써 경제관리에서 노조의 참여를 배제했다. 결국 민영화와 자유화 및 탈규제로 대표되는 대처 정부의 경제관리 기조는 직접적 개입보다는 정부와 기업 관계의 재편을 통해 정책목표의 달성을 추구했다는 점에서 특징을 지니고 있다(장훈 외, 2000).

이러한 보수당의 경제정책 기조는 블레어의 신노동당이 집권한 이후에도 계속 유지되고 있다. 경제관리의 거버넌스로 지칭되는 새로운 통치 방식은, 국가가 직접적인 자원 배분이나 계획 기능을 담당하는 것이 아니라 독립적 규제기구를 매개로 시장 메커니즘의 원활한 작동을 보증하는 재규제 방식으로 귀결되었다. 소유권의 이전을 통해 경제적 효율을 제고하기 위해서는 다시금 정부의 규제가 필요했기 때문이다. 통신·전략·가스사업의 민영화 과정에서는, 행정부의 통제로부터 독립적인 규제기구인 Oftel (Office of Telecommunications), Offer(Office of Electricity Regulation), OFGAS 등이 등장했고, 이 기구들의 목표는 해당 산업 분야에서의 '경쟁' 강화였다(장훈 외, 2000). 또한 사회적 규제의 강화 필요성에 부응하기 위해 블레어 정부는 식품 안전규제 부서를 신설하는 한편 대중교통의 편의 제고를 위한 버스 규제를 강화시켰다.

다만 조합주의 급격한 후퇴에 따른 계층간의 분열 현상을 치유하기 위해 블레어 정부가 이해 관계자 경제를 채택한 점이 주요한 차이점으로 지적될 수 있다. 이해 관계자 경제란 모든 사람들에게 기회가 주어지며 집단 또는 계층 간의 분리나 배제가 없다는 것을 의미한다. 물론 이해 관계자 경제에 대해 보수당은 정부, 산업, 최악의 경우 노동조합까지를 포함하는 파트너십에 의해 경제정책 결정을 했던 1970년대 합의주의 스타일로의 회귀와 같은 것이라며 부정적으로 평가하고 있지만 주주는 물론 고용자, 지역사회 등 상이한 이해 관계자들의 참여를 통해 공동체 내의 계층간 통합(one nation)을 추구했다는 점에서 거버넌스의 이상과 배치되는 것은 아니다(Driver & Martell, 1998: 52).

2) 사회정책의 조정 패턴 변화: 비영리단체와의 파트너십 강화

전후 영국에서 추진된 정부 주도의 복지정책은 견실한 정부재정이라는 물적 토대 위에서 이루어진 계급 타협의 산물로 평가될 수 있다. 18~9세기에 만개했던 자유주의적 입법국가하에서 노동계급은 자본의 이익 증대를 위해 사용되는 도구에 불과했다. 하지만 제2차 세계대전 이후 전쟁 승리의 주역으로서 노동 계급의 중요성이 부각되고, 노동 계급의 소득 증대가 소비의 증가로 이어진다는 인식이 확산되자 각국 정부의 자본계층의 묵인하에 기간산업의 국유화, 완전고용, 교육 및 의료복지의 완비, 사회보험의 확충 등을 추진할 수 있었다(서창록 · 이연호 · 곽진영, 2001: 8).

하지만 전후 지속된 정부 주도의 복지 서비스 공급은 공공 부문의 비대화와 시민사회의 의존성을 심화시키는 부작용을 산출하면서 1970년대 이후 복지국가의 위기로 귀결되었다. 대처의 보수당 정부는 전후 계속 유지된 사회정책의 전환을 모색했다. 이러한 정책 변화의 주요한 기조는 자조(self-help)와 개인 책임 원칙, 선별주의(selectivism) 원칙 및 열등 처우의 원칙 등이었다. 또한 이러한 정책 기조의 실현을 위한 구체적 정책수단으로는 보편적 서비스의 축소와 민영화, 분권화, 산업정책의 완화, 근로 동기 촉진, 노동시장의 유연성 제고 등이었다.

1979~97년간 지속적으로 추진된 사회정책 변화 노력은 영국의 복지국가를 급속히 약화시켰다. 총 복지지출은 외견상 크게 줄지 않은 것으로 나타났지만(1978년 GDP 대비 23.7%에서 1991년 23.5%로) 이 시기 노인 인구 증대와 폭발적 실업 증대로 인한 복지 수요의 증대를 감안한다면, 이는 사실상 복지 수준의 상당한 저하를 의미하는 것이다. 게다가 선택적 복지 재편의 결과에 따른 피해는 하층에 집중되었다. 보편적 프로그램들은 대체로 유지된 반면, 선별적 프로그램에서는 다양한 삭감과 통제가 일어났던 것이다. 또한 복지국가의 재원 조달의 측면에서도, 지속적인 역진적 조세개혁의 결과 1979~88년간 총 조세 부담은 하위 1/5의 소득 계층의 경우 총소득의 31%에서 39%로, 하위 2/5의 경우 34%에서 37%로 상승했다. 반면 상위 1/5의 경우 37%에서 35%로 하락했다(장훈 외, 2000).

영국의 블레어 정부의 복지정책은 효율성 제고에 초점이 부여된 보수당의 개혁 노력을 계승하는 동시에 소득 불평등의 심화와 같은 부작용을 치유하기 위한 노력을 병행했다는 점에서 시사하는 바가 크다. 블레어가 추구한 복지정책은 공동체주의와 사회정의의 추구라는 이념과 직결된 이해 관계자 사회이론에 기초하고 있다. 특히 생산적 복지(welfare to work)로 대표되는 신노동당의 복지정책은 복지 혜택을 받아야 할 계층을 포기하는 보수당의 자유방임적 정책 기조을 탈피해 일자리가 없는 사람에게 직업교육을 시켜 일할 수 있는 기회를 부여하는 적극적 복지정책을 추구했다는 점에서 특징적이다.

한편 이러한 정책 변화는 기존에 국가가 담당해 온 복지 기능을 가족・시장・비영리단체에 이양하여, 공공과 민간의 역할 분담을 통한 복지혼합(welfare mix) 또는 복지다원주의의 구현이라는 점에서 거버넌스와 밀접한 관련성을 지니고 있다. 전통적으로 영국의 노동당은 복지 제공자로서 국가역할에 대한 어떠한 훼손도 용납하지 않는 강경한 자세를 취해 왔다. 하지만 이러한 신념은 급속히 약화되고 있다. 따라서 정부는 직접적 제공자 역할에 부가해 자원봉사나 민간 부문이 제공하는 복지 서비스의 구매자와 규제자로서의 역할을 강화시키고 있다.

결국 어떠한 방식으로 복지를 제공해야 하는가에 대한 노동당의 사회정책 정향은 중요한 변화의 맞이한 것으로 평가된다. 이 점은 전후 시기의 양분화(개인 대 집합, 국가 대 시장, 공공 대 민간)가 이들의 상호 의존성을 인정하는 쪽으로 변화하고 있다는 사실을 통해 잘 나타나고 있다. 나아가 이러한 추세의 변화는 노동당이 공공행정에 대한 다원적 접근을 취하도록 요구하고 있다. 이에 정부는 복지의 독점적인 제공자에서 민간과 자원봉사 영역과의 파트너십, 통치의 좀더 분권화된 형태, 개인적인 선택과 상호 의존성 및 책임성을 강조하고 있다.

제5절

결 론

정치적 고려와의 단절을 표방하면서 태동한 현대 행정학은 기본적으로 중립적인 행정 이념을 상정해 왔다. 공익을 구현하는 수단적 행정 가치로서의 민주성과 효율성간의 조화를 추구한 행정 이념의 기본 도식이 이를 말해 주고 있다. 하지만 전후 서구 각국에서 사회적 형평성을 앞세운 좌파적 사고가 관료제의 우월성과 결합되면서 정책 이념 논쟁의 계기를 마련하게 된다. 1970년대 중반 이후 복지국가의 위기가 심화되면서 기존 모형에 대한 우파의 공세가 시작되었기 때문이다.

이 점에서 거버넌스의 구현을 지향하는 신공공관리와 정책 네트워크는 각기 우파와 중도파의 입장에서 행정국가의 변화를 촉진시키고 있다. 경쟁과 협력을 중시하는 새로운 변화의 방향성은 기본적으로 행정국가 밖으로의 이동(moving out)을 지향한다. 나아가 행정국가는 초국가조직과 지방공동체의 도전에 직면하여 위로의 이동(moving up)과 아래로의 이동(moving down)을 가속화시키고 있다(Pierre & Peters, 2000: 75-93). 이는 다시 말해 국가 수준의 거버넌스(national governance)와 병행하여 로컬 거버넌스(local governance)와 글로벌 거버넌스(global governance)가 촉진되고 있음을 의미한다.

그렇다면 이러한 변화 추세를 반영하는 행정국가의 미래는 어떠한가? 여기에 대한 답변으로는 각기 상이한 두 가지 시나리오를 제시해 볼 수 있다. 먼저 신자유주의자, 미래학자, 그리고 민주주의론자들이 주도하고 있는 부정적인 시나리오로서 국가 권력과 통제력의 변화 추세는 돌이키기 어려운 국가 쇠퇴의 과정이라는 것이다. 따라서 정부의 역할이 점점 약화되면서 궁극적으로 거버넌스가 정부를 대치하게 될 것이다. 다음으로 국가론자, 신제도론자들이 제시하고 있는 긍정적인 시나리오는 이러한 변화 추세가 국가 쇠퇴의 지표로서가 아니라 외부 환경의 급격한 변화에 부응하는 국가의 변용이라는 것이다. 따라서 거버넌스란 변화하는 환경에 국가가 적응해 가는 구조적 · 정치적 적응의 과정이라고 할 수 있다.

앞서 제시된 시나리오와 관련하여 이 연구는 후자, 즉 행정국가의 창조적 변화가 지니는 중요성에 주목하고자 한다. 영국의 경험을 통해 알 수 있듯이 시장의 강력한 도전에 직면하여 정부는 약화된 개입 능력을 조정 능력의 강화를 통해 보완하고 있기 때문이다. 이 점에서 중도파의 논리를 반영하는 정책 네트워크는 우파의 논리를 반영하는 신공공관리는 물론 좌파의 논리를 반영하는 사회 민주주의까지 초월하는 21세기의 새로운 정부상을 제시한 것으로 평가될 수 있다.

블레어의 신노동당은 좌와 우를 초월한다는 제3의 길의 명제에 부응하기 위해 공동체주의와 사회 정의라는 새로운 국정 이념을 제시했을 뿐만 아니라 거버넌스의 지향점인 경쟁(시장)과 협력(네트워크)을 구현한 것으로 평가되고 있다.[10] 특히 공동체주의와

10) 블레어리즘은 과도한 시장주의에 대한 반작용을 지지기반으로 한다. 하지만 블레어는 시장에 대한 전면적 부인보다는 시장주의의 성과를 인정하면서 사회 민주주의로의 회기를 거절했다. 이러한 이유로 블레어리즘은 포스트 대처리즘으로 지칭되고 있다. 이 때 포스트(post)란 과거를 인정하면서 새로운 미래를 적극적으로 개척한다는 의미를 가정한다.

사회 정의는 자본주의와 공산주의라는 고전적 이념 대립 구도를 초월해 자본주의 체제 간의 절충을 시도했다는 점에서 탈이념적이다. 나아가 정부혁신에 대한 중도파적 접근은 벤치마킹의 활성화를 통한 확산 가능성을 제고시키게 될 것으로 전망된다.

참고문헌

강원택(1998). 영국 행정개혁과 국가 통치 기능의 변화: 국가의 공동화 혹은 중앙집권. 『한국행정학보』, 32(4): 53-66.

김정렬(2001). 영국 블레어 정부의 거버넌스. 『한국행정학보』, 35(3): 85-102.

서창록 · 이연호 · 곽진영(2001). 『거버넌스 개념과 쟁점에 관한 소고』. 『추계학술대회 발표논문집』, 한국정치학회.

장훈 외(2000). 영국에서 국가성 변화의 이중성에 대한 연구: 케인스주의 국가에서 신자유주의적 국가로. 『국제정치논총』 40(3).

전영평(2000). 시민단체와 지방정부간 관계. 『한국행정논집』, 31(1): 149-177.

하혜수 · 정정화(2001). 신공공관리론적 지방행정개혁의 성과평가. 『추계학술대회 발표논문집』. 대구 · 경북행정학회, 대구 · 경북지방자치학회.

김호진(2000). 『노동과 민주주의』. 서울: 박영사.

양형일(1997). 영국 노동당 정부의 이념과 정책적 진로. 『한국행정학보』, 31(2): 141-155.

Adshead, Maura. & Quinn, Brid.(1998). The Move From Government To Governance: Irish development policy's paradigm shift. *Policy & Politics*. 26(2): 209-225.

Beetham, David.(1987). *Bureaucracy*. Minneapolis: University of Minnesota Press.

Department of Environment, Transport and the Regions(DETR).(2000). *National Framework for Tenant Participation Compacts*. London: DETR.

Driver, Stephen and Martell, Luke.(1998). *New Labour: Politics after Thatcherism*. London: The Polity Press.

Etzioni, Amitai.(1995). *The Spirit of Community: Rights, Responsibilities and the Communitarian Agenda*. London: Fontana.

Gamble, A.(1988). *The Free Economy and the Strong State*. Durham: Duke Univ. Press.

Hood, Christopher, James, Oliver, Jones, George, Scott, Colin and Travers, Tony.(2000). Bureaucratic Gamekeeping: Regulation of UK Public Administration, 1976-96. In Rhodes, R. A. W.(ed.). *Transforming British Government: Changing Institutions*. New York: St. Martin's Press.

Pierre, John & Peters, B. Guy.(2000). *Governance, Politics and the State*. New York: St. Martin's Press.

Rhodes, R. A. W.(1996). The New Governance: Governing Without Government. *Political Studies*, 44(4): 652-667.

제2부

거버넌스의 행정관리론적 조명

제4장

거버넌스와 리더십

최태현

제1절

서 론

이 장에서는 거버넌스와 리더십을 함께 소개한다. 거버넌스라는 개념은 행정학 외에서도 다양하게 사용되는 개념이다(김석준 외, 2002; Bevir, 2009). 좁은 지면에서 이를 다 다룰 수는 없으므로, 논의의 범위를 좁혀 여기서는 거버넌스를 행정 및 정책학에서의 연구와 실천을 중심으로 소개한다.

거버넌스를 이해하려면 정부(government)라는 단순명료한 개념 대신 쉽게 번역되지 않는 거버넌스라는 개념이 등장하게 된 배경부터 이해해야 한다. 거버넌스가 서구에서 먼저 등장했으므로 그 배경은 서구의 정치와 행정의 변화에 있다.

미국과 유럽은 제2차 세계대전(1939~1945) 이후 이른바 '황금기'를 구가하였다. 정치적 자유주의가 강한 미국에서조차 정부의 규모는 뉴딜정책으로 시작된 정부의 재정사업으로 확대되기 시작하여, 전쟁을 거치고, 종전 후 참전용사들의 복지 제공을 중심으로 정부의 복지기능이 확대되면서 점진적으로 커져갔다. 또한 중산층의 안정된 도시생활을 확보하기 위하여 교외 주거도시들을 건설하고 이들과 대도시를 연결하는 대규모 토목 프로젝트들이 진행되었다(Altshuler & Leberoff, 2003). 그러나 이러한 황금기는 경제성장의 혜택이 일부 계층에 집중되고, 베트남전으로 인한 사회 갈등이 격화되고, 1970년대 유가 상승으로 인해 전반적으로 경제성장의 동력이 둔화하면서 시장 자유주의가 새로이 득세할 환경을 조성하였다. 이런 와중에 1980년 들어 미국에서는 공화당의 레이건 정부가 등장하고 영국에서는 보수당의 대처 정부가 등장하면서 영미권 국가들은 이른바 '작은 정부' 이데올로기의 시대로 들어섰다.

작은 정부를 추구했다고 해서 실제로 정부가 작아지는 것은 정치적으로 무리였다. 정부가 작아진다는 것은 일부 국민들이 전에 받을 수 있었던 혜택을 공적으로 받지 못하게 됨을 의미하는 것이기 때문이다. 그렇기 때문에 관건은 전과 유사한 수준의 서비스를 더 적은 비용으로 공급하는 방법이었다. 그것이 1990년대 초반에 기술적으로는 '전자정부'의 형태로 등장하였고, 행정적으로는 '신공공관리'의 형태로 등장하였다. 전자정부는 정보통신기술을 활용하여 서비스 전달의 기술적 비용을 감소시키려는 시도였고, 신공공관리는 정부의 관리에 있어서 시장원리를 일부 도입하여 효율을 증가시키려는 시도였다. 특히 신공공관리는 1990년대에 정부기관의 복잡한 내부 규제를 혁파하고,

복지서비스를 정부가 직접 전달하는 대신 위탁계약을 통해 민간조직이 전달하게 함으로써 비용을 감소시키려는 시도들을 포함하였다. 이러한 흐름은 1990년대 중후반에 'hollow state'나 'network government' 등의 관리적 개념에 의해 묘사되다가(Milward & Provan, 2000) 결국 'governance'라는 개념이 이들을 포괄하는 개념으로 사용되기 시작하였다.

거버넌스 등장의 배경으로 또 한 가지 주목해야 할 것은 시민사회의 성장이다. 거버넌스는 단순히 정부서비스를 네크워크 형태를 통해 전달하는 체계가 아니라 하나의 민주주의적 공공관리 체계이다. 참정권, 투표 자격 및 제도 등 선거민주주의 제도가 정착된 20세기 전반 이후, 20세기 후반에 들어서 미국 사회에는 대의민주주의가 잘 작동하지 않는다는 문제의식이 증가하였다(Frederickson, 1980). 대의제를 작동시키는 정치는 부패하고 무능하다는 비판이 확대되면서, 공공관리의 주체로 공직자가 부각되기도 하였다(Frederickson, 1980). 다른 한편 단순한 경제 성장을 넘어 반전, 환경, 인권 등 사회의 이슈들이 다양화되면서 시민사회에는 새로운 정치주체들이 등장하여 더 많은 민주주의를 요구하기 시작하였다(Dryzek & Dunleavy, 2009). 이러한 시민사회의 성장으로부터 나오는 정치적 욕구를 제한된 선거민주주의만으로는 담아내기 어려운 상황에서 참여와 숙의 민주주의가 강조되기 시작하였고(Dryzek 2002), 그것이 공공관리의 영역에서는 거버넌스로의 변화로 나타났다.

시민사회의 성장이 거버넌스로의 변화에 영향을 미친 다른 경로는 시민사회의 문제해결 역량의 증대이다. 1980년대 레이건 정부가 행정부를 "문제해결자가 아니라 문제 그 자체"로 틀짓기한 것은 정치적 구호이기도 하지만, 실제로 공공문제 해결에 있어서도 민간부문의 혁신 역량에 주목한 현실을 반영하는 것이기도 하다. 우리나라도 거버넌스가 본격적으로 논의되기 시작한 2000년대는 그간의 경제 성장을 기반으로 정부주도적 혁신이 아닌 시민사회의 문제 해결 혁신 역량에 관심을 기울이기 시작한 때라고 할 수 있다.

거버넌스로의 변화에는 사회문제의 복잡성 증가라는 또 다른 측면이 있다. 최근에는 과거에 비해 문제의 경계를 확정할 수 없을 정도로 다양한 행위자들에게 복잡한 파급효과를 일으키는 사회 문제들이 증가하고 있다. 기후변화, 우리나라의 교육이나 부동산 문제, 인구, 그리고 2020년 이후 코로나-19 팬데믹 등과 같은 문제는 문제의 범위가 넓어 그것을 정의하기 어렵고, 해법도 모색하기 어렵다는 의미에서 난해한, 고약한, 혹은 사악한 문제(wicked social problem)라고 불린다(Head & Alford, 2015). 이러한 문제의 증가가 의미하는 바는 정부라는 단일의 행위자 및 그것의 제도적 특성인 계서제적 조직으로는 이러한 문제를 해결하기 어렵다는 것이다. 즉 거버넌스는 국가와 시민사회의 협력을 통해 문제를 해결할 수밖에 없는 상황을 반영하는 변화라고 할 수 있다.

마지막으로 영미권 국가에서 촉발된 행정개혁과 거버넌스는 국제기구들을 통해 다른 나라들에 강압적으로 혹은 모방적으로 도입됨으로써 보편화되었다. 대표적인 예가 우리나라로, 1997년 외환위기로 인해 국제통화기금(International Monetary Fund)의 긴급 차관을 도입하는 과정에서 우리 정부는 기존의 정부 주도형 행정과 정책에서 보다 시장·시민사회 주도형 행정과 정책으로 변모하는 조치들을 취해야 했다. 이를 통해 우리나라도 2000년대 이후로는 거버넌스라는 용어가 낯설지 않은 상황이 되었다. 거버넌스의 등장을 단순히 정부 역할과 규모의 변화로만 설명할 수는 없지만 행정학적 관점에서는 이 점이 핵심적이다.

이 장에서 거버넌스와 리더십을 함께 다루는 이유는 어떤 체제의 성과는 제도와 리더십이 상호작용하면서 달성되기 때문이다. 단순한 예로 정부가 신공공관리 개혁에 따라 기존 계서제를 혁파하고 보다 평등한 팀제로 개편한다 해도 리더십이 여전히 권위적이면 팀은 비공식적 계서제에 의해 운영되기 마련이다. 조직에의 전적인 헌신과 팔로워의 복종을 강조했던 기존의 리더십 스타일과 보다 개인주의적인 문화적 가치를 체화한 젊은 세대들 간의 갈등도 회자된다. 따라서 우리는 제도를 작동시키는 리더십에 대해서도 면밀하게 살펴보아야 한다. 아울러 리더십과 거버넌스의 상보적 관계에 대해서도 살펴볼 필요가 있다.

마지막으로 이러한 모든 논의는 민주적이고 효과적인 정부 운영에 그 목적이 있음을 지적할 필요가 있다. 거버넌스 개념과 실천은 우리에게 기존 발전국가 시기처럼 정부 주도적인 리더십과 정책집행에 의해 운영되는 민주주의가 바람직하지는 않다는 것을 시사한다. 대신 시민들이 좀더 주체적으로 정책 과정에 참여하여 영향력을 발휘하는 것을 요청한다. 우리가 어떤 특정한 거버넌스의 성과에만 초점을 둔다면, 예를 들어 위기 시에는 보다 정부 주도적인 관리적 거버넌스가 유용할 것이라 짐작할 수도 있다. 그러나 코로나-19 팬데믹의 경험은 위기의 극복에 반드시 정부주도적 거버넌스가 가장 효과적이지만은 않다는 것을 보여주었다. 우리는 여기서의 논의가 행정의 민주성과 효과성을 동시에 증진시키기 위한 것임을 분명히 해야 한다.

이어지는 절에서는 우선 거버넌스의 다양한 정의들을 살펴봄으로써 거버넌스가 무엇인지를 밝힌다. 다음으로 거버넌스의 다양한 형태들과 쟁점들을 소개한다. 이어서 제

3절에서는 리더십의 정의와 다양한 유형에 대해 논의한다. 제4절에서는 거버넌스를 시장, 공동체, 관리의 세 층위에서 접근하는 방식을 택하여, 제도, 가치, 리더십, 그리고 장·단점을 논의한다. 제5절에서는 지금까지의 논의를 바탕으로 플랫폼 정부와 코로나-19 팬데믹을 사례로 살펴본 후, 제6절에서 결론맺는다.

제2절

거버넌스의 정의

1 거버넌스

거버넌스 개념의 정의에 있어 기본적인 현실은(이 책에서도 그러하듯이) 통일된 개념 정의가 있지 않다는 점이다. 따라서 통일된 정의를 찾기보다는 여러 정의로부터 공통된 요소들과 차이들을 논의하는 것이 낫다. 거버넌스의 정의는 개념이 발생하게 된 계기인 국가와 시민사회 관계의 변화를 어떻게 볼 것이냐에 따라 달라진다. 즉 제1장에 소개된 것처럼 거버넌스가 이루어지는 과정에 대해 시민사회의 주도성에 초점을 두느냐, 아니면 여전히 국가의 주도성에 초점을 두느냐에 따라 정의가 달라지는 것이다.

과거에는 거버넌스에 더하여 '신'거버넌스라는 개념도 자주 쓰였다. 이는 특히 기존의 시장중심적 거버넌스에 대응하는 공동체 중심적 거버넌스를 지칭하기 위해 쓰이기도 하고(Osborne, 2010), 단순히 1990년대 이후 등장한 새로운 거버넌스 논의들을 통칭하는 말로 쓰이기도 한다. 과거에도 거버넌스가 있었고, 그것은 정부주도적이었다는 의미에서 신거버넌스라는 용어를 쓰기도 하는 것이다. 다만 신거버넌스는 오늘날의 관점에서 볼 때 위에서 살펴본 거버넌스의 정의에 포괄될 수 있는 실천들을 지칭하고 있다는 점, 그 범위가 불명확하다는 점 등에서 거버넌스와 확실히 구분되는 개념으로 볼 것은 아니다.

1) 사회중심적 정의

우선 정부 부문의 축소와 시민사회의 역할 확대가 거버넌스의 등장 배경인만큼, 시민사회에 초점을 두는 학자들은 분산된 권위를 강조한다. 예를 들어 드라이젝과 던리비(Dryzek & Dunleavy, 2009: 140)는 거버넌스를 "중앙집권적 권위에 의해 통제되지 않고 집합재를 생산하는 활동"으로 정의하였다(정용덕 외, 2021: 460). 이보다는 복잡하지만 좀더 확대된 정의로 쿠이만(Kooiman, 2010: 73)은 거버넌스를 "사회적 문제들을 해결하고 사회적 기회들을 창출하기 위한 상호작용의 총체로서, 이러한 상호작용을 규율하기 위한 원리들의 형성과 적용, 그리고 상호작용을 가능케 하고 또 통제하는 제도들의 관리"로 정의하였다(정용덕 외, 2021: 460).

이러한 정의들은 다양한 주체들 간의 보다 민주적이고 평등한 상호작용으로서 거버넌스를 강조한다. 드라이젝과 던리비는 의도적으로 거버넌스가 "중앙집권적 권위"에 의해 통제되지 않는 집합적 활동임을 강조했다. 쿠이만은 정의에서 국가나 정부를 아예 언급하지 않았다. 이들 정의에서 거버넌스란 기존의 공적 권위구조에 의한 상호작용이 아니라, 집합재의 생산 등 사회적 가치들을 창출하는 집단적인 활동이다. 시민사회의 주체들은 정부와 평등한 관계에서 그때그때 상황에 따라 네트워크를 형성하여 공적 가치를 창출하는 것이다.

2) 정부중심적 정의

사회중심적 정의와 달리 정부중심적 정의는 비록 거버넌스 현상에서 시민사회의 역할이 강화되긴 하였으나 여전히 정부는 공공재 등 공적 가치의 생산과 관련된 권위있는 의사결정의 핵심 주체라는 점을 강조한다. 예를 들어 벨과 힌드무어(Bell & Hindmoor, 2009: 2)는 거버넌스를 "국정을 위해 정부에 의해 사용되는 도구, 전략 및 관계"라고 정의하였다(정용덕 외, 2021: 460). 이와 유사한 맥락에서 정용덕 등(2021: 460)은 거버넌스를 "공공정책 결정 및 집행에서 여전히 '국가'가 중심에 있되 시장 및 시민사회와의 협력이 이루어지는 과정의 총체"로 정의하였다. 이러한 정의의 특징은 의식적으로 정부 혹은 국가라는 개념이 사용된다는 점이다. 그러면서 국정(공공정책 결정 및 집행)이 관계적으로 이루어진다는 점을 강조한다.

이러한 정부중심적 정의는 거버넌스라는 변화에 방점이 있기보다는, 그러한 변화에도 불구하고 여전히 강력한 주체로 남아있는 정부에 주목하는 현실적인 정의이다. 특히 우리나라 역시 과거에 비해 정부의 역할이 축소되었다는 주장들이 제기되지만, 국가는 여전히 다양한 정책 도구, 전략, 및 관계를 통해 시민사회를 효과적으로 동원하고 있다는 주장들도 제기되는 실정이다. 이런 점에서 정부중심적 정의는 한국 사회의 경험적 현실에 보다 부합하는 정의라 할 수 있다.

그럼에도 불구하고, 정부중심적 정의에서도 더 이상 정부는 유일한 국정의 행위자가 아니라는 점 역시 강조되어야 한다. 실제로 거버넌스를 구성하는 새로운 도구, 전략, 관계들은 기존의 정부주도적 행정국가의 그것들과는 차이가 있기 때문이다. 예를 들어 세금 부과보다는 감면, 서비스 지정보다는 바우처 등 민간 행위자들의 선택권을 형식적으로 보장하는 방식, 정부의 폐쇄적 의사결정이 아닌 시민들의 참여 절차를 거치는 의사결정으로의 변화 등이다. 그리고 이러한 변화들은 결국 국가와 시민사회 관계의 변화에 의해 추동되었기 때문이다.

3) 확장된 정의들

위에서는 거버넌스의 일반적인 정의를 논의하였다. 여기서는 '거버넌스'에 특정한 수식어를 붙임으로써 다소간 구체화된 의미를 지니고 특정한 논의의 맥락에서 사용되는 여러 하위 개념들을 살펴본다.

(1) 좋은 거버넌스

"좋은" 거버넌스(good governance)는 그 개념이 함축하듯 거버넌스를 단순히 어떤 현상으로만 이해하는 것이 아니라 국가와 정부가 어떤 방식으로 작동되어야 한다는 규범적 지향을 담고 있다. 특히 이 개념은 세계은행, 국제통화기금, 국제연합, OECD 등에 의해 그 핵심 개념요소들이 정의되고, 정책적으로 세계 여러 나라에 적용되었다. 그 구체적인 내용들을 보면 주로 공공부문의 역량(관리역량, 기술역량, 조직역량 등), 법의 지배(정부의 신뢰성, 예측가능성, 법원의 작동), 행정책임성(반부패), 투명성(정보공개), 참여와 형평 등을 포함하고 있다. 특히 세계은행의 국제거버넌스지수는 위의 아이디어들을 반영하여 다음의 여섯 가지로 구성되어 있다: 참여와 책임성(voice and accountability), 정치적 안정과 비폭력성(political stability and absence of violence), 정부 효과성(government effectiveness), 규제의 질(regulatory quality), 법의 지배(rule of law), 부패통제(control of corruption)(https://info.worldbank.org/governance/wgi/).

이러한 좋은 거버넌스는 본질적으로 보다 유연하고 민주적이고 책임 있는 정부 관념에 시장 중심의 신공공관리가 결합된 형태이다(이명석, 2017; Rhodes, 1996). 따라서 시민들의 참여를 강조하는 보다 최근의 거버넌스 개념들에 비해 상당히 시장친화적인 개념이라는 특징이 있다.

(2) 네트워크 거버넌스

네트워크 거버넌스(network governance)는 거버넌스 개념이 등장하게 된 특별한 배경으로서 다양한 주체들 간의 자발적인 의사결정 및 집행 네트워크(Rhodes, 1997) 혹은 정부서비스 전달체계로서 관료제가 아닌 외주계약에 의해 형성된 네트워크(Milward & Provan, 2000)에 초점을 두면서 사용된 개념이다. 즉 거버넌스의 구조적 특징으로서 계층제나 시장에 대비되는 네트워크를 부각시키는 개념이다(이명석, 2017: 146).

(3) 협력적 거버넌스

협력적 거버넌스(collaborative governance) 개념은 두 가지 다소 상이한 맥락에서 사용되어 왔다. 우선 네트워크 거버넌스와 유사하게 거버넌스의 본질 중 하나인 협력이라는 속성을 강조하는 의미이다. 협력은 단순한 상호작용 이상의 의미를 지닌다. 어떤 권위에 의해 업무의 중복이나 갈등이 해소되는 조정(coordination)이나 각자의 목표를 추구하는 가운데 잉여자원 등을 통해 타 행위자의 목표 달성을 돕는 협조(cooperation) 등과 달리 협력(collaboration), 특히 협력적 거버넌스에서 의미하는 협력은 다양한 참여자들의 공동목표 설정과 자원의 공유를 특징으로 한다(최태현, 2020). 즉 협력적 거버넌스는 참여자들이 단순한 역할의 분담이 아니라 평등한 관계에서 숙의를 통해 처음부터 공동목표를 설정하고, 이의 달성에 필요한 어떠한 자원이든 공유하는 것을 이상으로 하는 거버넌스이다(Thomson & Perry, 2006).

다른 하나는 좀더 좁은 영역, 즉 주로 지역개발과 도시 연구 영역에서 사용하는 일종의 참여적 민관협의체 형태로서의 협력체계를 가리키는 개념이다(Ansell & Gash, 2008). 위에서 보다 추상화된 협력적 거버넌스는 정부간에도 적용될 수 있는 개념이지만, 좁은 의미의 협력적 거버넌스는 안셀과 개쉬(Ansell & Gash, 2008: 544)에 따르면 다음과 같이 정의된다: 하나 혹은 그 이상의 공공조직들이 비정부 행위자들을 공식적이고, 합의에 기반하며, 숙의적인 집합적 의사결정 과정에 직접 참여시켜 정책 집행 혹은 공공사업이나 자산의 관리를 수행하는 목적의 거버넌스 방식.[1] 비록 여기서의 정의 역

---

1) 원문은 다음과 같다: “A governing arrangement where one or more public agencies directly engage non-state stakeholders in a collective decision-making process that is formal, consensus-oriented, and deliberative and that aims to make or implement public policy or manage

시 보다 광범위한 협력적 실천에 적용될 수 있지만, 일부 연구의 협력적 거버넌스 개념은 보다 참여적인 지방정책결정 및 집행의 맥락에서 구성되었음을 인지할 필요가 있다.

2 거버넌스 논의의 쟁점들

1) 주체

지금까지 논의한 거버넌스의 정의들을 종합해서 살펴볼 때, 거버넌스는 공공정책 및 관리에 있어서 주체의 확장을 특징으로 한다. 즉 행정학에서 기존에는 정부가 거의 전적인 공공정책 및 관리의 주체로 틀짓기되었다면 거버넌스 개념에서 공공정책 및 관리 주체는 정부뿐 아니라 공공기관, 중앙정부와 지방자치단체, 시민단체, 이익집단, 기업, 그리고 일반 시(주)민을 포괄한다.

주체 확장의 두 번째 특징은 확장된 주체들 간의 평등한 관계라는 규범이다. 다양한 참여 주체들은 어떤 위계구조 속에 들어가 협력하는 것이 아니라 동등한 지위에서 자신들의 선호를 주장할 자격을 얻는다. 다만 이는 규범적 관점일 뿐이며, 앞서 정부중심 정의나 후술하는 메타거버넌스 개념에서는 정부가 여전히 가장 중요하고 결정적인 행위자임에는 변함없다는 관점도 설득력이 있다.

주체 확장의 세 번째 특징은 '공(公)적' 행위자의 개념이 변화하게 되었다는 점이다. 기존에는 공적 행위자라고 하면 공공조직(public organization), 혹은 공공기관(public institute)이라는 표현에서 보듯이 정부와 거의 동의어였다. 그러나 거버넌스에서는 정부와 계약 등 여러 관계를 맺고 정부서비스를 공급하는 주체들이 다양하게 등장하고, 이들은 정부의 공공성을 공유한다(은재호, 2008). 또한 협력적 거버넌스에서 공적 의사결정에 참여하는 사(私)적 행위자들은 법률상 사인이면서 공적 과정에 참여한다. 이러다 보니 공과 사의 영역 구분은 모호해지고, 책임성의 문제가 거버넌스 논의의 핵심으로 부상하게 되었다.

마지막으로 거버넌스는 정부라는 주체의 리더십에 변화를 야기하였다. 보다 전통적인 정부 역할은 정치적 과정을 통해 공공문제를 정의하고 그 해법을 고안하여 이를 집행하는 것이었다. 즉 실질적인 문제 해결자로서의 역할을 수행하였다. 이 과정에서 미

public programs or assets."

국과 같이 시민사회 주도의 정치과정을 중심으로 일종의 수동적 문제 해결자 역할에 머문 정부가 있는가 하면, 한국과 같이 정부가 주도하여 국가건설과 경제발전이 이루어진 경우도 있다. 이에 비해 거버넌스에서는 여전히 일부 실질적 문제 해결자로서 역할을 수행하지만 그보다는 여러 행위자를 묶어주고, 지원해주고, 그들의 결정을 집행해주는 일종의 조장자 내지 촉진자(facilitator)로서의 정부 역할이 강조된다. 이는 후술하듯 여러 형태의 리더십 가운데 행정 리더십의 강조점이 변화된 것이다.

2) 과정

거버넌스의 정의들에서 공통된 개념 중 하나는 '상호작용'이다. 기존의 전통적인 정부 역할에서는 정부가 주체가 되고, 중요한 것은 정부 활동의 대상인 사회 문제나 정책이었다. 반면 거버넌스에서 객체는 부차적인 요소가 된다. 즉 우선 다양해진 주체들의 상호작용(갈등, 숙의, 네트워킹 등)이 있고, 그 상호작용의 결과 중 하나로서 무슨 문제를 해결할 것인지, 무엇을 할 것인지 등 객체가 확정되는 것이 이상적이다.

다양한 주체들의 상호작용은 일반적으로 네트워킹(networking), 자기 조직화(self-organization), 창발적 구조(emergent structure) 등 주로 복잡성 패러다임의 개념들을 원용하여 묘사되어 왔다(최태현, 2014). 관료제와 같은 이미 규정된 상호작용의 구조가 (최소한 이상적으로는) 없기 때문에 거버넌스에서 상호작용의 구조는 참여자들의 접촉으로부터 형성되어 나오는 창발적 구조인 것이다.

과정에 있어서 주목할만한 또다른 측면은 공공정책 및 관리를 위한 도구의 다양성이다. 관련된 주체들의 관계가 평등한만큼, 과거와 같이 일방적인 명령이나 규제와 같은 직접적 정책 수단은 정당성을 확보하기 어렵다. 대신 보다 소통과 합의에 기반하고, 참여자들의 자율성을 존중하는 간접적 혹은 유도적incentive 수단이 모색되어야 했던 것이다. 정보의 제공, 세금감면, 신용 제공, 바우처 등 참여자들에게 더 많은 결정권이 주어지고, 간접적이며, 덜 가시적인 정책수단들이 거버넌스의 유행과 더불어 고안되고 집행되었다(Salamon, 2002).

3) 메타거버넌스

메타거버넌스(metagovernance)는 '무언가를 넘어서는'을 의미하는 접두어인 메타(meta)가 나타내듯 일반적으로 "거버넌스의 거버넌스"로 정의된다. 메타거버넌스 개념은 거버넌스가 다양화되면서 그 다양한 형태들을 아우르는 활동의 본질 혹은 그것들을 가로지르는 공통점, 아울러 그러한 다양한 거버넌스가 이루어지도록 하기 위한 보다 근본적인 관리기능 등에 대한 관심에서 거론되면서 거버넌스만큼이나 다양하게 이해되어 왔다. 이 가운데 잘 알려진 정의는 제솝(Jessop, 1997: 575; 번역은 이명석, 2017: 222에서 재인용)의 정의이다: 정부가 정치적 권위, 규칙 그리고 제도적 전략을 활용하여 거버넌스의 자기조직화를 촉진하고 안내하는 과정. 이러한 다소 중립적인 정의에 비해 제솝(1997)은 또한 메타거버넌스가 특정 거버넌스를 선택하고, 그것이 작동하도록 기반을 마련하고, 실패가능성에 대비하는 등의 활동이라고 보았다. 권력이론의 관점에서 제솝의 메타거버넌스는 거버넌스라는 개념이 지닌 탈국가적 함의에 비해 오히려 상당히 은밀하고 강력한 국가 역할의 재구성을 가리킨다고 할 수 있다.

좀더 관리주의적인 입장에서 쇠렌슨(Sørensen, 2006)은 메타거버넌스를 틀짓기(framing), 이야기하기(storytelling), 조장(facilitation), 참여(participation)로 정리하였다. 이 모든 활동들은 정부가 거버넌스의 운영에서 수행해주어야 할 역할을 의미한다(Bevir, 2009: 131). 따라서 어떤 학자들은 책임성의 확보같은 것을 메타거버넌스의 요소로 보기도 한다(Peters, 2010).

4) 민주주의

마지막으로 거버넌스 논의는 좀더 넓은 맥락에서 민주주의 변화와 연결되어 있다. 정부 중심의 전통적 거버넌스는 대의민주주의적 헌법체제에 최적화된 형태이다. 정부는 시민사회와의 별다른 직접 소통 없이 시민의 대의(representation) 기구인 국회의 결정을 집행하는 역할을 하는 것이다. 행정학적으로는 정치-행정 이원론과 맞닿아 있다. 전통적 거버넌스에서 '정치'로서의 행정은 논리적으로 자연스럽지 않다.

반면 새로운 거버넌스 형태들은 헌법적 관점에서 대의민주주의에 대한 다소간의 타협을 함유하고 있다. 협력적 거버넌스에서 주민들이 공적 의사결정에 참여할 때, 그 주민들은 대의민주주의적 대표성을 지닌 사람들이 아니라 주민이라는 자격에 따라 직접 참여한 사람들이다. 행정부의 공무원들은 국회의원이 아니라 관련 이익단체들 및 시민들과 직접 소통하고 함께 의사결정을 수행한다. 이는 참여 및 숙의민주주의 관점에서는 민주주의의 성숙으로 이해되지만, 대의민주주의적 관점에서 보면 대의제의 우회라고 할 수 있다. 따라서 정치적으로는 이러한 거버넌스로의 변화를 모두가 찬성하는 것은 아니다.

또한 거버넌스로의 변화는 전문가와 시민 간의 관계에 변화를 일으키는 계기가 되었다. 시민의 참여가 부재한 전통적 거버넌스에서 행정은 이념적으로 전문가인 관료들에 의해 수행되는 것이었다. 이들은 시민들의 복리를 위해 최선의 업무를 수행할 것으로 믿어왔다. 그러나 거버넌스로의 변화는 시민들이 공적 의사결정 과정에 직접 참여하여 선호와 대안에 대한 아이디어를 직접 제시하고, 그것이 의사결정에 영향을 미치게 되면서, 결과적으로 전문가집단인 관료들의 영향력이 약화되는 현상으로 특징지되었다. 그러나 오늘날의 난해한 사회 문제는 일반 지식으로서의 전문성과 특정 영역에 국한된 구체적인 지식(local knowledge)의 결합을 통해 해결되어야 한다는 인식이 증가하였다. 특히 고도의 기술적 지식을 요하는 시설물(원전, 폐기물 처리시설 등)의 입지를 위한 협력적 거버넌스에서 전문가와 시민들은 각자가 가진 특유의 지식과 상호 소통을 통해 보다 나은 대안을 도출할 수 있음을 보여주기도 하였다(Futrell, 2003). 결국 거버넌스에서 전문가와 시민 간의 관계는 창조적으로 협력해가는 것이 관건이라 할 수 있다.

제3절

리더와 리더십

앞선 절에서 거버넌스에 대해 논의하면서 거버넌스로의 변화가 새로운 리더십 개념의 적용 필요성을 불러일으켰음을 간단히 언급하였다. 이 절에서는 리더와 리더십에 초점을 두고 좀더 자세히 설명한다. 그리고 다음 절에서 거버넌스와 리더십을 함께 살펴본다.

1 리더의 의의

1) 제도와 리더/리더십

거버넌스에 대한 기존의 논의는 주로 계서제, 시장, 네트워크 등과 같이 공공관리가 이루어지는 제도적 배열에 관심을 두었다. 그러나 현실에서는 동일한 제도라 해도 리더가 발휘하는 리더십에 따라 전혀 다른 제도적 성과를 나기도 한다. 즉 리더십은 제도의 성과를 결정하는 하나의 중요한 변수이다. 더욱이 리더십의 강약만이 문제가 되는 것이 아니라 다양한 유형의 리더십과 그 제도 간의 정합성 역시 문제가 된다. 따라서 제도적 논의에 더하여 리더십을 고려하는 것은 매우 중요하다. 특히 세 가지 점을 주목할 수 있다.

첫째 리더는 제도를 현실화하는 데에 중요한 역할을 한다. 정부를 움직이는 기초인 헌법과 법률이라는 제도는 그것을 현실적으로 작동시키는 인간의 행위를 필요로 한다. 이때 리더는 공식적 권위에 의해서든 사람들의 마음에 미치는 영향력에 의해서든 제도의 작동에 관여한다. 일반적으로 '사문화되었다'는 표현에 해당하는 어떤 제도(예를 들면 특정한 절차 규정이나 반부패제도)가 있다면 여기어는 리더의 이데올로기나 관심이 영향을 미쳤을 가능성이 높다.

둘째 리더는 제도를 역동적으로 운영하여 성과를 달성하는 데 중요한 역할을 한다. 단순히 제도를 현실화하는 역할에 그친다면 이는 보통 관리자(manager)라는 관념으로도 충분하다. 그러나 리더는 제도에 잠재된 여러 행동의 가능성, 제도의 취지, 그리고 공동체의 목표 등을 종합적으로 고려하여 제도가 허용하는 범위 내에서 제도의 가능성을 구현하는 것이다. 헌법은 자유권적 기본권과 사회권적 기본권, 지방자치, 그리고 사유재산권의 존중을 평면적으로 규정하고 있으나, 대통령은 이러한 제도적 요소들에 서로 다른 가중치를 부여하면서 경제성장 혹은 복지 확충이라는 서로 다른 목표를 추구하기 위해 제도를 역동화한다.

셋째 리더는 제도의 맹점을 보완하는 역할을 한다. 제도란 사람들의 집합적 행동을 규율하는 공식적 비공식적 규약이다(하연섭, 2003). 그것은 기본적으로 과거에 형성된 것으로서, 사람들의 평균적 행동 혹은 어떤 행동이 벌어져야 할 상황을 예측하여 형성된 것이다. 시간이 지남에 따라 예측하지 못한 상황으로 환경이 변화하거나, 미처 계산에 넣지 않은 상황들이 발생한다. 이런 상황에서는 기댈 수 있는 제도가 없는, 제도적 맹점이 발생한다. 이때 리더는 제도적 맹점을 메꿀 행동을 지시하거나, 팔로워들의 대응에 대해 사후적으로 판단하고 평가하는 등의 활동을 통해 이러한 맹점을 보완한다. 이러한 행위자 없이 제도적 맹점은 제도 자체에 의해 보완될 수 없다.

2) 리더의 정의

리더 역시 다양한 방식으로 정의되어 왔다. 예를 들어 코헤인(Keohane, 2010: 23)은 리더를 "한 집단을 위해 목표들을 정하거나 명확히 하고, 그 목표들을 성취하기 위해 집단 구성원들의 에너지를 끌어모으는 사람"으로 정의하였다(정용덕 외, 2021: 495). 이와 유사하게 나이(Nye, 2008: 18)는 리더를 "한 집단이 공유된 목표들을 창출하고 성취하는 것을 돕는 사람"이라고 정의하였다(정용덕 외, 2021: 495). 이러한 정의들에는 몇 가지 공통점이 있다.

첫째 리더와 리더십은 한 집단을 중심으로 인식되는 인물 혹은 그 인물의 역할이다. 이는 당연해서 특별히 정의라 할만한 요소가 없다고 생각할 수 있지만, 실제 리더십을 둘러싸고 발생하는 문제를 이해하는 데에 매우 중요하다. 리더는 특정한 집단을 대표하는 인물인데, 문제는 인간 사회의 집단들은 상당한 수준의 배타성을 띤다는 점이다. 결국 리더는 어느 정도 배타적인 이익을 구현하는 역할을 수행하게 된다. 물론 그 집단의 경계를 넓힘으로써 결국 인류 모두를 포함하는 세계시민사회의 리더를 생각할 수도 있지만, 현실에서는 하나의 조직조차 실·국, 과, 계 등 세분화된 집단으로 구성되어 있고, 그 각각에 자신의 소속 부서의 입장을 대변하는 리더들이 있다. 아울러 이 문제는 리더의 덕목으로서 자신이 속한 집단의 이익에 충실할 것이냐, 그 집단보다 상위의 집단, 즉 보다 공적인 집단의 이익까지 고려하여 행동해야 할 것이냐의 문제와도 연결된다. 과연 현실정치에서 야당의 당대표가 여당의 당대표와 협상을 벌이면서 '대승적 차원'에서 양보를 할 수 있는지를 생각해보면 한 집단에 속한 인물로서 리더의 문제는 간단하지 않다.

둘째 리더십은 그 집단의 목표를 명확히 정의하고 성취하는 데에 초점이 있고, 리더는 그러한 일을 행하는 인물이다. 간단히 말해 리더는 집단의 매일매일의 작동을 점검하는 사람이 아니다. 리더는 언제나 집단의 목표 설정과 관련이 있는 작업을 하는 사람이다. 따라서 우리는 리더가 일상의 작동에 많이 개입할 경우 이를 과도한 통제(micromanaging)로 이해한다. 사실 그 집단의 목표를 성취하는 것은 물론이고 목표를 명확히 하는 작업만도 쉬운 일이 아니다. 한 집단에는 다양한 구성원들이 존재하고, 그들은 서로 다른 생각들을 가지고 있다. 더욱이 자신이 어떤 선호를 가지고 있는지, 어떤 사회에서 살고 싶은지 정확히 인지하지 못할 때도 있다. 리더의 역할은 이러한 사회적 다양성과 시대의 흐름을 파악하여 이 모든 것을 관통하는, 즉 정당성이 있고, 직관적으로 이해되는 목표를 언어적으로 구성하는 것이다. 우리나라에서 5년마다 치르는 대통령 선거에서 각 후보자들은 한국 사회의 목표를 선거 구호의 형태로 구체화한다. 여기에는 시대에 대한 인식, 국가의 방향에 대한 규범적 판단, 그리고 예술적인 정치적 수사력(rhetoric) 등이 모두 담겨 있어야 한다.

셋째 리더 혹은 리더십은 목표 달성을 위해 집단 내에 존재하는 에너지를 동원하는 역할을 수행한다. 집단 구성원의 에너지를 동원하는 방법에는 여러 가지가 있는데, 여기서 리더십 스타일이 달라지게 된다. 이에 대해서는 후술한다.

3) 리더와 다른 개념

(1) 관리자

리더(leader)와 관리자(manager)는 보통 개념적으로 구분된다. OECD(2001)에 따르면 관리자는 단순히 조직의 일상적인 과정을 관리하고 안정적으로 운영하는 사람인 반면, 리더는 때로는 위험을 부담하면서 변화를 추구하는 인물이다(정용덕 외, 2021: 496). 행정부에서도 리더는 보통 엽관제적 인사원리가 적용되고, 관리자는 실적제적 인사원리가 적용되는 자리로 대별할 수 있다. 혹은 리더는 정책결정, 관리자는 정책집행에 보다 주안점이 있다고 구분할 수도 있다.

이러한 구분은 다소 단순화된 구분이기도 하거니와 관리자의 역할을 과소평가하도록 오도할 가능성이 있다. 조직, 특히 정부와 같은 공공조직에게 그 운영의 예측가능성은 중요한 조직의 덕목이 된다. 비록 급변하는 환경에 적응하기 위해서는 변화를 추구하는 리더의 역할이 중요하지만, 그렇지 않은 일상적이고 안정적인 조직의 작동에는 수많은 관리자들의 역할이 중요하다고 할 수 있다. 따라서 리더와 관리자의 구분은 그 집단의 가치를 창출하는 방식 혹은 역할의 차이로 볼 것이지, 그 역할의 우열의 관점에서 볼 것은 아니다.

(2) 팔로워

리더의 대척점에서 사용되어온 부하, 혹은 팔로워(follower)라는 개념은 리더의 리더십(지시, 설득 등)에 따라 행동하는 존재로 이해되어 왔다. 정의상 그들은 리더에 의해 이끌어지는 존재인 것이다. 그러나 사회 전반의 민주화와 조직 내 평등문화의 확산, 그리고 문제의 복잡성이 커지면서 리더의 문제해결능력이 제한되고 조직 전체의 역량이 중요해지는 등 환경이 변화하면서 이러한 리더와 팔로워의 관념에도 변화가 생겼다.

오늘날 팔로워는 리더에 수동적으로 복종하는 관계가 아니라 오히려 집단의 대부분을 구성하는 존재로서 리더와 대등한 관계에서 단지 기능적 분업에 따라 서로 다른 일을 하는 존재로 관념화되고 있다(신인철, 2007; Chaleff, 2010; Kelley, 1988). 이미 서번트 리더십이나 조장적 리더십과 같이 팔로워의 자발적 행동을 지원하는 것이 리더의 역할이라는 개념이 유행하면서 팔로워는 집단 성과의 주된 주체로 자리매김해가고 있다.

샬레프(Chaleff, 2010)는 팔로워와 리더의 관계 재정립에는 팔로워의 용기가 현실적으로 필요하다는 점을 잘 인식하면서 팔로워의 여섯 가지 용기를 제시하였다: 책임을 감당할 용기, 섬길 용기, 도전할 용기, 변화에 참여할 용기, 도덕적 행동을 할 용기, 다른 팔로워들을 귀담아 들을 용기, 이런 용기들을 관통하는 교훈은 팔로워 역시 집단의 성과에 대해 리더와 공유된 책임이 있다는 것이다. 아울러 팔로워들은 리더들에 의해 좌절되기 쉬운 위치에 있는 데도 포기하지 않는 끈기가 필요하다는 것이다.

2 리더십의 다양한 형태와 자질

1) 리더의 권력 원천

리더는 집단 구성원을 이끄는 역할을 수행한다는 점에서 기본적으로 권력을 행사하는 사람이다. 그리고 권력의 행사를 위해서는 권력이 작용하는 어떤 원천이 있어야 한다. 나이(Nye, 2008: 40)는 이러한 권력의 원천과 유형을 아래 〈표 4-1〉과 같이 두 가지로 정리하였다.

표 4-1 리더의 권력 원천과 유형

권력의 유형	귀속	원천	팔로워의 순응	예
연성권력	리더 개인	개인의 자질	자발적, 내재적	카리스마
		팔로워와 상호작용		설득, 수사, 본보기
경성권력	제도, 조직	위협, 협박	외재적	채용, 해고, 강등
		보수, 보상		승진, 보상

출처: Nye, 2008: 40.의 표를 저자가 수정.

우선 경성권력(hard power)은 팔로워에 대해 위협이나 협박과 같은 부정적 권력작용 혹은 보수나 보상같은 긍정적 권력작용을 포함한다. 이른바 "당근과 채찍"을 통해 팔로워들의 행동을 자극하는 것이다. 중요한 점은 이러한 경성권력은 리더 개인에 본래적으로 귀속된 권력이 아니라 집단 혹은 조직 내 지위가 부여하는 제도적 권력이라는 점이다. 경성권력에 해당하는 인사권은 누구든 인사담당자가 행사할 수 있는 것이지 특정한 자연인이 행사하는 권력이 아닌 것이다.

이에 반해 연성권력(soft power)은 팔로워에 대해 카리스마를 보여주거나 설득을 하거나 솔선수범하는 등 본보기를 보여주는 방식으로 팔로워들의 자발적 순응을 이끌어내는 권력이다. 카리스마나 소통과 같은 상호작용 능력은 제도가 제공하기보다는 리더 개인의 자질에 속한 것으로, 리더가 달라지면 그에 따라 연성권력도 달라진다.

나이(Nye, 2008)는 경성권력이나 연성권력을 배타적으로 사용하는 것이 아니라 양자를 잘 결합하여 권력을 행사하는 "똑똑한 권력(smart power)"을 제시했다. 실제로 만일 리더가 경성권력에만 의존한다면 이는 팔로워들의 자발적 순응을 끌어내기 어렵다. 또한 경성권력에만 의존하는 이유가 연성권력의 원천이 부족해서라면 팔로워들에게 존경을 받기 어렵다. 반대로 리더가 연성권력에만 의존한다면 이는 조직적 기반이 부족함을 의미하거나, 연성권력 자체가 개인의 에너지를 바탕으로 하기 때문에 리더십이 시간적으로 안정적이지 않을 수 있다는 문제가 있다. 따라서 실제 성공적인 리더에게는 경성권력과 연성권력의 적절한 조합이 필요하다.

2) 리더십의 유형

(1) 리더 개인의 스타일

지금까지 다양한 유형의 리더십 개념들이 고안되었다. 이들에 대해 하나씩 간략하게 살펴본다. 우선 여기서는 리더 개인의 스타일에 초점을 둔 리더십 유형을 살펴본다.

우선 지시적(directive) 리더십은 주로 경성권력에 기반하여 행사된다. 팔로워들의 의사와 상관없이 주로 리더가 팔로워들의 행동을 지시하고 팔로워들은 이에 순응하는 방식으로 행사되는 리더십이다. 이러한 지시적 리더십은 주로 계서제라는 제도적 기반을 필요로 하며, 계서제 안에서는 지시적 리더십의 행사가 자연스럽게 받아들여진다. 지시적 리더십이 현재의 관점에서 비민주적이라고 평가될 수도 있지만, 특히 공공조직의 현실에서 지시적 리더십은 팔로워에게 책임이 전가되지 않고, 의사결정의 고뇌와 책임을 리더가 전적으로 부담한다면 수동적인 팔로워의 입장에서는 선호되기도 한다.

거래적(transactional) 리더십은 리더와 팔로워 간의 관계를 계약 관계로 이해하여 상호 의무와 책임, 그리고 기대를 중시하는 리더십이다(Bass, 1990). 조직은 상대적으로 안정된 환경에서 각자가 수행해야 할 과업이 잘 정의되어 있으며, 그 과업의 수행 정도에 따라 거래적 리더는 팔로워들과 미리 약속된 편익과 비용을 주고받는다. 거래적 리더십은 경성권력 가운데 보상에 주로 기반한 리더십이다.

다음으로 조직이 위기에 처하거나 변화하는 환경에 처하여 구성원 모두에게 희생과 변화를 요구하는 조치가 필요한 상황에서 부상하는 리더십으로 변혁적(transformational) 리더십이 있다. 변혁적 리더는 조직이 더 이상 안정적이지 않을 때 새로운 활로나 가치를 추구하기 위해 팔로워들에게 영감을 불어넣고, 소통과 설득을 통해 자발적 순응을 이끌어내는 카리스마적 리더로 이해된다(Burns, 1978). 즉 연성권력에 기반한 리더이다. 변화와 학습에 대한 압력이 강하게 작용하는 오늘날 대부분의 리더들은 지시나 안정적 관리보다는 변화와 개혁을 전면에 내세우고, 소통을 시도하는 경향이 강하다. 우리나라 지방자치단체장이나 공공기관장들의 경우 새로 부임할 때 흔히 기관장실을 개방하거나 직원들과의 순회 면담을 시행하는 등 소통을 지향하는 상징적 조치들을 취하는데서 볼 수 있다. 그러나 변혁적 리더십은 연성권력에 주로 기반하는데, 사람들의 내면에 호소하여 자발적 순응을 끌어낼 수 있을 만큼의 인격과 역량을 리더가 갖추는 것은 경험적으로 쉬운 일이 아니다.

변혁적 리더십 개념이 등장한 이후, 리더십 이론은 리더의 인성에 좀더 주목하기 시작하였다. 그러한 맥락에서 서번트(servant) 리더십은 리더의 역할로서 팔로워들을 섬기는 것을 강조하였다(Dierendonck, 2011; Greenleaf, 1977). 즉 팔로워들에게 기회를 주고, 그들의 필요를 채워주어, 팔로워들이 스스로 자기실현의 과정을 밟아가는 것을 돕는 것이 바람직한 리더라는 것이다. 결국 서번트 리더십은 오늘날 팔로워십의 강조와도 맞닿아 있다.

보다 최근에는 진성(authentic) 리더십 개념이 제시되었다(Gardner et al., 2011). 진성 리더십은 리더가 어떤 역할을 연기하려 하기보다는 자신의 "진정성," 즉 자기됨을 이해하고 그에 맞는 목적과 사명의 설정하는 일을 강조한다. 이미 팔로워들의 역할을 중시하는 시대가 되었기 때문에 이러한 진성 리더십의 발현은 팔로워들의 권한 강화와 자발적 협력으로 연결된다. 진성 리더십은 리더가 조직에서 자기다워지는 것을 환기시킨다. 최근 금융위기를 발생시킨 투자기업의 부패에서 보듯이 조직의 체계적인 악에 스스로를 동일시하는 자아 없는 부패한 리더가 아니라, 두엇이 바람직한 목적과 사명인지를 자신의 내면으로부터 끌어내서 그것을 사람들에게 호소하는 리더십이다. 이는 최근 점점 더 중요해지는 윤리적 리더의 요구와도 맞닿아 있다.

이러한 흐름에서 가장 최근에는 리더의 역량 가운데 하나로서 '인성(integrity)'을 강조하는 흐름이 형성되었다(Cloud, 2006). 특히 여러 분쟁 지역에서 위험과 두려움을 무릅쓰고 성공적으로 임무를 수행하는 장교들의 리더십이 주목받으면서(Caslen & Matthews, 2020), 스스로의 두려움을 직시하고 그것을 팔로워들과 나눔으로써 오히려 소통을 촉진하고 성과를 달성하는 리더십에 대한 논의가 증가하고 있다.

(2) 구조와 리더십

최근 자주 논의되는 리더십 유형 가운데 리더 개인의 특성보다는 거버넌스의 변화에 따라 요구되는 기능을 중심으로 이해되는 리더십으로 조장적 리더십과 창발적 리더십이 있다.

우선 조장적(facilitative) 리더십은 주로 협력적 거버넌스와 같이 기존의 구조가 아니라 평등한 참여자들의 자기조직화를 통해 형성되는 상호작용을 관리하기 위한 리더십으로 논의된다(Ansell & Gash, 2008). 조장적 리더십은 리더가 의사결정의 실질에 주도적 영향을 미치지 않는 대신, 다양한 참여자들의 실질적인 참여가 보장되고, 이들 간 진솔한 대화를 촉진하며, 이 과정에서 필요한 자원과 공적 권위를 연결하는 활동 등을 통해 협력적 거버넌스가 작동하도록 돕는 리더십이다(Chrislip & Larson, 1994). 이러한 조장적 리더십이 구현되기 위한 리더 개인의 특성은 다양할 수 있다. 중요한 것은 어떤 특성의 리더이든 그 역할은 협력 과정의 조장이라는 것이다. 그래서 리더의 역량으로서 중요한 것은 소통 과정의 관리, 특히 서로 대립하는 둘 이상의 집단 간 소통을 조장하는 것이다. 2017년과 2018년 운영된 신고리 5·6호기 공론화위원회 및 대입제도개선 공론화위원회의 위원장에 모두 전임 대법관들이 임명되었던 것은 이러한 대립되는 견해들 간 균형잡힌 소통을 기대하는 인사였다고 할 수 있다.[2)]

창발적(emergent) 리더십은 리더가 등장하는 구조적 특성에 착안한 개념이다. 리더와 팔로워의 보다 평등한 관계를 강조하는 이론들에도 불구하고 계서제와 같은 특정

---

2) 다만 갈등관리와 소통을 조장하는 리더십은 반드시 법관이어야 할 필요는 없다. 외국의 경우 중립적 입장에 있다고 여겨지는 지역의 정치인이나 갈등관리 전문가 등이 주로 이러한 역할을 담당한다(Connick, 2006).

구조에서 리더는 대부분 공식적 지위에 의해 정해진다. 그러나 보다 자기조직적인 구조에서는 미리 정해진 리더가 없다. 이때 자기조직적 집단의 과업이 요구하는 역량에 따라, 그러한 역량을 갖춘 사람이 자연스럽게 리더로 부상하여 집단의 환경적응력과 학습능력을 극대화하는 경우 이를 창발적 리더십이라고 한다(Hanna et al., 2021). 즉 과업과 역량 중심의 적응적 리더십이다. 이 역시 거버넌스의 변화에 따라 주목되는 리더십이다.

3) 행정리더십

마지막으로 국가 혹은 정부가 주도하여 국가 건설과 경제 성장을 이룩한 우리나라[3]에서는 행정리더십이라는 개념이 종종 사용되어 왔다. 일반적으로 리더십이란 어떤 개인에 귀속되는 것으로 이해되지만, 리더십 자체는 의사결정, 소통, 동원, 지시, 지원 등 다양한 행위주체들 간 작용하는 어떤 기능이라고 볼 수 있다. 따라서 이러한 리더십을 발현하는 주체는 개인이 될 수도 있고 조직이 될 수도 있다. 이런 점에서 우리나라의 정부가 발휘한 제도적 리더십을 행정리더십으로 보는 것이다.

행정리더십의 한 형태는 신공공관리론에서 발견할 수 있다. 정부가 정책결정은 스스로 수행하고(이를 방향잡기(steering)라고 부른다), 정책집행은 민간위탁에 의해 다른 조직들이 수행(이를 노젓기(rowing)라고 부른다)하게 하는 신공공관리에서 방향잡기 기능은 바로 행정리더십의 한 형태이다. 우리나라의 이른바 개발연대에 '애민(愛民)'과 같은 민본사상적 구호를 앞세우면서 부국강병을 추구한 정치엘리트와 관료집단의 연합체 역시 행정리더십의 경험적 모습으로 이해할 수 있다. 마지막으로 정치-행정 이원론에서 관료는 정책을 집행하는 역할에 머물지만 정치-행정 일원론에서 관료는 실질적인 정책 결정 기능을 수행하는 존재로 이해된다. 이렇게 관료집단도 정치적 의사결정을 수행한다는 점에서 행정리더십을 구현하는 행위주체라고 할 수 있다.

3) 이러한 국가를 발전국가(developmental state)라고 부르기도 한다(Evans, 1989).

제4절

거버넌스의 다양한 층위와 리더십

이 절에서는 거버넌스의 다양한 측면들을 보다 구체적으로 살펴보면서 이를 리더십과 함께 논의한다. 일반적으로 거버넌스의 형태로는 계서제적인 전통적 거버넌스, 신공공관리, 신공공서비스론, 공공가치 거버넌스, 협력적 거버넌스, 그리고 최근 들어 플랫폼 정부, 정책 공동생산 등이 자주 거론된다. 여기서는 이렇게 다양한 형태의 거버넌스들을 하나하나 설명하기보다는 이들을 세 가지 기본 제도적 층위로 나누어 설명한다. 그것은 시장적 층위, 공동체적 층위, 그리고 관리적 층위이다. 이들 셋은 기존의 국가-시장-공동체로 나누는 시민사회론과 대응된다. 그러나 여기서는 각 층위의 제도들이 특정한 형태의 거버넌스와 일대일로 연결된다기보다는 여러 거버넌스 유형들 안에 이 세 가지 층위들이 모두 존재한다고 본다.

아래에서는 각각의 거버넌스 층위별로 주된 제도적 특징, 리더십, 공공가치, 타 거버넌스와 비교할 때 장점 및 한계를 중심으로 서술한다.

1 거버넌스의 시장적 층위

1) 제도적 특징

거버넌스의 시장적 층위는 1990년대 거버넌스 논의가 시작되는 계기를 마련한 가장 가시적인 변화를 반영한다. 행정학의 오랜 주제 가운데 하나는 공공조직과 민간조직의 구분이다(Allison, 1979). 조직관리를 강조하는 관점에서는 양자가 본질적으로 유사하다고 보는 반면, 공공조직(정부)의 정치적 기능을 강조하는 관점에서는 양자가 본질적으로 상이하다고 본다. 거버넌스의 시장적 층위는 이러한 공-사 조직 구분에서 두 가지 흐름을 반영한다. 하나는 민간조직의 관리방식이 공공조직에도 적용될 수 있다는 것이다. 다른 하나는 공공조직의 역할을 부정적으로 바라보는 신자유주의의 득세이다.

민간조직의 관리방식이 공공조직에도 적용된 흐름은 1990년대 신공공관리(new public management)로 잘 알려져 있다. 신공공관리는 실제적인 대국민 서비스의 질과 반응성이 아니라 내부규제를 가하는 절차적 규정들에 매몰된, 이른바 "번문욕례(red tape)" 행정에 대한 일선 관리자들의 비판과 혁신 노력으로부터 형성된 흐름이다. 1970년대의 경제위기 이후 서구의 민간조직들은 경영의 전 영역에서 혁신을 강조하는 흐름으로 나아갔다. 이러한 조직관리상 변화는 자연스럽게 공공조직에도 영향을 미쳤으며, 그것이 신공공관리의 흐름으로 나타났다.

이에 따라 신공공관리에서는 성과(performance), 서비스, 시민(citizen) 대신 고객(customer), 그리고 혁신과 개혁(reinvention/innovation/reform), 탈내부규제(deregulation), 경쟁(competition) 등을 강조하였다. 신공공관리의 가치를 반영하는 이러한 개념들은 한결같이 시장에서 경쟁하는 민간조직들의 가치와 유사하다. 즉 거대하고 굼뜬 공공관료제가 변화하지 않는 것은 공공조직들이 시장경쟁 및 내부경쟁에 노출되지 않기 때문이며, 따라서 관료제의 문제를 해결하는 최선의 방향은 공공조직들 내외에 경쟁에 준하는 제도들을 도입하는 것이다. 국립대학, 미술관, 병원 등은 사립대학, 미술관, 병원 등과 보다 직접적인 경쟁에 직면하도록 법제를 개편하고, 내부 인사에 있어서도 연공서열이 아니라 성과 위주로 시행함으로써 조직 전체가 성과 중심으로 작동하도록 유도한다는 것이다. 이런 관점에서 공공조직이 제공하는 서비스는 공적 성격보다는 시장적 성격이 강해지고, 그 서비스의 수혜자는 공적 권리를 행사하는 시민이기보다는 적절한 가격에 서비스를 구매하는 소비자로서의 성격이 강해지는 것이다. 그리고 이 모든 변화는 끊임없는 혁신 노력에 의해 가능하다. 그 혁신의 주체는 정치인들보다는 실제로 서비스를 생산하는 책임을 지닌 관리자들(public manager)이다. 따라서 이들의 재량(discretion)이 강화되어야 한다.

이러한 시장적 층위의 거버넌스 제도는 다음과 같은 것들을 포함한다. 우선 분산화(disaggregation)이다(김근세, 2005; Peters, 1996). 시장적 거버넌스는 경쟁을 유발하지 않는 거대한 독점체제인 계서제를 비판하는 과정에서 제도적 분산화를 처방으로 내놓는다. 우선 가장 잘 알려진 형태는 민간위탁이다. 복지서비스를 비영리단체나 민간기업과의 계약을 통해 분산화하거나, 심지어 미국의 경우 교도소와 같은 핵심 국가기능도 민간기업과 계약을 통해 위탁하기도 했다. 또한 우리나라에서도 포스코(포항제철)나 KT(한국통신) 등 민영화(privatization)가 적용된 일부 사례가 있다. 공기업과 같이 공공성과 수익성을 동시에 추구하는 공공조직의 경우 시장에서 경쟁하게 함으로써 효율성을 극대화할 수 있다는 논리이다. 또다른 분산화는 공공조직의 집행기관화(agencification)이다. 집행기관화는 공공미술관, 공공도서관, 공공병원 등 성격상 독립적인 운영이 어느 정도 가능한 기관의 경우 기관장을 개방형으로 임용하고, 예산·인사상 독립성을 부여하는 등의 조치를 통해 자율성을 부여하고, 주기적인 평가를 통해서만 통제하는 것을 의미한다. 마지막으로 지방분권을 강화하는 것 역시 시장적 층위에서 볼 때 분산화의 한 형태로 볼 수 있다.

한편 거버넌스의 시장적 층위에서 조직 내부 관리는 주로 성과 지표의 개발 및 평가, 그에 따른 보상, 개방형 임용, 관리자의 재량권 강화 등에 의존한다. 특히 적절한 성과 지표의 개발은 신공공관리에서 중요한 관리 기반이 된다. 성과 지표는 조직의 미션과 목표를 담고 있어야 하며, 계량화가 가능해야 한다. 즉 성과 지표라는 개념은 "조직이 해야 할 일을 얼마나 달성했는가"를 수치로 표현해 낼 수 있어야 한다는 것이다. 올바르게 설정된 성과 지표는 조직의 모든 활동의 초점이 된다. 즉 조직 구성원들은 성과 지표를 극대화하는 것으로 그 활동의 가치를 평가받는다. 승진이나 연봉의 산정, 개방형 임용에서 적격자의 선발 등은 이러한 성과 지표를 얼마나 달성했는가 혹은 달성하는데 필요한 역량을 얼마나 보유했는가 등으로 평가되기에 성과 지표 자체가 조직적 판단의 기초가 된다. 마지막으로 성과를 달성하는 것이 가장 중요하므로 관리자는 성과 달성을 위해 충분한 재량권이 부여되어야 한다. 재량권이 없는 관리자에게 성과에 대한 책임을 물을 수는 없기 때문이다.

2) 리더십

거버넌스의 시장적 층위의 작동에 적합한 리더십은 복합적이다. 우선 시장 기제를 활용한다는 측면에서 보면 리더십 자체가 필요없다고까지 할 수도 있다. 즉 시장의 자유방임 원리를 그대로 리더십에 적용할 수도 있는 것이다. 다만 시장적 층위에서도 일련의 거버넌스 관리는 필요하다. 그러므로 우선 시장적 층위와 논리적으로 친화력 있는 거래적 리더십이 시장적 층위의 조직 관리에 적합하다고 할 수 있다(최태현・정용덕, 2018). 그것은 내부 조직관리에 있어서 성과 중심의 관리와도 논리적으로 부합하고, 민간위탁 등 계약에 의한 관리 측면에서도 적합하다. 물론 이러한 관리는 지시적 리더십에 의해서도 이루어질 수 있지만, 시장적 층위에서 기대하는 제도와 잘 맞아들어가는 유형의 리더십은 아니다. 한편으로 신공공관리로 대표되는 시장적 층위가 전통적 거버넌스에 대한 하나의 혁신 차원에서 제도화된 것이라는 점에서 이러한 혁신의 성공을 위한 변혁적 리더십이 요구되는 측면도 있다. 다만 혁신이 안착된 이후에는 변혁적 리더십보다는 거래적 리더십이 관리 측면에서 보다 효율적이라 할 수 있지만, 혁신은 종결되지 않기 때문에 경험적으로는 여러 형태의 리더십이 복합적으로 병존한다고 할 수 있다.

3) 가치

거버넌스의 시장적 층위에서 생산되는 중요한 가치는 효율성, 신축성, 반응성 등이다. 효율성은 합리적 분업체계의 일종인 관료제도 어느 정도 달성할 수 있는 가치이지만, 경쟁에 직면하지 않기 때문에 X-비효율이 발생한다. 시장적 층위에서 효율성은 주로 경쟁에 직면한 조직이 비용을 감축하고 생산성을 극대화함으로써 시장에서 생존하기 위해 노력하는 과정에서 달성되는 총체적 효율성을 의미한다. 신공공관리에서 정부서비스 전달을 민간위탁에 의존하는 이유는 민간위탁이 경쟁입찰을 통해 가장 효율적으로 목적을 달성할 수 있는 조직을 선택할 수 있게 하기 때문이다. 이러한 조직 차원의 총체적 효율성을 달성할 수 있기 위해서는 조직 전체가 신축적이어야 한다. 부분적 비효율을 야기하는 조직 요소들은 과감하게 개혁되어야 하는 것이다. 여기서 주로 연공서열에 따라 능력이나 성과가 부족한 구성원이 더 높은 연봉을 받는 등의 보수체계, 성과 달성에 불필요한 권위적인 계서제 등이 개혁의 대상이 된다. 철저하게 역량과 성과에 따라 그때그때 평가 및 보상이 이루어져야 하는 것이다. 마지막으로 신공공관리의 강력한 호소력은 반응성(responsiveness)에 있다(Peters, 1996). 여기서 반응성은 행정학에서 말하는 정치적 반응성보다는 시장적 반응성으로 이해해야 한다. 시장은 가격이라는 기제를 통해 수요-공급이 조정되면서 수요자의 선호에 '자동적'으로 반응한다. 거버넌스의 시장적 층위에서 반응성 역시 '선호의 표출'로서의 투표 혹은 공공서비스 구매양상에 탄력적으로 대응한다는 의미의 반응성이다.

4) 한계

거버넌스의 시장적 층위에서 생산되는, 혹은 생산될 것으로 기대되는 가치들은 새로운 거버넌스의 시대를 열어젖힐만큼 호소력이 있었다. 정부의 존재 의의는 시민들을 다스리거나 형식적 내부규제를 맹목적으로 준수하는 데 있는 것이 아니라, 시민들이 필요한 서비스를 공급하는 데 있는 것이며, 그것도 시민의 세금을 가장 적게 쓰는 방식으로 수행해야 한다는 기본 정신은 비판받을 이유가 없다. 더욱이 이러한 사고는 1980년대 이후 세계정치를 지배한 신자유주의 이데올로기와 친화력이 있다는 점에서 더욱 강력한 정부개혁의 논리로 작용하였다.

그러나 지난 30여 년의 시행 이후 거버넌스의 시장적 층위가 지닌 한계도 드러났다. 첫째 1990년대 전반까지 신공공관리 초기의 경험적 성공 사례들은 실천적이고 생동적이었다고 할 수 있다(Osborne & Gaebler, 1992). 그러나 1990년대 후반 이후 신자유주의 이데올로기와 결합하고 정부 전체의 기조가 되면서 신공공관리는 다소 이념화, 교조화되었다. 여기서 살펴보듯이 거버넌스에는 여러 층위가 있고, 함께 작동할 필요가 있는데, 시장적 층위가 전방위적으로 적용되면서 다른 가치들이 침해되는 현상이 발생하여 2000년대 이후에는 이에 대한 반성과 반작용이 일어났다.

둘째 시장적 접근의 한계가 여러 측면에서 드러났다. 우선 신공공관리의 기초인 성과 지표의 개발과 평가의 한계가 명백하였다. 공공조직의 목표는 여전히 다양하고 모호하며, 서로 충돌하기까지 한다. 따라서 이러한 공공조직에서 성과 지표를, 그것도 계량적 지표를 개발하고 이를 중심으로 관리하는 데는 어려움이 많다. 또한 성과 지표 중심의 관리는 마치 해당 지표만이 조직이 주목해야 할 모든 것처럼 여겨지게 만드는 부작용을 낳았다. 조직의 모든 활동을 지표화하지 않는 이상 이는 부당한 결과를 낳는다. 설령 모든 활동을 지표화한다 해도 지표에는 위계가 있게 마련이므로 결과는 유사하다. 게다가 이러한 성과 관리가 조직 구성원들 간의 경쟁과 결합하면서 조직 작동의 핵심적 자원인 협력을 저해하였다. 아울러 분산화는 공공조직체계에서 기본적으로 요구되는 통제의 약화를 가져왔다는 비판도 제기되었다(김근세, 2005). 공공조직은 어느 정도 통일된 정책이 요청되는데, 분산화는 이 부분에서 문제를 야기한 것이다. 마지막으로 공공성을 강조하는 학자들은 시장적 접근으로 인해 시민의 정치적 위상이 약화되고 이로 인해 민주주의가 약화될 수 있다는 점을 지적하였다(김근세, 2005).

셋째 시장적 기제가 기대처럼 작동하지 않는 아이러니한 결과들이 발견되었다. 번문욕례를 극복하고자 하였으나, 오히려 성과 관리 중심으로 새로운 문서 작업들이 증가하는 현상이 발생하였다. 또한 이러한 성과 관리는 단순한 절차 관리 이상으로 행정부에 대한 정치적 통제를 가능케 하는 경로를 만들어냈다. 나아가 개인주의 문화가 그리 강하지 않은 우리나라 공공조직에서 개인 단위의 성과급같은 기제는 나눠먹기와 같은 비의도적인 결과를 낳았다. 마지막으로, 30여 년이 흐르면서 신공공관리 아이디어의 원천이었던 민간조직들은 과도한 내부 경쟁이나 성과 관리의 실패를 경험하고 인정하며 이로부터 멀어지는 경향이 나타났다(Eichenwald, 2012). 그런데도 많은 정부들은 여전히, 그리고 이제야 시장적 기제를 강화하는 아이러니한 현상을 보이기도 한다.

2 거버넌스의 공동체적 층위

1) 제도적 특징

거버넌스의 공동체적 층위는 신자유주의 및 신공공관리의 확대 그리고 그 결과로서 사회의 축소에 반발하여 2000년대부터 부각된 시민 참여, 숙의, 그리고 공공성 등의 논의로부터 강조된 가치와 제도를 반영한다. 칼 폴라니(Polanyi, 1944)가 시장과 사회의 갈등을 잘 포착한 것과 같이, 거버넌스에서 시장적 층위가 확대되면서 공공조직의 궁극적 존재 이유인 공공성의 약화가 진행되었다는 관찰이 2000년대 초반 등장하였다(임의영, 2019). 실제로 시장적 논리에서 경쟁에서 도태된 행위자들에게는 아무런 보호망이 존재하지 않는다. 즉 거버넌스에서도 성과 달성이 미흡한 조직이나 그 구성원들은 계약해지, 성과급 지급에서 제외, 해고 등의 조치를 당하게 되어 있었다. 또한 정부서비스를 소비하기 위해 비용을 지불할 수 있는 능력이 없는 이들에 대한 배려가 부족하거나, 정부가 보기에 비용 대비 편익이 크지 않은 서비스들은 폐지되는 등, 거버넌스에서 도태되거나 소외되는 사람들이 특정 계층에 편중되는 현상이 나타난 것이다. 이는 사회적 형평에 악영향을 미치면서 정치적 불안정을 가중시켰다. 이러한 흐름에서 2000년대 이후로 정치학에서는 참여 및 숙의민주주의, 행정학에서는 신공공서비스론(new public service) 및 공공가치 거버넌스(public values governance) 등이 등장하였다(Bryson et al., 2014; Denhardt & Denhardt, 2000; Dryzek, 2002).

거버넌스의 공동체적 층위는 시장보다 사회를 강조한다. 시장은 개개인의 선호를 투표나 가격 등의 방법을 통해 수집하여 전체적인 공공재의 생산을 결정한다. 반면 공동체적 층위에서 거버넌스는 개개인이 아닌 집단을 단위로 하여 선호를 파악하고, 집단 내부에서는 개개인의 평등한 참여와 상대적 약자들에 대한 배려를 통한 선호의 결집을 전제로 한다. 또한 시장적 층위에서 공급되는 서비스들은 시장에서 경쟁력을 확보한 것들인 반면, 공동체적 층위에서는 돌봄과 같은 시장경쟁력이 부족한 서비스들에 주목한다. 시장에서는 가격이 상호간의 관계를 조정하는 기제이지만, 공동체적 층위에서는 구성원들 간의 신뢰가 상호간의 관계를 조정하는 주된 기제이다(Adler, 2001).

이러한 공동체적 층위에서는 시장적 층위에서와 같이 계서제를 극복할 제도적 방안들을 처방한다. 기본적으로 조직 내에서는 팀제와 같은 보다 평등한 구조를 선호한다. 거버넌스 전반에 있어서는 신공공서비스론에서 강조하는 것처럼 다양한 행위자들의 참여에 기반한 정책 결정과 집행 제도를 처방한다(Denhardt & Denhardt, 2000). 협력적 거버넌스는 공동체적 층위의 제도와 과정이 강하게 구현된 하나의 예이다. 여기서는 어떤 사회적 문제를 둘러싸고 갈등 상황에 놓인 거의 모든 집단들이 의사결정에 초대된다. 그리고 모든 참여집단에게는 평등한 참여(발언, 이익의 구현, 자원의 공유, 암묵적 만장일치와 같은 의사결정규칙 등)가 보장되는 것을 이념으로 한다.

이러한 참여 제도는 일반적으로 그와 함께 숙의(deliberation) 절차를 병행한다. 즉 모든 참여집단이 모여 자신들이 직면한 문제를 함께 정의하고 해법을 함께 모색하는 절차를 둔다. 이러한 숙의 절차가 투표 중심의 대의민주주의와 거버넌스를 구별짓는 부분이다(Chambers, 2003). 투표 중심의 민주주의에서 개개인은 이미 스스로의 선호를 잘 알고 있는 것으로 전제되기 때문에, 단순히 투표만 모으면 시민들의 선호를 계산할 수 있는 것으로 가정할 수 있다. 그러나 숙의 중심의 민주주의론자들은 개개인이 가진 정보는 제한되어 있기 때문에 선호도 완전할 수 없으며, 대신 이들이 모여서 대화(dialogue)를 통해 보다 나은 집합적 선호를 형성할 수 있다고 본다(Chambers, 2003). 이러한 차이를 보여주는 경험적 제도가 바로 일반 대국민 설문조사와 공론조사이다. 대국민 설문조사는 별다른 정보 없이 단지 현 시점에서 국민들의 즉각적 선호를 조사한다. 반면 공론조사는 국민의 일부를 대상으로 다양한 정보를 제공하고 이들의 숙의를 거친 후 이들의 선호를 조사한다.

2) 리더십

이러한 제도의 작동에 긍정적으로 작용할 수 있는 리더십은 기본적으로 연성권력에 기반한 리더십이다. 조직 내외의 평등을 지향하는 공동체적 층위에서의 제도 자체가 리더에게 인사권이나 물질적 보상같은 경성권력의 원천을 특별히 제공하지 않기 때문이다. 오히려 그 이념상 경성권력의 행사는 부작용을 낳을 가능성이 크다. 따라서 공동체적 층위에서 기대되는 리더십은 변혁적 리더십, 서번트 리더십, 진성 리더십 등 연성권력에 기반한 리더십들이며, 다른 한편으로는 조장적 리더십이 또한 필요하다. 특히 조장적 리더십은 네트워크 거버넌스 및 협력적 거버넌스 등에서 필수적인 리더십으로 언급된다. 기존에 특별한 계서제적 관계에 놓이지 않았던 다양한 참여자들에게 어떤 기본 규칙을 마련해주고 이들의 활동을 돕는 역할이 필요하기 때문이다. 이러한 역할을 수행하자면 자연인으로서 리더에게는 연성권력의 원천들을 보유한 서번트 유형의 리더십이 필요하다. 다만 후술하듯이 모든 거버넌스에는 조직관리가 요구되고, 공동체적 층위에서도 최소한의 조직관리가 필요하므로, 이 영역에 있어서는 지시적 혹은 거래적 리더십이 발현되어야 한다. 특히 참여자 중 하나로서 정부의 내부 과정 및 의사결정 이후 정책 집행 과정에서 이는 보다 가시화된다.

3) 가치

이렇게 팀제나 참여를 강조하는 공동체적 층위에서 창출되는 가치는 평등, 형평성, 공공성, 호혜성, 자율성 등이다. 특히 공공가치 거버넌스(Bryson et al., 2014)를 주창하는 학자들은 당시 팽배했던 시장적 가치에 대비되는 가치로서 공적 가치들의 의의를 강조하였다. 그런데 이러한 가치들의 문제는 정확히 정의하기가 어렵다는 점이다. 거버넌스의 어떤 결과가 과연 형평의 관점에서 바람직한 것인지를 판단하기 위해서는 형평의 개념이 명확히 정의되고, 그 결과를 형평의 관점에서 평가할 기준이 정립되어야 하는데, 이는 시장적 층위에서의 성과 지표를 정의하는 일에 비해서도 상당히 어렵다. 그럼에도 불구하고 공동체에서는 보통 형평의 문제가 개인주의적인 배분의 문제보다는 정당성의 차원에서 다루어진다고 보아야 한다. 즉 공동체적 거버넌스의 문화적 배경으로 평등한 집단주의(Hood, 1998)에서는 개개인에게 귀속되는 거버넌스의 성과보다는 집단 전체적으로 구성원들이 그것을 정당한 것으로 받아들일 수 있느냐가 중요한 것이다. 따라서 공동체적 층위에서는 시장이나 관리에 비해 정치가 중요한 속성이다.

4) 한계

공동체적 층위가 주도하는 거버넌스의 장점은 친밀성과 신뢰를 기반으로 하여 보다 '인간적인' 거버넌스가 실현될 수 있다는 점이다. 변혁적, 진성 리더십이 각광받는 오늘날 그에 걸맞는 제도적 특성이 거버넌스에서 구현되는 것은 민주주의를 위해 중요한 일이다. 공동체 자체가 이미 좁은 영역의 집단 구성원들 간 친밀한 관계에 기반해 있기 때문에 공동체 거버넌스에는 공식적 규정의 유무와 관계없이 수많은 암묵적 합의들과 사회적 자본이 편재한다. 이를 좀더 관리적 관점에서 보면 시민들에게 맞춤형 서비스를 제공할 수 있다는 것이며, 거래비용이 감소한다고 할 수도 있다. 최근에 공공서비스 전달에서 강조되는 '돌봄'은 전통적으로 공동체적 층위에서 제공하던 것이었다.

그러나 공동체적 층위의 거버넌스가 작동하기 위해서는 이러한 공동체적 속성이 형성되기 위한 시간이 필요하다. 또한 친밀성을 기반으로 하기 때문에 거버넌스가 작동할 수 있는 범위 자체가 좁다. 시장이나 국가 관료제는 공동체에 비해 확장 가능성이 훨씬 풍부하기 때문에 국가의 보편적 거버넌스를 위한 기반이 될 수 있지만, 공동체적 기반의 거버넌스는 지역 혹은 직능 단위에서 보다 장점을 가질 수 있다. 그럼에도 불구하고 국민참여예산제와 같이 일부 공동체적 층위의 제도가 중앙정부 수준에서 도입되어 그것의 난점이 부각되기도 하였다.

마지막으로 공동체적 층위의 제도와 리더십은 정치문화의 특성에 민감하다. 시장이나 계서제가 제도 자체의 특성에 의존하여 일정 수준의 성과를 달성하는 반면, 공동체적 층위의 제도와 리더십은 사람들의 감정, 정당성에 대한 인식, 신뢰, 소통 등에 영향을 상대적으로 더 받는다. 아울러 우리나라와 같이 전통적으로 정부 중심의 거버넌스가 이루어져 온 맥락에서 공동체적 층위의 제도와 리더십은 문화적 차원에서 기반이 상대적으로 충분치 않다고 하겠다.

3 거버넌스의 관리적 층위

1) 제도적 특징

거버넌스의 관리적 층위는 다양한 형태의 거버넌스들 가운데 정부의 전통적 구조와 역할에 유사한 관리가 이루어지는 부분을 지칭한다. 거버넌스라는 개념이 기존의 정부 중심의 공공관리를 극복하고자 하는 맥락에서 나왔음에도 불구하고 여전히 조직과 절차를 둘러싼 거버넌스의 관리 부분은 거버넌스의 성공적 작동을 위해 중요하다. 특히 앞서 거버넌스의 정부중심 이해나 메타거버넌스 개념에서 거버넌스의 관리는 핵심적 층위이다. 정부중심 정의의 거버넌스에서는 여전히 국가 혹은 정부가 중심 역할을 수행한다. 이는 정부가 계서제적 조직을 활용하여 공공정책 및 관리를 수행하는 도구, 전략을 고안하고, 관계를 관리함을 의미한다. 아울러 메타거버넌스는 거버넌스의 거버넌스인바, 비록 개별적 거버넌스들이 시장 혹은 공동체적 기본 구조에서 작동한다 하더라도 이러한 거버넌스가 작동하기 위한 이면의 조정, 지원 등의 관리체계가 필요함을 함축한다. 숙의민주주의 제도 중 하나인 공론조사의 예를 볼 때, 그 주된 행위자는 시민참여자들이지만, 공론조사 시행 자체는 행정적으로 관리되어야 한다.

거버넌스의 관리적 층위는 정부가 안고 있는 계서제를 기본 구조로 하여 유연하고 느슨한 거버넌스 체계에 명령 통일과 조정의 기능을 제공한다. 예를 들어 위에서 언급한 시장적 거버넌스의 주요 수단 가운데 하나인 민간위탁은 계약의 형태로 집행이 이루어지는데, 계약의 이행 점검과 평가 등은 거버넌스의 관리적 층위의 기능에 해당한다. 협력적 거버넌스에서도 참여자들과의 의사소통 인프라, 회의를 위한 각종 지원, 결정된 사항의 집행을 위한 법적 기반과 체계 관리 등의 기능이 반드시 필요한 바, 이것들이 거버넌스의 관리적 층위에 해당한다. 이러한 기능 없이 거버넌스의 작동은 불가능하다.

2) 리더십

이러한 맥락에서 관리적 층위에서 작동하는 리더십은 복합적 리더십을 요청한다. 전통적 정부의 공공관리 차원에서 좁게 보면 계서제와 친화성이 있는 지시적 리더십이 요청된다고 볼 수 있다(최태현 · 정용덕, 2018). 그러나 거버넌스의 전반적인 관리라는 맥락에서 요청되는 리더십이라는 점에서 지시적 리더십은 보조적 혹은 하위 리더십에 머무는 것이 바람직하다. 즉 시장적 제도를 활용하느냐 공동체적 제도를 활용하느냐에 따라 그에 부합하는 리더십을 확보하고, 이들을 보조하는 리더십으로서 지시적 리더십이 작동하는 것이 바람직하다. 예를 들어, 2017년 신고리 5 · 6호기 공론화위원회 및 2018년 대입제도개선 공론화위원회가 구성되었을 때, 위원장은 모두 전임 대법관이었다. 대법관으로서의 경험이 공론화위원회 위원장 리더십에 긍정적 영향을 끼칠 수 있다는 점은 분명하다. 중요한 것은 공론화위원회 위원장의 리더십은 보다 참여적이고 조장적인 리더십이 주가 되면서, 위원회의 운영에 있어서 일부 지시적 리더십이 보완적으로 요구된다는 점이다. 따라서 거버넌스의 관리적 층위의 작동에 필요한 리더십은 이 층위 자체에서보다는 전체적인 거버넌스의 작동 차원에서 고려되어야 한다.

3) 가치

관리적 층위가 거버넌스에서 중요한 층위임에도 불구하고 이 층위가 거버넌스 개념과 다소 갈등을 빚는 것으로 인식될 수 있는 이유는 관리적 층위에서 지향하고 생산하는 가치가 거버넌스의 기본 이념적 가치들과 갈등하기 때문이다. 위에서 보았듯이 거버넌스의 시장적 층위에서는 경쟁 및 경쟁을 통한 효율의 달성, 반응성, 신축성 등을 강조하고, 공동체적 층위에서는 평등, 참여, 소통, 자율 등을 강조하는 반면, 관리적 층위에서는 보다 전통적인 합법성, 기계적 효율성, 안정성, 일관성 등의 가치를 추구하기 때문이다. 예를 들어 후술하는 플랫폼 정부 개념에서 플랫폼은 자율과 소통, 신축성, 참여 등의 가치가 중심이 되어 작동해야 한다. 그런데 플랫폼의 이면적 관리 기능 자체는 안정적인 관리와 합법성의 추구가 필요하다. 플랫폼 자체의 기본 구조가 흔들리는 것은 시장을 지탱하는 재산권과 계약 체계가 흔들리는 것과 유사하기 때문이다. 요컨대, 여기서 중요한 것은 거버넌스가 시장 혹은 공동체적 층위의 가치들을 주창하며 제안된 것이지만 그것의 작동을 위해서는 여전히 관리적 층위의 가치들이 일정 수준 필요하다는 것이다. 물론 여기서 관료제에 대한 비판에서처럼 '목표대치' 현상이 발생해서는 안 된다. 관리적 층위의 가치는 거버넌스에서 보조적, 수단적 가치의 위상을 지닌다는 점이 운영 과정에서 지속적으로 확인될 필요가 있다.

4) 한계

거버넌스의 관리적 층위는 거버넌스에 확장성을 제공한다. 관료제는 공식적 규정에 의해 작동하며, 단위 조직의 복제가 용이하기 때문에 집행이 필요한 영역이 정의되기만 하면 쉽게 확장이 가능하다. 계서제에 기반한 거버넌스는 기본적으로 획일성(혹은 몰인격성)을 지향한다는 점에서 신뢰성도 확보할 수 있다. 또한 이러한 거버넌스의 확장이 상당히 획일적으로 일어난다는 점도 관리적 층위의 거버넌스의 장점이자 단점이기도 하다. 즉 이러한 획일성의 장점은 거버넌스가 적용되는 범위가 넓어짐에 따라 사회 혹은 문제의 다양성이 증가하면서 사라진다. 우리는 이미 경험적으로는 계서제의 획일성이 오히려 문제가 되는 시대를 경험하였고, 그것이 거버넌스 논의를 가져온 배경임을 알고 있다. 또한 거버넌스가 확장되면서 절차나 성과에 변형이 일어난다면 그것은 거버넌스의 신뢰성을 떨어뜨린다. 따라서 단순한 확장보다는 차라리 상이한 형태의 거버넌스를 적용해야 한다는 반론이 제기될 수도 있다.

거버넌스의 관리적 층위는 또한 강제성을 기반으로 운영상 안정성을 확보할 수 있다는 장점이 있다. 기본적으로 거버넌스의 관리가 목표이거나, 조직관리 중심의 거버넌스 운영에 초점이 있기 때문에 자연스럽게 강제성에 기반한 관리가 이루어진다. 그것이 반드시 민주적이라고 할 수는 없지만 결과적으로 명령과 통제의 원칙에 따라 안정성을 확보할 수 있다. 이는 반드시 관료제 뿐 아니라 시장적 거버넌스에서 기본적인 관리적 수요들(재산권, 계약, 평가 등), 그리고 공동체적 거버넌스에서 기본적인 관리적 수요들

(숙의 절차, 의사결정 규칙 등)에 필요한 가치이다. 반면 강제성 자체가 시장이나 공동체적 층위의 거버넌스 가치들과 충돌한다는 점에서는 명백한 한계가 있다. 즉 거버넌스에서 관리적 층위는 필요하지만 최소한에 머물러야 한다는 논리적, 이념적 요청이 있는 것이다.

제5절 최근의 논의들

이 절에서는 이제 두 가지 사례를 통해 거버넌스와 리더십의 세 가지 층위를 종합적으로 논의하여 이해를 증진하고자 한다. 하나는 복합적인 층위들이 결합되어 최근 주목받고 있는 플랫폼 정부이며, 다른 하나는 현대의 거버넌스가 직면한 사회 문제로서 코로나-19 팬데믹이다. 아래에서 순서대로 하나씩 살펴본다.

1 플랫폼 정부

2020년대 들어 플랫폼 정부(government as a platform) 개념이 자주 언급되고 있다. 플랫폼 정부 개념은 거버넌스라는 큰 틀에서 보면 일종의 하위 형태이면서 여러 층위가 복합적으로 구현된 흥미로운 개념이다. 이 개념은 올리리(O'Reilly, 2010)에 의해 제안된 것으로 당시 민간에서 확장되고 있던 플랫폼을 정부에도 적용하고자 하는, 신공공관리와 유사한 착안의 개념이었다. 현재 우리나라에서도 근로, 배달, 교통 등의 영역에서 성장한 플랫폼 기업들의 역할을 정부도 공공가치 창출을 위해 할 수 있다는 것이 플랫폼 정부의 기본 아이디어이다. 여기서 플랫폼이란 다양한 행위자(이해관계자)들이 참여하여 상호작용하면서 새로운 가치(제품 및 서비스)를 창출하는 장이라고 정의할 수 있다(서형준 · 주윤창, 2020).

플랫폼 정부의 시장적 층위를 보면, 개념 자체가 민간부문에서 착안된 것인만큼 시장적 층위의 속성들이 강하게 반영되어 있다. 다양한 이해관계자들이 플랫폼에 참여하는데, 그것은 공동체적 층위에서의 참여처럼 정치적 이유에서가 아니라 주로 자원의 공유와 부가가치의 생산 및 수혜를 위해서이다. 즉 이들은 자신의 이익을 위해 자발적으로 플랫폼에 참여하거나 탈퇴한다. 또한 관리적 층위에서 관리되는 플랫폼의 기본 규칙 외에는 자발적인 자기조직화에 따라 계약적 관계를 형성할 따름이다.

이러한 과정에서 흥미로운 것은 참여자들의 상호작용에 공동체적 층위의 속성들이 발현된다는 점이다. 플랫폼 정부가 고안되는 배경에는 사회적 난제들이 있다. 즉 기존의 시장 혹은 정부에 의해서는 해결할 수 없는 문제들이 등장하면서 좀더 복합적인 속성의 거버넌스가 필요해진 것이다. 따라서 플랫폼에서는 단순히 시장에서처럼 자원의 교환만이 이루어지는 것이 아니라 집합적 문제의 해결을 위한 숙의가 이루어지는 과정이 있다.

셋째로 플랫폼 정부에서 관리적 층위 역시 중요하다. 플랫폼 정부가 가능해진 배경에는 정보통신기술의 발전이 있다. 특히 온라인 가상공간이 형성되고, 공공데이터가 축적되어 다양한 이해관계자들을 유인할 수 있게 된 부분이 중요하다. 물론 정부가 공공데이터를 이용하여 직접 문제 해결에 나설 수도 있으나 현재의 거버넌스에서 정부에게는 보다 간접적인 조장적 리더의 역할이 강조된다. 따라서 정부는 공공데이터를 개방하고, 다만 이를 위한 전반적인 관리, 플랫폼의 운영, 성과의 모니터링, 그리고 위반 행위의 적발 등의 관리적 기능을 제공하는 것이 이상적이다.

이러한 플랫폼 정부에서 개인적 리더십은 부각되지 않는다. 대신 정부는 플랫폼을 관리하는 제도적 리더십을 발휘할 필요가 있는 존재이다. 플랫폼의 관리 자체는 주로 지시적 · 거래적 리더십에 의해 이루어지겠지만, 전체적으로는 조장적 리더십의 형태로 공공가치 창출에 봉사한다고 할 수 있다.

2 코로나-19와 거버넌스

코로나-19는 현대의 거버넌스에 심대한 충격을 가했으며, 이를 통해 거버넌스의 한계를 드러내었다. 우선 시장적 층위의 요소 가운데 하나인 이윤동기는 백신이 유례없이 신속하게 개발되는 것을 가능하게 한 요인 중 하나이다. 그러나 백신이 국가간 시장적 원리에 따라 공급되는 과정에서 저개발국에는 백신이 제대로 공급되지 못했고, 그러는 사이 저개발국 사회를 중심으로 변이들이 지속적으로 발생하면서 백신 접종이 이루어진 국가들의 방역 역시 무력해지는 결과를 가져오기도 했다(Meijer et al., 2021). 또한 팬데믹으로 인해 가장 취약한 계층들이 가장 큰 피해를 입었으나 거버넌스의 시장적 층위의 가치들만으로는 이에 대응할 논리가 부재하였다.

다음으로 거버넌스의 관리적 층위의 성과는 상당한 부침을 겪었다고 평가할 수 있다. 2020년 초반 처음 코로나-19가 퍼져나갈 당시 정부는 감염여부 검사, 사회적 거리두기, 마스크 보급 등 지속적으로 등장하는 이슈들에 관료제를 동원하여 대응하였다. 드라이브스루 검사 등이 고안되고, 이른바 마스크 대란이 단기간에 해소되는 등 관리적 접근은 소정의 성과를 거둔 것으로 평가된다. 그러나 팬데믹은 경제적 규제처럼 사람들의 행태를 강제함으로써 해결할 수 있는 문제가 아니다. 사회적 거리두기의 완화 압력이나 공공의료 병상 수의 확보 등에서 정부는 그 역량의 한계를 지속적으로 도전받았다. 백신의 공급이나 시민들의 자발적 사회적 거리두기가 어느 정도 유지되지 않았다면 거버넌스의 관리적 한계를 목격하게 되었을 것이라 할 수 있다.

마지막으로 거버넌스의 공동체적 층위는 팬데믹 방역 성공의 중요한 요소이자 팬데믹으로 인해 가장 심각한 손실을 입었다. 시민들의 자발적 사회적 거리두기는 방역에 있어서 중요한 요소였다. 이는 시장적 유인이나 관리적 강제로 확보할 수 없는 수준이었다고 보아야 한다. 아울러 코로나-19의 발생 이후 많은 거버넌스 연구자들은 특정 국가의 시민사회 신뢰 혹은 사회적 자본의 수준이 방역 성과에 미친 영향에 대해 활발하게 연구하였다(Bartscher et al. 2020; Borgonovi & Andrieu, 2020; Lau, 2020; Wu, 2021). 이러한 것들은 공동체적 층위의 논의에 해당한다. 역설적이게도 코로나-19와 같은 팬데믹은 사람과 사람의 접촉을 위험한 것으로 만듦으로써 공동체적 층위의 자원인 사회적 관계를 단절시키는 결과를 낳았다. 이러한 과정에서 사회적 취약계층들은 위험에 가장 많이 노출되었다. 특히 "필수노동자" 집단의 파괴로 인해 사회 전반의 작동이 부분적으로 마비되는 결과를 가져왔다. 향후 팬데믹을 극복하더라도 공동체적 층위의 자원들은 가장 느리게 회복될 가능성이 크다.

제6절

결 론

이 장에서는 행정학 영역에서 거버넌스 개념의 배경, 정의, 쟁점들, 리더십의 정의,

유형, 그리고 거버넌스의 세 가지 층위 및 관련된 리더십에 대해 살펴보았다. 거버넌스의 실체에 대한 다양한 논의와 현재까지도 모호한 채 남아 있는 개념적 정의에도 불구하고 거버넌스는 행정학에서 일상적으로 사용되는 개념이 되었다. 그것은 마치 '민주주의'나 '발전'과 같이, 명확히 정의되지는 않지만 여전히 우리의 사고와 논의, 실천을 이끄는 개념으로 활용되고 있다. 이 장에서도 거버넌스에 대한 특정한 정의를 제시하기보다는 거버넌스를 이해하는 여러 관점들, 그리고 층위들을 역사적 흐름과 함께 논의하는 데에 초점을 두었다. 아울러 제도와 행위를 함께 이해하는 맥락에서 거버넌스와 리더십을 따로 살펴보기보다는 양자 간의 연계를 중심으로 리더십에 대한 여러 논의들을 살펴보았다. 이 과정에서 거버넌스의 다양한 층위를 염두에 두고, 복합적인 리더십이 요구된다는 점을 지적하였다. 마지막으로 플랫폼 정부와 코로나-19를 사례로 하여 이 장의 논의를 마무리하였다.

거버넌스라는 개념은 여러 측면에서 비판받고 있다. 대략 정리하자면 첫째 아직 우리나라 행정의 현실에 맞지 않다는 비판이다. 우리나라는 여전히 강력한 권한을 지닌 정부가 시민사회에 적극적으로 개입하고 정책을 선도하고 있다는 것이다. 이는 거버넌스를 사회중심적으로 이해할 때 타당한 비판이다. 다만 거버넌스를 좀더 정부중심적 관점에서 이해하면 현재 우리나라 행정의 현실에 대해서도 거버넌스라는 개념으로 논의할 때 많은 함의를 얻을 수 있다. 이미 우리 정부도 거버넌스에서 중심적 지위를 유지하면서도 시장적 층위와 공동체적 층위의 제도들을 꾸준히 도입해왔기 때문이다. 둘째 거버넌스는 서구적 관념이며, 위기가 일상화되고 시민들의 민주주의 의식이 아직 충분히 성숙하지 않은 우리나라에서는 정부 주도의 문제 해결이 보다 효과적이라는 비판이다. 첫 번째 비판은 거버넌스라는 개념으로 우리나라의 행정을 설명할 수 있느냐의 문제라면, 이 비판은 거버넌스 담론이 지향하는 변화가 바람직한가의 문제이다. 이는 경험적 검증의 문제가 아니라 규범적 지향의 문제이다. 거버넌스 논의는 반드시 민주주의의 강화와 연결되어 있지는 않다. 거버넌스의 시장적 층위에서는 반드시 시민적 민주주의의 증진을 직접 의도하지는 않는다. 거버넌스의 형태는 다양하며, 우리는 효과성과 민주성을 동시에 증진할 수 있는 형태의 거버넌스, 그리고 그것을 작동시키는 리더십을 지속적으로 실험해나갈 필요가 있다. 거버넌스를 통해 해결해야 할 집합적 사회 문제가 다양하기 때문이다.

참고문헌

김근세(2005). Christopher Hood의 신공공관리론. 오석홍 편저. 행정학의 주요이론. 제3판. 법문사. 802-815.

김석준 외(2002). 거버넌스의 정치학. 법문사.

서형준 · 주윤창(2020). 플랫폼 정부 관점에서 조명한 국내 COVID-19 대응 정보화 사례: ICT와 데이터 활용을 중심으로. 한국행정논집 32(4): 759-796.

신인철(2007). 팔로워십, 리더를 만드는 힘. 한스미디어.

은재호(2008). 공공성 개념 연구: '프랑스식 공공서비스' 개념을 중심으로. 한국거버넌스학회보 15(3): 213−239.

이명석(2017). 거버넌스 신드롬. 성균관대학교출판부.

임의영(2019). 공공성의 이론적 기초. 박영사.

정용덕 외(2021). 현대 국가의 행정학. 제3판. 법문사.

최태현(2014). 자기조직적 거버넌스의 재고찰: 설계와 창발 개념의 통합을 중심으로. 행정논총 52(2): 67-90.

______(2020). 협력적 거버넌스에서 집단학습과 성과: 교류인지체계 개념을 중심으로. 한국사회와 행정연구 30(4): 189-220.

최태현 · 정용덕(2018). 거버넌스와 리더십의 실천적 상보관계: 행정환경 변화의 맥락에서. 한국사회와 행정연구 29(1): 23-51.

하연섭(2003). 제도분석: 이론과 쟁점. 다산출판사.

Adler, P.(2001). Market, Hierarchy, and Trust: The Knowledge Economy and the Future of Capitalism. *Organization Science* 12(2): 215-234.

Allison, G. T.(1979). Public and Private Management: Are They Fundamentally Alike in All Unimportant Respects? *Proceedings of the Public Management Research Conference*, pp. 27-38.

Altshuler, A. & Luberoff, D.(2003). *Mega-Projects: The Changing Politics of Urban Public Investment*. Washington, D.C.: Brookings Institution Press.

Ansell, C. and A. Gash.(2008). Collaborative Governance in Theory and Practice. *Journal of Public Administration Research and Theory* 18(4): 543-571.

Bartscher, A. K., Seitz, S., Slotwinski, M., Siegloch, S., & Wehrhöfer, N.(2020). Social Capital and the Spread of Covid-19: Insights from European Countries. *Journal of Health Economics* 80: 102531.

Bass, B. M.(1990). *Transformational Leadership Development: Manual for the Multifactor*

Leadership Questionnaire. Palo Alto, CA: Consulting Psychologists Press.

Bell, S. & Hindmoor, A.(2009). *Rethinking Governance: The Centrality of the State in Modern Society*. Cambridge University Press.

Bevir, M.(2009). *Key Concepts in Governance*. Thousand Oaks, CA: Sage Publications.

Borgonovi, F. & Andrieu, E.(2020). Bowling Together by Bowling Alone: Social Capital and Covid−19. *Social Science & Medicine* 265: 113501.

Bryson, J. M., Crosby, B. C., & Bloomberg, L.(2014). Public Value Governance: Moving beyond Traditional Public Administration and the New Public Management. *Public Administration Review* 74(4): 445-456.

Burns, J.(1978). *Leadership*. NY: Harper & Row.

Caslen Jr., R. L. & Matthews, M. D.(2020). *The Character Edge: Leading and Winning with Integrity*. 오수원 역. 2021. 인성의 힘: 조직을 성공으로 이끄는 웨스트포인트 리더십 훈련의 비밀. 리더스북.

Chaleff, I.(2009). *The Courageous Follower: Standing up to and for Our Leaders*. Berrett-Koehler Publishers.

Chambers, S.(2003). Deliberative Democratic Theory. *Annual Review of Political Science* 6: 307-326.

Chrislip, D. & Larson, C. E.(1994). *Collaborative Leadership: How Citizens and Civic Leaders Can Make a Difference*. San Francisco, CA: Jossey-Bass.

Cloud, H.(2006). *Integrity*. 정성묵 역.(2021). 인테그리티: 성과를 만드는 성품의 힘. 연암사.

Connick, S.(2006). The Sacramento Area Water Forum: A Case Study. Working Paper 6. UC Berkeley: Institute of Urban and Regional Development.

Denhardt, R. & Denhardt, J.(2000). The New Public Service. *Public Administration Review* 60(6): 549-559.

Dryzek, J. S.(2002). *Deliberative Democracy and Beyond: Liberals, Critics, Contestations*. Oxford University Press.

Dryzek, J. S. & Dunleavy, P.(2009). *Theories of the Democratic State*. NY: Palgrave Macmillan.

Eichenwald, K.(2012). Microsoft's Lost Decade. *Vanity Fair*. July 24, 2012. https://www.vanityfair.com/news/business/2012/08/microsoft-lost-mojo-steve-ballmer.

Evans, P. B.(1989). Predatory, Developmental, and Other Apparatuses: A Comparative Political Economy Perspective on the Third World State. *Sociological Forum* 4(4): 561-587.

Frederickson, H. G.(1980). *New Public Administration*. University, Alabama: University of Alabama Press.

Futrell, R.(2003). Technical Adversarialism and Participatory Collaboration in the U.S. Chemical Weapons Disposal Program. *Science, Technology, and Human Values* 28(4): 451-482.

Gardner, W. L., Cogliser, C. C., Davis, K. M., & Dickens, M. P.(2011). Authentic Leadership: A Review of the Literature and Research Agenda. *The Leadership Quarterly* 22(6): 1120-1145.

Greenleaf, R. K.(1977). *Servant Leadership: A Journey into the Nature of Legitimate Power and Greatness*. Mahwah, NJ: Paulist Press.

Hanna, A. A., Smith, T. A., Kirkman, B. L., & Griffin, R. W.(2021). The Emergence of Emergent Leadership: A Comprehensive Framework and Directions for Future Research. *Journal of Management* 47(1): 76-104.

Head, B. W. & Alford, J.(2015). Wicked Problems: Implications for Public Policy and Management. *Administration & Society* 47(6): 711-739.

Hood, C.(1998). *The Art of The State: Culture, Rhetoric and Public Management*. Oxford: Clarendon Press.

Jessop, B.(1997). Capitalism and its Future: Remarks on Regulation, Government and Governance. *Review of International Political Economy* 4(3): 561-581.

Kelley, R. E.(1988). *In Praise of Followers. Harvard Business Review*. 142-148.

Keohane, N. O.(2010). *Thinking about Leadership*. Princeton, NJ: Princeton University Press.

Kooiman, J.(2010). Governance and Governability. in S. Osborne. ed. *The New Public Governance? Emerging Perspectives on the Theory and Practice of Public Governance*. NY: Routledge: 72-86.

Lau, P. Y. F.(2020). Fighting COVID-19: Social Capital and Community Mobilisation in Hong Kong. *International Journal of Sociology and Social Policy* 40(9/10): 1059-1067.

Meijer, M., Verschuuren, M., & Weggen, E.(2021). COVID-19 Vaccines a Global Public Good? Moving Past the Rhetoric and Making Work of Sharing Intellectual Property Rights, Know-how and Technology. *European Journal of Public Health* 31(5): 925-926.

Milward, H. B. & Provan, K. G.(2000). Governing the Hollow State. *Journal of Public Administration Research and Theory* 10(2): 359-380.

Nye Jr, J. S.(2008). *The Powers to Lead*. NY: Oxford University Press.

OECD.(2001). *Public Sector Leadership for the 21st Century*. MONO2200204139.

O'Reilly, T.(2011). Government as a Platform. *Innovations: Technology, Governance,*

Globalization 6(1): 13-40.

Osborne, D. & Gaebler, T.(1992). *Reinventing Government*. 삼성경제연구소 역. 정부혁신의 길.

Osborne, S.(2010). *The New Public Governance? Emerging Perspectives on the Theory and Practice of Public Governance*. NY: Routledge.

Peters, B. G.(1996). *The Future of Governing: Four Emerging Models*. 고숙희 외 역. 1998. 미래의 국정관리. 서울: 법문사.

Peters, B. G.(2010). Meta-Governance and Public Management. in S. Osborne. ed. *The New Public Governance? Emerging Perspectives on the Theory and Practice of Public Governance*. NY: Routledge: 36-51.

Polanyi, K.(1944). *The Great Transformation: The Political and Economic Origins of Our Time*. 홍기빈 역. 2009. 거대한 전환: 우리 시대의 정치·경제적 기원. 도서출판 길.

Rhodes, R.(1996). The New Governance: Governing without Government. *Political Studies* XLIV: 652-67.

Rhodes, R.(1997). *Understanding Governance*. Buckingham: Open University Press.

Salamon, L. ed.(2002). *The Tools of Government: A Guide to the New Governance*. Oxford University Press.

Sørensen, E.(2006). Metagovernance: The Changing Role of Politicians in Processes of Democratic Governance. *The American Review of Public Administration* 36(1): 98-114.

Thomson, A. M. & Perry, J. L.(2006). Collaboration Processes: Inside the Black Box. *Public Administration Review* 66: 20-32.

Van Dierendonck, D.(2011). Servant Leadership: A Review and Synthesis. *Journal of Management* 37(4): 1228-1261.

Wu, C.(2021). Social Capital and COVID-19: A Multidimensional and Multilevel Approach. *Chinese Sociological Review* 53(1): 27-54.

제5장

거버넌스와 행정관리: 행정개혁을 중심으로

강제상

제1절

문제의 제기

행정은 변화하는 환경에 대한 적절한 대응을 해야 하고 나아가 소망스런 변화의 촉진자 역할을 해야 한다는 것은 주지의 사실이다. 그 동안 이러한 변화에 대응하는 개념으로서 많은 이론 및 모형들이 개발되어 왔는데, 최근 이러한 논의의 초점으로서 거버넌스(governance), 작은 정부론(limited government), 신공공관리(new public management),[1] 신관리주의(new managerialism) 등이 활발히 논의되어 왔다. 그러나 이러한 관심과 노력에도 불구하고 거버넌스에 대한 일반화 작업은 지연되고 있다는 평가다(김정렬, 2001: 85).

거버넌스가 무엇인가에 대해 UNDP(1997)는 "거버넌스란 한 국가 내의 모든 수준에서 국정을 관리하기 위해 경제적 · 정치적 · 행정적 권한(authority)을 행사하는 것으로 볼 수 있다. 그것은 사회 내의 시민들과 집단들이 자신들의 이해 관계를 밝히고 그들의 법적인 권리를 행사하며 자신들의 의무를 다하고 그들 간의 견해 차이를 조정할 수 있는 기구, 과정, 제도로서 구성된다"라고 정의하고 있다.

프레데릭슨(Frederickson, 1997: 8) 역시 이와 유사하게 거버넌스란 공공 부문에서의 상호 협력 관계에 있는 전통적인 공공 부문과 민간 부문의 모든 범위를 거버넌스란 개념으로 포괄할 수 있다고 보고 있다. 또한 거버넌스 혹은 뉴 거버넌스 개념은 구체적인 통치의 행위와 방법 또는 수단의 의미에서 이해되기보다는 정부가 중심이 되어 행하는 가장 상위의 결정력 있는 차원에서 정책 방향 제시라는 철학적 의미로 이해될 수도 있다(노정현, 2000: 345).[2]

이러한 거버넌스는 국가(state)와 관련된 것이지만, 그것은 또한 민간 부문(private sector)과 시민사회 조직을 포함하는 것이기 때문에 국가를 초월한 것이기도 하다. 결국

1) 신공공관리론의 경우 가장 광의로는 행정관료제에 국한되지 않고 국민과의 관계까지 포함하는 거버넌스(governance)와 유사한 개념으로 사용되고 있으며, 가장 협의로는 미국 및 영국에서 시도되는 일련의 행정개혁 프로그램을 지칭하기도 한다. 그러나 이 양자는 내용상 긴밀히 연결되어 있다고 보는 것이 타당할 것이다.

2) 뉴 거버넌스(new governance)라는 용어가 거버넌스와 의미상의 차이가 있는가에 대해서는 의견이 상이하다. 여기에서는 개념상의 큰 차이는 없는 것으로 보고, 양자의 용어를 사용하기로 한다. 단 차이가 있다면 과거의 올드(old) 거버넌스와의 차이가 있을 것이고, 또 선진국의 모형을 우리나라에 적용하기 위한 수정 모형으로서의 뉴 거버넌스라는 말이 성립할 수 있을 것이다.

거버넌스 또는 뉴 거버넌스란 사회의 각 세력 간의 평형 상태가 유지되도록 무게 중심을 잡아주는 역할이라 할 수 있는 것이다(노정현, 1997).

거버넌스의 논의를 정리하고 여기에 상응하는 정부 개혁의 노력들이 '정부 재창조(reinventing government)'의 새로운 국면을 만들어 낼 수 있을 것이다. 여기에서는 우선 거버넌스와 관련된 논의의 동향을 검토하고 그 가능성을 알아보기로 한다. 그리고 이러한 거버넌스가 추구하는 행정모형의 하나가 신공공관리론이라 보고,3) 여기에 입각한 각국의 행정개혁 현황과 문제점 등을 살펴보고자 한다.

제2절 거버넌스의 의의와 유형

1 거버넌스의 개념과 분류

최근 들어 가장 빈번히 사용되는 용어 중 하나인 거버넌스(governance)는 일반적으로 전통적인 정부 이미지와 대조되는 새로운 방식의 통치에 대한 다목적용 용어가 되고 있다(Moon, 1999: 112). 즉 기존의 전통적 행정개념과는 차이가 나는 개념으로서,4) 종합적으로 볼 때 거버넌스는 1970년에 새로운 관리 체제의 필요성의 대두로 태동하게 되고, 1980년대의 국제사회의 관심 증대와 국가 차원의 사회 통합의 필요성을 배경으로 발전했다. 1990년대에 와서 거버넌스 논의가 발전, 심화하면서 선진국은 물론 다른 개발도상 국가들에게도 국제기구의 권고 위에 이론적으로나 정책적인 차원에서 본격적으로 전개되었다.

거버넌스의 개념은 개념 정의 수준에 따라 협의의 개념과 광의의 개념으로 구분할

---

3) 로드스(Rhodes, 2000: 56-57)의 경우도 신공공관리를 행정 부문에서의 기업식 관리와 시장화(marketization)를 의미한다고 보고 있으며, 나아가 신공공관리는 거버넌스와 밀접한 관련이 있는데, 그 이유는 방향잡기(steering)의 강조는 행정관리의 핵심 중 하나이자 거버넌스와 동의어(synonym)로 볼 수 있기 때문이라고 주장하고 있다.

4) 오스본과 개블러(Osborne & Gaebler, 1992)의 경우 전통적 관료제적 관리에서 거버넌스하에서의 행정은 촉진적, 지역사회 주도적, 경쟁적, 사명 지향적, 성과 지향적, 고객 지향적, 기업가적, 예방적, 분권적, 시장 지향적 정부를 추구해야 한다고 주장한다 (Frederickson, 1997: 83).

수 있다(문순홍 · 정규호, 2000). 전자의 경우 국가와 시장 메커니즘과는 분명히 구별되는 시민사회 영역 내에 존재하는 자발적 · 자율적이고 자기 조직적인 조정 양식을 의미한다면, 후자의 경우는 국가와 시장, 시민사회가 과거와는 다른 새로운 형태의 상호 작용과 협력 체제를 구성하면서 등장한 조정 양식을 의미한다고 볼 수 있다. 이를 좀더 구체적으로 설명하면 다음과 같다(김석준 외, 2000: 42-43).

첫째 협의의 거버넌스 개념은 오래 전부터 국가나 시장 메커니즘과는 별도로 존재해 왔던 조정 양식의 원형으로 파악하여, 시민사회 중심적인 접근을 하고 있다. 이러한 협의의 정의에서는 거버넌스를 복합조직 또는 네트워크(network)로 부르면서 "공식적 권위 없이도 다양한 행위자들이 자율적으로 호혜적인 상호 의존성에 기반하여 협력하도록 하는 제도 및 조정 형태"로 정의한다. 그리고 이러한 기반에서 거버넌스는 '사회적 사이버네틱 체제'나 '자기 조직적 네트워크'를 구축할 수 있다고 보고 있다.

둘째 광의의 거버넌스 개념은 정부 중심의 공공조직과 민간조직의 경계가 무너지면서 나타난 새로운 상호 협력적인 조정 양식을 의미하는 것으로 이해된다. 이는 협의에서는 포함하지 않는 국가와 시장도 포함하는 국가, 시민사회 및 시장 간의 파트너십을 통한 새로운 협력 형태를 의미하며, 그 내용과 성격에 따라 최소국가론(minimal state), 좋은 거버넌스(good governance) 및 신공공관리론(new public management: NPM) 등을 포함한다.

한편 행정학적인 시각에서 정정길(2000)은 거버넌스를 신거버넌스로 보고 다음 표와 같이 기존의 신공공관리(NPM) 등의 개념들과 비교, 정리하고 있다.[5)]

표 5-1 거버넌스 개념의 비교

협의	일반	광의
• 인사, 예산 등 내부통제를 대폭 완화 • 일선 관리자에게 재량권과 책임 부여 • 성과 향상과 고객 만족의 행정관리 • 내부규제 완화와 민간 기업 관리 기법의 공공 부문 도입	• 협의의 신공공관리 개념(서비스 네트워크)에 시장주의를 추가한 것 • 신관리주의와 신제도주의 경제학을 결합한 것 • 경쟁 원리와 고객주의를 공공 부문에 도입하자는 주장 • 신공공관리의 신보수주의적 · 신자유주의적 측면을 대표	• 협의, 일반적 의미의 참여주의와 공동체주의(우파적)를 합한 것 • 정부 재창조에서의 기업가적 정부

5) 이 책에서는 '거버넌스'와 '신거버넌스'로 표현하고 있지만, 이 책의 흐름에 맞추기 위해 각각 '거버넌스'와 뉴 거버넌스'로 바꿔 정리하도록 한다.

거버넌스 개념은 분석의 수준과 단위, 대상, 이슈, 주체 및 내용 등의 유형에 따라서도 다양하게 사용되고 있는 것으로 보인다(문병기, 2000: 22). 첫째 분석의 수준과 차원에 따라 국가간 협력 · 문제 해결과 관련된 글로벌 거버넌스(global governance), 인접 국가간 지역공동체를 중심으로 한 레저널 거버넌스(regional governance), 개별 국가 내부의 국정 운영과 관련된 내셔널 거버넌스(national governance), 지역공동체에서의 시민 참여 · 지역 발전과 관련된 로컬 거버넌스(local governance)로, 둘째 대상과 이슈에 따라 그린 거버넌스(green governance), 테크노 거버넌스(techno governance), 인터넷 거버넌스(internet governance), 디지털 거버넌스(digital governance), 사이버 거버넌스(cyber governance), NGO 거버넌스(NGO governance) 등으로, 셋째 주체에 따라 국가 중심 거버넌스, 시장중심 거버넌스, 시민사회 중심 거버넌스 등으로, 넷째 내용에 따라 기업적거버넌스(corporate governance), 좋은 거버넌스(good governance), 네트워크 거버넌스(network governance) 등으로 구분해 볼 수 있다. 이러한 용어의 다양한 사용은 그만큼 많은 '새로운' 거버넌스의 개념에 대한 탐구가 진행되고 있기 때문이라 할 수 있을 것이다. 여기에서는 이러한 다양한 거버넌스의 유형 분류를 모두 살펴보기보다는 정부 개혁과 관련되는 유형 분류를 중심으로 살펴보기로 하겠다.

1) 로드스의 분류

로드스(Rhodes, 1996: 652-667)의 경우 거버넌스란 '정부'가 변화하고 있음을 암시하는 새로운 통치 과정(process of governing)이라고 지적한다. 그는 최소한 여섯 가지로 구분되는 거버넌스 용법이 존재한다고 정리하는데, 최소 국가로서의 거버넌스, 기업 거버넌스, 신공공관리로서의 거버넌스, '좋은 거버넌스', 사회적 사이버네틱(cybernetic) 체계로서의 거버넌스, 자기 조직화 네트워크로서의 거버넌스 등이 그것이다. 이들을 구체적으로 설명하면 다음과 같다.

첫째 최소국가(minimal state)의 의미인데, 이는 공공 개입의 범위와 형태를 재정의하고, 공공 서비스의 공급에서 시장과 준(準)시장을 활용하려는 것이다.

둘째 기업 거버넌스(corporate governance)의 의미이다. 이는 전통적인 행정 서비스의 정서(ethos) 혹은 공평무사한(disinterested) 서비스 및 개방성에 대한 가치와는 다른 기업적인 문화와 분위기를 추구하는 것이다.

셋째 새로운 행정관리(new public management)의 의미이다. 이것은 두 가지 의미를 함축하고 있는데, 우선 관리주의(managerialism)를 들 수 있다. 이는 간단히 말해서 민간 부문의 경영 방식을 공공 부문에 도입하려는 것이다. 다른 하나는 신제도경제학(new institutional economics)적 측면인데, 이는 시장 경쟁과 같은 유인 체계를 공공 서비스 제공에 도입하려는 시도이다. 그리고 여기서는 이른바 '방향잡기 기능(steering)'이 공공관리 분석의 중심으로 자리잡는데, 이 '조타 기능'이 거버넌스와 동의어인 것으로 보고 있으며 '기업가적 정부'를 대안으로 제시한다(Osborne & Gaebler, 1992).

넷째 '좋은' 거버넌스(good governance)의 의미이다. 여기서 거버넌스란 국가의 일을 관리하기 위해 정치 권력을 행사하는 것으로 신공공관리와 자유 민주주의를 결합한 의미로 보고 있다. 그리고 '좋은' 거버넌스가 되기 위해서는 능률적인 관료군, 독립적인 사법 체제 및 계약 집행을 위한 법률구조, 책임성 있는 공공기금 관리, 대의제적 의회에 책임을 지는 독립적 공공감사기구, 법과 인권을 존중하며, 다원주의적인 제도적 구조와 출판의 자유 등이 전제되어야 한다고 한다.

다섯째 '사회적 사이버네틱 체제(socio-cybernetic systems)'의 의미로 사용하는데, 여기서 거버넌스는 사회정치 체계에서 모든 행위자들의 상호 작용 노력의 결과로서 출현하는 하나의 형태 또는 구조이며, 이와 같은 형태는 특정한 하나의 행위자 혹은 행위자 집단으로 환원될 수 없다고 한다.

여섯째 거버넌스는 '자기 조직화 네트워크(self-organizing networks)'의 의미이다. 즉 거버넌스를 '자기 조직적인, 조직간 네트워크(self-organizing, interorganizational networks)'로 보는 것이다. 그리고 여기에 신공공관리, 정부간 관리(intergovernmental management) 등의 개념들이 모두 포함되는 것으로 보고 있다.

로드스가 구분한 거버넌스의 여섯 가지 의미는 다양한 기관이나 학자들의 주장을 비교적 폭넓게 반영했다는 점에서 긍정적으로 평가할 수 있으나 그가 구분하여 제시한 유형들은 체계적인 유형화와는 거리가 먼 나열식의 한계를 극복하지 못했다는 점에서 개념화에 따른 혼란 축소라는 목표에는 제대로 부응하지 못한 것으로 판단된다(김정렬, 2000: 23).

2) 피터스의 분류

피터스(Peters, 1996: 18)는 거버넌스를 정부가 행정 행위를 관장해 가는 과정이라고 전제하면서 〈표 5-2〉에서 보는 것과 같은 네 가지 거버넌스의 모형을 제시하고 있다.

표 5-2 거버넌스의 모형과 주요 요소

<table>
<tr><th colspan="2">요소/모형</th><th>시장형 정부</th><th>참여적 정부</th><th>신축적 정부</th><th>탈규제적 정부</th></tr>
<tr><td colspan="2">정책 목표</td><td>독점 타파</td><td>계층제 타파</td><td>불변성 타파</td><td>내부규제 타파</td></tr>
<tr><td rowspan="3">조직</td><td>조직구조</td><td>탈집중</td><td>평면조직</td><td>가상조직</td><td>특별정부</td></tr>
<tr><td>관리 방식</td><td>성과제</td><td>MBO, 팀제</td><td>임시적 인력관리</td><td>자율적 관리</td></tr>
<tr><td>정책결정 기저</td><td>시장적 동기</td><td>협상과 협의</td><td>실험적</td><td>기업가적 정부</td></tr>
<tr><td colspan="2">국민의 관심</td><td>저비용</td><td>관여 및 협의</td><td>저비용, 조정</td><td>창의성, 능동성</td></tr>
</table>

피터스의 모형 구분에서 거버넌스를 네 가지 형태로 구분짓는 요소는 조직구조, 조직의 관리 방식, 조직의 정책결정 기저이며, 이러한 요소들이 조직의 정책 목표와 국민의 관심 정도와 경향에 따라 거버넌스의 유형이 구체적으로 결정된다고 보는 것이다(목진휴, 2000: 115).

시장형 정부모형은 전통적 관료제에 대한 불신을 전제로 시장의 효율성에 대한 신뢰를 기초로 하고 있다. 따라서 행정개혁은 정책결정과 집행의 분권화를 추구하며 민간 또는 준민간조직의 이용을 적극 권장한다. 반면 참여적 정부모형은 시장모형과는 이념적으로 반대 입장에 있는 모형으로서 정부에 대해 시민들이 적극적으로 의견을 투입하는 참여 지향적 개혁 방향을 모색하게 된다. 피터스는 참여적 정부모형의 또 다른 대안적 개념으로서 위임국가(empowerment state)를 들고 있는데, 이러한 위임국가는 계층제적 체제하에서 배제되었던 사람들의 조직적 참여를 허용하는 모형이다. 전통적 정부모형에 대한 대안으로서의 신축적 정부모형은 변화가 요구될 때, 생존을 위해 여기에 효과적으로 대응하는 것에 주안점을 두고 있으며, 정부 내의 구조적 변화를 대안으로 제시한다. 한편 탈규제적 정부모형은 적어도 피터스가 보는 견지에서는 경제정책과는 관련이 없고 내부적인 정부관리의 맥락과 관계가 있다. 즉 탈규제적 정부모형은 공공관료제 내부의 독특한 무제를 강조한다는 점에서 다른 도형들과 구분되며, 관료제 역기능의 원천으로서 조직 내의 내부규제를 강조한다. 피터스는 이러한 네 가지 정부모형이 추구해야 할 행정개혁의 방향을 다음 〈표 5-3〉과 같이 정리하고 있다.

표 5-3 기본적 문제에 대한 해답: 정부 개혁의 방향

구분	시장모형	참여모형	신축모형	탈규제모형
조정	보이지 않는 손	하의상달	조직 개편	관리자의 자기 이익
오류 발견/수정	시장적 선호	정치적 신호	오류의 제도화 방지	더 많은 오류 수용
공무원 제도	시장기제로 대체	계층제 축소	임시고용제 활용	내부규제 철폐
책임성 확보	시장에 의존	소비자 불만에 의존	(명확한 제안 없음)	사후통제에 의존

2 뉴 거버넌스와 신관리주의

관리주의(managerialism)는 민간 부문의 관리 시스템과 기법을 정부 부문에 도입하고자 하는 주장으로서 정부 부문의 성과·실적을 중시하고 관리자의 개인적 책임을 강조하는 사고 방식을 말한다(Farnham & Horton, 1993: 259). 이러한 관리주의의 핵심은 경제적 생산성, 다기능적 대규모 집행기관, 생산성 지향의 인력, 관리의 독자적 기능, 관리 자율성이다(Pollitt, 1990: 2-7). 그 후의 관리주의는 공공선택론, 대리인이론 등과 결합하게 되고 그 결과 신관리주의(new managerialism)라는 새로운 형태로 거듭나게 되었다(배용수, 2000: 24). 이 사고 방식은 노젓기가 아닌 방향 제시, 과정이 아닌 결과, 정치가 아닌 생산, 권력 행사가 아닌 권한 위임, 갈등이 아닌 협력을 강조하는 것으로 특징지어진다(Lynn, 1998: 236). 관리주의는 1980년대에 관료모형을 극복하는 방안으로서 일선 관리자에게 예산과 인사상의 권한을 위임해 주는 형태로 실시되었다. 이에 비해 신관리주의는 행정가의 정책기업가(policy entrepreneur)로서의 역할을 강조한다.

신관리주의의 접근 방법을 살펴보면 다음과 같다(배용수, 2000: 26). 신관리주의는 주로 자율적 관리와 시장 지향적 관리에 기반을 두고 이론적 토대를 마련하고 있으나, 그 밖에 계량적·분석적 관리 및 정치적 관리의 접근 방법에 의해서도 구체화된다(Terry, 1998: 194-195).

첫째 계량적·분석적 관리 방법(quantitative/analytic management)인데, 이 접근 방법은 미래 예측 기법이나 비용편익 분석과 같은 정교한 분석기법의 전략적 활용에 비중을 둔다.

둘째 정치적 관리 방법(political management)은 극단적인 정치·행정이원론을 반대하고 공공관리의 정치적 측면에 초점을 맞춘다.

셋째 자율적 관리 방법(liberation management)은 공공관리자가 고도로 숙련되고 관리 기법을 숙지하고 있는 헌신적인 사람이라는 사고 방식에 기반을 두며, 공공관리자를 '악한' 시스템에 갇힌 '선한' 존재로 본다. 따라서 공공관료제의 성과를 개선하기 위해서는 병리 현상을 해소하여 관리자의 자율성을 제고해야 한다고 보며, 이를 위해서는 내부관리의 규제 완화로부터 관리 과정의 분권화·합리화에 이르기까지 다양한 전략을 채택해야 한다고 주장한다.

넷째 시장 지향적 관리 방법(market-driven management)은 다음과 같은 두 가지의 개념 요소를 포함한다. 우선 경쟁은 비용을 낮추고 능률성을 증대시키므로 정부관료제를 개선할 수 있는 실행 가능한 전략으로 본다. 다음으로 민간 부문적 관리(private-sector management)는 민간 부문의 관행과 기술은 공공 부문의 관행과 기술보다 우월하다는 믿음에 기초를 두고 있는데, 이는 이 접근 방법의 옹호자로 하여금 공공관리와 민간관리를 구분하는 것이 무의미하다는 결론에 도달하게 한다.

지금까지의 논의를 정리해 보면, 결국 앞에서 정리한 거버넌스와 신관리주의의 지향점이 같으며, 상호 보완적인 개념인 것을 알 수 있다(Rhodes, 2000: 56-5; Pierre, 2000: 14-19; Frederickson, 1997: 79). 따라서 이 글에서는 거버넌스와 신관리주의를 상호 관련된 개념으로 보고 이의 행정적 실천 모형으로 신공공관리론을 이해하고자 한다.

제3절

신공공관리와 행정개혁

정부혁신은 구체적으로 정부의 역할과 기능 전환, 기업가 정부, 고객 지향정부, 전자정부, 규제 조정, 민영화 등을 주된 내용으로 한다. 또 행정관리 혁신은 능률성, 효과성, 생산성, 민주성, 투명성 및 분권화, 성과관리 제도, 조직 구조 및 관리기술의 개혁, 인력 감축 및 재조정 등을 핵심 내용으로 한다.

1 신공공관리의 의의와 지향

일찍이 마스카렌하스(Mascarenhas, 1993: 319-328)는 행정의 개념 변화를 다음과 같이 지적한 바 있다. 즉, 공무를 집행하는 데 경험과 충성심이 강조되고 일상적으로 대처하던 시대에서, 자극과 동기 부여를 통한 결과 중심의 실적주의와 기업가적 관리 능력을 중시하는 행정으로 변하고 있음을 지적한 바 있다. 그는 오늘이야말로 관리기술(managerial skills), 기업가적 계획(corporate plans), 성과계약(performance agreements) 등이 강조되는 때라고 밝히고 이러한 변화를 신공공관리(new public management)라고 표현하고 있다. 여기에는 네 가지의 기본적 의식 변화가 전제되어야 한다(김번웅 외, 1997: 165-172).

첫째 관료적인 문화를 기업적인 문화로 바꾸기 위해서는 우선 관리자의 책임과 권한이 동시에 확대되어야 한다. 만일 관리자의 권한만 확대되고 성과에 대한 책임이 없다면 행정개혁의 성공 및 신공공관리의 실현은 기대할 수 없다. 따라서 민주화·분권화·탈규제 못지않게 이해 당사자들 특히 관리자의 책임은 분명하게 강조되어야 할 기본적 사안이다.

둘째 관리(management)나 행정(public adnninistration)도 기술(technology)이라는 개념으로 생각할 필요가 있다는 것이다.

셋째 지적할 수 있는 것은 고객 중심적(customer-driven) 사고와 행동이다. 시민(citizen)이나 국민(people)의 개념을 고객(customer)이라고 생각하고 이러한 고객의 개념을 어떻게 또 얼마만큼 공공행정 관리 분야에 접목시켜야 하는가 하는 것은 중요한 문제가 아닐 수 없다. 관리적 측면에서 본 고객이라는 말에는 고객 중심으로 생각하고 고객을 만족시키며, 궁극적으로 행정 편의주의의 시각에서 탈피하여 국민 편의주의를 지향해야 함을 의미하며, 고객을 위해 미리 준비하고, 고객을 감동시키기 위해 고심하고, 고객 본위로 집행한다는 뜻이 강하게 내포되어 있다. 이러한 정부의 고객 서비스는 최고의 질을 보장하도록 노력해야 함은 물론 동일한 수준으로 가능한 한 평등성이 보장되도록 노력해야 한다.

넷째 공공관리의 방식을 시장모형(market model in public administration)에 두려는 경향성이다. 즉, 더 적은 자원과 비용을 들이고 시장적 원리에 따르는 방식으로 생산성과 효율성을 높이고자 하는 기업가형 공공관리의 맥락이다.

이러한 시각은 이론적으로 볼 때 행정과 정치의 이분론적 접근, 행정과 경영의 이분론적 접근이라는 전통적 관리 개념의 극복과 지양을 의미하며, 하나의 연속성(continuum)상에서 상호 보완적으로 보는 시각이 타당함을 일깨우는 것이라 하겠다.

2 신공공관리의 핵심 원칙과 지향

1) 신공공관리의 핵심 원칙

신공공관리(new public management)는 아직 그 개념이 명확히 규정되어 있지 않아 누구나 새로운 관리 기법을 신공공관리의 하나로 소개할 수 있다고 할 수 있을 정도이다(Ferlie, Ashburner, Fitzgerald & Pettigrew, 1996).

후드(Hood, 1991)는 신공공관리가 전세계적으로 공공관리의 전환점으로 등장했다고 주장하고 있으나, 실제로는 영국의 넥스트 스텝(Next Steps)을 제외하고는 신공공관리의 개념이 정부 개혁에 아직 깊숙이 자리잡지 못하고 있는 실정이다(Barlow, Farnham, Horton & Ripley, 1996).

신공공관리론의 주요 내용을 요약하면 다음과 같다(Ferlie, Ashburner, Fitzgerald & Pettigrew, 1996: 10-15).

첫째 정부 기능 및 규모의 축소, 행정 서비스의 민영화 등에 중점을 둔다. 둘째 결과 혹은 성과를 강조하며, 행정관의 책임을 강조한다. 셋째 공공 서비스의 시장 지향을 추구하고 고객 지향적 행정을 강조하며, 시장 지향적 성격을 띤 공공관리의 새로운 모형을 모색한다. 넷째 공직 임용에서의 계약제를 강화하고, 이른바 책임기관(agency)을 설치하여 정부조직 구조의 변화를 추구한다. 다섯째 전통적인 통치의 개념이 아닌 신관리주의적 정부 운영(거버넌스, governance)의 개념을 강조하여 작은 정부(limited government)를 강조한다.

신공공관리론은 행정 서비스가 비능률적이며, 국민경제구조에 낭비를 초래하고 있고, 정부는 공동체의 요구를 충족시킬 수 있는 기반을 상실했다는 인식에 입각하고 있다. 따라서 ① 처방 지향적이며, ② 공공관리와 공공조직의 공공성에 중점을 두며, ③ 과정보다 문제를 중시하고, ④ 이론적 지식보다 경험적 지식에 역점을 두며, 전략과 다조직 문제(multi-organizational problem)에 초점을 둔다(김규정, 1999: 111; Bozeman, 1993: 362).

이러한 신공공관리론은 상당히 설득력을 얻고 있다. 그러나 이러한 주장이 부분적으로 옳을 수는 있지만 정부관리 전체에 적용하기에는 무리가 있다고 생각된다. 특히 공공 부문과 민간 부문의 근본적 차이를 경시했다는 점에서 비판받아야 하며, 민간 부문이 무조건 우월하다는 논리에도 문제점이 있다. 또한 사회 보장의 축소로 인한 사회적 약자(minority)들의 어려움의 증대, 공무원의 사기 저하와 심리적 동요 및 공직 이탈 현상의 가속화, 능률 지상주의로 인한 다양한 부작용, 단기적 · 가시적 성과에 대한 집착으로 인한 폐해 등 우려할 만한 일들이 현실화되는 것을 보면 이에 대한 진지한 재검토가 요망된다고 볼 수 있다.

2) 신공공관리의 지향

(1) 고객 지향적 행정

신공공관리의 기본적 특징 중 하나는 고객 지향적 행정을 지향한다는 것이다. 고객 지향적 행정은 과거의 행정 중심적이고 공급 중심적인 관행으로부터 민간 중심적이고 수요 중심적인 것으로 전환하자는 것이다. 고객 지향적 정부가 지켜야 할 이념과 가치로서는 고객 요구를 적절하게 반영하는 행정(적절성), 정당한 절차를 따르는 행정(민주주의와 절차의 정당성), 능률적 행정(능률성), 약자의 보호와 복지사회 건설을 위한 행정(공정성), 학습조직으로서의 행정(자기 개혁성) 등 다섯 가지를 들 수 있다(이종범, 1996: 26-34). 즉, 고객 지향적 정부는 "정부에 대해 주인이며 동시에 고객인 국민에게 고품질의 행정 서비스를 능률적으로 제공하고, 국민들의 요구에 대해 민감하게 대응함으로써 국민들의 만족도를 극대화시켜 주기 위해 국민에게 접근하려는 정부"라고 할 수 있다(박세정 외, 1996: 47).

고객 지향적 행정이 성공을 거두기 위해서는 우선 다음과 같은 측면에서 행정조직 내부의 혁신이 우선되어야 한다. 첫째 조직 내 모든 계층, 모든 부서 조직원들의 의식 개혁과 적극적인 참여를 통한 범조직적 관리혁신 운동이 필요하다. 둘째 일선 부서의 조직 구성원들이 업무 수행 중 느낀 문제점에 대해 자발적이고 주도적으로 개선 방안을 제안하고 공감대를 형성하여 현실성 있는 구체적 실천 계획을 수립, 실천해 나가도록 해야 한다. 셋째 고객 만족의 극대화에 걸림돌이 되는 기존의 조직구조, 관행, 업무 절차 등을 과감히 개혁해 나가야 한다.

(2) 품질 지향적 행정

품질 지향적 행정은 앞에서 살펴본 고객 지향적 행정과 맥을 같이하는 개념이다. 흔히 TQM으로 지칭되는 품질행정은 조직의 과정, 산출물, 서비스의 계속적 개선을 위한 수량적 방법 이용과 종업원의 참여를 통해서 고객의 요구와 기대를 만족시키는 총체적이며 종합적인 조직의 접근 방법으로 정의된다(Denhardt, 1993: 15). 여기에서 총체적(total)이라는 말은 고객의 확인에서 고객의 만족도 평가까지 조직에서 수행하는 업무의 모든 측면에 적용한다는 것을 말하며, 품질(quality)은 고객의 기대를 만족시키고, 나아가 이를 능가하는 것을 뜻한다. 또 관리(management)는 지속적으로 품질을 개선할 수 있는 능력의 개발과 유지를 의미한다(Cohen & Eimicke, 1994: 450).

TQM은 전통적 관리(traditional management)와는 여러 가지 면에서 차이점을 가지고 있다.

첫째 전통적 관리는 주로 단기적 목표 달성에 초점을 두는 반면, TQM은 조직이 장기적으로 원하는 비전을 창출하고 이를 조직의 목표로서 운영되게 해 준다(Durant & Wilson, 1993: 218).

둘째 TQM의 지지자들은 전통적 관리는 품질 향상과 고객 서비스에 대한 사회 감정적(socioemotinal) 몰입을 이끌어 내는 데 불충분하다고 비판하며 TQM은 이를 가능하게 해 준다고 강조한다.

셋째 TQM은 정부조직 내의 수평적 조직구조, 계속적 개선, 전체 조직 구성원의 자발적 협력, 참여관리, 고객 서비스, 성과의 탁월성 등으로 야기되는 조직의 '문화혁신(cultural revolution)'을 요구한다(Durant & Wilson, 1993: 228). 반면 전통적 관리는 현상 유지를 최우선시한다.

넷째 전통적 관리가 주로 기술구조적 측면을 중시한 반면 TQM은 인적 측면과 기술구조적 측면 양자 모두의 변화를 요구한다.

다섯째 전통적 관리는 사후적 통제를 강조하는 반면 TQM는 사전 예방을 중시한다. 요약하자면 전통적 관리와 TQM과의 차이점 중 핵심적인 내용은 고객 지향, 품질 보장, 권한 위임 및 조직 구성원의 참여, 계속적 개선이라고 할 수 있다.

(3) 기업가형 정부

기업가형 정부란 능률성과 효과성을 높이기 위해서 새로운 방식으로 자원을 배분하는 기업가적 혁신(entrepreneurial innovation)을 이룩하고 동시에 효과적으로 운용되는 행정조직, 내부 유인 체계, 조직문화를 가진 정부 형태이다. 즉, 고객을 만족시키는 공공 서비스를 더욱 낮은 비용으로 제공하기 위한 목적으로 기업가적 혁신이 끊임없이 생겨나는 정부 형태를 말한다(Osborne & Gaebler, 1992).

이와 같은 기업가형 정부의 개념에는 다음과 같은 두 가지 측면이 있다(이혜훈, 1999). 첫째 효과성 및 능률성 제고의 측면이다. 기업가형 정부는 기업 운영 방식을 정부조직 내부에 적용하는 것이기 때문에 그 운영 원리를 경쟁주의, 성과주의, 결과 지향성 등 경제적 능률성에 근거하고 있다. 둘째 자발성과 지속성의 측면이다. 기업가형 정부에서 혁신은 외부적 압력이 없이도 자발적으로 생겨나는 것이며, 일과성에 그치는 것이 아니라 지속적으로 발생하는 것이다. 기업가형 정부로 전환한다는 것은 외부의 압력 없이도 지속적으로 개혁하고 끊임없이 품질을 향상시키는 자기 혁신 체제(self-renewing system), 즉 체제 내적인 향상성을 갖는 정부를 창조하는 것을 의미한다(Osborne & Plastrik, 1991).

(4) 성과 지향적 행정

성과 지향적 행정(performance management)이라 함은 성과 향상을 위한 체계적 접근 방법으로서, 국가에 따라서는 '결과 중심 관리(management by result)', '사업계획관리' 등의 용어로 사용되기도 한다. 원래 민간 기업에서 활발하여 사용되는 성과 중심 관리 체제에는 일반적으로 중기전략계획, 연도별 운영계획, 성과 측정 및 보고 등이 포함된다. 현재 대부분의 OECD 국가들은 기관목표의 재정의, 전략계획 절차의 확립, 성과지표 및 측정 기법 개발, 성과 보고 및 평가 체계의 확립, 성과협약 제도의 개발 등을 도모하기 위해 범정부적인 노력을 계속하고 있다. 왜냐 하면 성과를 측정하지 않기 때문에 정부는 바라는 목표를 좀처럼 달성할 수 없는 것이라는 데 인식을 같이 하고 있기 때문이다. 즉 성과에 대한 정보가 거의 없는 상태에서, 정부는 연공서열, 관리예산과 스태프의 규모, 권한의 수준에 기초하여 공무원들에게 보상을 준다. 이 때문에 공무원들은 더 많은 예산 · 스태프 · 권한을 추구하며, 자신들의 업무를 보호하고, 자신들의 제국건설(empire-building)을 위해 노력하게 되는 것이다.

그러나 아직 공공 부문에 성과 중심 관리제도를 정착시키는 데 극복해야 할 과제들은 대단히 많다. 우선 성과 측정의 문제는 조직의 성과와 책임에 관심을 가진 어떠한 사회에서도 가장 기본적 문제인데, 공공 부문에서의 이러한 성과 측정 기법들이 불완전한 수준이기 때문에 여러 가지 역기능이 발생되기도 한다. 또한 영연방 국가를 비롯한 일부 국가에서 활용되고 있는 계약 제도는 그 자체가 또 하나의 경직된 제도로 작용함으로써 행정 관리상의 신축성 및 재량성을 저해하는 또 다른 문제점으로 지적받고 있다. 따라서 성과 중심 관리 제도는 단순한 조직의 구조조정으로 달성할 수 있는 것이 아니고, 행정개혁의 틀 안에서 다른 다양한 전략을 병행해야 성공할 수 있는 제도인 것이다.

(5) 작은 정부

여기에서 작은 정부라고 하는 것은 언제나 일정한 소규모를 유지해야 한다는 것을 의미하는 것은 아니고 정부 기능에 따라 확대되는 것은 불가피하나 가급적 소규모로 유지해야 한다는 상대적 의미를 갖는 것이다(박동서, 1993: 11). 작은 정부론을 지지하는 학자들은 시장 원리, 즉 경제적 효율성을 주요한 지향점으로 하는 국가 운영으로 거대국가나 복지국가의 비효율성으로 인한 문제점을 해소할 수 있다고 주장한다.

일반적으로 작은 정부의 개념은 정부기구의 규모(조직, 인력, 재원 등)의 차원에서 논의된다. 즉 작은 정부란 정부 규모만이 아니라 영향력 또는 사회에 대한 개입의 크기를 포함하는 권력의 측면을 포괄하는 것으로 볼 수 있다. 그러나 작은 정부를 규모와 권력 측면을 포괄하는 용어로 사용하는 것은 문제가 있는 것으로 보여지는데, 왜냐 하면 정부의 규모와 권력의 크기가 항상 동일 방향으르 움직이는 것은 아니기 때문이다. 이 점에서 정부의 외형적 규모에 관해서는 작은(또는 큰) 정부, 권력에 관해서는 약한(또는 강한) 정부로 지칭하는 것이 타당하다고 본다(이승종, 1997).

3 신공공관리의 개혁 수단과 행정개혁

1) 신공공관리의 개혁 수단과 방향

신공공관리 모형은 영국의 신관리주의(new managerialism)와 미국의 기업가적 정부모형(entrepreneurial government model)으로 대별된다. 이와 같은 패러다임의 조류는 경쟁적 시장 메커니즘과 대중주의적 접근 방식을 통해서 효율성과 대응성이라는 행정의 근본적 가치를 달성하려고 하는 데 특징이 있다(김태룡, 2000: 1). 먼저, 영국을 중심으로 한 신관리주의는 신우파의 사고에 기초해 시장적 개인주의가 내재된 기업모형을 공공 부문의 핵심적 가치에 이식시키거나 이와 일치하려는 조류로 볼 수 있다(Self,

1993: 1-20; Mascarenhas, 1993: 320-321; Hood, 1995: 129). 신관리주의가 사용하고 있는 주요 개혁 수단들로는 먼저 구조개혁 수단으로 민영화, 인력 감축, 재정지출 억제, 책임집행기관, 규제 완화 등을 들 수 있다. 둘째 인사개혁 수단들로는 권한 위임, 고위직 근무평정 및 성과급 제도, 임용 권한의 위임 및 사무차관 등을 포함한 고위직 임용계약제 등을 들 수 있다. 셋째 재정개혁 수단으로는 운영예산제, 연도말 이월, 다년도예산, 발생주의 회계 등을, 넷째 서비스와 성과관리를 위한 개혁 수단들로는 서비스 기준제도, 성과 협약, 전략계획 등을 들 수 있다(김번웅, 1997; 총무처, 1997; Mascarenhas, 1993).

미국을 중심으로 한 기업가적 정부모형이 사용하고 있는 개혁 수단들은 영국의 신관리주의 개혁 수단들과 매우 유사하다. 그러나 한 가지 특징적인 것은 미국의 기업가적 정부모형에서의 개혁 수단들은 구조개혁 수단에서 부처 통폐합 등을 거의 채택하지 않았으며, 인사개혁 수단에서는 정원통제권이나 보수결정권의 위임 등을 채택하지 않았다. 그리고 재정개혁 수단들에서는 영국과 달리 산출예산 제도나 다년도 예산의 채택에 소극적인 입장이었으며, 서비스와 성과관리를 위한 개혁 수단들에서는 성과 협약 등에 소극적인 차이를 보이고 있다(총무처, 1997: 57-58). 그러나 신공공관리모형을 구축하는 데 기여한 양 유형은 1990년대에 이르러서는 혼재되어 그 구별이 모호해지는 양상을 보이고 있으며, 모형이 추구하는 방향도 경쟁 지향성 · 성과 지향성 · 고객 지향성에 모아지고 있다.

2) 신공공관리에 입각한 행정개혁의 특징

행정개혁이라 함은 "행정을 현재의 상태보다 나은 바람직한 형태로의 변동을 혁신적으로 도모하는 것"을 말한다. 즉 행정개혁이란 행정에서 새로운 아이디어를 창출하고 과감하게 이를 도입 · 실천하는 과정이라고 할 수 있다(Thompson, 1965: 2). 이와 같은 행정개혁은 다음과 같은 특징을 갖는다(이종수 외, 1998: 696).

첫째 행정개혁은 행정을 인위적 · 의식적 · 계획적으로 변화시키려는 것이며, 따라서 불가피하게 관련자들의 저항을 수반한다.

둘째 행정개혁은 일시적 · 즉흥적이 아닌 계속적 과정이다.

셋째 행정개혁은 성공 여부에 대한 불확실성과 위험 속에서 새로운 방법을 고안하여 적용하고 실천하는 동태적 · 의식적 과정이다.

넷째 행정개혁은 조직관리의 기술적인 속성과 함께 권력 투쟁·타협·설득이 병행되는 정치적·사회심리적 과정이다.

그런데 오늘날의 행정개혁은 그 이전의 행정개혁과는 다른 다음과 같은 몇 가지 특징을 발견할 수 있다(총무처 직무분석기획단, 1997).

첫째 행정과 경영의 동질성을 강조하고 있다. 과거의 행정개혁은 행정과 경영의 차별성을 인정하고 행정의 특수 환경을 전제로 한 바탕 위에서 입안된 것인데 비해 최근의 동향은 행정에도 경영 마인드를 도입하고 시장 원리를 도입하는 등 행정의 경영화를 추구하고 있다.

둘째 정부혁신에 정보기술(information technology)을 광범위하게 사용하고 있다. 감축된 인력과 적은 비용으로 행정 서비스의 수준을 높이는 것은 일견 이율배반적으로 보이나 정보혁명으로 인해 발전된 정보기술을 활용할 경우 이러한 문제를 해결할 수 있다. 정보사회에서의 정부혁신은 과거와는 달리 좀더 다양화된 수단을 활용할 수 있게 됨에 따라 성공가능성을 더욱 높일 수 있다.

셋째 정부혁신의 중점을 구조적 외형(hardware)보다 운영기술(software)에 두고 있다. 정부 기능의 상업화, 민영화를 통해 많은 규제 기능을 폐지함으로써 민간경제에 활력을 불어넣는 것이 그 예이다. 과거의 행정개혁은 정부부처 개편과 거의 동의어로 사용될 정도로 정부기구나 구조의 재조정에 중점이 두어졌다. 그러나 최근의 정부혁신은 국가 기능 전반에 대한 재검토 및 기능 수행 체계의 재조정 과정이라는 특성을 보이고 있다.

3) 신공공관리에 기반을 둔 각국의 정부혁신 현황과 평가

(1) 신공공관리론에 기반을 둔 각국의 행정개혁

영국, 미국, 호주, 뉴질랜드 등은 이미 10여년 전부터 신공공관리론(New Public Management)에 기초한 성과 중심 관리를 추구해 오면서 각 행정기관으로 하여금 그들의 임무와 사업 목표를 설정하고, 성과에 대한 측정 결과를 보고토록 하는 등 정부혁신을 지속적으로 추진해 왔다(Mascarenhas, 1993: 319-328). 그리고 이러한 정부혁신을 뒷받침하기 위해 중앙의 규제를 완화하고 통제를 감소시켜 조직의 관리자들로 하여금 사업 목표를 성취하는 데 필요한 재원 활용에서의 유연성을 확대해 왔다.

우선 영국의 경우를 보면, 정부 부문 개혁을 위한 조치로서 FMI(Financial Management Initiatives)가 도입되었고, 나중에 이를 수정·보완해 정부조직 관리 전반의 개혁을 시도한 '넥스트 스텝(Next Steps)' 조치를 시행했는데 이는 성과(결과) 중심의 관리를 기본 내용으로 하는 정부관리 향상 방안인 것이다(김근세, 1996: 137-138). 또한 가장 엄격한 성과 중심 관리 체제를 운영하고 있는 뉴질랜드의 경우 각 부처의 장관과 사무차관 간에 매년 고용계약을 맺고 부처의 산출(outputs) 결과를 관리함으로써 직원들의 일상 업무가 산출 목표 달성에 기여하도록 연결시키는 체제를 갖고 있다(Ingraham, 1997: 328). 성과를 올리지 못하면 차관은 다음에 재계약을 할 수 없기 때문에 성과를 올리는 부하 직원에 대해서는 파격적인 승진과 급여를 제공한다. 또 공무원들은 어떤 목표를 어떻게 시행해 어떤 결과를 달성하겠다는 계획서를 고용계약시에 제출해야 한다. 이 계획서는 모두 공개되기 때문에 공무원들의 성과 달성 여부를 누구나 알 수 있게 되고, 이에 따라 다음 계약 때의 재계약 여부도 함께 공개되고 있는 셈이 되는 것이다.

한편 1992년 이후 클린턴 대통령이 활발한 정부혁신을 추진해 왔던 미국의 경우 과거에도 결과 중심의 사업예산 관리를 도입하기 위한 개혁 노력이 여러 차례 시도되었으나 감당하기 어려운 수준의 계량적 측정과 분석정보를 요구함으로써 결국 뿌리를 내리지 못하고 실패한 선례가 있었다(총무처 직무분석기획단, 1997: 147). 근래 추진되고 있는 미국의 성과 중심 관리개혁은 과거와는 다른 양상을 보이고 있으며, 이는 정부조직을 성과 중심 조직으로 근본적으로 재편하려고 시도하고 있는 것이다(Roberts, 1997: 465-478). 이러한 맥락에서 1993년에 제정된 '행정성과 및 결과에 관한 법률(Government Performance and Results Act: GPRA)'은 과거의 실패를 교훈삼고 영국, 뉴질랜드 등 외국의 사례와 미국 내 지방정부의 성공 사례를 본받아서 연방정부로 하여금 종합적이고 체계적인 성과 중심 관리를 확립하도록 법적 의무를 부여하고 있다.

'행정성과 및 결과에 관한 법률'은 예산과 성과를 연계시키기 위해서 제정된 법으로서 다음과 같은 목적을 위해 제정되었다. 첫째 정부가 달성해야 할 성과를 구체적으로 설정하고 이를 달성할 수 있도록 예산편성 과정에서 배려하고자 하는 것이다. 둘째 관리자에게는 목표 달성을 위한 관리상의 자율성을 부여하는 대신 예산·사업의 집행 성과를 계획된 목표 수준과 비교함으로써 사업의 능률성과 효과성을 엄격히 통제하겠다는 것이다. 이 법률은 연방기관이 달성하고자 하는 목표 수준을 구체적으로, 그리고 계량적 측정이 가능하게 설정함으로써 실제 달성된 성과를 측정하여 목표와 사후 비교하도록 법률로써 의무화하고 있다. 만약 목표 미달의 경우에는 책임을 확보하는 한편, 추진하고자 하는 사업이 예산에 반영되지 못해 유명무실화되는 것을 방지하기 위해 관리예산처(OMB)는 각 부처의 계획을 종합하여 범정부적인 사업계획을 수립하고 이를 예산 편성에 반영하도록 의무화하고 있는 것이다.

이와 같은 OECD 국가들의 정부혁신 노력은 우리 나라에도 큰 시사점을 주는데, 그 가운데 우리의 경쟁력 향상과 관련 있는 공통적 특징을 정리해보면 다음과 같다(오세덕 · 여윤환, 2000: 539-542; 총무처, 1997: 44-49).

첫째 인력 감축 및 조직구조 개편이다. 공공부채 및 재정수지의 악화를 해결하라는 정치적 압력은 OECD 국가들로 하여금 인력 감축과 조직 축소 등 정부 규모 자체를 가시적으로 줄이는 데에 가장 높은 우선 순위를 두게 만들었다. 이와 함께, 종래의 피라미드형 계층제 구조의 경직성을 탈피하여 관리 · 감독 계층을 축소하고 중복 기능을 통합하는 한편, 업무 중심의 자율적 팀제 운영을 확대함으로써 더욱 평면화된 조직구조를 지향하고 있다. 이러한 조직재편(restructuring) 원칙의 적용으로 업무의 성격에 따라 정부의 조직 형태에 대한 선택 범위가 다양해지고 있으며, 통제 위주의 관료 편의주의적인 조직구조에서 산출 · 고객 중심으로 재편되는 결과를 낳고 있다.

둘째 성과 중심으로의 전환이다. 지금까지 중점을 두어 온 투입과 절차뿐만 아니라 산출(outputs)과 결과(results)에도 중점을 두도록 하자는 것이다. 여기에는 목표의 명확화, 결과 달성을 위한 명확한 책임 할당, 목표치의 설정, 적절한 신호와 인센티브의 제공, 성과의 측정 및 보고, 필요한 사후관리 조치 등에 관한 틀을 확립하는 일이 포함된다.

셋째 비용가치의 증대를 꾀한다. 비용가치를 높이려는 개혁 노력은 더 적은 비용으로 더 많은 일을 하라는 압력의 직접적인 소산이다. 이를 위해 능률성(efficiency)을 증가시키고, 낭비를 줄이며, 효과성(effectiveness)을 향상시키려는 방도들이 강구되고 있다.

넷째 권한 위임과 융통성 부여를 강조한다. 중앙의 조정과 통제의 성격을 바꾸어서 공공 부문의 탄력성을 높이자는 것이 중요한 개혁 방향이 되고 있다. 각 조직의 관리자들에게 권한을 부여함으로써 혁신과 창의를 고취시키자는 것이다. 여러 가지 형태의 권한 위양(devolution) 조치가 도입되었으며, 운영 사항에 관한 결정권을 서비스의 공급 지점에 더욱 가깝게 두도록 하는 데 주된 목적이 있다.

다섯째 책임과 통제의 강화를 추구한다. 권한 위임과 융통성이 증대될수록 책임성의 확보는 더욱 그 중요성이 커진다. 더 큰 자율성을 주는 대신 행동 결과에 대해 책임을 지도록 해야 한다. 이를 위해 성과관리 체제가 확립되어야 하는데, 여기에는 포괄적인 목표를 구체적인 운영 목표로 전환하고, 결과 달성의 책임 소재를 명확히 규명하며, 합의된 성과 기준에 대한 정보를 원활히 교환하고, 대내외적으로 실적에 관한 보고 체제를 확립시키는 것 등이 포함된다.

여섯째 경쟁 및 서비스 지향을 추구한다. 정부혁신이 주된 목표로 삼고 있는 또 한 가지는 고객과 서비스 중심의 공공 부문을 확립하는 일로서 내부 지향적이 아니라 좀더 외부 지향적인 목표이다. 고객에 대한 대응성(responsiveness)과 서비스의 질을 향상시키기 위해 상당한 노력이 경주되어 왔는데, 이제 공직자들이 그들의 고객을 대하는 방식에서 진정한 문화적 변화가 일어나고 있다. 좀더 손쉬운 접근, 단순화된 절차, 더욱 친절한 서비스, 투명성 제고와 정보 제공 등이 공통된 요소이다.

일곱째 정부규제의 개혁을 추진한다. 정부혁신의 초점은 정부의 활동과 규제가 경제 전반의 효율성에 미치는 영향에 맞추어져 있다. 각국 정부는 자국의 국제경쟁력 향상을 위해 규제에 따른 준수 및 행정비용 등으로 인한 민간 부문의 부담을 줄이기 위해 고심하고 있다. 또 최근 규제에 대한 통합적인 관리 기능을 확립하는 문제가 특별한 관심을 받고 있다.

(2) 신공공관리론에 대한 비판

신공공관리에 입각한 행정개혁이 작은 정부에 지나치게 치중한 결과 그 표명된 목적과는 달리 규모 축소와 경비 절감에만 치중했다는 비난을 받고 있는 것이다(Caiden, 1994; 김신복 외, 2000: 169). 작지만 강한 정부를 표방하면서 여러 가지 문제점들이 나타났다. 특히 가장 큰 문제점으로 지적받고 있는 것이 이러한 개혁이 비용 절감에만 강조점을 둠으로써 행정 역량의 약화를 초래했다는 점이다(Kettl, 1995: 37-74). 먼저 우리보다 행정개혁을 일찌감치 추진했던 외국에서 발생한 문제점을 살펴보면 다음과 같다.

첫째 자발적 또는 조기 퇴직에 대한 보상 체계가 공직 내부에서 가장 필요로 하는 사람들에게 가장 인기가 높을 수 있다는 것이다. 실제로 미국의 경우 1993년 이후 25,000달러의 장려금을 받고 공직을 떠난 사람 가운데 50% 이상이 정부 내에서 중추적 역할을 해 온 백인 남성들이었다. 즉 인력 감축 조치는 조직의 우수한 인재를 잃어버리는 결과를 가져올 수 있는 것이다.

둘째 인력 감축이 가져다 주는 실질적인 예산 절감의 효과는 단기적으로 볼 때 극히 미미하다. 오히려 인력 감축에 드는 비용이 일정 기간은 인건비 절감액을 초과하게 될 수 있다. 초기 3년간 인력 감축에 드는 비용이 절감분의 6배를 차지하고 있으며, 모든 비용을 만회하는 데 무려 10년이 지나야 하는 경우까지 있었다는 것이다.

셋째 각 정부기관이 중앙에서 요구하는 인력 감축 목표에만 치중하여 감원 숫자 또는 인건비 절감의 목표치를 채우는 데 급급한 반면, 구조개편에는 소홀하다는 지적도 나오고 있다. 미국의 경우 계약 제도(contract out)로 용역을 받아 일하는 인력이 연방 공무원 숫자의 4배에 달하는 것으로 추정되어 당초의 비용 절감이라는 목표가 제대로 달성되었는지 의문시되는 것이다.

넷째 대부분의 경우 인력 감축 과정에서 직무의 과학적 분석에 기초했다기보다 자의적으로 이루어지는 경향이 많았으며, 기존의 공무원법도 인력 감축에 대해서는 구체적인 지침을 제공해 주고 있지 못하다는 문제점이 있는 것으로 보고되었다.

외국에서 나타난 문제점 외에 우리 나라에서도 다음과 같은 여러 가지 문제점이 나타날 가능성이 높다(임영제, 1998: 262-265).

첫째 제도적 문제점을 들 수 있다. 우선 사회보장 미비로 인한 문제점을 들 수 있다. 우리 나라는 사회보장 체제가 미흡하다. 이러한 상황에서 공무원의 인위적 감축이 이루어진다면 문제가 심각해질 것이다. 공무원연금은 거의 고갈 상태에 빠진 것으로 알려지고 있는데 만일 대량 감원과 명예퇴직 등이 속출한다면 언제 기금이 완전 고갈될지 알 수 없는 것이다. 그리고 기금이 고갈될 경우 이제 사회보장의 도입기에 있는 우리 나라의 현실에 비추어 큰 사회적 문제로 비화될 것이다. 또한, 고용시장의 탄력성의 문제가 있다. 어떤 사람은 싱가포르 공무원들의 경우 젊었을 때는 공직에 봉사하다가 나이가 들면 민간 기업에 취직한다고 하며 이를 권장해야 한다는 논지를 펴는데, 외국과 달리 우리 나라의 경우 공무원이 민간 부문으로 재취업하기가 무척 어렵다는 사실을 전혀 도외시한 비현실적인 주장이다. 적절한 취업교육이나 직장 알선 제도 등이 부재한 상태에서의 인위적 감축은 여러 가지 부작용을 양산해 낼 수밖에 없을 것이다. 이와 함께, 적극적 모집(positive recruitment)의 실패로 귀결될 가능성이 있다. 현재 공무원으로 봉직하고 있는 대다수의 사람들은 민간 부문에 비해 상대적으로 적은 임금에도 불구하고 신분 보장과 상대적으로 긴 정년 때문에 공무원을 지망했던 사람들이다. 그런데 이러한 장점이 사라질 경우 우선 능력 있는 사람은 떠나고 무능력한 사람만 남을 가능성도 있다. 인사의 문제는 행정의 핵심 문제로서, 이러한 인사행정이 실패할 때 행정의 실패는 당연한 귀결이 될 것이다.

둘째 사회심리적인 문제점을 들 수 있다. 우선 사기 저하 및 생산성 저하가 우려된다. 정부 개혁의 원래의 목적은 비용 절감과 생산성 향상이다. 민간 기업을 대상으로 한 조사이기는 하지만 미국경영자협회가 1994년 대량 감원을 단행했던 기업을 대상으로 실시한 조사에서 34%의 기업만이 감원을 통해 생산성이 높아졌다고 응답했으며, 생산성이 정체되거나 하락했다는 기업이 각각 36%와 30%에 이른다는 사실을 주목할 필요가 있다. "임금 · 인원 감축만으로 위기를 해결하려는 것은 집짓는 데 장식품에만 손대는 것과 같다"는 부시 미 MIT 교수의 비판을 음미해야 할 것이다. 감축 관리에서 가장 어려운 문제가 사기 저하 요인의 증가에도 불구하고 공무원의 높은 사기를 유지하면서 행정 실책을 최소화하는 일인 것이다.

셋째 스트레스의 과다로 인한 부작용이 만연할 것이다. 정부혁신이라는 대변화는 공무원들에게 적절한 자극을 주어 능력 개발 또는 업무 성과 향상이라는 긍정적인 효과를 가져올 수 있지만, 부정적 스트레스원(stressor)으로 작용하여 오히려 심리적 탈진 상태를 유발하거나 사기 저하와 무능력화라는 부정적인 결과를 초래할 수도 있는 것이다. 스트레스원은 물리 · 환경적, 심리적, 사회적, 철학적 스트레스원 등 여러 각도로 분류할 수 있는데, 인력 감축은 압박감으로 인한 심리적 스트레스원, 실직으로 인한 사회적 스트레스원, 신분 보장의 파괴로 인한 가치관의 혼란으로 조성된 철학적 스트레스원 등 다양한 스트레스원으로 작용할 수 있는 것이다. 정권 교체 이전에 지방공무원을 대상으로 실시된 한 경험적 연구에 의하면 지방공무원들은 인력 감축으로 인한 스트레스를 거의 받지 않고 있으며 그 이유는 지방정부 감축에 대한 공무원들의 체감도가 낮거나 공무원의 신분 보장에 대한 확신이 크기 때문이라고 연구자는 결론을 내리고 있다. 그러나 정권 교체가 실현되고 나서 공무원의 정리해고 조치라고 볼 수 있는 직권면직을 단행하고 있는 현재의 상황에서 이들이 같은 반응을 보일 수는 없을 것이라고 생각된다. 다음으로 공정성의 문제가 있다. 어느 특정 개인이 직권면직되었을 때 이를 순순히 받아들일 것인가의 문제와 타인과의 공정성 여부 등의 문제가 대두될 것이다. 그리고 조직개편을 함에 있어서 행정 논리가 아닌 정치 논리로 접근했을 경우 문제는 더 심각해진다.

넷째 서비스의 질 하락도 우려된다. 영국의 예에서 알 수 있듯이 지나친 감축과 효율성 추구는 인력 부족을 가져오게 되고 결국 국민에 대한 서비스의 질을 떨어뜨릴 것이다. 이를 해결하는 방법으로는 행정수요 자체를 감소시키는 것인데 이는 수요자 부담원칙을 적용할 수밖에 없고 결국 이는 소외계층을 배제하는 행정의 형평성을 취약하게 만드는 결과를 가져오게 될 것이다. 나아가 지역 주민을 무시하거나 냉대하는 경향을 보일 수도 있다. 스트레스와 과로로 공무원들이 공격적인 행동을 취할 수 있기 때문이다. 미국의 『포천(*Fortune*)』지가 선정한 1000대 기업 중 85%가 1987~1991년간 사무직 근로자들을 감축했다고 한다. 그리고 1992~1994년에 걸쳐 조사된 바에 의하면 근로자의 50% 정도가 그들의 직업안정성에 불안을 갖고 있다고 한다. 그리고 이러한 직장환경의 변화는 조직 구성원들의 스트레스와 좌절감을 유발시키고 공격성을 증대시킨다고 믿어지는 것이다.

이러한 요인들은 구체적으로 조직에서의 반사회적 행동(antisocial behavior)의 발생 가능성으로 요약할 수 있다. 반사회적 행동이란 조직, 조직 구성원, 관계자들에게 해를 끼치거나 해를 끼칠 의도로 하는 행동을 의미하는 것으로서 공갈(blackmail), 뇌물 수수, 차별, 첩자 행위(espionage), 금품 강요, 대인적 폭력, 사보타주(sabotage), 거짓말, 상납, 소송, 성희롱, 기밀 누설, 내부 고발(whistle blowing) 등의 행위가 모두 여기에 포함된다. 이러한 반사회적 행동의 가장 큰 원인은 좌절(frustration)에 있는 것이고 좌절은 좌절원(挫折源, frustrator)에 기인하는데, 좌절원이란 개인으로 하여금 직무에서의 개인적 목표를 달성하거나 유지하는 것을 방해하는 환경적 사건 혹은 상황을 의미한다. 그리고 인위적인 인원 감축은 공무원들의 좌절원으로 충분히 작용할 수 있는 것이다.

제4절

결 론

지금까지 거버넌스(governance)의 유용성과 유형 및 관련된 개념들과 그 한계점 등을 살펴보았다. 일반적으로 거버넌스란 한 국가 내의 모든 수준에서 국정을 관리하기 위해 경제적 · 정치적 · 행정적 권한(authority)을 행사하는 것으로 볼 수 있다. 그것은 사회 내의 시민들과 집단들이 자신들의 이해 관계를 밝히고 그들의 법적인 권리를 행사하며 자신들의 의무를 다하고 그들 간의 견해 차이를 조정할 수 있는 기구, 과정, 제도로서 구성된다고 정리할 수 있다. 즉 과거에 정부가 수행하던 일을 이제 민간 부문이 공유하면서 해결하는 것이 바로 뉴 거버넌스의 개념인 것이다.

이를 바탕으로 거버넌스와 관련된 개념으로서의 신관리주의(new managerialism),

신공공관리(new public management: NPM) 등을 살펴보았으며, 구체적으로 이러한 기조하에서 이루어지는 각국의 행정개혁의 동향까지 고찰해 보았다. 그리고 이러한 거버넌스의 지향과 관련된 몇 가지 행정관리적 함의를 찾아 낼 수 있었다.

첫째 효율성, 효과성, 민주성과 같은 개념들이 거버넌스에서 서로 배타적이지 않고 양립할 수도 있다고 볼 수 있다. 둘째 지나치게 단기적 성과만을 지향하는 행정개혁을 추진하면 여러 가지 부작용이 나타날 수 있으므로 점진적인 접근이 필요하다. 셋째 국민의 신뢰를 구축하는 것이 필요하다는 것을 지적할 수 있다. 넷째 조직 구성원의 신뢰 확보가 요구된다.

그러나 이러한 뉴 거버넌스 이론에 바탕을 둔 신관리주의는 몇 가지 한계점을 가지고 있다. 즉 신공공관리론이 상당히 설득력을 얻고 있기는 하지만 이러한 주장이 부분적으로 옳을 수는 있지만 정부관리 전체에 적용할 수는 없다고 생각된다. 즉 환경 변화에 기인한 선택적 적용을 해야 하는 하나의 조류는 될 수 있지만 행정의 새로운 패러다임으로 보기에는 무리가 있다. 특히 공공 부문과 민간 부문의 근본적 차이를 경시했다는 점에서 비판받아야 하며, 민간 부문이 무조건 우월하다는 논리에도 문제점이 있다. 또한 사회보장의 축소로 인한 사회적 약자(minority)들의 어려움의 증대, 공무원의 사기 저하와 심리적 동요 및 공직 이탈 현상의 가속화, 능률 지상주의로 인한 다양한 부작용, 단기적·가시적 성과에 대한 집착으로 인한 폐해 등 우려할 만한 일들이 현실화되는 것을 보면 이에 대한 진지한 재검토가 요망된다고 볼 수 있다.

참고문헌

김번웅(2000). 뉴 거버넌스 시대의 정부 신뢰와 e-행정. 『한국행정연구』, vol. 9.

김석준(2000). 뉴 거버넌스의 이론과 사이버 거버넌스. 『New Governance and Cyber Governance』. 이화여자대학교 뉴 거버넌스 교육연구단 콜로키움 자료집: 3-21.

김신복 외(2000). 신거버넌스와 인사개혁의 방향. 『행정논총』, 38(1). 163-190.

김정렬(2001). 영국 블레어정부의 거버넌스. 『한국행정학보』, 35(3). 85-102.

김현곤·신형식(1998). 호주 통합복지 행정 서비스 동향 및 국내 보건복지 정보화 개선 방안. 『정보화동향분석』, 5(4)(http://www.nca.or.kr/)

문병기(2000). 거버넌스의 접근 방법과 유형. 『New Governance and Cyber Governance』. 이화여자대학교 뉴 거버넌스 교육연구단 콜로키움 자료집: 22-43.

양기용(2000). 신공공관리이론의 비판적 고찰과 적용 방안: 책임경영기관과 책임경영제를 중심으로. 『지방정부연구』, 4(1).

이명석(2001). 신공공관리론, 신거버넌스론, 그리고 김대중 정부의 행정개혁. 『한국행정학회, 2001년도 춘계학술대회 발표 논문집』.

이선우(2000). 뉴 거버넌스와 새로운 정부 역할의 조명. 『New Governance and Cyber Governance』. 이화여자대학교 뉴 거버넌스 교육연구단 콜로키움 자료집: 44-67.

이화여자대학교 뉴 거버넌스 교육연구단(2000). 『New Governance and Cyber Governance』. 콜로키움 자료집.

임영제(1998). 정부 인력관리의 합리화 방향. 『행정문제연구』, 5(1).

이환범(1999). 공공관리적 신행정 패러다임. 『한국공공정책연구』. 제5호.

정정길(2000a). 『행정학의 새로운 이해』, 대명출판사.

______(2000b). 새로운 시대의 행정관리. 『한국행정학회, 2000년 하계학술대회 발표 논문집』.

최준호. (1999), 새로운 환경 변화에 대한 공공관리의 변화 모색. 『한국행정학회 1999년도 동계 학술대회 발표 논문집』.

한국정치학회. (2000). 『Post-IMF Governance』. 하계 학술회의 자료집.

한국행정학회. (2000). 『거버넌스의 새로운 방향과 과제』. 하계 학술대회 자료집.

한세억. (1998). 이음새 없는 행정: 정책 연계성에 대한 고찰과 실천적 적용가능성. 『한국행정학보』, 32(3): 17-33.

Caiden, G.(1994). Administrative Reform: American Style. *Public Administration Review*, 54(2). 123-128.

Halligan, John.(1997). The Australian Civil Service System. Paper prepared for presentation at Civil Service Systems in Comparative Perspective. School of Public and Environmental Affairs, Indiana University, 5-8, April.

Howard, John.(1997). Centrelink. Presidents & Prime Ministers, 6(5): 11-12.

Hummel, Ralph P. and Camilla Stivers.(1998). Government isn't Us: the Possibility of Democratic Knowledge in Representative Government. In Cheryl Simrell King and Camilla Stivers(eds.). *Government is Us: Public Administration in an Anti-Government Era*. Thousand Oaks: Sage Publications: 28-48.

Jessop, Bob.(1998). The Rise of Governance and the Risks of Failure: the Case of Economic Development. *International Social Science Journal*, 155: 29-46.

King, Cheryl Simrell and Camilla, Stivers(eds.).(1998). *Government is Us: Public Administration in an Anti-Government Era*. Thousand Oaks: Sage Publications.

Kooiman, Jan.(1993a). Social-Political Governance: Introduction. In Jan Kooiman(ed.). *Modern Governance: New Government-Society Interactions*: 1-6, London: Sage

Publications.

______(1993b). Governance and Governability: Using Complexity, Dynamics and Diversity In Jan Kooiman (ed.). *Modern Governance: New Government-Society Interactions*: 35-48. London: Sage Publications.

McDonough, Francis A.(2000). Tomorrow's Reinvented Government: 10 Changes Ahead. *The Futurist*, March-April: 50-54.

Moon, Jeremy.(1999). The Australian Public Sector and New Governance. *Australian Journal of Public Administration*, 58(2): 112-120.

Osborne, David and Ted Gaebler.(1992). *Reinventing Government: How the Entrepreneurial Spirit is Transforming the Public Sector*. Reading, Mass.: Addison-Wesley Publishing Company, Inc.

Peters, B. Guy.(1998). 『미래의 국정관리』, 정용덕 (공역). 서울: 법문사; *The Future of Governing: Four Emerging Models*. Lawrence: University of Kansas Press.

Raper, Michael.(1999). Centrelink: Viewed from the Community Sector. *Australian Journal of Public Administration*, 58(3): 101-105.

Rhodes, R. A. W.(1997). *Understanding Governance: Policy Networks, Governance, Reflexivity and Accountability*. Buckingham: Open University Press.

UNDP.(1997). Developing Capacity for Effective Governance. A Workshop for UNDP Offices.

Vardon, Sue.(1999). Centrelink: A Reply to ACOSS. *Australian Journal of Public Administration*, 58(3): 105-108.

Vardon, Sue.(2000). We're From the Government and We're Here to Help: Centrelink' Story. *Australian Journal of Public Administration*, 59(2): 3-10.

제6장

거버넌스와 재무관리

문병기

| 제1절 |

서 론

지난 2000년 새천년의 전환기에 즈음하면서부터 현재까지 우리는 일찍이 겪어보지 못한 행정환경의 총체적 변화를 체험하고 있다. 최근 행정환경의 변화는 세계화와 정보화로 요약할 수 있는데, 소위 제4차산업혁명이라고 표현되는 급속한 과학기술의 진보와 함께 분절화(fragmented)되고 복잡다기화된 사회로 나아가고 있다. 특히 20세기 후반 이념의 붕괴와 함께 본격화된 세계적인 경제침체는 국가 및 사회공동체의 운영에 있어 더욱 높은 생산성과 대 정부 신뢰성의 수준을 요구하고 있다. 이러한 시대 상황의 변화에 대응하여 거버넌스(governance)라는 새로운 개념이 범 사회과학계에서 행정개혁과 함께 활발한 논의의 대상이 된 지도 벌써 20여 년의 시간을 넘기고 있다.

한편 세계적인 신자유주의 편향의 기류와 함께 시장 중심적 접근을 강조하던 김대중 정부의 광범위한 행정개혁 기조는 국정운영의 새로운 틀로서의 거버넌스 관련 담론을 우리 사회에 촉발하게 했다. 그동안의 다양한 논의를 관통하여 이제 학계와 정책·행정 실무분야에서는, 제4차 산업혁명 시대의 변화된 정책환경에 성공적으로 대응하기 위해서 정부와 NGO, 그리고 민간기업 등 주요 사회 주체들 간의 상호 협조적이고 자발적인 네트워크, 즉 거버넌스 체계를 수립하는 것이 필수적이고 불가결하다는 데 상당한 정도의 공감대가 형성된 것으로 보인다. 그러나 아직도, 막상 거버넌스 체계에 참여하는 행위 주체들이 실제 그 현장에서 참조하고 활용할 만한 구체적인 전략과 가이드라인을 구하기란 쉽지 않은 실정이다.

특히 국내에서의 거버넌스에 관한 논의는 아직도 추상적·규범적 수준에 머무는 경우가 많고, 거버넌스의 본질에 충실한 구체적 행정관리전략이나 정책적 실천지침을 제공하지는 못하고 있다. 나아가 국가 및 사회공동체 운영에 필요한 재원을 어떻게 조달하고 이를 최대한의 경제적 능률성을 달성하면서 사용할 것인가라는 재정학이나 재무관리 영역에서의 전통적 이슈들에 대해 거버넌스의 논리를 추가로 적용하고 이로부터 실효적인 정책대안들을 정리한 예는 거의 찾아보기 힘들다.

국내에서의 이러한 현상은 현실적으로 그 심각성이 상당히 크다고 하겠다. 왜냐하면, 거버넌스라는 새로운 개념적 틀은 당위적이며 철학적 논의의 수준을 넘어 현실 국정운영에서의 생산성을 끌어올리는 데까지 이르게 하여야 한다는, 이미 세기전환기 이

전부터 분출하고 있었던 현실적이고 실체적 필요성에 부응한 결과물이기 때문이다(OECD, 2000). 따라서 이제 우리는 거버넌스 체계 그 본연의 덕목인 민주성 및 참여성과 함께 자원의 최적 사용을 통한 능률성의 극대화라는 재정학과 재무관리의 전통적 측면을 균형 있게 고려한 국가혁신의 실천적인 지침을 마련하여야 한다는 당위성 앞에 서 있는 것이다.

이러한 취지에서 먼저 본 제6장의 전반부에서는 거버넌스의 개념적 틀 속에 내포되어 있는 국가 및 정부의 역할과 거버넌스 논리에 충실한 재정의 의미를 분석하며, 중반부에는 거버넌스의 중핵적 내용을 설명하고 있는 관련 이론들을 총괄적으로 공공경제학의 시각에서 개관함으로써 거버넌스에 대한 재정학적 이해의 심화를 도모한다. 후반부에서는 특별히 재무관리의 주요 정책 이슈들과 관련하여 이들에 대해 거버넌스적 접근을 실제로 어떻게 적용할 수 있을 것인가에 대한 논의를 정리한다. 이러한 논의를 통해 본 제6장은 미래사회의 국정 관리전략을 마련하기 위한 거버넌스의 다양한 정책 방안 중에서 특히 재정정책 및 재무관리적 측면에서의 과제들에 대한 심층적 이해를 함양하고자 한다.

제2절

거버넌스의 재정학적 이해

1 거버넌스, 정부, 그리고 재무관리

거버넌스(governance)라는 개념은 최근 20여 년간 범 사회과학계에서 행정개혁과 관련하여 가장 활발한 논의의 대상 중의 하나이지만, 아직 확실히 하나의 정착된 형태로 정의가 마무리되지는 못하고 있다. 따라서 논자에 따라 아직도 매우 다양한 시각에서 거버넌스를 정의하고 분류 및 논의하고 있는 실정이다. 그럼에도 불구하고 거버넌스의 개념을 정의함에 있어 반드시 언급하여야 할 중요한 이슈 중의 하나는 거버넌스 체계 속에 기존의 전통적 의미의 정부를 포함할 것인가? 라는 문제와 정부를 포함한다면 그 기능을 어느 정도까지 인정할 것인가? 라는 문제이다. 이와 관련하여 김석준 외(2000)

는 거버넌스의 개념을 정치사회학과 행정학적 측면에서 각각 협의와 광의로서 분류함으로써 이 문제에 대한 해답의 제시를 시도하고 있다.

먼저 정치 사회학적 측면에서 협의로 거버넌스를 정의하면, 공식적 권위 없이도 다양한 행위자들이 자율적으로, 호혜적인 상호의존성에 기반하여 협력하도록 하는 제도 및 조종형태(Kooiman & Vliet, 1993; Rosenau & Czempeil, 1992)라고 거버넌스를 규정할 수 있다. 즉, 사회문화적인 시각에서 시민사회를 중심으로 하는 자기-조직적(self-organizing)인 네트워크의 구성·운영 및 진정한 민주주의의 실현을 위한 사회적 기반의 개선과 같은 문제에 초점을 두는 입장이라고 할 수 있다. 이처럼 협의적 거버넌스의 정의는 이상의 상호의존적 협력제도 내부에 존재하는 정부의 가능성을 부정한다는 의미에서 소위 "정부 없는 거버넌스(governance without government)"의 형태에 가깝다(Rhodes, 1996). 만약 이러한 의미로 거버넌스를 정의하기를 고집한다면, 거버넌스적 재무관리란 전통적인 비 공공부문 순수 민간영역에서의 재무 자원 관리(financial resource management)와 크게 다르지 않을 것이다. 따라서 이러한 시각에서는 공공부문의 특수성을 인정하면서 재원의 효율적 사용을 탐색하는 행정학이나 재정학에서의 논의가 거버넌스적 재무관리에 적용될 가능성은 그다지 크지 않다고 할 것이다.

반면에 광의로서 거버넌스를 정의하면, 정부 중심의 공적 조직과 사적 조직의 경계가 무너지면서 나타나는 국가(정부), 시민사회 및 시장 간의 파트너십을 통한 새로운 협력형태(Stoker, 1998)라고 거버넌스를 규정할 수 있다. 이때에는 기존의 계서제 중심적인 정부 그 자체를 배제하지 않으면서도, 국가권위에 기초한 일방적 통치로서의 정부 기능은 부인하는 대신 사회 내 주요 경제적 행위자로서 시장에서의 민간기업과 그에 대칭되는 행위자로서의 정부, 그리고 이들 양자의 중간에 위치한 시민 세력과 그 대변자로서의 비정부조직(NGO) 간의 수평적이고 상호 협조적인 동반자적 관계를 형성한다는 점에서 "정부와 함께 하는 거버넌스(governance with government)"라고 할 수 있겠다(Rhodes, 1996).[1] 즉, 거버넌스란 상생의 관점에서 "우리 대 그들(us vs them)"이라는

1) 이상에서 언급한 광의 및 협의의 거버넌스에 대한 개념적 정의는 굳이 분류하자면 '뉴 거버넌스(new governance)' 개념에 가깝다고 할 수 있다. 즉, 1970년대 이후부터 범사회과학 분야에서 사용하기 시작한 거버넌스라는 개념은 초기에는 국가능력 제고를 지향하는 국정운영 체계 전반을 상징하는 의미로 사용되다가, 1980년대 중반 이후부터는 좀 더 참여적이며 시민사회 지향적인 개념으로 전환되었다. 여기서 전자의 경우를 '올드 거버넌스(old governance)'라고 한다면 후자를 뉴 거버넌스라고 하여 양자를 구분할 수 있겠다. 그러나 현재는 뉴 거버넌스 의미로 사용하는 경우가 압도적이어서 본 서에서는 분류의 실익이 크지 않다고 판단하여 '거버넌스'로 통일하였다.

갈등론적 이분법을 부인하고, 대화와 담론에 충실한 숙의 중심의 민주적 과정을 통해 국가(정부), 시민사회 및 시장 "모두가 우리라는 관계(we-relation)"(전종섭, 2000)를 창출하여 국정운영의 생산성을 극대화하려는 미래 국가사회를 이끌어가는 새로운 패러다임인 것이다. 결국 거버넌스라는 새로운 국정운영의 틀을 모색함에 있어서도 현실적으로는 정부의 능력과 그 역할의 잠재력을 인정할 수밖에 없다는 의미가 될 수도 있겠다.

거버넌스 체계 내에서의 정부의 역할과 관련하여 정용덕(2001)은 크게 다섯 가지의 유형으로 이를 분류하고 있다. 즉, 국가-사회 간 관계의 특성과 거버넌스 체계 내 주요 행위자에 따라, ① 국가가 단일의 행위자로 작용하는 국가주의 거버넌스, ② 국가조직 및 이익집단들이 주도하는 자유민주주의 거버넌스, ③ 국가조직 및 사회 정상급 조직들에 의해 움직여지는 국가 중심 거버넌스, ④ 사회연결망을 통해 국가의 원거리 조정이 가능하다고 보는 네덜란드학파 거버넌스, 그리고 ⑤ 자기-조직적인 연결망의 참여자들이 주동이 되고 국가는 단순한 물주(cash cow)의 역할만 하는 정부 없는 거버넌스로 나누고 있다. 또한 거버넌스 체계의 능력과 관련하여서는 국가권위와 정보 능력 간의 승(乘)의 값으로 봄으로써, 결과적으로 거버넌스 체계 속에서의 국가 또는 정부의 주도적 역할을 강조하고 있다.

따라서 광의적 거버넌스 체계 내에서의 재무관리는 정부와 공공부문이 주요한 행위주체로서 참여하는 국가사회 전체의 재원 관리 활동으로서 기존의 재정정책과 어느 정도 유사하다고 할 수 있을 것이다. 그러나 기존의 재정정책은 국가의 공적 권위에 기초하여 정부가 주도적으로 사회의 재원을 사용 및 운용하고, 그 통제대상으로서 민간경제와 국민 생활이 어떠한 영향을 받게 될 것인가를 평가하는 것이라고 할 수 있다. 반면, 거버넌스적 재무관리란 우월적 공적 권위를 스스로 포기 또는 대폭 축소한 정부가 대등한 협조자로서의 시장(기업) 및 시민 세력(NGO)과 더불어 국가사회 내 가용한 재원을 최대한 민주적으로 사용하고, 이를 통해 결과적으르 최적의 성과와 효율성을 확보하고자 하는 일련의 합리적 의사결정과 경제적 활동이라고 규정할 수 있다는 점에서 양자의 차이는 비교적 명확하다고 할만하다.

한편, 행정학적인 관점에서 거버넌스를 개념 정의하고자 하는 시도는 논자에 따라 다소간 정도의 차이는 있겠으나 정부 중심적 또는 국가 중심적 성향을 띄고 있다. 대표적인 예로서 정정길(2000)은 행정학적 시각에서의 거버넌스를 세 가지 범주로 분류하고 있는데, 먼저 협의의 거버넌스란 인사나 예산 및 조직 내부 관리에 있어서의 통제완화, 분권화, 재량권 확대, 민간기법의 도입과 같은 행정 내적 변화 또는 관리혁신을 의미한다. 다음으로 일반적 개념으로서의 거버넌스란 시장주의 또는 신제도주의 경제학의 경쟁 원리와 고객주의를 공공부문에 도입하자는 주장으로서, 민간부문에 좀 더 많은 서비스 공급의 역할을 맡기고 정부는 신제도주의 경제학에서 말하는 유인책을 이용한 방향 잡기에 주력한다는 것이다. 즉, 행정 내부의 관리혁신뿐만 아니라 민간과의 협력체계 구축을 통한 정부 기능의 축소를 의미한다. 마지막으로 광의의 거버넌스란 여기에 참여주의와 우파적 공동체주의(communitarianism)를 결합한 것으로서, 기업가적 정부의 재창조라고 할 수 있다. 관료 중심의 사후적이고 대증요법적인 명령과 통제 중심의 집권적인 행정 메커니즘을 완전히 탈피하고 정부와 시장 간 메커니즘의 총체적인 전환을 통해 경쟁과 성과, 참여와 네트워크 중심으로 내부 운영체계와 행동양식을 변혁하는 것을 의미한다.

이처럼 거버넌스에 대한 개념과 정의가 다양하지만, 현실적으로 국정운영에서 정부의 존재와 그 역할의 비중을 전면 부인할 수 없다는 점에서는 공통적이라고 할 수 있다. 따라서 오히려 적극적으로 정부를 거버넌스 체계 내의 활발한 행위자의 하나로 끌어들이면서 정부를 포함하는 총체적 국가사회 운영체계의 능력과 생산성을 극대화하는 것이 더욱 적실성이 크다고 판단된다. 이러한 점에서 거버넌스 체계 내의 재무관리 활동은 전통적인 재정정책과 완전히 결별할 수는 없다고 하더라도, 공적 재원 관리 활동 전반에 대해 거버넌스 논리를 재해석하는 것이라고 봄이 타당할 것이다.

결론적으로 거버넌스적 재무관리란 공공부문의 절대적 특수성이나 관료 우위와 같은 기존의 틀을 모두 깨고 난 다음, 정부를 포함한 총체적 광의로서의 거버넌스 체계가 더욱 큰 능률성과 민주성 및 투명성을 확보하기 위해 수행하여야 할 정부 내·외의 공공경제학적 혁신방안이라고 할 수 있다. 구체적으로 논의될 수 있는 대표적인 이슈로서는 정부 내 재무구조의 개선과 정부 간 관계의 재정립, NGO를 포함한 시민 주도적이고 지역사회 지향의 로컬 거버넌스 재정전략, 재정민주주의의 실현을 위한 예산 과정에의 시민참여제도, 그리고 회계책임성(accountability)의 명실상부한 확보를 위한 정부 회계제도의 혁신과 같은 정책과제를 들 수 있겠다.

2 거버넌스 체계의 생산 균형

거버넌스가 지향하는 시민참여, 책임성과 형평성, 대응성, 능률성, 그리고 경제적 성장 등의 모든 가치와 덕목은 결국 민주성과 능률성으로 압축될 수 있다. 나아가 거버넌스가 궁극적으로 추구하는 목적은 민주성과 능률성의 동시적 제고를 통한 국정운영에서의 생산성의 극대화이다. 즉, 거버넌스 체계란 각 시대에 주어진 국가사회의 총체적 능력이라는 조건함수 하에서 국정운영에 있어서 초대한의 생산성 달성이라는 목적함수를 위한 민주성과 능률성 수준의 최적 선택이라고 할 수 있겠다. 따라서 국정 생산성의 합리적 선택을 위한 메커니즘으로서의 거버넌스 체계를 이스턴(D. Easton)의 체계이론(system theory)과 같은 하나의 종합적인 대 이론(grand theory)으로 요약 · 설명하기 위해서는 미시경제학의 생산자균형모형이 매우 적절하게 적용될 수 있다고 본다.

[그림 6-1]에서 보는 바와 같이, 먼저 거버넌스의 등생산성곡선은 우하향하며 원점에 대하여 볼록한 곡선으로 표현될 수 있다. 즉, 공공 서비스의 생산성이라는 포괄적 가치는 생산자균형이론의 생산함수에 비유될 수 있으며, 이러한 목적함수를 극대화하기 위해 민주성과 행정능률성은 상호 대체가능 하지만 한계기술대체율(marginal rate of technical substitution)이 체감하는 대립적 수단 가치라고 할 수 있다. 한편 등생산성곡선은 생산자균형이론의 등량곡선(iso-quant curve)과 마찬가지로 원점에서 멀수록 보다 큰 사회공동체 운영에서의 생산성을 상징한다.

그림 6-1 거버넌스 체계의 생산균형

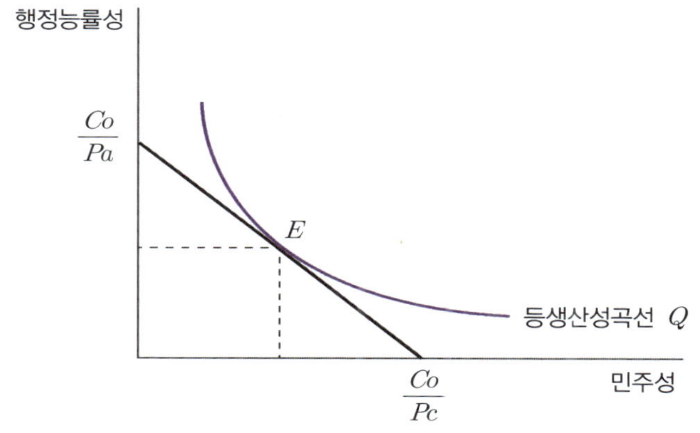

다음으로, 거버넌스 체계의 등비용선(iso-cost line)은 우하향하는 직선으로 묘사될 수 있다. 주어진 국가 또는 사회공동체의 능력(Community Capacity: Co)을 활용하여 어떻게 행정비용(Pa: Price for public administration)이나 시민사회 운영비용(Pc: Price for civil society)을 최소화하는가에 따라 전체 선택 가능한 행정능률성과 민주성 간의 조합(combination)의 형태와 크기가 결정된다고 보는 것이다. 다시 말해, 각 국가 또는 사회공동체가 보유한 능력을 행정비용 및 시민사회 운영비용으로 나눈 값 즉, 행정능률성($\frac{Co}{Pa}$) 및 민주성($\frac{Co}{Pc}$)의 크기에 의해 거버넌스 체계의 등비용선의 크기가 결정되는 것이다. 결과적으로, 국가 또는 사회공동체의 능력이 변함없다고 전제하더라도, 행정비용과 시민사회 운영비용이라는 양대 비용의 선택적, 또는 동시적 감소(즉, $Pa \rightarrow Pa'$, $Pa > Pa'$; $Pc \rightarrow Pc'$, $Pc > Pc'$)로 인해 행정능률성과 민주성의 어느 하나가, 또는 둘이 동시에 향상되면 각 국가 또는 사회공동체에서 발휘할 수 있는 국정운영 잠재력의 크기가 증가함으로써 좀 더 원점에서 멀어지는 등비용선 직선이 형성되고, 나아가 보다 높은 수준의 국정운영의 생산성을 확보하게 된다고 할 수 있다.

마지막으로, 거버넌스 체계의 균형점(equilibrium point: E)은 등생산성곡선과 등비용선이 서로 접하는 순간에서 결정된다. 이 순간에서 국가 또는 사회공동체의 주어진 능력으로 공공 서비스의 생산성을 최대한으로 이끌어내는 구체적인 행정능률성과 민주성의 수준이 결정된다. 시장(기업)과 (지방)정부, 그리고 그 중간에서 이들을 조화·중재시키는 시민 세력(NGO) 삼자의 수평적 상호 협조를 위한 연결망으로서의 거버넌스 체계를 통해 내부적으로는 좀 더 능률적으로 행정서비스를 생산하고, 외부적으로는 사회공동체의 민주적 운영을 달성하며, 전체 국가 차원에서는 최고 수준의 공공 서비스 생산성, 다시 말해 국민 삶의 질의 최적화를 실현할 수 있게 되는 것이다.

3 거버넌스 관련 이론의 재정학적 해석

새로운 국정운영의 거시적 패러다임으로서의 거버넌스 체계의 본질을 분석하고 이해하려는 이론들은 상당히 다양하다. 이러한 현상은 거버넌스 체계의 복합적 성격 때문이며, 따라서 이를 이해하고 설명하고자 하는 논자의 이론적 배경과 접근방법, 그리고 분석의 초점에 따라 각각 상이한 형태를 보이고 있는 것이다. 그러나 이들 모든 이론은 시장(기업)과 (지방)정부, 그리고 시민 세력(NGO) 삼자의 수평적 협조체제를 유지하면서 국정운영의 민주성과 능률성, 종국적으로는 생산성을 제고하려는 거버넌스 체계의 근본적 특성을 설명하고자 한다는 점에서는 큰 차이가 없다고 하겠다. 이하에서는 앞에서 기본적으로 설정한 생산자균형모형에 거버넌스 관련 주요 이론들을 적용해 봄으로써 국정운영의 최적 생산성의 실현을 위한 개별 이론적 접근의 초점과 특성을 파악하는 데 도움을 주고자 한다.

먼저, 신공공관리론(new public management)은 미국의 Clinton-Gore 보고서와 영연방국가의 시장적 개인주의(market individualism)에서 보듯이 공공부문에 시장지향적 해결 방법(market-oriented solution)을 도입하고자 한다. 권한 위임(empowerment)과 규제 완화(deregulation), 그리고 고객 만족(customer satisfaction)을 강조함으로써 민간부문에 대한 공공부문의 경쟁력, 특히 공공 서비스 생산 주체인 정부의 능률성 제고를 통한 생산성 극대화를 추구한다. 신공공관리론은 신자유주의적 이념에 기초하여 민간의 경영기법과 가치를 공공기관에 적극적으로 적용함으로써 보다 효과적이고 합리적인 국정운영을 달성하고자 한다는 점에서 합리제도주의와 그 맥이 닿아 있다. 즉, 보다 효과적이고 능률적인 국정운영을 위해 이윤과 관리라는 미시경제학적 개념들을 중시함으로써, 신공공관리론은 개인의 합리적 선택을 전제로 하면서 그에 대한 영향력 있는 변수로서의 제도를 중시하는 합리제도주의와 기본적으로 동일한 시각을 견지하고 있다고 하겠다(김태룡, 1999, 2000; 최승범, 1998).

그러나 신공공관리론은 상대적으로 시민사회를 중심으로 한 민주성의 증가에 대해서는 그다지 적극적인 태도를 보이지 않는다고 할 수 있다. 다만 신공공관리론은 신자유주의적 낙관론에 기초하여 민간부문의 경영기법과 경쟁지향적 가치들이 공공부문에 적용될 때 정부 조직의 성과가 향상됨으로써 공공부문에서도 생산성과 대응성을 향상할 수 있다고 믿고 있을 뿐이다(Balfour, 1997). 또한, 신공공관리론의 고객지향성과 관련하여서는 소유주로서의 시민을 가정하기보다는 공무원들이 행정서비스를 개선해 주기만을 바라는 수동적인 존재로서의 시민을 전제로 하고 있다는 점이 지적되고 있다(김병섭, 1996, 박천오, 1997). 그러나 이러한 회의적 시각에도 불구하고, 신공공관리론은 과거 공익의 추구라는 불가침적 목적에 의해 자주 경시되던 공공부문에서의 경제적 합리성에 대한 주의를 환기시키고 그 실천적 방안을 찾게 했다는 점에서 그 의의가 크다고 하겠다.

따라서 [그림 6-2]에서 보는 바와 같이 신공공관리적 논의에 충실한 거버넌스 체계는 주로 정부 내부의 행정비용을 인하함으로써 국가 또는 사회공동체의 등비용선을

그림 6-2 신공공관리론적 접근을 통한 거버넌스 체계의 생산균형

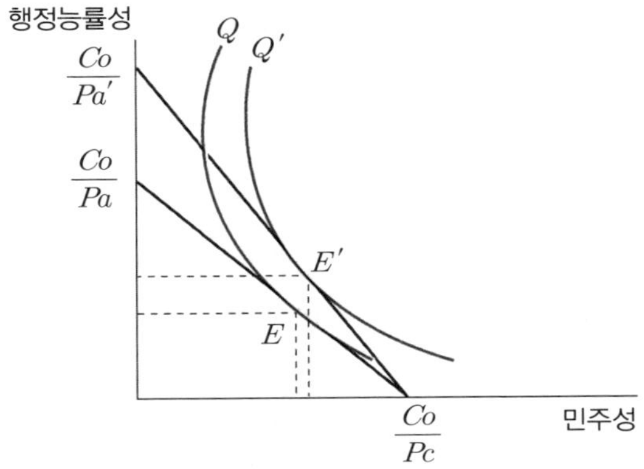

$\frac{Co}{Pa}$-$\frac{Co}{Pc}$에서 $\frac{Co}{Pa'}$-$\frac{Co}{Pc}$로 이동시킨다. 이에 따라 새로운 균형점 E'은 애초의 균형점 E에 비해 월등히 높은 행정능률성을 달성하게 된다.

그러나 이러한 행정능률성 중심의 접근도 결과적으로는 행정능률성뿐만 아니라 민주성도 동시에 향상시키는 결과를 가져오는데, 이는 증가된 행정조직 내부의 행정능률성과 고객 만족이 정부와 시민 간의 신뢰를 앙양함으로써 사회 전체적으로 민주적 질서가 더욱 확고히 자리잡았기 때문이라고 할 수 있다. 종국적으로는 국가 및 사회공동체 전체의 생산성이 증가함으로써 균형점이 상대적으로 더 높은 수준의 등생산곡선인 Q'과 접하는 점 E'에서 형성되게 되는 것이다.

둘째 새로운 패러다임으로서의 거버넌스 체계에는 공공, 민간, 그리고 비정부조직 간의 자기 조직적 네트워크(self-organizing network)의 측면이 강조된다(Rhodes, 1996). 거버넌스의 개념 속에는 경쟁과 협력이라는 두 가지 궁극적인 지향점이 있는데, 그 전자인 경쟁 또는 시장의 논리가 신공공관리론으로 나타난다고 한다면, 협력은 정책영역에서의 네트워크라는 기제를 통해 발현된다고 할 것이다. 공공부문에서의 네트워크는 상호의존성의 구조(structures of interdependence)라고 이해될 수 있다. 이러한 네트워크에는 교환 및 상호관계, 공통의 이해, 공유된 신념과 전문적 시각을 통한 유대와 같은 공식적·비공식적인 모든 연계를 포함한다(Frederickson, 2000).

1970년대부터 시작하여 21세기 초 전반에 걸친 세계 경제의 장기침체는 복지국가의 위기와 함께 과대 성장한 공공부문의 축소와 개편을 요구함과 동시에, 서유럽의 조합주의적 경제관리체계의 균열을 가져왔다. 이러한 새로운 도전에 대해 서구 유럽의 대다수 국가는 작은 정부를 추구하는 신공공관리모형을 전면적으로 수용하기보다는, 정부와 조직화된 이익집단 간의 협력관계를 기초로 하는 새로운 해결방안, 즉 네트워크의 구축에 방점을 두게 되었던 것이다(Rhodes, 1996; 김준렬, 2000). 그러나 네트워크이론의 근본적 시발점을 경제위기의 심화에 따른 시장 논리의 확장과 같은 현실적 필요성에서 찾을 수 있다는 점에서 신공공관리론의 대두 배경과 크게 다르지 않다고 하겠다.

네트워크이론은 공공부문, 민간기업 및 비정부 시민 조직 간의 상호의존적 연결망의 중요성을 강조함으로써 정책 행위 주체들의 보다 활발한 참여와 정책 의사결정 구조에 대한 실질적 권한 분할을 통해 민주적인 국가 및 사회공동체 운영을 달성하고자 한다. 전종섭(2000) 등이 신공공관리론에 대해 언급하면서, 지나치게 조직 성과의 극대화에 집착할 때 시민성(citizenship)과 같은 거버넌스 개념의 중핵적 요소가 경시될 수 있다고 경고하고 있는 것도 이와 맥을 같이 한다고 하겠다.

거버넌스 체계 속의 협조적 네트워크는 공공정책 부문의 주요 행위자들 간에 존재하는 상호의존성에 대한 인식이 만들어 낸 결과라고 할 수 있다. 이러한 상호의존성에 대한 인식은 대리인체제라고 할 수 있는 대의민주주의 체제가 배출한 비능률과 상호불신이라는 부작용을 최소화하고 직접민주주의체제로 가기 위한 전이단계에서 국정운영의 민주성과 행정능률성을 제고하기 위한 필요성에서 비롯되었다. 거버넌스 체계의 참여자 간 네트워크는 단순한 협조체제라기보다는 (지방)정부-정당-시민단체-기업의 참여자 간의 갈등과 협력적 관계 속에서 이루어지는 비판적 협력체제(critical partnership)이다. 따라서 공공정책의 형성과 집행에 있어 때로는 긍정적 결과를 낳을 수 있지만 어떨 때는 부정적 결과를 초래할 수도 있다(김광웅, 2000). 결국, 이러한 공공정책 네트워크의 형성과 운영에는 그 참여자들이 내부적으로 견지하고 있는 시민적 덕목(civic virtue)의 성숙함이 관건이 된다. 결국, 자발적 정책 네트워크의 형성을 통해 더욱 긴밀해진 거버넌스 참여 행위주체들 간의 유대관계 속에서 경쟁의 공정성과 협조의 생산성 및 공익성이 얼마나 유지 또는 향상되는가가 중요하다고 하겠다.

따라서 [그림 6-3]에서 보는 바와 같이 주로 네트워킹 구조의 활용을 통한 거버넌스 체계는 시민사회의 운영비용 절감에 초점을 둠으로써 등비용선을 $\frac{Co}{Pa}-\frac{Co}{Pc}$에서 $\frac{Co}{Pa}-\frac{Co}{Pc'}$으로 이동시킨다. 이에 따라 새로운 균형점 E'은 애초의 균형점 E에 비해 월

그림 6-3 네트워크이론적 접근을 통한 거버넌스 체계의 생산균형

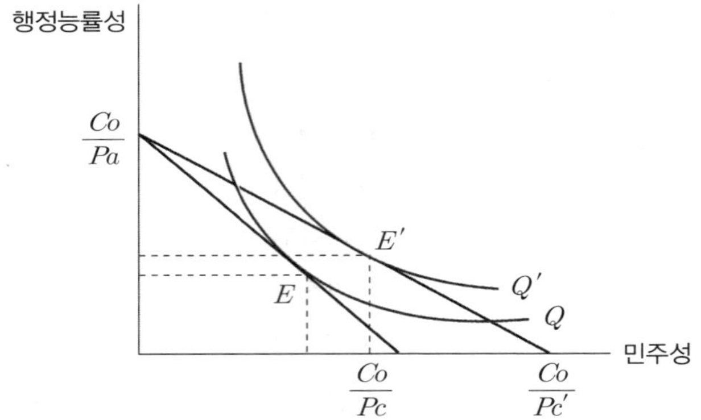

등히 높은 민주성을 달성하게 된다. 그러나 새로운 균형점 E'는 비록 상대적으로 작은 크기이기는 하나 행정능률성도 일정 부분 증가시킨다. 종국적으로 네트워킹 구조의 활용을 통한 거버넌스 체계는 국가 또는 사회공동체 운영의 전체 생산성을 Q에서 Q'으로 향상시키는 결과를 가져온다.

셋째 도시 정치·경제 환경의 변화, 도시정부 운영방식의 변화, 정치-행정 및 정치-경제간 상호작용의 증대, 다수의 사회영역 내 엘리트 간 협력의 필요성 제고, 그리고 공사 협력관계의 진전 등에 부응하기 위하여 새롭게 등장한 레짐이론(regime theory)을 지적할 수 있다. 레짐이론은 Logan & Molotch(1987)의 성장연합이론(growth coalition) 또는 성장기구론(growth machine)에 그 이론적 배경을 두고 있다. 서로 다른 사회영역, 즉 정부와 기업, 국가와 시장, 정치와 경제 등이 어떤 이유로, 그리고 어떠한 과정을 통해 도시개발을 위한 정책결정에서 합의와 협력을 이루어 내는가에 대한 이론적 설명을 도출하고자 하는 것이 레짐이론의 이론적 지향점이다(Bole & McFarland, 1993; 이종원, 1999).

레짐이론은 도시 권력구조에 대한 인식을 다시 불러일으키면서 새로운 정치체제이론으로서 도시정치에서 인과관계와 행태적 측면의 연구에 이론성을 강화해주고 있다. 나아가 경제적·사회적 환경변화에 대응하여 정부와 비정부적 행위자 간 상호의존성을 인식하여 이들 간의 협력과 조정에 초점을 두고 있다. 레짐이론은 다수의 레짐 참여자들 간의 불균등한 자원분포에 기초하여 도시라는 특정한 정치환경 속에서 이루어지는

정책선택을 설명하고자 하는 모형이다. 결국, 정책레짐이라는 것은 지역사회 내 통치 연합의 구성과 통치 연합 구성원 간 관계의 성격, 그리고 구성원이 보유하고 있는 자원이라는 세 가지 요소에 의하여 창출되는 일종의 긴밀한 연대 체제(solidarity system)인 것이다.

때문에 레짐이론은 특정 도시 정권의 특색을 묘사하는 데 그치는 것이 아니라, 왜 특정 집단의 힘이 우월하고 나머지 집단은 열세에 있는지, 정부와 비정부조직의 지도자 간에 형성되는 동반자관계의 성격이 무엇인지 등을 탐구한다. 또한 사회 통제적 권력과 사회 생산적 권력이 어떻게 구분되는가의 문제와 레짐이 장기간의 안정적인 정부-비정부 행위자 간 동반자관계를 이해하고 있는지, 그리고 특정 레짐 참여자의 전략적 지위를 인정하고 있는지에 대해 분석하는 데 매우 유용한 분석의 틀을 제공한다고 할 수 있다(이종원, 1999).

결국, 레짐이론은 도시정책의 결정구조를 사례연구를 통해 분석함으로써 도시정부가 실제 어떤 식으로 운영되고 있으며 그 내부에서의 정치 · 경제 · 사회 · 행정 엘리트들 간의 상호작용과 합의도출과정에 대한 분명한 이해를 제공해 주고 있다고 할 수 있다. 즉, 그동안 하나의 블랙박스 속에 감추어져 알 수 없는 것으로 간주되던 정책결정구조 내부에 대한 상황을 분명하고 합리적인 것으로 인식할 수 있는 이론적 근거를 마련하였다. 이는 다시 말해 도시 정책결정 구조 속에 직접적으로 참여하고 있는 다양한 행위 주체들에게 좀 더 완전한 정보(perfect information)를 제공함으로써 정책공동체의 생산성을 극대화할 수 있는 민주성과 능률성의 최적 선택을 명확하게 하였다는 데 의미가 있는 것이다.

따라서 [그림 6-4]에서 보는 바와 같이, 레짐이론적 접근을 통한 거버넌스 체계는 그동안 분명하게 나타나지 않았던(굵은 배경선으로 표시) 국가 및 사회공동체 운영 주체들의 통치역량과 선호를 분명히 현시(preference revelation)하게 함으로써 정보의 왜곡을 최소화할 수 있게 한다. 결과적으로 종전까지 막후(caucus)에서 암중모색의 방식으로 진행되던 정책결정 구조가 명확하게 드러나면서 등생산성곡선 Q와 행정능률성 비용 및 민주성 비용 간의 관계인 등비용선 $\frac{Co}{Pa} - \frac{Cc}{Pc}$를 양성화한다. 이를 통해 종국적으로는 균형점 E에서 국정운영의 최대 생산성을 확보할 수 있는 국가 또는 도시공동체의 행정능률성 비용 및 민주성 비용 수준이 구체적으로 얼마인지를 적시함으로써 합리적 정책결정 메커니즘을 형성할 수 있게 한다는 데 의의가 있다.

그림 6-4 레짐이론적 접근을 통한 거버넌스 체계의 생산균형

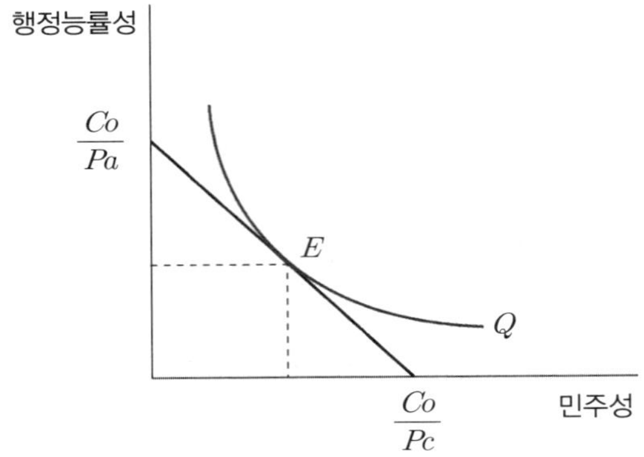

한편, 거버넌스 체계는 참여하는 행위 주체들의 활동 영역의 범위 및 수준에 따라 그 유형을 달리한다. 그중에서 실제 현실 공간을 벗어나서 사이버 공간(cyberspace)이라는 가상공간을 통해 형성되고 운영되는 거버넌스를 사이버 거버넌스(cyber governance)라고 하여 따로 규정하고 있는데, 이러한 사이버 거버넌스는 소위 전자정부(e-government)와 정보공유(information sharing)의 달성을 통해 실현될 것이다.2) 그러므로 이러한 전자정부의 구현도 앞서 기술한 생산균형모형을 통해 재정학적 측면에서 설명할 수 있는 네 번째의 거버넌스 관련 이론이라고 할 수 있다.

진정한 의미의 전자정부 및 행정정보화는 정보통신기술의 적극적 활용을 통해 거리와 시간적 제약을 극복하게 함으로써 신속성과 정확성과 같은 행정능률성의 제고뿐만 아니라 지식에 대한 접근용이성과 쌍방향적 공유와 같은 민주성의 증진에도 기여한다

2) 이외에도 거버넌스의 유형은 다양하게 나타나는데, 일반적으로 초국가적 차원에서의 거버넌스는 세계화의 물결과 함께 국가 간 협력과 문제해결을 지향하는 글로벌 거버넌스(global governance)와 인접 국가 간 지역공동체를 중심으로, 또는 그러한 지정학적 한계를 초월하여 통상 등의 현안 문제들을 해결하고자 하는 리저널 거버넌스(regional governance)가 있다. 개별국가 차원에서는 국가 주권(state sovereign)에 기초한 전통적 통치(governing)를 대신하는 전국적 수준의 새로운 국정운영 방안을 찾기 위한 내셔널 거버넌스(national governance)를 이야기 할 수 있다. 그리고 국가하위 차원에서는 지역공동체를 중심으로 시민참여와 지역발전을 모색하기 위한 공사협력체제와 네트워킹구조에 초점을 두는 로컬 거버너스(local governance)가 있다. 거버넌스는 이상과 같이 다섯 개의 유형으로 일단 나눌 수 있지만, 이들은 활동 범위와 행위 주체가 상호 연결되면서 서로 밀접히 연계되고 있다(김석준 외, 2000).

그림 6-5 전자정부 및 행정정보화를 통한 거버넌스 체계의 생산균형

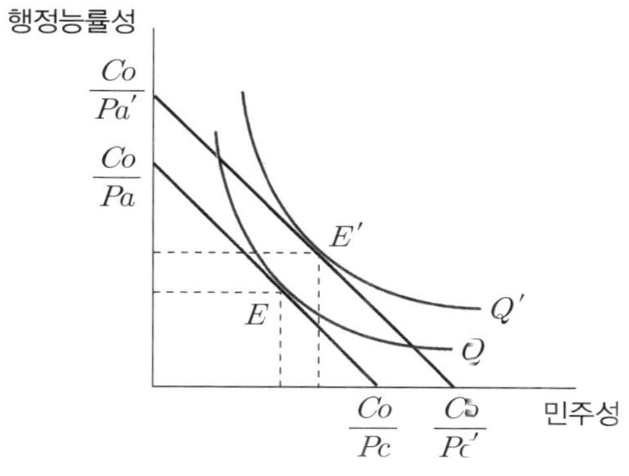

고 할 수 있다. 따라서 [그림 6-5]에서 보는 바와 같이 전자정부 실현에 기초한 거버넌스 체계는 행정비용과 시민사회 운영비용을 동시에 절감시킴으로써 국가 및 사회공동체 운영을 위한 등비용선을 $\frac{Co}{Pa}$-$\frac{Co}{Pc}$에서 $\frac{Co}{Pa'}$-$\frac{Co}{Pc'}$로 평행 이동시키는 효과를 가져오는 것이라고 이해할 수 있다. 이러한 조건함수의 변화로 인해 국가 및 사회공동체는 더욱 높은 수준의 공공 서비스 생산성을 나타내는 Q'의 등생산곡선에 접하는 보다 향상된 생산균형점 E'에 이르게 된다. 한편, 새로운 균형점 E'은 애초의 균형점 E에 비해 민주성과 행정능률성이 거의 같은 비중으로 높아지는 효과를 보여준다. 종국적으로 전자정부 실현에 기초한 거버넌스 체계는 국가 또는 사회공동체 운영의 전체 생산성이 크게 향상되는 결과를 가져온다.

이상과 같이 거버넌스 체계는 다양한 이론적 시각과 초점에도 불구하고 종국적으로는 행정능률성과 민주성을 동시에 함양함으로써 국가 및 사회공동체 전체의 공공 서비스 생산성을 제고시키고 주민의 효용, 즉 삶의 질을 향상할 수 있다. 결론적으로, 재무관리적 측면에서 거버넌스 체계를 이해할 때는 주로 조세제도 및 예산제도 등과 같은 국정운영에 필요한 자원 동원에 소요되는 비용의 절감이라는 측면이 강조된다고 할 수 있다. 거버넌스 체계는 신뢰와 참여의 향상을 통해 국가 및 사회공동체 전체의 행정적·민주적 능력의 최적 사용, 다시 말해, 각 국가 또는 사회공동체가 보유한 능력을 행정비용 및 시민사회 운영비용으로 나눈 값 즉, 행정능률성($\frac{Co}{Pa}$) 및 민주성($\frac{Co}{Pc}$)의 크기를 최대화함으로써 국정운영의 생산성 극대화를 모색하기 때문이다.

그런데도 거버넌스의 논리에 입각한 재정정책과제을 구체적으로 모색함에 있어서는 각 국가 및 사회공동체가 처해 있는 역사와 전통, 문화적 특성, 기술적 수준 및 기존 제도 등의 다양한 여건 변수들에 대한 고려가 충실하게 이루어져야 한다는 점도 경시하지 말아야 할 것이다(Plumptre & Graham, 2000). 거버넌스 논의의 적용을 통한 새로운 국정운영의 틀을 구축함에 있어서 모색되고 있는 정책과제들이 국가별로 상당한 차이를 보이는 것 또한 이러한 요인 때문이다(OECD, 2000). 해외 및 국내 사례를 통해 재무관리의 거버넌스적 접근이 갖는 구체적인 의미를 살피는 이유이다.

제3절

재무관리의 거버넌스적 접근

1 재무구조의 개선: 신공공관리론적 접근

재무관리의 거버넌스 체계적 접근으로 생각할 수 있는 그 첫째는 신공공관리론의 적용을 통한 재무구조의 개선과 재정 능률성의 향상이라고 할 수 있다. 신공공관리론이 공공부문에 시장의 논리, 즉 경쟁과 이윤을 도입·적용하는 것이라고 요약한다면, 이를 재무관리적 측면에서 해석할 때는 응익원칙(benefit-received principle)의 일반적 적용이라고 할 수 있겠다. 재산세보다는 소비세 중심의 세제개편, 수수료 및 사용료 징수의 일반화, 민영화 또는 민관합작을 통한 서비스의 제공 등은 모두 응익원칙의 중시라는 시각에서 해석할 수 있는 조치들이다.

즉, 조세 구조나 정부지출이 그동안 지나치게 형평성의 논리에 의해 경도되었기 때문에 발생한 일련의 공공부문에서의 전반적 능률성 저하를 시정하고자 하는 것이다. 이는 나아가 내부적 관리개선과 경쟁 및 성과 논리의 강조를 통해 공익, 특히 사회적 형평성의 제고를 추구함에 따라 불가피하게 수반되는 일반적 부작용이라고 할 수 있는 전반적 공공부문의 경제적 능률성 저하에 적극적으로 대처하고자 하는 것이다. 더욱이, 공공부문의 일반적 한계라고 할 수 있는 비능률성보다 더욱 심각한 부작용인 조직 이기주의나 지역 간 안배로 공공부문의 재정구조가 좌우되는 현상을 최소화한다는 목표를 추구한다.

한편 신공공관리적 접근을 통한 민영화 또는 민관합작을 통한 서비스의 제공 등과 같은 정부 지출정책 기조의 변화는 정부보조금제도의 낮은 효율성을 보완함과 동시에 "느림보 보상의 딜레마(dilemma of rewarding laggard)"라는 오랜 한계(Nathan & Adams, 1976)를 극복할 보다 보편성 있는 정책적 근거가 될 수 있다. 즉, 지역 간, 계층 간 불균형 해소가 필요하다고 해서 면밀한 비용 대비 편익의 분석 없이 재정지출을 인용하는 것이 과연 바람직한가를 생각해 볼 필요가 있는 것이다. 경제주체 간 형평성을 추구해야 한다는 정당성 외에도 건전한 경쟁을 통한 자원배분 상의 효율성 증대와 이를 위한 정부 기관의 협조와 노력에 대한 보상과 유인이 병존해야 하는 이유가 여기에 있다. 이러한 점에서 예산 절약을 통한 혁신기금(innovation funds)의 형성을 허용한 미국의 경우나 사업 운영의 효율성을 끌어올리기 위한 예산관리프로그램인 FMI(Financial Management Initiative)와 정부 구매의 전문성 및 예산 절감을 위한 GPI(Government Purchasing Initiative)를 실시한 바 있는 영국의 경우를 전향적으로 검토할 필요가 있다.

나아가 조세 구조에 있어서도 응익원칙을 적용하여 사용료와 수수료와 같은 세외수입의 징수를 일반화하는 것도 신공공관리론의 적용을 통한 재무관리의 거버넌스 체계적 접근이라고 볼 수 있다. 각 개인이 받은 혜택의 크기에 상응하게 조세부담을 지는 것은 경제적 능률성에 부합될 뿐만 아니라 일반적으로 인식되는 바와 같이 제1의 조세원칙인 공평성에도 부합되는 일이다. 물론 기존의 과세 과목 외에 사용료 등을 추가 징수하는 것에 대해서는 그 경제적 합리성에도 불구하고 조세의 역진성을 조장하고 일반국민으로부터 "세입 움켜쥐기(revenue grab)"라는 비난(Bird, 1993; Bird & Tsiopoulos, 1997)을 받을 수 있다. 따라서 거버넌스 체계의 정착을 통해 경제주체 일반 간의 상호신뢰, 즉 사회자본(social capital)이 형성된다면 각자의 선호를 분명하게 현시할 수 있을 것이고, 그에 따라 무임승차의 문제나 조세 불평등의 문제도 상당 부분 완화될 수 있으리라고 기대할 수 있다.

한편, 이상에서 살펴본 바와 같은 신공공관리론의 적용을 통한 재무관리의 거버넌스 체계적 접근들이 그 이전부터 있어 온 전통적인 재무 효율성 증진을 위한 조치들과 구분되는 점은 그 추진과정 상의 관계자들 간의 협의와 참여 노력의 진정성에 달려 있다. 거버넌스 체계 본연의 미덕은 결과적으로 산출되는 국정운영 생산성의 향상, 그 앞에 필수적으로 요구되는 재무관리 주체들 간의 숙의와 상호 신뢰의 형성에 있기 때문이다.

2 정부 간 수평적 합의의 실현: 네트워크이론적 접근

거버넌스 체계가 추구하는 네트워크이론적 접근을 통한 민주성과 행정능률성의 증진 및 그 결과로서의 국정운영 상의 생산성의 증진이라는 결과가 적용될 수 있는 영역은 분권화와 지역 간 경쟁과 협조와 같은 지방재정 정책영역에서 자주 나타나고 있다. 1980년대 미국 Reagan 행정부부터 본격화된 재정분권화정책(fiscal decentralization)을 수정 · 보완함으로써 광역공동체 차원의 거버넌스를 실현하려고 하는 미국 지방정부들의 노력이 그 구체적인 예라고 할 수 있다.

분권화(devolution)는 경쟁적 연방주의(competitive federalism)를 조장함으로써 상대적으로 빈곤한 도시 및 지역들이 소위 "자활 연방주의(Fend-for-Yourself-Federalism)" (Nathan & Adams, 1989)에 효과적으로 적응하지 못하면서 지역 간 격차를 더욱 크게 하는 부작용을 나았다. 또한 보수주의적인 재정정책 일변도의 미국 지방정부의 시책은 주민 간 빈부격차도 더욱 심화시켜 도시 빈민의 수가 급증한 바 있다. 이처럼 경쟁에 따른 부작용들을 완화하면서 재정 분권화의 긍정적 결과라고 할 수 있는 제고된 행 · 재정적 능률성을 여하히 유지할 것인가라는 정책과제가 미국 등지에서 활발히 논의된 바 있으며(문병기, 1999), 이는 네트워크이론적 접근을 통한 거버넌스 체계의 실현방안 모색이라고 할 수 있다.

이와 관련하여 무쏘(Musso, 1998)는 지방교부금(grant-in-aids) 등 외부의 재정적 지원이든, 지방세 등의 자주적 재원이든, 또는 인접 지역 간의 비용 분담이든, 기존의 정책대안들은 모두 각각의 장단점을 가지고 있으며 이들을 통합하여 보다 현실적 실효성과 경제적 효율성을 담보할 수 있는 방안을 도출해내기 위해서는 중앙 대 지방, 공공부문 대 민간부문, 빈곤계층 대 부유계층, 그리고 도시 대 농촌 등 정책 주체들 간의 수평적 합의(horizontal agreements)를 진작하는 것이 급선무라고 주장한 바 있다. Coase의 정리가 현실에 적용되는 데 있어 가장 문제되는 것이 협상 비용의 최소화 문제와 당사자들의 공정한 협상에 임하려는 태도라고 한다면, 거버넌스 체제는 그 정책 주체들 간의 합리적 판단에 기초한 자발적 협조로 수평적 합의가 창출됨으로써 모두에게 이득이 되는 구체적 정책대안을 마련할 수 있는 것이다.

대도시 권역(metropolitan areas)에서 하나의 광역적 도시공동체를 형성하고 있는 중심도시와 주변 지역 간의 상호의존성 가설(interdependence hypothesis)을 주장하는 애덤스 외(Adams, et al., 1996)과 보이드(Voith, 1992, 1994)도 지역 공동 발전을 위한 당사자 간 협조전략에서 가장 큰 걸림돌은 바로 이런 상호이해와 합의라는 점을 강조하고 있다. 즉, 상대적으로 불리한 위치에 있는 지역에 대한 지원을 통해 외부성의 내재화(internalization of spill-overs)를 실현함으로써 지역 공동 번영을 실현하기 위해서는, 점진적으로 나타나는 지역 간 협조를 통한 긍정적 효과를 대개 비용부담자자 되는 상대적으로 부유한 계층이나 지역 주민에게 어떻게 설득하느냐는 문제가 가장 큰 장애라고 할 수 있다. 그러므로 중앙, 광역 및 기초자치단체 등 다양한 단위 정부 및 비영리기관 간에 상호의존성을 인정하고 정책적 협조의 연결망을 형성하며, 나아가 이러한 연결망이 제도화될 때 거버넌스 체계로서 정부 간 재정협력의 효율성은 증대될 것이다.

구체적 사례의 하나로서, 미국 California 주의 Napa 카운티는 정부 기관을 포함한 지역 내의 50여 개 비영리 사회복지서비스 조직의 연합체를 구성함으로써 공공부문과 비영리 부문의 단절화 문제뿐만 아니라 사회복지시설 상호 간의 서비스 중복문제를 완화한 바 있다. 한편, New York 주의 Erie 카운티는 제설작업, 화재 예방, 행정정보처리 등의 주요 지방정부 담당 행정서비스 제공업무에 있어 지역정부간의 다자간 협약을 체결함으로써 세입과 행정서비스 제공 의무의 상호교환을 효과적으로 수행한 바 있다.

3 합의세 제도의 도입: 로컬 거버넌스의 재정전략

작금의 행정환경은 조세구조의 전면적 재검토를 통해 국정운영의 생산성을 제고시켜야 할 필요성을 절박하게 하고 있다. 거버넌스 체계의 실현을 위한 재무관리 전략에는 이상과 같은 정부 차원의 방안과 함께, 시민사회의 주요 행위 주체인 비정부조직(NGO)이 필요한 재원을 확보하면서도 어떻게 정부나 일부 사회 유력 인사나 기업에 의해 재정적으로 종속되지 않고 그들의 존재근거라그 할 수 있는 시민들의 높은 관심과 적극적 참여를 유지하느냐는 문제를 포함한다. 이와 관련하여서는 특히 로컬 거버넌스 차원에서 미국 Maine 주의 Limestone 시를 위시한 지방 소도시들을 중심으로 세기 전환기에 즈음한 6~7년 동안 활발히 전개된 바 있는 "합의민주주의운동(consensual democracy movement)"을 살펴볼 필요가 있다(Wells & Lemmel, 1998).

합의민주주의의 이념적 기초는, 민주주의 체제를 재창조하는 과정이라고도 할 수 있는데, 지방정부에서 추진하는 사업들의 목적 정당성과 우선순위를 주민들이 직접 결정하고 이에 따라 자원을 배분하며, 또한 자신들이 지지하는 사업에 자발적으로 물적, 재정적 지원을 제공하는 것은 모든 시민의 권리임과 동시에 책임이라고 인식하기 때문이다. 합의민주주의는 그 권위의 원천을 국가의 절대적 권력에 두고 있는 전통적 국가 통치체제로서의 '최고민주주의(sovereign democracy)'와 구별된다. 합의민주주의하에서 지역공동체의 주민은 그들 자신의 미래에 대한 비전을 창조하고 시민적 수요를 식별하며, 그 해결책을 모색하고 필요한 재원을 획득할 뿐만 아니라, 이를 직접 분배하고 구체적 정책과 사업을 직접 관장한다.

특별히 재원 확충전략과 관련하여, 미국 Maine 주의 몇몇 지방정부에서는 공무원, 시민단체 간부, 그리고 학계 등의 전문가들이 주동이 되어 합의세 제도(consensual taxation)를 도입하고 시민단체가 범 공동체적인 주민의 참여하에 필요한 각종 재원을 획득하고 이를 사용하였다. 합의민주주의운동의 구체적 재정전략은, ① 기부 간청(solicitation), ② 차입(borrowing), ③ 자체 수익사업(earned income), 및 ④ 합의세(consensual taxation)의 네 가지로 나눌 수 있다. 그러나 '독립성'과 '참여' 및 '합의'라는 로컬 거버넌스의 개념적 기본 틀에 기초하여 볼 때, 자체 수익사업의 운영과 합의세 제도의 운영을 그들은 선호했다고 한다. 합의민주주의운동은 상대적 빈자에 초점을 맞춘 시혜 활동이 아니라, 빈자와 부자에게 동일하게 혜택이 돌아가는 범 공동체적인 노력이라는 점이 그 이유라고 하겠다.

또한, Maine 주의 시민 부흥 운동가들은 차입도 극히 제한된 경우를 제외하고는 최대한 피하라고 충고했다. 그 주된 이유는 차입을 통한 재원의 확보가 시민 부흥 운동에 참여하지 않는 후세들에게 그들의 동의 없이 그들의 경제적·정책적 자유를 저당 잡히도록 하기 때문이라고 보았다. 반면, 수익사업은 지역 주민들에게 그들의 사업가적 소질을 개발하도록 한다는 점에서 매우 긍정적이라고 주장했다. 공동체 내에 깊이 감추어져 있는 소질을 발현하게 하는 것이며 모든 사람이 이에 이바지한다는 의식을 높이는 것이기 때문이라는 이유에서다. 실제로 Maine 주의 시민단체는 포럼 형태의 주간지를 발간했으며, 또 다른 단체는 거리 청소, 소포배달, 유료주차장 운영, 공영 TV 방송국 운영, 부동산 개발, 건물관리사업, 어린이 방 운영 및 레크리에이션 사업 등 다양한 활동에 관여하기도 하였다.

장기적으로는, 지역공동체의 시민 부흥 운동의 재원은 자발적이며 범 공동체적인 합의에 의해 징수되는 직접세에 의해 조달되었다. 이러한 합의세는 민주적이고 투명한 운영이 입증된 지역 시민단체에 의해 징수되며, 합의세의 유일무이한 목적은 공개적 토론과정을 통해 결정된 지역공동체의 발전과제 중에서 그 우선순위가 높은 과제의 수행에 필요한 재원을 충당하는 것이다. 그러므로 합의세는 모든 시민이 자신들의 경제적 능력과 시민 부흥 운동에 대한 지지도에 따라 자발적으로 납세의 의무를 자임하게 함으로써 지역공동체 전체의 자신감과 단체정신을 함양할 수 있도록 하는 핵심 기제이다. 징세를 위한 합의세 명세서(consensual tax statement)에는 구체적 지역사업 하나하나를 일일이 열거하게 하고 있는데, 이는 그 각각에 대하여 시민들의 납세 동의를 받음으로써 재정확충을 위한 다양한 수단 중의 하나라는 의미뿐만 아니라 지역 현안에 대한 개별 시민의 주체적 선택을 명시한다는 의미가 있었다(Wells & Lemmel, 1998).

4 예산감시 시민운동과 납세자 소송제도: 재정민주주의의 실현

재정민주주의를 협의, 또는 소극적으로 해석할 때 재정입헌주의를 의미한다고 할 수 있다. "대표 없이 과세 없다"라는 원칙이 표방하는 바와 같이, 군주의 자의적 과세권을 제한함으로써 국가의 재정활동이 국민의 대표기관인 의회의 의결에 의해 규제되어야 한다는 뜻이다. 한편 광의, 또는 적극적 의미의 재정민주주의란 곧 납세자주권을 인정한다는 뜻이다. 즉, 납세자로서의 국민은 이제 더 이상 재정운영 과정의 전반에서 수동적인 통치의 대상이 아니라, 예산이라는 정책결정 및 집행과정에 능동적으로 자신의 의사를 반영시키고 이와 관련된 일체의 비능률과 부정부패에 대한 감시와 시정을 요구하는 능동적인 주체라는 것이다. 거버넌스의 일반적 대두 배경과 마찬가지로, 대의민주주의의 형식화에 대한 비판이 거세지면서 재정민주주의의 개념도 후자의 적극적 의미로 해석되고 있다. 구체적으로 이러한 납세자주권의 실현을 의미하는 재정민주주의를 실현하는 제도적 장치로서 반드시 언급되어야 할 것이 예산감시 시민운동과 납세자 소송제도라고 할 수 있다.

고전파 경제학자인 K. Wicksell은 그의 저서 「재정학설에 관한 연구(Finanzwissenschaftliche Untersuchungen: 1896)」에서 재정민주주의를, 국가가 사회구성원인 시민으로부터 세금을 거두어 그것으로 시민의 재정 선호(fiscal preference)에 일치하도록 예산을 집행하고 공공재를 생산할 때 성립되는 개념이라고 보았다. 즉, 재정민주주의의 요체는 공공재에 대한 국민의 선호에 일치하여 국민이 세금을 납부하고 이에 상응하는 예산지출이 이루어진다는 것인데, 이를 위해서는 만장일치 또는 최소한 $\frac{2}{3}$ 이상의 찬성으로 결정이 이루어져야 한다. 그러나 만약 공공선택을 위한 의사결정기구의 한계(즉, 단순다수결 투표제도의 비민주성과 비효율성)나 시민의 무지를 악용한 정략적 계산에 의해 국민의 선호와 일치하지 않는 재정적 의사결정이 이루어질 때, 이는 납세자에 대한 정부의 재정적 수탈(fiscal exploitation)이라고 할 만하다. 결국 중요한 것은 국민의 선호를 정확하게 표출하고 이에 대한 어떠한 왜곡도 실질적으로 감시 및 통제할 수 있는 제도적 장치가 필요하다는 것인데, 이와 관련하여 최근 활발히 논의되고 있는 것이 예산감시를 위한 시민운동과 납세자 소송제도이다.

표 6-1 주민참여 예산제도의 해외 사례 비교 · 평가

구분		미국 뉴욕	일본 이치카와	프랑스 파리	스페인 알바세테	브라질 뽀루뜨 알레그리
개관	도입	2011년	2005년	2014년	2002년	1989년
	도입 목적	예산 과정 투명성 확보	지역 활성화 달성	지방정부와 의회 불신 타파	지방정부 재정 투명성 확보	부정부패 불신 타파
온라인 참여 공간		온라인 플랫폼	온라인 신청	온라인 플랫폼, 온라인 투표	온라인 플랫폼	온라인 플랫폼, 모바일 앱
오프라인 참여 공간		공공이벤트, 오프라인 투표	오프라인 신청	오프라인 워크숍, 오프라인 투표	오프라인 플랫폼(참여포럼)	오프라인 예산평의회
주민 대표성		소외계층 의견수렴	대표성 낮음 (납세자)	위원 무작위 선정, 노동 자 계층 할당	2개월 마다 지역 현장 방문, 의견 수렴	소외계층 적극 참여, 주민 직접선거
주민 전문성		주민참여 예산위원회, 자문위원, 지역사무소	전문 시민단체가 많은 지원 받음	예산참여 위원회, 협의회	센터협의회: 시민단체를 도시협회에 등록(전문성 파악)	시청의 전략기획실에 서 지원
연계성		타운미팅, 자원봉사자, 지방의회와 연계	시민단체, 자치회 연계	근린 모임, 지역단체와 연계	시민단체 연계	소규모 지역모임 연계

자료: 류영아(2019): 34에서 재정리.

예산감시 시민운동은 미국의 경우 1960년대 후반부터 활성화되었다. 1969년 데이비슨(D. Davison)에 의해 창설되어 50여 개 주에 걸쳐 30만 이상의 회원을 확보한 가장 큰 풀뿌리 납세자 조직인 전국납세자연합(National Taxpayers Union)을 위시하여, 조세제도 개혁을 위한 시민단체인 조세 정의를 위한 시민모임(Citizens for Tax Justice), 미국 연방 선거관리위원회에 의해 다섯 번째 정당으로 공식 인정된 미국 납세자당(The U.S. Taxpayers Party) 등이 있다. 이들 예산감시 시민운동단체들은 공통적으로, ① 조세인상의 반대와 납세자의 조세부담 축소, ② 재정적자의 축소와 균형예산의 달성, ③ 낭비적이고 비효율적인 정부지출의 제거, ④ 재정지출에 대한 정부 기관의 책임성 확보, ⑤ 탈세 및 조세회피의 방지, ⑥ 공정 과세와 조세체계의 단순화 등을 목적으로 활동하고 있다. 세계 각국에서 운영되고 있는 주민참여 예산제도의 대표적인 현황은 〈표 6-1〉과 같이 요약할 수 있다.

한국의 사례로는 1997년 경실련의 경제정의연구소에서 구성한 예산감시위원회의 활동, 참여연대가 1998년부터 '선샤인 프로젝트'라는 이름으로 의정감시단 활동에 예산 관련 사업을 추가한 사례, 1999년 조세·세정분야 전문가로 구성된 조세 정의를 위한 납세자 연합의 결성 등이 있으며(박원표 외, 2001: 164-167), 현재까지도 주민참여 예산제도를 통해 중앙정부 예산감시뿐만 아니라 지방정부 및 기업활동 감시에도 간여하고 있으며 비록 보완하여야 할 사항들이 많지만, 그 나름 소기의 성과를 거두고 있다.[3)]

한편 납세자 소송제도는 재정주권자로서의 시민이 가질 수 있는 다양한 예산통제의 방법 중에서 가장 직접적으로 예산을 통제할 수 있다는 장점이 있다. 즉, 납세자가 국가나 지방자치단체를 대신하여 공공재정에 손해를 끼친 자를 상대로 하여 직접 소송을 제기한다는 점에서 국민에 의한 재정주권의 실현을 의미하는 재정민주주의의 본질에 가장 투철한 제도라고 할 수 있다. 납세자 소송제도의 구체적 사례로서, 미국은 1847년 New York 시 시장을 피고로 하는 납세자소송이 처음 인정되고 같은 해 Massachusetts 주에서 기초자치단체의 예산남용에 대한 납세자소송을 허용하는 성문법을 제정한 이래로 현재는 모든 주정부와 연방정부에서 납세자 소송제도를 인정하고 있다. 일본에서도

---

3) 한국에서 시민참여예산제도를 운영하면서 자주 언급되는 대표적인 성과와 한계는 다음과 같다. 첫째 일부 시·군에서 활용하고는 있으나 온라인 및 오프라인의 주민참여 공간을 더욱 확대할 필요가 있다. 둘째 주민참여예산위원의 공개모집이 일부 시행되고는 있으나 좀 더 주민 대표성과 전문성을 강화할 필요가 있다. 셋째 주민자치제도와 주민참여제도의 연계성 강화를 위해 주민참여예산위원회의 구성에서 주민자치회 위원을 활용할 것 등이 제시된 바 있다(류영아, 2019; 행정안전부, 2021).

주민소송제도라는 이름으로 보통지방공공단체의 주민이 주민감사 청구를 거쳐도 지방자치단체의 위법한 재무행위가 시정되지 않을 경우에 당해 행위의 금지 및 취소 또는 무효 확인, 당해 태만 사실의 위법 확인, 손해배상 및 부당이득의 반환 등을 청구할 수 있는 소송제도가 활발하게 운용되고 있다. 한국은 1988년 주민소송제도가 폐지된 이래로 꾸준히 납세자 소송제도를 도입하고자 하는 움직임[4)]이 시민단체를 중심으로 일었으며 몇몇 국회의원이 이에 동조한 바도 있었지만(박원표 외, 2001: 180-193), 20여 년이 지난 아직도 제도화되지는 못하고 제자리걸음을 하고 있는 상태이다.

이상과 같은 예산과정에 대한 적극적 시민참여가 기존의 공식적인 정부 예산활동 통제기구나 감시제도에 더하여 필요한 것은 거버넌스 체계라는 새로운 국정운영의 틀의 탄생이 갖는 시대적 의미와 기본적으로 동일하다고 할 수 있다. 현대 대의민주주의 정치의 형식화를 타개하는 일련의 노력에서 예산 과정에 대한 시민참여는 시민권을 회복시킴으로써 민주주의를 다시금 공고화하는 핵심이 되기 때문이다. 따라서 예산과정에 대한 시민참여는 거기서 끝나지 않고, 국가 또는 정부와 시민 간의 관계를 재정립하여 가치 중심(value-centered)(Smith & Huntsman, 1997)으로서의 시민이 정부와 동반자적 관계를 수립하는 제도적 장치가 되어야 한다. 나아가 공식적 예산통제기구를 보완하고 시민의 잠재적 선호를 가시화, 표출시킴으로써 국가 및 행정개혁이 확산·완성되는 증폭제 역할을 하는 것이다(이원희, 1999). 나아가, 예산과정에 대한 적극적 시민참여를 통한 재정민주주의의 실현이 거버넌스 체계적 접근이 될 수 있는 또 하나의 이유는 갈등론적 시각의 극복에 있다. 비록 예산과정에 대한 적극적 시민참여가 종종 감시와 통제의 모습으로 비추어지는 것도 사실이다. 그러나 과거의 전통적인 재정민주주의 증진을 위한 조치들과 거버넌스 체계적 접근이 구분되는 점은 후자가 종국에는 시민세력과 정부가 상호 신뢰의 형성을 통해 동반자적 관계를 수립하려는 데 그 취지가 있기 때문이다.

---

4) 한국에서 납세자 소송제도를 도입하고자 하는 초기적 노력의 사례로, 2000년 10월에 하남시를 대상으로 "환경박람회 적자분에 대한 부적정한 정부보조금 156억 원 환수"를 위한 납세자소송을 제기하여 부적절한 지방정부의 예산집행을 통제하려는 경우와, 참여연대와 함께 하는 시민행동이 2000년 12월 국회에 '납세자소송법'의 입법청원을 한 것이 대표적이라고 할 수 있다.

5 기업회계제도의 도입: 투명성제고를 통한 대정부 신뢰의 함양

최근 전 세계적으로 일반화되고 있는 행정개혁의 논의에서 중요한 이슈의 하나가 행정부에 대한 국민의 신뢰성 제고이다. 대의민주주의에 대한 회의론이 팽배하고 1930년대 이래로 Keynes 경제학에 의해 뒷받침된 행정국가 체계가 갖는 비민주성이 철의 삼각(iron triangle)으로 대표되면서, 보다 실질적으로 주인으로서의 국민에 의해 행정부가 통제되고 그 내부 운영에 대한 투명성을 확보하기 위한 다양한 방안들이 모색되고 있다. 그중에서 재무관리측면에서의 적용으로 기업회계제도의 공공부문 도입을 통해 회계책임성을 확보하고자 하는 노력이 국내외를 막론하고 진행되고 있다. 즉, 기업회계제도의 공공부문 도입은 국민의 요구에 부응한다는 의미의 'responsibility'보다는 정부의 모든 행정행위에 관한 객관적이고 엄정한 재무기록체계를 수립함으로써 국민에 대해 설명할 것을 명확하게 설명할 수 있는 능력을 담보하는 'accountability'의 함양이라는 의미가 있다.

그동안 정부부문의 회계가 단식부기 · 현금주의로 운영됨에 따라 세입세출의 현금수지에만 회계의 중점을 두고 계리됨으로써 표면적인 성과에도 불구하고 재정운영의 건전성이 실질적으로 확보되지 못하는 문제점이 많았었다. 특히 20세기 후반기의 전 세계적인 경기침체와 국민의 대정부 신뢰성의 하락에 직면하여 재정운영의 투명성을 재정립하여야 한다는 요구가 폭증하기에 이르렀다. 또한 정체되고 있는 국정운영의 생산성을 다시 증진시키기 위해 성과지향 예산제도(performance-oriented budgeting)로 개혁의 중심이 움직이면서 책임경영 차원에서 행정성과에 대한 정확한 측정의 중요성이 강조되고 있으며, 이를 위한 신뢰할 만한 객관적 자료의 확보를 위해서도 기업회계방식의 도입이 요청되고 있는 것이다.

거버넌스가 정부-시민-시장의 상호 신뢰에 기초한 자발적 협조체계라고 하고 그 중요 행위주체로서 정부의 존재를 무시할 수 없다고 한다면, 정부 또는 공공기관의 재무적 기록이 객관적으로 상호 납득할 수 있는 논리에 의해 투명하게 누적되고 이를 근거로 하여 성과를 평가하고 미래를 계획함은 최소한의 제도적 기초라고 할 수 있겠다. 이러한 점에서 뉴질랜드 행정개혁의 핵심 사항에 정부회계제도를 복식부기 및 발생주의 원칙에 따라 획기적으로 개선한 것은 어쩌면 당연한 결과라고도 할 수 있다. 한국에서도 2000년대 초반부터 행정안전부의 주관 하에 복식부기제도 도입을 위한 연구가 마무리되고, 그와 함께 새롭게 마련된 전산회계 시스템("LADI 시스템")(서원교, 2001a; 2001b)이 경기도 부천시와 서울 강남구에서의 시범사업을 필두로 하여 진행된 바 있고, 현재는 지방정부뿐만 아니라 중앙정부 재정회계시스템도 개편 완료되었다는 점은 매우 고무적인 일이라고 할 수 있다.

문제는 이러한 전산 회계시스템의 도입이 단순히 전통적 권위에 기초한 관료적 통제를 강화하기 위해 하나 더 추가된 족쇄가 아니라, 행정 하부기관의 업무성과에 대한 평가에 있어 실질적인 객관성을 향상함으로써 결과적으로 행정기관 및 지방정부의 자율성이 신장되는 계기가 되어야 한다는 것이다. 나아가 모든 행정행위에 대한 결과가 투명하게 정리되고 이러한 재정자료에 대한 개방성과 접근의 용이성이 보장됨으로써 국민의 대정부 신뢰성이 함양되는 제도적 장치가 되어야 한다. 거버넌스 체계가 20세기 후반기 행정국가의 생산성 정체현상을 혁파하여 더욱 큰 성과를 국민에게 돌려줄 수 있는 국정운영의 새로운 패러다임으로 제시되고 있는 것은, 레짐이론과 전자정부이론에서 제시하고 있는 바와 같이 정책결정구조 및 집행과정이 투명하게 공개됨으로써 국가 및 사회 전체적으로 최적 균형점을 찾을 수 있는 완전한 정보(perfect information)의 전제에 좀 더 쉽고 가까이 다가갈 수 있기 때문일 것이다.

제4절 결 론

이번 제6장은 거버넌스 체계의 실현을 위한 다양한 전략 중에서 재무관리와 관련된 몇 가지 중요 이슈들을 다루어 보았다. 먼저 거버넌스의 개념 속에 내포되어 있는 국가 및 정부의 역할과 재정의 거버넌스적 의미를 분석하였으며, 다음으로는 거버넌스의 주요 이론들을 생산자균형이론을 응용한 경제모형을 통해 비교·설명함으로써 거버넌스 체계에 대한 재정학적 이해의 함양을 도모하였다. 후반부에서는 정부 내·외의 예산 및 재무관리 관련 주요 이슈들을 정리하고 이와 관련하여 거버넌스적 논리가 현장의 정책과제에 구체적으로 적용될 수 있는 여지를 탐색하였다.

재무관리적 측면에서 볼 때 거버넌스의 논리란 주민참여와 협조적 네트워킹을 통해 민주성을 제고하고 나아가 자원배분의 능률성을 함양함으로써 국정운영의 생산성과 지속 가능한 발전을 달성하는 것이라고 할 수 있다. 이를 위해서는 기존의 재정 운영 과정 전반에 대한 총체적 재검토와 함께 민주주의의 기본에 충실하여야 한다는 근본으로 돌아가는 용기가 필요하다. 그 점에서는 전통적으로 경제적 능률성에 관한 논의를 주로 하는 재무관리나 재정정책 영역도 예외일 수 없다고 할 것이다.

나아가 우리는 거버넌스적 재무관리라는 새로운 시각에서 구체적 정책대안과 개선점을 강구함에 있어서 한국적 문화와 전통, 제도적 여건과 기술 수준 등도 종합적으로 고려해야 한다는 점도 잊지 말아야 한다. 거버넌스 체계라는 다차원적이며 복합적인 개념이 한국 사회에서 구체적인 모습을 나타내려면, 그것은 우리에게 주어진 국면(context)과 논의의 내용(contents)에 얼마나 부합하는가에 달려 있기 때문이다. 거버넌스 체계의 속성을 압축적으로 보여주는 생산자균형모형에서 보듯이, 등비용선(isocost line)의 크기는 기본적으로 해당 국가 또는 사회공동체의 주어진 능력(Community Capacity)이 절대적인 영향을 미치는 것과 같다.

거버넌스 체계라고 하는 국가 및 사회공동체 운영의 새로운 패러다임을 실제 한국의 행정과 지방자치 현장에서 실현하며 그 실효적 성과를 앞당기기 위한 전략을 마련한다는 것은 많은 시간과 희생이 필요한 매우 어려운 작업이다. 결국 가장 중요한 것은 새로운 시대의 환경과 이에 부응하고자 하는 정부와 기업, 그리고 시민의 확고한 의지와 실천 노력이다. 일시적 붐에 편승한 말의 성찬과 모양 갖추기에 끝나지 않는, 실질적으로 국가와 사회공동체 운영에 있어서 민주성과 행정능률성, 그리고 생산성을 높이고자 하는 꾸준한 노력과 제도화가 수반될 때 거버넌스 체계는 자연스럽게 우리의 삶 속에서 구체화될 것이다. 거버넌스라는 새로운 개념이 범 사회과학계에서 행정개혁과 함께 활발한 논의의 대상이 된 지 20여 년의 시간을 넘기고 있는 현시점에서, 우리가 다시 한번 머리를 맞대고 지혜를 모아야 하는 이유이기도 하다.

참고문헌

김광웅(2000). 협력체제(Partnership)와 효과적인 국정운영. 『정부와 NGO』. 한국행정학회 2000년도 기획세미나 발표논문집: 11-28.

김번웅(1997). 한국행정개혁의 새로운 비전: 개방과 경쟁의 패러다임. 김번웅 외 3인 공저. 『한국행정개혁론』. 서울: 법문사.

김병섭(1996). 기업가적 정부개혁의 길: 그 의미와 한계. 『한국정책학회보』, 5(2): 11-30.
김석준 외(2000). 『뉴 거버넌스 연구』. 서울: 대영문화사.
김정렬(2000). 정부의 미래와 거버넌스: 신공공관리와 정책네트워크, 『한국행정학보』, 34(1): 21-40.
김준기(2000). 기부 및 자원봉사에 관한 실증적 연구. 『새 천년의 행정학 패러다임』. 한국행정학회 2000년 동계학술대회 발표논문집: 433-457.
김태룡(1999). 한국과 미국의 행정개혁에 대한 비교-체제론적 관점에서 기획예산위원회와 NPR의 개혁활동을 중심으로-. 『한국행정학보』, 34(1): 1-20.
______(2000). 행정학의 신패러다임으로서 신공공관리모형의 적실성에 관한 연구: 한국 지방자치단체의 적용사례를 중심으로. 『한국행정학보』, 34(1): 1-20.
문병기(1999). 지방정부간 경쟁과 협조의 조화: 미국 재정분권화정책의 교훈. 『한국지방자치학회보』, 11(4): 125-143.
문병기(2001). 로컬 거버넌스의 재정전략: 미국 지방시민단체의 사례. 『지방자치발전: 도전과 기회』. 한국지방자치학회 2001년도 동계학술대회 자료집: 247-264.
류영아(2019). 주민참여예산제도의 운영실태와 개선방안. 국회입법조사처 입법・정책보고서 Vol.27.
박원표 외(2001). 『참여행정론』. 대전: 한남대학교 출판부.
박천오(1997). 고객지향적 행정: 실천상의 의문점과 한국관료의 시각에 관한 탐색적 연구. 『한국행정학보』, 31(2): 1-19.
서원교(2001a). 자치단체를 위한 회계개념: 자치단체 복식부기에 적용된 회계의 기초개념과 회계처리방법을 중심으로. 『정부회계의 이론과 실제』. 한국행정학회 2001년도 Workshop 발표논문집: 47-63.
______(2001b). 자치단체 복식부기 시스템 LADI 시연자료. 『정부회계의 이론과 실제』. 한국행정학회 2001년도 workshop 발표논문집: 77-128.
송희준・박기식(2000). 지식정보사회의 정부역할: 시장, 정부, 그리고 네트워크 거버넌스. 『지식정부구현을 위한 전략과 과제』. 한국행정학회 기획세미나 발표논문집. (2000년 11월): 189-206.
이도형(2000). 『지방자치의 하부구조: 연방제형 자치, 서비스행정, 지역사회개발』. 서울: 한울 아카데미.
이원희(1999). 우리의 세금, 어떻게 지킬 것인가?: 예산감시 시민운동의 방법과 대상. 1999년도 서울행정학회 추계학술대회 발표논문.
이은구(2000). 지방정부와 NGO간의 협력을 위한 규범적 토대와 제도적 과제. 『21세기의 지방정부와 비정부기구』. 대전-충남 행정학회 2000년도 송년기획세미나 발표논문집: 71-118.
이종원(1999). 레짐이론의 발전과 과제. 『정부학연구』, 5(2): 137-156.

전종섭(2000). 시민사회의 뉴거버넌스: 행정책임성의 변화. 김영섭 외. 『위대한 사회를 향하여』. 서울: 법문사: 361-385.
정용덕(2001). 『현대국가의 행정학』. 서울: 법문사.
정용덕 외(1999a). 『합리적 선택과 신제도주의』. 서울: 대영문화사.
______(1999b). 『신제도주의연구』. 서울: 대영문화사.
정정길(2000). 『행정학의 새로운 이해』. 서울: 대명출판사.
총무처(1997). 『신정부혁신론』. 서울: 동명사.
최승범(1998). 지방정부의 통치능력 형성에 관한 연구: 레짐(Regime)이론적 관점에서 1980년대 미국도시들을 중심으로. 『한국행정학보』, 7(2): 337-364.
행정안전부(2021). 『주민참여예산제도 우수사례집』. 서울: 한국장애인유권자연맹 인쇄사업부.

Adams, Jr. Charles F., Fleeter, Howard B., Kim, Yul, Freeman, Mark, and Cho, Imgon. (1996). Flight from Blight and Metropolitan Suburbanization Revisited, *Urban Affairs Review*. 31(4): 529-543.
Balfour, D. L.(1997). Reforming the Public Service: The Search for a *New Tradition. Public Administration Review*. 57(5): 459-462.
Barber, B. R.(1999). Clansmen, Consumers, and Citizens: Three Takes on Civil Society. In Fullinwider, R. K.(Ed.). *Civil Society, Democracy, and Civil Renewal*. Oxford: Rowman & Littlefield Publishers.
Bird, Richard M.(1993). Threading the Fiscal Labyrinth: Some Issues in Fiscal Decentralization, *National Tax Journal*. 46(2): 207-227.
Bird, Richard M. & Tsiopoulos, Thomas.(1997). User Charges for Public Services: Potentials and Problems, *Canadian Tax Journal*. 45(1): 25-86.
Bole, S. P. & McFarland, A. S.(1993). The Concept of Regime: Urban Politics, International Relations, and Policy Studies, Paper presented at the 1993 Annual Meeting of the ASPA. Washington D.C.(September, 2-5).
Brager, G., Specht, H., & Torczyner, J.(1973). *Community Organizing*, New York, NY: Columbia University Press.
Cook, Brian J.(1998). Politics, Political Leadership, and Public Management. *Public Administration Review*. 58(3): 225-230.
Dagger, R.(1997). *Civic Virtues: Rights, Citizenship, and Republican Liberalism*, Oxford: Oxford Univ. Press.
DiGaetano, Alan.(1997). Urban Governing Alignments and Realignments in Comparative Perspective: Developmental Politics in Boston, Massachusetts, and Bristol, England, 1980-1996. *Urban Affairs Review*. 32(6): 844-870.

Frederickson, H. G.(2000). The Repositioning of American Public Administration. Paper presented at the Special Seminar in the Ewha Womans University.

Fuchs, D. & Kaase, M.(2000). Electric Democracy. Paper presented at IPSA World Congress(Aug. 1-5, 2000).

Fukuyama, Francis.(1999). *Trust*. New York: The Free Press.

Gore, Al.(1993). *Creating a Government That Works Better & Cost Less*. Report of the National Performance Review.

Habermas, J.(1984). *The Theory of Communicative Action: Reason and the Rationalization of Society*(1). Boston: Beacon Press.

Harding, Alan.(1994). Urban Regimes and Growth Machines: Towards A Cross-National Research Agenda. *Urban Affairs Quarterly*. 29(3): 356-382.

John, Peter & Cole, Alistaire.(1998). Urban Regimes and Local Governance in Britain and France: Policy Adoption and Coordination in Leeds and Lille. *Urban Affairs Review*. 33(3): 382-404.

Jun, J. S.(1999). The Need for Autonomy and Virtues: Civic-minded Administrators in a Civil Society. *Administrative Theory and Praxis*. 21(2): 218-223.

Kettl, D. F.(1994). Deregulating at the Boundaries of Government: Would It Help. In DiIulio, John, Jr.(ed.). *Deregulating the Public Service: Can Government Be Improved?*. Washington, D.C.: The Brookings Institution.

Kooiman, J & Vliet, M. Van.(1993). Governance in Public Management, in K.A. Eliassen and J. Kooiman(eds.). *Managing Public Organization*. London: Sage.

Krasner, S. D.(1984). *International Regimes*. Ithaca and London: Cornell University Press.

Logan, J. R. & Molotch, H.(1987). *Urban Fortunes: The Political Economy of Place*. Berkeley, CA: University of California Press.

Musso, J. A.(1998). Fiscal Federalism as a Framework for Governance Reform, in Thompson, F. & M. Green. (eds.). *Handbook of Public Finance*. New York, NY: Marcel Dekker Inc.

National Performance Review.(1997). *Access America*.

Nathan, Richard P. & Adams, Charles F. Jr.(1976). Understanding Central City Hardship, *Political Science Quarterly*. 91(1): 47-62.

______(1989). Four Perspectives on Urban Hardship, *Political Science Quarterly*. 104(3): 483-508.

Norris, Pippa.(2000). Internet World: Parties, Governments and Online Democracy. Paper presented at IPSA World Congress (Aug. 1-5, 2000).

OECD.(2000). *Government of the Future*, Paris: OECD Publication.

Peters, B. G.(1995). *The Future of Governing*: Four Emerging Models. Lawrence, Kansas: University Press of Kansas. (고숙희 외 공역(1998). 『미래의 국정관리』, 서울: 법문사).

Plumptre, T. & Graham, J.(2000). Governance in the New Millennium: Challenge for Canada. Institute on Governance. http://www.iog.ca.

Rawls, J.(1996). *Political Liberalism*, New York: Columbia University Press.

Rhodes, R. A. W.(1996). The New Governance: Governing Without Government. *Political Studies*. 44(4): 652-67.

Rosenau, J. N. & Czempeil, E. O.(1992). *Governance without Government: Order and Change in World Politics*. Cambridge: Cambridge Univ. Press.

Sites, William.(1997). The Limits of Urban Regime Theory: New York City under Koch, Dinkins, and Giuliani. *Urban Affairs Review*. 32(4): 536-557.

Smith, G. E. & Huntsman, C. A.(1997). Reframing the Metaphor of the Citizen-Government Relationship: A Value-centered Perspective. *Public Administration Review*, 57(4): 309-318.

Stoker, Gerry.(1998). Public-Private Partnership and Urban Governance, in J. Pierre (ed.). *Partnerships in Urban Governance*. London: MacMillan Press.

Stoker, G. & Mossberger, K.(1994). Urban Regime Theory in Comparative Perspective. *Government and Policy*. 12: 195-212.

Stone, Clarence N.(1993). Urban Regimes and the Capacity to Govern: A Political Economy Perspective. *Journal of Urban Affairs*. 15(1): 1-28.

Summers, Lawrence H.(1999). Distinguished Lecture on Economics in Government: Reflections on Managing Global Integration. *Journal of Economic Perspectives*. 13(2): 3-17.

SUNY at Buffalo.(1996). *Governance in Erie County: A Foundation for Understanding and Action*. The Governance Project Reports and Papers.

Voith, Richard P.(1992). City and Suburban Growth: Substitutes or Complements?. *Business Review*. (Sept./Oct.): 21-33.

______(1994). Do Suburbs Need Cities? Working Paper 93-27/R, Federal Reserve Bank of Philadelphia. (November). Revised draft in January 1997.

Ware, Alan.(1989). *Between Profit and State: Intermediate Organization in Britain and the United States*. Cambridge: The Polity Press.

Wells, Lloyd P. & Lemmel, Larry.(1998). *Recreating Democracy: Breathing New Life Into American Communities*. Woolwich, Maine: Center for Consensual Democracy.

Whelan, R. K., Young, A., & Lauria, M.(1994). Urban Regimes and Racial Politics in New Orleans. Journal of Urban Affairs. 16(1): 1-22.

제7장

도시 거버넌스의 이론과 적용

이종열 · 이재호

제1절

거버넌스 개념의 대두와 도시 거버넌스

21세기 공공 부문에서의 새로운 변화를 대표하는 주제어(key word)는 거버넌스(governance)이다. 이 주제어가 담고 있는 핵심 요소들은 효율성, 자율성, 작은 정부, 민주화, 분권화 등이다. 21세기 세계 경향은 세계화(globalization)의 가속화와 이에 따른 개별 민족국가의 상대적 쇠퇴 경향이다. 이러한 세계화는 기존의 개별 국가의 정부 형태와 기능에 영향을 미치고 있는데, 특히 중앙정부의 역할(개입) 감소와 지방정부에의 권한 위임을 강화시켰다.

이러한 분권화 경향은 중앙과 지방의 관계 변화와 더불어 종래 소위 정부(government)에서 거버넌스(governance)로의 방향 전환을 가져왔다. 새로운 거버넌스의 특징은 종래 정부 주도의 행정 과정에서 기업(business)과 지역사회 조직(community-based organizations)의 상대적 역할 증대이다. 그러므로 이제는 모든 국정에서 정부, 기업, 시민단체의 3자 축이 형성되고 있다(Gates, 1996: 3). 세계화 과정에서 사회 내 다양한 세력들의 국정 참여는 행정에서 하나의 새로운 특징이 되었으며, 여기서 비정부조직(nongovernmental organizations)의 역할이 가장 두드러진 특징이 되었다(Knight, 1989).

20세기를 돌이켜보면 시장실패(market failure)에 대한 대응으로서 정부개입(government intervention)의 확대가 이루어졌다. 그러나 정부개입의 강화는 또 다른 정부실패(government failure)나 정책실패(policy failure)를 초래했으며 이에 대한 대응으로서 최근 거버넌스가 새로운 패러다임으로 논의되고 있다. 이는 정부정책 과정에서 규제 중심의 정부 역할로부터 공존 또는 공생 중심의 네트워크 구성이라는 의미로 파악할 수 있다.[1)] 이는 한 걸음 더 나아가 전 지구적인 협력 체제로서 글로벌 거버넌스의 구축을 강조하기도 한다.

거버넌스의 사전적 정의를 보면 *American Heritage Dictionary*에 의하면 "통치

1) 최근 행정학자들은 거버넌스를 행정이나 정책의 대체어로 사용하기를 원한다(Kettl, 1993; Salamon, 1989; Garvey, 1993: Perters & Savoie, 1996; Osborne & Gaebler, 1992). 이들은 기존의 행정 또는 정책이 정부 중심의 독점과 계층제(hierarchy)를 전제로 한 것이라고 비판하고 새로운 행정 방식으로서 팀워크(teamwork)와 참여(participation)를 강조하고 있다. 따라서 거버넌스는 공공 부문에서 복잡한 조직 체계들 간의 상호 작용의 형태를 강조하고 조직과 제도가 서로 융합되어 공적 활동에 기여하려는 것을 의미한다고 할 수 있다.

(governing)의 행위, 과정 및 권력 또는 정부"로, *Oxford English Dictionary*는 "통제나 권위를 적용 대상에 행사하기 위해 필요한 통치의 행위나 방식 또는 규제 체제"로 정의한다(Streeten, 1996: 27). 그리고 세계은행(World Bank, 1992; 1997)은 "국정 운영을 위한 정치적 권력 행사" 또는 "발전을 위해 한 국가의 경제 · 사회적 자원들을 관리하는 권력 행사의 방식"으로 정의하고 있다.[2] 일반적으로 거버넌스는 기존의 행정 이외에 통치를 위한 제도 · 방법 · 도구는 물론 시민과 정부의 관계 및 국가의 역할까지 포함하는 개념으로 이해되고 있다. 거버넌스의 개념은 오늘날의 행정이 시장화 · 분권화 · 네트워크화 · 기업화 · 국제화를 지향함에 따라 종래의 집권적 관료 구조에 바탕을 둔 전통적 행정을 대체하는 개념으로 사용되고 있다(이종수, 2000: 72).

로드스(Rhodes, 1997)는 정부 개입의 축소 등을 통해 공정하고 효율적인 정부를 구현하고, 민주주의를 지향하는 사회적 사이버네틱스 체제(socio-cybernetics systems) 및 공공 · 민간 및 자원봉사 조직 간의 자율 조직화 네트워크(self-organizing networks) 등을 포함한 다양한 적용 사례들을 토대로 그 의미를 구별했다.

프레데릭슨(H. George Frederickson)은 오늘날의 행정 현상에 대해 설명하면서 시민들은 반관료적(antibureaucratic), 반정부(antigovernment), 반조세(antitax), 그리고 탈기관(anti-institution)을 원하고 있다고 주장한다(Frederikson, 1997: 78). 현대 정치나 행정에 대해 시민의 입장에서 접근하는 이러한 시각은 관지배적 행정구조, 비효율적인 조직, 고비용의 행정에 대한 비판적 시각을 염두에 두고 하는 말이다. 프레데릭슨은 그의 저서인 『행정의 정신(*The Spirit of Public Administration*)』(1997)에서 네트워크, 다원주의, 공공관리, 창조적 조직 개념 등 크게 네 가지 개념을 거버넌스에 관련지어 사용하고 있다.

행정에서 거버넌스는 우선 광범위한 형태의 조직과 제도가 서로 융합되어 공공 활동에 기여하는 것으로 파악할 수 있다. 즉 이것은 복잡한 조직 체계나 네트워크에 대한 상호 작용의 형태로 여러 조직들 간의 상호 작용과 관계된다. 다원주의 입장으로서 소위 정당, 입법기관, 하위조직, 이익집단, 중재자, 조직, 고객, 언론기관, 노점상까지도 포괄하여, 이들과 관계된 정책을 형성하고 집행하는 데서 고도의 복합체에 대한 유용한 기술자(記述者, descriptor)를 의미하는 것이다. 여기서 한 가지 흥미로운 점은 이러한 기술자의 역할을 담당하는 자는 국민에 의해 선출된 정치가가 아니라 바로 행정가들이

2) 세계은행(World Bank)은 거버넌스라는 용어의 유포와 확산에 주도적 역할을 수행해 온 것으로 알려져 있다(김시윤 · 김정렬 · 김성훈, 2000: 481).

라는 점이다. 다만 이러한 행정가들은 말 그대로 기술자일 뿐이지 결코 권력과 권위를 행사하는 존재는 아니라고 해석하는 것이 바람직할 것이다. 결국 행정에서 거버넌스를 다원주의의 이해를 돕기 위해 적용한다면 그것은 질서를 유지하기 위해 모든 이해 관계자를 결합시키는 접착제(glue) 역할을 수행하는 것이고, 이는 크게 앞에서의 네트워크를 벗어난 개념은 아니다.

다양한 의미를 가정하는 거버넌스 개념의 요건과 범위를 적절히 규정한다는 것은 어려운 일이다. 추상적이고 광범위한 거버넌스의 개념과 이론을 일반화하기에는 현실적으로 상당한 어려움이 따른다. 그것은 도처에서 나타나는 거버넌스의 특성에도 불구하고 행위 주체의 포괄성, 정책연합의 다양성, 파트너십과 네트워크의 결합성 등에 있어 국가간, 지역간 차별성이 크게 나타나고 있기 때문이다. 현 시점에서는 모든 상황에 걸쳐 적용될 수 있다는 기대보다는 작동하고 있는 거버넌스의 특징에 초점을 맞추는 것이 오히려 현실적이라고 할 수 있다(박재욱, 2000: 35).

분명 거버넌스는 기존의 단순한 시민 참여의 개념보다 급진적이고 적극적인 개념으로서 국가기관인 행정기관, 자본 영역인 기업, 시민사회 구성원인 시민집단 간의 관계에 근거하여 공・사간의 구분을 협력과 참여라는 파트너십(partnership)을 통해 공공문제를 해결해 나가는 방식을 지칭한다.

거버넌스는 집권화된 국가나 지방 간의 직접적인 연계성을 갖는 낡은 유형의 정부로서 상징되는 관료적 위계 체제로부터 연합 파트너십 또는 네트워크 등과 같이 느슨하고 더욱 상호 작용적인 행정구조로의 이행을 지적하는 것이라고 할 수 있다. 영국 정부의 변화에 대한 분석에 거버넌스 개념이 어떻게 유용하게 적용될 수 있는가를 보여준 스토커(Stocker, 1997: 15)가 상호 의존성, 자원의 교환, 게임의 규칙과 국가로부터의 상당한 자율성을 특징으로 하는 자기 조직적인 네트워크로 정의하고 있는 것도 이러한 이유 때문이다.

거버넌스 논의의 범위와 수준은 다양하게 구분할 수 있다. 가장 광범위한 전 세계적 수준의 세계 거버넌스(global governance), 지역공동체 수준의 지역 거버넌스(regional governance), 개별 국가 내의 국가 거버넌스(national governance), 지방 수준의 지방 거버넌스(local governance), 가상공간상의 사이버 거버넌스(cyber governance) 등으로 구분할 수 있다.[3] 여기서는 이러한 수준 중에서 지방 거버넌스에 해당하는 도

3) 이에 대한 자세한 내용은 김석준 외(2000) 제6장 참조.

시 거버넌스에 초점을 맞추고자 한다.

도시 거버넌스에서 먼저 대표적인 레짐이론을 고찰하고 도시 거버넌스의 유형과 적용 사례를 검토해 본다.

제2절

도시 거버넌스의 이론과 유형

1 도시 거버넌스와 레짐이론[4)]

1) 레짐이론

1980년대 후반부터 1990년대 중반까지 미국과 영국의 도시 거버넌스 비교 연구가 많이 행해졌다. 도시 거버넌스의 대표적 이론이 레짐 이론이다(Elkin, 1987; Stone, 1989, 1993). 레짐이론은 기존의 다원론이나 엘리트론자들의 주장과 달리 비교적 새로운 이론적 시각으로서 아직 완전히 틀이 잡힌 이론은 아니다. 뿐만 아니라 기존의 다원론이나 엘리트론은 많은 실증적 연구가 수반되었지만 레짐이론은 아직 그만큼 실증적 분석 작업이 이루어지지는 못했다. 그렇지만 레짐이론은 기존의 이론과 달리 도시정치 권력 연구에 하나의 독자적인 시각을 제시하고 있음은 틀림없으며 도시 거버넌스를 대표하는 주된 설명 이론이다. 레짐이론은 분명히 현시대의 도시통치에서 나타나고 있는 주요한 측면들을 담고 있는 하나의 독자적인 분석틀을 제시해 주며 도시정치에서 나타나는 행위나 인과 관계에 대한 매우 구체적인 이론적 가설을 제시해 준다.

레짐이론이 흥미로운 점은 '신다원론'에서 제기하는 주된 질문을 동일한 주된 연구 대상으로 삼고 있다는 점이다. 신다원론과 공유하는 네 가지 주된 연구 질문은 다음과 같다.

첫째 사회 복잡성이 정치에 대해 가지는 의미는 무엇인가?

둘째 사회 내 어떤 집단에게 유리하게 작용하는 체제적 유리성이 도시정치의 본질

4) 레짐이론의 자세한 내용에 대해서는 이종열(1998) 참조할 것. 이는 레짐이론을 거버넌스 시각에서 재조명한 것임.

에 의미하는 바는 무엇인가?

셋째 현대적 체제의 도시 통치를 지배하는 권력 유형은 무엇인가?

넷째 민주정치와 소외 계층을 위한 어떤 역할이 존재하는가?

레짐이론은 이러한 질문에 대해 분명한 대답을 제시함으로써 신다원론보다 한 걸음 더 나아갔으며 도시 내 다양한 정치를 탐색하는 광범위한 분석틀을 제공해 준다.

레짐이론은 왜 도시가 변화하는가에 대한 실제적 이해를 증진시켜 준다. 이 이론은 한 도시정부가 직면하는 사회적·경제적 도전에 대응하기 위한 정부 부문과 비정부 부문의 세력 간의 상호 의존성을 강조하면서 이들 두 부문의 행위자들 간의 협조와 조정 문제에 초점을 맞춘다. 이들의 주장은 물론 국가마다 상당한 차이는 있겠지만 오늘날 선진 자본주의 사회에서 공통적으로 필요한 것은 공공과 민간 간의 협조의 필요성이라는 것이다. 왜냐 하면 도시정부들은 그 어느 때보다도 투자와 경제 발전을 위해 상호간에 높은 경쟁을 하게 되었으며, 이에 따라 지방적 의사결정에서 기업의 대립적 이해 관계가 첨예하게 되었다. 나아가서 전 세계적으로 분권화가 촉진되고 한 국가 내에서 책임성이 이전되고 있으며, 재정적 제약이 점차 심화될 뿐만 아니라 영리조직이나 비영리조직 모두에게 필요한 서비스의 민영화가 진전됨으로써 더욱 도시정부가 복잡한 상황하에 놓이게 되었다. 이러한 새로운 상황에 대처하기 위해서 도시정부는 더욱더 도시 내 다른 이해 세력과 연합하여 공동으로 업무를 추진해 나가고 있다. 이러한 도시 내 '통치(governance)'에 대한 관심의 고조는 여러 정책 분야에서 나타나고 있는데 경제 개발, 인적 자본과 훈련 프로그램, 범죄 예방, 환경 보존 등이 그러한 정책 분야들이다. 이러한 새로운 도시정치 환경의 변화에 대응하기 위한 정부의 역할 변화를 묘사하기 위해 영국에서는 '조성자(enabling)' 개념(Cochrane, 1993)이, 미국에서는 '재창조(reinvented)' 및 '촉매 역할 개념(Osborne & Gaebler, 1992)'이 제시되었다. 따라서 정부 부문과 비정부 부문의 행위자들이 경계를 넘어 상호 협력하에 일을 추진하는 것이 강조되는 시대적 상황하에서 레짐이론은 도시정부의 역할 변화라는 조건에서 매우 시기 적절한 이론적 시각이라고 여겨진다.

분명히 레짐이론은 도시정치 권력이라는 이슈에서 새로운 시각을 제시해 준다. 이 이론은 권력을 사회적 통제(social control) 이슈라는 좁은 시각에서 사회적 생산(social production)을 통해 표출되는 것이라는 넓은 의미로 확대시켜 준다.[5] 바람직한 정책 결

5) 스톤(Stone, 1989, 1993)은 정치 권력의 개념을 어떤 목표를 달성하는 수단적 개념, 즉 "power to and not power over"로 간주했다.

과를 산출하는 능력은 민간 부문, 지역사회집단, 정부관료 간의 비공식 통치연합의 형성을 통해 생긴다(DiGaetano, 1997). 오늘날과 같이 복잡하고 분권화된 도시사회에서 권력이 추구하는 지배적 형태는 어떤 이해 세력들이 공통 목적을 달성하기 위해 자신들의 역량을 결집하게 하는 것이다. 레짐이론의 강점은 바로 그와 같은 효과적인 장기 연합 세력이 공적 목표를 달성하기 위해 출현하게 되는 조건을 분석하는 것이다.

레짐이론은 다른 모든 사회과학 이론들과 마찬가지로 진공 상태에서 갑자기 출현한 것은 아니다. 페인스타인과 페인스타인(Fainstein & Fainstein, 1986), 존스와 바첼로(Jones & Bachelor, 1986) 그리고 엘킨(Elkin, 1987) 등은 1980년대 후반에 레짐이론의 구축에 선구자적 역할을 했다. 레짐이론은 일련의 정부 제도들이 어느 정도 대중 통제하에 놓여 있으며, 도시경제는 민간이 통제하는 투자 결정에 의해 주로 움직여 나간다고 가정한다. 이러한 관점에서 보면 레짐이란 노동 분업을 연결시켜 주는 일련의 배열이라고 말할 수 있다.

스톤(Clarence N. Stone)은 정치지도자나 관료들이 어떤 특정 형태의 이익을 더 선호하는 경향이 경제사회 체제의 속성으로 인해 나타난다고 지적하고 있다(Stone, 1984: 159-180). 정책결정자의 심리적 배후에는 사회 내에 전략적으로 중요한 자원을 보유하고 있는 자들과 불편한 관계 형성을 원치 않는 것이 깔려 있기 때문에 비록 의도적이 아니라 할지라도 은연중에 이들의 편을 들게 된다는 것이다. 그는 정치적 안건의 범위를 축소시키는 제약점으로서 법적 · 경제적 · 연합적(associational) · 사회적 제약 네 가지를 들면서 그 중 경제적 제약을 가장 중요하게 취급하고 있다. 경제적 능력이 부족한 집단은 자신의 이슈를 정치적 안건으로 상정시키기가 어려울 뿐만 아니라 일단 상정시켰다고 하더라도 안건을 지속시키지 못함으로써 실행에 옮기기가 매우 어렵다. 중요한 결정들은 은밀히 진행되며 공식적인 단계 이전에 장시간에 걸쳐 소수 엘리트에 유리하게끔 조작되는 "무의사결정(nondecision-making)"이 중요하게 된다(Stone, 1982: 275-302).

스톤은 또한 도시 내 단일의 이해(unitary interest)를 가정하는 피터슨의 시각을 비판하면서 새로운 레짐 패러다임(regime paradigm)을 제창하고 있다(Stone & Sanders, 1987: 3-22). 이는 통치 연합(governing coalition)이 어떻게 이루어지며 그것이 도시개발 정책의 안건에 어떻게 영향을 미치는가에 초점을 둔다. 따라서 도시정책은 지역사회의 정치적 배분(political arrangements)을 둘러싼 투쟁의 산물로 취급된다. 결과적으로 도시 내에는 다양한 이해가 상호 충돌을 일으키는데 이것이 레짐 혹은 "지배적 연합

(prevailing coalition)"을 통해 여과된다는 것이다.

레짐이론은 1970년대의 마르크스 이론적 내용의 주된 부분을 상당히 취했다. 다시 말하면, 기업은 사회복지에 중요한 영향을 미치는 자원이나 투자 결정을 조종함으로써 정부의 정책과 관련하여 특권적인 지위를 누리게 된다. 이는 지역정책 결정의 상황적 힘, 즉 '체제적 힘'으로 불린다. 이와 같이 정부 관료들은 지역 내에서 전략적으로 중요한 자원이 계층적으로 배열되는 상황하에서 자신들의 동맹을 형성하고 미래에 대한 결정과 계획을 수립한다. 따라서 이러한 체제적 힘은 관료들의 경향에 영향을 미치는 더 상위의 사회경제적 체제와 관련되는 것이다.

이처럼 레짐이론은 정치적 요소를 강조하고 있기 때문에 피터슨(Peterson, 1981)이나 일부 신마르크스 이론가들이 주장하는 경제결정론에 도전한다. 레짐이론의 기본 전제는 도시정부 내 정책결정자들은 상대적 자율성을 지니고 있다는 점이다. 위에서 논의한 체제적 힘은 정치적 힘과 활동에 대한 하나의 제약 요인이 됨에는 틀림없지만 또한 영향의 범위에 해당하는 것이다. 레짐이론이 주장하는 것은 정치조직으로 인해 대중통제의 형태가 매우 부적절하게 되고 정부가 사회경제적으로 소외된 계층에 제대로 반응하지 못하게 된다는 것이다. 따라서 이들은 도시정부의 실패 원인을 자립의 필요성이 아니라 그러한 열정을 어떻게 행동으로 전환시키는가에 달려 있다고 한다. 도시정치 조직은 대규모적 대중 참여와 효과적인 방식으로의 개입을 촉진시키지 못하고 있다.

도시정치는 사회 내 일부 이해 세력들에게 편익을 가져다 주는 체제적 편견으로 인해 비판을 면치 못할 뿐만 아니라 사회적 지성의 실패로 인해서도 비판을 받는다. 도시 내 정책 이슈와 관련해서 어떻게 할 것인가에 대해 한 가지 해결책 또는 시각만이 지배하게 된다. 이러한 상황하에서의 문제 해결이란 시민 모두에게 편익을 가져다 주는 것이 되지 못하는데 그 이유는 바람직한 대안이 모두 고려되지 못하기 때문이다.

2) 레짐이론의 공헌

(1) 복잡성

복잡성(complexity)은 레짐이론에서 중심 개념이다. 도시 내 제도나 행위자들은 매우 복잡한 사회적 연결망 속에서 활동한다. 현대 도시정치 체제의 한 가지 두드러진 특징은 다양하면서도 광범위한 상호 의존망이다. 도시내 현상의 원인과 결과는 쉽게 분별해 내기가 어려우며 정책의 영향도 예측하기 어려운 외부 효과나 의도하지 않은 결과로 특징지어진다. 다시 말해 분산과 합의의 결여가 도시 체제의 특징이다.

이러한 도시 체제 내에서 사회 전반에 영향을 미치는 직접적이고 강력한 사회통제 체제의 확립은 어려우며 단지 사회 내 특정 부문 또는 분야에만 매우 제한적으로 작용한다. 레짐이론은 이러한 제한적 통제 체제가 정책 제안이나 개발을 위해 어떻게 사회 내 여러 힘과 자원을 규합하는가에 초점을 맞춘다.

사회 내 복잡성과 분산으로 인해 권위와 통제기관으로서의 국가의 역량은 제한을 받는다. 국가를 단순한 중재자로 또는 사회 내 경쟁적인 주장의 판관으로 보아서는 안 된다. 오히려 사회 내 복잡성으로 인해 국가는 자원의 동원가로서 또는 조정자로서의 역할을 떠맡게 된다. 레짐이론에서 관심을 가지는 것은 바로 이러한 제3의 유형의 국가의 활동이다. 이것은 새롭게 주목을 받는 도시정치 형태이다.

물론 아직도 국가가 자신의 의지를 강압적으로 관철시키거나 때로는 집단 간의 단순한 중재자로서의 역할을 수행하기도 한다. 그러나 현대 복잡한 사회 체제 내에서 그러한 강압적인 또는 다원론적 협상은 매우 제한적인 정치 현상이다. 현대 복잡한 도시 정치 체제 내에서의 도시정치란 포괄적인 우선 순위를 확립하고 과업을 달성하기 위해 사회 내 여러 집단 세력들 간의 협력을 도모하는 것이다. 다시 말해 도시정치란 도시정부가 사회내 다른 기관이나 이해집단과 함께 연합하여 업무를 수행하고 그러한 과정에서 어떻게 어떤 주장이나 이해 관계가 지배하게 되는가 하는 것이다.

여기서의 요점은 복잡한 사회 체제 내에서 정부가 효과적이 되기 위해서는 자신들의 역량을 사회 내 다양한 비정부기관들의 역량과 혼합시키는 것이다. 도시사회 내 변화와 갈등에 대처하기 위한 일환으로 정부와 비정부 행위자들은 행동을 촉진하고 힘을 키우기 위해 레짐을 형성할 것을 권고 받는다. 그리하여 스톤(Stone, 1989: 4)은 레짐을 "통치 결정을 하는데 지속적인 역할을 할 수 있게 해 주는 제도적 자원에 접근 가능한 비공식적이지만 비교적 안정된 집단"으로 규정한다. 레짐의 참여자들은 개별적인 명령 수용권, 즉 제도적 기반을 가지고 있다. 그러나 레짐은 사회 전체를 망라하는 명령구조 없이 협력을 위한 비공식적 기반으로서 형성된다.

(2) 정책 네트워크

도시사회 내 복잡성으로 인해 레짐은 하나의 공식적 계층제에 입각하여 운영되지 않는다. 레짐에는 지시와 통제를 위한 단일의 초점이 존재하지 않는다. 그렇지만 또한 레짐 정치는 다원론적 도시정치 시각인 개방적인 경쟁적 협상으로 특징지어지지 않는다. 레짐이론은 제3의 사회생활 조정 모형인 네트워크(network)를 제시한다.[6] 네트워크 접근은 레짐이론과 마찬가지로 효과적인 행위란 다양한 이해집단과 조직 간의 협조적 노력으로부터 연유한다고 본다. 여기서 협조란 계층제나 협상을 통해서가 아니라 응집력, 충성, 신뢰, 상호 지지에 입각한 약속 관계의 확립을 통해 획득되고 유지된다. 네트워크 모형 아래서 조직은 자신들의 상호 의존성을 인지함으로써 협력을 학습한다.

그리하여 레짐 내에서의 관계란 뉴헤이븐을 사례로 연구한 다알(Robert A. Dahl)과 같은 다원론자들이 규명한 시장 중심(mayor-centered)의 연합과는 다른 속성을 보인다. 레짐 내에서의 참여자들은 목전의 이해 관계에만 얽매이는 것이 아니라 장기적인 관계를 형성하고 유지하려고 노력한다. 레짐에서의 통치란 다원론자들이 주장한 개별적 이해 관계 과정이 아니며, 이익의 분배보다는 생산에 초점을 맞춘다. 일단 레짐의 관계가 형성되기만 하면 그러한 협조 관계는 모든 참여자들에 의해 보호될 가치를 지니게 된다. 따라서 도시정치는 다원론에서 특징적인 유동적 연합 형성이 아니다. 레짐이론은 정부와 비정부 행위자들이 어렵고 비상례적인 목표를 달성할 수 있도록 하기 위해 더욱 안정적이며 강렬한 관계를 형성하기 위한 노력에 초점을 맞춘다.

도시정치는 창설되고 유지되어야만 하는 통치 능력을 성취하는 것에 대한 것이다. 레짐이론은 권력을 사회통제보다는 사회 생산의 일로 간주한다. 이전의 다원론과 엘리트론 간의 주된 논쟁이 '누가 통치하는가'였는데 반해 레짐이론은 사회 생산적 시각에서 행위 능력에 초점을 맞춘다. 레짐이론은 권력 현상을 통제와 복종 시각에서 바라보지 않고 목표 달성과 행위 능력 획득에서 바라본다.

레짐이론은 엘리트이론과 달리 어떤 집단도 복잡한 사회 내에서 포괄적인 통제력을 행사할 수 없다는 것을 인정한다. 그러나 레짐이론은 일부 다원론자들이 주장하는 것처럼 정부가 집단 선호의 강도와 선거력에 따라 사회 내 집단들에 반응하는 것으로 간주하지 않는다. 오히려 정부는 일정한 범위의 정책목표를 달성하기 위해 필수적인 자원을 보유한 집단들과 협력하려고 노력을 경주한다. 레짐이론은 어떻게 사회구조가 연합에 참여한 특정 이해집단에게 유리한 특권이 주어지는지에 대해 강조한다. 레짐 내 참여자들의 행위가 효과적이 되기 위해서는 두 가지 특성이 적절한데 하나는 사회 거래에 관

---

6) 레짐이론과 유사한 정책 네트워크(policy network) 접근이 신제도주의 시각에서 제시되기도 한다. 이는 정부의 이해와 이익집단의 이해를 중재하는 무대로 규정되는데, 다원적 조직의 지도자들이 공동의 목표 추구를 위해 상호 작용하고 정보와 자원을 공유하는 것을 의미한다(신희영, 1997: 11).

한 전략적 지식의 소유와 그러한 지식에 입각한 행위 능력이고 다른 하나는 매력적인 연합 당사자가 되게 하는 자원의 통제이다.

레짐이론(주로 미국에 근거한)은 도시정치에서 주된 참여자로서 선출된 공직자와 기업을 들고 있다. 그러나 이외에도 소수 인종, 근린 주거, 심지어 노동조합 등에 근거한 다양한 다른 사회 이익집단이 존재한다. 그리고 이외에도 제4의 범주로서 기술・전문직 종사자들이 있다. 이들은 선출된 공직자들에 의해 고용될 수도 있고 다양한 비선출직 지방기관에 종사하거나 중앙의 특별지방행정기관에 종사할 수도 있다.

레짐이론은 정부와 시민 간의 광범위한 관계보다 정부와 이익집단 중재 과정에 더 관심을 보인다. 레짐이론은 권력을 특정의 정부 노력 분야 내에서 어떤 종류의 결과를 획득하기 위한 구조로 본다. 여기서 주된 동인은 연합 형성의 내부 정치이다. 만약 통치력이 달성되고 과업이 성취되었다면 권력은 성공적으로 행사된 것이며, 이것은 어느 정도까지는 일반 대중의 그것에 대해 동의 여부와 이해 여부에 관계 없다.

(3) 민주정치

하지만 레짐이론은 자유민주 정치에서 대중정치와 선거 및 대중 참여의 역할을 어느 정도 인정한다. 정책의제에 대한 반대가 일반대중에 의해 동원될 수 있고 이것이 때로는 기존의 정책 레짐을 파괴할 수도 있다. 하지만 이러한 경우에 기존에 확립된 레짐은 대중적 저항의 핵심 세력을 자신의 레짐의 일부로 영입함으로써 저항을 무마시킨다. 어떤 경우는 레짐이 어떤 이익집단이 정책 결정에 접근하지 못하도록 하는 배제의 정치를 행사하기도 한다. 일반적으로 말해서 모든 레짐은 광범위한 정치환경에 대응하기 위해 전략을 개발해야만 한다.

레짐이론과 다원론의 차이점 중의 하나는 사회 내 선호의 결집에 관한 것이다. 다원론에 의하면 사회내 선호의 결집을 중요하게 여긴다. 그러나 레짐이론은 단순한 선호의 결집이 아니라 이러한 선호가 어떻게 형성되는가 하는 것을 더욱 중요하게 여긴다. 복잡하고 분산된 사회 체제 내에서 선호란 행동, 사회 관계, 경험 등을 통해서 나타난다. 레짐이론은 선호 형성 과정을 매우 중요한 주제로 다루는 반면에 다원론자들은 그것을 별로 문제가 없는 일로 여긴다. 레짐이론은 정책 선호가 단순히 존재하는 것으로 보지 않고 오히려 혼돈과 불확실성 사회환경에서 그것은 형성되어야 하는 것으로 간주한다. 레짐이론에서 선호란 역동적인 정치 과정을 통해 개발되는 것이고, 따라서 상황논리와 가능성에 대한 판단에 영향을 받게 되는 것이다.

레짐 형성의 과업이란 공유된 목적감과 방향감을 획득하는 것이다. 이것은 또한 무엇이 실행 가능한지의 여부에 대한 이해에 영향을 받게 된다. 실행 가능성이란 자원이 풍부한 행위자들과의 연결을 선호하게 만든다. 이것은 또한 어떤 목적을 다른 목적에 비해 더 선호하게 만드는데 그것은 그러한 목적의 성취가 문제를 덜 일으키고 다루기 쉬운 것이기 때문이다. 레짐 형성의 철칙은 통치연합이 생존 가능하기 위해 레짐의 주된 정책의제와 상응하는 자원을 동원할 수 있어야만 한다.

2 도시 거버넌스의 유형

도시 거버넌스의 네 가지 모형은 모든 상황에서 도시 거버넌스를 실제로 정확하게 설명해 준다고 보기보다는 하나의 이념형(ideal types)으로 보는 것이 적절하다. 따라서 실제 상황에서는 여기서 제시되는 이념형 거버넌스의 하나 이상의 특성을 동시에 지닐 수도 있다. 그리고 한 도시정부 내에서도 시대에 따라 그리고 도시정권의 변화에 따라 거버넌스의 모형이 달라질 수 있다. 그리고 또한 도시 거버넌스는 도시 내 정책 분야에 따라 그 특징이 다르게 나타날 수도 있다. 요약하면 도시 거버넌스의 네 가지 모형은 도시 정치 경제의 특정한 상황이나 특정한 국가적 맥락뿐만 아니라 지방정치의 특정 분야에 따라 달라질 수도 있다.

도시 거버넌스는 주된 참여자, 추구하는 목표, 주된 수단, 특징적인 결과 등 네 가지 요소에 따라 다음과 같이 구분된다(Pierre, 1999).

1) 관리형 거버넌스

지방정부는 두 가지 차원에 따라 평가될 수 있다. 한 차원은 민주적·참여적 목표로서 지방정부를 정치적 갈등의 관리 수단으로 간주하는 것이고 다른 한 차원은 관리적 목표로서 지방정부를 서비스 생산과 공급을 통해 주민의 집합적 요구와 관심을 해결하는 공공조직으로 이해하는 것이다. 이 두 가지 상이한 차원에 따라 지방정부의 역할이 달라지기도 하며 개혁의 초점이 달라지기도 한다.

미국을 비롯한 대부분의 서구 국가들에서는 지난 10년 또는 15년의 경험을 돌이켜보면 지방정부 수준에서 민주적·참여적 차원보다는 관리적 차원이 더 지배해 왔다. 이는 주로 정부의 재정 위기와 개별적 이해의 추구에서 기원했는데 이로 인해 "신공공관리(NPM)"라는 새로운 접근이 시장 개념을 강조하면서 등장하게 되었다. NPM은 다양한 서비스 공급자들 간의 경쟁의 필요성과 고객들에 대한 권한 강화를 강조한다 (Osborne & Gaebler, 1992). 전반적인 목표는 도시 서비스의 공급자와 소비자 간에 시장과 같은 교환, 즉 공공 선택(public choice) 유형을 만들어 내는 것이다. 정치인들의 선호가 아니라 소비자 선택에 의해서 서비스의 종류와 공급자를 결정하는 것이다. NPM 전략의 핵심 요소들인 비용, 효율성, 수요, 전문관리인 등이 강조되고 있는데, 정부에 대한 불신과 재정 압박 문제를 해결하기 위해 서비스 공급에 있어 비용에 대한 인식 제고와 전문직업화가 주된 전략이다.

그러나 관리인 거버넌스는 지방정부에 몇 가지 문제를 야기시킨다. 첫째 NPM은 서비스 생산이 생산자와 소비자 간의 시장(market)과 같은 의사소통을 통해 이루어진다고 보며 이에 대한 전반적 과정이 정치인의 감독하에 있다고 본다. 그러나 이 모형에서는 사실 서비스 생산에서 책임성 확보가 문제이며 그에 관한 정치적 통제와 책임성에 대한 구체적 언급이 없다. 다만 NPM 주창자들은 관리인 거버넌스가 전통적 도시정치체제에서보다 도시공공 서비스 공급에 있어 고객으로서 시민들의 영향이 더욱 크다고 본다. 둘째 관리인 거버넌스는 도시공공 서비스 생산과 공급에서 전문관리인의 역할을 크게 강조하고 있는데, 여기서 문제는 이들이 "정당한 절차(due process)"에 대해 소홀히 다루고 있어 가치상의 갈등이 발생할 소지가 있다. 마지막으로 NPM은 서비스 공급에서 상당한 정도의 조직상의 융통성을 요구한다. 사실 소비자 선호는 지방정부에게 상당한 불확실성 요소를 가져오는데 이는 지방정부에게 조직상의 융통성을 요구하게 된다.

요약하면 관리인 거버넌스는 도시정부의 정치인에게는 최소한의 역할만 기대한다. 강조점은 민간 관리 표준에 따른 산출 성과에 주어지며 공공과 민간 간의 경계 구분이 흐려진다.

① 참여자: 관리인 거버넌스는 정치 엘리트보다 전문가 참여를 더욱 강조한다. 따라서 관리인 거버넌스의 주된 행위자는 도시공공 서비스를 생산하고 공급하는 조직의 관리인이다. 또한 도시공공 서비스 생산과 공급에서 소비자 만족이 주된 기준이기 때문에 소비자로서 시민이 주된 참여자이다.

② 목표: 관리인 거버넌스는 도시공공 서비스 생산과 공급에서 소비자 선택과 효율성의 증진을 목표로 삼는다. 이를 위한 주된 전략은 공공과 민간 영역의 경계를 허무는 것이다. 이는 민간 부문의 관리전략을 도시공공 서비스 생산과 공급에 도입함으로써 발

생한다. 또한 도시공공 서비스가 더욱 소비자로서 시민의 선호에 맞게 생산되고 공급된다는 점을 보임으로써 공공 부문의 신뢰심을 회복시키려 한다.

③ 수단: 관리인 거버넌스는 다양한 수단을 동원한다. 이 모형에서 이용되는 수단은 사기업과의 계약, 관리직의 개방형 임용 제도와 같은 신인사전략, 관리인에 대한 권한 부여 강화, 공공 부문 내 또는 공공과 민간 부문간의 경쟁 강화, 정치인의 역할에 대한 재규정 등이다.

④ 결과: NPM 전략에 대한 아직 체계적인 평가는 없지만 서비스 생산에서 어느 정도 효율성을 증진시켰을 것이라고 짐작할 수 있다. 그러나 소비자 선택과 내부시장의 효율성에 대해서는 뚜렷한 증거가 없다.

2) 조합형 거버넌스

조합형 도시 거버넌스는 서부 유럽의 작은 선진 산업 민주주의 국가에서 볼 수 있다. 이들 국가들은 역사적으로 국가 사회주의 전통이 강해 사회에서 공공 부문이 지배적이며 강한 재분배 정책과 종합적 복지국가 서비스 공급 체계를 가지고 있다. 또한 정치적 개입의 정도가 높으며 비례대표제와 강한 자발적 조직 등이 있다. 조합형 거버넌스의 또 다른 특징은 지방정부 수준의 분배 영역에서 뚜렷하다. 비록 조합주의는 조직 구성원의 이해를 증진시키고 보호하는 것이 주된 관심사이지만 또한 넓은 의미로 참여 민주주의를 강조하고 있다.

조합형 도시 거버넌스하에서 지방정부는 도시정치 과정에서 사회집단들과 조직화된 이해 관계를 포함시키기 위한 정치적 민주 체제로 간주된다. 다양한 이해 관계를 대표하는 참여적 지방 민주주의 확립이 이 모형의 핵심이다. 따라서 정책결정 과정은 다양한 이익집단 간의 협상 과정이며 지방정부는 합의를 도출하는 수단으로서 그리고 관민 협력의 장으로서 간주된다.

그러나 조합형 거버넌스의 문제점은 재정 분야이다. 모든 이익집단들의 요구를 만족시켜 주는 타협이란 결국 분배적 보상정책을 통해서 이루어진다. 비록 자발적 조직들이 공공지출에 대한 투입에 어느 정도 관심을 보이지만 대부분의 조직들은 자신과 직접적인 이해 관계가 없는 한 도시정부의 재정 수입에 대해서는 깊은 관여를 하려고 하지 않는다. 따라서 이러한 조직들의 이기심은 도시 거버넌스에 심각한 문제를 불러일으키는데, 특히 공익을 저해시키고 지방정부의 협상력을 약화시키기 때문이다.

조합형 거버넌스의 또 다른 문제점은 집합적 정치적 선택에서 유리한 때에만 적합한 모형이라는 것이다. 이익집단은 집합적 이익만이 아니라 참여적 민주주의도 거버넌스 형태로서 증진시키려는 경향을 보인다. 하지만 지방정부의 지출이 급격히 삭감되는 경우 이익집단들의 참여 유인도 급격히 감소된다. 도시 거너번스에서 이익집단의 참여 동기는 오로지 구성원들의 이익을 수호하기 위한 것이 된다. 따라서 조합형 거버넌스의 딜레마는 도시정부가 선택적이며 좁은 이해 관계에 일차적 관심을 기울이고 광범위한 사회적 이익에 대해서는 이차적 관심을 보이는 것이다.

① 참여자: 조합형 도시 거버넌스는 정치 과정에서 참여를 강조하는 특성을 지니고 있다. 그러나 여기서 참여는 이중적 특성을 지니고 있는데 대중 참여는 엄격히 정치 과정에서 일어나기보다는 조직 내부에서만 일어나며 정치 과정에서는 오로지 조직의 최고 지도자만이 참여한다. 이 모형의 가장 향상된 형태는 정치제도의 직접적 관여는 제한하고 이익집단들은 위임된 공적 권위를 누리는 것이다.

② 목표: 조합형 거버넌스의 주된 목표는 배분이다. 이 모형에서는 조직구성원들의 이익을 보장해 주기 위해 도시정부의 서비스나 정책이 결정된다. 그러나 정치 과정에 포함되지 않은 선거구민이나 사회집단의 이익은 종종 무시되는 경향이 있다. 따라서 조합형 거버넌스는 지방정부의 정책과 조직들의 이익을 조정하려고 한다.

③ 수단: 조합형 거버넌스에서는 정치 과정에서 모든 이해관계 집단을 포함시키고 그들의 이익을 대표하는 것이다. 도시 정치 과정에서 고도의 시민사회 수용성을 보이며 비록 결정 과정이 신속하게 진행되지는 않지만 집행 과정은 순조롭게 진행된다.

④ 결과: 조합형 도시 거버넌스는 재정 능력을 감소시킨다. 재정수입 주창자는 소수인 반면 재정지출 주창자는 많고 강하기 때문에 이 모형하에서 균형 재정을 이룩하기란 거의 불가능하다. 그리고 이익집단들 간에도 종종 수혜의 불균형이 발생한다.

3) 성장형 거버넌스

도시정치에서 주된 논의는 자본 논리와 정치 논리가 작동하는가이다. 여기에는 크게 두 가지 견해가 있다. 하나는 도시정치에서 자본의 논리가 지배적이라는 것이고, 다른 하나는 자본의 논리와 함께 정치의 논리도 어느 정도 작용한다는 것이다.

도시정치에서 이러한 정치적 선택의 존재 여부에 대한 논의는 중요한데 그 이유는 도시 거버넌스가 결정과 선택에 관한 것이기 때문이다. 도시정치에서 선택 문제에는 정책의 선택뿐만 아니라 발전전략과 사업에의 참여 네트워크에 대한 선택도 포함하고 있다. 도시 경제 개발에서 정치적 선택이란 관민 세력들 간의 조정 네트워크를 만들어 내는 것이다. 성장형 도시 거버넌스는 바로 이러한 협력의 틀의 예이며 정치와 경제 세력들 간의 조정을 촉진시킨다.

선택과 관련된 거버넌스의 주된 논쟁 중의 하나는 도시정부가 경제 개발분야에 어느 정도 개입해야 하는가이다. 정당 지방정치가 강한 유럽 국가에서는 보수나 진보 모두 동일한 견해에 도달한다. 보수 진영에서는 도시정부가 민간 경제에 개입하는 것을 기본적으로 반대하고, 진보 진영에서도 도시정부가 민간 경제에 개입하면 양 부문의 밀착 공동 연합으로 인해 자본 논리에 유리한 도시정치가 이루어진다는 것이다.

그러나 대부분의 도시에서는 지방경제 개발에 정부가 개입하게 되고 정치 과정에서는 채택할 경제 개발 전략과 거버넌스 구축이 주된 이슈가 된다. 성장형 거버넌스는 밀접한 관민연합이 특징이다. 그러한 연합이 일어나는 정치적 · 사회적 전제 조건은 정부가 시장에서 강력한 힘을 발휘하고 작동하는 정치 체제이다. 성장형 거버넌스의 구축과 관련된 지방정치의 선택 항목에는 참여하는 행위자의 범위, 장 · 단기 목표 간의 선택, 도시정부의 상위 정부와의 정부간 관계, 국제화의 추진 정도 등이 포함된다.

성장형 거버넌스는 지역경제를 활성화하기 위한 관민 협력의 구축이 특징이다. 이러한 연합은 도시정부와 지역 경제인들 간에 지역경제 성장이라는 공통의 이해 관계에 기초하고 있다. 이 모형에서는 도시정치에 대중의 참여는 제한적인데 그 이유는 도시 성장 전략에 대중이 참여하게 되면 이 문제가 정치 이슈화되어 성장에 걸림돌이 된다는 것이다. 대부분의 지방 이해 관계자들은 이러한 성장을 통해서 직 · 간접적으로 혜택을 보기 때문에 성장 정치에 크게 반대하지는 않는 반면, 관민 엘리트 외에는 크게 지지하는 자도 없다.

일부 학자들은 성장형 거버넌스가 지방정부의 권한이 약한 미국에 편중된 이론이며 따라서 다분히 서구 편향적 시각을 보이고 있다고 비판한다. 하지만 성장형 모형은 모든 선진 산업 민주주의 국가에서의 도시정치 중 가장 이슈가 되는 지역경제 정치를 다루고 있다. 따라서 지역경제 개발정책을 위한 법적 · 경제적 틀은 국가에 따라 다를 수 있지만 도시정치가 조세 기반과 수입의 기초인 민간 자본에 의존적이라는 기본 속성은 모두 동일하다.

① 참여자: 성장형 거버넌스의 전형적인 참여자는 지역경제 활성화에 관심을 가지고 있는 도심 엘리트와 고위 지방 정치인들이다.

② 목표: 성장형 거버넌스는 경제 성장이 주된 목표이다. 이상적으로는 그러한 성장이 장기적이며 지속적이어야 한다. 하지만 성장의 기반은 지난 수십 년간 상당히 변했는데, 과거의 토지 기반 제조업에서 지식 기반 소규모 기업으로 탈바꿈했다.

③ 수단: 성장형 거버넌스에서 지역경제 활성화를 위해 지방정부가 동원할 수 있는 수단은 매우 다양한데 도시계획, 중앙정부로부터의 재원 조달, 도시 기반시설 확충, 투자 유인을 위한 도시이미지 개선 등이 포함된다. 그러나 가장 중요한 것은 관민 파트너십을 구축하는 것이다.

④ 결과: 대부분의 연구에 따르면 이 모형은 지역경제 성장에 영향을 미치고 있는 것으로 나타났다. 그러나 경제에서 구조 변화가 지역경제에 미치는 중대한 영향과 비교한다면 이 모형이 가져오는 변화는 미약하다.

4) 복지형 거버넌스

복지형 도시 거버넌스는 오래된 쇠퇴하는 산업도시로서 자생 능력이 부족한 도시의 정부에 적용되는 모형이다. 이러한 도시는 지역경제가 저성장이며 경제로의 자본 유입은 주로 복지 시스템을 통해서이다. 따라서 이러한 도시는 자연히 중앙정부에 의존적이 된다.

산업도시로서의 전통을 지닌 고도의 실업률을 보이는 이러한 쇠퇴 도시는 종종 진보적 성향을 보인다. 서유럽에서는 이전의 산업도시에서 이러한 경향을 볼 수 있으며 미국에서도 마찬가지이다. 다만 미국에서는 지방정부가 경제 부흥을 이룩하는 데 상당히 성공적이었지만 여전히 동부 산업도시에서 이러한 경향을 볼 수 있다.

복지형 거버넌스에서는 도시정부가 중앙정부의 지출에 크게 의존하고 있으며 중앙정부가 가능한 강력한 공급자로서 조성자로서 또는 두 가지 역할을 동시에 수행하고 있다. 도시정치에서는 시민들에게 공급되는 보상적 정책을 중앙정부에 거의 의존하고 있다. 이 모형에서는 도시정부가 민간 부문을 활성화하기보다는 중앙정부에 의존하는 것을 더 선호한다. 그 이유는 민간 부문 활성화 전략은 불확실하며 민간 부문과의 연합 형성이 정치적으로 원하는 것이 아니기 때문이다.

복지형 거버넌스에서는 민간 기업에 대해서는 적대적 시각을 지니면서 대중의 정치 참여는 권장한다. 정치적 · 행정적 통로를 통해 중앙정부와 밀접히 접촉함으로써 지방경제와는 점차 관계가 소원해진다. 이것은 연쇄적으로 지역 경제의 쇠퇴를 가져온다.

그리고 중앙정부로부터의 보상적 정책을 통한 지출은 지역경제의 단기적 치유책에 불과하며 중앙정부가 지역의 사회적 비용을 부담해 주기 때문에 지방정부 입장에서는 조세 기반 강화를 위한 지역경제 활성화에 큰 관심이 없다. 또한 민간 기업에 대한 도시정부의 적대적 감정은 잠재적 민간 투자가들조차도 투자를 회피하게 만든다. 따라서 이 모형의 딜레마는 이 모형이 다른 거버넌스 모형에 비해 관민 협력이 더욱 필요함에도 불구하고 실상 그러한 연합 형성이 거의 일어나지 않는다는 점이다.

① 참여자: 복지형 거버넌스에서 주된 참여자는 지방정부 고위직 인사들과 중앙정부 관료이다. 특히 지방과 중앙 간의 이러한 연결은 정당을 통해서 이루어진다.

② 목표: 복지형 거버넌스의 단기 목표는 지역 경제를 지탱시키기 위해 중앙정부의 재원을 끌어오는 것이고 장기적 목표는 불명확하다. 이 모형에서는 재분배를 강조하며 민간자본과는 최소한의 관계를 유지하는 것이다.

③ 수단: 복지형 거버넌스는 더 상위 수준의 정부와 정치 · 행정 네트워크를 형성하는 것이다.

④ 결과: 복지형 거버넌스가 장기적으로는 유지될 수 없다. "불평등 개발전략"은 지역 경제 개발에 대한 진화적 시각이다. 그러나 중앙정부가 재정 위기를 겪게 되면 이 모형은 약화된다.

제3절

한국 도시에의 적용

1 도시 거버넌스 유형의 변화

지금까지 우리는 미국과 영국을 중심으로 정립된 도시 거버넌스에 대한 견해를 살펴보았다. 이러한 견해가 옳고 그른지는 단정지을 수 없으며 그것의 타당성은 시공(時空)에 따라 영향을 받을 수도 있다. 이러한 맥락에서 비교 사례 연구(comparative case studies)는 이론의 검증이나 형성에 매우 유용할 것이다. 한국의 도시도 도시마다 사정이 다를 수 있지만 미국이나 영국과의 차이점은 모든 도시의 정치 · 행정 제도가 동일하고 시민의 인종적 특성이 동일하며 따라서 문화도 거의 대동소이하다. 따라서 도시 거버넌스의 적용을 도시마다 개별적으로 하지 않고 한국 도시 일반에 적용하는 시도를 하고자 한다. 그리고 주된 논의 분야도 도시 개발에 한정하고자 한다.

한국의 경우 현실적으로 도시개발 정책에서 정부는 주도적 역할을 수행해 왔으며 이는 민간자본과 연합적으로 이루어졌다. 도시 개발을 통해서 정부는 재정적·정치적·심미적 이익을 누릴 수 있고 민간은 투자 기회와 자본 축적의 이익을 누릴 수 있었다. 따라서 한국에서는 전통적으로 도시 개발 분야에서는 관민 협력이 이루어져 왔다고 할 수 있다. 그러나 다만 도시 개발의 주요 대상인 주민들은 이러한 개발 연합에서 대부분 배제되었다. 그 이유는 택지 조성, 주택단지 개발 등을 비롯한 많은 도시개발 사업들은 토지 소유자 등 소수 계층에 유리하게 운영되고 대상 집단에게는 상대적으로 이익이 불리하기 때문이다(이종열, 1991; 이달곤, 1994: 182).

정부는 도시개발 사업을 통해 도시 체계에 개입하는데, 이 때 도시 개발은 자본 축적의 촉진, 계급 갈등의 완화를 위한 사회통제를 위해 지배 계급에 필수적인 수단이다. 즉 도시 개발은 물리적 기반시설의 발전, 토지의 이용과 개발, 외부 불경제의 억제, 지가의 유지 내지 상승 등을 추구해 자본 축적에 기여한다. 사실 한국의 대기업 건설 회사인 현대건설도 서울을 비롯한 대도시 개발에서 투자 기회를 찾았으며 정부와 개발연합을 형성해 왔다. 그 외 건설 자본도 대부분 대도시 개발과 신도시 개발에서 정부와 연합하는 특징을 보여 왔다.

또한 도시 개발은 도시 주민에게 도로, 주택 등 집합소비재를 공급하여 사회통제 역할을 수행한다. 체제 유지 기능은 자본주의 국가의 중요한 기능인데, 정부는 개인에게 택지나 주택 등의 서비스를 제공함으로써 이러한 기능을 수행한다. 주택, 교육 등은 자본주의 사회 내 집합적 소비를 대표하는데 이러한 소비 과정은 도시사회의 갈등을 필연적으로 야기시킨다. 이러한 집합적 소비재는 지방정부 수준에서 제공되어 자본주의 체제를 지원하는 것이다(이종열, 1991; 김영정, 1993: 196).

정부는 도시 개발을 겉으로는 민주적이고 좀더 재분배적인 효과를 지닌 것으로 표방하면서 어느 정도 참여·통합 메커니즘을 마련하고 있지만 필연적으로 자본주의 사회의 재생산을 위한 것이기 때문에 그 이익은 지배 계급에 귀착된다. 결국 정부는 도시 개발을 통해 자본주의 생산 양식의 기반을 계속 구축해 나가면서 계급 갈등을 해결하려고 시도한다.

요약하면 도시 개발 과정에서는 경제적 요소뿐만 아니라 정치적 요소도 매우 중요한데, 국가와 정부 개입의 역할이 도시 형성의 주요 인자가 된다. 택지 개발을 둘러싼 "성장 지향적 연합" 세력과 이들이 만들어 낸 정치적 창도주의(political entrepreneurship)가 핵심이다. 특히 정부 개입의 요구와 기회는 경제적 붕괴 시점에서 가장 강하게 작용해 왔으며, 사회 이익의 기회는 이러한 개입의 형태를 결정짓는다.

도시 개발 사업에는 그 주체가 지방자치단체와 건설업체이다. 여기서 당연히 지방관료들은 결정권을 가진 위치에 있다. 이들은 택지 개발 사업 과정에서 부동산 개발업자, 부동산 대리인, 건축 사업가 등과 밀접한 협력 관계를 유지하면서 상당한 자율성을 행사한다. 또한 이들은 상공인 집단과의 사회적 · 이념적 연대를 맺고 동반자(partnership) 관계를 형성하고 있다(정원식, 1996: 20). 이러한 동반자 관계의 형성 이유 중 하나는 이들이 유사한 사회적 배경을 지니고 있기 때문이다. 부동산 개발업자나 건설업자들은 개인적인 접촉이나 연계를 통해 또는 자본가를 대변하는 단체를 통해 압력집단으로서 활동한다. 이들은 정부의 택지 개발에 제약을 가하는 요인으로 작용하는데, 그 이유는 지방관료의 활동 영역이 자본 축적을 도와 주어야 한다는 필요성 때문일 수도 있다.

그러나 최근 들어 도시 개발에서 정부-민간 자축의 변화가 일어나고 있다. 즉 종래 도시 개발의 이윤배분 과정에서 상대적으로 배제되었던 대상 주민들이 점차 전면에 나타나 정부-민간자본-주민 3자 축을 형성하고 있다. 이러한 개발 축의 변화는 특히 주거 개발에서 주거환경 개선사업이 도입되고 현지 개량과 공동주택 건설 방식이 도입됨으로써 더욱 뚜렷해졌다. 이제 주민은 더 이상 개발이익 배분 과정에서 소외 계층이 아니고 참여 계층으로 바뀌고 있으며, 오히려 재개발로서 재건축 방식의 도입은 이들이 개발연합의 전면에 나서는 양상을 보이기도 한다.

이러한 과정을 보면 한국의 도시정치에서 도시 개발 분야는 전통적으로 성장형 거버넌스가 지배적이었다고 말할 수 있으며 다만 최근에 조합형 및 관리형 거버넌스로의 변화를 모색하고 있다고 볼 수 있다. 종래 성장형 거버넌스에서 이제는 대상 주민이 더 이상 개발 축에서 배제되기만 하는 것이 아니다. 즉 21세기 시민사회가 강조되면서 대상 주민을 포함한 기타 이해 관계자들도 자신들의 이해 관계에 따라 각자 제 목소리를 내며 특히 개발 이익과 직접적으로 관계되는 대상 주민들은 더욱 강력한 영향력을 행사하고 있다. 나아가 IMF 관리금융 이후 모든 사회 분야에서 경쟁과 생산성이 강조되고 이는 바로 사회의 구조조정으로 연결되고 있으므로 행정의 전문성이 더욱 강조되고 이에 따라 전문가의 역할이 강조되고 있다. 이것은 분명 전통적 성장형 거버넌스에 조합형 또는 관리형 거버넌스가 혼합되는 양상을 보인다고 말할 수 있다.

또 한 가지 예로서 대구광역시의 경우 위천국가산업단지 지정을 둘러싸고 대구시, 대구시의회, 대구상공회의소, 시민단체 등이 연합하여 중앙정부에 단지 지정을 요청하는 전략을 펴기도 했다. 나아가 국제공항 건설, 지하철 건설, 밀라노 프로젝트, 테크노파크, 경기장 건설 등을 둘러싸고 정부-민간-시민의 3자 연합축도 볼 수 있다. 그리고 최근에는 중앙 지하상가 재개발과 민자 역사 건설 등을 위해 관민 협력이 일어나고 있다.

2) 도시 거버넌스의 주도적 주체

도시 거버넌스의 특징은 종래 정부 주도의 행정 과정에서 기업(business)과 지역사회 조직(community-based organizations)의 상대적 역할 증대이다. 그러므로 이제는 모든 국정에서 정부, 기업, 시민단체의 3자 축이 형성되고 있다.

이러한 3자 축에서 도시 거버넌스의 주체는 누구이며 또한 누구여야 하는가가 문제가 될 것이다. 일반적으로 도시 거버넌스의 혁신 주체로서는 지방자치단체장이 지적되고 있다. 자치단체장의 리더십이 도시 거버넌스에서의 중요한 성공의 열쇠로 간주된다. 그러나 지방자치단체장만이 도시 거버넌스의 주체가 되어서는 안 되며 지역사회, 지역산업, 시민사회, 기업 등이 모두 이의 공동 주체가 되어야 할 것이다. 여기서도 공생·공존의 가치하에서 거버넌스의 개념이 적용되어야 할 것이다.

도시 거버넌스가 어느 한 주체에 의해서만 추진되어서는 그 달성에 한계가 있으며 각 개별 주체의 연합 또는 협력체에 의해 추진되는 것이 바람직하다. 왜냐 하면 도시 거버넌스의 대상에는 정부뿐만 아니라 민간 부문과 시민사회 모두가 포함되기 때문이다. 그러므로 도시 거버넌스도 하향적이라기보다는 상향적 전략이 구사되어야 할 것이다. 이를 위해서는 관·민·시민사회가 모두 참여하는 위원회를 구성할 필요가 있다. 이러한 위원회에서는 해당 도시정부의 대상을 분석하고 평가해 전략을 수립하여 정부에 건의하고 실행 과정과 사후 점검 및 추수적 평가를 담당하도록 할 필요가 있다.

제4절

결 론

지금까지 거버넌스 개념의 대두와 도시 거버넌스에 대한 이론과 유형을 레짐이론에서 재조명했다. 도시 거버넌스에 대한 견해 중 어떤 것이 옳고 그른지는 단정지을 수 없으며 그것의 타당성은 시공(時空)에 따라 달리 파악해야 한다.

도시 거버넌스는 개발사업을 비롯한 도시의 공공 문제의 해결이나 바람직한 정책 구상에서 규제 중심의 정부 역할로부터 공존 또는 공생 중심의 네트워크 구성이라는 의미로 파악할 수 있다. 도시의 지속적 성장과 문제의 예방적 차원이 중요시되면서 어느 특정 주체들만 문제 해결 또는 성장 정책을 제시하는 것이 아니라 모든 주체들이 그 해결에 동참해야 한다.

한국의 경우 도시개발 정책 과정에서 정부가 주도적 역할을 수행했다고 할 수 있다. 정부의 개입은 근본적으로 토지 소유자의 이익을 대변했는데 정부 구성 인자들이 바로 토지 소유자들이기 때문이기도 했다. 따라서 택지 조성, 주택단지 개발 등을 비롯한 많은 도시개발 사업들은 토지 소유자 등 소수 계층에 유리하게 운영되어 왔다고 할 수 있다.

정부는 개인에게 택지나 주택 등의 서비스를 제공함으로써 체제 유지 관련 기능을 수행한다고 할 수 있고, 주택, 교육 등은 자본주의 사회에서 도시의 집합적 소비의 대표적인 예이고 이의 소비 과정은 필연적으로 도시사회의 갈등을 불러일으키게 된다. 또한 도시 발전의 원동력은 자본주의 사회에서 축적 과정을 거쳐 형성된 자본은 일부 세금으로 국가에 귀속되는데 국가는 이를 다시 노동력 재생산을 위해 택지 개발이나 주택을 공급한다. 또한 택지를 개발하여 공장, 사무실, 상가, 은행 등 생산 및 회전 수단을, 그리고 주택, 도로 등 집합소비 수단을 집중시킴으로써 자본 회전에 관계된 자본량(회전비, 회전 시간)을 감소시키는 방식으로 구조화되는 것이다. 따라서 도시 개발은 기술 발전, 토지 비용 차이, 개인 소득 향상, 교통 수단 발전 등의 단순한 기능적 결과가 아니다. 즉 도시의 발전은 단순히 총인구 규모의 증가, 자연 환경의 통제, 기술 발전, 사회조직의 발전 등의 함수가 아니다. 또한 도시 개발은 결코 결정주의적인 것도 아니며 오히려 사회의 지배적인 특수한 생산 양식에 의해 조건지어지고 외생적 메커니즘이 아닌 내생적인 정치·경제적 힘에 의해 결정된다. 도시 개발은 마찰 없이 진행되는 뉴턴주의적 점진주의(Newtonian incrementalism)가 아니라 기본 구조의 질적 변천과 관련되는 불연속적이고 주기적인 변화를 겪게 된다. 한국에서도 자본 축적 과정이 도시 성장을 구조화짓는 가장 중요한 요소로 작용해 왔으며 도시 성장은 외부의 숨겨진 세력에서 연유하는 것이 아니고 지배적인 경제구조의 논리에 의해 형성되어 왔다(김영정, 1993).

도시 개발 과정에서는 정치적 요소가 매우 중요한데, 국가와 정부 개입의 역할이 도시 형성의 주요 인자가 된다. 한국은 전통적으로 지배적인 성장형 거버넌스에서 최근 대상 주민이 도시 개발에의 참여가 이루어지는 관점에서 조합형 및 관리형 거버넌스로 변화하고 있다고 할 수 있다.

도시의 지속적인 성장과 발전을 위해 정부와 기업 및 시민단체가 여러 가지 외부 요소들의 영향을 함께 파악하고 각자의 역할을 최대한 살려 공존 방안과 함께 통합적·혁신적인 대책을 함께 모색해 나가는 것이 무엇보다 중요하다.

참고문헌

김석준 외(2000). 『뉴 거버넌스연구』, 서울: 대영문화사.

김시윤 외(1999). 『정부와 기업』. 서울: 대영문화사.

김영정(1993). 한국 도시지역 경제 성장의 영향 요인 분석, 1968-1985년. 『한국사회학』, 27(겨울호): 189-218.

박종화·윤대식·이종열(1997). 『지역개발론』. 서울: 대왕사.

______(1998). 『도시행정론』. 서울: 대영문화사.

배태영·이종열·이재호(2001). Governance 실현을 위한 지방정부의 바람직한 모형. 『한국정책과학학회보』, 5(1): 159-176.

신희영(1997). 산업정책의 형성과 이론적 시각: 비판적 논의와 통합이론의 구성을 중심으로, 대구·경북행정학회 하계학술 발표대회 발표 논문.

이달곤(1994). 전환기 지방정치의 발전 과제와 방향. 『행정논총』, 32(2): 177-193.

이종열(1991). 도시토지 이용의 정치경제학. 『한국행정학보』, 25(1): 157-176.

______(1998). 도시정치 권력 이론의 비교론적 고찰: 레짐이론을 중심으로. 『정치·정보연구』, 1(1): 99-134.

정원식(1996). 도시발전정책의 이론적 논쟁: 정치와 경제 논리 간의 상충과 조화, 『한국행정논집』, 8(2): 423-445.

Castells, M.(1983). *The City and the Grassroots*. Berkeley: University of California Press.

Cochrane, A.(1993). *Whatever Happened to Local Government?* Milton Keynes: Open University Press.

Dahl, R.(1961). *Who Governs?* New Haven, CT: Yale University Press.

Dearlove, J.(1973). *The Politics of Policy in Local Government*. Cambridge: Cambridge University Press.

DeLeon, R.(1992). *Left Coast City: Progressive Politics in San Francisco* 1975-1991. Lawrence: University Press of Kansas.

Dunleavy, P. & O'Leary, B.(1987). *Theories of the State*. London: Macmillan.

______(1980). *Urban Political Analysis*. London: Macmillan.

Elkin, S.(1987). *City and Regime in the American Republic*. Chicago, IL: University of Chicago Press.

Fainstein, N. & Fainstein, S.(1986). Regime Strategies, Communal Resistance and Economic Forces, In S. Fainstein, R. C. Hill, D. Judd & M. Smith(eds.), *Restructuring the City: The Political Economy of Urban Redevelopment*. New York: Longman.

Frederickson, H. George.(1997). *The Spirt of Public Administration*, San Francisco: Josseg-Bass.

Fredrickson, James W.(1986). The Strategic Decision Process and Organizational Structure. *Academy of Management Review* 11: 280-297.

Garvey, G.(1993). *Facing the Bureaucracy: Living and Dying in a Public Agency*. San Francisco: Jossey-Bass.

Hunter, F.(1953). *Community Power Structure*. Chapel Hill: University of North Carolina Press.

Jones, B.(1993). Social Power and Urban Regimes. *Urban News*. Newsletter of the Urban Politics Section of the American Political Science Association, 7(3): 1-3.

Jones, B. & Bachelor, L.(1993). *The Sustaining Hand: Community Leadership and Corporate Power*(2nd ed, revised). Lawrence: University of Kansas Press.

Jones, B. & Bachelor, L. with Wilson, C.(1986). *The Sustaining Hand: Community Leadership and Corporate Power*. Lawrence: University of Kansas Press.

Judge, David, Stoker, Gerry & Wolman, Harold(eds.). (1995). *Theories of Urban Politics*. London: SAGE Publications.

Kettl, D. F. (1993). *Sharing Power: Public Governance and Private Markets*. Washington D. C: Brookings Institution.

Knight, Richard V. & Gary Gappert(eds.). (1989). *Cities in a Global Society*. Newbury

Park, CA: Sage Publications.
Miliband, R.(1969). *The State in Capitalist Society*. London: Weidenfeld and Nicolson.
Mills, C. Wright.(1956). *The Power Elite*. Oxford: Oxford University Press.
Mollenkopf, John H.(1981). Community and Accumulation. In Michael Dear and Allen J. Scott(eds.), *Urbanization and Urban Planning in Capitalist Society*. New York: Methuen.
O'Connor, J.(1973). *The Fiscal Crisis of the State*. New York: St. Martins Press.
Orr, M. & Stoker, G.(1994). Urban Regimes and Leadership in Detroit, *Urban Affairs Quarterly*, 30(1): 48-73.
Osborne, D. & Gaebler, T.(1992). *Reinventing Government: How the Entrepreneurial Spirit is Transforming the Public Sector*. Reading: Addison-Wesley.
Peters, B. G. & D. J. Savoie.(1995). "Reinventing Osborne and Gaebler: Lessons from the Gore Commission". *Canadian Public Administration* (37): 302-307.
Peterson, P.(1981). *City Limits*. Chicago: University of Chicago Press.
Pierre, Jon.(1999). Models of Urban Governance: The Institutional Dimension of Urban Politics. *Urban Affairs Review*, 34(3): 372-396.
Savitch, H. & Thomas, J.(1991). Conclusion: End of the Millennium Big City Politics. In H. Savitch and J. Thomas(eds), *Big City Politics in Transition*. Newbury Park, CA: Sage.
Stoker, G. & Mossberger, K.(1994b). Urban Regime Theory in Comparative Perspective. *Government and Policy*, 12: 195-212.
Stone, C.(1989). *Regime Politics: Governing Atlanta*. 1946-1988. Lawrence: University Press of Kansas.
______(1993). Urban Regimes and the Capacity to Govern: A Political Economy Approach. *Journal of Urban Affairs*, 15(1): 1-28.
Stone, C. & Sanders, H.(eds). (1987). *The Politics of Urban Development*. Lawrence: University Press of Kansas.
Streeten, Paul.(1996). Governance. In M. G. Quibria & J. Malcolm Dowling(eds.). *Current Issues in Economic Development: An Asian Pers-pective*. Oxford University Press.

제3부

거버넌스의 행정환경적 조명

제8장

거버넌스와 부패 문제의 인식

윤태범

…… 민심을 얻으면 천하를 얻고, 민심을 잃으면 천하를 잃는다. 따라서 민심을 이끌어 낼 줄 아는 자가 법령을 제정하고 판결을 내리는 자보다 더 위대하다……

-A. Lincoln(1858년 7월 31일)-

제1절

서 론

부패 문제에 대해서는 다양한 접근 방법과 인식이 가능하며, 그 동안 다양한 논의가 이루어져 왔다. 그런데 최근 빈번하게 논의되고 있는 거버넌스는 부패 문제에 대해 기존의 접근과는 다소 차별되는 접근과 인식을 가능하게 해 준다는 점에서, 거버넌스 시각에서의 부패 문제에 대한 논의는 거버넌스 논의뿐만 아니라 부패 문제에 대한 인식을 다양화하는 데 매우 긍정적인 기여를 할 수 있을 것이다. 다만 거버넌스에 대한 논의가 매우 다양하게 전개되고 있다는 점에서, 이 글에서는 거버넌스 자체에 대한 논의는 가급적 배제하고, 거버넌스 시각에서 부패 혹은 부패와 관련된 문제에 초점을 두고자 한다.

이 연구는 주로 다음과 같은 문제 의식을 갖고 진행되었다.

- 거버넌스는 부패 문제에 대한 새로운 인식의 수단인가?
- 부패 문제에 대한 거버넌스 측면에서의 인식은 어떻게 이루어질 수 있는가?
- 거버번스 측면에서의 부패 문제의 인식은 기존의 다양한 접근 방법과 어떠한 차별성을 지니고 있는가?
- 거버넌스 측면에서의 부패 방지는 어떻게 구상될 수 있는가?

따라서 이 글은 거버넌스에 대한 평가의 의미는 제한적이며, 기존에 논의되고 있는 거버넌스가 부패 문제의 인식에서 어떠한 긍정적 기여를 할 수 있는가에 초점을 두고 구성되었다.

물론 부패 문제와 관련하여 거버넌스가 전혀 새로운 접근법이라고 보기는 어려운 측면도 있다. 예를 들어서 정확히 일치하는지 평가하기는 어렵지만, 부패 문제를 분석한 기존의 접근법 중에서 체제론적 접근법, 문화횡단적 비교 분석, 네트워크 분석, 제도주의 등은 비록 용어를 달리하지만, 여기에서 논의하고 있는 거버넌스의 입장과 매우 유사한 내용들을 담고 있다는 것이다. 다만 후술되지만, 부패 문제에 대한 기존의 접근법들이 방법론상의 도구로서의 의미가 강하다면, 거버넌스는 방법론상의 도구로서의 의미만이 아니라 상당 부분 정부의 지향성과 관련한 규범성을 지니고 있다는 것이다. 특히 거버넌스에서의 규범성이 강조될 경우, 부패 문제에 관한 한 기존의 거버넌스 혹은 거버넌스적 특성을 지니고 있는 체제는 매우 부정적으로 평가될 수밖에 없다는 것이다.

따라서 이 글에서는 가급적 이와 같이 거버넌스가 지니고 있는 규범성의 측면은 배제하여 논의하고자 하며, 다만 부패 문제를 억제하기 위한 방안의 모색과 관련해서는 다양한 거버넌스의 유형 중 소위 "좋은 거버넌스"의 측면에서 논의했다. 여기서의 좋은 거버넌스는 UNDP(United Nations Development Program)의 정의와 내용을 수용한 것이며, 용어는 달리하지만 이와 유사한 논의들은 OECD나 세계은행(World Bank)의 보고서에서도 발견되고 있다.

제2절

부패 문제에서 인식의 중요성과 부패 문제의 특성

1 신뢰성의 위기와 부패 문제의 이슈화

여전히 부패 문제가 중요한 이슈로 제기되고 있으며, 이 논의는 국제기구에서도 빈번히 제기되고 있는데, 단순히 부패 문제 자체가 아니라 정부와 국가의 저신뢰성 혹은 윤리성의 문제로 확대하여 적용되고 있다. 선·후진국을 막론하고 부패 억제가 중요 이슈로 제기되고 있는 것은 부패가 단지 일탈의 한 유형 혹은 저개발국에서나 발생하는 부정적 문제가 아니라 국가 발전 수준과 상관 없이 국가의 운영(governance)과 밀접하게 관련된 문제임을 의미한다. 적어도 1980년대까지는 부패에 대한 연구 경향이나 그 대상이 저개발국이었다는 것이 이를 반증한다(Werner, 1983). 이 시기까지 대부분의 연구는 저개발국에서의 발전 혹은 저발전의 한 원인으로서 부패 문제를 규명하는 데 무게를 두었기 때문이다. 그러나 1990년대 이후의 연구는 이러한 경향을 탈피하여 선·후진국을 두루 논의의 대상으로 삼거나, 아니면 부패를 국정 운영의 저해 요인으로 인식하는 경향이 강해졌다.

그런데 우리는 이 같은 국제 흐름과는 다소 차이를 보이고 있다. 부패를 국정 운영과 관련된 핵심적인 문제로서의 인식이 부족했다. 즉 역대 대통령이 제기한 부패 일소는 국정 운영 차원이 아닌 정치적 대응의 차원이었다는 점에서, 부패 문제에 대한 인식에서 차이를 드러내고 있다. 우리의 경우 부패에 대한 문제 제기는 주로 정권 초기에 이루어졌다. 초기의 부패 문제 인식이 주로 정권 초기의 기강 확립이나 전 정권과의 차별성에 기초하고 있다면, 정권 중간 과정에서의 부패 인식과 대응은 대형 부패 사건의 발생이나 혹은 정치 상황과 밀접하게 연결되어 있다.[1)]

부패 문제가 일시적 이슈가 아니라는 것은 우리 나라의 부패 문제는 가끔씩 발생하는 "우연적" 사건이 아님을 의미한다. 즉 지속적으로 반복하여 발생하는 문제로서, 지속적 대응이 필요함을 의미한다. 더 나아가서 부패는 단순히 현상이나 결과가 아니라 조건이며 환경으로서 구조의 특성을 지닌다.[2)] 부패는 종속 변수이면서 동시에 독립 변수의 역할을 하기 때문에 조건의 의미를 지니고 있다. 부패는 개인, 조직의 일탈의 결과이지만, 동시에 또 다른 일탈을 부르는 조건의 역할을 하며, 그 종국은 사회와 국가의 일탈(혹은 거버넌스의 실패)이다. 이렇게 되면 국가는 국가로서의 역할을 수행하지 못하고, 억압과 폭력의 수단으로 변질된다는 의미에서, 부패는 또 다른 폭력이며, 체제적·제도적 부패는 또한 체제적·제도적 폭력이다.

이렇게 부패가 구조의 특성을 지닌다는 것은 이것이 하나의 영향력으로 존재함을 의미한다(Markovitz, 1988: 16). 별도의 힘(권력)이며 구조이다. 구조의 결과이면서 또한 독립된 구조로 작동한다. 따라서 구조를 형성하는 관련 요소들이 많기 때문에 공직사회만을 부패 문제의 대상으로 인식하는 것은 한계가 있다. 즉 부패 문제에 체계적으로 대응하기 위해서는 부패의 구조와 체제성을 이해하는 것은 필수적이다. 부패 "구조"는 부패를 공무원 개인의 부정적 행동 혹은 공식적 법규의 위반만이 아닌 다양한 요인의 부정적 결합체로 인식하는 것이다. 그리고 부패의 "체제성"은 부패가 체제적 조건에 근거

1) 물론 이에 대해 정부는 정치적 상황과는 별개라고 강조하고, 언론이나 야당에서는 정치적인 성격이 강하다고 반론을 제기하고 있는 것이 일반적이다.

2) 이것은 "체제 부패"의 상황으로서(윤태범, 1999: 515-535), 이 상황하에서는 부패는 결과보다는 조건의 의미가 강하며, 따라서 부패 행위자들은 부패의 원인을 자신이 아닌 체제의 탓으로 돌리며, 많은 부패 행위자들이 이를 구실로 "부패로부터의 자유"를 강변한다.

함을 의미한다(윤태범, 1999: 519-521). 환경이 불결하고 건강이 약한 경우에 질병이나 전염병에 쉽게 감염되듯 부패도 이의 발생에 용이한 조건이 있다는 것이며, 이에 근거하여 부패가 발생할 수밖에 없다는 것을 의미한다. 뿐만 아니라 부패는 체제의 결과물로서만 존재하는 것이 아니라, 이것 자체가 하나의 체제 혹은 조건으로 기능한다는 점에서 문제의 심각성이 존재한다.

이러한 다양한 논의에도 불구하고 공통의 결론은 부패가 필연적으로 국가의 "신뢰성 위기"로 귀결된다는 것이다.[3] 즉 부패의 상황은 국가 내에서 법규와 질서가 유지되지 못하고 있으며, 비정상적인 방법이 선호되고 있음을 의미한다. 그리고 이러한 부패의 존재는 공무원의 불신, 정책의 불신, 법의 불신, 정치인의 불신 등 국가 전반적인 불신의 상황을 야기한다.[4] 즉 부패 문제가 초래하는 가장 커다란 문제는 바로 "신뢰성 위기" 혹은 "신뢰 적자(confidence deficit)"의 증가이다(OECD, 1996: 9). 신뢰 위기는 비용/효과를 고려한 정부정책이 계획대로 추진되기 어려움을 의미한다. 즉 계획된 비용 이외에 추가 비용이 소요되기 때문이다. 예를 들어서 정부 발주의 관급 공사 계약이 있을 경우, 체제 부패의 상황하에서는 발주를 하는 공무원이나 입찰에 참여하는 업자 모두 예정 가격을 실질적인 공사비용으로 인식하지 않는다. 예정 가격은 형식적인 가격이며, 실질적인 가격은 예정 가격에 $+(-)\alpha$가 포함되어야 한다. 어떠한 경우이든 이것은 사회적 후생의 손실이 나타날 수밖에 없다.[5] 말하자면 국가 전체적으로 비효율성의 체제를 지향한다. 즉 부패의 결과는 곧 신뢰의 위기이며, 이것은 바로 비효율적인 국정 운영을 의미한다.

2 부패 문제의 구조성과 체제성

이미 부패 문제는 개인 수준에서는 통제하기 어려운 차원의 문제로 인식되고 있으며, 흔히 구조성과 체제성으로 표현되듯이 부패 문제가 특정 국가의 문화나 속성을 반

---

3) OECD는 국가의 신뢰성 저하의 원인으로 스캔들이나 부패 발생을 지적하고 있으며(OECD, 1996: 9), 국제반부패회의(International Anti-Corruption Conference: IACC)의 리마선언(The Lima Declaration against Corruption,1997)에서도 부패는 사회의 도덕성을 파괴하고, 민주주의를 손상시키고, 법의 지배를 왜곡시키고, 발전을 저해하는 요인이라고 명시했다.

4) OECD(1998) 조사에서 공무원과 정치인에 대한 신뢰도가 가장 낮게 나타난 것도 이를 반영한다.

5) 이 비용은 어떤 의미에서는 라이벤슈타인의 "초과 비효율성(X-inefficiency)"이다.

영하고 있다는 것이다. 때문에 부패 문제에 대한 정확한 인식과 분석이 이루어지기 위해서는 다차원적 접근이 요구된다. 그런데 그 동안 다양한 차원의 논의가 이루어진 것은 사실이지만, 여전히 정부 혹은 국가 수준, 정부와 사회의 관계 혹은 그 이상의 수준에 대한 논의는 상대적으로 적었다. 물론 개인 연구자들의 입장에서는 이미 다차원적 연구가 상당히 진행되어 왔으며, 오히려 부패 문제를 직접적으로 담당하는 정부 수준에서 이와 같은 다차원적 접근이 적었다고 할 수 있다.

부패는 "사적 이익 획득을 위한 공적 권한의 부당한 사용"으로 정의할 수 있다. 이러한 정의는 보편적인 것으로서, 이 글에서도 부패에 대한 기본 개념과 인식은 이를 수용한다. 그러나 부패 개념을 좁은 의미로 이해할 경우 논의의 초점은 대개 개인에게 귀착된다. 즉 부패 자체가 아니라 부패 행위를 한 "부패한 개인"에게 초점이 모아진다. 이러한 시각도 필요하지만, 인식 범위를 좁힘에 따라서 부패의 원인과 처방도 개인 중심으로 논의되는 경향이 발생한다. 즉 개인적 윤리 의식에 문제가 있다는 진단이나 적발과 처벌을 강화해야 한다는 것이다. 그러나 이러한 인식은 일부의 부패 문제에만 타당할 수 있지 모든 부패 문제에 적용될 수 있는 것은 아니다. 즉 부패 문제의 구조성과 체제성의 이해가 필요하다.[6] 여기서 부패 문제의 구조성이나 체제성은 부패가 발생하게 되는 정치 · 사회적 구조와 체제의 성격을 의미한다. 물론 최근 들어와서 부패 문제에 대한 구조적 이해가 이루어지고 있기는 하지만 대부분 조직구조 수준을 벗어나지 못하고 있으며, 처방도 여전히 개인 중심에서 크게 벗어나지 못하고 있다. 이것은 부패 문제에 대한 책임을 개인에게 귀착시키는 것으로서, 부패 우호적인 정치 · 사회 체제(후술하는 나쁜 거버넌스)에 대해서는 충분한 논의가 이루어지지 못하고 있음을 의미한다. 우리의 경우, 부패 행위로 적발되어 처벌을 받는 개인들은 대부분 억울함과 부당함을 호소하는데, 이들의 주장은 정치사회 체제가 부패 우호적이라는 것에 다름 아니다.

정부의 부패 방지 홍보 포스터 중 하나를 보면, 상자에 담겨 있는 많은 사과 가운데 썩은 사과(부패한 사람)를 꺼내면서 부패 방지의 필요성을 주장하고 있다.[7] 그러나 이 홍보도 앞서 언급한 바와 같이 지극히 개인 중심적 이해에 기초하고 있다. 적어도 부패 문제에 대한 구조적 혹은 체제적 이해를 하고 있다면, 이 홍보 그림은 썩은 사과를 골

---

6) 특히 부패 방지안의 구상에서, 이러한 부패의 체제성을 고려하면, 공무원 개인에 대한 처방은 필요하기는 하지만 그 효과가 제한적이다. 이러한 부패의 체제성에 대한 이해를 위해서는 이준형(2000)과 윤태범(1999: 515-535)을 참고할 수 있다.

7) 아마도 썩은 사과가 주변의 사과를 썩게 만들 것이라는 염려 때문일 것이다.

라 내는 그림이 아니라 사과가 상하거나 썩지 않도록 하는 제대로 된 보관 상자를 만들거나 혹은 제대로 된 창고에 사과 상자를 보관하는 그림으로 바뀌었을 것이다. 이렇게 인식이 전환될 경우, 부패 문제에 대한 책임은 개인만이 아니라 정치사회 체제에 있게 된다. 제대로 만들지 않은 사과 상자에서는 아무리 썩은 사과를 골라 내도 또다시 썩은 사과가 생길 수밖에 없기 때문이다. 결국 부패는 "우연히 발생하는(happens)" 결과적 사건이 아니라, 여러 가지 문제들이 얽혀 있는 "징후의 덩어리"라고 볼 수 있다(Johnston & Doig, 1999: 14). 따라서 정작 심각한 것은 이미 발생한 부패 문제 자체가 아니라, 부패가 이미 국가 혹은 사회 내에서 안정된 균형 상태를 보이는 경우이다.[8] 즉 많은 국가에서 부패는 견고하게 조직화되어 있고 사회 내부적으로 안정 상태를 보이고 있으며, 여기에다 저수준의 정치적 경쟁 시스템, 저성장, 취약한 시민사회 등으로 인해 이러한 부정적 안정성이 지속적으로 유지되고 있다.[9] 이것이 한 국가의 부패 문제에서 가장 심각한 부분이라고 할 수 있다.

부패가 안정 상태에 있는 국가에서 발견되는 부패를 흔히 "조직화된 부패"라고 한다.[10] 조직화된 부패의 특징으로서 부패 관계에서의 내부조정, 부패관련 정보의 안정적이고 지속적인 공유, 부패로 인한 편익의 수직적 · 수평적 배분구조[11]의 형성을 들 수 있다. 이러한 배분 구조 상태에서 주인(principal)과 대리인(agent) 간에는 우호적인 경제적 연결고리가 형성되어 있다. 여기서 주인이 보호와 통제, 수혜 제공, 조정의 기능을 수행하는데 반해, 대리인(A)은 자신들의 충성을 주인(A)에게 제공한다. 그런데 조직화된 부패는 사회의 절대적 구성원인 시민의 정상적인 대안을 폐쇄시키거나 왜곡하는 역

---

8) 여기서 부패의 "안정성"이란 부패 현상의 저변이 확산되어 있고, 부패의 형성이나 구조가 조직화되어 있어서, 부패의 형성과 발생이 오히려 자연스러운 상태를 의미한다.

9) 물론 이러한 지적은 정도의 차이는 있지만 대부분의 국가에 적용될 수 있는 논리라고 할 수 있다. 다만 문제는 이러한 지적이나 혹은 인식이 부패의 안정성이 심할수록 자국민에게는 제대로 인식되지 못하고 있다는 것이다.

10) 조직화된 부패와 유사한 특징을 지니고 있어서 혼용되고 있는 것으로서 "체제 부패" 개념을 들 수 있다(Johnston, 1998: 89). 체제 부패는 특정 유형의 부패 형태를 의미하는 것이 아니라, 국가의 주요 기관과 과정이 부패한 개인과 집단에 의해 정례적으로 지배되고 부정적으로 유용되는 상태를 의미한다.

11) 흔히 말하는 상납과 하납의 구조를 의미한다. 상납과 하납은 부패 관계 외부의 시각에서는 부패로 인식되지만, 내부 구성원의 입장에서는 부패로 인식되지 않는다. 이러한 내부에서의 부패에 대한 무감각이 이러한 상 · 하납의 구조로 형성된다는 점에서, 조직 내에서 이루어지고 있는 조직화된 부패는 공통적으로 이러한 구조적 특성을 지니고 있다. 때문에 조직 내에서 상 · 하납의 구조를 형성하지 않은 부패 행위는 오히려 "부패 행위"르 비난받고 동료 구성원으로부터 옹호 혹은 보호되지 못하는 아이러니가 발생한다.

할을 한다. 조직화된 부패 구조하에서는 부패한 방법이나 절차를 거부하는 대리인이나 고객은 비판받고 배제된다(Klitgaard, 1988: 69-79).

국가 내에 조직화된 부패가 형성되어 있다는 것은 곧 지배적 정치 세력에 대한 반대 세력이 충분히 존재하지 않거나 정부에 대한 견제와 균형이 약화되어 있음을 의미한다. 따라서 조직화된 부패는 균형 상태로서 정치·사회적 환경에 폭넓게 확산되어 있기 때문에, 정치사회 구조에 대한 근본적 변화가 없는 한 제거하기 어렵다. 이러한 상태에서는 대개 정치부패와 행정부패가 서로 얽혀 있다. 물론 정치부패와 행정부패가 상호 독립적으로 발생한다 하더라도, 사실상 양자는 상호 공존하며 서로 연결되어 있다(Johnston & Doig, 1999: 17). 조직화되고 안정적인 부패가 발생하고 있는 국가에서, 부패 문제에 대한 직접적 대응은 기존 정치 질서를 비판하는 일부 집단에 의해서만 제한적으로 이루어지는 것이 보통이다(Johnston & Hao, 195). 즉 다수에 의한 문제 제기보다는 비판적 소수에 의한 문제 제기가 이루어진다.

이런 점에서 부패 문제를 사회의제(social agenda)로 확대할 수 있는 기제 형성이 우선시된다. 물론 이러한 경우에도 정치 지도자들에 의한 부패 문제의 이슈화가 이루어지기도 한다. 그러나 이것은 맥커빈스와 슈워츠(McCubbins & Schwartz, 1984)가 말하는 "화재경보"식 접근에서 크게 벗어나지 못하고 있다. 즉 비록 정치인들에게 부패에 대응하려는 정치적 유인과 공식적 역할이 있다고 하더라도, 이들은 정치적으로 급박하거나 체제 유지의 위기 상황하에서만 간헐적으로 대응할 뿐이다. 그런데 정치지도자에 의한 부패 문제의 이슈화도 의도대로 되는 것은 아니다. 예를 들어서 행정 부패에 대한 정치적 대응은 정치와 행정의 권력 관계에 의존한다. 여기서 행정관료들은 중요한 자원들을 보유하고 있다. 따라서 정치인들은 전리품에서 관료들과 공유하고 있거나 혹은 자신들의 정치적 입지가 취약한 경우에는 상당한 정도의 관료 부패에 대해서도 관용적인 입장이 된다(Johnston & Doig, 1999: 17). 반대로 행정관료의 입장에서도 정치 부문에서의 부패 방지를 위한 부패 문제의 이슈화도 앞서와 동일한 논리로 정치권과의 관계에서 협상의 대상이 된다.

3 기존의 부패 문제에 대한 인식의 맥락

부패 문제에 대한 인식은 고정적인 것이 아니고 다양한 형태로 변화해 왔다. 그것은 기존에 이루어진 각종 연구들을 통해 확인할 수 있다. 미세한 차이를 보이고 있기는 하지만 개념 정의의 다양화에서부터, 분석 대상, 방법 등 여러 측면에서 이를 발견할 수 있다. 때문에 기존의 부패 문제에 대한 인식의 맥락과 특성을 확인하는 것은 매우 중요하다. 다음에서 제시하는 것들은 기존의 부패 문제에 대한 인식과 연구에서 공통적으로 발견할 수 있는 특성을 정리한 것으로서, 개별 연구에서는 얼마든지 여기서 제기한 것과 상이한 특성이 발견될 수 있다. 때문에 기존의 부패 문제와 관련된 모든 연구에 이러한 인식을 적용할 필요는 없다. 그럼에도 불구하고 이와 같은 부분에 대한 정리가 필요한 것은 어떠한 접근법이나 방법도 문제의 모든 것을 분석 가능하게 해 주는 것은 아니라는 점에서, 얼마든지 새로운 접근법의 시도가 요구된다. 이 부분은 부패 문제에 대한 새로운 접근법의 시도가 얼마든지 가능함을 보여 주기 위한 것이다.

1) 분석 대상

부패 연구의 분석 대상은 주로 개인·조직 행태와 문화를 중심으로 이루어져 왔다. 부패 문제에서 개인·조직 행태와 문화가 차지하는 비중이 절대적이라는 점에서 이를 중심으로 연구가 수행되는 것은 매우 타당하다. 그리고 이러한 분석은 행정기관을 중심으로 이루어졌다(윤태범, 1999b). 이렇게 행정기관의 공무원을 중심으로 연구가 주로 이루어졌기 때문에, 행정기관을 둘러싼 환경적 조건이나 혹은 공무원(행정기관)과 다른 관련 요소와의 관계에 대한 논의는 상대적으로 부족했다. 특히 행정 부문과 정치·사회 부문과의 관계에 대한 논의가 부족한 실정이다. 물론 대개의 논문에서는 정치·사회 부문을 언급하고 있지만, 그것은 논문의 전체 구성을 위한 언급일 뿐 체계적인 분석의 대상이 되지는 못했다.

그런데 부패 문제와 관련한 최근의 흐름을 보면, 부패 문제가 이제 한 나라의 문제가 아니라 여러 나라에 걸친 문제라는 것을 보여 주고 있다. 예를 들어서 OECD의 뇌물방지협약이나 미국의 해외부패방지법의 제정, 돈세탁 방지에 대한 국제적 논의 등에서, 우리 나라는 제3자의 입장이 아니라 직접적인 당사자로서 논의될 수밖에 없다는 것이다. 이것은 적어도 부패 문제에 관한 한 이미 글로벌 거버넌스 수준의 논의가 이루어지고 있음을 의미한다. 물론 1999년 한국행정학회 주도로 연구된 것 중 "부패 유발 사회문화 환경개선" 연구는 부패 문제의 초점을 행정기관 외부로 돌려서 분석했다는 점에서, 매우 긍정적인 연구의 변화라고 할 수 있다(한국행정학회, 1999). 이외에도 물론 행정 외부에 시각을 돌려서 연구하는 논문들은 다수 발견할 수 있음은 물론이다.

2) 분석 수준

부패 문제에 대한 인식과 분석에서 가장 많이 논의되는 수준은 아무래도 개인과 조직 수준일 수밖에 없다. 앞서 언급했지만 이와 같은 분석 수준의 제한은 분석 대상의 제한과 무관하지 않음을 알 수 있다. 국가와 사회 수준에서의 부패 문제에 대한 논의는 정치학과 사회학에서 극히 제한적으로 논의되고 있으나, 많은 연구가 이루어진 것이 아니어서 분석 수준의 보편성을 논하기는 어렵다. 특히 이 분야에서의 연구는 추상성이 강해, 행정학에서의 논의만큼 구체적이지는 않은 실정이다. 미국에서의 연구 결과를 중심으로 볼 경우, 우리보다는 국가와 사회 수준의 논의가 상대적으로 많이 이루어지고 있다. 그런데 차이점은 이러한 국가와 사회 수준의 논의가 주로 정치·경제적으로 뒤떨어진 국가를 대상으로 이루어지고 있다는 것이다. 즉 미국을 대상으로 하는 연구에서는 이와 같은 거시적인 수준보다는 오히려 부패 문제 자체의 구조와 속성에 초점을 두어 미시적 접근이 주류를 이루고 있다. 우리의 경우 거시적 수준에서의 부패 문제에 대한 분석만이 아니라 사실 미시적 수준에서의 분석도 절대적으로 적다는 점에서, 양 수준에 대한 논의의 확대가 더 요구되는 실정이라고 할 수 있다(윤태범, 2001a).

3) 분석 방법

부패 문제만이 아니라 아직까지 상당히 많은 연구들이 행태주의 혹은 이와 유사한 입장에서 논의되고 있다. 특히 증가하고 있는 과학적인 분석 방법의 활용은 소위 "방법론적 자연주의"의 입장을 상당 수준 수용하고 있는 실정이어서, 어느 한쪽으로 지나치게 기울어져 있다. 부패 문제와 관련하여 최근에 빈번히 논의되고 있는 각종 부패 관련 인식 조사나 부패지수도 이와 같은 분석 방법에서 크게 벗어나지 않고 있는 실정이다. 비록 이와 같은 분석 방법과 입장이 필요하지만, 좀더 중요하게 고려될 수 있는 많은 요소들이 간과되고 있는 실정이다. 다만 제한적이기는 하지만, 이와 같은 행태주의적 분석 방법과는 달리 체제적 접근, 네트워크적 접근, 사례 중심의 연구가 이루어지고 있어서, 연구 방법의 편향성을 보완해 주고 있다. 이와 같은 방법들은 그 특성상 사례 연구를 선호하게 되지만, 우리 나라에서 부패 문제에 대한 사례 연구는 손으로 꼽을 정도로 부족할 실정이다(윤태범, 2001b). 사례 연구의 부족은 그만큼 부패 문제의 맥락에 대한 충분한 분석이 결여되어 있다는 것을 의미한다. 개별적인 부패 사례를 분석할 경우, 주목하는 것은 개별 사례의 속성과 더불어 그 사례가 처하고 있는 맥락에 대한 분석인데, 아직 이와 같은 부분에 대한 충분한 분석이 이루어지지 않고 있다.

4) 부패의 원인과 처방

기존의 부패 문제 연구에서는 부패 발생의 원인을 매우 다양하게 제시하고 있다. 더 이상 언급될 것이 없을 정도이다. 예를 들어서 개인적인 특성에서부터 조직과 업무 특성, 조직구조, 정치경제적 환경 등 매우 다양하다. 그러나 문제는 이렇게 원인 분석에 대해서는 다양성을 보이면서도, 그 처방의 제시에서는 대개 직접적이고 단기적인 정책을 선호하고 강조하고 있다. 그리고 처방의 초점도 행정기관을 벗어나지 못하고 있다. 원인은 행정기관 외부의 것을 지적하면서도 처방은 행정기관 내부에 맞추어져 있어서, 원인 분석과 처방의 불일치를 보여 주고 있다. 이것은 결국 구조와 맥락에 대한 처방이 결여되어 있음을 의미한다. 예를 들어서 공통적으로 강조되고 있는 처방의 하나가 바로 공직 윤리의 제고이다. 공무원 개개인에 대한 윤리 교육이나 윤리강령 등의 제정은 공무원의 윤리 제고와 부패 방지에 기여할 것이라는 기대이다. 그러나 이와 같은 윤리적 처방의 주된 초점은 개인이지만, 제도화에서는 개인 수준만이 아닌 전정부적인 수준에서 이루어져야 할 것이다. 이미 OECD에서는 공직 윤리의 제고를 개인 수준이 아닌 전정부 수준에서 논의되어야 하며, 전반적인 국정관리와 통합되어 이루어져야 한다고 강조함으로써(OECD, 1996), 윤리 문제가 결코 개인을 대상으로 손쉽게 이루어질 수 있는 문제가 아님을 지적하고 있다. 이러한 흐름은 부패 방지의 수단으로서 국가 수준의 신뢰성과 윤리성을 강조하고 있으며, 이것의 핵심으르서 사회 역량의 강화(social empowerment)를 제시하고 있음을 통해서도 확인할 수 있다.

5) 기존의 부패 문제 연구환경의 맥락

앞서 언급한 바와 같이 부패 문제의 인식이 제한적으로 이루어지고 있는 데는 여러 가지 요인이 있는데, 여기에서는 기존의 부패 문제 연구환경의 맥락을 정리하고자 한다. 이것은 부패 문제와 같이 사회성을 강하게 띠고 있는 주제에 대한 연구는 규범적으로만 이루어질 수 없으며, 현실적으로 많은 제약 속에서 이루어질 수밖에 없다는 것이다. 뿐만 아니라 이것은 새로운 환경의 조성은 또한 새로운 경향의 연구가 가능하다는 것을 보여 주기도 한다.

첫째 먼저 연구 인력의 부족을 들 수 있다. 특정한 주제에 대해서 어느 정도의 연구자가 있어야 충분한 것인지는 알 수 없지만, 어쨌든 부패 문제에 관한 연구자가 매우 적다는 것은 연구의 양과 더불어 연구의 질, 분석의 다양성 등 여러 가지 측면에서 부정적인 영향을 미칠 수밖에 없다. 이러한 연구 인력의 부족은 결국 연구의 가장 중요한 부분이라고 할 수 있는 기초연구를 소홀히 하도록 하며, 지나치게 응용된 연구만을 하도록 한다(윤태범, 2001a).

둘째 부패 문제와 관련된 자료의 부족을 들 수 있다. 실증주의가 최선의 연구 방법은 아니지만, 적어도 실증주의는 연구의 많은 부분을 해결해 줌에 틀림없다. 그런데 부패 문제에 관한 한 부패 문제의 속성상 어쩔 수 없다는 측면도 있지만, 정확하고 실증적인 자료가 거의 전무한 실정이며, 따라서 많은 연구가 추상적으로 이루어지거나 혹은 의식조사에 기초하여 이루어지고 있다.

셋째 다양한 행정학의 영역 중에서 특히 부패 문제에 대해서는 저널리즘적인 접근이 지나치게 많은 비중을 차지하고 있다. 저널리즘적 접근이라 함은 부패 문제에 대한 논의가 대부분 신문이나 잡지 등에서 취급되고 있으며, 체계적인 학문의 대상으로서 충분히 논의되지 못하고 있음을 의미한다. 그래도 지금은 부패 문제에 대한 학문적 연구가 많이 이루어지고 있지만, 1980년대까지만 해도 부패 문제의 연구에 대한 많은 문헌을 학술지가 아닌『신동아』,『월간조선』등의 시사잡지나 신문 등에 의존하곤 했다.

넷째 부패 문제에 대한 연구가 제한적으로 이루어지고 또한 어렵게 한 요인으로서 사실 가장 중요하게 지적될 수 있는 것이 바로 부패 문제가 발생하는 한국의 정치 · 행정 체제 그 자체라고 할 수 있다. 한국의 정치 · 행정 체제는 오랫동안 정당성을 확보하지 못했으며, 이로 인해 정치와 행정 부문에서의 부패 문제를 연구하거나 논의한다는 것은 매우 어려운 상황이었다. 일부 선대의 학자들은 당시의 상황을 부패 문제에 대한 공론화가 금기시되던 시기였다고 회고하기도 했다. 이 때문에 언론에서 기삿거리 수준에서 논의되었고, 학문적 입장에서 체계적 · 구체적으로 논의되기는 어려웠다. 뿐만 아니라 부패 문제가 지나치게 정치적으로 활용되어 왔다는 것도 부패 문제에 대한 연구를 어렵게 한 요인이다. 지금도 부패 문제도 상당히 정치적으로 활용되고 있지만, 부패 문제가 문제 그 자체로서의 논의되지 못함으로써, 부패 문제에 대한 지속적인 분석과 연구, 그리고 이를 토대로 하는 부패 방지안의 제도화는 한계가 있었다. 정부정책이나 학술 논문 등을 통해 제시되고 있는 각종 부패 방지 정책에 대해 비판적인 학자들은 과

거의 것과 별로 다를 것이 없는 재탕이라고 지적하는데, 물론 과거의 것과 대부분 유사하지만, 여기서 고려해야 할 것은 과거에 부패 방지를 위한 제도로서 제대로 활용된 것이 거의 없었다는 점을 고려한다면, 과거에 있었던 정책을 다시 제시하는 것은 오히려 매우 타당하다고 할 수 있다.

이제 정권의 정통성 시비가 과거와 비교하여 적고 시민사회의 권한이 비교할 수 없을 정도로 커졌다는 점에서, 적어도 부패 문제에 대한 연구 풍토는 매우 우호적인 상황이라고 할 수 있다. 이러한 가운데 어쩌면 거버넌스적 접근은 지극히 자연스러운 것이라고 할 수 있다.

제 3절

부패 문제의 인식 수단으로서의 거버넌스와 그 적용

1 방법 혹은 지향으로서의 거버넌스의 이해[12)]

1) 거버넌스의 개념과 특성

거버넌스에 대해서는 많은 논란이 있다. 그러나 정부에 의한 완전한 독점 상태를 제외하고는 항상 거버넌스는 존재한다. 혹은 완전한 독점 상태하에서도 거버넌스는 존재한다고 할 수 있다. 예를 들어서 중세 시대에는 종교와 정부의 결합을 통한 거버넌스가, 산업화 단계에서는 정부와 산업자본의 결합을 통한 거버넌스가 존재했다. 이와 같은 거버넌스는 적어도 당시에는 가장 중요한 의사결정체의 역할을 했다는 점에서 어느 시대이건 거버넌스는 존재한다고 할 수 있다.

이와 같은 거버넌스의 개념은 광의로는 "상호 협력적인 조정 양식"으로 정의될 수 있는데, 이와 같이 정의되는 거버넌스는 규범적인 것으로서 가치 내재적 정의라고 할

---

12) 거버넌스에 대한 이해는 매우 다양하게 전개되기 때문에 여기서는 거버넌스에 대한 추가적인 논의보다는 부패 문제에 대한 분석을 위한 방법으로서 거버넌스를 정리하고자 한다. 즉 이 논의는 거버넌스 전체에 대한 논의는 아니며, 부패 문제 인식을 위한 방법으로서의 부분적인 거버넌스 논의라고 할 수 있다.

수 있다. 여기서의 상호 협력성은 곧 국가, 시민사회, 시장 간의 관계를 의미한다. 물론 기존에도 이들 간의 상호 작용에 대한 논의가 없었던 것은 아니지만, 문제는 이들 간의 관계를 과거와는 새로운 방식으로 이해하고 또 나아가서 설정하고자 한다. 예를 들어서 기존의 정부 중심의 전통적 관리 방식하에서는 국가와 시민사회, 시장 간에는 항상 지배와 복종, 규제와 피규제의 관계로서 항상 긴장 관계가 형성되어 있는 적대적 관계였다면, 새로운 거버넌스에서 지향하는 "새로운 상호 협력적인 조정 양식"은 이와 같은 긴장의 적대 관계를 우호의 협력 관계로 대체하고자 하는 변화된 양식의 표현이라고 할 수 있다.

이와 같은 광의의 거버넌스 개념과 비교하여 UNDP에서는 상대적으로 구체적이며, 시민사회 중심적인 개념 정의를 하고 있다. 즉 UNDP에서는 거버넌스를 "국가의 문제를 해결하기 위한 정치적・경제적・행정적 권위의 사용"으로 정의하면서, 거버넌스는 시민들과 각종 집단들이 자신들의 이익을 모색하고, 자신들의 권리와 의무를 수행하고, 자신들 간의 차이를 조정하는 "복잡한 메커니즘, 과정, 관계, 제도"라고 하여 시민사회 중심으로 정의하고 있다(UNDP, 1997: v). 여기서 거버넌스를 매우 복잡한 메커니즘, 과정, 관계, 제도라고 표현한 것은, 거버넌스가 지니고 있는 다양한 성격을 이야기하는 것이다. 이렇게 거버넌스는 사회 내에서 권력을 배분하고 공공자원과 문제를 다루기 위해서 사용하는 모든 방법들(그것이 좋은 것이든 나쁜 것이든)을 포괄하고 있다는 점에서 기본적으로는 가치 중립적인 개념으로 볼 수 있다.13)

앞서 언급한 바와 같이 거버넌스 형성의 3대 주체는 바로 국가, 시장, 그리고 시민사회라고 할 수 있다.14) 이들 간의 역학 관계나 기능의 수행에 의해 다양한 거버넌스의 형성이 가능하다. 물론 3 요소의 완전한 균형 관계가 가장 바람직한 거버넌스의 유형으로 볼 필요는 없다. 즉 국가 중심 거버넌스, 시민사회 중심 거버넌스, 그리고 시장 중

---

13) 다만 이 중에서 "좋은 혹은 건전한 거버넌스"는 다양한 거버넌스의 한 유형으로서, 이와 같은 거버넌스는 공공자원과 문제가 효과적으로 다루어지고, 사회의 중요한 요구에 효과적으로 반응하는 형태라고 구분하여, 사실상 다양한 형태의 거버넌스가 존재함을 지적하고 있다.

14) 국가 중심의 거버넌스가 지니고 있는 문제를 해소하기 위한 방안으로서 시민사회 중심 혹은 시장 중심의 거버넌스가 제기되기도 하는데, 문제는 이러한 가운데 시민사회와 시장을 거의 동일한 것으로 논의하고 있다는 것이다. 이것의 혼동의 하나가 바로 신공공관리로 표현되고 있는 논의들이라고 할 수 있다. 물론 시장의 핵심을 시민으로 가정할 경우, 이와 같은 동일시는 정당하다고 할 수 있다. 그러나 현실적으로 시민은 시장에서 절대적 지위를 갖지 못하고 있으며, 최근과 같이 생산이 소비를 창출하는 한 시민의 절대적 지위가 형성되는 것은 더욱 불가능하다. 시민사회와 시장은 일치하지 않는다는 것이다.

심 거버넌스 등 모두 긍정적인 기여를 할 수 있기 때문이다. 다만 이들은 3요소 간의 관계가 불균형하다는 것을 보여 주는 것으로서, 불균형성에 따른 문제 발생의 해결 능력을 추가적으로 갖지 못할 경우 나쁜 거버넌스의 형태를 취하게 된다는 점에서, 3요소 간 완전한 균형 상태의 거버넌스에 비해서는 취약한 측면이 있다.

이들 간의 균형 관계가 어떻게 형성되든, 이들 간의 상호 작용성은 곧 거버넌스가 그 속성상 네트워크의 형태를 취하고 있음을 의미한다. 즉 이들 요소 간의 상호 작용이 특정한 문제와 관련하여 일시적으로 형성되는 것이 아니라 지속성을 띠고 있다는 점에서 거버넌스의 기본적 속성의 하나는 네트워크라고 할 수 있다. 이와 같은 네트워크를 기반으로 하는 연계망의 활동이 지속성을 갖기 위해서는 무엇보다도 신뢰를 기반으로 상호 작용이 이루어져야 할 것이다. 이와 같은 점에서 신뢰에 기반한 네트워크로서의 거버넌스는 중립성과 더불어 가치 내재적인 성격도 동시에 지니고 있다고 볼 수 있다.

거버넌스의 핵심으로서의 네트워크는 그 특징으로서 개방성, 균등성, 상호 작용성, 공동체적 선(善) 등을 들 수 있다. 즉 문제의 상황이나 맥락과 관련된 모든 주체들의 자유로운 출입, 이들 주체들 간의 권력과 영향력의 균등성,[15] 주체들 간의 영향을 주고 받는 상호 작용성의 존재, 주체들은 느슨하지만 하나의 가치 체계로 연결시켜 주는 공동체적 선의 보유 등을 기본적인 특징으로 한다.

이 점에서 보면, 그 동안 한국 사회의 지배적인 네트워크는 이와 같은 특성과는 상당히 거리가 멀다는 것을 알 수 있다. 즉 한국의 경우, 지역성, 학연, 혈연과 요소와 더불어 단기적인 근대화 이후의 자본 소유 여부를 네트워크 형성의 주된 요소로 들 수 있다. 그런데 이와 같은 요소들은 기본적으로 지극히 폐쇄적이고 불균등적인 것으로서, 결국 공동체적 선의 추구보다는 폐쇄적 네트워크에서 제한적으로만 작용하는 배타적 선을 지향해 왔다고 할 수 있다. 결국 한국에서의 부패 형성은 이와 같이 배타적 선을 지향하는 폐쇄적 네트워크의 특성을 고스란히 반영한 부정적 결과물이라고 해석할 수 있다. 사회 수준에서의 부패 문제만이 아니라 공무원 개개인의 차원에서 발생하는 부패의 경우에도 이와 같은 속성을 반영할 수밖에 없다. 다만 소위 "권력형 부패"는 이러한 폐쇄적인 네트워크를 직접적인 기반으로 형성되는 것이며, 개인 단위의 많은 부패는 이러한 네트워크의 물결 효과(spillover-effect)를 간접적으로 반영하는 것이라고 할 수 있다.

15) 여기서 수용성은 별개의 문제이다. 타 주체의 주장이나 영향력이 다른 주체에 어느 정도나 수용되는가는 권력의 독점성 정도와 더불어 정당성의 정도에 달려 있기 때문이다.

2) 거버넌스 형성의 기본 원리로서의 다원적 평등

결과적으로 어떠한 형태의 거버넌스가 형성되든, 거버넌스가 형성되기 위한 가장 중요한 원리는 바로 다양한 주체의 참여와 이들 간의 상호 작용에 의한 공동체주의의 형성이라고 할 수 있다(김석준 외, 2000: 82-85). 참여와 공동체주의가 지향하고자 하는 것은 또한 다원적 평등(complex equality)의 실현이라고 할 수 있다(Walzer, 1998: 52-53). 정의와 평등은 온정주의 혹은 포괄적인 간섭주의(paternalism)에 의해 피동적으로 주어지는 것이 아니라, 문제의 논의 과정에 참여하고, 주체로서의 의견 제시가 가능하고, 이러한 가운데 형성되는 공동체적 선의 형성을 통해 이루어지는 것이다. 어느 특정한 가치, 예를 들어서 정부에 의해 선호되는 가치가 사회의 가치나 혹은 국가의 가치를 대체할 수 없다는 것이다.

여기서의 참여주의는 기본적으로 거버넌스에 대한 주체로서의 참여를 의미한다. 예를 들어서 시민단체의 거버넌스에 대한 참여를 의미한다. 그러나 문제는 이와 같은 참여가 기존 거버넌스의 지배적인 정부에 의해 유도된다는 점이다. 물론 단기적으로는 이와 같은 정부 유도적인 참여가 다수를 차지할 수밖에 없지만, 이 참여의 자율성을 어떻게 확보할 것인가가 중요한 관건이 될 것이다. 이와 같은 외부의 참여가 좀더 적극적으로 모색되기 위해서는 그 전제적인 것으로서 내부에서 다양한 구성 요소들의 참여가 이루어져야 할 것이다.[16)]

이와 같은 새로운 주체의 참여가 효과성을 발휘할 수 있기 위해서는 무엇보다도 다양하고 새로운 참여 주체들에게 균등하게 적용될 수 있는 공동체적 선의 형성, 즉 공동체주의가 지향될 수 있어야 한다. 사실상 근대화 이후 인간 이성의 합리성에 대한 기대와 개인적 자유의 지지는 공동체적 선의 의미와 가치를 무력화하고 이를 경제적 가치로 대치시켰기 때문에 새롭게 공동체주의를 지향하는 것은 많은 현실적 한계를 지니고 있다. 자칫 균등하고 자율적인 참여가 전제되지 않은 상태에서의 공동체주의의 강조는 정부에 의한 과도한 간섭주의를 초래할 가능성이 너무 높기 때문이다. 따라서 여기서 지향되어야 할 공동체주의 혹은 공동체적 선은 개인의 비판적 성찰(self-reflection)과

---

16) 예를 들어서 지역에 대한 대학의 개방과 관련해 지역사회 인사를 대학의 의사결정 과정에 참여시키고 있지만, 정작 대학의 중요한 구성 주체인 학생이나 직원, 교수들의 참여가 이루어지지 않는다면, 결국 외부 주체의 참여는 피상성과 형식성을 벗어나기 어려울 것이다. 참여가 아니라 새로운 주체의 등장으로 적극적으로 해석될 수 있을 때 우리가 유도하는 좋은 거버넌스의 형성이 가능할 것이다.

해방을 통해서 추구되어야 할 것이다. 개인이 지향하는 가치와 자유의 한계에 대한 자기 스스로의 비판적 인식과 이를 통한 배타적 개인주의로부터의 해방, 그리고 이타적 봉사주의와 공동체적 선의 지향이 바로 거버넌스에서 지향되어야 할 가치이다. 공동체적 선과 가치는 일정한 양식에 의해 정형화되거나 고정되는 것이 아니라 타자의 가치에 대한 적극적 이해와 수용의 과정을 통해서 다양하게 형성된다는 점에서, 곧 다원적 가치의 수용 혹은 다원적 평등의 지향이라고 할 수 있다.

따라서 여기서 가장 강조되어야 할 것이 바로 정부가 아닌 시민의 덕성 혹은 시민성(citizenship)의 형성일 수밖에 없다. 문제는 이와 같은 시민정신을 어떻게 형성하는가 하는 문제이다. 이에 대해서는 신우파와 신좌파 등의 입장들이 있지만, 결국 가장 중요한 관건은 여전히 정부의 적극적인 수용성 정도에 의해 결정된다.

3) 정부실패와 거버넌스

거버넌스에 대한 논의가 활발하게 전개되고 있는 배경의 하나로서 정부실패가 지적되고 있다. 국가실패 혹은 정부실패를 극복하기 위한 논의를 소위 "낮은 수준"의 정책과 제도의 변화가 아닌 "높은 수준"에서의 국가의 관리 능력과 역할의 변화를 논의하기 위한 방안으로서 거버넌스에 대한 논의가 시작되었다.

이와 같은 논의의 배경에는 두 가지 논리가 전제되어 있다. 하나는 정부실패의 원인이 정부 독점성(정도의 차이는 있지만)에 기인한다는 것이며, 또 하나의 논리는 정부실패의 보정은 내부관리의 개혁만으로는 달성되지 못한다는 것이다. 기존의 정부개혁론이 주로 내부관리의 개선, 예를 들어서 기업가적 마인드의 도입, 효율성과 생산성의 강조, 팀제의 도입 등과 같은 미시적 수준의 것들이었는데, 이것들로써는 보정이 안 되며, 정부 독점성 자체를 해소하는 것, 즉 거시 수준의 새로운 거버넌스의 구축이 문제를 해결하는 방안이라는 것이다.

그러나 거버넌스에 대한 사고는 새로운 것이지만, 거버넌스 개념 이전에 실체로서의 거버넌스가 항상 존재하고 있었다는 점에서, 부패를 비롯한 정부실패에서 파생되는 문제점들은 사실상 정부의 실패라기보다는 실패한 거버넌스의 결과물이라고 보는 것이 더 정확할 것이다. 물론 거버넌스를 규범적으로 인식하여 지향해야 할 가치로서 받아들인다면 이러한 설명은 전혀 타당하지 않다.

그러나 거버넌스를 가치 내재적인 개념으로 받아들이지 않는다면, 우리가 "새로운"

거버넌스를 지향하면서 기대하는 것은 실패 가능성이 적거나 혹은 실패하더라도 거버넌스 내에서 "자동 조절"되고 교정될 수 있는 시스템을 갖고 있는 거버넌스라고 할 수 있다.

따라서 바람직하고 좋은 거버넌스는 선한 정부가 전제되는 거버넌스가 아니라 자율적인 교정 능력을 보유하고 있는 거버넌스이다. 그러나 이미 우리는 정부 독점의 거버넌스하에서는 사실상 자율적인 교정 능력이 발휘되지 않고 있음을 빈번하게 경험했다는 점에서, 자율적인 교정 능력을 보유하기 위해서는 무엇보다도 먼저 요구되는 것이 거버넌스 내에서의 정부 독점성의 완화이다.

물론 미국의 헌법만이 아니라 우리의 헌법도 규정하고 있는 삼권의 분립은 정부의 독점성을 억제하고 정부실패를 교정하고자 고안된 장치이다. 의회가 법안을 만들지만, 대통령은 이를 거부할 수 있고, 정부가 정책을 실시하지만, 사법부는 이를 얼마든지 무효화할 수 있다. 즉 대의제 혹은 대의 민주주의 자체는 선한 거버넌스를 지향하면서 설계된 오랜 전통을 가진 거버넌스이다.

그러나 문제는 우리의 경우, 이와 같은 전통적 거버넌스로서의 대의 민주주의가 규범적으로 설정된 기능을 제대로 수행하지 못하고 있다는 것이다. 의회, 행정부, 사법부의 규범적 기능의 상실은 곧 정부 내에서의 관리 기법의 혁신, 혹은 부분적인 참여를 통한 정부 문호의 개방정책만으로는 대의 민주주의에서 기대하는 가치를 전혀 실현할 수 없는 것이다. 우리의 경우, 지나친 대통령 1인 중심의 개혁이 정부만이 아니라 의회와 사법부까지도 규범적으로 설정된 대의 민주주의의 가치를 실현할 수 있을 것으로 기대하고 있다.

대의 민주주의가 실패한다는 것 혹은 전통적인 거버넌스가 실패한다는 것은 입법, 사법, 행정의 기반이 되는 시민사회가 전제로서 혹은 주인으로 인식되지 못하고 있음을 의미한다. 최근 들어와서 짧은 역사에도 불구하고 각종 시민단체가 국민적 지지를 얻고 있는 것은 이와 같은 전제로서의 시민에 대한 인식의 부재를 표현하는 것에 다름 아니다. 시민단체가 새로운 법률의 제정을 위해 청원을 하고, 헌법 소원을 제기하고, 행정기관에 대한 정보를 청구하고, 자질을 갖추지 못한 정치인에 대한 직접적인 반대 의사의 표현은 결국 전통적 거버넌스의 각 요소, 즉 입법, 사법, 행정에 대한 기능을 대체하는 것에 다름 아니라고 할 수 있다.

4) 거버넌스와 정부의 전통적 지배 영역의 변화

거버넌스는 정부와 관료에 의한 전통적인 지배 영역의 파괴를 의미한다. 정부의 입장에서 그것이 자발적이든 수동적이든 지배 영역의 변경과 이에 따른 관리 방식의 변화를 초래하게 된다. 기존의 정부개혁이 주로 내부 관리 방식의 변화에 초점을 두었다면, 거버넌스의 등장이나 혹은 거버넌스 지향적인 개혁은 더 나아가서 지배 영역, 즉 관할권의 변경까지 포함하고 있다.

이와 같은 관할권의 변경은 결국 공공 부문에 대한 일원적·독점적 지배가 다원적 지배 혹은 다자간 조정 체제로 변화하는 것을 의미한다. 물론 여기서의 지배 영역(domain)은 물리적 영역만이 아니라 심리적 영역까지도 포괄한다. 즉 정부의 포괄적인 간섭주의(paternalism)에 근거하는 포괄적 지배 영역의 설정으로 인한 심리적 관할권의 확대도 포함하는 것이다. 정부 간섭의 이유로서 제기되는 것은 "정부이기 때문"이라는 것 혹은 "국민을 위해서"라는 것인데, 물론 이와 같은 이유는 국민으로부터의 정당한 신탁에 근거할 경우에만 그 타당성을 주장할 수 있을 것이다. 이미 많은 국민들이 이와 같은 신탁의 정당성을 수용하지 않는다는 점에서,[17] 심리적 지배 영역의 축소에 대한 요구는 물론 더 나아가서 물리적 지배 영역의 축소까지 요구되고 있다. 이러한 지배 영역의 변화에 대한 요구는 자연스럽게 새로운 거버넌스를 지향하게 하는 힘이 되고 있다.

이와 같은 지배 영역의 변화는 다양한 부문에서 변화를 초래한다. 예를 들어서 권력 관계의 변화, 상호 작용 등 관계 양식의 변화, 동원 자원의 변화, 행태의 변화, 심지어 부패의 변화까지도 초래한다. 물론 이와 같은 지배 영역의 변화가 순조롭게 이루어지는 경우는 없다. 특히 과도기의 상황하에서는 결국 지배 영역을 둘러싼 새로운 갈등을 유발할 수도 있기 때문이다. 특히 새로운 영역의 설정이 장기간 이루어지지 못할 경우, 그 갈등은 이전보다 더 강하게 나타날 수도 있을 것이다. 이와 같은 영역의 변화는 크게 세 가지 방향으로 진행될 수 있다. 초기 단계에는 긴장 속에서 부분적인 참여를 통한 정부의 기존 영역의 유지가 가능할 수 있지만, 새로운 주체의 참여의 확대와 내부화에 따라서 영역의 공유로 확장되고, 경우에 따라서는 정부의 지배 영역 축소로 전개될 수도 있다.

이러한 과정에서 결국 정부는 지배 영역의 변경과 관련해서 수동적인 입장을 취할

---

17) 한 시민운동가가 "악법은 법이 아니다"라고 한 것은 법의 부정보다는 법 제정자, 즉 정부의 부정으로 보는 것이 타당할 것이다.

수밖에 없다. 최소한의 영역에 대한 참여만 허용하게 되고, 참여를 허용하더라도 내부에서의 반발은 강하게 나타난다. 물론 이런 가운데 정부 내에서도 영역의 변경을 강하게 지지하는 개혁 세력이 등장할 수도 있는데, 대개의 경우 이 세력은 다수의 지지를 받지 못하고 있다. 반면에 지배 영역의 확장을 요구하는 시민단체 등 정부 외부의 주체의 입장에서는 정부와 달리 적극적 입장을 취하게 된다. 가급적 최대한의 영역을 확보하고자 하는 것이다. 때문에 과도기적인 영역 변경 시기에는 기존의 영역 지배자와 새로운 주체 간에 다양한 상호 작용이 가능하게 된다. 때로는 갈등도 발생하지만, 때로는 단기적이지만 협력 관계가 형성되기도 한다. 따라서 이러한 상황하에서는 거버넌스에 본격적으로 참여하는 새로운 주체들은 정치적 성격을 강하게 지닐 수밖에 없다. 외견상으로는 대부분의 시민단체들이 비정치성을 강조하고 있지만, 실질적으로는 정치 그 자체의 과정에 진입하는 것이며, 이러한 영역 변경의 활동은 지극히 정치적인 활동이라고 할 수 있다. 따라서 이러한 영역 변경과 관련해서 새로운 정부 외부의 주체들 간에도 긴장과 갈등이 자연스럽게 발생하게 된다. 즉 지배 영역의 변경 방식을 둘러싸고 형성되는 갈등이라고 할 수 있다. 정부개혁에 대한 급진론과 점진론이 존재하듯이, 새로운 주체들 간에도 참여의 방법, 시기, 범위 등과 관련한 갈등이 발생한다.[18)]

결국 이와 같은 지배 영역의 변경이 어떻게 이루어지든, 새로운 거버넌스의 지향은 정부의 역할과 기능의 재정립을 요구한다. 즉 정부 영역의 축소와 더불어 정부 기능의 재정립을 초래한다. 이러한 정부 기능의 재정립과 관련해서 논의되는 것은, 정부 기능의 재정립 방향을 기존의 규범적 대의제를 지향하도록 하는 것인가 아니면, 규범적 대의제와도 구별되는 시민 주도적인 새로운 거버넌스를 설계할 것인가 하는 문제이다. 예를 들어서 대학의 실패에 따른 정체성의 확립과 관련하여, 개혁의 주체로서 교육부, 교수, 직원, 학생, 지역사회 중 어떤 주체가 어떻게 개입하는가에 따라서 전혀 상이한 모습의 정체성이 형성될 수 있다.

18) 예를 들어서 최근 우리 나라의 대표적인 시민단체 간에 시민단체의 역할과 관련한 논쟁이 있었는데, 속마음은 무엇이든 간에, 결국 기존의 영역 변경과 새로운 영역의 설계와 관련된 이견의 표출이라고 볼 수 있다.

2 부패 문제에 대한 거버넌스적 이해

1) 정부의 신뢰성 저하와 새로운 거버넌스의 지향

국민의 정부에 대한 신뢰성 여부는 정부와 정치에서의 도덕성 혹은 품위에 달려 있다(Nye, 1998: 142). 즉 개인적인 언동에서부터 품행, 부패 행위 등에 의해 신뢰성이 결정되는 것이지 정부의 낮은 성과 때문은 아니라는 것이다. 때문에 성과는 국민으로부터의 지지와 신뢰를 얻기 위한 충분 조건이 되지 못한다. 문제는 이와 같은 도덕성에 대한 요인은 성과와 같이 관리되기 어려울 뿐만 아니라 단기적으로도 높은 수준을 달성하기 어렵다는 문제를 지니고 있다.

그런데 이러한 정부 신뢰성의 저하는 우리만이 아니라 많은 국가들이 직면하고 있는 문제라고 할 수 있다. 미국의 경우, 워싱턴 정부의 신뢰성에 대해서 1960년의 조사에서는 72%이었던 것이 1996년에는 그 절반인 35%로 추락한 것으로 조사되었으며, 정부는 국민이 아닌 정부 스스로를 위해 일한다는 응답도 1960년의 29%에서 1996년에는 배 이상인 76%로 급증했다(Nye, 1998: 125-127). 이러한 정부에 대한 국민의 불신은 시민단체에 대한 신뢰로 나타나기도 한다. 즉 정부에 대한 불신과 NGO에 대한 신뢰의 관계로서, NGO가 자체의 역량으로 지지와 신뢰를 얻은 측면도 있지만, 한편에서는 정부에 대한 상대적 불신에 힘입은 바 크다고 할 수 있다. 즉 새로운 거버넌스가 추구되고 있음을 의미한다.[19]

새로운 거버넌스는 정부와 공무원의 부패 문제를 정부 내부의 문제만으로 보는 것이 아니라 정부 외부로까지 적극적으로 확장하여 보고자 한다(OECD, 1995: 55). 전통적인 입장에서와 같이 "선한 정부 속에서 발생하는 일탈"로서의 부패가 아니라, 정부이기 때문에 부패가 발생한다는 것이다. 그런데 그 정부는 권력을 독점하고 있으며, 시민사회와의 상호 작용이 일어나지 않고 있으며, 견제가 이루어지지 않고 있으며, 따라서 내부적인 교정 능력을 상실한 정부인 것이다. 분명히 우리가 주목해야 할 대상으로서의

---

19) NGO와 관련해서 가장 시급한 것으로 제기되는 것으로서, "시민 중심의 역량 강화"를 들고 있는데, 이것은 결국 NGO가 시민사회와 구분되고 있다는 것을 의미한다. 물론 NGO의 기능 자체는 시민사회를 지향하고 있지만, 아직까지는 시민이 그 중심에 서지 못하고 있으며, 여전히 시민은 주체가 되지 못하고 있음을 의미한다. 물론 이것이 시민이 반드시 직접 나서야 한다는 것을 의미하는 것은 아니다. NGO가 시민에 대해 계도적인 입장을 갖는다는 것은 우리의 현실에 어쩔 수 없다는 측면도 있지만, 결국 이렇게 될 경우 NGO와 정부의 기능상의 구분은 모호해진다.

그림 8-1 정부-사회 관계의 불균형성과 부패 발생

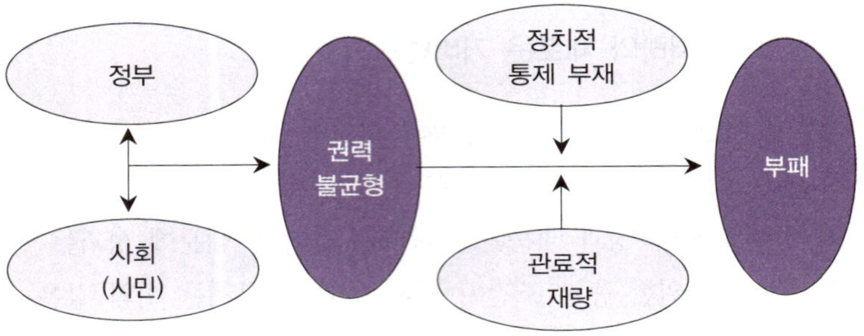

부패는 정부와 공무원의 부패이지만, 우리가 생각하고 조정하여 할 대상은 정부와 공무원만이 아니라 정부와 시민사회의 관계, 정부의 맥락인 것이다. 이따금식 추진되고 있는 정부규제 완화나 재량권 축소 등과 관련된 정책들도 부분적이나마 정부-시민사회의 관계에 초점을 둔 것이기는 하지만, 대부분 내부관리 방식과 형식적 절차의 변경에 머무르고 있는 실정이다.

거버넌스 측면에서는 부패 문제에 대한 개혁에서 내부관리의 개혁을 통해서보다는 정부를 포함한 새로운 거버넌스의 형성을 통해서 해결하고자 한다. 즉 거버넌스에서는 부패 문제를 관리 방식의 문제가 아닌 정부-사회간 구조와 맥락의 문제로 보고 있기 때문이다. 부패 발생적인 정부 주도의 거버넌스는 그 자체로서 구제도(ancient regime)로서 이해되며, 따라서 이러한 구제도의 변화 없이는 부패의 개혁이 어렵다는 것이다. 구제도의 변화가 전제되지 않는 내부관리 방식이나 담당자의 변화는 결국 기존 구제도의 유지 내지는 강화의 한 방편에 불과한 것이기 때문이다.

물론 정부의 독점성이 약화된 참여적인 거버넌스하에서도 부패는 발생한다. 그러나 이 부패는 교정의 대상이며, 교정이 되고, 여간해서는 재발되지 않으며, 거버넌스 내에서 서로를 견제하는 강한 장치에 의해 여간해서는 발생하지 않는다. 예를 들어서 미국의 정부윤리법이나 로비 관련법을 들 수 있다. 미국의 공무원은 비록 작고 사소한 것이라도 급여 이외의 것은 받아서는 안 되며, 국민이나 기업들은 정부를 상대로 이해 관계가 있는 일을 할 경우에는 등록하고 (로비스트를 활용하여) 하라는 것은 결국 거버넌스 전체를 견제와 균형의 네트워크 속에 놓고 있다는 것이다. 이 법들은 공무원 개개인을 통제하는 법이 아니라 거버넌스라는 맥락을 보호하는 장치인 것이다.[20]

그리고 거버넌스하에서는 정부의 부패만이 아니라 시민사회의 부패 문제도 정부 이상으로 중요하게 부각되고 논의될 수 있다. 이따금씩 사회에서의 부패 문제가 논의되고 있지만 매우 소극적으로 이루어지고 있다. 정부의 부패와 사회의 부패를 분리하여 정부에 주된 초점을 두는 것은 정부 주도적인 전통적인 관리 방식하에서는 타당성을 지니고 있지만, 적어도 거버넌스하에서는 타당하지 않다. 거버넌스하에서는 시민사회도 주체로서의 지위를 지니고 있기 때문이다.[21]

2) 부패 문제에 대한 개인적 책임 부과의 한계와 새로운 거버넌스

부패 문제에 대한 거버넌스의 적용이 용이한 것은 부패 문제가 지니고 있는 속성에 기인한 것이다. 우리가 그 동안 집착한 것은 부패 행위의 개인적 귀인(歸因)에 대한 것이다. 그것도 근원적인 귀인보다는 적절한 소재지의 확인 차원에 불과하다. 그것은 부패의 원인에 대한 논의보다는 부패에 대한 즉각적인 처벌의 대상을 확인하는 데 더 목적을 두어 왔기 때문이다. 이와 같은 시각을 갖게 되면, 부패 행위 하나하나에 대한 대응을 요구하는 것이고, 이것은 결국 부패에 대한 대응이 불가능함을 시인하는 것이나 마찬가지이다. 또 하나는 부패 문제의 귀인을 1차적인 행위의 당사자인 공무원 개인에게 귀인시키는 것이 아니라 조직, 문화, 나아가서 행정 전반에 대한 문제로 귀인하게 되면, 결국 행정의 정체성에 대한 문제의 지적으르 확대되는 것이라고 할 수 있다.

때문에 거버넌스의 입장에서 보면 부패 행위 당사자에 대한 엄정한 처벌은 필요한 것이지만 행정기관 수준에서의 부패 방지에는 큰 도움을 주지 못한다. 물론 부분적으로 엄정한 처벌이 다른 잠재적 부패 가능성이 있는 공무원에 대한 경각심을 불러일으키고 따라서 줄일 수 있을 것이라는 긍정적인 선순환을 기대하지만, 이것도 사실 입증하기 어려운 기대에 불과하다. 예를 들어서 세무 공무원이나 경찰 공무원에 대한 처벌이 그

---

20) 우리는 강한 규제 내용을 담고 있는 행동강령을 만들면 대개 "그렇게 하면 어떻게 일하나"라고 응답한다. 여전히 정부는 주도적이며 강한 존재이라는 것이다. 즉 거버넌스적 이해가 전제되어 있지 않다는 것이다.

21) 거버넌스의 한 유형으로서 신공공관리론을 들고 있는데, 신공공관리론이 강조하고 있는 "고객 지향성"은 사실상 주체로서의 정부 입장에서 객체로서의 시민을 대상으로 하는 것으로서, 규범적 거버넌스가 지향하고 있는 가치와는 거리가 있다. 즉 신공공관리론은 시민을 주체로서 설정하지 못함으로서 전혀 규범성을 지니지 못했다는 것이다. 이 점에서 보면 신공공관리론은 전통적인 관리 방식과 차별성을 갖지 못한다. 물론 전통적인 관리 방식의 입장에서 보면, 시민의 "고객화"는 외견상 시민의 지위 상승으로 인식될 수 있지만, 이것은 정부 중심적이고 기업가적인 사고 방식의 소산으로서, 시민의 지위를 주체가 아닌 객체로 고정 혹은 낙인한 것이라고 할 수 있다.

렇게 많이 이루어지고 있지만, 여전히 가장 많은 부패 행위가 발생한다는 것은 이러한 선순환의 기대가 제대로 적용되지 않는 것이라고 할 수 있다. 이것은 곧 부패 문제가 개인에게 "발견"되지만 결코 개인적인 것이 아님을 말해 주는 것이기도 하다. 즉 부패 문제는 문화이론에서 말하는 것과 같은 "물결이론"이 작용하고 있다. 호수나 바닷가에서 일렁이는 물결은 호수가나 바닷가의 지면에 움직임이 있어서가 아니라 멀리서 큰 배가 움직이고 있거나 혹은 바람이 강하게 부는 등 호숫가나 바닷가와는 전혀 상관 없는 이유로 움직이는 것이다. 즉 부패 행위와 관련된 개인에 대한 처벌도 필요하지만, 반드시 병행해서 고려되어야 할 것은 바로 그 공무원이 처하고 있는 다양한 공적·사적인 맥락에 대한 것이다.

물론 이러한 현상은 공무원의 부당한 행위에 대한 처벌에서도 나타나고 있다. 공무원의 부당한 의사결정이나 행정 행위에 대해서 대개 문제와 가장 가까운 거리에 있는 공무원, 즉 대개 하위직 공무원들에게 책임이 귀착된다. 이러한 책임의 부과에 대해서 물론 많은 공무원들이 부당하다고 항변하기도 한다. 예를 들어서 권위적인 조직하에서는 반드시 명시적인 문서만으로 의사결정이 이루어지는 것이 아니라, 명문화되어 있지는 않지만 조직 내부의 관행이나 강압적인 분위기 등으로 의사결정이 이루어지기도 한다. 즉 개인의 윤리성과는 상관 없이 개인이 처하고 있는 맥락 때문에 의사결정이 이루어진다.

이와는 정반대로 부당한 의사결정이나 행정 행위가 1인이 아닌 다수가 개입되어 있다는 이유, 즉 계층제적 위임을 근거로 책임을 회피하기도 한다. 이 경우 상위직은 하위직에 대해서 "내가 모든 책임을 지겠다" 하는 식으로 하위직에 대한 책임을 면제하고, 외부 여론에 대해서도 자신이 모든 것을 책임지겠다는 "도덕적 의지"를 표현함으로써 여론을 무마한다. 대개 이런 과정을 거칠 경우 얼마 지나지 않아서 여론은 다른 문제로 관심을 돌린다. 결국 부패 문제는 형법상의 범죄와 같은 사건이 발생하지 않는 한 특정한 개인을 상대로 처벌을 하는 것은 한계가 있으며, 공무원 스스로도 처벌에 대해서 저항하고 수긍하려고 하지 않는다. 이것은 부패 문제를 개인의 수준이 아닌 전혀 다른 수준으로 이해되어야 함을 의미한다. 거버넌스적 이해는 이와 같이 개인에게 부과되는 책임의 모호함과 한계를 극복할 수 있는 가능성을 제시해 준다.

3) 과잉 간섭주의하의 부패 발생과 새로운 거버넌스

부패를 여러 가지로 정의하고 그 원인을 설명할 수 있지만, 어떻게 하든 부패 문제 혹은 부패 행위는 규범적으로 혹은 실정법적으로 부여된 권한을 초과하여 사용하는 것 혹은 이로 인해 발생하는 부정적 문제로 설명할 수 있다(OECD, 1995: 53). 이렇게 부패를 설명할 수 있는 것은 부패 문제 이전에 사실상 정부의 권한이나 역할, 기능을 명확하게 규정하는 것이 불가능하기 때문이다. 즉 정부의 모든 기능을 법규정에 일일이 열거하고, 일을 수행하는 절차나 방법을 모두 적시하는 것은 불가능하다. 즉 재량권으로 표현하고 있듯이 모호한 영역이 존재한다.

그런데 공무원만이 아니라 사람이라면 자신의 권한이 미치는 영역을 확대하고자 하며, 특히 공무원에게서 영역의 확대는 곧 사회 부문에 대한 개입의 확대를 의미한다. 이럴 경우 공무원에게 부여되는 재량권의 경계는 모호해지며, 이 경우 정부의 간섭주의는 과잉 상태를 나타낼 수 있다. 간섭주의 자체에 대한 논란도 있지만, 적극적 정부의 역할을 인정한다 하더라도 전통적 관리 방식하에서 이루어지는 정부의 과잉 간섭주의는 결국 소여된 역할을 초과하는 기능의 수행과, 이 기능의 수행을 위한 추가적인 권한을 주장하게 된다. 간섭주의에 근거하는 초과되는 기능의 수행과 추가적인 권한에 대해서는 입법화되지 않은 영역으로서, 부패 발생의 중요한 조건이 된다. 이러한 추가적인 기능의 부담과 권한의 요구는 정부 부문에서만 발생하는 것은 아니라. 예를 들어서 정부(관료)의 경우 국가 발전이나 안보에 대한 부담감, 정치인의 경우 정치 체제 형성에 대한 부담감, 기업가의 경우 기업 성장에 대한 부담감이 발생하게 되며, 이러한 부담감은 곧 추가적인 권력의 요구와 확대를 정당화한다.

거버넌스 입장에서 보면 부패는 결국 규범적으로 부여되거나 실정법적으로 부여된 권력을 넘어서는 것을 추가적으로 획득하고자 하는 데서 비롯된 부정적 결과라고 해석할 수 있다. 추가적인 권력은 추가적인 영역의 부담감을 해소하기 위한 명분으로 정당화되는데, 문제는 이러한 추가적인 권력이 자체 영역에서 생성되는 것은 한계가 있다는 것이다. 즉 자체 영역에서의 생성은 스스로의 노력과 자체적인 변혁을 통해서 가능한 것으로서, 이것은 자기 비판(self-reflection)이 전제되어야만 가능한 것이라고 할 수 있다.

때문에 자기 비판이 전제되지 않는 상태에서 권력을 추가적으로 확보하는 가장 용이한 방법은 바로 다른 영역에 대한 관심과 다른 영역으로부터의 권력의 도출이라고 할 수 있다. 예를 들어서 정치 부문의 경우, 자기 비판이 전제되지 않는 상태에서 경제 부문에 대해 개입하게 되고, 경제 부문과의 유착을 통해 정치 권력을 부당하게 확장하는 것이다. 물론 경제 부문도 동일한 논리로 정치 부문에 개입하게 된다. 자기 비판을 전제로 자체 영역에서의 권력을 강화하지 못하는 한, 이와 같은 부정적 유착의 가능성은 항존한다. 이러한 측면에서 거버넌스는 전통적인 관리 방식이나 정부와는 달리 자기 비판을 내부화한 형태라고 할 수 있다.

제4절

부패 저항적인 "좋은 거버넌스"의 구성과 의미

부패가 자주 발생하고 또한 많은 정책에도 불구하고 이것이 잘 시정되지 않는다는 것은 거버넌스의 입장에서 보면 나쁜 거버넌스의 존재 때문이라고 할 수 있다. 따라서 이러한 입장에서 부패를 효과적으로 억제할 수 있는 궁극적인 방법은 거버넌스의 교체 혹은 변화이다. 기존의 관리 방식 혹은 정부 독점하에서의 부패 방지 정책은 일시적인 진통제의 효과만 발휘할 수 있을 뿐이다. 아무리 외부의 참여가 이루어져도 그것은 정부 정책의 합리화를 위해 활용되는 것일 뿐 문제에 대한 처방은 아니라는 것이다. 여기에서는 UNDP가 주로 논의하고 있는 좋은 거버넌스의 형성을 중심으로 논의했다.

1 좋은 거버넌스의 형성

1) 좋은 거버넌스 형성의 전제 조건으로서의 자기 비판과 동등 참여

개념상 좋은 거버넌스(good governance)는 "좋은 구성원들의 좋은 관계를 통한 공동관리의 지향"으로 표현된다.22) 여기서 좋은 구성원은 이타성을 지향하는 구성원을

22) 좋은 거버넌스에 대한 논의는 "나쁜" 거버넌스를 전제로 하는 것이다. 엄격한 계급제가 존재하지 않는 한 거버넌스는 항상 존재한다. 여기서 말하는 나쁜 거버넌스는 폐쇄적이고 선택적으로 형성되는 거버넌스를 의미한다. 그런데 현 정부에서 논의되고 있는 신지식인 혹은 지식 기반의 논의는 폐쇄적인 나쁜 거버넌스를 극복하는 하나의 방법으로 볼 수도 있다.

의미하며, 좋은 관계는 균등한 상호 작용의 확보를 의미한다. 즉 좋은 거버넌스하에서는 구성 주체들 간의 관계가 전통적인 관리 방식하에서와 같은 갈등과 대립보다는 보완과 협력의 관계를 지향한다. 물론 여기서의 보완과 협력의 관계는 각 구성 주체들이 하나의 구성원처럼 기능하는 것을 의미하지는 않는다. 거버넌스가 강조하는 것은 다양한 주체들의 자발적이고 능동적인 참여라고 할 때, 이것이 가능하기 위해서는 여러 가지 조건이 요구된다. 가장 중요한 전제 조건은 각 구성 주체들의 자기 비판과 참여의 동등성의 확보라고 할 수 있다.

먼저 자기 비판은 그 특징으로서 권력의 부당한 사용의 인식, 이에 따른 침해의 존재에 대한 인정, 자기 권력의 절제, 다른 주체의 가치관에 대한 인정과 개방적 수용, 적극적 의사소통의 유지 등을 들 수 있다. 이러한 과정은 닫힌 체제에 고립되어 있던 정부를 열린 체제 속으로 "해방"시키는 것이라고 표현되기도 한다. 정부 입장에서의 이와 같은 자기 비판은 기존의 독점적인 통치를 포기하는 것과 동일하다. 오히려 포기라기보다는 공동관리 혹은 공동 통치의 의미로 해석되는 것이 바람직할 것이다. 그리고 동등참여(equal participation)는 부분적인 참여, 선택적인 참여, 비공식적인 참여, 형식적인 참여가 아니라 거버넌스에 정부와 동등한 주체로서 참여하는 것을 의미한다.[23] 동등하다는 것은 정의롭다는 것을 의미하는데, 이 동등성(equality)은 롤스적인 정의의 원칙이나 노직의 자연권적 재산권의 강조보다는 오히려 실질적인 "능력"의 균등성을 강조한 센(Sen, 1987)의 주장이 거버넌스하에서는 더 설득력이 높다고 할 수 있다.

이와 같은 자기 비판과 동등 참여가 유효하게 이루어질 수 있는 방법은 거버넌스 주체들 간에 문제에 대한 충분한 정보(사실, 방법, 지식, 과정 등)를 공유[24]하는 것이다. 정보의 공유는 곧 자원(권력)의 공유이다.[25] 정보의 공유와 동등 참여를 지향하는 거버넌스는 그 특성상 긍정적 의미로서의 원형 감시 체제(panopticon)와 같은 특성을 지니고 있다고 할 수 있다. 이와 같이 형성되는 좋은 거버넌스 특징으로서 다음을 들

23) 사실 우리 헌법에 제시되어 있는 "민주공화국"은 규범적이기는 하지만 가장 이상적인 거버넌스의 형태라고 할 수 있다. 국민이 주인이 되어 공동의 통치를 하는 것이 바로 민주공화국이기 때문이다.

24) 물론 이 공유는 공개를 바탕으로 하는 공유이다.

25) 정보공개법에 대해서 전통적인 관리 방식하에서는 요구한 정보에 대해 심사를 거쳐서 공개하는 것이지만, 새로운 거버넌스하에서는 정보는 공개되어 있어야 하며, 이 정보에 대한 구체적인 설명의 요구가 있을 때 정부는 추가적으로 설명할 수 있어야 한다. 정보공개는 요구가 아니라 전제라는 인식이 중요하다.

수 있다.

• 가치의 다원성 인정과 일치성의 지향
• 안정적인 상호 작용의 유지
• 상호이익 증진 체제의 지향
• 정체성과 동태성의 확보

따라서 거버넌스하에서의 권력의 생성은 독점적 영역의 배타적 보유에 기초하고 있는 전통적인 관리 체제와는 달리 유효한 네트워크의 형성 여부에 의존하고 있다. 즉 배타적이고 폐쇄적인 네트워크보다는 개방성이 권력의 정도를 결정한다. 흔히 참여를 통한 의사결정은 그렇지 않은 경우에 비해서 느린 것으로 평가하지만, 근원적인 문제의 해결이라는 측면에서는 오히려 참여를 통한 의사결정과 문제 해결이 더 빠르다고 할 수 있다. 동등한 수준에서의 더 많은 외부 주체들의 개입은 문제 해결의 중요한 요건이 된다. 이렇게 형성되는 거버넌스는 안정적인 견제와 균형의 장치를 보유하고 있다(OECD, 1995: 73). 좋은 거버넌스하에서의 견제와 균형은 다음과 같은 특징을 가진다.

첫째 이 시스템은 복수의 요소들로 구성되어 있어서, 정부는 상이한 노선에 배치되어 있는 일련의 기관들의 동의를 받지 않고는 활동할 수 없다.

둘째 정상적인 시민이나 미디어 등과 같은 외부 주체들은 정부가 어떻게 작동하는지에 대한 정보를 얻을 수 있으며, 정책에 대한 자신들의 불만을 표현할 수 있는 방법을 갖고 있다.

셋째 정부구조는 국가에 반하는 개인을 보호하는 장치를 포함하고 있다. 정부 활동은 법률에 의해 견제된다. 그리고 개인들은 정부의 강탈에 대해 호소할 수 있으며, 내부고발자는 법에 의해 보호된다.

2) 좋은 거버넌스로서의 시민 지향적 거버넌스

좋은 거버넌스하에서도 시민사회가 절대적인 위치를 차지하는 것은 아니지만, 전통적인 관리 방식과 비교하면 확실히 좋은 거버넌스는 시민 중심의 혹은 시민 지향적인 거버넌스라고 할 수 있다. 그런데 이와 같은 시민 지향적 거버넌스의 형태는 일정한 것은 아니다. 예를 들어서 정부에 대한 불신과 비판에 기초하여 성립된 미국의 경우, 처음부터 시민 중심의 국가와 정부 형성으로 인해 시민 혹은 사회 부문의 거버넌스에 대한 참여는 자연스러운 것으로 볼 수 있다. 그런데 우리의 경우에는 정부 중심의 통치를 시민 지향적으로 전환한다는 의미로서의 좋은 거버넌스의 지향이라는 점에서, 여기에서도 사실상 시민이 거버넌스의 주체가 되는 데는 한계가 있다. 오히려 우리의 경우에는 행정부보다는 입법부와 사법부가 상대적으로 시민 지향적이라는 장점은 있지만, 시민 중심보다는 입법부와 사법부 중심의 거버넌스로 이행될 가능성이 높다는 것이다.

행정부나 공무원의 경우 시민으로부터 직접적인 위임 관계가 설정되지 않지만, 입법부의 경우에는 상대적으로 시민으로부터의 권한 위임이 좀더 직접적이라는 점에서, 우리의 경우 시민 중심의 거버넌스보다는 시민 지향성의 의회 중심 거버넌스에 가까울 수 있을 것이다. 이와 같은 것은 최근의 시민단체의 활동을 통해서도 확인할 수 있다. 물론 시민단체가 다양한 형태로 참여 활동을 하지만, 가장 중요하게 이루어지는 활동의 하나는 입법 청원 활동이며, 이 활동은 대개 시민단체에 우호적인 의원과의 연대를 통해 이루어진다는 점이며, 또 하나는 시민단체에 의해 이루어지고 있는 각종 소송이다. 이러한 점에서 우리의 거버넌스는 시민 중심의 거버넌스보다는 우선적으로 시민 지향적인 의회 중심 혹은 사법부 중심의 거버넌스가 강조될 수도 있다. 물론 이러한 현상은 정치에 대한 불신과는 구분되는 것이다.

이런 가운데 단기적으로는 정부와 시민사회 간에는 동등한 주체로서의 상호 작용보다는 비판적 관계가 형성될 수 있다. 즉 정부 중심의 통치 체제에서 시민 중심으로 직접적인 이동이 아니라, 정부와 시민사회 간의 대립적 관계가 형성된다는 것이다. 이러한 대립각의 형성은 좋은 거버넌스를 형성하기 위한 동등한 주체로서의 위상이 마련되어 있지 않기 때문이다. 즉 정부의 경우에는 자기 비판과 수용성에서, 시민단체의 경우에는 자기 정체성과 전문성, 시민 대표성의 확보라는 측면에서 여전히 부족하기 때문이다. 이 점에서 보면 궁극적으로 시민 중심의 거버넌스가 요구되지만, 과도기적 이행기에는 의회와 사법부를 매개로 하는 거버넌스가 현실적으로 유효할 수 있다.

2 부패 문제에 대한 집합적 대응으로서의 사회 역량의 강화

분명히 제도 개혁이 국가의 투명성과 책임성 강화에 기여할 수 있지만, 장기적으로는 사회 역량의 강화(social empowerment)를 통한 새로운 거버넌스의 형성이 필요하다. 사회 역량의 강화는 시민사회의 정치 · 경제적 생명력과 기능을 활성화시키는 것을 말한다(Johnston, 1998: 85). 사회 역량의 강화를 통한 정치·경제적 자원, 대안이나 활동에 대한 시민 참여 확대는 시민사회에 대한 착취의 가능성을 줄이고, 정치·행정 과정에 시민이 참여하여 효과적으로 영향을 미칠 수 있으며, 이에 따라서 공무원의 사익추구적 행동을 견제할 수 있다. 시민사회에 의한 견제가 효과적으로 이루어질 경우, 공무원들은 정치·경제 부문에서 자신들이 행사하고 있었던 독점권이나 자유재량권을 상당 부분 상실하게 된다. 이러한 공무원의 독점권이나 재량권은 클리트고르(Klitgaard, 1988: 75)가 말하는 부패의 기본적인 요소들이라는 점에서, 이러한 시민사회의 강화는 부패 방지와 관련해서 중요한 의미를 지니고 있다. 반부패 전략으로서의 사회 역량의 강화와 권한 확대는 복잡하고 장기적인 과정으로서(Johnston, 1998: 91), 이것이 조직, 인력, 관리 수준에서와 같은 단기적인 개혁까지도 대신하는 것은 아니다. 당연히 거시적이고 장기적인 수준에서의 시민사회에 대한 권한의 부여와 미시적이고 단기적인 수준에서의 개혁이 동시에 작동되어야 한다.

결국 부패 방지에서 시민사회의 기본적인 역량 강화와 시민사회와 국가 간의 권력 균형은 중요한 요소이다. 시민단체들은 바로 시민사회(시민들)와 국가 간의 균형 관계를 형성해 주는 중심추 내지는 연결고리의 역할을 한다. 시민사회의 발전과 역량 강화는 단기간에 인위적으로 이루어지는 것이 아니라는 점에서, 강화 과정이 잘 인지되지 않거나 혹은 인지된다 하더라도 매우 불규칙적이고 무질서하게 보일 수 있다. 그러나 활기 있는 시민정치는 본래적으로 불규칙적이다. 위로부터의 통제는 단기적으로는 부패 공무원들의 행동을 경직시킬 수 있지만, 좀더 장기적으로는 시민사회의 발전을 통해서 부패 억제를 지향하는 새로운 공공질서와 규범의 정착이 요구된다(Johnston, 1998: 93). 바람직한 시민사회는 자유로운 상호 작용이 가능한 사회로서, 자유로운 의사소통과 토론의 반복 과정(학습 과정)을 통해 강력하면서도 정당성을 갖춘 사회적 규범을 형성할 수 있다.

이러한 시민단체의 역할은 OECD에 의해서도 상당히 강조되고 있다. OECD의 한 조사에 의하면,[26] OECD 회원 국가 내에서 성실성(integrity)이 가장 높은 분야(기관)으로서 시민단체가 최고 평가를 받았다. 부패 방지를 위한 개혁 방안에서도 권한 이양, 정치자금 개혁, 금융 개혁과 함께 시민단체의 발전을 제시하고 있어서, 시민단체가 반부패에 상당한 기여를 할 수 있음을 제시했다. 최근 부패 방지에서 시민단체가 중요한

26) OECD가 1998년 OECD/USAID 공동의 국제 세미나에서 조사한 결과이다. OECD(1998). Results of the Pilot General Participant Survey: Combating Corruption in Transition Economies.

주체로서 부각되고 있는 것은 기본적으로 부패 문제가 개인 차원의 문제가 아니라, 조직, 사회, 국가 차원의 문제라는 인식이 전제되기 때문이다. 즉 부패 문제는 사적 재가 아니라 공공재 혹은 집합재적 특성을 지니고 있다. 부패 문제가 집합재의 특성을 지니고 있는 것으로 인식이 전환함에 따라서(김준기, 1999: 665), 기본적으로 집합재적 문제에 관심을 가져왔던 시민단체들이 부패 문제에 대해서도 관심을 갖는 것은 자연스러운 관심 영역의 확장이다. 부패 문제가 공공재로서의 특성을 지니고 있기 때문에, 부패 문제에 직접 개입되어 이익이나 피해를 보지 않는 한 평상시에는 부패 문제에 대해 특별히 인식하지 않는다. 이런 점에서 시민단체의 역할은 부패 문제가 공공재적 문제성을 지니고 있다는 것을 인식시키는 것이다.

공공 문제로서의 부패 문제에 비공식적인 시민단체가 등장할 수밖에 없는 것은 정부에 의한 부패 방지 정책이 실패하기 때문이다. 일반적인 정부실패에 대해서 시장이 개입하는 경우가 많은데, 부패 문제의 경우에도 같은 논리로 시장과 시민단체가 개입하게 된다. 정부실패처럼 부패가 필요악적인 존재라는 인식이 퍼져 있는 상태에서, 부패 형성의 핵심 요소의 하나인 시민의 의식 개혁을 포함한 시민 참여가 확보되지 않고서는 근본적인 개혁을 기대하기 어렵다. 이런 점에서 시민의 반부패 의식을 제고시키고 시민사회의 개혁을 유도하는 것이 바로 시민단체의 중심 역할이다.[27] 물론 아직 대부분의 국가에서 시민단체의 힘이 약한 것이 사실이지만, 시민단체에 의해서 이러한 노력이 지속적으로 이루어질 때 부패에 대한 개혁의 가능성은 증대된다. 특히 시민단체는 특정한 계층이나 집단의 사람들만이 아니라 다양한 계층의 다양한 분야에 종사하는 사람들(종교인, 법률가, 회계사, 교수, 기타)에 의해서 구성되고 운영되기 때문에, 정부나 정치권과 비교해 다양한 부패 문제를 이슈화할 수 있다. 이것이 시민단체가 가지고 있는 가장 큰 장점의 하나이다.

3 좋은 거버넌스로서의 윤리적 기반과 윤리적 정부

공무원은 매일매일 자유재량권을 행사한다. 그런데 이 자유재량이 반드시 부패로

27) 부패 방지에서 시민의 협력이 필요한 이유로서 참여연대의 박원순(1994: 11-12) 변호사는 ① 시민의 부패 방지에 대한 확고한 의식 없이는 부패 방지는 한계에 직면하며, ② 시민의 부패 반대 의식의 제고와 확산이 부패 예방의 조건이며, ③ 시민이 주체가 되어야 본질적인 부패 추방이 가능하다는 이유를 제시했다.

연결되는 것은 아니지만, 부패를 발생시키는 주요 이유의 하나이다. 문제는 공무 수행 상 재량은 필연적인 것으로서, 법적으로 그 한계를 명확하게 설정하는 것은 불가능하다. 윤리(ethics)는 이 같은 공적 권력의 재량적 사용을 견제하는 중요한 수단이며, 또한 정부(정부기구)에서 신뢰성(trust)을 유지하는 가장 중요한 수단이다. 그러나 공공 부문의 활동은 정태적 상태(status)가 아니라 지속적 과정(process)으로서, 규칙과 법으로 이를 규율하는 데는 한계가 있다. 따라서 중요한 것은 일시적인 제도의 마련이 아니라, 이것의 지속적인 관리 과정이며, 따라서 지속적인 전략의 마련이 중요하다. 이런 측면에서 재량권을 규율할 수 있는 윤리는 도구적일 수 있지만, 목적을 위한 필수적인 수단이다. 즉 정부의 윤리는 좋은 정부정책 형성을 위한 필수적 전제 조건이다. 모든 정책들이 이것에 의존하고 있기 때문에 이것은 어떤 단일의 정책보다도 중요한 정책이다(Thompson, 1992: 255).

많은 국가들이 "신뢰 적자(confidence deficit)"의 문제에 직면하고 있는데(OECD, 1998b), 이것은 정부 정당성, 정부조직, 나아가서 정책에 대한 불신까지 포함한다. 이러한 신뢰 적자의 증가는 "부적절한 행동(inappropriate actions)"이나 스캔들 등에 의해 증폭되며, 이것의 해소 방안으로 윤리 기반 혹은 이를 기초로 하는 윤리적 정부가 중요한 이슈로 부각되고 있다(OECD, 1998). 물론 '윤리 기반(Ethics Infrastructure)'은 OECD가 회원국의 윤리관리 실태를 조사하기 위해 개발한 분석도구로서(OECD, 1996),[28] "잘못된 행동을 억제하고 바람직한 행동을 고양하기 위한 일련의 수단과 과정"으로 폭넓게 정의하고 있다.[29] 따라서 윤리 기반은 공무원의 행동에 대한 일정한 경계를 규정한 규칙, 통제, 조건, 활동이라고 할 수 있으며, 또한 윤리 기반을 제대로 구축함으로써 높은 윤리적 수준의 공무원 행동을 확보할 수 있는 인센티브를 제공하는 적극적인 역할을 수행한다. 윤리 기반은 그 나라의 문화적 · 정치적 · 행정적 전통에 의존적일 수밖에 없지만, 일반적 원칙을 제시하고 있다는 점에서 하나의 규범적 틀로서 활용할 수 있

28) OECD의 PUMA가 회원국을 상대로 한 윤리관리 실태 조사에는 9개국이 자발적으로 참여했다.
29) OECD(1996: 11)가 규정하고 있는 부패 범위는 포괄적이어서, 범죄 수준의 공직 관련 법규 위반(illegal)만이 아니라, 윤리적 기준과 원칙의 위반(unethical)이나 관습 위반(inappropriate)까지 포괄하고 있다. 따라서 OECD(1996: 12)가 사용하는 윤리(ethics) 개념도 상당히 포괄적이어서 윤리를 "특징적인 아이디어나 에토스를 매일 매일의 생활 속으로 전환시키는 규칙"이라고 정의하고 있다. 여기서 ethos는 "공직사회의 전반적 문화를 정의하는 이념의 총체"이며, values는 "선과 적절성에 대한 판단을 안내하는 개인적인 기준이나 원칙"을, 그리고 conduct는 공무원의 실제 행동이나 행위를 의미하는 것으로 구분하고 있다.

표 8-1 OECD 윤리 기반의 기능과 구성 요소

윤리 기반의 기능	구성 요소	
	내적 요소	외적 요소
통제	• 효과적인 책임성 메커니즘	• 공공의 참여와 감시 • 독립적 조사와 기소를 위한 법적 틀
안내	• 가치와 기준을 표현하는 행동강령 • 교육 · 훈련과 같은 전문가적 사회화	• 정치지도자의 잘 만들어진 헌신
관리	• 효과적인 인적 자원 정책에 기초한 건전한 공공 서비스 조건	• 중앙의 관리체, 부, 자율기관, 특별한 윤리적 조직체 간 인프라의 상호 조정

다.[30] OECD에서는 이러한 윤리 기반의 개념에 근거하여(OECD, 1996: 6), 공무원의 바람직한 행동을 지지하거나 부정적 행동을 억제하는 방안을 논의했다.

표에서 보는 바와 같이 OECD(1998b)에서 제시한 윤리 기반은 독점적 정부가 아닌 거버넌스의 차원에서 통제, 안내, 관리의 세 가지 기능과 여덟 가지 요소로 구성되어 있다. 물론 이러한 이상적 조건들은 해당 국가의 문화적 · 정치적 환경에 달려 있다.

예를 들어서 미국과 같이 전통적으로 견제와 균형에 치중하고 있는 국가는 통제 기능에, 신뢰의 전통을 가지고 있는 네덜란드는 안내와 관리를 강조하고 있다. 반부패 정책과 통제의 명료성을 위해서는 행정기관 외적인 요소들은 통제의 권위와 윤리적 행동 기준을 제공하고 처벌의 결과에 분명하며, 반대로 내적 요소는 공무원에게 자율적인 안내와 방향을 제공한다. 그런데 이러한 내 · 외적 요소들은 상호 보완적이다. 한 요소의 실패는 다른 부분을 실패하게 한다. 이런 맥락에서 보면 정치인의 과감한 발언, 징벌 위주의 법규, 강력한 사정(査正) 조직과 같은 방안들은 윤리적 기준이 공직사회의 문화에 전환되고 이해되지 않는 한 공공 부문의 성실성을 증가시키지 못한다.

이러한 윤리 기반에 기초한 "윤리적 정부"는 "공무원의 부적절한 행동을 억제하고, 부적절한 행동을 발견하고, 도덕적 분위기를 증진시키는 유리온실과 같은 개방된 정부"로서, 사익을 위해 공적 비용을 지출하지 않는 정부(Zimmerman, 1994: 13)라고 할 수 있다. 따라서 윤리적 정부하에서는 부패에의 유인과 기회가 줄어들고, 반대로 탐지의 가능성은 증가하게 된다. 이러한 윤리적 정부가 성공하기 위해서는 윤리적 정부를 구성

30) 비록 나라마다 특수성이라는 차이는 있지만, 민주주의, 시장경제, 관료제, 자유, 정의, 효율성, 효과성, 그리고 대응성이라는 기본 개념이 지니고 있는 가치와 지향에 대해서는 동의하고 있다.

하는 각 요소들의 집행에서 지속적이고 강력한 집행부와 입법부의 지도력이 요구된다.[31] 윤리적 정부는 단순히 목표에 그치는 것이 아니라 지향하고 또한 달성해야 할 정부의 모습이라고 할 수 있다.

4 정부–시민 사회 간 상호 자율성 확보: 공유와 긴장

시민단체는 여러 가지 측면에서 정부에 비해서 힘이 약하고 활용할 수 있는 수단이 제한된다. 따라서 반부패의 중요한 주체로서 시민단체의 역할을 수용한다면, 이를 위한 기반 조성은 필요 조건이다. 여기서 가장 중요한 것은 시민단체와 정부 간에 적절한 힘(권력)의 균형이며, 이를 토대로 한 상호 작용이 이루어질 때 시민단체는 반부패 정책의 진정한 주체가 될 수 있다. 우리 나라의 경우, 많은 시민단체들이 정부의 정책 과정에 직·간접적으로 참여하고 있지만, 상당 부분 구색 갖추기용이 많은 것이 사실이다. 물론 과거에 비해 좀더 적극적인 참여가 이루어지고 있고 또 정책 과정과 내용에 변화를 줄 수 있지만, 아직은 형식적인 참여는 그치는 경우가 많다. 따라서 가장 중요한 전제가 되는 기반은 바로 "정부-시민(혹은 시민의 대리로서의 시민단체)" 관계의 균형의 유지라고 할 수 있다. 이러한 권력의 균등성이 확보될 수 있을 때, 양자 간에 견제와 균형, 비판과 수용이 가능할 것이다. 정부-시민 간의 균형을 가능하게 할 수 있는 조건들은 다음과 같다.

표 8-2 정부–시민단체 간 균형의 조건

거시적 조건들	미시적 조건들
• 정치적 분권화, 발전 • 시민사회의 성숙과 발전 • 자원(정보 등)의 공유	• 정부에 대한 체계적 감시 활동 • 자율적인 조직의 인력과 예산 확보 • 정규 인력, 지원 인력(자원봉사) • 전문성 강화 및 확보

31) 이와 같은 윤리적 정부를 구성하는 요소를 다음과 같이 제시하고 있다(Zimmerman, 1994: 216-217) ① 집행 기능의 집중화, ② 주요 기능에 의한 집행 조직들의 조직화, ③ 실적에 입각한 인사관리, ④ 공무원의 이해 상충에 대한 법적 조절, ⑤ 윤리강령의 제정, ⑥ 윤리위원회의 설치 및 운영, ⑦ 재산 상태의 공개, ⑧ 정보의 공개, ⑨ 시민의 참여, ⑩ 내부통제장치의 마련, ⑪ 강력한 외부통제 장치의 마련, ⑫ 내부고발자의 보호, ⑬ 공직 퇴임 후 취업의 제한.

부패가 발생하는 근본적인 이유는 부패가 발생하는 조건, 상황, 결과 등에 대한 정보가 외부로 노출되지 않기 때문이다. 이러한 점에서 본다면, 부패 방지가 효과적으로 이루어지기 위해서는 무엇보다도 적절하고 정확한 정보가 조직 내・외부로 공개되는 것이다. 부패 발생에 우호적인 정보의 가치를 제거하는 것이다. 이것은 정보의 공개와 공유를 통해 가능하다. 정부는 시민단체를 포함한 사회에 좀더 많은 정확한 정보를 제공하는 역할을 담당해야 한다. 이것이 정책 과정에 시민단체를 직접 참여시키는 것 이상으로 중요하다. 정보의 공개와 공유는 부패 문제에 대한 지속적 논의를 위한 공동의 장을 제공하는 것이다. 부패 방지라는 공동의 목표가 효과적으로 달성되기 위해서는 부패 문제에 대한 지속적 논의가 필요하다는 점에서도 정보의 공유와 공개, 이를 통한 공동의 논의의 장이 필요하다.

그리고 부패 방지가 발전의 중요한 전제라는 점에서, 이것의 핵심적인 주체라고 할 수 있는 정부와 시민단체가 유기적인 협력 관계를 구축하는 것이 매우 필요하다. 그러나 여기서 고려할 것은 이것은 현실의 차원인가 아니면 규범의 차원인가 하는 것이다. 부패 방지를 위해서는 적극적인 협력이 필요하지만, 그 형태가 반드시 공동으로 일하는 것만을 의미하는 것은 아니라는 점이다. 양자 간에 공통의 가치와 목표를 지향한다면, 각기 다른 공간에서 자율적으로 활동하는 것도 바람직한 협력 관계라고 할 수 있다. 정부와 시민단체가 좋은 목적으로라도 지나치게 유착되면, 결국 시민단체의 자율성과 정체성에 문제가 발생할 수 있기 때문이다. 따라서 우선적으로 기대되는 바람직한 관계는 부패 방지를 위한 협력 관계 형성을 지향하되, 정부와 시민단체가 각각 자율성을 충분히 확보하는 것이다. 시민단체가 자율성을 확보하지 못한다면, 정부-시민단체의 협력 관계는 곧 시민단체의 정체성 위기를 초래할 수밖에 없다. 이러한 자율성의 유지는 결국 정부-시민단체 간에 협력 관계를 지향하되, 항상 일정한 긴장 관계가 형성되어 있어야 한다는 것을 의미한다. 즉 정부와 시민단체 간의 상호 작용에서는 협력 이전에 전제적 자율성이 필요하다.[32)]

---

32) 물론 정부와 시민사회의 관계를 적대적 관계로 설정하는 것은 민주공화정의 이념이나 혹은 사회계약론적 관점에서도 타당한 것은 아니다. 좋은 거버넌스의 입장에서의 정부와 시민사회 간의 관계는 신탁의 관계는 아니라 하더라도 최소한 우호적인 관계를 유지할 수 있어야 할 것이다. 물론 바람직하게 기대되는 것은 시민사회를 위한 국가(정부)의 존재라는 맥락으로 접근하는 것이다. 시민사회가 주인의 위치를 갖는 것이다. 그런데 주인은 항상 주인의 위치에 있는 것은 아니며, 일정한 조건을 충족할 경우 주인으로서의 권한을 행사할 수 있다. 그 조건은 한편으로는 시민정신(citizenship)으로 표현되기도 한다. 시민사회 지향적 정부와 거버넌스가 가능하기 위해서는 시민

그림 8-2 정부-시민사회 간 상호 자율성

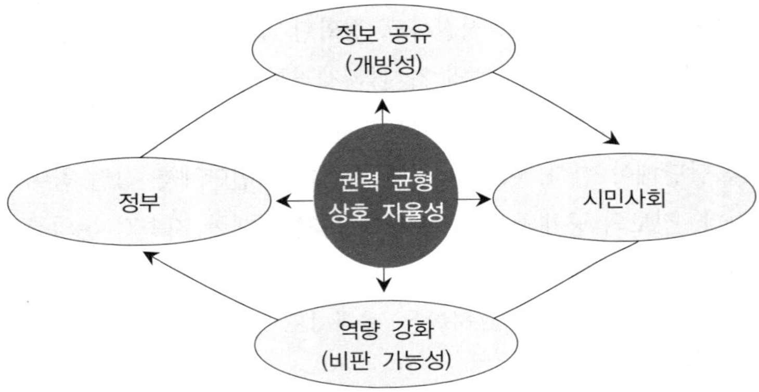

물론 여기서의 자율성은 헌팅턴(Huntington, 1968)이 말하는 "상호 자율성(mutual autonomy)"을 의미한다. 상호 자율성은 정부와 시민단체 간의 배타성이나 고립을 의미하는 것이 아니라, 서로 작용하면서도 서로의 경계와 영역을 각각 유지하는 것을 의미한다. 따라서 양자 간의 관계에서 정부는 시민사회에 대한 존중과 시민단체의 가치에 대한 인정을 의미하며, 시민단체는 정부의 의무와 가치, 기능에 대해서 올바로 이해하는 것을 의미한다. 물론 이러한 양자 간의 상호 자율성과 협력이 인정되기 위해서는 양자 간에 특정한 가치에 대한 어느 정도의 공유가 전제되어야 한다. 만일 정부와 시민단체가 지향하는 가치가 충동할 경우, 양자 간의 관계는 상호 자율성의 관계보다는 고립적 의미에서의 갈등 관계를 형성할 수 있다. 따라서 우리의 경우, 정부-시민단체 관계에서 고려해야 할 것은 이러한 양자 간의 추구하는 가치의 동일성 정도 판단에 대한 것이다.

그런데 이 점에서, 우리의 경우 정부와 시민단체 간에는 상당한 인식의 간극을 보이고 있다. 그 동안 우리 나라 정부도 시민단체와 일정한 관계를 형성했다. 그러나 적어도 1980년대까지는 친정부적인 시민단체들이 정부와 협력 관계를 형성했다. 정부에

정신의 확보가 전제로서 요구된다. 그러나 현실적으로 우리의 경우 아직까지 시민사회에서 만족스러운 시민정신을 찾기 어려운 실정이며, 마찬가지로 정부에게서도 시민사회로부터 신탁을 받은 대리인으로서의 바람직한 지위를 발견하기도 어려운 실정이다. 즉 시민사회에서는 주인 의식, 소유 의식, 비판 의식, 문제 의식의 부족이, 정부에게서는 마찬가지로 대리인 의식, 봉사 의식의 부족이 지적되고 있다.

비판적인 시민단체들은 정부와의 협력 관계가 형성되지 못했다. 그러나 1990년대 들어와서는 상이한 양상을 보이고 있다. 기존의 친정부적인 시민단체들의 협력 관계가 계속 유지되는 가운데, 정부 비판적인 시민단체들이 부분적으로 정부와 협력 관계를 형성하기 시작했다. 물론 이것이 가능하게 한 가장 큰 변호는 정치환경의 변화라고 할 수 있다. 당연히 정부 비판적인 시민단체의 활동은 친정부적인 시민단체의 활동과 확연히 구분된다.

제5절

추가적 논의

이상에서 개괄적으로 거버넌스 시각에서 부패 문제를 논의했는데, 여전히 많은 문제들이 충분히 논의되지 못했다. 여기에서는 본론에서 충분히 논의되지 못했으면서, 또한 부패 저항적인 좋은 거버넌스를 지향하기 위해 추가적으로 논의되어야 할 것들을 정리하는 것으로 결론을 대신했다.

첫째 거시적 접근으로서의 거버넌스의 한계를 들 수 있다. 부패 문제에 대한 설명에서도 마찬가지로, 사소하지만 직접적이고 지극히 개인적일 수 있는 원인들에 대해서보다는, 그럴 듯해 보이는 거시적 이유에 주목하게 된다. 이것은 해당 문제에 대한 적용을 넘어서 다른 문제에도 확장하여 적용하고 싶어하는 학문적 태도에도 일부 기인할 수 있다. 물론 자칫 이러한 비판적 입장은 실증주의를 지지하는 것으로 보일 수 있다. 실증주의를 옹호하는 것은 아니며, 오히려 지극히 개인적인 입장, 환경, 감정, 관계가 더 중요한 원인일 수 있음을 주장하는 것이다. 개인적 수준 이상의 원인에 주목하고자 하는 입장은 충분히 수용할 수 있다. 그러나 그 원인이 개인 수준의 원인보다 더 결정적이라고 할 수는 없다는 것이다. 오히려 동일한 수준의 원인으로 보는 것도 중요하다.

둘째 거버넌스적 접근과 기존 접근의 상호 보완 문제를 들 수 있다. 거버넌스를 맥락으로 이해한다면 거버넌스는 새로운 인식이라고 할 수는 없다. 다만 거버넌스적 이해를 할 때, 거버넌스적 해결을 우선시한다면, 이것은 새로운 문제를 제기하는 것이다. 아직 부패 문제에서 거버넌스적 이해는 우위를 차지하지 못하고 있다는 점에서, 거버넌스적 접근과 더불어 기존 시각의 병행도 강조되어야 할 것이다.

셋째 좋은 거버넌스의 유지를 위한 네트워크의 형성과 지속성의 확보 문제이다. 시민단체는 이러한 사회 네트워크 형성의 중요한 주체이다. 따라서 시민단체가 네트워크에서 주체로서의 기능을 수행할 수 있기 위해서는 신뢰의 구축과 더불어 다른 주체와의 협동 체계 구축이 필요하다. 신뢰는 내부의 결속력과 외부로부터의 지지 정도로 확보되며, 협동도 마찬가지로 시민단체 내부에서의 결속력과 다른 시민단체 혹은 시민사회와의 공동 노력으로 확보될 수 있다. 문제는 이러한 신뢰성과 협동성의 확보가 자체 역량을 통해서인가 아니면 외부로부터의 자극에 의해서 가능한가이다. 이에 대한 충분한 논의가 요구된다.

넷째 한국에서의 시민사회 중심 거버넌스 구성의 어려움을 들 수 있다. 부패 방지를 위한 거버넌스로서 시민사회 중심의 거버넌스를 상정할 수 있지만, 현실적으로 많은 어려움이 있다. 한국의 경우 높은 수준의 국가 중심의 거버넌스 체제라고 할 수 있으며, 아직도 거버넌스를 구성하는 대개의 요소들은 동원되는 요소들이라고 할 수 있다. 물론 국가가 좋은 거버넌스를 구성할 수 있다면 문제는 크지 않지만, 우리의 경우 긍정적인 측면보다는 부정적인 측면이 더 많이 노출된다는 점에서, 현 단계에서는 교체의 의미보다는 교정의 의미로서의 시민사회 중심의 거버넌스에 대한 논의와 강조가 필요하다.

다섯째 시민사회의 추상성을 들 수 있다. 우리는 불특정한 시민사회를 말하고 있다. 즉 시민사회를 선(善) 그 자체로 전제하여 논의하고 있지만, 우리의 시민사회가 선 자체인지 어떠한 존재인지에 대해서는 구체적인 논의가 이루어져 있지 않다. 단지 우리는 우리의 시민사회를 미성숙한 존재로 대개 평가하고 있다. 또 시민사회는 다양성 그 자체로 표현될 정도로 다양하게 구성되어 있으며, 비록 시민사회가 국가 형성의 근본이라고 하더라도 선이라고 표현될 수 없다는 것이다. 따라서 좋은 거버넌스의 형성과 관련하여 시민사회의 역할과 가능성에 대한 충분한 논의가 필요하다.

참고문헌

김석준 외(2000). 『뉴 거버넌스 연구』. 서울: 대영문화사.

김종순(1999). 한국 NGO의 실태와 발전 방향. 한국행정연구원. 『한국행정연구』, 8(1).

김준기(1998). 비영리단체의 생성과 일반적 행태: 주인-대리인 이론의 관점에서. 서울대학교 행정대학원. 『행정논총』, 36(1).

______(1999). 정부-NGO 관계에 관한 이론적 고찰 및 정부 NGO 지원사업 분석. 한국행정학회 동계학술대회 발표논문집.

남궁근(2000). 반부패를 위한 국내 NGO 활동 분석. 한국행정학회 2000년도 기획세미나 발표논문.

박상필(1999a). 시민단체와 정부 간의 견제·협력의 변증법적 조화 모색. 대구·경북행정학회. 『한국행정논집』, 11(1).

______(1999b). 시민단체와 정부의 관계 유형과 지원 체제. 한국행정학회. 『한국행정학보』, 33(1).

______(1999c). 비영리단체(NPO)의 개념틀 정립을 위한 이론적 논의. 한국행정연구원. 『한국행정연구』, 8(2).

박재완(1999). 부패통제정책의 발전 방향. 한국형사정책연구원. 제23회 형사정책 세미나.

______(1996). 부패와 반부패정책의 경제적 함의. 한국공공경제학회 세미나 발표논문.

박흥식(2000). 해외 반부패 NGO 활동의 분석. 한국행정학회 2000년도 기획세미나 발표논문.

송희준(1999). 국가와 시민사회의 관계. 한국행정연구원. 『한국행정연구』, 8(1).

신광영(1999). 비정부조직(NGO)과 국가 정책. 한국행정연구원. 『한국행정연구』, 8(1).

윤태범(2001a). 행정윤리의 연구. 한국행정학회 동계학술대회 논문집.

______(2001b). 부패 사례에 대한 체제론적 접근. 서울행정학회. 「한국사회와 행정 연구」, 12(1).

______(2000a). 효율적인 반부패를 위한 윤리적 정부의 구축 방안: 신뢰 시스템의 형성을 중심으로. 반부패 행정시스템 연구소 개소 기념 세미나 발표논문집.

______(2000b). 우리 나라 정부의 반부패정책의 평가: 지속성의 확보 관점에서. 한국행정학회. 『한국행정학보』, 33(4).

______(1999a). 지속 가능한 부패 방지와 윤리적 정부의 구축 방안. 한국행정학회·한국행정연구원 공동세미나 발표논문집.

______(1999b). 부패와 개혁: 체제적 접근. 한국행정학회 하계학술회의 논문집.

______(1999c). 부패 방지를 위한 정부의 역할 및 활동 방향. 한국행정학회 특별세미나.

이근주(2000). NGO 실패와 정부의 지원에 관한 연구: 환경 NGO를 중심으로. 『한국행정학보』, 34(1).
이미정 역(1999). 『권력과 부패』. Stephen Moore, Power and Corruption. 한국경제신문사.
임승빈(1998). 『행정과 NGO간의 네트워크 구축에 관한 연구』. 한국행정연구원, KIPA 연구 보고, 98(11).
전철환(1988). 정경유착과 민주화의 과제. 『계간경향』. 봄호.
정동근(1999). 행정통제와 NGO. 한국행정학회 하계학술대회 발표논문집.
정영국(1999). 공직자 윤리규범 및 국민의식 개선연구. 한국행정학회. 특별세미나.
한국행정학회(1999). 『부패유발 사회문화 환경개선』.
황경식 · 정원규 역(1999). 『공직의 윤리』. 철학과현실사.

Anechiarico, Frank, & James B. Jacobs.(1996). *The Pursuit of Absolute Integrity*. Chicago: The Univ. of Chicago Press.
Bardhan, Pranab.(1997). Corruption and Development. *Journal of Economic Literature*. 35(3).
Becker, Gary S.(1994). To Root Out Corruption, Boot Out Big Government. *Business Week*. 31. Jan.
Cartier-Bresson, Jean.(1997). Corruption Networks, Transaction Security and Illegal Social Exchange. In Paul Heywood.(ed.). *Political Corruption*. Blackwell.
Constant, Benjamin.(1988). *Political Writings*. Cambridge: Cambridge Univ. Press.
De Spelville, Bertland. E. D.(1999). The Experience of Hong Kong, China. In Stapenhurst, Rick & Sahr J. Kpundeh. Combating Corruption. *Curbing Corruption*, Washington, D.C.: EDI Development Studies.
______(1996). The Experience of Hong Kong in Combating Corruption. paper presented at Uganda International Conference on Empowerment of Civil Society in the Fight Against Corruption, April: 21-25. Uganda: Mwya Lodge.
Eigen, Peter.(1996). Combating Corruption Around the World. *Journal of Democracy*. 7(1).
Elliot, Kimberly Ann.(ed)(1997). *Corruption and the Global Economy*, Washington, DC: Institute of International Economies(IIE).
Frisch, Dieter.(1995). Les effets de la corruption sur le developement. *TI Working Paper*. 7.
Galtung, Fredrik.(1995). *An der Korruptionsfront, Kursbuch*. 120: 82-171.
______(ed). (1993). *Accountability and Transparency in International Development*. Berlin: Transparency International.
Heidenheimer, Arnold J., Johnston, Michael & Victor T. Levine. ed.(1989). *Political*

Corruption: A Handbook. New Brunswick. NJ.: Transaction Books.

Hickock, Eugene W.(1995). Accountability of Public Officials. In S. M. Lipset.(ed). *The Encyclopedia of Democracy*. London: Routledge.

Hogwood, B. W. & B. G. Peters.(1985). *The Pathology of Public Policy*. UK: Oxford.

Hondeghem, Annie.(1998). *Ethics and Accountability in a Context of Governance and New Public Management*. IOS Press.

Hutchcroft, Paul D.(1997). The Politics of Privilege: Assessing the Impact of Rents, Corruption, and Clientelism on Third World Development. *Political Studies*. 45(3).

ICAC of New South Wales.(1995). Community Attitudes to Corruption and the ICAC 1995. Sydney, NSW: Independent Commission Against Corruption (ICAC).

Johnston, Michael.(1993). Social Developmentas as an Anti-Corruption Strategy. VIth International Anti-Corruption Conference. Cancun. Mexico. Nov.

Johnston, Michael, & A. Doig.(1999). Different Views on Good Government and Sustainable Anticorrupton Strategies. In Stapenhurst, R. & S. J Kpundeh(1999). *Curbing Corruption: Towards a Model for Building National Integrity*. EDI of World Bank.

Kaufmann, Daniel.(1997). Corruption: The Facts. *Foreign Policy*, 107(Summer).

Kim, Young Jong.(1994). *Bureaucratic Corruption: The Case of Korea*. Seoul: Chomyung Press.

Klitgaard, Robert.(1988). *Controlling Corruption*. Berkerly CA: Univ. of California Press.

______(1993). A Framework for a Country Programme Against Corruption. in Fredrick Galtung. ed. *Accountability and Transparency in International Development*. Berlin: Transparency International.

Langseth, Petter, Rick Stapenhurst & Jeremy Pope.(1997). The Role of a National Integrity System in Fighting Corruption. EDI(Economic Development Institute of The World Bank) Working Papers. 400/142.

Little, Walter & Eduardo Posada-Carbo.(1996). *Political Corruption in Europe and Latin America*. Macmillan.

MacIntyre, A.(1984). After Virtue. Univ. of Notre Dame Press.

Markovits, A. S. & M. Silverstein.(1988). *The Politics of Scandal*. N.Y.: Holmes & Meier.

Mauro, Paolo.(1995). Corruption and Growth. *Quarterly Journal of Economies*. 110: 681-712.

McCubbins, Matthew D., & T. Schwartz.(1984). Congressional Oversight Overlooked. *American Journal of Political Science*. 28.

Moody-Stuart, George.(1994). *Grand Corruption in the Third World Development*. Berlin: Transparency International.

Nye, J. S. Jr.(ed.)(1998). *Why People Don't Trust Government?* Harvard Univ. Press.

OECD.(1995). Governance in Transition: Public Management Reform in OECD

______(1998a). Improving Ethical Conduct in the Public Service-Recommendation of the OECD Council.

______(1998b). Principles for Manging Ethics in the Public Service.

______(1998c). Results of the Pilot General Participant Survey: Combating Corruption in Transition Economies.

______(1996). Ethics in the Public Service. *Occational Papers.* 14.

Phlp, Mark.(1997). Defining Political Corruption. in Paul Heywood. ed.(1997). *Political Corruption.* Blackwell.

Pope, Jeremy.(1999). Elements of a Successful Anticorruption Strategy. In Stapenhurst, Rick & Sahr J. Kpundeh(1999), *Curbing Corruption*, Washington, D.C.: EDI Development Studies.

______(1995). Containing Corruption in International Transactions: The Challenge of the 1990's. In Commission on Global Governance. (ed.). *Issues in Global Governance.* London: Kluwer Law International.

Porta D. & Alberto Vannucci.(1999). Corrupt Exchanges. Aldine de Gruyter.

Pritchard, Jane(1998). *Code of Ethics. in Encyclopedia of Applied Ethics.* Academic Press. 527-34.

Pritzl, Rupert F. J.(1997). *Korruption and Rent-Seeking in Lateinamerika.* Baden-Baden: Nomos.

Quah, John S. T.(1997). Combating Corruption in Asia: Comparing Agencies in South Korea, Taiwan and Thailand. Third Vienna Dialogue on Democracy. Institutionalizing Horizontal Accountability: How Democracies Can Fight Corruption and the Abuse of Power. Vienna. 26-29 June.

______(1990). Singapore's Experience in Curbing Corruption. in Heidenheimer. A. J. ed. *Political Corruption.* New Brunswick: Transaction.

Robinson, Mark.(ed.)(1998). *Corruption and Development.* U.K.: Frank Cass.

Rose-Ackerman, Susan.(1999). *Corruption and Government.* U.K.: Univ. of Cambridge Press.

______(1996). The Political Economy of Corruption: Causes and Consequences. *Viewpoint.* 74.

Schedler, Andreas.(1995). Credibility: Exploring the bases of Institutional Reforms in New Democracies. A paper at X th international Congress of the latin American Studies Association(LASA). Washington, DC, 28-30 Sept.

Sen, Amartya Kumar.(1987). *On Ethics and Economics*. Oxford, UK: B. Blackwell.

Stapenhurst, Rick & Sahr J. Kpundeh.(1999). *Curbing Corruption*, Washington, D.C.: EDI Development Studies.

Stewart, Frances & Ejaz Ghani.(1991). How Significant Are Externalities for Development?. *World Development*. 19(6): 569-94.

UNDP.(1997). *Corruption and Good Governamce.*

Walzer, M.(1998). *Spheres of Justice*. Perseus Books.

Wei, Shang-Jin.(1997). How Taxing is Corruption on International Investors?. *Working Paper*. Harvard University.

Werner, Simcha B.(1983). New Directions in the Study of Administrative Corruption. *PAR*. 43(2).

White, Gordon.(1996). Corruption and Market Reform in China. *IDS Bulletin*. Liberalization and the New Corruption. 27(2): 40-44.

World Bank.(1999). *A Multipronged Strategy for Combatting Corruption.*

______(1999). Fostering Institutions to Contain Corruption. *PREM Notes*. 24.

______(1997). *Helping Countries Combat Corruption: The Role of the World Bank*. Washington, DC: World Bank.

______(1992). *Governance and Development*. Washington, DC: World Bank.

Wraith, Ronald & Edgar Simpkins.(1978). Nepotism and Bribery in West Africa. in Arnold J. heidenheimer.(ed.). *Political Corruption: Readings in Comparative Analysis*. New Brunswick. NJ.: Transaction Books. 331(40).

제9장

거버넌스는 「더불어 다스림(더다)」이다!

최병대

＊ 저녁 식사모임에서 정부기관 고위공무원단 공무원이 갑자기 나에게 「최박사, '거버넌스(Governance)'가 무엇이지?」하면서 질문을 하였다. 내 나름대로 이에 대한 의미를 설명하였는데, 이를 듣고 난 후 그 국장은 「최박사, 그런 것이라면 예전부터 우리가 해오던 것인데 단지 그런 용어를 쓰지 않았을 뿐이야」라고 대답하였다. 과연 그럴까? 아니면, 나의 설명이 미흡했던 탓일까? 왜 굳이 '거버넌스'란 용어를 사용하지? 적절한 우리말은 없을까?

➡ 거버넌스(Governance): '함께 다스림(함다)', '더불어 다스림(더다)'이다. 「함께 참여하여, 함께 만들고, 함께 해결하며, 함께 책임을 지는 것」이다.

제1절

거버넌스는 「더불어 다스림」, 「함께 다스림」이다!

1 왜 굳이 '거버넌스'란 용어를 사용해야 하나?

사회도 변화하고 발전하기 마련이다. 더불어 학문도 점차 진화한다. 새로운 이론도 정립되고 새로운 용어가 등장하기도 한다. 그중의 하나가 바로 '거버넌스'가 아닐까 여겨진다. 흔히 접하는 용어이지만 그 실체가 무엇인지에 대해서는 한마디로 정의하기가 어려워 거버넌스(Governance)로 부르고 있는 것이리라. 거버넌스가 궁금해지는 이유이기도 하다. 거버넌스에 대한 의미가 무엇인지는 보는 시각과 각자의 관심영역에 따라 각기 다양하다. 거버넌스에 대하여 아직까지 우리의 언어로 적합한 용어를 찾지 못하고 있는 실정이다.

지금까지 거버넌스에 대한 용어를 다양하게 번역하고 있다. 이를테면, 국정관리, 신공공관리, 협력적 통치, 네트워크적 관리, 망치(網治), 협치(協治), 공치(共治) 등 다양하다(김석준 외, 2000). 그 어느 것도 본래의 의미를 충실하게 전달하기에는 한계가 있음으로 원어의 발음대로 '거버넌스'로 하자는 의견이 지금까지는 우세하지 않나 여겨진다. 거버넌스에 대한 적절한 용어를 찾지 못하여 원어의 발음대로 거버넌스로 사용하다 보니 거버넌스를 이해하는데 적지 않은 혼란이 야기되고 있다. 이 용어(Governance)를 처음 접하는 사람들은 쉽게 그 의미를 파악하기가 어렵다는 점이다.

2 '함께 다스림(거버넌스)'의 의미: 최협의(最狹義), 협의(狹義), 광의(廣義)

거버넌스(Governance)는 '더불어 다스림(더다)', '함께 다스림(함다)'이다. 필자는 거버넌스의 개념을 「함께 참여하여, 함께 만들고, 함께 해결하며, 아울러 책임도 함께 지는 것」으로 정의하고자 한다. 이는 바로 '함께 다스림'이며 '더불어 다스림'이라는 의미이다. '함께/더불어 다스림(Governance)'은 어떤 문제를 해결하거나 정책을 결정하는데 있어서 과거와 같이 정부(Government)가 일방적이거나 정부 주도적으로 결정하고 문제를 해결하는 것이 아니라 어떠한 문제나 정책에 대하여 이해관계를 공유하는 모든 집단이나 관계자들이 함께 참여하고 결정하여 문제를 해결해 나가는 것이라고 볼 수 있다. 아울러 그 결과에 대하여 참여자들은 책임도 동시에 공유하는 것이다.

'함께/더불어 다스림(거버넌스)'은 원어의 의미에 충실하면서 쉽게 이해할 수 있는 가장 우리나라 언어적인 표현이 아닐까 여겨진다. 한자어로 표현하자면 협치(協治), 공치(共治)와 유사하지만 협력과 공동이란 의미에 거버넌스의 함의를 모두 포용하기에는 한계가 있다. 또한 '치(治)'란 의미가 다분히 과거 중앙집권적 체제의 권위주의적이며 관료적인 냄새가 강하기 때문에 바람직하지 않은 용어라 사료된다. '치(治)'란 의미가 상호협력의 의미보다는 다분히 지배자가 피지배자를 통치한다는 성격이 강하기 때문이다. 반면에 '다스림'은 남이 나를 다스릴 수도, 내가 남을 다스릴 수도, 또한 내 스스로를 다스릴 수도 있음을 내포하고 있다고 볼 수 있다. '다스림'에는 구성원들이나 집단들 간 상호협력의 의미가 보다 강조되고 있다.

'함께/더불어 다스림(Governance)'에는 여러 가지 복합적이며 다차원적인 의미가 함축되어 있다. 그런 의미에서 '함께/더불어 다스림(Governance)'에는 다차원적인 개념(multi-layered concept)이며, 분리할 수는 있으나 상호 관련되는 요소들의 구성체이며, 산출보다는 과정에 초점을 두는 특성을 지니고 있다(김석준 외, 2000, 228-9). 여기서 필자는 '함께/더불어 다스림(Governance)' 의미를 세 가지로 구분해 보고자 한다.

바로 최협의(最狹義), 협의(狹義), 광의(廣義)의 '함께/더불어 다스림(Governance)'이다. 이상적 의미에서의 '함께/더불어 다스림(Governance)'은 참여주체들 간의 참여의 정도가 균등화되고, 정책의 모든 과정에서 형평성이 확보되고, 정부부문과 비정부부문 간 또는 여러 참여주체들 간에 불평등관계가 존재해서는 아니 되며 상호 대등한 관계에서 공유된 목적을 위해 수행되는 제반활동을 의미한다. 이를 이상적 의미에서의 거버넌스(Governance), '최협의(最狹義)의 함께/더불어 다스림(Governance)'이라고 볼 수 있다. 이와 같은 조건하에서 공유된 목적을 위하여 함께 참여하여 함께 만들고 함께 문제를 해결하며 아울러 책임도 함께 지는 것이 '최협의의 함께 다스림(Governance)'이다.

이상적 의미에서의 '함께 다스림(Governance)'은 현실적으로는 존재하기가 매우 어렵다. 사안에 따라 정부부문이 비정부부문보다 비중이 상대적으로 높을 경우도 있으며, 그 반대의 경우도 있을 것이다. 또한 정책과정에 있어서 정책집행단계보다는 정책입안단계에서의 함께 다스림의 요소가 접목될 가능성이 상대적으로 높게 나타나는 것이 일반적이다. 현실적이며 실제적인 의미에서 '함께 다스림(Governance)'은 사안에 따라 참여주체들 간의 역할이나 비중이 고려되고, 정책과정의 특성에 따라 함께 다스림(Governance)적 요소의 적용가능성의 차이를 용인할 필요가 있다. 그러나 이 경우에도 참여주체들 간에 상호 대등한 관계에서 신뢰와 존경이 뒷받침되어야 한다. 이러한 거버넌스(Governance)를 '협의의 함께 다스림'으로 부르고자 한다.

광의 또는 일반적인 의미에서의 '함께 다스림(Governance)'은 협의의 개념에서 현실적으로 참여주체들 간 신뢰수준이나 형평성을 보장하기에는 한계가 있으며 주체들 간 어느 정도는 불평등한 관계를 용인하는 것이다. 하지만 이상적으로는 형평적이며 평등적 관계를 지향하여야 한다. 이러한 경우의 거버넌스를 '광의의 함께 다스림(Governance)'으로 부르고자 한다. 실제로 현재 우리나라는 영국이나 미국 등 구미 선진국가들과 같이 아직까지 시민사회가 성숙되지도 않고 있으며 비정부부문이 정부부문과 대등할 정도로 활성화되지도 않고 있는 현실이다. 이러한 현실을 부정하고 이상적 의미에서의 거버넌스를 추구할 경우 현재 우리나라와 같은 경우는 거버넌스(Governance)가 자리하기가 어려워진다. 현재 우리나라에서 일반적으로 거버넌스라고 사용되고 있는 의미는 '광의의 함께 다스림(Governance)'이 지배적이다.

3 '함께/더불어 다스림(거버넌스)'과 유사용어

'함께 다스림(Governance)' 또는 '더불어 다스림'에 내재되어 있는 본질적 의미를 파악하기 위해서는 이와 유사한 용어를 살펴볼 필요가 있다. 먼저 '함께 다스림(Governance)'에 대한 의미를 이해하기 위해서는 거버먼트(Government)에 대한 의미를 이해하는 것이 필요하다.

거버먼트(Government)는 공식적 권위에 의해 뒷받침되는 제반활동을 의미한다. 말하자면 (지방)정부가 공식적 권위에 의해 국민이나 시민(주민)을 통치한다는 의미가 그 핵심이다. 반면에 '함께 다스림(Governance)'은 구성원들의 공유된 목적에 의해 뒷받침되는 제반활동을 의미한다. 함께 다스림(Governance)은 권위에 의해서가 아니라 공유된 목적에 의해 구성원들 모두가 함께 참여하고 더불어 다스려 나가는 것이라 할 수 있다. 여기서의 구성원들이란 개인뿐만 아니라 단체, 기관, 조직, 정부 등을 총망라한 개념이다.

흔히 '함께/더불어 다스림(Governance)'을 시민참여와 혼동하는 경우가 허다하다. '거버넌스(Governance)'를 '함께 다스림'으로 번역할 경우 시민참여와 혼동할 가능성은 거의 없다. 시민참여라는 견지에서 '함께 다스림(Governance)'은 중앙정부보다는 지방정부에서 활용가능성이 매우 높다(Box: 5-10). 아다 앞서의 어느 관료의 거버넌스(Governance)에 대한 이해가 시민참여에 치중하여 해석한 결과가 아닐까 여겨진다. 거버먼트(Government)에도 시민참여는 존재한다.

전자(Governance)의 경우 시민참여가 본질적 요소이며 능동적이며 적극적 · 실제적인 의미를 지니는데 비하여, 후자(Government)는 절차적이며 수단적인 성격이 강하며 소극적이며 형식적 · 동원적인 요소에 치우치고 있다. 비록 '함께/더불어 다스림(Governance)'에서 시민참여가 전자의 경우라 하더라도 전제조건이 필요하다. 미국이나 영국 등 서구 선진국가들과 같이 시민사회가 성숙되어 어느 정도 정부와 대등한 관계에서 강력한 힘을 발휘할 수 있는 여건이 갖추어져야 한다. 정부의 입김이 지나치게 강력하여 시민사회가 제대로 역량을 발휘하는데 장애가 존재하는 한 아무리 적극적인 시민참여가 이루어진다 하더라도 이는 '의제된 거버넌스'를 탈피할 수가 없다. 이는 외양은 거브넌스(Governance)로 보일지라도 진정한 의미(협의)에서 '함께/더불어 다스림(Governance)'이라고 보기는 어렵다.

4 '함께/더불어 다스림(Governance)'의 특성

'함께/더불어 다스림(Governance)'에는 그 용어가 시사하는 바와 같이 본질적으로 다수의 참여자가 존재한다. 다수의 참여자가 공유된 목적을 향해 더불어 다스려 나가는 과정이라고 볼 수 있다. 그런데 이 다수의 참여자는 서로 간 우열이 존재하거나 경중이 있는 것은 아니며 상호간 신뢰와 존중 하에 형평성이 보장되어야 한다. 이는 이상적 의미에서의 함께 다스림(Governance)이다.

다수의 참여자가 존재할 경우, 현실적으로 모두가 절대적 형평성을 확보하기는 용이하지 않다. 속담에 '사공이 많으면 배가 산으로 올라간다'는 말이 있다. 어떤 사안이나 정책이든 간에 모든 참여자가 동등하게 관련성을 지니기가 쉽지 않다. 사안에 따라 정부부문이 상대적으로 높은 관련성을 지닐 경우도 있는 반면, 그 반대로 민간부문이나 시민의 영역에 보다 높은 관련성을 띠는 경우도 있을 것이다. 전자를 '시민의 협력이나 참여를 얻으면서 행정(정부)의 주체성을 근본으로 하는 영역'으로, 후자를 '시민의 주체성을 근본으로 행정(정부)의 협력에 의해 이루어지는 영역'으로 구분하기도 한다(김수현 · 박원철, 2000).

이는 다수의 참여자들 간에 관심의 정도, 이해관계의 정도, 참여의 정도 등에 따라 다양한 형태의 '함께 다스림(Governance)'이 나타날 수 있다. '함께 다스림(Governance)'은 참여하는 참여주체들의 참여정도에 따라 정부부문이 상대적으로 높을 경우, 이를 '정부주도형 함께 다스림(Governance)'이라 볼 수 있다. 반면에 정부부문에 비해 비정부부문의 참여정도가 상대적으로 높을 경우, 이를 '비정부주도형 함께 다스림(Governance)'이라고 간주 할 수 있다. 마찬가지로 각종의 단체, 기관 등 다양한 참여주체들 간에 상대적으로 참여의 정도가 차이가 있을 경우, 가장 주도적인 역할을 하며 참여의 정도가 높은 참여주체를 중심으로 한 '○○주도형 함께 다스림(Governance)'으로 부를 수 있을 것이다.

정책과정에서의 '함께 다스림(Governance)'은 다양한 과정에서 이루어진다. 정책의제의 발굴 및 설정단계, 정책결정단계, 집행단계 및 평가단계이다. 이상적 의미에서의 함께 다스림(Governance)은 매 단계마다 균형적인 시각에서 행위주체들의 참여가 이루어지겠지만, 실제로 그렇지 않는 경우가 대부분이다. 한 경험적 조사에 의하면 정책과정에서는 주로 정책의 입안단계에서 이루어진다고 한다.[1]) 다시 말하면, 정책과정에서의 '함께 다스림(Governance)'의 적용은 정책집행 단계에서보다는 정책입안 단계에서 적용가능성이 높게 나타나고 있는 것이 일반적이다.

1) 조석주 외(2000)의 연구에 의하면, '지방자치단체가 지역의 환경정책을 결정하는 과정에서 어느 단계에서 지역 NGO의 의견을 수렴하느냐?'에 대하여 공무원집단의 59.8%, 환경 NGO관계자 집단의 43.1%가 정책입안단계로 응답하였다고 한다(조석주 외, 2000: 120-121 참조).

5 '함께/더불어 다스림(Governance)'은 새로운 개념인가?

'함께/더불어 다스림(Governance)'은 과거에 존재하지도 않고 서구에서만 존재하는 새로운 개념인가? 미국 등 서구사회에서는 거버넌스에 대한 다양한 적용사례가 소개되고 있다. 예를 들면 전종섭교수는 샌프란시스코시의 무료급식시설 이전과 관련한 분쟁을 거버넌스적 접근으로 훌륭하게 문제를 해결하였음을 소개하고 있다(전종섭, 2000). 우리나라에서도 비록 거버넌스란 용어를 사용하지 않았을 뿐이지 오래 전부터 존재해 왔다고 볼 수 있다.

그 일례를 부역(賦役)사업[2]에서 찾을 수 있다. 1960년대 및 1970년대만 하더라도 태풍이나 여름철 장마가 지나가면 지방의 비포장도로는 도로가 유실되거나 파손되는 것이 다반사이다. 장마가 지나가면 이를 복구하기 위해서 마을 이장(동장)은 먼저 복구하는 방법을 찾기 위하여 통・반장 등 대표자들과 저녁 마을회관에서 회의를 소집하여 다 같이 함께 복구방법을 논의하고 결정한다. 복구를 위한 일시, 방법, 불참 시 벌칙(벌금부과 등) 등 제재조치 등을 정한다. 이에 따라 정해진 일시에 복구가 이루어지며 만약 이에 불참 시에는 벌금 등을 지불해야 한다. 이 경우에 있어서 수해(도로)복구라는 공동의 목적을 위하여 이해관계를 가진 자들이 공동으로 참여하여 문제해결 방법을 강구하고 실행에 옮기며 위반 시에는 책임(벌금 등)을 지운다. 여기에서 이장(동장)은 수해복구라는 문제해결을 위한 가교역할을 수행한다고 볼 수 있다. 이 경우 비록 거버넌스란 용어를 사용하지 않았을 뿐이지 '함께 다스림(Governance)'의 전형적인 사례가 아닐까 여겨진다.

'함께/더불어 다스림(Governance)'은 이와 같이 다수의 집단 간 또는 공익과 사익이 상호 충돌의 우려가 높으면 높을수록 '함께 다스림(Governance)'으로 문제를 해결해야 할 필요성이 점증할 것이다. 오늘날 도시개발이나 환경분야 등과 같이 구성원들이나 집단들 간 첨예하게 이해관계가 대립하는 기피(NIMBY)시설의 반대나 선호(PIMFY)시설을 서로 유치하고자 경쟁이 치열할 경우, 과거와 같은 거버먼트(Government)적 시각으로서는 문제를 해결하기는 한계가 있을 수밖에 없다. '함께/더불어 다스림(Governance)'이 더욱 절실히 필요한 까닭이다.

---

2) 여기서의 부역(賦役)이란 국가나 공공단체가 국민이나 주민에게 의무적으로 지우는 노역(勞役)을 의미하며, 국가에 반역하는 일에 가담하는 부역(附逆)과는 그 의미가 다르다.

6 왜 '함께 다스림(Governance)'이 중요한가?: '함께/더불어 다스림'이 결여된 정책결정사례

'함께/더불어 다스림(Governance)'은 왜 중요한가? 오늘날 사회구조는 불과 몇 십 년 전과는 비교할 수 없을 정도로 고도로 분화되고 이해관계가 복잡하게 상호 얽혀 있다. 민주성이 신장되고 시민사회가 성숙되어 이해관계가 상호 충돌하는 경우에는 과거와 같은 권위주의적 접근방법으로써는 정책을 만들기도 어려울 뿐만 아니라 정책의 실효성을 확보하기가 점차 어려워지고 있다. 정부주도의 일방적 결정으로는 정책의 집행이 용이하지도 않으며 바람직하지도 않다. 어떤 문제를 해결하거나 정책을 수립하기 위해서는 무엇보다 이해관계자뿐만 아니라 공공선(公共善)을 극대화하는 방안이 무엇인지를 고민해야 한다.

일례를 들어보자. 서울시의 지하철 1호선(좌측통행 방식)과 나머지 지하철의 통행방식(우측통행 방식)이 상이하다. 더구나 같은 4호선인데도 서울시 구간은 우측통행 방식인데 (구)철도청 관할의 경기도구간(과천방향)은 좌측통행 방식이다. 전력공급방식[3] 도 서울시 구간은 직류를, (구)철도청 관할의 경기도 구간은 교류를 사용하고 있다. 직류와 교류가 바뀌는 구간에서는 전력공급이 일시 중단되는 사(死)구간이 발생하고 있다. 전력공급이 중단되는 이 사구간에는 달려오는 관성, 경사도, 비상충전용 배터리 등을 활용하여 달려야 하니 자칫하면 얼마나 큰 위험이 발생하겠는가?

지하철통행 방식을 결정할 당시에 서울시 관계자와 건설교통부, 철도청관계자와 통행방식과 전력공급방식을 정하기 위하여 수차례 회의를 가졌다고 한다(구체적 내용은; 「도시의 속살 엿보기」, 최병대(2021)를 참조). 결국 양자 간 자기주장만 되풀이하다가

---

3) 전력공급방식에는 항상 일정한 전압이 흐르는 직류방식과 그렇지 않은 교류방식이 있다. 전자(직류)는 지하철과 같은 도시철도에 효과적인 공급방식이다. 그 까닭은 지하철은 역간 거리가 짧아 자주 정차하고 출발해야 함으로 단시간에 속도를 높이고 줄여야 하는데 효과적이고 비교적 단거리 구간을 운용하는데 유리하다. 또한 지하철은 지하구간이 대부분인데 직류방식은 교류방식에 비해 전력공급시설을 장치하는데 터널의 높이공간을 교류방식에 비해 상대적으로 낮게 할 수 있는 장점이 있다. 반면에 후자(교류)는 장거리운행에 적합하며 지하구간의 경우 전력공급시설로 인하여 직류에 비해 상대적으로 높은 공간(높이)을 확보하여야 한다. 이 경우 엄청나게 공사비가 추가소요 된다는 점이다. 즉 현재 서울시 지하철 1m를 건설하는데 약 1억 원의 예산이 소요됨을 고려할 때 교류방식을 택할 경우 추가적 건설경비부담은 엄청날 것이다. 이외에도 전자는 안전성 확보에 상대적으로 유리한 반면에, 후자는 에너지 효율의 관점에서는 유리한 장점이 있다는 의견이다.

합의점을 찾지 못한 결과가 현재와 같은 통행방식을 채택하고 있다. 그 결과로 현재 이 지하철을 이용하는 승객은 통행방식이 다름으로 인한 혼란과 위험을 감내 할 수밖에 없는 상황이다. 만약 거버먼트(Government)적 시각에서가 아니고 '함께/더불어 다스림(Governance)'적 시각에서 지하철통행 방식을 결정했더라면 좌측통행 방식과 우측통행 방식, 직류와 교류가 공존하여 지하철 이용승객들에게 혼란과 위험, 사회적 손실을 주는 결정이 이루어졌을까? 만약 당시에 지하철 이용의 고객인 시민들 및 이해관계 집단이 함께 참여하여 의사결정이 이루어졌다면 이런 현상이 발생하였을까?

또 다른 일례를 살펴보자. 서울시와 경기도(수원시)의 택시요금을 결정하는 경우를 상정하자. 권위주의적 정부(Government)하에서는 턱시요금결정업무를 담당하는 서울시 관계자와 경기도(수원시) 관계자간에 상호협의 · 조정을 통하여 결정될 것이다. 양자 간 협의 시 협의가 결렬되면 상호 책임을 떠넘길 것이다. 택시를 실제로 이용하는 고객의 의견이 반영될 여지가 협소해진다는 점이다. 그렇기 때문에 두 도시 간 택시운영 요금체계가 다르며 밤늦은 시간에 택시이용승객은 사당역(서울에서 경기도로 넘어가는 길목)에서 수원까지 총알택시(?)에 생명을 맡겨야 되는 지도 모를 일이다.

반면에 '함께/더불어 다스림(Governance)'으로 이 문제를 해결하는 경우, 택시요금을 결정하기 위해서는 위의 양당사자 이외에도 기본적으로 두 도시 간 택시를 이용하는 승객이나 이들의 모임(단체)뿐만 아니라 양 도시의 택시회사나 그들의 연합체(단체)들도 참여할 것이다. 아울러 택시의 대중교통적 성격을 간과하기가 곤란하다면 공익대표자도 참여하여 이해관계자(집단)들의 공유된 목적을 위해 합의된 의견을 도출하기 위해 최선을 다할 것이다.

제2절

함께/더불어 다스림(Governance)과 시민사회

1 '함께/더불어 다스림(Governance)'과 시민사회

함께 다스림(함다), 더불어 다스림(더다)에는 시민사회의 발달 · 성숙과 밀접하게 연관되어 있다. 세계화 · 정보화 · 개방화 · 지방화 현상이 도래하면서 과거의 국가 및 정부 중심의 통치방식으로는 한계에 직면하는 현상이 곳곳에서 표출되고 있다. 과거 시장의 실패에 의해 정부의 개입정도가 확대 · 심화되어온 것과 마찬가지로 정부의 실패가 노정되면서 정부 밖 역할자들의 도움이 절실히 필요하게 되었다. 이러한 맥락에서 시민사회와 비정부부문의 역할이 중요해지고 있다. 이의 중심축이 바로 시민사회 중심의 시민참여라고 볼 수 있다.[4)]

우리나라는 1987년 6월 29일 시민항쟁 이후 시민사회가 본격적으로 전개되면서 다양한 시민단체가 폭발적으로 증가하기 시작하였다. 게다가 1988년 지방자치제가 제도적으로 부활되고 1991년 지방의회의 구성, 1995년부터 민선자치단체장의 등장은 그동안 정부(Government)의 비민주적이며 권위주의적 행태에 대한 반발심리가 상승작용을 하여 시민참여에 대한 욕구가 분출하기 시작하였다.[5)] 이제는 과거와 같이 정부만에 의해 모든 일을 처리하기에는 한계에 부딪칠 수밖에 없다. 다시 말하면, 정부와 시민이, 또는 다른 기관이나 단체 및 구성원과 더불어 고민하고 함께 문제를 해결하는 지혜를 결집해야만 한다. 여기에서 각 행위주체들은 상호존중의 파트너십을 통해 하나로 묶여지게 된다(김석준 외, 2001, 34).

이런 의미에서 함께 다스림(Governance)에는 시민사회의 성숙과 더불어 시민참여가 바로 중심축이 되고 있다. [그림 9-1]은 그동안 우리나라에서 시민사회로의 진행과정을 정리해 본 것이다. 과거의 권위주의적 사회에서 앞으로는 탈권위주의적 사회로, 친정부(Pro-Government)적 사회로부터 시민사회 중심의 친거버넌스(Pro-Governance)적 사회로 나아 갈 것임을 보여주고 있다. [그림 9-1]을 통하여 정책의 흐름과 정부의 역할, 지향하는 가치나 목적, 매개체 등의 특성을 엿볼 수 있다.

우리나라는 1990년대 초 지방자치제 부활 후, 그동안 공무원중심의 공급자 중심의 행정에서 시민중심의 행정서비스 공급체제로 전환되는 바탕이 마련되었다. 즉 공급자 중심에서 시민지향적인 행정서비스가 공급되기 시작하였다. 이의 결정적 계기는 1995년 7월 민선 지방자치단체장 체제의 출범이다. 1995년이 공공서비스 공급체계의 전환

---

4) 참고로 미국의 경우 16개 주요도시에서 정부재정으로 지원되는 공공서비스 공급을 제3섹터, 영리기업, 시정부로 구분할 경우, 제3섹터의 비중이 42%, 영리기업이 19%, 시정부가 39%를 점하고 있다고 한다(Salamon. 1995. p.81참조. 주성수, 공동생산과 자원봉사(1999a)에서 재인용).

5) 우리나라의 환경분야와 관련한 NGO의 설립시기를 살펴보면, 전체 385개 가운데 1990년 이후 설립된 것이 313개로 81.2%를 차지하고 있다. 설립시기별 구체적인 내역에 대해서는 환경부(1998), 「환경백서」를 참조할 것.

점이라고 볼 수 있다. 특히 1999년 말 고건 서울특별시장이 우리나라의 공공기관에서는 처음으로 도입한 시민(고객)평가제도는 시민지향서비스로 나아가는 촉매역할을 하였다. 이 제도는 우리나라의 전체 공공기관으로 확산되어 갔다. 그러나 이는 공무원들의 자발적인 의지에서라기보다는 민선단체장들의 강력한 요구에 의한 측면이 강하다. 이제 이러한 시민중심의 서비스공급은 점차 시민과 함께하는 또는 시민주도의 서비스공급으로 전환되어야 한다.

이제 시민은 단순히 서비스 공급대상으로서의 객체로서가 아니라 서비스 수혜대상이면서 동시에 서비스 공급의 주체적인 역할을 수행해야 한다. 이것이 바로 21세기에 있어서 함께 다스림(Governance)에 토대를 둔 서비스 공급방식이다. 1995년 민선 지방자치단체장 체제가 출범하면서 과거 권위주의적인 거버먼트(Government) 체제하의 공급자중심의 행정에서 거버넌스(Governance) 체제의 시민중심, 수요자 중심으로의 전환현상이 나타나기 시작하였다.6)

1995년 7월부터 2010년에 걸쳐 민선 자치단체장 1~4기를 거치면서 '시민지향 행정서비스'가 '시민주도(중심)의 행정서비스' 공급체제도 점차 확산되어 가는 토대가 마련되어 갔다. 특히 서울시에서 보궐선거로 시민단체 출신인 박원순 시장이 등장(2011. 10. 27.)하면서 2011년을 전후로 하여 시민주도의 거버넌스로 전환되는 기폭제가 되고, 함께 다스림이 중심축으로 자리하는 계기가 되었다고 볼 수 있다. 하지만 단체장의 의지에 의해 시민주도의 행정서비스를 지향하고는 있지만 아직까지 진정한 의미의 시민주도 행정서비스라고 하기에는 무리가 있다. 일종의 과도기인 셈이다. 그 이유는 관료들의 그동안 오랫동안 지속되어 온 관행이 한순간에 쉽게 바뀌기 어려운 것도 한 요인이 되고 있다. 그럼에도 불구하고 앞으로 시민주도 행정서비스는 점차 강화될 것이다. [그림 9-1]에서 '시민주도 행정서비스' 표시를 실선(—)이 아니고 점선(---)으로 표시한 것은 아직까지 명실상부한 시민주도 행정서비스 단계로 진입했다고 간주하기 어렵기 때문이다.

기본적으로 함께/더불어 다스림(Governance)이란 맥락에서 시민사회란 NGO뿐만 아니라 지역주민의 개별적 활동까지 포괄하는 광의적인 의미로 받아들여진다(서순복·김선명, 1025). 여기에서의 시민이란 무수한 개개 시민으로서는 의사의 결집 등 상당한 한계가 존재하기 때문에 어느 정도 조직화된 시민, 시민단체로서의 NGO(Non-Gov-

6) 시민사회의 역할과 중요성에 대해서는 최병대(2021). 「도시공동체의 민낯: 갈등도시에서 공생도시로」를 참조.

ernmental Organization)의 역할이 중요하다. 시민사회의 대표적 활동주체가 바로 NGO이다. 여기서의 NGO는 기본적으로 비당파적, 비종교적, 공익적, 자발적 및 자율적 특성을 지녀야 한다(조명래, 278). NGO를 통한 국민이나 시민들의 직접적인 참여증대는 새로운 함께/더불어 다스림(Governance)을 가져오고, 이는 정부중심의 함께 다스림(Governance)과는 차별적인 의미에서 NGO 함께/더불어 다스림(거버넌스)이라고 할 수 있다(김석준 외, 81).

그림 9-1 친거브먼트(Pro-Government)적 사회와 친거버넌스(Pro-Governance)적 사회의 특성 및 변화

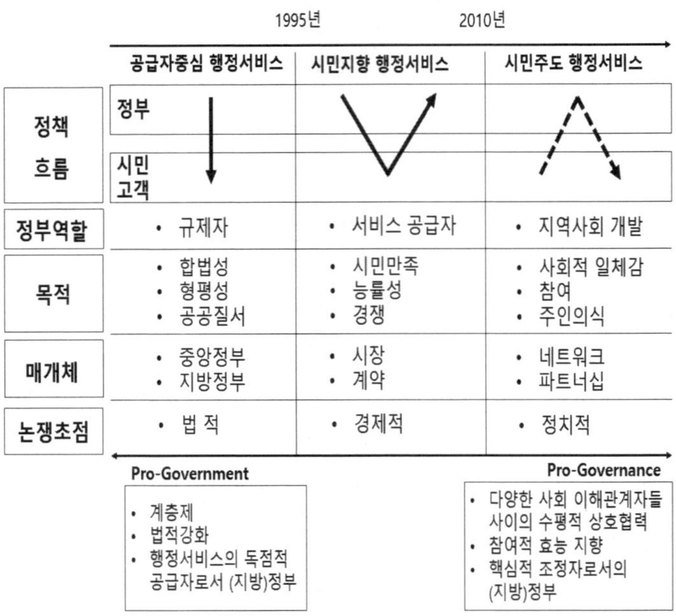

자료: Choi, Byung-Dae(2000 & 2001) 및 최병대·강황선(2001). 서울시정의 로컬거버넌스 도입 방안(서울시정개발연구원: p.24)을 중심으로 재구성.

2 시민사회 참여의 유형

'함께 다스림(Governance)'에 있어서 시민사회의 역할은 필수적이며 시민참여는 본질적 요소이다. '함께/더불어 다스림' 체제 하에서 공공부문에 대한 시민들이나 주민들

의 참여는 과거 관료주의적이며 권위주의적 시절의 형식적이며 동원적인 수준을 벗어나 실제적이며 능동적인 참여를 의미한다. 여기에서의 시민참여는 법인이나 단체, 시민사회를 어우르는 기관시민이 주축이 된다. 시민참여의 대표적인 활동주체는 NGO이다. 시민참여를 광의로 해석할 경우에는 NGO뿐만 아니라 시민이나 주민의 개별적 활동까지를 포함한다고 볼 수 있다. 이런 맥락에서 여러 학자들 간에 다양한 의견이 개진되고 있는데 이를 유형화하면 〈표 9-1〉과 같다.

시민참여의 유형을 버바(Sidney Verba)와 나이(Norman H. Nie)는 참여형태에 따라, 짐머만(Joseph F. Zimmerman)은 참여정도에 따라, 페트먼(Carol Pateman)은 의사결정의 참여형식에 따라, 아브라함슨(Mark Abrahamson)은 참여형식의 질적 차이를 기준으로, 아른스타인(Walter L. Arnstein)은 시민권력을 기준으로, 토머스(K. Thomas)는 공중의 관여 반영정도를 기준으로 구별하고 있다. 이러한 분류는 시민참여에 대한 일반적인 분류방식으로 함께 다스림(Governance)의 의미에서는 그 적용실효성이 반감된다.

오히려 '함께/더불어 다스림(Governance)'의 시민참여 유형으로는 정책연계망, 민관협력적 조직 및 체계, 자원봉사에 의한 시민참여로 분류(서순복 · 김선명, 1026)하는 것이 보다 부합하다. 그 까닭은 이러한 분류가 공공정책결정을 비롯한 공공관리과정에 직접적으로 시민참여가 이루어지는 것들이고 아울러 정부와 밀접한 관계성을 지니면서 나타나는 참여형태이기 때문이다.

앞서 언급한 바와 같이 시민사회의 대표적인 활동주체가 바로 NGO이다. NGO라는

표 9-1 시민참여의 유형

학자	분류기준	분류항목
Verba and Nie(1972)	참여정도	투표, 선거운동, 협동적 활동, 시민주도적 접촉
Zimmerman(1986)	참여정도	소극적 형식: 시민에 대한 정보 제공 및 시민의견 조사 적극적 형식: 타운미팅, 공청회, 시민자문위원회 기타: 주민투표, 시민발안, 시민소환, 자원봉사
Pateman(1970)	의사결정의 참여형식	의사참여, 부분참여, 완전참여
Abrahamson(1977)	참여형식의 질적차이	사회기술적 참여, 정치적 참여
Arnstein(1969)	시민권력	비참여(조작, 치료), 의사참여(정보제공, 상담, 회유), 주민권력(협동관계, 권력위임, 주민통제)
Thomas(1993)	공중의 관여 반영정도	자율적 관리자 결정, 수정된 자율적 관리자 결정, 단편적 공적 자문, 통일적 공적 자문, 공중적 결정

자료: 서순복 · 김선명(2001: 1025).

용어는 1950년 UN의 경제사회이사회에서 결의안 288조가 통과되면서부터 사용되기 시작하였다. NGO의 장점은 공공부문과 민간부문 각각의 편향성을 극복하고 양자 간의 역량과 자원을 상호 보완・결합하여 시너지효과를 창출하는 데 있다.

NGO와 유사용어로 NPO(Non-Profit Organization), CBO(Community-Based Organization), CSO(Civil Society Organization), VO(Voluntary Organization), 제3섹터(the Third Sector) 등이 사용되고 있다. 어떠한 용어이건 NGO의 가장 핵심적인 요건은 정부의 활동영역을 벗어난 비정부영역에서 활동하는 조직이며 아울러 사익이나 영리를 추구하는 것이 아니라 공익을 추구한다는 점이다. 샐러먼(Lester M. Salamon)과 안하이어(H. K. Anheier)에 의하면 NGO는 최소한의 형식을 갖추고(formal), 민간조직이며(private), 비영리적이며(non-profit), 자율적이며(self-governing), 자발적이며(voluntary), 비종교적이며(non-religious), 비정치적(non-political)일 것을 요구하고 있다(주성수, 1999b).

NGO에는 여러 형태가 있다. 활동지역의 범역에 따라 지역NGO, 전국NGO, 글로벌NGO로, 다루는 쟁점의 범주에 따라 단일과제 NGO와 복합과제 NGO로, 활동하는 방식에 따라 사회적 요구에 초점을 두는 옹호형 NGO와 사회적 서비스의 생산 및 공급과 이를 집행하는데 초점을 두는 집행형 NGO로, 활동의 지향이나 목표에 따라 공동체적 연대지향 NGO, 법제도적 개선지향 NGO, 사회체제 변혁지향 NGO로, 정부와의 관계유형에 따라 갈등형 NGO, 경쟁형 NGO, 공조형 NGO, 협력형 NGO, 상호 통합형 NGO 등 다양한 유형으로 구분하고 있다(조명래, 2001: 279).

제3절 함께 다스림(Governance)적 시각에서 본 정부와 시민사회[7)]

1 정부와 시민사회

시민사회가 성장하면 할수록 시민(민간)단체와 정부(관료집단)는 갈등관계에 놓이

7) 이하의 내용은 최병대・강황선(2001)의 「서울시정의 로컬거버넌스 도입방안」(서울시정개발연구원)에 관한 연구를 토대로 하여 서울시 자료를 활용하여 보완하였다.

는 경우가 허다하다. 이러한 현상은 개발도상국가에서 개발국가로, 권위주의 사회에서 탈권위주의 사회로, 관료사회에서 시민사회로의 전환과정에 있는 과도기 과정에서 흔히 발생하고 있다. 선진국의 경험을 보면 이 양자의 관계가 갈등의 관계에서 상호이해의 관계로 발전하는데 적지 않은 시간과 많은 시행착오가 필요하다는 것을 알 수 있다. 이는 양 집단 간 인식의 차이가 존재하기 때문이다

집단간 또는 집단내부의 개인간 인식의 차이는 눈에 보이는 제도의 변화를 통해서 단기간 내에 바꾸기는 어렵다. 그렇다면 정부관료집단은 성장하는 시민사회의 주체적 세력이라고 할 수 있는 시민(민간)단체들과 일정한 거리를 두고 존재할 수밖에 없는 이른바 대립적 협조관계를 형성할 수밖에 없는가?

선진국들의 예를 볼 때, 결국 이들 양자의 관계는 우호적 파트너 관계로 발전할 가능성이 있으며, 또한 그렇게 되는 것이 바람직하다. 이런 맥락에서 정부와 시민사회는 상호이해의 폭을 넓히고 인식격차를 줄이는 것이 바람직하다. 이것은 '좋은 함께/더불어 다스림(good governance)'을 위한 토대가 된다.

2 관료집단과 시민사회

1) 관료집단과 시민사회 간 인식차이

왜 관료집단과 시민사회의 비영리단체들과의 인식의 차이를 줄이는 것이 중요한가? 함께/더불어 다스림은 이 용어가 시사하는 바와 같이 이해관계자(집단)들 간 이해와 소통·공감을 통한 파트너십이 요체이다. 시민사회(민간)단체와 관료집단이 서로 파트너 관계로 발전하려고 개발도상국가들이 많은 노력을 기울이고는 있지만 아직까지 만족스러운 수준은 아니다.

과거 중앙집권적 국가체계 속에서 전문성을 갖춘 관료집단들이 국가 발전정책의 중추역할을 하였다. 그 결과 일부 개발도상국가들은 급속도로 성장을 이루어온 것이 사실이다. 그러나 사회가 고도로 분화되고 다양한 집단들 간 이해관계가 복잡하게 서로 얽히게 됨으로써 이러한 관료 중심의 중앙집권적 행정체계의 문제점이 노정되고 정부 관료집단만으로 공공문제를 해결할 수 없다는 인식이 공감대를 형성하게 되었다.

이러한 변화의 시기에 주목받는 것이 정부 관료집단과 시민사회가 서로 건설적인 파트너십을 형성하는 것이다. 정부와 시민사회가 서로 상호협력 관계를 형성하여 사회

의 공공문제를 해결하는 성공 사례들은 서구 선진국가들 뿐만 아니라 개발도상국가들에서도 활발하게 나타나고 있어 국제사회의 주목을 받고 있다.

민간단체들이 '함께/더불어 다스림(governance)' 체제 속에 분명한 구성원으로서 자리매김을 하기 위해서는 여러 가지 조건들이 갖추어져 있어야 한다. 가장 기본적으로는 법적・제도적 장치들이 마련되어 있어야 한다. 오랫동안 정부중심의 정책과정 속에서 숨죽여 있던 시민사회가 성장의 징후를 보이면서 한국사회의 커다란 여론형성 세력으로 등장한 것은 1987년대 시민들의 민주화 투쟁으로 대통령 직선제를 관철시킨 직후부터라고 할 수 있다. 이때부터 각 사업장에서는 합법적으로 노동조합이 등장했으며, 강력한 비판세력들인 시민운동단체들이 태동되기 시작했기 때문이다. 이들 시민운동 단체들이 잠재해 있던 시민들의 정치참여 욕구, 알권리를 규합하여 제도 정치권과 행정체제 내부에 투입시키는데 결정적인 공헌을 했다는 것은 부인할 수 없는 사실이다.

이제 민간단체들은 정부의 정책과정에 직・간접적으로 참여하려는 욕구를 표출하기 시작했으며, 이는 여러 가지 형태로 나타나고 있다. 먼저 공무원들과 민간단체 모두 양자간 의사소통은 과거보다는 여러 가지 방법을 통해서 늘어난 것을 인정하고 있다. 정책과정에 있어서 의사소통단계의 주요단계는 정책입안단계에서 가장 많은 것으로 나타났고 정책의 결정단계는 아직 미미한 것으로 나타났다. 또한 양자 간에는 바람직한 정책과정에의 참여방법에 차이가 있다. 공무원들은 주로 정책집행을 도와주는 차원에서, 혹은 결정권이 없는 자문회의 같은 형식으로 민간단체의 참여를 선호한다. 반면에 민간단체에서는 정책입안과 결정과정에 개입하기를 원하며, 결정권이 있는 기구를 통해 정책과정에 직접적인 영향력을 행사하기를 원한다. 이러한 인식격차는 실질적인 함께/더불어 다스림을 위해서는 장애요소가 잠재해 있다는 의미이기도 하다.

2) 집단사고이론에 비추어 본 상대방에 대한 인식

함께 다스림(Governance)이 효과적으로 작동하기 위한 방안을 강구하기 위해서는 집단사고이론을 원용할 필요가 있다. 집단사고(groupthink)는 의사결정을 하는 엘리트 집단이 외부 집단과 심리적・사회적으로 격리될 때 발생한다. 집단사고가 존재하면 해당 집단은 의사결정 과정에서 예상 밖의 판단오류를 범하게 된다. 집단사고가 일어나게 되면 가장 심각하게 발생하는 상황은 외부집단과의 격리상태가 발생하는 것이다. 이렇게 해서 격리된 일부집단은 다른 외부집단과 매우 다른 조직문화를 형성하게 되며, 다른 외부집단에 대한 부정적인 마인드와 배타적 의식을 갖게 되기가 쉽다(Jains, 1972; Schsfer & Crichlow, 1996).

따라서 집단사고 현상을 연구하는 과정에서 한 집단이 다른 외부집단과 사회적·심리적으로 격리되는데 가장 큰 영향을 미치는 요소가 무엇인지를 파악할 수 있다. 이런 이유로 집단사고이론은 조직심리학에서 매우 널리 사용된다. 집단사고이론에 대한 비판적인 의견이 없지는 않지만, 이 이론은 여전히 조직 및 사회심리학에서 귀인이론(attribution), 기대유인가(expectancy)이론과 함께 각광받고 있다.

한 조직이 집단사고에 사로잡히게 되는 조건(antecedents)들은 집단의 고립, 공정한 리더십의 결여, 수단적인 절차의 결여, 집단의 동질성, 시간상의 제약, 최근의 실패로 인한 낮은 자신감, 높은 개인적인 스트레스, 자신의 집단에 대한 우월감, 닫힌 마음, 통합에 대한 압력 등 10가지가 있다. 구체적으로 살펴보면 다음과 같다.

- 집단의 고립(group insulation): 한 집단이 다른 외부집단과 심리적으로 격리되어 의사소통이 단절되는 상황을 의미한다. 한 집단이 다른 외부집단에 비해 지나치게 엘리트 의식이 높다거나, 지나친 집단이기주의에 빠져있는 상태에서는 다른 외부집단에 대한 극심한 편견에 빠질 수 있다.
- 공정한 리더십의 결여(lack of tradition of impartial leadership): 한 집단의 리더가 상대집단에 대한 지나친 편견에 사로잡혀 있거나, 혹은 자기 집단에 대한 지나친 우월감에 사로잡힌 상황을 의미한다. 조직 내 의사결정 과정에서 다른 부하들 사이에서 자유로운 의사소통을 하지 못하게 하거나, 폭넓은 대안을 도출하지 못하는 리더십의 실패현상이 자칫 집단 전체의 고립상태를 가져올 수 있다.
- 수단적인 절차의 결여(lack of tradition of methodical procedure): 한 조직이 외부집단과의 사이, 혹은 내부적인 차원에서도 구성원들 상호 간에 정기적으로 의사소통을 할 수 있는 공식적인 채널이 부족할 때 집단사고가 발생할 가능성이 높다.
- 집단의 동질성(group homogeneity): 집단 구성원 간에 인적, 사회적 배경에 지나친 동질성이 존재하거나 사상의 동질성이 존재할 때 집단 역시 외부에 대한 배타적인 의식에 빠질 수 있다.
- 시간상의 제약(limited time): 집단 내에서 다양한 대안들이나 다른 의견을 수렴할 수 있는 현실적인 여건이 되지 못할 때 집단사고가 발생할 가능성이 높다.
- 최근의 실패로 인한 낮은 자신감(low self-esteem caused by recent failure): 최근

에 정책실패를 했거나 패배를 경험했을 때 조직 내 추진 중인 현재의 의사결정에 영향을 미칠 수 있다.

- 높은 개인적인 스트레스(high personal stress): 여러 가지 대안을 모색함에 있어서 자칫 따라올 수도 있는 위험성이나 부담감으로 인해 구성원들이 스트레스를 받을 때 역시 조직의 의사결정에 영향을 미칠 수 있다.
- 자신의 집단에 대한 우월감(overestimation of the group): 외부집단에 비해서 자신집단에 대해 지나친 우월감을 갖고 있는 경향을 말한다.
- 닫힌 마음(closed mindedness): 일종의 아전인수식의 조직문화를 지칭한다. 상대방의 집단에 대한 지나친 편견 혹은 자기집단에 대한 집단적 합리화 경향을 말한다.
- 통합에 대한 압력(pressures toward uniformity): 조직 내 구성원 간의 의견일치에 대한 일종의 환상이 있다거나 다른 의견을 주장하는 구성원에 대한 압력이 존재하는 상태이다.

이상의 집단사고의 조건들을 원용하여 함께 다스림(Governance)적 시각에서 비추어 볼 때, 공무원들이 외부 민간단체에 대해 갖는 각종 편견들의 원인을 하나씩 되짚어 볼 수 있다. 이 집단사고 이론에 따라 다음과 같은 연구가설이 만들어 질 수 있다.

- 집단의 고립(group insulation): 공무원들이 민간단체들과 의사소통이 거의 없다거나 공식적 · 비공식적 채널을 통해서라도 접촉이 없을 때 민간단체에 대한 집단사고를 가질 수 있다.
- 공정한 리더십의 결여(lack of tradition of impartial leadership): 부서의 직속상관이나 책임자가 민간단체에 대한 편견을 공식적 · 비공식적 석상에서 자주 표명을 하거나, 구성원 간에 다양한 의견개진을 원하지 않는 경우일수록 강한 집단사고를 갖게 될 것이다.
- 수단적인 절차의 결여(lack of tradition of methodical procedure): 일정 부서가 외부 민간단체들과 공식적으로 접촉할 수 있는 채널이 부족할 때 집단사고가 강하게 발생한다.
- 집단의 동질성(group homogeneity): 공무원들이 서로 사회적 · 심리적으로 동질성이 강하게 존재할 때 집단사고의 가능성은 높다.
- 시간상의 제약(limited time): 다수의 공무원들이 민간단체와의 파트너십을 통해

정책결정을 내릴 현실적 여건이 되지 않는다는 의견을 갖게 될 때 집단사고가 나타날 개연성이 높다.

- 최근의 실패로 인한 낮은 자신감(low self-esteem caused by recent failure): 최근에 민간단체와 공동으로 공공사업을 추진해 보았으나 그 결과가 좋지 않았을 때 다음 정책을 결정할 때 집단사고 경향이 나타날 수 있다.
- 높은 개인적인 스트레스(high personal stress): 민간단체의 시정개입활동이 결국 개인의 업무분담을 가중시킬 때 집단사고가 발생할 수 있다.
- 자신의 집단에 대한 우월감(overestimation of the group): 민간단체에 대해서 지나친 자신감에 차 있을 때 배타적 집단사고가 존재할 수 있다.
- 닫힌 마음(closed mindedness): 일종의 아전인수식의 조직문화를 말하는데, 상대방 집단에 대한 지나친 편견, 혹은 자기집단에 대한 집단적 합리화 경향이 존재할 때 집단사고가 존재할 가능성이 높다.
- 통합에 대한 압력(pressures toward uniformity): 조직 내에서 구성원들이 상관의 주장 혹은 조직의 공식적 주장과 다른 의견을 갖게 되는 경우 압력을 받게 되는 상황일 때 집단사고가 존재하게 될 가능성이 높다.

이러한 가설을 검증하는 방법으로 가장 일반적인 것이 설문지 방법을 활용하는 것이다. 여기서는 위의 가설들을 직접 검증하지는 않는다. 그 이유는 현재 서울시가 공식적으로 추진하고 있는 정책(시정참여사업과 같이 민간단체의 정책과정에의 참여정책)에 대해 혹시 있을지도 모르는 부서와 상관의 부정적인 견해를 알아보는 설문조사에서 공무원들의 솔직한 의견을 받아내는 것은 매우 어려울 것이라고 판단되기 때문이다. 이러한 우려는 후술하는 설문조사 결과에서도 확인되고 있다.

제4절 시민사회(비영리단체)의 서울시 시정참여사업 사례분석

시민사회가 성숙하면 할수록 함께/더불어 다스림은 더욱 긴요하다. 1991년 지방자치제도가 부활한 이후 시민사회는 더욱 활기를 띠는 계기가 되었다. 함께 다스림(함다)

현상은 중앙정부뿐만 아니라 지방정부에서 더욱 절실한 과제로 등장하였다. 여기서는 지방정부인 서울특별시와 시민(민간)단체 사이의 인식차이를 좁히고자 하는 실증적 자료를 분석한다. 이를 통하여 양자 간의 관계가 대립적인 관계에서 상호 우호적인 이해의 관계로 전환시킬 방안이 무엇인지를 탐색해 보고자 한다. 왜냐하면 이것이 바로 지방정부에서 '좋은 함께/더불어 다스림(good local governance)'을 위해 매우 긴요하기 때문이다.

1 양 집단 간의 인식

우리나라는 제도적으로 공공부문에 있어서 민간참여를 확대할 수 있는 방안을 적극적으로 강구하고 있다. 그 대표적인 것이 비영리민간단체지원법이다. 행정자치부에서 입안하여 2000년 4월부터 시행 중인 "비영리민간단체지원법 시행령"에 의해서 각 지방자치단체는 중앙정부의 지원을 받아 민간단체의 정책과정에의 참여를 사안별로 보장하고 있다.

서울시의 경우에는 행정자치부의 지침 이전에도 각종의 다양한 채널을 통하여 민간단체들이 시정에 참여할 수 있는 문호를 개방하였다. 〈표 9-2〉는 설립시기별로 전국의 비영리단체 등록현황을 보여주고 있다. 1960년대 이전에는 6.6%에 불과하였으나, 1980년대 이후부터 전국적으로 비영리민간단체의 등록수가 급증하고 있음을 알 수 있다. 전체 비영리단체의 약 6할이 1990년 이후 설립된 것으로 나타났다.

표 9-2 설립 시기별 등록 비영리민간단체 현황(전국)

설립시기	1959년 이전	1960년대	1970년대	1980년대	1990년~1995년	1996년 이후	계
중앙정부	7 (2.6)	9 (3.4)	8 (3.0)	22 (8.3)	72 (27.2)	147 (55.5)	265 (100.0)
서울시	4 (2.2)	2 (1.1)	10 (5.5)	34 (18.7)	58 (31.9)	74 (40.6)	182 (100.0)
기타 시・도	39 (2.2)	83 (4.7)	102 (5.8)	565 (32.4)	352 (20.2)	605 (34.7)	1746 (100.0)
전체	50 (2.3)	94 (4.3)	120 (5.5)	621 (28.3)	482 (22.0)	826 (37.6)	2193 (100.0)

자료: 행정자치부, 「비영리민간단체 현황-2000. 6월 기준」, 2000.

표 9-3 회원 수별 등록 비영리민간단체 현황(전국)

구분	5백명 미만	1천명 미만	3천명 미만	5천명 미만	1만명 미만	5만명 미만	10만명미만	10만명이상	계
중앙정부	84 (31.7)	38 (14.3)	38 (14.3)	11 (4.2)	22 (8.3)	34 (12.8)	14 (5.3)	24 (9.1)	265 (100.0)
서울시	72 (39.6)	23 (12.6)	51 (28.0)	7 (3.9)	10 (5.5)	15 (8.2)	2 (1.1)	2 (1.1)	182 (100.0)
기타 시·도	1,001 (57.3)	261 (15.0)	249 (14.3)	74 (4.2)	58 (3.3)	79 (4.5)	7 (0.4)	17 (1.0)	1,746 (100.0)
전체	1,157 (52.8)	322 (14.7)	338 (15.4)	92 (4.2)	90 (4.1)	128 (5.8)	23 (1.0)	43 (2.0)	2,193 (100.0)

자료: 행정자치부, 「비영리민간단체 현황–2000. 6월 기준」, 2000.

한편 〈표 9-3〉은 회원수별 비영리단체의 등록현황을 보여주고 있다. 전체의 52.8%가 500명 미만인 것으로 나타나고 있으며, 10만 명 이상의 경우는 2%에 불과한 것으로 나타나고 있다. 1만 명 이상의 경우도 전체의 8.8%에 불과한데, 이는 아직까지 대부분의 비영리단체가 소규모의 회원들로 구성되어 영세성을 탈피하지 못하고 있는 것으로 볼 수 있다. 2000년대 이후부터는 비영리단체의 수가 폭발적으로 증가하기 시작하였다. 2021년 10월 20일을 기준으로 서울시에서만 무려 1,336개에 이르는 것으로 확인되고 있다(2021년 10월 서울시 내부자료).

〈표 9-4〉는 2000년 11월 기준 서울시의 부서별로 등록된 비영리민간단체의 현황이다. 전체 214개 단체 중에서 자치행정과와 관련된 것이 56개 단체로 가장 많고, 그다음으로는 환경기획과와 여성개발담당관실의 경우가 동일하게 24개의 단체로 분포되어 있다. 분야별로는 시민사회분야, 문화·체육분야, 보건·복지분야의 비중이 상대적으로 높게 나타나고 있다. 이들 민간단체들은 소관 부서의 각종 업무추진 시에 주로 자문회의, 간담회 또는 심의회 형식으로 참여하기도 하고 각종 시정참여사업들을 통해 직접적으로 해당 부서의 업무의 일부에 참여하기도 한다.

우리나라는 1980년대부터 군사문화가 쇠퇴하기 시작하고 민주시민사회가 성장하기 시작하였다. 이 시기부터 여러 비영리민간단체들이 여론형성 계층으로 등장하기 시작하였고, 1990년대 이후부터는 매우 강력한 여론주도계층으로 성장했다. 앞으로 민간단체들의 정부정책과정에의 참여방법은 점차 확대되고 다양화될 것이다.

앞서 논의한 집단사고(groupthink)의 조건 중에서 집단의 고립화 현상과 수단적 절

표 9-4 서울시 비영리민간단체 등록내역(2000년 11월)

활동분야	주관과	단체성격		활동범위		계
		민간시민단체	법정지원단체	전국/서울시	자치구	
시민사회	자치행정과	41	15	41	15	56
문화/체육	문화과	17	–	17	–	17
	문화재과	3	–	3	–	3
	체육청소년과	13	–	12	1	13
	문화월드컵기획담당관	5	–	4	1	5
보건/복지	사회복지과	1	–	1	–	1
	노인복지과	10	–	9	1	10
	장애인복지과	12	–	10	2	12
	의약과	8	–	7	1	8
환경	환경기획과	24	–	20	4	24
	조경과	1	–	1	–	1
여성	여성개발담당관	24	–	23	1	24
교통	교통기획관	14	–	14	–	14
	운수물류과	1	–	1	–	1
	교통운영개선기획단	4	–	4	–	4
방재	비상기획단	2	3	3	2	5
	구조구급과	1	–	1	–	1
국제	국제협력담당관	5	–	5	–	5
산업/경제	소비자보호과	2	–	2	–	2
	고용안정과	2	–	1	1	2
도시계획/주택	도시계획과	1	–	1	–	1
	주택기획과	1	–	1	–	1
	건축지도과	1	–	1	–	1
신문방송	보도담당관	3	–	3	–	3
계		196	18	185	29	214

자료: 서울특별시 내부자료, 2000. 11.

차의 부재로 인한 집단사고의 가능성은 점차 적어질 가능성이 매우 높다고 볼 수 있다. 이렇게 비영리단체가 양적으로 늘어나면서 양 집단 간의 원활한 의사소통이 가장 중요

표 9-5 서울시와 자치구는 NGO를 어떤 존재로 대하고 있는가?

구분	NGO실무자(%)	서울시 공무원(%)
시정사업의 파트너	48.4	31.8
멀리하기 어려운 경쟁자	39.8	47.0
말썽만 일으키는 골치거리	5.4	11.5
결코 도움이 안되는 허깨비	1.1	7.4
무응답	5.3	2.3

자료: 주성수(2001). 서울시정참여사업 평가보고서. 한양대학교 제3섹터연구소.

한데, 어떻게 하면 이 두 집단간 인식을 보다 우호적으로 변화시킬 것인가 하는 것에 대한 고찰이 필요하다.

〈표 9-5〉 및 〈표 9-6〉에서 나타나듯이 아직까지 양 집단 사이에 적지 않은 인식의 차이가 존재함을 알 수 있다. 상대방 집단에 대한 편견과 불신이 존재하고 있음을 엿볼 수 있다. 〈표 9-5〉에서 나타나는 바와 같이 시정사업의 파트너로 인식하고 있는 경우가 NGO단체에서는 48.4%로 비교적 높다. 반면에 서울시 공무원의 경우에는 31.8%로 상대적으로 낮은 비율을 보이고 있다. 또한 말썽만 일으키는 골치거리로 인식하고 있는 경우가 NGO단체에서는 5.4%에 불과한 반면, 서울시 공무원의 경우에는 11.5%로 비교적 높게 나타나고 있다.

〈표 9-6〉에서는 환경분야에 있어서 지역NGO단체와 지방자치단체 간 상호 협력관

표 9-6 지역NGO와 자치단체간 협력관계를 저해하는 가장 큰 원인

구분	공무원		환경단체 관리자		합계	
	빈도(명)	비율(%)	빈도(명)	비율(%)	빈도(명)	비율(%)
자치단체의 지역 NGO에 대한 이해부족	74	17.3	108	50.0	182	28.3
지역 NGO의 자치단체불신	147	34.3	14	6.5	161	25.0
공식적인 의사소통 경로의 부재	89	20.8	43	19.9	132	20.5
공동협력사업의 부족	91	21.3	46	21.3	137	21.3
기타	27	6.3	5	2.3	32	5.0
계	428	100.0	216	100.0	644	100.0

자료: 조석주 · 김필두(2000). "지역 NGO의 지방자치단체 정책참여방안." 지방행정연구원.

표 9-7 민관 파트너십 형성의 걸림돌

구분	NGO		담당공무원	
	사례 수	비율	사례 수	비율
담당공무원의 인식 부족	35	31.0%	13	10.4%
경직된 제도의 비현실적인 지침	44	38.9%	42	33.6%
담당공무원의 전문성 부족	10	8.8%	13	10.4%
민간단체의 전문성 부족	6	5.3%	29	23.2%
민간단체의 인력 부족	8	7.1%	8	6.4%
민간단체에 대한 사회의 부정적인 인식	9	8.0%	16	12.8%
기타	1	0.9%	4	3.2%

자료: 김수현·박은철(2001). "서울시와 NGO의 파트너십 구축을 위한 사례연구". 서울시정개발연구원.

계를 저해하는 요인을 보여주고 있다. 자치단체의 지역NGO에 대한 이해부족의 경우 공무원은 17.3%로 응답한 반면, 환경단체 관계자의 경우에는 과반수(50%)에 이르고 있다. 또한 지역NGO의 자치단체불신의 경우에는 공무원집단에서는 34.3%로 매우 높게 나타난 반면, 환경단체 관계자의 경우에는 6.5%로 매우 낮게 나타나는 특징을 보이고 있다. 이는 양 집단간에 상호 상당한 인식의 격차가 존재하고 있음을 의미한다고 볼 수 있다.

민관간 파트너십을 형성하는데 장애요인이 무엇인가에 관한 질문에서 상호간 인식하고 있는 요인이 다소 차이가 존재하고 있음을 알 수 있다. 〈표 9-7〉에서 보듯이 공무원들은 "민간단체의 전문성 부재(23.2%)"를 비현실적인 제도 다음으로 꼽았는데 비하여, NGO단체는 비현실적인 제도 다음으로 "담당공무원의 인식부족(31.0%)"을 들고 있다. 공무원들은 민간단체의 전문성 부재를 두 집단간 협력관계의 문제점으로 꼽았다. 반면에 민간단체는 공무원들의 민간단체에 대한 이해가 부족한 것을 원인으로 지적하였다.

공무원들은 주로 민간단체의 전문성을 가장 큰 문제점으로 지적하고 있다. 이는 서울시 공무원들과의 면접에서도 반복적으로 확인되고 있다. 한 부서의 과장은 "우리는 이 부분에서 적어도 20년에서 30년을 넘게 종사해온 사람들입니다. 그런데 민간단체들이 우리가 하는 일에 어떻게 참여를 하고, 그들이 우릴 도와줄 수 있겠습니까?" 하고 대답을 했고, 다른 부서의 팀장은 "민간단체들은 정부의 업무에 대한 일종의 착각 내지는 환상에 빠지는 것 같습니다. 정부업무는 외부에서 생각하는 것처럼 그렇게 쉽게 접근할 수 있는 내용들이 아닙니다"라는 의견을 피력하는 등 앞에서 나타난 설문결과와 매우 유사한 결과를 나타냈다. 민간단체의 전문성에 대한 문제를 제기하는 의견은 면접 대상이었던 중간관리자들 사이에서 일관적으로 나타났다.

이상에서 살펴본 바와 같이 정부와 민간단체의 인식차이는 아직까지 어떤 제도적 장치로 좁혀지기 어렵다는 결론에 도달할 수 있다 집단사고이론에 근거해서 판단할 때, (기존의 설문결과 뿐만 아니라 본 연구의 면접조사에서 나타난) 서로간 닫힌 마음(closed mindedness)이 공무원들이 민간단체에 갖는 부정적인 인식의 가장 큰 원인이라고 관찰되었다.

면접에서 나타난 일관적인 응답 중의 하나는 공무원들의 민간단체에 대한 인식에 영향을 미치는 요소 중에서 상관에 의해 받은 영향이 의외로 작다는 것이었다. 설문조사 결과에서도 응답자들의 절대다수는 "상급자는 민간단체의 시정참여사업에 대해 긍정적이며, 대체적으로 민간단체의 정책참여에 대해 우호적이다"는 답변을 했다.

그럼에도 응답자(실무자급 공무원) 자신들은 여전히 부정적인 인식을 갖고 있는 것으로 나타났다. 한 부서의 팀장은 "현재 위에서 내려오는 지침이나 국장과 과장이 민간단체에 협조하는 것에 우호적이어서 협조를 해주려는데 그렇다고 해도 우리 실무자들은 민간단체의 적극적인 시정참여에 대해 우려를 하지 않을 수 없습니다"라고 대답했다.

이러한 면접결과를 통해서 알 수 있듯이 현재까지 제안된 민간단체 지원관련 조례나 각종지침 등은 공무원집단과 민간단체 사이의 물리적 접촉기회를 넓히는데 긍정적인 효과를 가져왔다고 할 수 있다. 하지만 집단 사이의 인식차이를 좁히는 데는 아직은 역부족이라는 사실이다.

2 시민(민간)단체 시정참여사업의 운영실태 분석

1) 민간단체 시정참여실태

서울특별시는 지방자치제가 부활되고 민선단체장이 출범한 1995년 7월 이후부터 민간NGO단체들에게 시정에 참여할 수 있는 기회를 더폭적으로 확대하고 있다. 2000년에 비영리민간단체지원법이 제정되기 이전부터 서울시는 전향적으로 민간단체들의 의견을 수렴하여 시정에 반영하고자 하는 적극적인 노력이 강구되었다.

그럼에도 불구하고 제도적인 뒷받침이 미약하여 여러 가지 한계가 적지 않았다. 이런 점에서 동법의 제정은 상당한 의미를 지닌다고 볼 수 있다. 행정자치부에서는 2000년도 "비영리민간단체지원법"을 통해 각 자치단체에서 민간단체들이 정책과정에 참여할 수 있도록 국비를 지원하고 있다. 행정자치부가 제시한 사업선정 기준은 다음과 같다.

- 독창성
- 경제성
- 파급효과
- 사회문제해결 및 주민욕구 충족도
- 신청예산내역의 타당성 및 자체부담비율
- 전년도 사업평가 결과
- 단체의 전문성, 책임성, 개발성 및 최근의 공익활동 실적

이상의 기준을 토대로 서울시는 인권·여성·청소년 공익신장, 자원절약·환경보전, 교통, 자원봉사, 안전관리·재난구조, 사회복지, 국민화합, 투명사회 만들기, NGO 기반구축·확대, 문화시민, 민족화해협력, 시민참여확대, 지정공모의 11개 분야의 사업을 선정하고, 15인의 전문가, 민간단체 대표들로 구성된 "공익사업선정위원회"에서 사업공모에 응모한 민간단체들을 선정한다.

서울특별시의 2000년 시정참여사업 내용은 〈표 9-8〉, 〈표 9-9〉, 〈표 9-10〉과 같다. 공모사업을 통하여 서울시는 2000년에만 총 114개 사업에 약 16억원의 예산을 지원하

표 9-8 공모사업을 통한 서울시 민간단체 지원현황

(단위: 천 원)

구분	공모사업		
	지원액	사업수	사업당 평균지원액
1996년	720,421	69	10,441
1997년	880,250	59	14,919
1998년	658,043	62	10,614
1999년	1,742,815	118	14,770
2000년	1,634,503	114*	14,465**

*2000년의 경우 1개 사업이 중단되어 실제로 지원된 사업 수는 113개임.
**113개 사업 평균
자료: 주성수(2001). 서울시정참여사업 평가보고서. 한양대학교 제3섹터연구소.

표 9-9 2000년 시정참여사업 유형별 신청/지원 사업수

구분	신청		지원		경쟁률
	사업건수	전체대비비율(%)	사업건수	전체대비비율(%)	
사회복지	42	17.9	22	19.3	1.9:1
청소년보호	31	13.2	13	11.4	2.4:1
자원절약, 환경보전	35	14.9	13	11.4	2.7:1
교통	22	9.4	12	10.5	1.8:1
시민참여확대	22	9.4	14	12.3	1.6:1
안전관리,재난구조	3	1.3	1	0.9	3.0:1
문화시민운동	32	13.6	15	13.2	2.1:1
자원봉사	27	11.5	12	10.5	2.3:1
국민통합	17	7.2	10	8.8	1.7:1
부정부패	4	1.7	2	1.8	2.0:1
합계	235	100.0	114	100.0	2.1:1

자료: 주성수(2001). 서울시정참여사업 평가보고서. 한양대학교 제3섹터연구소.

표 9-10 2000년 시정참여사업 유형별 총사업비, 신청 및 지원결정금액

(단위: 천 원)

구분	총사업비 *		신청금 *		지원결정금	
	금액	사업당평균	금액	총사업비대비(%)	금액	신청금대비(%)
사회복지(22건)	1,677,643	76,257	529,563	31.6	311,585	58.8
청소년보호(13건)	611,793	47,061	313,430	51.2	175,300	55.9
환경보전(13건)	511,133	39,318	317,630	62.1	168,900	53.2
교통(12건)	512,160	42,680	262,245	51.2	177,200	67.6
시민참여확대(14건)	471,220	33,659	292,281	62.0	209,900	71.8
안전관리(1건)	68,420	68,420	30,000	43.8	27,000	90.0
문화시민운동(15건)	630,063	42,004	336,837	53.5	211,800	62.9
자원봉사(12건)	408,057	34,005	255,952	62.7	172,600	67.4
국민통합(10건)	713,526	71,353	240,772	33.7	167,268	69.5
부정부패(2건)	108,057	54,029	60,000	55.5	51,000	85.0
합계(114건)	5,712,072	50,106	2,638,710	46.2	1,672,553	63.4

* 최초 사업계획서상의 총사업비 기준.

자료: 주성수(2001). 서울시정참여사업 평가보고서. 한양대학교 제3섹터연구소.

표 9-11 NGO가 서울시정에 어느 정도 도움을 주고 있는가?

구분	NGO실무자(%)	서울시 공무원(%)
아주 많은 도움	16.1	1.4
어느 정도 도움	74.2	65.4
많은 도움을 못준다	7.5	19.4
도움보다는 방해	0	13.4
무응답	2.2	0.4

자료: 주성수(2001). 서울시정참여사업 평가보고서. 한양대학교 제3섹터연구소.

였다(〈표 9-8〉 참조). 2000년의 경우 사업신청건수에 대한 지원건수에 대한 경쟁률은 평균 2.1 : 1로 나타나고 있다(〈표 9-9〉 참조). 시정참여사업의 유형별 내역을 살펴보면 전체 114건 가운데 사회복지분야가 22건으로 가장 많으며 또한 사업당 평균금액 규모면에서나 총지원금도 가장 높은 것으로 나타나고 있음을 알 수 있다(〈표 9-10〉 참조).

서울시가 의욕적으로 실시하고 있는 시정참여사업에 대한 공무원들의 인식은 어떠한가? 〈표 9-11〉은 민간단체의 시정참여사업에 대한 서울시 공무원들의 인식을 나타낸다. NGO관계자들은 대부분이 도움을 주는 것으로 인식(90.3%)하고 있다. 반면에 서울시 공무원들은 긍정적인 인식(66.8%)이 높지만 부정적인 인식(32.8%)도 적지 않은 것으로 나타나고 있다. 그중에서도 오히려 도움보다는 방해를 주고 있다고 인식하고 있는 공무원의 경우도 13.4%에 달하고 있다는 사실에 주목할 필요가 있다. 이는 아직도 공무원들이 민간단체들에 대하여 인식하고 있는 한 단면을 엿볼 수 있는 측면이 아닌가 여겨진다.

그럼에도 불구하고 전반적으로 설문조사 결과를 보면 대체적으로 공무원들은 시정참여사업에 대해 긍정적인 평가가 부정적인 의견보다는 상대적으로 높은 비중을 보이고 있다. 아직 공무원들의 부정적인 인식이 적지 않은 편이지만 이전에 공무원의 민간단체에 대한 부정적인 의견과 비교해 볼 때 시정참여사업에 대해서는 긍정적인 편이라고 할 수 있다.

긍정적인 의견의 내용의 속성을 들여다보면 다소 차이가 있다. 〈표 9-12〉는 시정참여사업에 의해 집행된 사업의 중요성에 대해 설문한 내용이다. 설문결과와 같이 공무원들은 시정참여사업을 통해 민간단체가 집행했던 사업들을 별로 중요하지 않은 사업들로 인식(77.4%)하고 있다. 하지만 NGO관계자들은 대부분(79.6%)이 중요한 사업이라고

표 9-12 지난 5년을 지속해온 서울시정참여사업에 대해 어떻게 생각하십니까?

구분	NGO실무자(%)	서울시 공무원(%)
중요한 사업	79.6	19.8
있어도 되고 없어도 됨	15.1	53.9
별로 필요가 없는 사업	0	18.0
전혀 필요가 없는 사업	0	5.5
무응답	5.3	2.8

자료: 주성수(2001). 서울시정참여사업 평가보고서. 한양대학교 제3섹터연구소.

간주하고 있다는 점이다.

이런 현상은 시정참여사업의 유형들을 살펴보면 보다 쉽게 이해할 수 있다. 〈표 9-13〉은 민간단체의 시정참여사업을 유형별로 구분한 것이다. 표에서 알 수 있듯이 시정참여사업의 대부분이 이미 결정된 사업들에 대한 단순한 지원 성격의 사업들이 주류를 이루고 있거나 교육, 세미나·토론, 자원봉사 및 홍보활동이 대부분을 차지하는 것으로 나타나고 있다.

표 9-13 2000년 시정참여사업 유형별 사업추진 방식

사업추진방식 / 사업유형	교육	세미나/토론	캠프	봉사/서비스	캠페인/문화행사	조사
사회복지(22건)	14	4	4	18	13	2
청소년보호(12건)*	11	1	6	4	3	4
환경보전(13건)	7	7	2	5	10	7
교통(12건)	7	3	–	3	10	2
시민참여확대(14건)	11	5	–	8	9	1
안전관리(1건)	1	–	1	–	1	–
문화시민운동(15건)	11	5	2	4	7	4
자원봉사(12건)	10	4	5	10	4	1
국민통합(10건)	6	3	3	4	3	2
부정부패(2건)	1	2	–	1	2	1
합계(113건)	79	34	23	57	62	24

*중단된 1개 사업 제외.
자료: 주성수(2001). 서울시정참여사업 평가보고서. 한양대학교 제3섹터연구소.

이상을 종합·정리하면 공무원들은 시정참여사업이 대체적으로 시정에 기여한다고 인정하고는 있지만, 사업자체의 중요성에 대해서는 별로 동의하지 않고 있다. 따라서 시정참여사업이 행정자치부의 본래 목표대로 "민간단체와 정부의 파트너십 구축을 통한 행정의 경쟁력 제고"와 "지방자치의 성숙 및 참여민주주의 실현"이라는 본래 목적을 달성하기 위해서는 시정참여사업의 정책적 중요성을 높이는 것이 필요하다.

이를 위해서 시정참여 사업이 서울시의 각 부서의 전체적인 업무목표 상에 일정부분 기여할 수 있도록 비중을 높여야 한다. 하지만 현실적으로 서울시 공무원들의 정서는 부서별 비중 있는 사업에의 민간단체 참여를 원하지 않는 것으로 나타나고 있다. 따라서 민간단체의 시정참여사업이 점차 중요해질 필요성이 있으며, 양 집단의 상호간의 인식차이를 좁히는 차원에서 운영될 필요가 있다. 그러할 때 민간단체의 시정참여사업이 서울시의 '좋은 함께 다스림(Good Local Governance)' 체제구축에 기여할 가능성은 점차 높아 질 것이다.

2) 시민(민간)단체 시정참여사업 운영개선방안

그동안 공무원과 민간단체 상호간의 교류를 확대시키고 상호 건설적인 동반자로서 자리매김하기 위한 여러 가지 대안들이 제시되었다. 서울시정개발연구원(김수현·박은철), 지방행정연구원(조석주·김필두), 그리고 한양대학교 제3섹터연구소(주성수)에서 제시한 "(가칭)민간단체 협력조례"를 제정하는 방법, 공무원과 민간단체의 상호간 이해를 증진시킬 수 있는 교육프로그램, 그리고 민관협력기금을 조성하는 방법들이 그것이다.

여기에서는 기존의 방법 외에 서울시가 추진하고 있는 "민간단체의 시정참여사업"에 대한 운영개선방안을 통해 앞에서 제시된 공무원들의 민간단체에 대한 인식을 개선할 수 있는 방안을 모색하기로 한다. 설문조사나 면접조사 등을 통하여 민간단체의 시정참여사업은 아직까지 민간단체들과 공무원들간 건설적인 파트너십을 형성하는 데에는 한계가 있음이 드러났다. 여기서는 민간단체들의 시정참여사업을 공무원들과 민간단체가 서로 성공적인 파트너십의 경험을 축적할 수 있는 채널로 활용하는 방안을 모색하고자 한다.

민간단체의 시정참여사업들은 대개 행자부 지침에 의해 큰 그림이 그려진다. 일반적으로 서울시는 11개 부분의 사업에 대하여 각 부서와 협의하여 사업내용을 결정하고,

그 내용을 민간단체에 공모하여 참여하고자 하는 민간단체의 신청을 받는다. 시정참여사업에 지원한 민간단체들을 15인으로 구성된 "공익사업선정위원회"에서 행정자치부의 선정기준에 의거하여 선정하게 된다. 또한 집행 후 그 결과를 외부연구기관이 평가하고, 평가결과를 다시 워크샵을 통해서 민간단체들의 의견을 수렴한다.

시정참여사업의 운영방식은 민간단체를 활용하여 서울시에서 필요한 프로그램들을 실시한다는 의미보다는 중앙에서 법에 의해 결정된 사항을 국비를 갖고 실시하는 것 자체의 의미밖에 없는 사업이 되기 쉽다. 서울시에서는 중앙에서 지원되는 국비 9억6천만 원과 거의 같은 규모인 7억 원(환경부문 제외)의 시비를 투입하여 다른 자치단체와는 비교할 수 없을 정도의 규모로 시정참여사업을 지원한다. 하지만 이러한 시정참여사업은 서울시 공무원들의 관심밖의 사업으로 머무를 가능성이 많다고 판단된다. 이는 시정참여사업에 각 부서의 적극적인 의견이 반영되기 어렵기 때문이다.

민간단체의 시정참여사업이 본래 목적대로 민간단체와 정부 간 정책 파트너십을 구축하여 행정의 경쟁력을 제고하기 위해서는 서울시에서 추진하고 있는 민간단체의 시정참여사업의 운영방법을 다음과 같이 개편할 필요가 있다.

첫째 민간단체의 시정참여사업의 운영방법을 크게 이원화할 필요가 있다. 하나는 행정자치부에서 추진하는 10개 분야를 지금과 같은 운영방식을 유지하면서 국비로 지원하는 것이다. 이는 행정자치부의 지침을 현실적으로 인정하고, 시정참여를 원하는 민간단체들에게 자율적인 프로그램 선정의 선택권을 보장해 주어야 하기 때문이다. 다른 하나는 기존에 시정부의 재원을 통해 지원하는 규모를 점증적으로 확대하면서 이를 지정공모사업위주로 사업을 편성토록 하는 것이다. 서울시는 지정공모사업을 통해 민간단체와 서울시의 각 부서와의 업무협조 기회를 좀더 확대하고, 민간단체의 참여사업이 시의 각 부서 업무에 실질적으로 기여할 수 있는 여지를 넓힐 필요가 있다. 지정응모사업은 2002년도 월드컵을 대비한 사업들로 집행되고 있는데, 앞으로는 시정참여사업의 성격을 대폭 지정응모사업으로 개편하여 확대하여 나가야 한다.

둘째 민간단체의 시정참여사업 평가체계도 이원화하는 방안도 고려해 볼 수 있다. 〈표 9-14〉는 현재 평가체계 하에서의 지난 2000년도 사업의 평가결과이다. 만일 시정참여사업이 이원화된다면 그 평가체계도 함께 이원화 될 필요가 있다. 행정자치부에서 제시한 10개 사업을 기존대로 실시하고, 기존의 평가체계를 유지하되, 지정응모사업을 늘이는 경우에 [그림 9-2]에서 제시된 대로 지정공모사업 부분의 운영 및 평가를 개편할 수 있다.

표 9-14 평가결과: 20개 항목 종합

평가기준	평가항목	항목별 평균	기준별 평균
사업계획	1) 사업계획 내용대로 잘 진행되는가	3.3	3.35
	2) 사업계획대로 예산이 집행되었나	3.4	
조직역량	3) 단체의 목적과 주력사업에 적합한가	3.7	3.85
	4) 비중 있는 주요사업으로 추진되는가	3.9	
	5) 사업추진 조직과 인력을 갖추었는가	3.8	
	6) 외부 기관과 전문가의 지원을 받는가	4.0	
프로그램	7) 프로그램 목표와 목적이 명확한가	3.8	3.48
	8) 프로그램 추진방법이 적절한가	3.5	
	9) 프로그램이 창의적이고 선도적인가	3.4	
	10) 프로그램이 효과적이고 효율적인가	3.2	
대상집단	11) 대상집단이 자발적이고 능동적인가	4.1	4.00
	12) 대상집단이 좋은 영향을 받았는가	3.9	
예산집행	13) 예산의 오용, 남용, 낭비는 없는가	3.5	3.40
	14) 예산집행 규정에 어긋나지 않는가	3.3	
	15) 영수처리 등 회계업무가 투명한가	3.4	
기대효과	16) 계획된 목적목표를 달성했는가	3.5	3.63
	17) 부수적인 긍정적인 효과를 낳았는가	3.6	
	18) 서울시민의 참여와 관심을 이끌었나	3.8	
시정공조	19) 서울시정에 공조하는 효과가 있었나	3.5	3.45
	20) 계약을 준수하고 업무에 협조적인가	3.4	
총계		71.7	3.59

자료: 주성수(2001). 서울시정참여사업 평가보고서. 한양대학교 제3섹터연구소.

각 부서별로 선정된 지정사업들의 "사업성과지표"를 외부연구기관과 각 부서가 협조하여 개발하는 것이 필요하다. 사업성과지표를 개발하는 것은 미국에서는 매우 일반화된 체제라고 할 수 있다. 정부의 성과를 측정하는 지표를 개발하듯이 시정참여사업의 성과를 지표로 개발할 때 몇 가지의 효과를 가져온다.

우선 시정참여사업이 각 부서의 업무에 기여하는 정도를 향상시킬 수 있다. 현재의 시스템 하에서는 각 부서가 시정참여사업에 "제안자"정도로 머무르게 된다. 이 경우 해당 부서의 전체적인 업무와 연관성이 희박할 가능성이 높다. 그러나 각 부서가 외부 연구기관에서 개발한 소관 시정참여사업의 성과지표를 함께 검토하고 수정·보완을 할

그림 9-2 서울시의 민간단체의 지정응모사업 개선방안

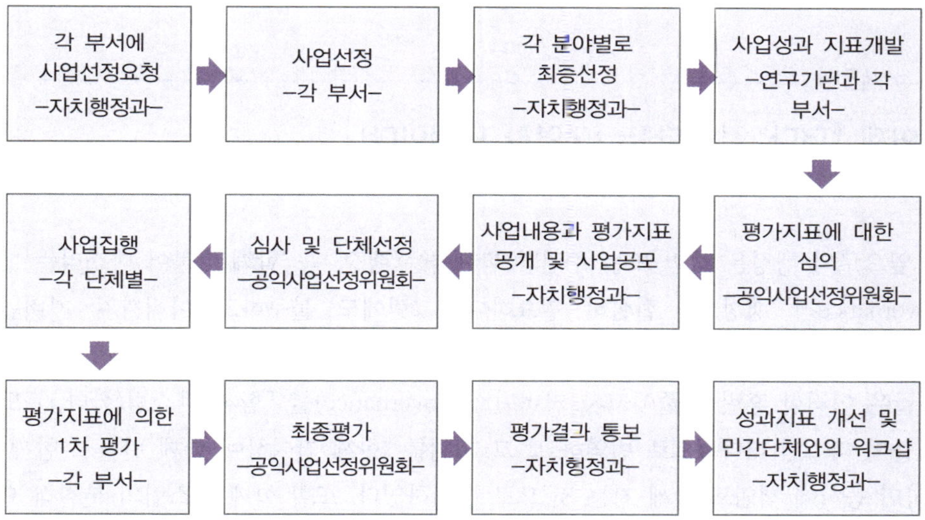

자료: 서울시정참여사업 사업평가보고서(주성수) 참조.

경우에는 각 부서의 전체적인 업무방향과 조율할 여지가 높아진다.

시정참여사업의 성과를 보다 명확하고 장기적인 안목에서 평가할 수 있는 자료들이 만들어 질 수 있다. 시정참여사업을 1회성 사업으로 끝내기보다는 이전 자료들이 축적하여 2년 이상 연속성 사업으로 발전시킬 가능성이 높아지므로 시정참여사업의 사회적 효용성을 높일 수 있다. 시정참여사업을 직접 집행하는 민간단체들은 공고되는 해당 정부사업에 대한 보다 창의성 있는 집행전략들을 발굴해 낼 수 있으며, 정부사업을 위탁받아 추진하는 과정에서 매년 전문성을 축적해 나갈 수 있다.

시정참여사업에 대한 서울시 각 부서의 관심도를 높일 수 있게 된다면 시정참여사업을 각 부서의 긴밀한 관심과 협조하에 추진할 수 있다. 이를 통하여 서울시 부서와 민간단체들의 건설적인 의사소통의 가능성을 그만큼 높일 수 있는 효과가 발생한다.

셋째 시정참여사업에 투입되는 예산의 효율성을 증진시킬 수 있다. 이는 성과측정의 고유한 장점이라고 할 수 있다. 현재의 규모로 보면 시정참여사업에 투입되는 예산의 규모가 그리 크지 않은 것은 사실이지만, 앞으로 성과측정시스템이 시정참여사업에 동원될 때 예산의 효율성이 높아지기 마련이다. 그러한 과정에서 장기적으로 서울시의 시정참여 사업도 점증적으로 확대될 가능성이 높아지게 된다.

제5절

이제 "더다", "함다"는 당연한 명제이다!

앞으로의 행정은 시민 또는 주민과 함께하는 행정, 즉 '함께/더불어 다스리는 행정(governance적 행정)'이 절실히 필요하다. 그럼에도 불구하고 아직까지 거버넌스(Governance)의 의미가 무엇이며 그 실체가 무엇인지 혼란스러운 부분이 적지 않다. 이 글은 이러한 혼란을 줄이고자 거버넌스(Governance)를 「함께 다스림(함다,)」 또는 「더불어 다스림(더다)」으로 번역하고, 그 의미를 "함께 참여하여 함께 만들고 함께 해결하며 동시에 책임도 함께 지는 것"으로 정의하였다. 또한 함께 다스림의 본질적 요소가 무엇인지도 살펴보았다. 「함께/더불어 다스림」은 중앙정부차원에서 보다는 지방정부차원에서 그 필요성과 활용가능성이 상대적으로 높다. 지방정부에서는 시민들이나 주민들과의 공공서비스에 대한 접촉빈도가 한층 높기 때문이다. 이런 맥락에서 서울시가 추진하고 있는 시정참여사업은 상당한 의미를 지니며 향후 더욱 전향적으로 발전시켜야 한다.

시정참여사업에 대하여 서울시의 각 부서는 형식적이거나 생색내기용 시정참여사업이 아니라 실질적이며 능동적으로 함께 할 때 서울시와 시민사회의 민간단체는 자연스럽게 서울시의 중요한 파트너로서 자리매김 할 수 있다. 공무원들과 시민사회단체가 서로 건설적인 파트너가 되기 위해서는 상호신뢰와 존중의 기반하에 중·장기적인 전략을 마련하여 시정참여사업을 점차 확대·추진해 나가야 한다.

결론적으로 공공의 문제를 해결하기 위해서는 그동안 정부중심에서 이제는 정부와 시민이 함께하는, 또는 시민주도 행정의 거브넌스(함께 다스림)화가 요체가 되어야 한다. 서울시의 각 부서는 시민들과 상호호혜적이며 파트너십을 구축하기가 용이한 업무영역을 적극 발굴하고 능동적으로 시민들과 소통하는 노력을 게을리해서는 아니 된다. 이는 예산사용의 효율성을 높일 뿐만 아니라 사회적 생산성 제고에도 크게 기여할 것이다.

국민과 시민이 없는 정부는 존재할 수 없다. 그럼 정부가 하는 일은 국민과 시민의 여망을 담아 함께하는 것이 당연한 명제이다. 앞으로 정부는 국민, 시민과 더불어 함께 하는 정부여야 한다. 따라서 「함께 다스림」, 「더불어 다스림(Governance)」은 좋은 정부가 되기 위한 필요충분조건이다. 이런 정부라야 국민 · 시민과 함께 호흡하고 공감하며 정부의 생산성을 드높이는 지름길임을 명심해야 한다.

참고문헌

김석준 외(2000). 「뉴거버넌스 연구」, 서울: 대영문화사.

______(2001). 「뉴거버넌스와 사이버거버넌스 연구」, 서울: 대영문화사.

김수현 · 박원철(2000). 「서울시와 NGO의 파트너십 구축을 위한 사례연구」, 서울: 서울시정개발연구원.

서순복 · 김선명(2001). "지역문화사업 수행에서의 민 · 관협력체계에 관한 연구", 「한국행정논집」, 대구 · 경북행정학회, 제13권 제4호.

서울특별시(2021). 비영리민간단체 대장목록(내부행정자료, 2021.10.20.)

서울민주주의위원회(서울협치담당관)(2020).(서울시 비영리민간단체 공익활동 지원사업) 공익사업 평가단 평가결과보고(2020.12)

전종섭(2000). "시민사회의 뉴거버넌스: 행정책임성의 변화", 「위대한 사회를 향하여: 한국의 정치 · 경제 · 행정의 발전적 전망」, 법문사.

조명래(2001). "NGO와 정부간 파트너쉽의 이해와 활성화에 관한 연구", 「지역사회개발연구」, 제26집 제2호, 한국지역사회개발학회.

조석주 · 김필두(2000). 「지역NGO의 지방자치단체 정책참여방안」, 한국지방행정연구원.

주성수(1999a). 「공동생산과 자원봉사」, 서울: 한양대학교 출판부.

______(1999b). 「시민사회와 제3섹터」, 서울: 한양대학교 출판부.

______(2001). 서울시정참여사업 평가보고서. 한양대학교 제3섹터연구소.

최병대(2021a). 「포스트 코로나를 대비하라」, 서울: 일상이상.

______(2021b). 「도시의 속살 엿보기: 우리 도시의 숨은 진면목을 찾아서」, 서울: (주)아이에스.

______(2021c). 「도시공동체의 민낯: 갈등도시에서 공생도시로」, 서울: (주)아이에스.

최병대 · 강황선(2001). 「서울시정의 로컬 거버넌스 도입 방안」, 서울: 서울시정개발연구원.

Box, Richard C.(1998). *Citizen Governance: Leading American Communities into the 21st Century*, London: SAGE Publications.

Choi, Byung-Dae(2000). "Paradigm Shift in a Local Government: The Case of Anti-Corruption Programs in Seoul Metropolitan Government," *The Annals of Public Administration Research*, The Research Institute for Public Administration, Seoul: Hanyang University.

______(2001). "From Local Government to Local Governance: Citizen-Centered Anti-Corruption Program in Seoul Metropolitan Government", *Urban Management in Seoul: Policy Issues and Responses*, Seoul: Seoul Development Institute.

Jains, L.(1972). *Victims of Groupthink*. Boston: Houghton Mifflin.

Salamon, L.(1995). *Partners in Public Service*, Baltimore: Johns Hopkins University Press.

Schafer, M. & Crichlow, S.(1996). Antecedents of Groupthink: *A Quantitative Study. Journal of Conflict Resolution*. Vol.40. No.3. pp.415-435.

제10장

거버넌스와 정보 공유

박흥식

| 제1절 |

서 론

21세기 행정환경의 변화는 거버넌스와 디지털 혁명으로 요약된다(Rhodes, 2000; John et al., 1994 참조). 거버넌스가 1990년대 이후 나타난 새로운 국정 운영의 방식이라면, 디지털 행정은 21세기 지식기반 행정의 핵심 수단이고 오늘날 정부개혁의 지향점이다. 정보 공유는 이러한 거버넌스와 지식 또는 디지털 행정의 한가운데 위치한다. 먼저 거버넌스는 기존의 간접 민주주의의 비효율성을 대신하면서 나타난 현재의 지배적인 사회문제의 해결 방식으로, 불확실하고 복잡한, 그리고 고도의 상호 의존적 사회 문제를 다루는 데 네트워크적 협력과 조정을 추구한다. 허스트(Hirst, 2000: 14-19)는 이러한 개념의 등장과 수요, 개념의 지지를 국제 개발조직과 서구 각국의 개발도상국 경제 개발에 대한 지원, 국제기구, 레짐(regime)의 관심, 서구 기업의 전문 경영, 주식 분산 등에서 찾고 있다. 또 민영화, 기업가적, 시장지향적 정부를 내용으로 하는 신공공관리(new public management), 네트워크(networks), 파트너십(partnerships) 등도 이 개념의 확산을 촉진했다고 지적한다. 거버넌스는 도시, 지역, 특정 산업 부문에서 지방정부, NGO, 노조, 협회, 지역단체, 기타 행위자들이 공동의 사회적 문제를 해결하는 데 과거의 중앙집중적·계층적 위계 질서가 아닌 자기들 간의 토의, 협상으로 접근한다. 적어도 이것은 20세기 말 환경에 대한 국가 적응의 표현이고, 또 다른 면에서 사회 시스템의 이론적, 개념적 협력과 조정에 관한 것이다(Pierre, 2000: 3). 거버넌스 행정은 권력 대신 공동체 구성 단위들 간의 목표나 가치에 대한 사회적 합의와 의지의 실현을 바탕으로 한다(김석준 외, 2000: 228). 다양한 행위자들 간의 이와 같은 참여, 협력과 조정은 국가 공동체 문제에 대한 인식, 접근 방법 등에 대한 합의, 이해를 요구하는데(Pierre, 2000; Rhodes, 2000 참조), 정보 공유 없이 동의나 협력은 가능하지 않다. 이러한 의미에서 정보 공유는 효과적 거버넌스로 가는 첫 번째 준비 사항이다.

21세기 행정의 또 다른 특징은 디지털 행정이다. 이러한 환경의 변화는 기존의 정부와 시민간, 또는 각 행정기관간 정보의 배분과 교환의 방식을 바꾸면서 앞으로 행정에 큰 영향을 예고하고 있다. 민주국가는 국민의 알 권리를 바탕으로 하고, 정부는 그동안 활동 전반에 걸친 정보를 국민 모두에 공개함으로써 공유하는 것을 지향해 왔으나, 그것은 기술적으로 엄청난 업무 부담을 요구하는 것으로 좀처럼 가능하지 않았다.

그러나 IT(Information and Technologies)의 혁명적 발달은 네트워크, DB 등에 의해 정보수집, 이용, 관리, 배분 비용을 최소화하고, 행정기관은 동일 정보를 각 기관마다 다시 반복 입력하는 불필요한 시간, 인력, 장비 이용을 줄임으로써, 또 고객은 그 대가로 대기 시간, 행정의 생산성, 서비스의 질, 만족을 얻을 수 있어 공유에 따른 문제를 일시에 해결한다. 정부의 정보 공유에 대한 관심은 정보통신 기술의 이와 같은 행정에의 도입 등을 통해 표현되고 있다.

기타 공공 부문의 정보 공유는 오늘날 시민사회 성장, NGO의 활동, 국민의 권리 요구 증가 속에서 사회적 갈등 해결과 합의 창출의 토대가 되고 있다.

그러나 정보 공유의 이러한 필요나 중요성에도 불구하고 관련 연구는 아직 크게 부족하다. 이론 개발, 실증 연구 등에서도 연구자들은 이러한 주제를 체계적으로 다루는데 소홀했고, 그만큼 연구 성과도 미흡한 실정이다.

따라서 이 연구에서는 정보 공유에 대한 개념, 특히 거버넌스에서 정보 공유가 갖는 기대 효과와 중요성, 그간의 연구 성과에 대한 확인, 유형과 방법, 기능과 성격의 변화, 정부의 역할, 미래의 방향 등에 대해 탐색한다. 다음 의문들이 이 논의의 초점이다.

첫째 정보 공유는 거버넌스 패러다임에서 어떤 지위와 의미를 갖는가? 정보 공유는 기존의 행정에 어떤 변화와 효과를 의미하고, 그 성격은 어떻게 규정할 것인가? 이 연구는 정보 공유에 대한 이와 같은 기본적 의문을 정보 공유의 내용, 관련 정책의 유형화, 그리고 각 유형을 대표하는 구체적 사례들에 대한 검토를 바탕으로 분석한다.

둘째 정보 공유의 채널과 역할의 변화는 어떤 것인가?

셋째 정보 공유의 학술적 · 정책적 차원의 함축적 의미는 무엇인가? 이 연구는 이러한 논의를 통해 전망과 한계도 제시한다.

이 연구는 이러한 목적을 위해 먼저 제2절에서 정보 공유의 개념, 유형, 성격 등에 대한 이론적 논의를 전개하고, 제3절에서는 정보 공유의 각 유형에 따른 몇 가지 사례를 검토한다. 다음 제4절은 이론적 논의, 사례의 검토를 바탕으로 한 정보 공유가 갖는 정책적 시사점, 학술적 차원의 과제와 의미를 도출한다. 제5절은 요약과 정리이다.

제2절

정보 공유의 개념과 유형, 그 영향에 대한 논의

1 정보 공유의 목적과 의미

정보 공유는 다수의 행위자들 간의 특정 정보에 대한 공동 소유 또는 상호 이용 현상으로, DB의 공동 이용, 여러 행위자들 간 정보의 교환과 흐름(information flow)으로 나타난다. 정보는 그 사용의 비소진적 성격 때문에, 소유권 행사의 객체보다는 이용 그 자체로서가 중요하다. 정보 공유는 사실 정보의 소유권 획득보다는 정보 공개, DB 이용, 사회적 상호 작용을 통한 자료나 사건 내용의 확인, 인지 등으로 일어난다. 정보 공유는 공통 정보의 보유, 내용 파악의 상태나 조건으로, 공유가 일어나는 하나의 과정이기도 하다. 정보 공유 메커니즘은 정보 작성·소유자, 정보, 그리고 수용자로 구성되는데, 정보 공유는 이러한 메커니즘에서 정보 확인(identification), 방출(outflow), 이동, 입수(inflow)를 통해 일어난다. 방출은 여기서 정보 보유자가 그것을 배분, 공개, 제공, 공표, 공시, 전수하는 행위이고, 이동은 소유자로부터 정보가 상대편으로 이전되는 것이다. 그리고 정보 입수자는 그러한 정보의 확인, 접수, 학습을 통해 공유한다. 정보 공유는 이처럼 정보 작성자로부터 그것의 이용에 참여하는 사람 간에 정보 흐름의 과정으로 이해할 수 있다. 정보 공유를 이러한 과정적 시각으로 보면 그것은 조직, 사람 간의 사회 작용 모두를 포함하는 하나의 동태적 현상이다.

정보 공유의 목적은 통제, 감시, 조직의 생산성 향상이나 효율, 신뢰 증대, 서비스 제공 등 여러 가지이다(Butler, 1999 참조). 구체적 목적은 공유가 어떠한 맥락에서 요구되는가에 따라 다르다. 정부와 시민 간 관계라면 정보 공유의 목적은 정부의 감시, 책임 확보, 주인-대리인(principal-agent) 간의 정보 비대칭(information asymmetry)의 해소 등이다. 공유는 투명성 개선을 통해 국민의 정부에 대한 신뢰, 정부 책임성의 강화, 시민 참여 등 많은 긍정적 효과를 야기한다. 정보 공유는 이 때 그 자체가 민주적 가치 실현의 한 방법으로, 납세자들의 재정 정보에 대한 공유 요구의 경우는 사실 가장 오래고 고전적인 예이다. 반면 정부 내부의 행정기관이나 부서간 공유의 목적은 이러한 감독이나 통제보다는 업무 효율, 신뢰, 안정 등에 있다. 조직의 능력을 구성하는 지식이나 정보, 기술 등의 공유는 조직의 경쟁 우위의 전략이다(Zander & Kogut, 1995 참조). 또 정보 공유는 조직 구성원들의 신뢰, 만족감 등을 높이는 효과가 있다. 따라서 조직 내의 정보 공유 실패는 구성원들의 심리적 불안을 유발하기도 한다(Stasser, 1999; Stasser, Stewart & Wittenbaum, 1995). 정보 공유는 또 정책 공동체가 직면하는 복잡한 사회 현상에 대한 공동, 협력적 문제 해결과 정책 이해 관련자들 간의 참여, 효과적 동의, 순응 확보, 상호 불신의 극복, 협력의 획득 등에도 중요하다.

정보 공유는 지식, 기술의 공유 등과 아직 뚜렷한 개념 사용상의 구분을 보지 못하고 있다. 1990년대 후반부터 국가 발전의 지향점이 '지식기반 사회(knowledge-based society)'로 규정되면서, 관련 연구들은 정보와 지식, 그리고 이러한 개념들 간에 구분을 좀더 분명히 하고자 노력해 왔다(박문수 · 문형구, 2001: 4). 그러나 그 동안 지식이나 기술의 국가 또는 기업 간의 획득, 학습 과정 등에 연구가 집중하면서 공유보다는 주로 확산(diffusion)이나 이전(transfer) 개념이 사용되었고(O'Dell & Grayson, 1999; Pan & Scarbrough, 1998 등 참조), 연구 성과도 주로 이러한 분야에서 나타났다(Kedia & Bhagat, 1988 참조). 그러나 오늘날 정보통신 기술의 발달이 정보 공유를 실시간(real-time)과 저비용으로 해결하면서, 정보 공유에 대한 연구자들의 관심도 크게 증가하고 있다.

거버넌스나 지식 기반 행정은 21세기 행정개혁의 중심 가치이다. 정보 공유는 거버넌스 행정의 핵심 요소이다. 거버넌스는 공동체 문제의 정부, 기업, 시민사회의 다양한 이해 관련자들에 의한 해결 시도인데, 정보 공유는 이들 간의 합의와 조정의 전제이다. '바람직한 거버넌스(good governance)' 측정을 위한 척도(governance indicators)도 이러한 이유로 정보 공유를 중요하게 평가한다(예: Kaufmann et al., 1999 참조). 거버넌스 평가지표는 정책예측 가능성, 책임과 투명성, 합의 등으로 나타나고 있고, 정보 공유는 이러한 지표 중 책임성이나 투명성에 관한 것이다. 지식 기반 행정의 경우도 그 특징의 하나가 정보 공유이다.

2 정보 공유에 대한 관심의 발전: 선행 연구의 검토

경제학, 경영학, 행정학 등의 정보 공유에 대한 관심은 이미 1980년대 초부터이다. 경제학이나 경영학은 체계적 관심과 노력으로 정보 공유를 독립적 연구 분야로 발전시켰다면, 행정학은 경찰의 범죄 수사(Tomek, 2001; Zoufal, 2001), 도서관 간 자료의 공유(예: Morgan, 2001; Pedley, 2001) 등에서 정보 교환의 부족이 심각한 예산 낭비와 비능률을 초래한다는 것이 지적되면서 실무적 차원에서 논의가 시작되었으나 단편적 문제 제기에 머물고 독립적 연구 분야나 주제로서 성과를 내놓지는 못했다. 정보 공유에 대한 이러한 각 분야의 연구와 구체적 관심들은 다음과 같다.

첫째 경제학 분야로, 정보 공유는 경제학 연구의 오랜 관심이다(Raith, 1996; Vives, 1990; Gal-Or, 1985; Li, 1985; Clarke, 1983; 이남순, 1999 등). 경제 분야 연구자들은 담합 이유에 대한 관심으로부터 시작해 1980년대 이후 정보 공유에 대한 집중적 연구를 전개했다. 현재 정보 공유는 경제학 독과점 시장 이론 분야의 중요한 부분이다(이남순·서옥석, 1995: 3). 경제학의 정보 공유이론(theory of information pooling)은 정보 공유를 정보의 획득과 방출(information acquisition and release), 교환 또는 공표의 의미로 사용하고, 이들은 구체적인 정보 교환 또는 거래의 구조가 기업의 행위에 어떤 영향을 미치는가를 다룬다. 기업들이 불확실한 시장 수요 또는 생산 비용에 관해 각자가 보유하고 있는 개인 정보(private information)를 어떻게 서로 공유하고자 하는가에 대한 관심이 그것이다. 연구자들은 불확실한 경쟁을 비용과 수요에 관한 것으로 구분해 정보 공유에 대한 인센티브가 과연 존재하는지를 분석하고 있다. 예컨대, 이남순(1999)은 비용이 불확실한 경쟁에서 정보 공유에 대한 인센티브가 있는지, 있다면 어떤 조건에서 그런가를 검토한다. 경제학은 정보 공유에 대한 연구를 가장 일찍 시작했고, 또 이론과 경험적 검증에서 가장 앞서고 있다.

둘째 경영학 분야로, 정보 공유에 대한 관심은 주로 협력적 노사 관계에 관한 것이다(Kleiner & Bouillon, 1991, 1988; Morishma, 1991; Tracy, 1987; Hayes, 1984; 이종우, 1999; 유병주, 1996; 유병주·성을현, 1996 등). 대부분은 정보 공유가 단체교섭의 결과 및 그 과정에 어떤 영향을 미치는가를 다룬다. 기타 모기업과 협력 기업 간의 정보 공유가 협력 기업의 품질경영에 어떠한 영향을 미치는가에 관한 연구도 있다(서창석, 1998). 1980년대 이후 노동조합이 힘을 얻어 경영 참가, 성과 배분 결정 과정에의 참여를 요구하는 가운데, 이것을 주제로 한 많은 연구들을 내놓는다. 이러한 연구들에서 정보 공유는 경영정보 배분에 대한 노동조합의 참가로, 정보의 교환이라기보다는 경영자들의 일방적 정보 제공 형태이다. 정보 공유의 대상 정보도 기업의 재무, 관리에 관한 것이다.

경영학 분야의 정보 공유와 협력적 노사 관계를 다룬 연구들은 정보 공유를 크게 세 가지로 설명한다(이종우, 1999: 347-348). 첫째 노동자의 경영, 파워 배분에의 참여,

둘째 경영자와의 주종 관계 극복과 대등 협력적 관계의 추구, 그리고 셋째 공동체 의식의 관점이다. 이들은 정보 공유가 공동체 협력적 의식의 형성에 중요하고, 그것은 구성원 간의 합의를 바탕으로 해야 한다고 보았다. 그러나 경영자와 노동조합은 그렇지 못해 단체교섭 과정에서 갈등, 대립 등의 불필요한 행동이나 장기간 협상, 파업 등 기업 전체에 불이익을 주는 노사간 소모적인 투쟁을 낳고 있어, 정보 공유를 통해 노동자의 적정한 수준의 임금 요구, 사용자의 이들에 대한 수용으로 단체교섭을 효율화하고, 대외적 이미지 악화, 경쟁력 저하, 기업의 이윤 감소, 그용 불안정 등도 막아야 한다는 것이었다.

노사 간의 정보 공유에 대한 이러한 논의에서는 정부와 시민 간 관계에서 그것처럼 경영자 책임이나 감시에 대한 관심은 상대적으로 적었다.

셋째 행정학에서 정부와 시민 간의 정보 공유는 본질적일 수 있다. 국회의 예산, 결산 승인이나 정보공개 제도 등에 의한 감시, 통제, 정부 책임 확보 등은 그러한 예이다. 공공행정의 분야도 경찰, 도서관 운영에서는 업무 개선을 위해 일찍부터 이러한 개념의 도입을 보이고 있다. 목적은 업무의 효율적 추진에 관한 것이었다. 그러나 행정학 분야의 연구들은 이것을 공유의 개념으로 다루지 못했고, 오히려 정보 기술적 관점에서 DB 개발과 그것을 이용한 행정의 생산성 향상, 정책 공동체 구성 단위들 간 및 공공 서비스 제공, 수혜 기관들 간의 정책과 서비스 질의 개선에 이 개념을 적용하고 있다.

이러한 이유로 행정학 분야의 논의들은 정보 공유를 정보통신 기술 이용, DB의 공동 활용 등과 동일한 것으로 간주한다. 정윤수(1999)는 의료 서비스 제공 기관들 간의 환자 진료 정보 시스템 구축에, 명승환(2001b: 112-113)은 의료통합 정보 시스템 개발에 이러한 개념을 적용한다. 이들은 여기서 정보 공유를 특정 기관에 없는 정보를 다른 기관으로부터 받아 이용하는 정보 공동 활용으로, 그리고 각 기관이 보유하는 정보의 상호간 교환으로 정의한다. 기타 한상연(1996)은 정보 공유 개념을 지방정부의 도시, 건축, 토목, 산업, 환경보호과 등 각 부서간 업무의 상호 의존성과 정보통신 기술에 의한 자료의 공동 이용에 사용하고 있다.

행정학 분야의 정보 공유에 대한 이러한 논의들은 관심을 거의 정보통신기술의 적용에 한정하고 있고, 정보 공유에 대한 고유한 개념 인식도 발전시키지 못한 것이다.

기타 정치학 분야의 정보 공유에 대한 관심은 앞의 이러한 분야에 비하면 상대적으로 더욱 단편적인 것이다. 국제정치학 분야는 정보 공유를 국가간 군비통제 협정의 이행 감시, 국제조직의 원조 물자와 전용의 방지 등여기에 대한 논의가 있다.

전반적으로 정보 공유의 연구에서 발견되는 특징은 그 개념의 흔한 사용에도 불구하고 정보 공유가 무엇인지, 내용, 필요나 이유, 실패 등에 대한 보편적 이론 개발, 논의에는 성공을 보지 못해 왔다는 점이다.

3 공유의 유형과 특징

공직사회 정보 공유는 정보를 공유하는 행위자 간의 관계, 즉 그것이 누구와 누구 간의 공유인가를 기준으로 다음과 같이 크게 세 가지로 유형화해 볼 수 있다.

1) 정부와 시민 간 공유

정보 공유의 고전적 형태이다. 이것은 주로 정치적 관심으로 정보 공유가 국민의 정부에 대한 통제, 감독, 업무 수행, 서비스 차원에 관한 것이다. 시민사회의 힘의 성장, NGO 활동이 증가하면서 이러한 공유에 대한 관심은 더욱 높다. 정보 흐름의 특징은 이 때 정부가 공개를 일방적으로 하고, 시민들은 그러한 공개에 단순 참여한다. 또는 반대로 시민들이 국민의 알 권리를 토대로 정보공개법상 특정 정보에 대한 공개를 청구하면 정부가 그에 따라 공개를 하는 형태이다. 정보 흐름은 정부에서 시민, 또는 그 반대의 방향으로 일어나나, 경쟁시장에서 담합기업들 간의 정보의 상호 교환과는 다르다. 정보 흐름은 행정기관 대 불특정 일반시민, 또는 특정 개인 대 행정기관 간의 그것이다. 전자의 공유는 공개, 공표, 공시(public disclosure), 제공, 질의 응답 등의 방법에 의한다. 이러한 공유는 국민의 공개 청구 없이 민주국가에서 정부가 업무 수행의 일부이거나 또는 서비스 제공 차원에서 하는 것이거나 주권자인 국민의 알 권리에 기초한 공개청구권 행사에 대한 정부의 대응이다. 정부가 자신의 치적 자랑이나 홍보를 위한 자발적 공유도 정부와 시민 간 이러한 정보 공유의 형태이다.

정부와 시민 간 관계에서의 정보 공유는 시대에 따라 많은 변화를 보이고 있다.

첫째 절대군주 및 독재 시대는 정부의 시혜적 공개가 특징이다. 정부는 공공정보의 생산과 관리를 독점했고, 정보 공유는 국민 계몽, 여론의 조작이나 동원, 반대, 저항 세력의 통제, 억압 또는 흡수(co-optation) 등에 사용되었다. 시민은 권력적 강제와 지배의 대상으로 정보 공개가 극히 일부 영역에 제한되던 시대였다. 한국도 냉전 시대의 권위적 독재정부와 시민 간 관계에서는 공유가 정부의 이러한 시혜적 시각에 바탕을 둔 것이었다.

둘째 민주국가의 시대로 국가는 국민주권, 주민자치의 원칙에 따라 국민의 알 권리를 존중, 구현한다. 정부가 행정정보의 적극적 공개에 노력하고, 국민도 공공정보에 대한 열람 청구와 확인의 법적 권리 행사를 통해 정부 정보에 접근한다. 정보공개 제도가 그것으로, '공공정보의 공개에 관한 법률' 제1조는 공공기관에게는 공개의 의무를, 국민에게는 청구권을 규정한다. 이 제도하에서 국민은 누구나 행정기관을 상대로 정보의 공개를 청구할 수 있고, 행정기관은 보유 정보의 정당한 이유 없는 공개거부는 금지된다.

끝으로 오늘날 거버넌스 시대이다. 정부는 정책에 대한 민간 부문의 협력, 동의, 참여를 국민 주권을 넘어 정책의 효율적 집행 조건으로 인식하는 시대로, 정부는 정책적 이유로도 정보의 적극적 공유를 추구한다. 특히 이 시기에는 정보통신 기술이 정부와 시민 간 정보 공유 커뮤니케이션 인프라를 구성한다. ICT는 막대한 양의 정보 공유에 따른 비용, 커뮤니케이션의 기술적 한계 문제를 해결한다.

2) 행정기관간 및 조직 부서간 공유

정부 부처, 행정기관간 또는 공공 서비스 관련 정부 및 민간기관 간의 정보 공유이다. 조직 관리적 관점에서 이것은 조직 업무 효율성의 향상, 국민의 공공 서비스 이용 불편의 제거, 서비스 질의 향상 등을 위한 것이다. 정부 DB 공동 활용, 공공 서비스 관련 기관간 네트워크 구축에 관한 것으로 자원의 낭비를 줄이고, 효율적 업무 수행, 서비스 개선을 촉진한다. 정보통신 기술에 의한 정보 공유 효과는 이러한 유형에서 가장 두드러지게 나타난다. 경찰 범죄 수사, 도서관 간의 업무 공유, 의료 서비스 분야 등이 이러한 공유의 전형적 영역이다.

3) 정책공동체 참여자들 간의 공유

정책 공동체적 관점이다. 특정 정책 분야 행정기관과 민간 부문의 이해 관련 집단, 개인들 간의 정보 공유 네트워크 구축과 이용에 관한 것이다. 현재는 복지 서비스 분야에서 이러한 성공적 공유의 형태가 나타나고 있다.

정보 공유가 이루어지는 방식은 특정 당사자들 간의 상호 교환, 단일 행위자의 일방적 정보 제공과 특정 또는 불특정 다수의 수용 등 다양하다. 인터넷을 통한 행정기관 간 정보 공유는 내부 행위자들 간의 정해진 방식에 의한 정보 교환인 경우가 많다. 그러나 디지털과 통신 기술은 단일 정보공개자의 불특정 다수에 대한 정보 공유도 낮은 비용으로 가능하게 한다. 정부와 시민 간 정보 공유에서 행정기관의 일방적 공개와 국민 모두는 그러한 정보 이용에 참여하는 것도 이러한 형태이다. 공공 부문에서의 이러한 정보 공유는 전자정부가 그 채널과 기반을 제공한다. 반면 정책공동체 참여자들 간의 공유는 문제 해결에 다수의 이해 관련자들의 참여로 정보 공유 메커니즘도 여러 가지 복잡한 커뮤니케이션 구조를 나타낸다.

기타 정부는 또 공공정보의 공유뿐만 아니라 공익 보호를 목적으로 민간기업의 특정 정보에 최소한의 정보 공유를 규제한다. 유전자 재조합 농산물 · 가공식품(GMO) 표시제가 그 하나로, 이것은 공공의 보건과 소비자들의 알 권리 보장에 목적을 둔다.

4 공유의 채널

정보 공유 효과는 상당 부분 정보를 전달하는 채널에 의존하고, 어떤 채널이 좋은가는 정보 성격이 결정한다. 정보는 형식적(explicit) 대 암묵적 정보(tacit information) 크게 두 가지로 나뉜다(Nonaka & Takeguchi, 1995). 형식적 정보는 책, 데이터베이스, 매뉴얼 등의 형태로 존재하며 채널은 교과서 강의나 매뉴얼 사용 등이다. 지식기반 행정은 정책 결정에서 문제 인식, 대안 선택에 체계적 지식 관리 시스템의 구축과 그것의 이용을 추구한다. 이 때 정보 공유 채널은 정보통신 시스템으로 이러한 형식적 정보의 공유에 더욱 효과적이다(명승환, 2001a: 345). 반면 암묵적 정보는 몸에 체화된 형태 존재하며, 공유는 경험과 반복적 훈련, 시행착오를 통해 일어난다. 이러한 암묵적 정보의 전달과 이동의 채널은 체험, 회의, 견학, 방문, 문화 교류 등이다. 정보통신 시스템이나 책을 통한 공유를 위해서는 먼저 이러한 정보를 표준화, 매뉴얼 제작 등 형식적 정보로 전환해야 한다. 정보 공유의 효과도 이처럼 정보 흐름의 채널이 정보의 특성을 얼마나 잘 반영하고 있는가에 따라 달라진다.

정보의 또 다른 유형은 긍정적, 가치 중립적, 그리고 부정적 정보이다. 긍정적 정보는 공개가 정보 소유자에게 편익을 주나 부정적 정보는 반대이다. 행정기관은 긍정적 정보는 홍보, 선전을 추구하고, 부정적 정보에 대해서는 공개 요구에 저항 또는 회피한다. 이러한 경우 각 정보 유형에 적합한 공유 채널이 요구된다. 부정적 정보의 공유는 정보 공개를 강제하는 채널을 구성할 수 있어야 한다. 두 당사자 간의 관계가 갈등, 감시에 관한 것이고, 정보 공유가 상대의 통제, 감시에 목적을 둔 것일 때 이러한 방법이 사용된다. 국제 사찰 보장 협약, 정보공개법, 특별검사제 등이 이러한 공유 채널의 예이다. 국민이 이러한 채널을 만들지 못하는 경우, 부정적 정보의 공유는 효과적으로 일어나지 않는다. 예외적으로 공개가 자신에게 불리할 뿐만 아니라 더 나아가 오히려 경쟁 또는 적국을 유리하게 하는 경우, 불법적인 정보의 공유가 시도된다. 명시적 정보인 도면, 회로 설계도 등의 유출, 브레인 빼가기 등도 이러한 것이다. 이러한 정보 공유의 채널은 불법적 형태로 나타난다.

반면 행정기관은 정보가 객관적, 가치 중립적일 때 공유에 부담이 없다. 예컨대, 법령의 내용, 복지 서비스 지급 기준, 절차, 방법, 표지판, 안내문, 사용 설명서 등이 그러한 예이다. 정보통신 기술이 제공하는 채널은 주로 이러한 객관적·가치 중립적 정보 공유에 효과적이다. 그러나 이러한 채널로 부정적 정보의 공유는 기대할 수 없다.

5 정보 공유 정책의 발전

정보 공유 정책은 공유가 정부와 시민 간의 관계인가, 조직 내의 업무 효율성을 위한 것인가, 정책 공동체의 갈등과 이해 조정을 위한 것인가 등에 따라 다르다. 정부와 시민 간 관계로 보면 민주국가에서 정부가 작성, 수집해서 생산하는 모든 공공정보는 국민에 공개해야 하고, 비공개는 예외이다. 그러나 조직 내의 업무 효율을 위한 것이나 정책 네트워크를 이용한 정보 공유에서는 정부는 국민 편익 서비스, 행정기관의 업무 효율, 공공 문제에 대한 갈등과 이해 조정 등의 이유로 오히려 적극적 공유를 추구한다. 공유 방법도 이러한 목적에 따라 다르다. 정보 공유 정책은 이처럼 해당 분야와 목적에 따라 다른 내용을 갖는다. 그러나 공공 분야 정보 공유 가운데 정부와 시민 간의 공유는 가장 고전적 관심이라는 점에서 다음에 이것을 준거 사례로 정보 공유 정책에 대한 기본 논리와 발전의 수준을 설명한다.

정부와 시민 간 관계는 본인-대리인 관계로 민간기업의 경영자와 주주 간의 그것과 같으나 노사간 정보 공유 정책도 정부와 시민 간 관계의 이해에 많은 도움을 준다. 크래프트(Craft, 1981)는 노사간 정보 공유를 다음 두 기준의 조합을 통해 다섯 가지로 요약한다(유병주, 1996: 173 참조).

- 경영층이 정보를 얼마나 제공하는가?

• 노동자에 얼마나 유용한 정보를 제공하는가?

정부와 시민 간 정보 공유 정책과 발전의 설명에도 정부가 얼마나 많은 정보를 공개하는가, 그것은 시민들에게 얼마나 유용한 정보인가가 중요하다. [그림 10-1]의 y축은 정부의 정보공개량을 표시한다. 권력 관계에서 정부가 시민을 압도할 때 정부는 정보를 전혀 제공하지 않고 갈등의 감수를 택할 수 있다. 그 반대의 경우도 가능하다. 정부의 정보 공개에 대한 태도는 이처럼 구상, 검토중인 정책정보까지 완전한 공개, 제공부터 전혀 공개하지 않는 것 중에 어디에 속한다. 반면 x축은 정부 공개정보의 시민에의 유용성을 가리킨다. 공개 정보의 효용성은 그것이 얼마나 시민들의 정보 요구(information needs)를 충족시키는 것인가가 결정한다. 민간기업 단체교섭의 경우, 노동자가 원하는 정보란 노사간 임금 협상에는 기업의 생산성, 다른 기업과의 임금 비교 자료, 기업의 지급 능력에 대한 것이다. 그러나 정부와 시민 간 관계에서 그것은 정부의 부패, 권한 남용, 재원의 낭비 등에 관한 것이다. 정책대안, 행정 서비스 이용에 관한 것 등은 그 다음이 될 수 있다. 이러한 기준에 의한 정부 정보공개 정책의 유형은 [그림 10-1]과 같다.

그림 10-1 정보 공유 형태와 정책의 발전

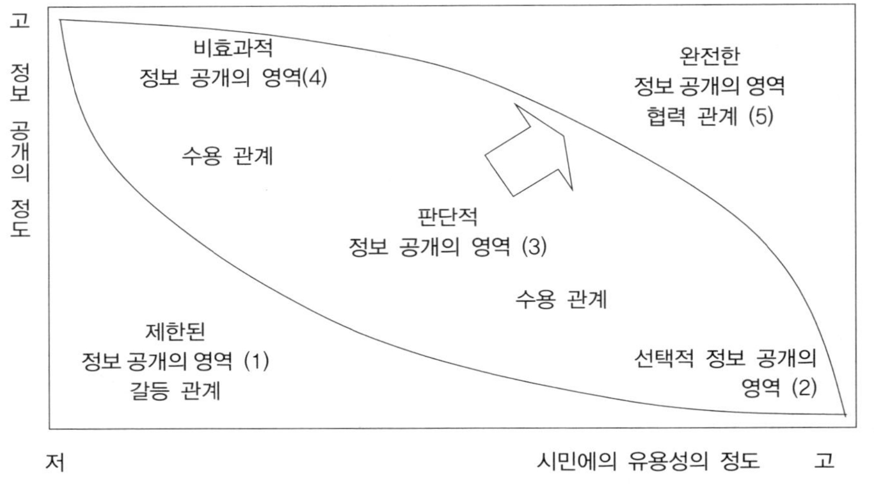

자료: Craft(1981), p. 101, 유병주(1996), p. 174에서 재구성.

앞의 [그림 10-1]의 유형 (1)은 '제한된 정보 공개의 영역'이다. 정부와 시민은 이때 주로 권력적 강제, 갈등, 억압의 관계로, 정부는 최소한의 정보를 공개하고, 그것의 시민에 대한 유용성도 극히 낮다. 공유 유형 (2), (3), (4)는 정부와 시민 간 정보 공개에 대한 수용과 조정의 영역이다. 유형 (2)는 '선택적 정보 공개의 영역'으로 정부는 법률적 공개 의무 정보가 아니면 정보의 공유를 거부한다. 그러나 공유 정보는 적은 양에도 불구하고, 국민이 선택적으로 요구하는 정보를 정부가 법적 책임에 의해 공개한 것으로 시민에 대한 유용성은 극히 높다. 유형 (3)은 '판단적 정보 공개의 영역'으로 유형 (2)와 유형 (4)의 절충이다. 정부는 법률 준수뿐만 아니라 정책 설명, 정부 자신의 입장 관철 등을 위해 정보를 제공하고, 이러한 정보는 시민이 원하는 만큼 그 목적에 맞거나 자세한 것은 아니다. 그러나 공개 정보의 양은 일단 증가한 것이다. 유형 (4)는 '비효과적 정보 공개의 영역'이다. 정부가 시민이 어떤 정보를 원하는가에 대한 충분한 고려 없이 엄청난 양의 정보를 자신의 방식으로 공개한다. 정부의 전시 목적 또는 책임 회피를 위한 공개에서 이러한 현상이 나타난다. 정부가 공개하는 이러한 정보는 시민들의 분석, 조사, 해독 능력을 무시한 것으로 또는 시간의 한계로 시민의 알 권리를 오히려 방해하게 되는 백색 효과(white effects)를 일으킨다. 공유 유형 (5)는 '완전한 정보 공개의 영역'으로 정부와 시민 간의 협력 관계, 강한 국민과 약한 정부, 국민이 직접 정부기관의 결정권을 행사할 때 이루어진다. 정부와 시민 간 정보 공유가 이러한 유형일 때 정부는 자신들의 보고서나 분석, 조사 등을 모두 시민이 원하는 자료, 형식, 내용으로 작성한다.

정부의 바람직한 정보 공유 정책은 유형 (1)에서 유형 (5)를 지향한다. 하지만 정보 공유라고 정부가 모든 정보를 공개해야 한다거나 무조건적 공유가 좋은 것은 아니다. 공유의 경우라도 정보의 다음 성격에 대한 고려는 여전히 중요하다. 이종우(1999: 349)는 정보를 세 가지로 분류한다.

- 공유 의무 정보: 반드시 공개해야 하는 정보이다.
- 재량 정보: 정보 보유자가 공개, 배포, 제공을 재량적으로 결정할 수 있는 정보이다.
- 공유 불가 정보: 공개를 해서는 안 되는 정보이다. '공공정보의 공개에 관한 법률' 제7조는 시민과의 공유 불가의 이러한 비공개 대상 정보를 규정한다. 정부, 기업의 비밀이나 개인의 사생활 등은 이러한 공유 불가 정보이다.

정보의 이러한 구분에서 정보 공유 정책의 관심은 재량 정보에 관한 것이다. 정부가 보유하는 정보를 긍정적, 가치중립적, 그리고 부정적 정보로 나눈다면, 부정적 정보는 정부의 정보 공개가 불이익이어서, 국민은 주권자의 자격으로 정부 감시와 통제를 위해 이러한 정보의 공유를 원하고, 정부는 이것을 거부해 각국은 정보공개법의 형태로 공유를 강제한다. 반면 긍정적 정보는 공개가 정부에 이로운 것으로 정부와 시민 간에 정책 내용이나 수단 구성을 둘러싼 반응은 그 반대로 나타난다. 기타 가치 중립적 정보는 공개자에게 특별한 불이익이나 이익을 주지 않는다. 정부 기획예산처, 행정자치부, 정보통신부, 건설교통부, 대법원이 공동 추진하는 전자정부는 주로 이러한 객관적・가치 중립적 정보의 공유 시스템(information sharing system) 구축과 운영에 관한 것으로, 정부는 부담이 없고, 국민에게는 공공 서비스 이용의 편리를 촉진하는 것이어서 가장 적극적이다(Im, 2001; 217). 정책적 관점에서 정부의 공개적 정보에 대한 재량적 판단의 규제는 주로 부정적 정보에 대한 것이다.

기타 정보 공유의 정책이나 방식에는 업무의 성격도 중요하다. 구조적(structured) 대 비구조적(unstructured)인 업무 가운데, 구조적 업무는 단순, 반복, 일상적, 계량적 정보를 요구한다. 이러한 정보는 정확한 표준화가 가능해서 디지털 처리가 용이하다. 반면에 비구조적 업무는 목표나 대안 탐색 등 복잡하고, 질적이다. 이것이 요구하는 정보는 환경의 민감한 요구에 대응, 판단에 요구되는 것이다. DB 공동 활용을 위한 정보 공유는 정보의 표준화를 요구하고, 정보 공유 정책도 주로 이러한 구조적 업무에 대한 것이다.

제3절

사례: 정책 유형과 분석

1 정부와 일반 시민 간 공유: 고전적 형태

글로벌 시대의 정부와 시민 간 정보 공유 특징의 하나는 시민 보고(citizen reports)의 요구이다(GASB, 1993; Guarini, 2001; Butterworth, Gray & Haslam, 1989 등). 정부

의 재정지출을 자세히 설명하고 지출의 정당성을 획득하는 고전적 재정보고서(financial reports)뿐만 아니라 정부의 구체적 성과에 대한 보고(performance reports)의 요구이다(예: GASB, 1993). 정부에 비재정적 성과보고 시스템의 도입은 회계연도 동안의 목표를 정의하고, 그것의 달성을 위한 주요 활동, 결과에 대한 설명을 의무적으로 포함시키는 것이다. 이러한 성과 보고서는 outputs(예: 도로, 도서관 등과 같은 정부가 생산한 상품과 서비스), outcomes(예: 도로 이용자 만족의 개선, 도서관 이용자 수의 증가, 삶의 질의 개선 등)를 모두 포함해야 한다는 주장이 나오고 있으나 정부의 보고 의무까지는 아니다.

미국, 뉴질랜드의 지방정부들은 최근 재정지출 내역에 대한 보고서의 공개 외에 이러한 비재정 성과에 관한 구체적 보고서의 작성에 대한 가이드 라인 마련을 시작했다(Guarini, 2001). 정부는 시장 메커니즘의 작동 밖에서 자원 이용의 능률성, 정부 행위의 효과성 확인이 쉽지 않았다. 성과보고서는 이러한 문제를 해결한다. 이러한 성과보고서 작성 노력은 실험중이다. GASB(1993)도 이러한 보고서가 포함해야 할 정보와 이들의 의무적 공개를 요구한다. 다음이 그것들이다.

① 비재정적 성과(outputs and outcomes)

② 비용 관련 비재정적 성과의 평가(능률성과 생산성 척도)

③ 성과의 설명과 해석

이 보고서는 지방정부가 정보를 포괄적 연간 재정보고서와는 별도로 공개되어야 한다고 주장한다. 현재는 비재정적 정보의 측정, 보고 방법, 기준, 조건 등을 어떻게 이러한 보고의 틀 속에 결합해야 하는가의 문제가 남아 있다.

지방정부 시민 보고는 정보 공유의 한 형태로 다음과 같은 특징이 있다.

첫째 행정부의 정치적 책임뿐만 아니라 경영 성과의 확인을 위한 공유이다.

둘째 국회가 아닌 일반시민 대상의 공유 시도이다.

셋째 재정, 회계 정보만이 아닌 정부 사업, 서비스 프로그램 운영에 대한 보편적 정보 공유의 노력이다.

넷째 정보 공유에 디지털, 커뮤니케이션 방식의 도입이다.

정부와 시민 간 정보 공유는 그 동안 정부 재정상의 잘못을 따지고, 주로 예산, 회계정보를 검토하는 통제와 감시의 소극적 목적에 의한 것이었다. 그러나 디지털 시대 시민보고는 정부의 성과 정보에 대한 공유의 실험이다. 거버넌스의 한 속성은 기업가적 정부인데, 이러한 시민 보고의 실험은 정부를 정치적 단위로 보는 고전적 관점을 탈피해 기업가적 정부로 가는데 따른 정보 공유의 방식이다.

2 기관 또는 부서간 공유

E-government의 인트라넷은 오늘날 정부기관 또는 부서간 공유의 수단이다. 인트라넷은 정부 부처간 또는 특정 행정기관 내의 네트워크를 이용한 정보 공유 시스템으로 실시간으로 정보의 배포와 전달을 실현한다. 조직의 모든 직원은 이것에 각종 정보를 입력하고, 업무 정보를 공유하는 방식이다. 이것은 법령 정보, 각종 업무편람과 서식, 지침, 각종 업무 자료의 데이터뱅크(data bank)화, 전자도서관, 직원들 간의 의사소통을 지원한다. 직원들은 과거와 달리 많은 시간과 비용을 들이지 않고 업무처리, 여론조사, 의견 수렴 등을 할 수 있다. 전자정부는 인트라넷과 G4C(Government for Citizen) 사업을 통해 공공 서비스와 관련한 복잡한 절차, 긴 처리 시간, 많은 문서의 제출 요구, 똑같은 곳을 몇 번씩 반복해서 방문해야 하는 문제 등을 해결하고 있다. 예컨대, 정부는 1998년 장기 이식, 응급 의료, 혈액 유통, 감염병 감시, 외래 진료 시스템 등 5개 시스템을 연계한 통합 보건의료 정보화 사업을 시작했다. 보건의료 분야의 이러한 정보 시스템 구축은 진료 환자의 중복 검사, 의료 설비의 중복 투자 방지 등으로 의료 서비스 전달 체계의 효율성, 원격 진료, 서비스 질 확대, 국민의 삶의 질을 향상시키는 효과가 있다. 이러한 분야의 정보 공유는 의료 DB와 정보통신 기술에 의한 것으로, 공유 관계는 대체로 대등성, 기관간 정보의 흐름으로 나타난다. 국세청 통합전산망 TIS(Tax Integrated System)도 그러한 예이다. 이것은 국세행정의 세정, 신고, 조사, 자료, 징수, 민원의 종합 관리를 위한 것으로 1997년 구축 이후 조회 범위 확대, 인트라넷 시스템 구축, 정보 뱅크화, 전자신고제, 전산매체 신고 확대 등으로 기반구조 개선, 기능을 강화해 현재 국세 업무의 대부분을 이것으로 처리중이다(국세청, 2000; 30). 이곳에서는 법령이나 예규, 서식 등 세정에 관한 모든 정보, 국세청이 사용하는 2,300여 종의 서식을 본청과 지방청, 세무서 간에 공유한다.

그 특징은 다음과 같다.

① DB 중심의 인트라넷이 주요 수단이다. 정보 공동 활용은 DB를 통한 것이고, 관련 이해와 입장의 조정은 e-mail이 한다(Tabata & Mitsumori, 2001 참조). 이들은 모두

디지털 기술 정보 배분의 광역, 신속성, 저비용 효과 등에 의한 것이다.

② 정보교환은 온라인, 데이터베이스, 전자 서류의 교환(EDI), 전자우편(e-mail), PC 화상통신 등의 형태로 과거의 구두, 전화 문의, 공문서 발송, 접수 등을 대체하고 있다.

③ 목적은 통제나 감시보다는 직원 자료 이용의 편의와 업무 효율성 개선에 있다.

인트라넷은 정부기관 내부의 업무 처리에 관한 것이다. 그러나 이것은 현재 디지털 기술에 바탕을 둔 지식관리 시스템으로 빠르게 개편되고 있다. 이들은 내부적으로 전자 결재, 사이버 교육으로, 그리고 외부적으로는 인터넷 홈페이지와 전자 메일로 연계되고 있다.

3 정책 공동체

정책 공동체의 갈등 조정과 합의 도출에 정보 공유는 중요하다. 정보통신기술은 이러한 정책 공동체를 구성하는 행정기관과 민간 부문의 집단, 이해 관계자, NGO들 간에 정보 배포와 의견 수렴의 효과적 역할을 수행한다. 국민 건강, 복지 서비스 분야에서 가장 먼저 이러한 전형적인 사례들이 나타나고 있다(Ball & Beaulieu, 2001; Rogoski, 2001). 각국 정부는 복지 서비스 재원, 서비스 전달 등의 모든 역할을 주도하는 정부 지배 복지 서비스 공급 패러다임의 비효율, 낭비 등의 부정적 효과를 인식하면서 복지정책을 중앙과 지방정부 간, 정부와 민간 부문간 파트너십(public-private partnership), 지역의 관련 복지사업단체, NGO, 민간 부문 자원봉사 부문 등이 참여하는 소비자 중심적 복지 서비스 전달의 네트워크 구성을 시도하고 있다. 예컨대, 노인복지 서비스 공급 네트워크에는 공공기관, 기업체, 비영리집단, 병원, 재가노인복지시설, 노인복지관, 자원봉사단체 등이 참여한다(강창현, 2000). 이러한 네트워크는 정부와 시장 간의 협력 체계로 서비스 생산과 전달에 공급 단위 간의 자원 배분, 역할의 규범, 가치 관계의 질서를 구성한다. 복지 서비스 전달에 참여하는 조직과 개인들은 각각의 관심 반영, 참여, 역할 분담에 의한 협력적 노력이 필요하다. 이러한 노력을 이끌어 내는 데는 정책목표, 수단, 과정, 절차 등에 대한 서비스 제공 참여자들 간의 합의, 갈등 조정을 위한 정보의 공유가 중요하다. 정부 관련 분야 웹사이트(website), 전자우편(e-mail) 등은 이때 관심의 공유와 공개적 논의, 비판의 채널로 기능한다.

그 특징은 다음과 같다.

첫째 정보 공유는 정책 네트워크를 구성하는 조직, 집단, 전문가들 간의 참여, 합의, 협력을 촉진하고, 갈등을 줄인다.

둘째 정보 공유는 정책의 형성, 효율적 집행을 위한 것이다.

셋째 정보 공유의 통로는 관련 기관간의 협의회, 공청회 등이다. 웹사이트는 기본 입장, 주장 등의 공시, 전자우편은 질의, 비판적 입장의 전달 등을 통해 이러한 협의와 조정 메커니즘을 지원한다.

4 기타: 민간기업의 정보 공유에 대한 규제

정부 정보 공유 정책에 대한 앞서의 사례는 공직사회에 대한 것이었으나, 정부는 민간 부문에 대한 정보 공유 정책도 수행한다. 민간기업에 대한 일정한 정보의 고객, 노동자, 주주들에 대한 공개 강제가 그것이다. 정부는 금융시장의 안정, 공공의 건강이나 안전을 목적으로 일반 고객들에 대한 기업의 정보 공시를 강제한다. 주주들에 대한 일정한 정보의 제공도 마찬가지이다. 정부의 이러한 정보 공유 규제는 법적 요구, 주주에의 정보 제공 의무, 행정기관의 공개 요구 등을 통해 이루어지고 있다(유병주, 1996: 173). 금융, 회계정보의 공시, 1980년대 후반부터 협력적 노사 관계를 위한 사용자의 단체교섭에 필요한 정보공개의 의무화, 환경보고서 작성 촉진 등이 그러한 예이다. 국제회계 기준에 맞춘 회계 기준, 준칙의 제정, 개정, 분식회계, 부실 감사에 대한 벌칙, 사외이사제 등은 기업의 투자자, 금융기관, 주주나 일반에 대한 정보 공유 규제 수단들이다. 환경보고서도 정부가 민간기업의 시민에 대한 정보 공유를 강제하는 한 가지 예이다. 1990년대 들어와 각국의 많은 기업들은 이미 자발적으로 재무보고서와 별도의 환경보고서(environmental reports)를 정기적으로 인터넷 등을 통해 공시중이다. 최근에는 국제기구, 산업단체, 각국 정부 등이 환경보고서 작성 가이드 라인을 제시하고, 기업들은 그 도입을 추진하고 있다. 그러나 이러한 작성과 공시를 기업의 자유 의사에 맡길 경우, 보고 항목과 내용, 범위 결정이나 정보의 질적 수준에 자의적 판단의 여지가 있어 정부는 작성 지침과 표준 양식을 만들어 제시한다. 정부가 기업에 아직 이것을 공식적으로 요구하지는 않고 있으나 이것은 민간기업이 재무보고 이외에 환경보호 활동에 대한 정보를 시장의 고객들과 공유하도록 하는 규제의 한 형태이다.

환경부는 기업에 환경보고서 작성의 확산을 위해 다음과 같은 방법으로 접근하고 있다(이병욱, 2001: 118-119).

① 환경보고서 작성 지침의 개발이다. 정부는 1999년 환경보고서 체제와 그 속에 포함될 내용에 관한 작성 지침을 개발해 왔다.

② 환경보고서 작성 시범 사업의 실시이다. 정부는 2001년 8월 환경경영체제, 환경데이터와 영향, 환경 개선 노력, 재무, 법규 준수의 5개 분야 30개 항목을 정해, 참여 업종에 따라 환경보고서가 기본적으로 어떤 항목을 포함해야 하는지 필수항목과 포함을 권고하는 선택 항목으로 나누고, 그것을 위한 시범사업을 실시했다.

③ 환경보고서 공시, 검증 제도의 도입-대상, 절차, 요건, 검증 내용, 방식, 비용, 결과의 보고 등에 대한 검증기관 선정 등이 그 내용이다.

④ 기타 정부는 환경보고서 공시 채널, 발간, 검증의 제도적 인센티브. 예컨대, 가산점, 전시회를 통한 홍보도 검토하고 있다.

환경정보의 공유 규제는 고객, 시민사회의 보호를 위한 것으로, 정부의 이러한 정책은 현재 최소한의 환경 보고 및 외부 검증 규제에 대한 것이다(장지인, 2001: 18).

제4절

평가와 정책적 함의

1 정보 공유 요구와 정부 노력에 대한 평가

거버넌스와 지식 기반 행정의 환경에서 디지털 기술, 시민사회와 시장 고객의 힘의 성장 등은 과거 정보 공유의 논리와 필요, 정보 흐름의 방향과 성격을 크게 변화시키고 있다. 정보 공유를 위한 정부의 노력도 과거와는 다른 형태로 나타나고 있다. 정부의 이러한 노력은 다음과 같은 몇 가지로 설명된다.

① 정부의 정보 공유에 대한 현재의 관심과 노력은 다음 몇 가지 이유에 의한 것이다.

첫째 정보 공유에 대한 중요성, 유용성 인식에 기초한다. 21세기 정부개혁의 거버넌스, 지식기반 행정에 대한 지향과 표방은 이것을 잘 드러낸다.

둘째 디지털 정보기술의 정보 공유에 드는 비용 문제의 해소이다. 디지털과 통신기술은 기술적 차원에서 정보의 배분과 전달을 낮은 비용으로 가능하게 만들고 있다.

셋째 시민사회, 시장 고객의 공공정보 공유에 대한 요구의 증대이다.

최근의 정보공개법은 시민사회의 성장이, 기업의 환경정보 공개나 사외이사제 도입은 시장 고객의 힘의 성장에 의한 것이다.

기타 정부조직 내부나 행정기관 간의 정보 공유는 IT 방식에 의한 업무 효율성의 추구이다.

② 정보 공유의 구조와 노력에 관한 성격의 변화이다.

정보 공유는 기본적으로 정부와 시민 간 관계에 관한 것이었으나 현재는 정책 공동체를 구성하는 정부, 기업, 이해 관계자, NGO들 간의 관심 조정과 합의의 수단으로 중요해지고 있다. 또 행정기관 간 또는 부서 간의 커뮤니케이션에서도 강조되고 있다.

③ 공유 목적의 다양화이다.

정부와 시민 간 공유가 본인, 주권자에 대한 책임, 참여 등 민주적 가치의 실현을 목적으로 한다면 정부 내부의 기관, 또는 부서간 공유는 생산성, 업무 효율성 촉진을 위한 것이다. 그러나 정책 네트워크의 관점에서 그것은 오히려 정책에 대한 수용성 확보를 지향한다.

④ 정보 공유의 수단은 정보의 성격에 따라 차이가 난다.

디지털과 통신 기술은 가치 중립적 정보 공유의 수단으로, 특히 공개 정보의 양을 늘리는 데 효과적이다. IT 혁명을 통한 정보 공유는 좀더 이러한 수단 의존적이다. 그러나 공직사회 부패 정보에 대한 공유는 이러한 수단으로는 성공하기 힘들다.

⑤ 민간기업의 정보 공개를 추구하는 정부 규제 역할의 증가이다.

투자자, 거래 질서의 안정, 일반시민의 건강, 환경 보호 등을 위해 민간기업의 정보 공유에 대한 정부의 간섭은 정보 공개의 형식, 공시의 방식, 검증 등의 형태로 늘어나고 있다.

2 함축적 의미

정보 공유의 대표적 수단은 전자정부와 정보공개법 크게 두 가지이다. 전자정부가 직접 자발적으로 추구하는 공유 수단이라면, 후자는 국민이 정부로부터 정보의 공유를 획득하는 핵심적 수단이다. 정보 공유의 발전은 대체로 이러한 정부의 자발적 대 국민의 요구 두 가지 방향에 의한 것이다. 전자정부를 통한 공유는 주로 일반인들을 대상으로 국민 편리, 신뢰 향상, 그리고 공직사회 부처 간의 업무 효율 개선 등을 목적으로 하고, 이러한 노력은 21세기 행정개혁의 최고 관심이다. 반면 정보공개법을 통한 공유는 국민들이 정부가 거부하는 정보에 대한 공유 추구로, 국민 개인이 주로 특정 제한적 정보를 대상으로 공개를 청구하고 정부의 이에 대한 의무적 공개로 이루어진다. 목적도 주로 정부의 통제와 감시에 관한 것이다. 전자정부가 정보기술에 의한 공유라면 정보공개법은 이러한 측면에서 정부와 시민 간 권력 관계가 그 효과를 결정하는 정치적 공유라 할 수 있다. 전반적으로 정보 공유에 대한 요구와 필요는 앞으로 더욱 늘 전망이다. 이것은 정부의 정보 공유 방향과 노력에 대한 여러 가지를 시사한다. 이러한 정책적 시사점은 다음과 같은 것들이다.

① 정보 공유 정책은 그 목적이 정부 통제나 감시인 경우, 시민 욕구 중심적이어야 한다.

정보 공유 정책적 수단의 내용과 방식도 주권자인 시민이 원하는 것으로 해야 한다. 그러나 업무 효율을 지향한 정보 공유의 경우는 반드시 그렇지는 않다.

② 거버넌스 체제에서 정책 공동체의 사회 효율과 협력을 목적으로 한 공유의 경우, 정부 정보 공유 정책은 정보의 양과 질의 보장에 관한 노력이 중요하다. 민간기업의 담합을 연구했던 이남순(1999: 15)은 한 기업이 생산비용에 관한 오차(noise) 섞인 불완전한 정보를 다른 기업으로부터 받고, 다시 그 기업이 그것에 오차를 섞어 다른 기업에 정보를 제공하는 경우, 기업 간에 정보교환을 통한 정보의 많은 양적 공유는 증가할지라도 각 기업은 상대 기업의 생산비용에 대한 정확한 정보를 거의 보유하지 못해 사실상 정보 공유의 이익은 거의 발생하지 않는다고 지적한다. 이러한 점에서 정부는 정보 공유 환경에서 공유 정보의 양과 질에 대한 규제를 해야 한다. 공개 정보의 양만으로는 불충분하고, 정보의 질을 정보의 타당성, 적시성(timeliness), 정보 제공의 방식, 절차의 편리성 등에서 보장할 수 있어야 한다. 정보 공유의 편익 효과는 정부가 이것을

얼마나 효과적으로 통제할 수 있는가에 의존하는데, 그것은 민주적 가치 확장을 요구해 좀더 시간이 걸릴 수 있는 문제이다.

③ 정보 공유의 확장은 디지털 기술에 의존적이다. 디지털 방식에 의한 정보 공유의 증대는 정보량의 증가, 채널의 다양성 개선을 뜻한다. 전자정부적 관점에서 이것은 많은 자료들의 표준화를 먼저 요구한다. 예컨대, 모든 의료정보는 의료카드처럼 표준화를 거친 후 비로소 디지털 매체로 기록, 관리될 수 있다. 정부는 정보 공유에 앞서 관련 정보의 디지털 처리를 위한 이러한 자료의 전자 인프라 구축 작업을 할 수 있어야 한다.

④ 디지털 기술에 의한 정보 공유는 데이터 시스템의 개발과 이용, 훈련, 전문 인력의 부족도 야기한다.

⑤ 정보 공유의 민간 규제는 기업의 사회 전체에 대한 책임과 효율 때문이다. 앞으로 이러한 수요는 더욱 늘어날 전망이다.

⑥ 정부 비밀과 프라이버시의 문제이다(Zoufal, 2001).

정보 공유는 공개를 통해 일어난다. 정부는 공공정보의 공개에 앞서 공개 대상 정보에 대한 좀더 자세한 분류 기준의 개발을 요구받고 있다(Im, 2001: 219). 정보 공유가 언제나 반드시 공동선을 의미하는 것은 아니다. 정부 비밀, 개인의 프라이버시 등은 오히려 보호되어야 한다. 정부는 정부 비밀, 공유의 한계 등에 관한 좀더 자세한 기준의 작성, 제시를 통해 정보 공유의 증가와 더불어 제기되는 이러한 문제에 적절히 대응할 필요가 있다.

⑦ 기타 학술적 측면에 대한 시사점이다.

첫째 관련 연구들의 개념의 엄밀성 추구가 요구된다. 지식(knowledge)과 정보(information) 개념 사용에는 흔히 개념 혼용의 문제가 나타나고 있다. 연구자들은 정보자원의 관리, 지식기반 행정 등에 '지식'과 '정보'를 특별한 기준이나 이유 없이 교환적으로 사용한다(예컨대, 송희준·박기식, 2000 참조). 그러나 일부 연구자들(박문수·문형구, 2001: 3)은 '지식'과 '정보' 개념의 이러한 혼란을 문제점으로 지적하고, 분명한 구분을 주장한다. 이들은 지식을 관련성, 목적성을 가진 정보를 가공, 종합, 체계화한 것으로, 그리고 정보는 단편적 사실, 지식을 매개하는 부분적 자료로 구분하고, 이들 간의 차이점을 강조한다. 지식과 정보 개념의 이러한 비교적 엄격한 구분과 사용 시도는 1990년대 중반 이후 '지식경영 개념'이 정보화 시대의 '정보'를 점차 대체하면서 증가하고 있다.

공개와 공유 간의 구별도 필요하다. 공개는 공유의 도입부로 정보 공유 과정의 전반부 행위만 한정한다. 따라서 정보의 공개라고 반드시 그것이 공유가 되는 아니다. 또한 정보공개와 실제 구성원들의 공유는 별개의 것이다. 그러나 많은 연구들은 정보공개를 공유와 구분하지 않는다. 유병주(1996: 188)는 정보 공유의 정도가 노동자와 사용자간 인식에 차이가 있다는 연구 결과도 보고하고 있다. 기업이 많은 양의 정보를 공개한다고 종업원들이 그것을 받아들여 내용을 모두 파악하는 것은 아니라는 것이다. 이것은 공개가 반드시 공유로 귀결되는 것은 아니라는 사실을 보여 준다. 정보 공유는 다면적이고 복잡한 현상이라는 점에서 그것을 체계적으로 설명하는 데는 개념의 정밀한 사용, 관점, 기본 가정 등의 제시가 필요하다. 정보 공유 연구는 먼저 이러한 개념 사용의 문제를 제거할 수 있어야 한다.

기타 정보 공유 효과나 그것에 영향을 미치는 요인들의 기여에 대한 해석은 경험적 검증을 필요로 한다. 이러한 점에서 정확한 측정을 위한 지표의 개발도 중요하다.

제5절 결 론

정보 공유에 대한 전통적 관심은 정부의 통제, 감독, 그리고 행정기관간 또는 조직 내 부서간 자원의 낭비 등을 막기 위한 것이었다. 그러나 거버넌스 체제에서는 정책 공동체 참여자들 간의 정책 문제의 심각성, 범위, 목표, 원인과 결과, 정책 수단 간의 우선 순위 등에 대한 동의와 조정을 위해 정보 공유에 대한 사회적 수요가 늘고 있다. 글로벌 시대 사회 단위간 의존과 갈등이 높아지면서 나타나는 투명성 개혁에 대한 요구도 이것을 반영한다. 21세기의 디지털과 통신 기술의 발달은 정보 배분 방식과 채널의 혁명적 변화를 통해 정보 공유에 대한 이러한 사회적 요구를 충족시키는 기회를 만든다. 정보 공유의 요구와 그것을 가능하게 하는 이러한 정보통신 기술이 만나면서, 정보 공유에 대한 많은 필요들은 구체적으로 충족되고 있다. 그러나 이러한 변화에도 불구하고 정보 공유 관련 연구는 매우 부족한 형편이다. 따라서 이 연구에서는 거버넌스에서 정보 공유의 목적과 의미, 성격, 유형과 채널, 그리고 정부 역할의 변화 등에 대한 검토를 통해 그것이 갖는 정책적·학술적 차원의 시사점을 확인해 보고자 했다. 이론적 논의와 정보 공유의 몇 가지 유형에 대한 사례 검토를 바탕으로, 이 연구는 정보 공유가 과거에 주로 정부와 시민 간의 정치적 관계에서 국민의 정부에 대한 감독과 통제에 목적을 둔 것이었다면 거버넌스와 디지털 패러다임하에서 그것은 좀더 다양한 목적을 추구하고, 내용과 방법에도 많은 변화를 보이고 있음을 지적했다. 이러한 변화는 전반적으로 다음과 같이 요약된다.

첫째 거버넌스 체제는 정보 공유를 복잡한 공동체 문제를 협력적으로 해결하는 데 하나의 중요한 요소로 보고 있다. 정보 공유가 과거 국민들이 알 권리 주장을 통해 정부에 강제할 수 있었던 것에서 정보 공유의 새로운 필요와 효용의 제시에 대한 것이다.

둘째 정보 공유의 방법도 정부의 방어적, 정치적 접근에서 IT 혁명을 통한 자발적·기술적 노력으로 바뀌고 있다. 정부는 디지털 방식의 정보 공유를 국민을 대상으로 한 행정 서비스 질의 개선, 정부 내부 업무 효율의 향상 등에 적극적으로 시도한다. 21세기 행정은 이들을 통해 정보 공유에 대한 새로운 가능성과 수요를 만들고 있다.

셋째 행정학 분야의 정보 공유에 대한 연구의 한계 극복이 요구된다. 행정학은 그동안 정보 시스템을 통한 정보 공동 활용, 정부의 공공정보 자발적 공개에 정보 공유 개념의 사용을 국한함으로써, 이것의 독립적 연구 주제나 개념으로서의 유용성을 인식하는 데 실패했다. 또 관련 연구들도 지식과 정보, 공개와 공유 등 개념 구분에도 혼란을 보이고 있다. 이들은 모두 행정에서 정보 공유의 영향과 의미를 정확히 이해하는 데 부담이 된다.

정보 공유에 대한 수요의 증가는 앞으로 더욱 늘 전망이다. 미래의 연구는 정보 공유의 구조, 정보 균형(information equilibrium)의 달성, 공유 수준의 측정, 영향 요인, 공유 인센티브와 그 효과 등에 대한 구체적 논의, 경험적 분석 등을 해 볼 차례이다.

행정학 분야의 기존 논의들은 단편적으로 정보 공유의 개념을 언급해 왔다. 또 그마저도 DB 공동 이용에 관심을 한정한 것이었다. 그러나 이 연구는 정보 공유에 대한 본격적 개념 분석과 그 동안 사회과학 분야의 연구들을 검토해 정보 공유에 대한 관심과 연구의 범위를 검토한 것으로, 이들은 기존 연구에 대한 새로운 이해의 추가가 될 것이다.

참고문헌

강창현(2000). 노인지역 보호서비스 공급 네트워크 연구: 서울시 재가복지 서비스와 방문 의료 서비스의 연계. 『한국정책학회 동계 학술대회 발표논문집』, 603-626.

국세청(2000). 『正道稅政 FRONTIER 2000』. 서울: 국세청.

김석준 외(2000). 『뉴 거버넌스 연구』. 서울: 대영문화사.

명승환(2001a). 지방정부 정책 결정과정 합리화를 위한 지식기반 행정 모형. 『한국행정학회 하계 학술대회 발표논문집』, 335-351.

_____(2001b). 공공 영역에서의 정보공동 활용의 효과성 측정과 정량적 측정 방법의 한계. 『한국정책과학학회보』, 5(1): 107-127.

박문수・문형구(2001). 지식 공유의 영향 요인: 연구 동향과 과제. 『지식경영연구』, 2(1): 1-23.

서창석(1998). 모기업과 협력기업 간의 정보 공유가 협력기업의 품질경영에 미치는 영향에 관한 연구. 『KRF 연구 결과 논문』, 1-26.

송희준・박기식(2000). 지식정보사회의 정부 역할: 시장과 정부, 그리고 네트워크 거버넌스. 『한국행정학회 기획세미나 발표논문집』, 189-106.

유병주(1996). 노사 정보 공유와 기업성과에 관한 연구. 『경영사학』, 13: 171-192.

유병주・성을현(1996). 노사간 정보 공유와 단체교섭에 관한 연구. 『생산성연구』, 11(1): 99-115.

이남순(1999). 비용 불확실성하에서의 정보 공유 인센티브. 『산업조직연구』, 7(1): 1-20.

이남순・서옥석(1995). 담합을 위한 전략적 정보 공유이론. 『한국경제학회지』, 43(3): 3003-3021.

이병욱(2001). 한국 기업의 환경정보 보고: 실태와 발전 과제. 중앙대학교 경영포럼, 『환경정보 보고의 국제 동향과 한국 기업의 대응』, 105-128.

이종우(1999). 크레비즈 시대의 노사 정보 공유를 위한 경영참가에 관한 연구. 『동림경영연구』, 11: 343-356.

장지인(2001). 환경정보 보고의 개념 체계와 국제 동향. 중앙대학교 경영포럼, 『환경정보 보고의 국제동향과 한국 기업의 대응』, 1-33.

정윤수(1999). 의료정보 공유시스템 사업의 효율적 추진 방안: 전략기획의 관점에서 본 충청남도 사례. 『한국지방자치학회보』, 11(3): 125-144.

한상연(1996). 지방정부 부서간의 정보 공유 방안에 관한 연구: 경기도 의왕시 도시업무 관련 부서의 실태분석을 중심으로. 『한국행정학보』, 30(2): 129-143.

Appleyard, M. M.(1996). How Does Knowledge Flow? Interfirm Patterns in the Semiconductor Industry. *Strategic Management Journal*, 17: 137-154.

Ball, M. J. & Beaulieu, D.(2001). Transforming Healthcare: The Role of Federal Innovations. *MD Computing*, 18(1): 24-27.

Butler, J. K.(1999). Trust Expectations, Information Sharing, Climate of Trust, and Negotiation Effectiveness and Efficiency. *Group & Organization Management*, 24(2): 217-238.

Butterworth, P., Gray, R. M., & Haslam, J.(1989). The Local Authority Annual Report in the UK: An Explanatory Study of Accounting Communication and Democracy. *Financial Accountability and Management*, Summer: 73-87.

Clarke, R. N.(1983). Collusion and Incentive for Information Sharing. *Bell Journal of Economics*, 15: 383-394.

Gal-Or, E.(1985). Information Sharing in Oligopoly. *Econometrica*, 53: 329-343.

Governmental Accounting Standard Board(GASB).(1993). *Service Efforts and Accomplishments Reporting: Its Time Has Come*. Norwalk, CT: Author.

Guarini, E.(2001). Communicating Results to Citizens: Empirical Issues from the US, New Zealand and Italian Local Government Reporting Systems. Unpublished paper.

Hayes, B.(1984). Union and Strike with Asymmetric Information. *Journal of Labor Economics*, 2(1): 57-83.

Hirst, P.(2000). Democracy and Governance. In J. Pierre (Ed.), *Debating Governance*, 14-35. New York, NY: Oxford University Press.

Im, B.(2001). Using ICTs to Strengthen Government Transparency and Relations with Citizens in Korea. In OECD(Ed.). *Citizens as Partners: Information, Consultation and Public Participation in Policy-Making* (pp. 209-221). Paris, France: OECD Publications.

John, D., Kettl, D. F., Dyer, B., & Lovan, W. R.(1994). What Will New Governance Mean for the Federal Government. *Public Administration Review*, 54(2): 170-175.

Kaufmann, D., Kraay, A., & Zoido-Lobaton, P.(1999). *Aggregating Governance Indicators*. World Bank Policy Research Working Paper, No. 2195.

Kedia, B., & Bhagat, R.(1988). Cultural Constraints on Transfer of Technology across Nations: Implications for Research in International and Comparative Management. *Academy of Management Review*, 13: 559-571.

Kleiner, M. M., & Bouillon, M. L. (1991). Information Sharing of Sensitive Business Data with Employees. *Industrial Relations*, 30(3): 480-491.

______(1988). Providing Business Information to Production Workers: Correlates of Compensation and Profitability. *Industrial and Labor Relations Review*, 41(4):

605-617.

Li, L. (1985). Cournot Oligopoly with Information Sharing. *Bell Journal of Economics*, 16: 521-536.

Morgan, J.(2001). Turning a Dream into a Virtual Reality of Statewide Information Sharing. *Computers in Libraries*, 21(1): 50-55.

Morishma, M.(1991). Information Sharing and Firm Performance. *Industrial Relations*, 30(1): 37-61.

Nonaka, I. & Takeuchi, H.(1995). *The Knowledge Creating Company*. New York, NY: Oxford University Press.

O'Dell, C. & Grayson, J.(1999). Knowledge Transfer Discover Your Value Proposition. *Strategy & Leadership*, 27(2): 10-13.

Pan, S.L. & Scarbrough, H.(1998). A Socio-technical View of Knowledge Sharing at Buckman Laboratories. *Journal of Knowledge Management*, 2: 55-66.

Pedley, K. J.(2001). Intranets and Push Technology: Creating an Information-Sharing Environment. *Electronic Library and Information Systems*, 35 (1): 104.

Pierre, J.(2000). Introduction: Understanding Governance. In J. Pierre(ed.), *Debating Governance*. New York, NY: Oxford University Press.

Raith, M. (1996). A General Model of Information Sharing in Oligopoly. *Journal of Economic Theory*, 71: 260-288.

Rhodes, R. A. W.(2000). Governance and Public Administration. In J. Pierre (Ed.), *Debating Governance*. New York, NY: Oxford University Press.

Rogoski, R. R.(2001). Getting Wired-Connectivity, Information Sharing and Security are Key Issues for CIOs. *Health Management Technology*, 22(4): 22-27.

Stasser, G.(1999). The Uncertain Role of Unshared Information in Collective Choice. In L. L. Thompson, J. M. Levine & D. M. Messick(eds.), *Shared Cognition In Organizations: The Management of Knowledge*. London: LEA, Inc.

Stasser, G., Stewart, D.D., & Wittenbaum, G. M.(1995). Expert Roles and Information Exchange during Discussion: The Importance of Knowing Who Knows What. *Journal of Experimental Social Psychology*, 31: 244-265.

Tabata, K. & Mitsumori, S.(2001). An E-Mail-Based Information Sharing System for Intra-Corporate Coordination. *Information Knowledge Systems Management*, 2(3): 239-259.

Tomek, W.(2001). Information Sharing: A Strategic Necessity. *Police Chief*, 68(2): 16-17.

Tracy, J. S.(1987). An Empirical Test of an Asymmetric Information Model of Strikes. *Journal of Labor Economics*, 5(1): 149-173.

Vives, X.(1990). Trade Association Disclosure Rules, Incentives to Share Information and Welfare. *Rand Journal of Economics*, 21: 409-430.

Zander, D. & Kogut, B.(1995). Knowledge and the Speed of the Transfer and Imitation of Organizational Capabilities: An Empirical Test. *Organization Science*, 6(1): 76-92.

Zoufal, D. R.(2001). Law Enforcement Information Sharing Raises Privacy Issues. *Police Chief*, 68(1): 8-11.

제 11 장

거버넌스와 참여형 정책분석

채원호

제1 절

서 론

정책과학(policy science)이라는 개념은 어찌 보면 모순될 수도 있는 '정책'과 '과학'이라는 상이한 지향을 갖는 두 개념으로 구성되어 있다. 본래 미국에서 공공정책 연구가 과학주의와 강력하게 결합하게 된 것은 더 나은 정책 입안 및 결정을 통해 사회를 개선할 수 있다는 믿음으로부터였다. 실제로 정책과학은 더 좋은 정책 입안 그리고 정책을 통한 사회 개선을 위해 많은 연구를 축적시켜 왔으며, 일정한 성과를 올리기도 했다. 그러나 그러한 기대에도 불구하고 정책과학에 대해서는 생각만큼 성과를 올리지 못했다는 비판이 존재해 왔다.

실증주의 정책과학자들은 여전히 정책실패의 원인을 '과학적 지식의 미성숙'이나 '과학이론을 운용하는 과학자의 미숙함'으로 돌리지만, 많은 연구자들이 지적하듯이 실패의 원인은 좀더 근본적인 차원에 있다. 즉 현재의 공공정책 연구는 실증주의나 이론지향성으로 대표되는 인식론에 입각해 있기 때문에, 정책을 과학적으로 연구한다는 단락적 발상으로부터 자유롭지 못하다. 정치학이나 사회학 이론가들 가운데 일부는 정책분석을 사회과학이 현대의 기술-산업 시스템과 국가기구의 합리화 과정에 항복한 것으로 보면서, 현대의 정책과학을 지적 파산으로 묘사하기도 한다(Habermas, 1970; Tribe, 1972; Sullivan, 1983; Fisher, 1993).

사회에 대한 경험과학으로서 사회과학은 실패했다는 지적에서 알 수 있듯이, 지나친 과학성의 추구는 정책이 지향해야 할 적절한 사회 문제의 해결이라는 실천적 문제와 갈등을 일으켜 온 측면이 적지 않았다는 것이다(Lemert, 1995; Fisher, 1998). 경험주의는 예측적인 사회과학을 개발하지 못했을 뿐만 아니라 억압적인 사회·경제 문제에 대한 효과적인 해결책 제시에도 실패했다. 이러한 실패들에 대한 인식은 수많은 정책과학자들로 하여금 유용한 지식은 무엇으로 구성되는가라는 문제에 대해 심각하게 고민케 했다. 정책과학에서 후기실증주의(post-positivism)의 대두는 이와 같이 '정책'과 '과학'이 갖는 상이한 지향성에 대한 자각에서 비롯되었다고 볼 수 있다.

현재의 공공정책 연구는 의사결정자의 자유재량을 한없이 축소시킴으로써 과학적 결정을 지향하고 있으며, 보편적 법칙의 발견과 과학이론의 발전에 공헌하는 지식만을 평가하고 있다. 그러나 정책을 결정하는 상황에서 사회적 행위자인 인간은 여러 대안

가운데 하나를 선택하게 되는 수동적 객체가 아니라, 의미를 생산하는 주체이다. 따라서 선택의 시점에서는 실증주의적 과학 지식으로는 배양될 수 없는 실천 이성의 중요성을 재인식할 필요가 있다. 이러한 해석론적 인식론에 기반을 둔 정책 개선 기법으로 최근 주목을 받고 있는 것이 참여형 정책분석(Participatory Policy Analysis; 이하 필요한 경우 PPA로 칭함)이다. 참여형 정책분석은 '전문가 이데올로기에 의한 민주주의의 위기'와 '실증주의적 정책분석의 한계'라는 두 가지 측면에서 제기되고 있는 공공 정책 결정의 위기에 대한 대안으로 1990년대 이후 모색되고 있다.

이 글에서는 실증주의적 정책분석으로부터 패러다임 전환을 모색해 온 일련의 학자들이 후기실증주의에 입각해 제시하고 있는 참여형 정책분석(PPA)에 대해 고찰하고자 한다. 이 글은 참여주의 정책과학의 구축을 위한 탐색적 연구의 의미를 갖으며, 시민참여 거버넌스 구축을 위한 논의에도 기여할 것으로 판단된다. 한편 참여 거버넌스를 구축하고자 할 때, 제기될 수 있는 문제로서 참여 주체인 시민(citizen), 주민(community residents) 등의 개념에 대한 고찰을 통해 참여 거버넌스에 대한 문제점도 지적하고자 한다.

제 2절

전통적 공공정책 연구의 위기

1 민주주의의 위기

주지하듯이 아버바크 등(Aberbach et al., 1981)의 정치인-관료의 상호 작용 분류 모형 가운데, 입법부=정치가가 정책을 결정하고 행정부=관료가 결정 사항을 집행한다고 하는 고전적 정책·행정 이원론은 현대 국가에서 허구에 지나지 않는다. 현대 국가의 공공정책 결정 과정에서는 관료들이 실질적인 정책 주도권을 가지고 있다고 볼 수 있기 때문이다.

많은 국가에서 정책의 기획·입안 과정은 물론 이해의 조정까지도 행정 기구가 담당해 온 측면이 크다. 특히 제2차 세계대전 이후의 선진 제국, 특히 미국에서는 정책분석 기법의 고도화, 세련화을 배경으로 정책 결정에서 실증주의적 정책분석 기법에 의한 지식 형성이 중시되었으며, 기술적 전문가가 관여의 폭을 크게 넓혀 왔다. 이와 같은 기술주의적 지향은 과학적 의사결정의 우수성에 대한 신뢰로 이어졌으며, 다원주의적 정책 결정을 폄하하거나 민주적 정책 과정에 대한 반감으로 이어지기도 했다. 심지어 일부에서는 정책 분석이 더 적합성을 갖도록 정치 시스템을 바꾸어야 한다는 주장을 제기하기도 했다(Fisher, 1998).

이렇듯 관료 및 기술적 전문가에 의한 통치라는 상황에 직면하여 시민의 정책 결정에 대한 영향력은 상대적으로 저하되어 왔으며, 이것이 민주주의의 위기로 지적되기 시작했다. 라스웰(Lasswell, 1951)이 일찍이 '민주주의 정책과학'을 주창했지만, 많은 정책과학자가 지적하듯이 그 후의 상황 전개는 그렇지 못했다. 1960년대 정부 프로그램의 결정 및 PPBS의 도입시 연방정부 내 랜드연구소(RAND Institution) 관계자들의 대두에서 보듯이, 정책분석 기법의 고도화에 수반하여 정책분석가(기술적 전문가) 집단이 정책 결정을 독점하는 결과를 초래했으며, 시민의 영향력은 상대적으로 저하했다.

이와 같은 상황을 배경으로 미국에서는 1950년대 후반부터 시민의 정책 결정에 대한 참여 방식이 논의되기에 이르렀다. 참여 방식은 ① 선거에 의한 대표의 선출, ② 시민운동에 의한 특정 정책 문제의 확인이라는 기존의 방식에 더해, ① 심의회 및 공청회 등에서의 정책 문제 확인 및 문제 영역의 정책대안 형성에 대한 참여, ② 주민투표(referendum) 등에서 정책대안 선택에 참여하는 등 다양한 방식이 검토 · 실시되었다.[1] 이에 더해 최근에는 정보통신 기술의 눈부신 발전으로 정책 과정에 대한 다양한 형태의 시민 참여가 현실화되고 있다.[2]

---

1) 미국 뉴욕 시의 경우 강력한 관료권이 1970년대 뉴욕 시의 재정 파탄의 원인이 되었던 것은 잘 알려진 사실이다. 이 같은 관료 중심의 시 운영에 대해 뉴욕 시에서는 참여 분출기로 특징지어지는 1960년대 이래 지역운동가들을 중심으로 시 전역에 걸쳐서 지역사회의 통제권(community control) 신장에 대한 요구가 지속적으로 제기되어 왔다. 1975년에 단행된 시헌장(city charter)의 개정은 바로 이러한 요구에 대한 시정부의 대응이었다. 이 개정 헌장에 의거 뉴욕 시는 시를 주민 수 100,000~250,000명에 이르는 59개의 지역구로 구분하는 동시에 각 지역구별로 주민대표체로서의 역위원회를 설치했다. 이러한 조치는 물론 지역사회 차원의 정부(community government)의 설치를 요구한 당초의 요구와는 거리가 있는 것이지만 그럼에도 불구하고 시의 정책 과정에 대한 지역위원회의 공식적 간여 및 이에 대한 시 기관의 협조 의무를 명문화함으로써 주민참여 기제의 실질화를 기한 것이다. 이러한 뉴욕 시의 사례는 관료 실패, 민주주의의 위기에 대한 대안적 실험으로서, 뉴욕 시는 이 제도를 통해 정책 과정의 능률 편향을 완화하고 민주성을 고양하는 데 일정한 성과를 거두고 있는 것으로 평가되고 있다(이승종, 1997).

2) 2002년 6월 23일 일본의 오카야마 현(岡山縣) 니이미 시(新見市)에서는 시장 및 시의원을 뽑는

2 실증주의적 정책분석의 한계

과학기술, 특히 과학은 그 성격상 사회로부터 분리된 특수한 영역으로서 객관적인 진리 탐구를 주된 활동으로 하기 때문에 사회 또는 사회적 책임과는 무관하다는, 따라서 과학기술에 대한 시민 참여는 오히려 순수한 과학기술을 왜곡시키는 결과를 가져올 것이라는 생각이 과학자 사회의 전통적 믿음이었다. 이러한 전통적 믿음을 잘 반영해 주고 있는 것이 바로 초기 과학사회학자인 로버트 머튼(Robert Merton, 석현호 외 역, 1998)이 주장한 과학자 사회의 네 가지 규범 구조였다. 머튼에 따르면, 과학자 사회는 첫째 과학의 성과가 개인이 아니라 과학자 공동체 전체의 것이라는 의미의 공유주의(communism), 둘째 과학 활동에서 성, 인종, 계급 등의 특수주의적 가치의 배제를 의미하는 보편주의(universalism), 셋째 특정한 이해 관계에 따라서 과학 활동을 해서는 안 된다는 의미의 불편부당성(disinterestedness), 넷째 최종 증명 때까지 판단을 보류하고 엄격한 규칙에 따라 과학 활동을 해야 한다는 의미의 조직화된 회의주의(organized skepticism) 등의 에토스를 유지하고 있기 때문에 과학 지식은 여타의 지식과는 다른 객관성과 신뢰성을 지닐 수 있게 되었다는 것이다.

그러나 유감스럽게도 20세기 과학기술의 역사가 보여 주듯이, 과학기술이 머튼이 주장했던 규범 구조에 항상 순응하면서 발전해 온 것은 결코 아니었다. 이는 과학기술과 사회 사이에서 맺어진 "사회계약"의 역사적 변화 과정을 통해 파악할 수 있다. 제2차 세계대전을 거치면서 과학기술과 사회 사이에 일종의 사회계약이 맺어진다. 국가는 과학기술이 사회의 기간이었던 농업, 의료, 및 군사 부문의 성장, 즉 전반적으로 공공 이익의 극대화에 기여할 것을 기대하여 과학기술에 엄청난 지원을 해 주고, 상대적으로 과학기술자 사회의 자율성을 존중하는 정책을 취했던 것이다(이영희, 2000a).

선거가 사상 처음으로 전자투표로 행해졌다. 화면에 표시된 후보자 이름을 손으로 치게 되어 있는 '터치 패널' 방식의 전자투표는 일부 문제가 발생하기도 했으나, 커다란 혼란 없이 진행되었다. 득표 수가 25분 만에 판명되는 등 개표 작업이 신속하게 이루어졌으며 무효표 판정 등 애매한 표기에 의한 판정 문제는 전자투표에 의하는 경우 일어나지 않았다. 일부에서 시스템의 신뢰성에 대한 문제를 제기하기도 했으나, 전국적으로 주목을 받았던 니이미 시의 선거는 전자투표 보급의 시금석이 될 것이다. 약 1할을 차지하는 부재자 투표의 경우, 직접 손으로 기입하는 방식이었기 때문에 이에 대한 개표는 수작업으로 이루어졌다(朝日新聞, 2002년 6월 23일). 2002년 2월 시행된 公職者選擧特例法(전자투표법)은 지방선거에 한해 전자투표를 도입할 수 있게 했지만, 앞으로 주민투표 등에도 도입될 수 있을 것이며 직접 민주주의의 가능성이 확대될 것이다.

전술한 바와 같이 미국에서는 제2차 세계대전이 끝난 후 공공정책의 결정 과정을 개선하기 위한 지식 생산 활동을 지향하는 정책과학이 시작되었으며, 1960년대에는 사회 프로그램에 대량의 실증주의적 정책분석이 적용되었다.[3] 그러나 실증주의적 분석의 상당수가 한계에 부딪히자 1970년대 이후에는 정책분석에 대해 "공공정책 혹은 공공정책 결정의 개선에 대한 무기력증", "가치 중립성의 위장에 대한 문제점" 등이 다양하게 제기되었다. 가치 중립성의 위장 문제과 관련해서는 "정책분석에서는 정치성이 은폐된다"라는 문제가 지적되었는데, 정책분석의 정치성에 관해서는 특히 1980년대 후반부터 정책과학자 자신들로부터 '전제주의 정책과학(Policy Science of Tyranny)'이라는 비판이 제기된 바 있다(Dryzek, 1990).

이와 같은 실증주의 정책분석의 한계에 대해, 패러다임 전환을 모색해 온 일련의 학자들에 의해 주장된 것이 후기실증주의에 입각한 참여형 정책분석이다. 피셔(Fisher, 1998)는 "후기실증주의라는 용어에 관한 표준적 정의는 존재하지 않는다"라고 하면서도, "정책분석은 과학적 지식과 규범이나 가치에 관한 해석론적·철학적 지식과 밀접한 접합을 요구하고 있다"는 점을 지적한다. 이와 관련하여 드레온(deLeon, 1994)은 후기실증주의는 거의 두 가지의 관련된 흐름, 즉 비판이론과 참여형 정책분석으로 귀결된다고 본다. 후기실증주의는 실증주의에 대비되는 개념으로 사용되고 있는데, 이는 도구적 합리성에 대한 실천적 합리성으로 이해될 수 있다.

---

3) 실증주의란 베이컨, 로크, 흄 등 영국의 경험론적 철학의 흐름을 이은 것으로, 과학적인 명제, 가설, 이론은 경험적 사실(언명)에 기반하여 구성되어야 하며, 따라서 제시된 명제, 가설, 이론은 관찰되고 경험적으로 확인된 사실에 비추어서 그 진위를 검증할 수 있는 것이어야만 하며 이 검증을 통해 참인 것을 실제로 확증하지 않으면 안 된다고 하는 인식론적, 과학방법론적인 입장을 말한다. 20세기에 들어와 실증주의는 신실증주의라고 일컬어지는 비엔나학파의 논리실증주의에 의해 한층 철저하게 추진되었다. 그러나 이러한 실증주의적 경향은 막스 베버의 이해사회학적 입장으로부터, 그리고 반증주의(反證主義)의 입장을 취하는 포퍼로부터 강한 비판을 받고 있다.

한편 신실증주의란 1920년대부터 50년대에 걸쳐 비엔나 학파 및 그 후계자의 활동을 중심으로 전개된, 논리실증주의 사상이다. 이 사상은 원래는 수학, 자연과학, 공학 등의 분야로부터 철학으로 옮겨온 사람들의 것인데, 당시 점차 성숙해 가고 있던 현대 논리학의 성과를 철학적인 주장, 분석에 응용하는 것에서 출발한 것이다. 특히 경험과학의 명제 및 논리적인 명제 이외의 명제는 무의미하다고 하는 흄의 주장과 매우 흡사한 테제의 현대판을 제창한 것으로 유명하다. 이 주장은 논자들의 의도에 반해 독단적인 것을 포함하고 있으며 그것을 예리하게 지적하는 발언이 논리실증주의자 자신으로부터도 나오게 됨으로써 이 사상은 힘을 잃게 되었다. 그러나 현대의 유력한 철학의 일부(분석철학, 구조주의의 일부)는 이 사상의 후신이다(森岡 외 편, 1993).

피셔(Fisher, 1998)는 이 같은 신실증주의가 현대의 주류 사회과학 혹은 정책과학(mainstream policy analysis)에 인식론적 기초를 제공하고 있다고 보면서, 신실증주의(논리실증주의) 인식론의 문제점을 지적하고 있다.

제3절

참여형 정책분석 이론의 내용

1 참여형 정책분석의 개념

전술한 두 가지 위기에 직면한 정책과학자들은 1980년대 이후 정책과학의 방법론적 전환을 모색해 왔다. 모색의 결과는 ① 민주주의의 위기에 대한 라스웰로의 회귀, 즉 민주주의 정책과학의 재구축과 ② 실증주의적 정책분석의 위기에 대한 대안으로서 후기실증주의적 접근으로의 전환이라는 두 가지 흐름으로 나타났다.

민주주의 정책과학의 재구축 문제는 참여 민주주의(participatory democracy)의 이념하에 공공정책 결정에 어떻게 하면 시민을 참여시킬 수 있을 것인가에 대한 검토로 이어졌다. 한편 후기실증주의적 접근으로의 전환이라는 흐름은 정책분석 및 정책분석가의 가치 중립성을 부정하고 비판이론 및 해석이론을 주요 내용으로 하는 접근법을 모색해 왔다. 후기실증주의적 접근은 정책 문제를 해결하는 데 있어서 심의(deliberation)나 주장(argument)의 중요성을 재인식시켰다. 또한 정책분석가와 정책 결정자 사이의 자문적 관계(consultative relation)를 문제시하면서, 전문가와 시민의 협조 관계를 대안으로 제시했다.

후기실증주의의 근저에는 참여 지향이 있기 때문에, 앞서 언급한 두 흐름은 밀접한 관계를 가지면서 정책과학의 새로운 패러다임 구축을 모색해 왔다. 그리하여 이러한 모색은 1990년대에 들어 드레온(deLeon, 1990)과 피셔(Fisher, 1990)에 의해 제시된 참여형 정책분석(PPA)이라는 개념으로 성과를 보았다.

PPA란 단순화시켜 말하면, 기술적 전문가가 가지고 있는 전문적 지식에, 시민이 가지고 있는 보편적 지식을 반영시켜 정책 문제의 대안을 작성하는 분석 기법 또는 분석적 문제 해결 과정이라고 개념화할 수 있다.[4] PPA에서는 피셔(Fisher, 1990)도 강조하

4) 일반시민의 평범한 지식(lay knowledge)의 중요성은 과학기술에 대한 시민 참여에서도 다음과 같이 강조된다(이영희, 2000).

통상 과학기술과 관련된 사항은 그 분야에서 전문적으로 교육훈련을 받은 전문가만이 다룰 수 있는 것으로 인식되고 있어 일반인이 과학기술과 관련된 영역에 참여하는 것은 바람직하지도 않고, 가능하지도 않은 것으로 여겨져 왔다. 그러나 과학기술 관련 이슈의 해결책을 모색하는 데 전문가들조차 의견이 항상 일치하는 것은 아니다. 이는 과학의 신비화 과정을 통해 널리 퍼져 있

듯이 심의 과정을 거쳐 공공적 의사결정이 이루어진다는 점에 특징이 있다. 이하에서는 전통적 정책분석에 대한 대안으로서 더닝(Durning, 1993)이 제시하고 있는 참여형 정책분석에 대해 논의한다.

2 참여형 정책분석의 유형

앞서 논의한 PPA를 실현하기 위해서는 피셔(Fisher, 1990)가 지적하듯이 시민이 정책결정 과정에 참여할 수 있는 정치 시스템을 만드는 것이 전제 조건이며, 이를 위해서는 기존의 정치 시스템 자체의 개혁이 불가결하다. 최근 논의되고 있는 거버넌스론에 의하면, 참여모형을 주장하는 사람들은 정책으로부터 직접적으로 이득을 얻는 개인들뿐만 아니라 일반대중의 참여도 확대될 수 있도록 구조화되어야 한다고 주장한다. 관료화가 특정한 정책 부문에서는 오로지 소비자와 생산자만이 정책이나 집행에 영향을 미칠 수 있도록 공공 부문을 분열시키고 있다는 것이다(Peters, 정용덕 외 역, 1998).

더닝(Durning, 1993)은 이와 같은 문제 의식으로부터 다음의 네 가지를 참여형 정책분석의 모형으로 제시하고 있다. 그는 [그림 11-1]을 참여 민주주의 PPA(PPA for

그림 11-2 참여 민주주의 PPA의 틀

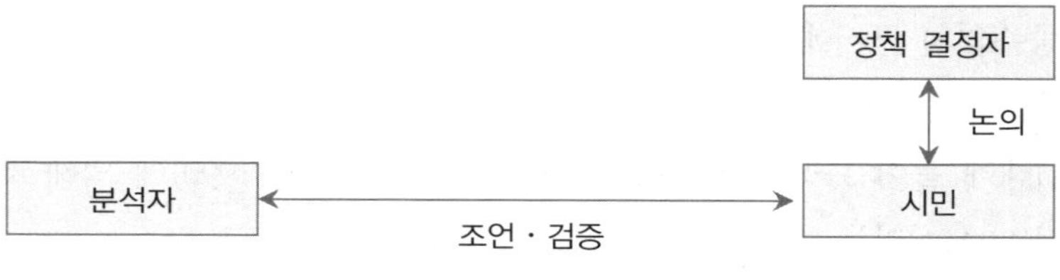

자료: Durning(1993). 그림 1-2, 3, 4도 동일 출처.
각 그림에서 실선은 직접적인 연결 관계(direct link), 점선은 정보의 가능한 흐름(possible flow of information)을 나타냄.

는 통념, 즉 과학기술 지식은 언제나 확실하고 믿을 수 있다는 일반적인 인식이 그릇된 것임을 말해 주는 것이다. 이런 점에서 오히려 일상적인 삶의 경험 속에서 축적한 일반 시민들의 지식이 문제 해결에 더 효과적일 수 있다. 왜냐 하면 일반인들도 스스로 인식하든 못하든 간에 자신의 삶의 영역에서 경험과 통찰을 통해 끊임없이 학습하고 있으며, 그 결과 사물에 대한 나름대로의 안목과 지식을 축적하기 때문이다.

Participatory Democracy)로 규정한 뒤, 기존의 정치 시스템을 전제로 한 PPA로서 [그림 11-2], [그림 11-3], [그림 11-4]를 각각 분석적 투입 PPA(Providing Analytic Inputs Through PPA), 해석론적 PPA(Interpretive PPA), 이해 관계자 PPA(Stakeholder Policy Anaysis)로 제시하고 있다.

참여 민주주의 PPA는 권력의 재분배를 통한 사회 개선을 목적으로 하고 있다. 현재의 권력 배분에 비판적인 사람들은 참여 민주주의 PPA가 엘리트 정치에 기여하는 전통적인 정책분석을 대치해야 한다고 주장한다. 참여 민주주의 PPA에서는 분석가들이 정책 과정에 시민들이 적극적으로 참여하도록 도움을 주어야 한다고 주장한다. 드라이젝(Dryzek, 1990)에 의하면, 분석가들의 역할은 기득권층의 방어적 사고 방식에 도전하는 정책 담론에 결정적인 기여를 제공하는 것이다.5) 피셔(Fisher, 1990: 347)도 참여 민주주의란 시민이 정책 결정의 정치 과정에 진정으로 참여할 수 있는 정치 시스템이라고 정의하면서, 이를 위해서는 기존의 정치 시스템 자체의 개혁이 불가결하다고 본다.

드라이젝(Dryzek, 1990)이나 피셔(Fisher, 1990)가 주장하는 참여 민주주의는 현재의 자유민주주의 체제를 개량하는 것이지만, 이러한 정치적 변형(political transformation)－자유 민주주의 체제의 개량－을 낙관하는 사람은 많지 않다. 드레온(deLeon, 1992: 127)의 지적처럼, 참여 민주주의는 관심 있고, 활동적이고, 정보에 밝은 시민(an interested, active, informed citizenry)을 원하지만, 신문 구독의 감소, 선거에의 참여 저하, 시사 문제에 대한 관심 저하라는 현상은 참여 민주주의의 미래를 낙관하기 어렵게 한다.

참여 민주주의 PPA와 달리, 나머지 세 가지 형태의 PPA는 급진적인 권력의 재배분을 요구하지 않을 뿐만 아니라 정책 결정에 이르는 담론에 대한 참여도 원하지 않는다.

그림 11-2 분석적 투입 PPA의 틀

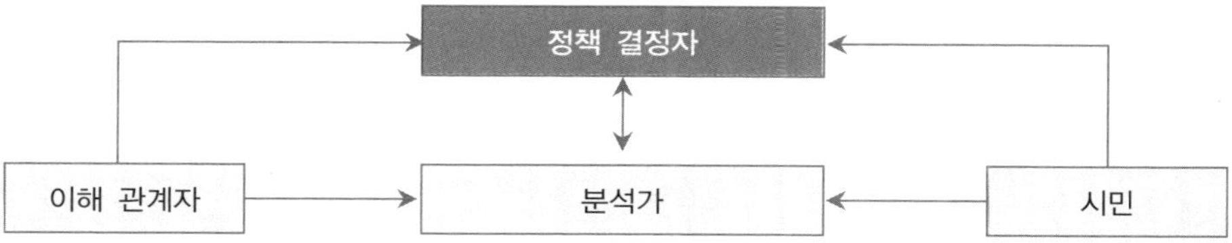

5) 기득권에 도전하는 정책담론에 기여하는 분석가들은 새로운 형태의 사회운동(페미니즘, 환경운동, 주민운동 등)을 하는 지식인, 활동가, 전문가들이라고 할 수 있다(Fisher, 1990).

나머지 세 가지 형태의 PPA는 현존 정치 시스템 내에서 기능하는 것을 전제로 하며, 정책분석이 누구에 의해 어떻게 이루어지는가에 따라 상이하게 정의된다.

[그림 11-2]의 분석적 투입 PPA는 이해 관계자들에게 - 일반시민 및 정책 결정에 의해 영향을 받게 될 사람들 - 공청회와 같은 공공 포럼에서 정보나 의견 투입(information and opinion inputs)의 기회에 관심을 갖는다. 이러한 투입들은 조언을 하게 될 분석가들에 의해 준비된다. 이러한 유형의 PPA는 드레온(deLeon, 1990)에 의해 주장되었는데, 그는 분석적 투입 PPA이 논증적인 심의회 형태로 정책 결정이나 집행에 참여하는 행위자들 - 분석가나 전문가들의 자문을 받은 - 의 범위를 확대시킬 것으로 보았다.

그러나 분석적 투입 PPA은 정책 결정에 시민이 직접 참여하는 권한 위임(empowerment)과는 상이하다. 따라서 분석적 투입 PPA가 정책 결정에 대한 직접적인 참여를 의미하는 것은 아니라는 점을 드레온(deLeon, 1990)은 명확히 지적하고 있다.

[그림 11-3]은 해석론적 PPA(interpretative PPA)이다. 해석론적 정책분석은 시민들이나 이해 관계자들에게 분석적 투입을 할 수 있도록 기회를 제공한다. 그러나 분석 과정에서는 선택된 이해 관계자들의 참여도가 훨씬 높다. 해석론적 PPA에서 분석가들은 이해 관계자나 시민들이 분석의 맥락(context of the analysis)을 잘 이해하도록 분석 과정에서 도와 주어야 한다. 해석론적 정책분석가들은 더 이상 과학자가 아니다. 구바(Guba, 1985: 15)의 지적처럼 이들은 진리에 도달하기 위해 객관적이고 몰가치적인 방법으로 무장한 "신성한 성직자(an anointed priesthood)"가 아니라, 주어진 상황 속에서 최선을 다하면서 정책 결정자 · 정책집행자들과 협력하는 자들(collaborators)이다. 또한

그림 11-3 해석론적 PPA의 틀

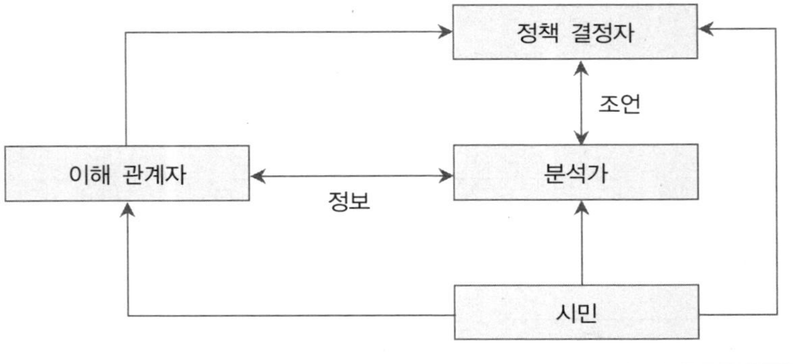

그림 11-4 이해 관계자 PPA의 틀

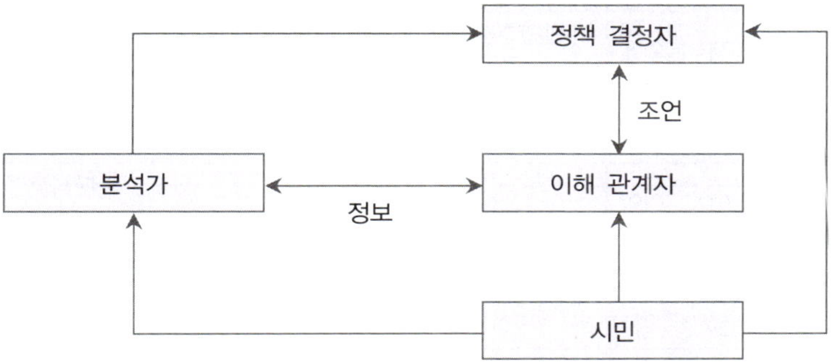

후기실증주의적인 해석론적 · 협의적 모형에서는 정책 결정이 이루어지는 맥락을 정의하는 과정에서 분석가들과 이해 관계자들이 공동으로 작업할 것을 요구한다.

[그림 11-4]는 이해 관계자 PPA(Stakeholder PPA)이다. 이해관계자 정책분석은 해석론적 정책분석과 비슷하다. 이해 관계자 PPA는 후기실증주의적 관점에 입각하고 있으며, 복잡한 문제들을 분석하는 과정에서 이해 관계자가 갖는 의미를 중요시한다. 이해 관계자 PPA에서 분석은 정보나 의견을 조언으로 전환시키는 이해 관계자들에 의해 이루어진다.

이해 관계자 정책분석은 보통 선출직 공무원들(elected officials)에 의해 임명된 자문위원회(advisory commissions)를 통해 정부 수준에서 이루어진다. 예를 들면 미국에서는 대통령이 사회 안전, 주택 공급, 포르노그라피, 과세와 같은 이슈를 조사하기 위해 위원회를 임명해 왔다. 이러한 위원회는 특정한 이슈 혹은 이슈 영역에 관해 조언을 제공하도록 정부 내 · 외부의 전문가나 이해 관계자 대표들로 구성된다.

앞서 살펴본 네 가지 모형은 이상형(ideal types)이며, 반드시 상호 배타적인 모형이라고는 할 수 없다. 이들 모형의 내용은 중첩되기도 하지만, PPA의 목적이나, 분석가, 이해 관계자, 시민, 정책 결정자 간의 관계는 기본적으로 상이하다.

〈표 11-1〉은 네 가지 유형의 참여형 정책분석의 특징을 비교 정리한 것이다(Durning, 1993).

표 11-1 참여형 정책분석(PPA)의 네 가지 유형

구분	참여민주주의PPA	분석적 투입 PPA	해석론적 PPA	이해관계자 PPA
정책분석가의 역할	시민의 정책 논의에 대한 참여의 준비를 돕는다.	이해관계자로부터의 정보 투입을 구조화 및 처리: 투입을 조언으로 변환	이해 관계자와 협력하여 분석적 투입을 수집, 해석: 투입을 조언으로 변환	분석적 투입을 수집·처리하여 조언으로 변환하기 위해 이해 관계자에게 도움을 줌.
이해관계자의 역할	정책 논의에서 이익집단으로서가 아니라, 시민으로서의 역할을 수행한다.	분석자 등으로 구성된 공개 토의의 장에서 정보 및 의견을 제공	분석자가 행하는 정책분석에 대표적 이해 관계자가 협력	분석적 투입을 수집·처리하여 정책 결정자에게 조언을 행함(분석자나 전문가의 도움을 얻어서)
시민의 역할	공개 토의의 장에서 주장 및 증거를 제시, 최선의 논의 및 증거에 기초하여 정책을 결정	분석자 및 정책 결정자에게 정보 및 의견을 제공	분석자 및 정책 결정자에게 정보 및 의견을 제공	분석자 및 정책 결정자에게 정보 및 의견을 제공
PPA의 주요 목적	시민의 권력 강화(empowerment of citizens)	이해 관계자의 이해 및 가치에 관하여 분석자와 정책 결정자에게 좀더 좋은 정보 제공을 행함으로써 정책결정자에 대한 조언(advice)을 개선	정책이슈의 맥락에 대한 좀더 정확한 이해 및 이해 관계자의 가치 및 현실 해석의 지식을 통해 정책 결정자에 대한 조언의 개선	정책이슈의 맥락 및 가치·현실의 해석에 관해 지식이 있는 대표적 이해 관계자에게 분석 및 조언을 하게 함으로써 정책 결정자에 대한 조언의 개선

자료: Durning(1993: 306).

3 참여형 정책분석과 시민 패널

PPA의 구체적 수단으로서의 의미를 갖는 것 가운데, 구미에서 새로운 시민 참여 방식으로서 제시된 것이 '시민 패널'이다. 이 방식에 의하면 무작위로 추출된 시민이 일정 기간 전문가와 논의하거나 조력을 받아 학습하면서 정책대안의 평가 및 정책권고를 행하도록 되어 있다.

정책과학자를 중심으로 제시된 PPA에서는 시민이 참여하여 정책을 논의하는 장으로서 PPA 패널을 제안했지만, 정치학이나 행정학자를 중심으로 기존의 시민 참여에 대한 비판적 검토가 행해져 왔다. 그리하여 PPA와 거의 비슷한 시기에 새로운 시민 참여의 방식인 시민 패널(citizen panel)이 몇 개의 사례와 함께 제시되었다(Crosby et al.,

표 11-2 시민 패널의 전제 조건

구조	조건
패널 구성	직·간접적으로 영향을 받는 시민을 무작위로 선택 이해 관계자나 공직자는 참여자가 아닌 참고인(witnesses)으로서 참여
직무	복수의 상이한 정책대안을 패널의 개인적 가치나 선호에 따라 평가 공식적인 정책 결정자에게 제출할 권고안의 작성
운영	수일 간에 걸친 계속적 회합 각 대안의 예측되는 결과들에 대해 참여자들을 교육 공청회나 비디오테이프를 통해 이견 및 불확실성 수용
참여자의 역할	참여자가 주요 컨설턴트('value consultarts')임을 자각 외부의 중립적이며 편견 없는 진행자 요청 후원자의 한정 참여(low involvement): 이해 관계자와 같이 참고인 역할에 한정
조직	각 참여자에 대해 사례금(honorarium) 지급 지역조직위원회 등의 스태프 기관

자료: Renn et al.(1993, 197).

1986; Kathlene & Martin, 1991; Renn et al., 1993). 여기서는 종래의 공청회·심의회에서의 시민의 간접적·한정적 참여가 문제시됨에 따라 시민이 정책 결정에 직접 참여하여, 시민 스스로가 정책대안의 평가 및 정책권고에 관여할 수 있는 장으로서 시민 패널이 제시되었다.

렌(Renn et al., 1993)에 의하면, 이와 같은 시민 패널이 실제로 잘 기능하는지의 여부는 〈표 11-2〉에서 보듯이 ① 패널 구성(composition), ② 직무(task), ③ 운영(operation), ④ 참여자의 역할(role of participants), ⑤ 조직(organization)의 다섯 가지 전제 조건에 달려 있다. 이러한 전제 조건하에 시민 패널이 구성되어 논의 및 정책 결정이 이루어지며, 구체적 과정은 ① 패널 설계, ② 정책대안에 대한 논의, ③ 권고의 3단계로 구성된다.

한편 시민 패널은 다음과 같은 세 개의 주요한 요소로 구성된다(Renn et al., 1993: 1997). 첫 번째는 강의, 현지 방문, 비디오, 문서 자료 등을 통한 정보의 습득(reception of information)이다. 두 번째는 소집단 토론, 전체회합, 청문 등을 통한 정보처리(processing of information)이다. 세 번째는 소집단 토론, 개인적 판단, 전체회의에서의 합의 형성 등을 통해 각 대안의 영향에 대한 평가 과정이다. 〈표 11-3〉은 시민 패널의 전형적인 참여 과정이다.

표 11-3 시민 패널의 전형적 참여 과정

단계	시민 패널의 활동
1	강의와 현지 방문을 통한 이슈 소개
2	강의, 문서 자료, 자율교육집단의 회합, 시청각 정보, 현지 방문을 통한 배경 지식 획득
3	비디오나 청문을 통해 상충된 정보 해석을 프레젠테이션
4	강의나 청문을 통한 정책대안에 대한 소개
5	소집단 회합과 전체 토론을 통해 각 대안에 대한 문제를 구조화
6	가치트리(value-tree)의 소개, 그리고 필요한 경우 현존 트리에 가치 추가 부여
7	개인에 대한 설문이나 그룹 토의를 통해 도출된 대안에 대한 평가
8	작업집단과 전체회의를 통한 정책권고의 초안 작성
9	시민 패널의 종료 후에 시민보고서 속에 정책권고안 발표
10	참여자에 대한 시민보고서 피드백
11	스폰서, 미디어, 이익단체에 시민보고서 발표

자료: Renn et al.(1993, 198).

4 공공정책 결정에 대한 참여 사례

여기서는 앞서 논의한 참여형 정책분석의 다양한 사례에 관해 논의하기로 한다. 이들 사례는 앞서 언급한 더닝의 모형에 입각해 분석한 것은 아니며, 이 연구가 서설적 연구임을 감안해 다양한 사례의 간략한 소개에 그쳤으며, 사례를 통해 함의를 도출하고자 했다.

사례 1 **신시내티 도시계획과 시민 참여**6)

1980년대 초부터 신시내티(Cincinnati)에서는 주민과 더불어 광범위한 영역에 걸쳐 도시계획을 수립했다. 그 과정은 주민을 주민조직(neighborhood organizations)이라는 형태로 참여시켜, 각 국(局)의 계획 수립 작업을 함께 하도록 하는 것이었다. 이러한 참여형 의사결정이 가져온 긍정적 효과로 토머스(Thomas, 1986)는 의사소통, 프로그램 실시, 효율성 증진, 비판으로부터의 방어, 예산 획득을 위한 영향력 등을 들고 있다.

요컨대 시민 참여에 의해 첫째 주민조직의 존재가 주민의 견해에 관한 유력한 정보원(情報源)이 되도록 하여 의사소통을 원만하게 했다. 둘째 주민 자신이 결정에 참여

6) 〈사례 1〉~〈사례 6〉은 NIRA연구보고서(2000)에 수록된 사례 가운데 일부를 발췌한 것이다.

했기 때문에 결정 사항의 집행이 원활하게 진행되었다는 점이 보고되었다. 셋째 단순히 결정 사항을 수용하는 데 그친 것이 아니라, 결정 사항의 집행에 적극적으로 참여하게 되어 정책의 생산성이 높아졌다. 넷째 정책 결정에 관한 비판이 감소했다. 다섯째 정책을 수용하는 측인 시민이 해당 정책을 강력하게 바라고 있다는 점에서 예산 획득에 강력한 영향력을 행사할 수 있게 되었다.

출처: Thomas, John Clayton(1986). *Between Citizen and City: Neighborhood Organizations and Urban Politics in Cincinnati*. Lawrence: University Press of Kansas.

사례 2 산림(山林)사업과 환경문제에 관한 논의에 대한 시민 참여

시민 참여가 행해지기까지 미국의 산림 채벌은 과학적으로 설득력 있는 근거가 없음에도 불구하고 개벌(皆伐) 방식으로 행해졌으며, 고수적 시각을 갖는 행정 담당자들은 자신들이 산림 채벌 사업을 개선할 수 있는 여지가 없다고 여겨 왔다. 그러나 환경개선을 호소하는 공중(公衆)과의 대화 속에서 의사결정이 개선되었다.

교섭 과정의 공중(公衆)에 Wilderness Society나 Sierra Club, Audubon Society와 같은 환경문제에 정통한 단체를 관여시킴으로써 소비자의 선호, 또는 유용한 과학적 지식이 담당 행정관에게 제공되었으며, 의사결정의 개선이 꾀해졌다. 구체적으로는 품질관리 기준, 문제의 구조, 그리고 정보 요구에 대해 재정의가 이루어짐으로써 결정의 과학적 기초가 강화되었다.

출처: Manring, N. J. (1993). Reconciling Science and Politics in Forest Service Decision Making: New Tools for Public Administrators. *American Review of Public Administration*. 23.

사례 3 가로수의 유지에 관한 시민 참여

캘리포니아 주 오클랜드에서는 가로수가 황폐해졌다. 이러한 상황을 개선하여, 사회적 · 경제적 · 환경적, 그리고 공중의 건강에 공헌하기 위해 가로수 육성 및 유지를 목적으로 가로수 식수(植樹) 계획이 모색되었다.

가로수의 생육은 주민에게 영향을 미치기 때문에, 시민의 이해를 얻을 필요가 있다는 인식에서 합의 형성을 위한 주민 참여가 이루어졌다. 주민 참여를 통한 효과적인 의사결정 모형으로서 공중결정 접근이 채용되었다. 시민은 지역집회를 통해 공중(公衆) 결정을 행했으며, 어디에 어떠한 나무를 심을 것인가의 결정이 이루어졌다.
시민을 결정 과정에 참여시킨 결과, 시민의 적극적인 가로수 육성, 보호 활동을 촉진했으며, 결과적으로 가로수의 생존률을 이전의 계획에 비해 대폭 개선시켰다.

출처: Sklar, F., & Ames, R.G. (1985). Staying alive: Street tree survival in the inner city. *Journal of Urban Affairs*. 7.

사례 4 **텍사스 수질관리계획과 시민 참여**

1970년대 후반, 환경보호국(Environmental Protection Agency: EPA)은 수질개선의 일환으로서 수질관리계획을 수립했다. 그리고 계획 수립에 시민 참여의 촉진을 규정한 법률에 기초하여 시민 참여가 실현되었다. 계획 수립에 관한 위원회에는 각각 약 50명의 시민이 지명되었으며, 구성원에는 해당 문제에 공중(公衆)의 의견을 반영하기 위해 공무원, 경제적 이해 관계자, 일반인 그리고 공익 대표자가 포함되었다. 또한 위원회의 진행은 시민의 참여도를 높이기 위해 신중하게 계획되었다.

그러나 이러한 프로세스에 기초한 텍사스의 사례는 시민 참여가 계획을 개선하도록 새로운 정보를 제공하는 데 실패했다. 오히려 프로세스를 복잡하게 했으며, 계획 수립을 지연시켰을 뿐이라는 부작용을 낳았다.

출처: Plumlee, J. P., & Starling, J. D., with Kramer, K. W. (1985). Citizen Participation in Water Quality Planning: A Case Study of Perceived Failure. *Administration & Society*. 16.

사례 5 **포트타운젠드의 페리 선착장 신설에 관한 시민 참여 등 여섯 사례**

환경문제의 중재에서 참여하는 시민이 적절하게 선정되지 못했기 때문에 실패한 사례에 대한 보고이다.

1972년 포트타운젠드에서는 페리사업을 해 왔던 민간 업자의 재정난과 운송량 증가에 따라, 워싱턴 주 운수국이 이전보다 큰 페리를 구입할 것을 결정했다. 이에 따라 새로운 페리 선착장이 필요하게 되었으며, 입지 선정에 시민을 참여시켜 선착장 선정 작업을 행했다. 이 일은 운수국의 해사부국(海事部局)이 담당했다.

시민고문위원회(市民顧問委員會)가 참여하여 선정을 담당했으며 1976 초기까지는 순조롭게 작업이 진행되었다. 그러나 1976년 7월 타운 · 포럼에서 상황이 급변했다. 그때까지의 결정 과정에는 이 마을에 옛날부터 살면서 경제 발전을 희망하는 사람들의 대표만이 참여했던 것이다. 이 포럼에서 강한 반대 의견을 표명했던 사람들은 비교적 최근에 이 마을로 이주해 온 사람들로서 경제 발전보다는 경관을 선호하는 사람들이었다.

선정 작업은 결국 이러한 반대 입장의 사람들과의 절충을 꾀하기 위해 1978년 중반까지 연장되었으며, 예산도 당초 예상보다 2배까지 부풀러 오르게 되었다.

출처: Talbot, A. R.(1983). *Settling Things: Six Case Studies in Environmental Mediation.* Washington, D. C.: The Conservation Foundation and the Ford Foundation.

사례 6 일본 고마에 시의 쓰레기 중간처리 시설 계획

고마에(狛江) 시는 동경 23구의 서쪽에 인접한 고길도 주거도시다. 시는 시 중심부에 병, 캔의 중간처리 시설을 만들려고 계획을 입안했지만, 시민의 반대로 저지되었다. 입지 예정지에 인접한 곳에 있는 시의 보육원 부모회와 주변의 지역주민이 반대했기 때문이다.

시의 병, 캔 중간처리시설은 민간에 위탁해서 처리되고 있었는데, 당시 사업자는 타 지역 자치단체에서 조업을 하고 있었기 때문에, 그 지역의 주민과 자치체 수장이 고마에 시내에서 조업을 하도록 요구했던 것이다. 그 결과 고마에 시는 시내에 처리시설을 마련해야 했는데, 시민들의 반대로 사업계획이 진전되지 못하고 있었다. 이에 시는 계획을 백지화하고, 시설의 입지 선정 단계로 되돌아가 시민과 함께 검토하는 과정부터 다시 시작했다.

시민 참여에 의한 계획 검토 과정은 2년에 걸쳐 이루어졌는데, 이 기간 동안 아주 철저한 시민 참여가 이루어졌다. 시민 참여에 의한 검트의 장으로서 쓰레기시민위원회가 조직되었다. 시민대표 12명, 전문가 6명, 시로부터는 담당부장 1명만이 참여한 시민 중심의 조직이었다.

시는 우선 시유지 32곳의 정보를 공개하고 이 중에서 자유롭게 선택하도록 시민 참여에 의한 검토를 시작했다. 대지의 크기·형상이나 토지 이용 규제 등을 검토했으며, 이 가운데 8곳을 제1단계의 후보지로 정했다. 또한 위원회 구성원 전원이 현지조사를 통한 검토를 한 끝에 '당초의 예정지'와 '시청사 지하 주차장' 등 두 곳을 후보지로 압축했다. 이후 양 후보지 주변의 주민대표 5명도 참여해 확대시민위원회를 조직했으며, 두 후보지에 대한 비교 검토가 행해졌다. 이 검토과정에서 양 후보지의 환경면은 물론 사회적 영향, 비용면까지 평가 항목이 추가되어 전부 14개 항목에 대한 평가가 이루어졌다. 평가 결과 입지로 결정된 곳은 시가 처음 제안했던 곳으로 결정되었다. 시의 당초 계획의 타당성을 시민이 인정한 셈이다. 그러나 시는 시민의 요구에 가능하면 응하려고 했기 때문에, 시설계획의 내용은 크게 바뀌었다.

이처럼 고마에 시에서는 다른 자치체에서는 찾아보기 힘들 정도로 적극적인 시민 참여가 이루어졌다. 참여 과정의 핵심은 입지 선정 단계까지 소급한 이후, 계획 단계부터의 정보 공개와 참여였다. 시설은 1994년 10월에 준공되어 가동되고 있으나, 당초 우

려한 환경상의 문제는 발생하지 않았다.7)

출처: 總合研究開發機構(2000). わが國の政策決定システムに關する研究(第Ⅱ期)(上): 政策科學と市民參加(NIRA研究報告書).

앞서 논의한 사례에서 보듯이, 공공정책 과정에 대한 시민 참여는 민주주의의 실질적 심화·발전에 기여함과 동시에 시민사회로부터 많은 불신을 받아온 정부정책에 대한 정치적 정당정 제고에 기여했다. 뿐만 아니라 시민 참여에 의해 정책의 사회적 수용성을 높임으로써 정책의 성공적 집행을 가능케 했다. 그러나 정책 과정에 참여하는 시민이 적절하게 선정되지 못했기 때문에 실패한 사례에서는 정책 결정을 지연시키는 등 부작용을 낳기도 했다.

한국에서도 1990년대 본격적인 자치 시대의 개막과 함께 정책 과정에 대한 시민 참여는 꾸준히 진전되어 왔으며, 긍정적 성과를 거두기도 했다. 그러나 아직 정책대안의 분석 과정에 직접 참여한 사례는 많지 않다. 따라서 한국에서 적실성을 갖는 참여 모형의 개발이 필요하며, 이를 위해 다양한 참여 사례에 대한 실증 연구를 축적시켜 갈 필요가 있다.8)

---

7) 이 계획은 충분한 주민참여가 이루어진 점 등이 평가되어, 1995년도 일본계획행정학회·계획상을 수상한 바 있다.

8) 박재욱(2001)의 연구에 의하면, 한국에서 시민들이 취할 수 있는 구체적이고 효과적인 시민 참여 방식으로는 ① 주민 투표, ② 지방정부·지방의회의 활동, ③ 공청회와 같이 기존의 제도를 이용하여 지방정부에 영향력을 미치려는 직접적인 방식을 선호하고 있다. 이는 달리 말해, 지역의 현안 문제에 대한 주민의 직접적인 참여에 의해 의사를 타진하는 주민 투표제의 활용, 주민이 지방정부의 각종 위원회의 위원이 되거나 직접 지방의원으로 활동함으로써 지방정부의 정책에 영향을 미치는 방식, 그리고 각종 현안 문제에 대한 주민 대상의 공청회를 단순히 여론 수렴 기구로서뿐만 아니라 일종의 심의 기구로서 전환시켜 지방정부의 정책 결정에 영향을 미치려는 기대감을 걸 수 있다고 하겠다.

제4절

참여형 정책분석과 거버넌스

1 참여형 정책분석의 의의

후기실증주의에 입각한 참여형 정책분석이 공공정책 결정이나 민주주의론와 관련하여 갖는 의의는 다음과 같이 정리될 수 있다.

첫째 후기실증주의는 민주주의의 현실화와 밀접한 관련을 갖는다. 후기실증주의는 참여 민주주의와 친화성이 있기 때문에, 의회에서의 토론 경시 등의 상황에 대해 자유토론이나 토론의 중요성을 재인식시킴과 동시에 개인의 무력감으로부터의 해방에도 기여한다고 볼 수 있다. 후기실증주주의의 이러한 실천적 성격은 고전적 정치학의 전통에 따르는 것이라고 할 수 있다.

둘째 계몽적 역할을 들 수 있다. 참여적 정책분석 기법은 이른바 '과학과 시민의 동맹'을 촉진함으로써 새로운 의사결정 시스템 설계에 이론적 단초를 제공함과 동시에 참여에 의한 교육 효과를 제공하고 있다고 할 수 있다. 또한 정책 과정에서 복수 선택 방식을 채용함으로써 시민의 사고를 확대, 심화시키는 데도 기여한다.

셋째 정책분석에 새로운 관점을 부여한다. 1960년대 전문가의 역할이 커지고 지식에 기초한 권력이 대두하기도 했지만, 1970년에는 이러한 경향에 의문이 제기되었으며, 그 이후에는 과학적 조사에 근거한 공공정책에 대한 신뢰는 저하하고 있다. 또한 지식도 좀더 분산화하여 복잡한 사회에 대한 대응이 어렵게 되었다. 그 결과 전문가나 정책분석가는 정치 과정에서 더 이상 중립적 참여자가 아니다. 후기실증주의 해석론적 · 협의적 모형에서는 정책 결정이 이루어지는 맥락을 정의하는 과정에서 분석가들과 이해관계자들이 공동으로 작업할 것을 요구한다.

전술한 공헌에도 불구하고 후기실증주의적 참여형 정책분석에 대해서는 다음과 같은 문제점도 지적되고 있다.

첫째 의사결정 모형의 하나에 불과하다. 참여적 접근은 합리적 접근, 거래적 접근이나 공공선택 접근과 함께 의사결정 모형의 하나에 지나지 않는다. 각각의 의사결정 모형은 각각 장단점을 가지고 있으며, 어느 것이 우월한가는 한 마디로 이야기하기 어렵다.

둘째 민주주의의 성숙도, 정치문화에 대한 통찰이 필요하다. 참여문화가 성숙하지 않은 나라에서 후기실증주의가 제시하고 있는 참여 방식에 대해 과도하게 기대하는 것은 성급할 수 있다. 시민문화가 발달해 있는 미국에서조차 시민의 정치적 무관심이나 냉소주의, 시민의 의무감 약화 등으로 참여 규범을 거부하는 경향이 있는 현실을 생각하면, 한국과 같은 나라에서 참여 방식에 대한 논의나 도입은 신중해야 할 것이다.

셋째 국가·정부의 역할을 과소 평가하고 있다. 이는 시민사회에 대두에 의한 "시민적 공공성"과 전통적인 "국가적 공공성"이 어떻게 조화될 수 있을 것인가라는 새로운 문제를 제기하고 있다.

2 공공정책 연구의 패러다임 전환과 참여 거버넌스

전술했듯이 참여형 정책분석(participatory policy analysis)은 실증주의적 정책분석으로부터 '패러다임 전환'을 모색해 온 일련의 학자들이 후기실증주의에 입각해 제시한 것이다. 아직은 모색 단계이지만 참여 민주주의 PPA는 권력의 재분배를 통한 사회 개선을 목적으로 하고 있다는 점에서, 1990년대 들어와 활발하게 논의되고 있는 거버넌스 개념과도 밀접한 관련성을 갖는다고 볼 수 있다.

최근 논의되고 있는 거버넌스 개념은 기존의 국민국가 중심의 통치 체제의 약화를 배경으로 하고 있으며, 국가 중심의 통치 능력은 약화되고 통치 요구는 높아지는 상황에서 새로운 인식 틀로 자리잡기 시작한 것이다. 거버넌스 개념의 핵심은 "사회 체계의 대등 관계(co-ordination)"를 전제로 하고 있으며 그러한 관계 속에서 국가의 역할을 규정하는 개념적·이론적 틀을 구성한 데에 있다(곽진영, 2001). 사회 체계의 대등 관계는 정치적 변형(political transformation) – 자유민주주의 체제의 개량 – 을 수반해야 하는데, 이것은 대의 민주주의의 한계를 극복한다는 측면에서 등장한 시민 중심 거버넌스(civil-centered governance)와 밀접한 관련을 갖는다.

참여 민주주의 PPA에서는 직접적인 시민 참여의 방식으로 PPA 패널이나 시민 패널을 제시하는데, 이들 참여모형은 아직 구체적인 제도화 수준에까지는 이르지 못하고 있다. 이 때문에 많은 국가에서 NGO가 시민사회의 이익을 대변하는 기제로 기능하며, 국가는 여전히 정책 결정의 과정을 최종적으로 마무리하는 기제로 존재한다.

현재 한국에서 진전되고 있는 NGO 거버넌스의 경우 이론적으로는 직접민주주의의 형태로 나타난 것이지만 시민사회 자체가 균열되어 다양한 NGO들이 등장하면서 이들 간의 상호 작용이 새로운 문제로 떠오르게 되었다. 다양한 NGO들이 하나의 국가적인 정책의제에 대해 서로 다른 방식으로 정의하고, 이를 해결하는 방안을 서로 다르게 제기하게 되면서 NGO는 정당이나 정치사회를 뒤따르는 새로운 대리인 체제를 등장시킨 셈이 되었다. 여기에서 NGO 거버넌스는 또 다른 대리인 모형이 지니는 새로운 문제를 해결해야 하는 문제에 당면하게 되었다(김석준 외, 2000: 81). NGO가 매개되지 않은 진정한 참여 민주주의 PPA의 이념을 구현하기 위해서는 직접 참여모형에 대한 다양한 실험 및 제도화가 필요한데, 이를 위해서는 기득권층의 방어적 사고방식에 도전하는 정책 담론을 가능케 하는 정치 시스템의 개혁이 불가결하다.

제5절

참여 거버넌스의 문제

1 참여 주체로서의 '시민': 개념의 형성과 변용

1980년대 후반 이후 서구 여러 나라에서는 시민의 지위 · 자격 내지 시민권(citizenship)에 관한 논의가 활발하다. 일찍이 시민사회가 형성되었던 역사를 자랑하는 프랑스나 영국에서 이러한 경향이 현저하지만, 여타 지역에서도 시민사회에 관한 논의는 재조명받고 있다. 유럽의 경우 주요한 계기가 된 것은 유럽 통합에 따른 유럽 시민권 문제가 배경에 있지만, 세계적으로 국제화 · 지역 블록화의 흐름 속에서 '근대 국민국가와 국민=국가 주권'의 기본 틀이 동요하고 있다. 한편으로 앞서 언급한 근대 민주주의의 대리인 체제(agent-system)가 갖는 문제점이 지적되고 직접 민주주의의 가능성이 확대되면서, 참여 주체로서 '시민' 개념에 대한 재조명이 필요하게 되었다.

완전한 성원권(成員權)을 갖는 도시의 주민이라는 신분을 나타내는 '시민'이라는 말은 근대적 맥락에서 보는 경우, 일정한 경제적 · 정치적 · 사회적 자격을 갖는 행위 주체, 인간 유형을 의미한다. 시민이란 경제적으로는 시장에서 자기의 노동과 재산을 자율적으로 이용할 수 있는 '영업의 자유'의 담당자이며(유산계급=부르주아), 정치적으로는 공동체의 의사결정에 참여할 수 있는 참정권의 담당자이며(국가시민), 사회적으로는 '재산과 교양'에 뒷받침된 일정한 생활 양식의 담당자(시민적 중간층)이다. 시민권을 구성하는 이와 같은 세 가지 자격은 역사적으로 형성되 서구 특유의 조건이었으나, 근대화 과정 속에서 보통선거권, 산업적 시민권, 사회권이라는 형태로 법적인 권리로 형식화되었다(법제화의 정도는 국가에 따라 다양함). 이러한 권리를 모두 취득해서 도시의 시민처럼 국민적 사회 속에서 완전한 성원으로서 활동하는 것이 가능하게 된 사람들이 현대적 의미에서 시민이다(森岡 외 편, 1993).

이하에서는 고대와 근대 이후 시민 개념이 어떻게 형성, 변용되어 왔는가에 대한 논의를 통해 정책 과정에 대한 참여 주체로서 '시민' 개념에 대해 고찰하고자 한다. 아울러 지역적 문제에 대한 참여 주체로서 '주민' 개념에 대해서도 논급한다. 이렇게 참여 주체로서 시민 혹은 주민에 주목하는 것은 시민사회의 대두에 의한 "시민적 공공성"과 전통적인 "국가적 공공성"의 조화가 참여 거버넌스에 관한 논의에서 중요한 의미를 갖기 때문이다.

1) 고대 폴리스에서의 시민

고대 그리스에서 시민의 존재 양식은 현재와 달랐다. 폴리스라고 하는 도시국가에서 시민의 자격을 갖는 사람들은 일정한 신분의 사람들에게 한정되었다. 역사상 가장 앞서 '시민사회'가 성립한 것은 고대 그리스, 로마의 도시사회였다. 이들 폴리스 가운데 대표적인 폴리스(Polis)인 아테네의 경우 인구가 수만에 불과했다. 아테네라는 폴리스에서는 '정치사회'가 곧 '시민사회'였다. 즉 '일정한 신분의 시민 참여에 의해 구성되는 정치사회'가 곧 시민사회였던 것이다(今井 편, 1998).

이처럼 정치사회=시민사회인 폴리스를 구성했던 시민은 지연이나 혈연관계 속에 매몰되어 있던 '야만인'과 구별되었다. 물론 시민이 혈연・지연 등 자연적 관계로부터 완전하게 절연되어 있었던 것은 아니지만, 폴리스는 지연・혈연적 원리와는 다른 원리에 의해 인위적으로 구성되어 있었다고 볼 수 있다. 정치사회=시민사회로부터 배제된 여성이나 노예 등은 시민을 가장으로 하는 집(家) 속에 갇혀 지내면서 여성은 미래의 세대를 낳아 양육했고 노예는 일상 생활에 종사했다.

이와 같이 여성이나 노예를 제외한 약 만 명 정도가 시민이었으며, 이들이 정치사회로서 폴리스를 운영하기 위해 정치나 행정, 군사 등의 기능을 직접 담당했다. 폴리스란 이와 같은 의미에서 직접민주제였으며, 전술했듯이 정치사회=시민사회였다.

노예제가 존재했기 때문에 오늘날의 평등 원칙과는 괴리가 있었지만, 그리스에서는 정치에 관여하지 않고 생산 활동에 종사하면서 사재(私財)를 축적하는 인간은 공덕(公德)을 상실한 존재로 여겼다. 이와 같은 이유로 그리스 폴리스에서 가장은 노동을 '시민사회' 바깥의 존재인 여성이나 노예에게 맡김으로써 '한가(閑暇)'를 향유할 수 있었으며 시민으로서 공적인 결정에 참여했던 것이다. 이 대의 시민은 자기 재산을 둘러싼 문제를 공공의 영역인 정치의 장으로 가지고 나오지 않았다. 즉, 사적 이해를 초월한 공인(公人)이었으며, 그러한 의미에서 시민은 정치적 인간이었다.

2) 근대 이후 '시민(권)' 개념의 확장

중세, 르네상스 그리고 근대 시민혁명을 거치면서 그리스적인 시민의 관념은 변화했다. 특히 기독교의 영향을 받으면서 신과 직접 대치하는 개인의 존재라는 자각이 강해졌다. 신 아래서 모든 개인은 평등한 존재로 인식되면서, 재산이나 신분에 의해 한정되었던 시민으로부터 좀더 일반적인 시민으로 범위가 확장된 것이다. 그러나 근대 시민혁명 이후 곧바로 시민의 범위가 확장된 것은 아니다.

오늘날 유럽이나 미국과 같은 선진국의 경우, 시민으로 불리울 수 있는 사람은 그 사회 구성원 전체를 의미한다. 즉 일정한 재산이나 신분, 혹은 인종이나 성차(性差) 등에 의해 시민의 자격이 한정될 수 없음을 의미한다. 사회의 구성원은 누구나 보편적 시민이라고 할 수 있다. 그러나 사상사적 혹은 역사적 맥락에서 보면, 19세기 미국에서 여성이나 흑인이 누렸던 지위를 생각하는 경우, 시민의 의미는 오늘날 상식처럼 여겨지는 시민의 범위보다 훨씬 협소했다.[9]

시민을 계급론적 관점에서 보면, 근대는 '계급'이라는 의미와 '국민국가'라는 의미가 서로 대립하던 시대라고 볼 수 있다. 국민국가의 이념은 정치적 신분제를 부정하고 국

9) 1960년대 미국에서 50년대의 침묵을 깨고 사회운동이 활발해지기 시작한 것은 흑인을 비롯한 소수민족(ethnic minorities)의 시민권 획득운동, 즉 공민권운동(civil rights movement)이 계기였다. 미국의 민주주의는 고대 그리스의 민주주의와 달리 노예제를 전제로 하지 않고 보편주의(universalism)를 본질로 한다고 여겨져 왔다. 그러나 미국의 민주주의는 서유럽의 일부 백인이 미국의 원주민을 정복·약탈하고 아프리카로부터 흑인을 강제로 데려와 노예화하여 발전시킨 민주주의였다. 1960년대 미국의 공민권운동은 이러한 미국 시민사회의 자기기만성(自己欺滿性)에 대한 날카로운 문제 제기였으며, 사회운동의 무한한 가능성에 대한 점화였다(庄司, 1999).

민이 동등한 자격으로 정치적 공동체를 구성하는 것을 의미했다. 계급이란 그러한 동자격성(同資格性)의 결여를 인식하고 동자격성을 획득해 가는 운동을 전개하는 데 보완적인 의미를 갖는다. 마셜(Marshall, 1950)의 시민권 3단계론은 그러한 사정을 잘 설명하고 있다. 하층 계급은 법적 및 정치적인 동자격성을 점차 획득해 나갔지만 마지막의 사회경제적인 동자격성을 확립하는 데는 오랜 시작이 걸렸다. 그것이 달성된 것은 선진국에서 빈곤이 기본적으로 소멸하게 된 1970년 전후라고 할 수 있을 것이다(原・盛山, 정현숙 역, 2002).

이와 같이 근대 시민사회의 의미는 중세 봉건사회의 정치적 지배 형태들로부터 근대 시민층이 해방된 것과 밀접한 관련을 갖는다. 초기 자유주의 이념은 이 경우의 시민을 자유롭고 독립한 인간으로서 인간의 인간에 대한 지배에 굴하지 않는 존재로 보았다. 그러한 의미에서 이 시기의 시민은 고대 폴리스에서와는 달리 '비정치적 존재'로 이해되었다.

그러나 시민권의 신분제적 제약과 투쟁했던 근대 초기 중산적 생산자층은 산업혁명 이후 자본가와 노동자로 양극 분해하게 된다. 이렇게 되면 재산이 없는 노동자는 시민(부르주아)으로 부를 수 없게 되며, 자본가(부르주아)만이 시민사회의 정규 구성원이 된다. 이렇게 자유주의적 시민사회는 자본주의적 산업화 과정에서 계급에 의해 분단된다. 새롭게 생겨난 계급적 제약을 타파하기 위해 시민권 개념은 평등에 초점이 맞추어져 해석되었으며, 참정권(political rights)은 경제적・문화적 수준차와 관계 없이 성인 남성이 가질 수 있는 '보통선거권'으로 법제화가 추구되었다. 19세기가 '평등'을 최고 가치로 하는 '시민권의 민주화'의 시기였다면 20세기는 '시민권의 사회화'의 시기였다고 할 수 있다. 노동자가 '재산과 교양'을 갖는 시민이 되기 위해서는 '사회권(social rights)'이라는 새로운 관념의 제시가 필요했다. 사회권은 문명화된 생활을 영위하는 권리로서 '사회복지에 의한 생활 보장'과 '교육에 의한 문화적 유산의 향수 능력' 등 두 가지가 중심 개념이다. 복지국가의 형성과 교육혁명의 추진을 정당화한 것은 이러한 사회권 사상이었다. 이후 20세기 말이 되면 시민사회의 가부장적 제약이 새로운 공격 표적이 된다. 여성과 어린이, 장애자 등 '약자'의 배제를 타파하기 위해 여성이나 어린이, 장애자의 권리를 법률에 의해 보호할 것이 요구되었다. 그러나 시민권의 법제화 요구는 국가 권력의 강화를 묵인시키는 결과를 가져왔다. 이에 따라 시민사회의 자유주의적 원칙은 약화되었으며, '관리사회의 성립'을 용인하는 결과를 가져오기도 했다(Marshall, 1964).[10]

2 시민사회의 균열(이념적, 계층적, 지역적 균열)과 공공선(公共善)

앞서 언급했듯이 현대 사회에서는 시민권 개념이 확장되었기 때문에, 시민운동 혹은 시민 참여는 다양한 이념적 스펙트럼과 대중적 기반을 가지고 있는 운동들에 대해 '차이'가 아닌 '동질성' 내지 '보편성'을 부각시킨다. 그리고 그 동질성은 노동자들로서 혹은 농민이나 도시 빈민으로서의 개인이 아닌 진정한 시민의식을 가진 국민적 개인으로서 '공익'이라는 보편적 요구를 중심으로 활동한다는 의미에서의 동질성이다.

그러나 한편으로 현대 사회에서는 사회 전체의 공공선보다는 오히려 개인이나 집단의 개성, 자율, 자기 결정이라는 가치가 중요하게 여겨지면서, 공공선(公共善) 상실의 문제에 직면하고 있다.

현재 한국에서 진전되고 있는 NGO나 시민단체의 정책 과정에 대한 참여도 시민사회 자체의 균열로 공공선의 확보가 중요한 문제로 대두되고 있다. 참여 거버넌스론자들은 정책으로부터 직접 이득을 얻는 고객으로서가 아니라 주권자인 시민으로서 정책 과

---

10) 일본에서 '시민' 개념의 수용과 발전은 다음과 같이 이해될 수 있다(今井 편, 1998). 근대 시민사회라고 할 때 '시민'이라는 개념은 시티즌(citizen)의 번역어이다. 이는 일본의 근대 사상가 후쿠자와 유키치(福澤諭吉)가 번역한 것이다. 그는 근대 일본에서 '사회를 구성하고 담당하는 주체적 개인'으로서 '자유롭고 평등하며 자립한 인간'이 필요하다고 생각했다. 후쿠자와는 특권이나 신분은 없지만 '재능을 가지고 시장에서 열심히 살아가는 서민들'이야말로 중세의 질곡에서 벗어나 '신분으로부터 계약으로'라는 근대 시민혁명을 이루어낸 'citizen'의 번역어로 적당하다고 생각했던 것 같다. 당시 일본에서는 행정 단위로서 '시(市)'가 없었기 때문에, '시민'이란 말은 '시전 상인들'이란 말에 가까웠다. 그런데 '시민'이라는 용어는 당시 일본에서 만들어진 '국가', '국민', '계급', '문화', '사회', '헌법' 등의 번역어와는 달리 일본어로서 쉽게 정착되지 못했다. 어떤 이유에서일까? 주지하듯이 일본에서는 메이지유신(明治維新)으로 근대국가가 성립했을 때, 시민혁명에 실패한 독일의 국가이론을 모범으로 삼아 절대적인 중앙집권적 국가 체제를 만들어 냈다. 그리고 '메이지제국헌법(明治帝國憲法)'과 '교육칙어(敎育勅語)'에 의해 천황·국가에 의해 통치되는 '신민(臣民)의 관념'을 국가도덕으로 주입하여 믿게 했다. 그런 까닭에 자유롭고 자립적인 의미에서 '시민'이라는 용어가 쓰일 여지가 없었다. '사회를 구성하고 담당하는 주체적인 개인'이라는 관념이 금기(禁忌)시되었기 때문이다. 이후 오랜동안 일본인들은 '천황의 신민'이며 국가=국가관료에 통치되고 지배받는 피치자였을 뿐이다. 제2차 세계대전 이후 일본에서 신헌법이 성립함에 따라 '신민(臣民)의 시대'에서 '국민 주권을 규정한 신헌법 시대'로 바뀌었지만, 후쿠자와가 번역한 '시민'이란 개념은 여전히 창고 속 개념이었다. 시민이란 용어가 신문이나 텔레비전에서 관용되면서 일반화한 것은 한참 뒤의 일이었다. 최근까지도 학자나 이론가들 가운데 일부는 '자유롭고 평등하며 자립한 시민의식'이나 '시민공화국이라는 관념'이 일본에서는 성립하기 어렵다고 보았다. 그러나 근래 일본에서는 공공성을 행동 원리로 하는 자립한 시민이 출현하고 있으며, 이에 대한 논의가 활발하다.

정에 직접 참여해야 한다고 주장한다. 우리 나라도 자문회의에 소비자단체, 환경보호단체 등의 시민단체의 대표를 참여시키는 노력을 해왔다. 그러나 1990년대부터 강조되는 참여주의는 시민들의 자문회의 참여 등과 같은 과거의 소극적인 참여에 대해 의문을 제기하고, 적극적인 시민 참여를 강조한다. 적극적인 시민 참여는 보수주의적 신공공관리에서도 국가 기능의 민간 분담의 장점 때문에 강조되기도 하지만 이상주의적 진보주의자들에 의해, 공동체의 재건과 관련하여 주장된다. 이들은 공동체에 대한 헌신적 참여를 강조하고 이를 위해 이타적인 도덕적 시민을 양성해야 한다는 공동체주의(communitarianism), 시민주의(civicism)를 주장하고 있다(정정길, 2000: 341, 정용덕 외역, 1998).

한편 중앙정부의 정책 과정이 아니라 지역의 정책 과정에 참여하는 사람들에 대해서는 주민 참여, 주민운동 등의 용어가 많이 쓰인다. 이 경우 주민(community residents)이란 도민(道民), 시민(市民), 구민(區民) 등과 같이 '일정한 행정구역에 살고 있는 사람들'로서 행정행위의 객체 · 대상 · 수익자가 되는 사람들을 의미한다. 그러나 주민이라는 용어는 사용되는 맥락에 따라 다양한 함의를 갖는다. 예를 들어 거주 지역이 도시인 경우 대다수 주민의 직장은 다른 지역에 있게 된다. 따라서 주민이란 직장 소재지를 달리하면서 동일 지역에서 거주하는 사람들을 총칭하는 의미로 사용된다. '시민'이라는 개념과 대비되는 경우에는 도시에 거주하고 있어도 "주체성, 권리의 자각, 저항성, 연대성 등의 특질이 갖추어지지 않은 사람들이라는 의미"가 함축되어 있다. 또한 구조적으로 보는 경우 주민은 상이한 특질을 갖는 몇몇 유형, 예를 들면 토착형(土着型) · 유동형(流動型), 고립형(孤立型) · 근린형(近隣型) · 커뮤니티형 등으로 분류될 수 있으며, 사회 계층적으로는 상 · 중 · 하 계층 등으로 구분될 수 있다.

이렇게 구분되는 주민들은 상이한 정책 선호를 갖는 것이 보통이며, 정책과 이해관계가 있는 주민들만을 정책 과정에 참여시키는 경우 앞서 소개한 〈사례 5〉의 실패사례와 같이 집단간 이해 조정이 문제가 된다. 따라서 참여 주체로서의 시민은 특정 이념, 지역, 계층에 기반을 둔 특정의 소수가 아닌, 그리고 정책으로부터 이득을 얻는 고객으로서가 아닌 다양하고 광범위한 다수에 기반 둔 시민으로 이해되어야 할 것이며, 이러한 시민 참여에 의해 공공선이 확보되어야 할 것이다.

제6절

결론: 참여형 정책분석 이론의 한국적 적실성

참여에 의한 정책 결정은 오늘날 새로운 정치문화를 이루어 가고 있다. 구미에서뿐만 아니라 일본, 한국에서도 시민 참여에 의해 기술관료나 전문가가 결정한 정책에 이의를 제기하는 사례가 늘어가고 있다. 이러한 이의제기는 공공정책의 결정 과정에 대한 참여 요구로 나타났다. 시민 참여의 증대는 정책의 결정 과정에서 뿐만 아니라, 정책의 집행 단계에서도 활발해지고 있으며, 브린커호프(Brinkerhoff, 1999)는 이러한 시민사회 집단들의 참여 증대가 정부의 설명 책임, 투명성, 반응성이라는 민주적 거버넌스의 특징을 현실화하고 강화하는 수단이 될 수 있다고 주장한다.

그러나 전문가주의 이데올로기에 대한 민주적 통제나 시민 참여에 대한 강조가 실증주의적 정책분석에 대한 무조건적 비판으로 이어지는 것은 바람직하지 못하다. 참여문화가 성숙하지 않은 나라에서 전문가 판단을 무시하거나 시민 참여에 대해 과도한 기대를 하는 것은 성급할 수 있다. 후기실증주의에서 강조하는 시민 참여가 실증주의적 정책분석을 전적으로 부정하는 것은 아니기 때문이다. 피셔(Fisher, 1998)의 지적처럼, 후기실증주의의 목적이 모든 과학적 프로젝트를 거부하는 것에 있는 것은 아니다. 중요한 것은 킹과 서셀의 주장처럼, 기존의 형식적인 참여를 극복하는 것이며, 이를 위해서는 첫째 조사 기법 교육, 리더십 트레이닝 등의 적극적인 시민 교육을 통해 시민의 참여적 역량을 강화시키고, 둘째 전문성과 그로 인한 대(對) 시민 우월성에 기반한 행정가의 역할을 동반자적·협조적 참여자의 역할로 전환시킬 필요가 있다(King & Susel, 1998; 김석준 외, 2000).

본문에서 시민 참여의 방식으로 PPA 패널이나 시민 패널을 검토했지만, 이들 참여모형이 한국에서 적실성을 갖을지는 추후의 연구를 통해 검증되어야 할 문제이다. 한국의 경우 공공정책 결정에 대한 시민 참여는 대부분의 경우 시민단체에 의한 참여로 나타나고 있기 때문에, 참여형 정책분석에서 제안하고 있는 시민 참여와는 다소 다른 의미를 갖는다. 시민 패널 방식은 무작위로 추출된 시민이 일정 기간 전문가와 논의하거나 조력을 받아 학습하면서 정책대안의 평가 및 정책권고를 행하도록 되어 있는데, 사회적 합의주의의 전통이 취약한 한국에서는 참여에 의한 사회적 토론과 논쟁이 많은 사회적 비용을 초래할 수 있고, 정책 결정의 지연을 가져올 수도 있다.

그러나 참여에 의한 사회적 토론과 논쟁의 절차를 불필요한 사회적 비용으로 보는 시각에서 사회적 학습으로 보는 시각으로 전환한다면, 이러한 절차는 결코 비효율적인 것이 될 수 없다.[11] 오히려 잘못된 전문가 판단에 의한 정책 결정으로 인해 초래될 수 있는 엄청난 비용을 미연에 방지할 수 있는 긍정적 측면을 제도화할 수 있는 방안을 모색해야 할 것이다. 참여형 정책분석을 통해 전문가나 의사결정자의 편협한 판단 능력이나 지평을 정책 수용자인 시민의 지평과 순환시킴으로써 적절한 정책 선택을 가능케 하려면, 다양한 참여 방식에 대한 실험을 통해 한국에서 적실성을 갖는 참여형 정책분석의 모형 개발이 필요할 것이다.

참고문헌

곽진영(2001). 거버넌스와 정당, NGO: NGO-정당-국가간 mutual adjustment를 중심으로. 한국정치학회 2001년 하계학술대회 발표 논문.

김석준 외(2000). 『뉴 거버넌스 연구』. 서울: 대영문화사.

박재욱(2001). 지방분권과 지방민주화에 관한 시민 정치의식 분석. 『지방정부연구』 5(1).

이승종(1997). 미국 지방정부 정책 과정에서의 주민참여 기제: 뉴욕 시의 지역위원회(community boards)를 중심으로. 『한국정치학회보』.

이영희(2000a). 과학기술정책과 시민 참여. 『과학기술정책』, 10(2).

______(2000b). 『과학기술의 사회학: 과학기술과 현대사회에 대한 성찰』. 서울: 한울.

전영평(2001). 시민 참여와 지방정부간 관계: 상호 인식의 실증적 분석. 『한국행정논집』, 13(1).

정용덕 외역(1998). 『국정관리』. 서울: 법문사.

정정길(2000). 『행정학의 새로운 이해』. 서울: 대명출판사.

11) 한국의 경우 시민단체와 지방정부간 상호 인식에 관한 전영평(2001)의 실증적 연구에 의하면, 양자간 협조 방법에 대해서는 인식의 차이가 크게 나타나고 있다. 즉 공무원들은 시민단체와의 공동사업 수행과 정책 과정(위원회) 참여를 선호하고 있는 반면, 시민단체는 정책 제안과 수정, 정보 및 자료 제공을 선호하고 있다. 이는 공무원들은 시민단체가 행정 집행 과정에 참여로 만족하기를 바라고 있지만, 시민단체와 전문가들은 자치단체의 정책 결정과 정책 분석과 같은 근원적인 분야에 대한 참여에 관심을 가지고 있다는 것을 의미하는 것이다. 이 연구는 설문조사와 면접조사를 통해 시민단체와 지방정부 간의 관계 개선의 과제로 ① 정책 제안과 수정, ② 정보 및 자료 제공, ③ 공무원의 비우호적인 태도 개선, ④ 시민단체에 대한 단체장의 인식 전환을 제시하면서, 지방정부는 시민단체 및 전문가 집단의 요구를 적극적으로 수용하여 자치 단체의 정책 결정과 행정에 적극적으로 시민단체들이 참여할 수 있는 통로를 마련할 것을 제안하고 있다.

青井和夫・高橋徹・庄司興吉編.(1999).『市民性の變容と地域・社會問題』. 千葉: 梓出版社. 朝日新聞. 2002년 6월 23일.

今井弘道 編.(1998).『市民の時代: 法と政治からの接近』. 北海道: 北海道大學圖書刊行會.

庄司興吉.(1999).『地球社會と市民連携: 激成期の國際社會學へ』. 東京: 有斐閣.

森岡清美外 編.(1993).『新社會學辭典』. 東京: 有斐閣.

總合研究開發機構.(2000). わが國の政策決定システムに關する研究(第Ⅱ期)(上): 政策科學と市民參加(NIRA研究報告書).

原純輔・盛山和夫.(1999).『社會階層: 豊かさの中の不平等』. 東京: 東京大學出版會. 정현숙 역.(2002).『일본의 사회계층: 풍요 속의 불평등』. 서울: 한울.

Aberbach, Joel D., Robert D. Putnam, & Bert A. Rockman.(1981). *Bureaucrats and Politicians in Western Democracies*. Massachusetts: Harvard University Press.

Almond, G. A. & S. Verba.(1963). *The Civic Culture*. Princeton, NJ: Princeton University Press.

Brinkerhoff, D. W.(1999). State-civil Society Networks for Policy Implementation in Developing Countries. *Policy Studies Review*, 16(1).

Crosby et al.(1986). Citizen Panels: A New Approach to Citizen Participation. *PAR*, 46(2).

De Leon, P.(1990). Participatory Policy Analysis: Prescriptions and Precautions. *Asian Journal of Public Administration*, 12.

______(1994). Democracy and the Policy Sciences. *Policy Studies Journal*, 22.

______(1997). Democracy and the Policy Sciences. SUNY Press.

Durning, D.(1993). Participatory Policy Analysis in a Social Service Agency. *Journal of Policy Analysis and Management*. 12.

Dryzek, J.(1990). *Discourse Democracy*. Cambridge University Press.

Fisher, F.(1990). *Technocracy and the Politics of Expertise*. Sage.

______(1993). Citizen Participation and the Democratization of Policy Expertise: From Theoretical Inquiry to Practical Cases. *Policy Sciences*, 26.

______(1998). Beyond Empiricism: Policy Inquiry in Postpostivist Perspective. *Policy Studies Journal*, 26(1).

Guba, Egon.(1985). What Can Happen As a Result of a Policy? *Policy Studies Review*, 5(1).

Habermas, J.(1970). *Toward a Rational Society*. Boston: Beacon Press.

Hudson, W.(1995). *American Democracy in Peril: Seven Challenges to American's Future*. Chatnam House.

Kathlene, L. & A. Martin.(1991). Enhancing Citizen Participation: Panel Designs, Perspectives and Policy Formation. *Journal of Policy Analysis and Management*, 10(1).

King, C. & C. Strivers.(1998). Government Is Us. Thousand Oaks, CA: Sage Publications.

Lasswell, Harold D.(1951). The Policy Orientation. In Daniel Lerner and Harold D. Lasswell(eds), *Policy Sciences*. Stanford: Stanford University Press.

Lasswell, Harold D. & Abraham Kaplan.(1970). *Power and Society*. New Haven: Yale Univ. Press.

______(1971). *A Pre-View of Policy Sciences*. New York: American Elsevier.

Lemert, C.(1995). Sociology after the Crisis. Boulder, CO: Westview Press.

Marshall, T. H.(1964). *Class, Citizenship, and Development*.

Marshall, T. H. & Tom Bottomore.(1992). *Citizenship and Social Class*. Pluto Press. 岩崎信彦・中村健吾 譯.(1993).「シティズンシップと社會的階級」. 京都: 法律文化社.

Merton, R.(1973). *The Sociology of Scien* Chicago: University of Chicago Press. 석현호 외 역(1998).『과학사회학 I, II』. 서울: 민음사.

Renn, Ortwin et al.(1993). Public Participation in Decision Making: A Three-steps Procedure. Policy Sciences, 26.

Sullivan, William M.(1983). Beyond policy science. in N. Haan, P. Rabinov, and W. M. Sullivan eds. *Social Science as Moral Inquiry*. New York: Columbia University Press.

Tribe, Lawrence.(1972). Policy Science: Analysis or Ideology. *Philosophy and Public Affairs* 2.

제4부

4차 산업혁명과 디지털 · 사이버 거버넌스

제12장

4차 산업혁명과 거버넌스

조경훈

제1 절

4차 산업혁명의 물결

1 4차 산업혁명의 정의

첫 번째 산업혁명은 18세기 후반 영국에서 시작되었다. 증기기관과 방적기의 발명으로 기존의 수공업적 작업장이 대형 기계로 인한 공장으로 전환되면서 오늘날 사회와 시장의 근간이 되는 자본주의가 태동하게 되었으며, 이는 1세기 가량 이어지게 된다. 19세기 중후반부터 미국과 독일을 중심으로 하는 전기기계 및 내연기관의 발전이 2차 산업혁명을 이끌게 되었다. 이는 자동차, 비행기, 전기, TV 및 각종 전자제품 등 여전히 우리의 생활필수품이라 할 수 있는 다양한 제품을 양산하였다. 이로 인해 인류의 활동 반경이 크게 증가하였으며, 휴식과 유흥에 대한 생활상 역시 크게 변화하였다. 3차 산업혁명은 2차 산업혁명의 유산을 기반으로 하여, 컴퓨터 기술과 인터넷의 발명으로 인해 20세기 중반부터 시작되었다. 이는 곧 정보통신기술이 우리의 삶에서 전면으로 나서는 기회가 되었으며, 시간의 차이는 있으나 1990년대부터 등장한 인터넷의 보급과 무선기술의 확산과 함께 확산된 스마트폰 등의 기술로 인해 지속적으로 발전을 거듭해 왔다. 3차 산업혁명으로 인해 인류는 어느 때보다 지식을 효율적으로 관리하고 이용할 수 있으며, 이로 인해 재생산되는 지식의 양이 폭발적으로 늘어나게 되었다. 정보사회의 도래, 디지털 혁명, 제3의 물결(앨빈 토플러), IT기술 등으로 일컬어지곤 하였으나, 중요한 것은 산업 및 자본의 성장뿐만 아니라 정보의 이용으로 인한 지식의 관리 및 창출과 관련된 것이라는 점이다.

3차 산업혁명이 스마트폰과 무선통신 기술의 확산으로 무르익어 가던 2015년, 세계경제포럼(World Economic Forum)의 클라우스 슈바프(Klaus Schwab)는 4차 산업혁명의 용어를 제시하였고, 이는 2016년 1월 다보스 세계경제포럼에서 확산되었다. 이에 따르면, 4차 산업혁명은 기존의 지식이 전체적으로 재구조화되어 모든 기술이 융합하고, 물리-디지털-생물의 영역이 상호 교류하는 동시다발적이면서 거대한 약진이라고 정의한다.

그럼에도 불구하고, 4차 산업혁명에 대한 명시적인 정의는 아직 충분히 합의되지 않았으며, 그 실체가 불분명하다는 비판적인 시각도 다수 존재한다(이홍재 외, 2018; 김동신, 2019). Rifikin(2016)은 앨빈 토플러의 제3의 물결이 3차 산업혁명에 한정할 것이 아니라 현재 논의되고 있는 4차 산업혁명에 해당하는 내용을 포함한다면서, 4차 산업혁명은 단지 기존의 3차 산업혁명의 확장일 뿐이라고 논박하기도 하였다. 이러한 맥락에서 4차 산업혁명의 키워드로 흔히 언급되는 인공지능, 빅데이터, 블록체인, VR/AR, 웨어러블, 3D 프린팅, 클라우드, 드론, 자율주행 등으르 4차 산업혁명을 정의하고자 하는 시도에 대해서도 무의미하다는 의견이 제기되고 있으며, 다른 국가들에 비해 우리나라가 특히 4차 산업혁명에 민감하게 받아들이고 있다는 지적도 있는 실정이다.[1)]

그렇다고 4차 산업혁명의 개념이 전혀 필요 없거나, 잘못된 개념이라고 보기는 어렵다. 분명히 과거의 산업에 해당하는 기업들을 뛰어넘는 규모의 지식융합적 기업이 글로벌 산업의 주도적인 역할을 하고 있으며, 오늘날의 우리 사회는 새롭게 나타나는 문제에 대해 기존의 경험과 해법을 바탕으로 해결하는데 어려움을 겪고 있기 때문이다. 특히 21세기 대한민국이 처한 상황, 즉 고도성장기의 종말이 보이고 있는 상황에 더하여 저출산고령화에 따른 인구구조의 변화에 따라 저성장과 사회갈등으로 침체될 수 있다는 우려에 대응하기 위해서는 새로운 흐름을 선도할 수 있는 적극적인 자세가 필요하다.

2 4차 산업혁명의 특징

4차 산업혁명의 정의가 확정되어 있지 않았으나, 핵심 내용으로 언급되는 기술 및 관련 논의를 바탕으로 하였을 때, 특징으로 연결, 공유, 수평, 수요자중심, 지능화, 자동화 등을 언급할 수 있으며, 이 중 사회적 측면에서는 연결성과 공유가치, 수요자중심을 언급할 수 있다(김동신, 2019).

첫째 4차 산업혁명은 연결성의 극대화를 핵심으로 하며, 초연결성(hyper-connectivity)은 물리적 연결의 개념을 넘어서 디지털과 생물체와의 연결까지 가능하게 할 수 있다. 그리고 이는 가상공간을 중심으로 하는 개념인 메타버스(meta-verse)에서의 가상현실, 증강현실, 혼합현실, 확장현실의 연계로 이어질 수 있다. 한편, 사물 간의 연

1) 한겨레, 2017. 8. 7. 왜 '4차 산업혁명'은 한국에서 유난히 요란할까?

결을 강화하는 사물인터넷(Internet of Things: IoT)은 인간의 생활 편의에 기여하는 한편, 사물 간 정보의 교류·축적·활용이 가능하게 하며, 궁극적으로 인공물이 스스로 학습하고 발전하는 인공지능의 등장을 가능하게 할 수 있다.

둘째 기존의 생산 및 소비 체계의 한계로 인하여 선진국을 중심으로 저성장의 장기화가 진행되고 있으며, 이는 공유경제(sharing economy)의 개념을 등장하게 하였다. 이는 개인이 소유한 자원이나 재화를 타인과 공유하는 과정에서 자체적인 생산과 소비가 동시에 발생하는 것으로, 앞서 언급한 연결성의 극대화로 개인이 필요로 하는 물건이나 서비스를 공유함으로써 사회적인 가치를 향상시킬 수 있다는 개념이다. 이는 개인의 재원 소비를 최소화하는 동시에, 사회적 네트워크의 확산과 강화가 나타나게 되어 사회적인 가치의 생산에 기여할 수 있다.

셋째 기존의 소품종 대량생산의 산업사회에서 다품종 소량생산으로 전환될 것이라는 예측은 일찍이 있었으나, 소량생산으로 인해 생산비용의 최적화가 어려운 이유로 인하여 실현에 한계가 있었다. 그러나 4차 산업혁명의 핵심적 발전이라 할 수 있는 3D 프린터의 발전과 확산은 개별 소비자가 기대하는 맞춤형 제품을 저렴하게 생산할 수 있는 기반이 되었다.

이러한 연결성의 극대화와 사회적 가치의 향상, 다품종 소량생산의 경향 등은 행정서비스의 측면에서 시민 개인이 필요로 하는 서비스를 정부가 파악하고 제공할 수 있는 체계를 구축해야 한다는 것으로 연결될 수 있다. 김동신(2019)은 이에 대해, 수요자 중심의 정부 조직 설계를 바탕으로 수요자가 요구하는 행정서비스를 제공할 수 있어야 하며, 이를 위한 가치적 차원에서 행정윤리와 공감능력의 강조를 통해 인간의 본질적 가치를 향상시킬 수 있어야 함을 강조하였다.

3 주요 국가의 대응

주요 기술 선진국에서는 4차 산업혁명이라는 용어가 널리 사용되기 이전부터 일찍이 새로운 기술에 대한 대응 계획을 수립하여 적극적으로 대응하고 있다.

미국은 인공지능(AI)를 중심적으로 하여 적극적인 R&D 투자와 사회기반 마련에 집중하였으며, 독일은 첨단 산업구조로의 전환을 위한 계획과 함께 보안 및 교육 강화를 위해 노력하였다. 일본은 보다 다양한 분야에서 기술혁신을 이루기 위하여 주요 전략분

표 12-1	주요 국가 4차 산업혁명 대응			
국가	미국	독일	일본	중국
주요 정책	• AI R&D 계획 ('16.10) • AI 미래 준비 ('16.11) • AI, 자동화와 경제 ('16.12)	• 첨단기술전략 ('10.7) • Industry 4.0('11.4) • 플랫폼 인더스트리 4.0('15.4)	• 초스마트화사회 전략 ('13.1) • AI 산업화 로드맵 ('13.11) • 신산업 구조 비전 ('17.5)	• AI 3개 실행계획 ('16.5) • 차세대 AI 발전계획 ('17.7)
추진 목표	• AI 분야 경쟁력 확보 • 사회적 혜택 강화	• 디지털 경제 변화 대응 • 스마트공장 선도	• 전 분야의 기술혁신 • 경제·사회문제 해결	• AI 차세대 성장동력화 • 경제·사회문제 해결
주요 내용	• AI R&D 전략방향 제시(투자, 안전·보안, 데이터, 인재양성, 공공프로젝트 등) • 교육 및 고용구조 개편, 사회안전망 강화 정책방향 제시	• 글로벌 표준화 추진 • R&D 지원 • IT 인프라 보안 강화 • 새로운 인력교육 방식 도입 * '노동 4.0 정책'과 병행 추진 -기업·노조간 대화, 시장경제의 조정 등	• 4거 전략분야 선정(이동, 생산·구매, 건강, 생활) • 공통기반 강화(데이터, 규제, R&D, 보안, 인재, 고용, 사회보장 제도 개선 등)	• 인공지능 기술선도 • AI 국가연구소 설립 • 산업 스마트화(제조, 농업, 금융, 물류 등) • 스마트사회 건설(의료, 건강/양로, 교통, 환경보호, 안전 등) • 인공지능 관련 법률 정비 및 윤리체계 확립
추진 체계	백악관 산하 과학기술 정책국(OSTP) 중심 범부처 참여	주요 기업, 연구기관, 정부 참여	총리실 주도로 범부처 협력추진	국가발전개혁위 등 4개 부처 합동 추진

자료: 정부 관계부처 합동·4차 산업혁명위원회(2017).

야를 선정하고 공통기반을 강화하기 위한 여러 노력을 총리실 주도로 하여 체계적인노력을 기울였다. 중국은 인공지능에 대한 기술선도를 위해 국가연구소를 설립하였으며, 산업에 대한 스마트화와 함께 사회 전반적으로 스마트화를 이룩하기 위한 실질적 노력과 제도적 노력을 기울였다.

4 우리나라의 대응

정부 차원에서 4차 산업혁명에 체계적으로 대응하여 세계적인 흐름을 선도하기 위해 관계부처가 합동으로 대통령직속 4차 산업혁명의원회와 협력하여 '4차 산업혁명 대응계획(2017)'을 수립하였다.

그림 12-1 4차 산업혁명위원회 비전 체계

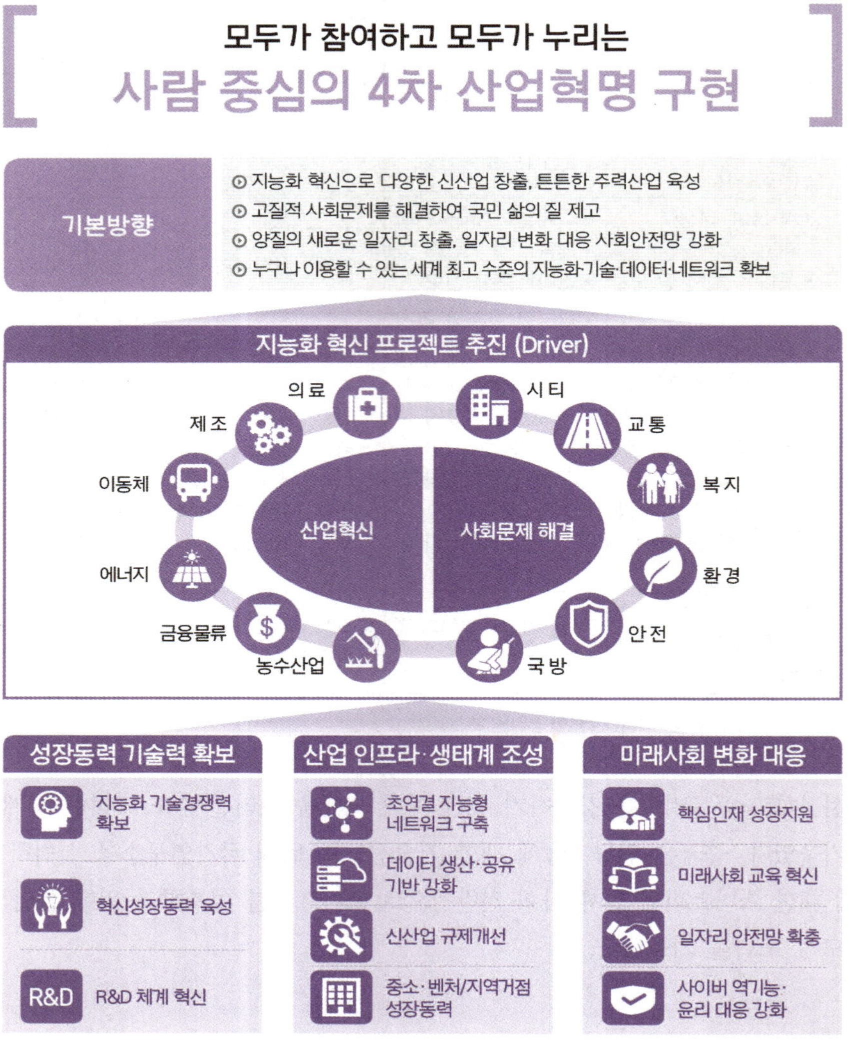

자료: 정부 관계부처 합동 · 4차 산업혁명위원회(2017).

'모두가 참여하고 모두가 누리는 사람 중심의 4차 산업혁명 구현'이라는 비전 아래 4개의 기본방향을 설정하였으며, 기술과 인프라, 확산 및 제도개선을 패키지로 연계하려 실효성을 담보하고자 하였다.

기본방향 중 첫 번째는 지능화 혁신 프로젝트 추진으로, 4차 산업혁명에 대한 잠재력을 바탕으로 새로운 융합신산업과 일자리를 창출할 수 있도록 전 영역의 지능화 혁신을 추진하는 것이다. 세부적으로는 지능화 기반 산업혁신인 스마트 의료, 제조업 디지털 혁신(스마트 공장 및 3D 프린팅 등), 스마트 이동체(자율차 및 드론 등), 미래형 에너지 혁신(스마트 그리드, 온실가스 저감), 스마트 금융・물류, 스마트 농수산업에 대한 세부적인 계획을 포함하고 있다. 다른 한편으로는 사회문제 해결 기반 삶의 질 제고 및 신성장 촉진으로, 스마트 시티, 스마트 교통(차세대 지능형 교통체계 등), 스마트 복지, 스마트 환경, 스마트 안전, 스마트 국방 등의 발전 필요성에 대해 제시하고 있다.

두 번째는 성장동력 기술력 확보로, 지능화 기술 경쟁력 확보, R&D체계 혁신에 대해 제시하면서, 핵심・기반기술의 확보로 산업을 융합하고 지속적으로 발전할 수 있는 체계를 구축할 수 있도록 하였다.

세 번째는 산업 인프라・생태계를 조성하기 위한 것으로 지능화 분야의 중소・벤처기업이 핵심 성장주체로 거듭날 수 있도록 관련 인프라를 구축하는 것을 중점으로 한다. 세부적으로는 초연결 지능형 네트워크 구축, 데이터 생산・공유기반 강화, 신산업 규제 개선, 중소・벤처 및 지역거점 성장동력화의 내용을 포함하고 있다.

마지막은 미래사회 변화 대응으로, 4차 산업혁명으로 인한 고용시장의 변화에 대응하여 새로운 일자리를 창출하고, 인간 중심의 윤리 체계를 확립하는 것을 강조하고 있다. 세부 내용으로는 핵심인재 성장지원, 미래 교육체계 혁신, 일자리 안전망 확충, 사이버 역기능・윤리 대응 강화의 필요성을 제시하고 있다.

위 계획은 2022년까지의 5개년 계획으로서, 2019년 7월 중간 점검에서는 다수의 지표에서 우수한 성장세를 다음 〈표 12-2〉와 같이 확인할 수 있다.

표 12-2 4차 산업혁명 추진 지표

구분	지표	조사값		
		2018	2019	증감률
1-1. 지능화 기반산업 혁신				
의료	의료기관 간 진료정보 전자교류 참여병원 수	1,306개소	2,316개소	77.3%
제조	제조로봇 생산액	2조 6,687억 (2016.1~12월)	3조 181억원 ('17.1~12월)	13.1%
이동체	자율주행자동차용 정밀도로지도 구축	1,351km	1,741km	28.9%
	드론 조종자격 취득자 수	5,777명 (2018.3월 말)	15,671명 (2018. 12월 말)	171.3%
에너지	에너지관리시스템(EMS)	420여개소	564개소	34.3%
금융/물류	전자금융업 총 매출액	3.80조원 (2017년도)	4.44조원 (2018년도)	16.8%
	핀테크 업체수	287개 (2018년 12월)	301개 (2019년 3월)	4.9%
농수산업	스마트팜 확산	시설원예 4,010ha	시설원예 4,900ha	22.2%
		축산 801호 (2017.연말)	축산 1,425호 (2018.연말)	77.9%
1-2. 사회문제 해결 기반 삶의 질 제고 및 신성장 촉진				
시티	스마트시티 확산 (스마트시티 통합플랫폼 사업 참여 지자체)	22개	37개	68.2%
교통	차세대 지능형 교통시스템(C-ITS)	88km	323km	267.0%
2. 성장동력 기술력 확보				
지능화 기술	인공지능 오픈 API 이용 수	150만건	1,200만건	700%
3. 산업인프라 생태계 조성				
네트워크	AI스피커 판매대수	206만대 (통신3사 + 포털2사)	412.4만대 (통신3사 + 포털2사)	-
	IoT 기기연결	1,400만개 (2017.12월 말)	1,865만 개 (2018.12월 말)	33.2%
	가구별 IoT 보유기기	0.69% (2017년)	1.2% (2018년)	73.9%
데이터	빅데이터 기술 및 서비스 이용 여부(이용기업수)	0.90%(33,453개) (2016년)	1.7%(66,727개) (2017년)	0.8%p
4. 미래사회 변화 대응				
핵심 인재	지능화 기술 핵심인재양성	2,124명 (2018.2월 말)	7,128명 (2019.2월말, 누적 9,252명)	235.6%

자료: 과학기술정통부 보도자료. (2019. 7. 2). 4차 산업혁명 대응계획 발표, 그후 4차 산업혁명 어떻게 되고 있나?

제2절

행정환경의 변화

1 정부규제의 한계

1) 규제 거버넌스

정부의 정책에 대한 구분은 여러 학자의 기준에 따라 다르게 가능하지만, 대체로 재원에 대한 배분 정책, 불균형적 배분을 개선하기 위한 재배분 정책, 그리고 규제정책으로 구분된다고 할 수 있다. 배분 정책과 재배분 정책의 경우 정부의 적극적인 정책의사결정 작용을 통해 결정되는 반면, 규제정책은 사회의 안정을 지키기 위하여 시장 및 시민사회에 대한 직간접적인 통제적인 특성을 지니게 된다. 공공영역의 많은 행정작용이 법규정에 근거하여 이루어지기 때문에 법률과 직접적인 영향을 받게 되며, 법률은 공익에 부합하도록 자유를 일부 제한하는 동시에, 규제 안에서는 자유로운 행위가 가능하도록 하는 의미가 있다.

규제관리 체제(regulatory management system)는 규제 정책, 기관, 절차, 도구의 네 구성요소를 가지고 있는 것으로 제시되고 있으며, 규제를 중심으로 한 거버넌스에서 OECD(2012)는 핵심 정책으로 규제와 관리의 기본원칙에 대한 정부의 전략적인 정책방향을 의미하고, 행위자로서 기관은 높은 수준의 규제환경에 책임 있는 기능과 역할을 의미한다. 그리고 절차 및 도구를 중심으로 한 시스템은 양질의 규제를 확보하기 위한 과업과 절차를 의미한다. 이 중 규제 거버넌스에서 핵심이 되는 규제행위자에 대해서는 역할의 명확성, 과도한 영향력 방지와 신뢰의 유지, 독립규제기관에 대한 의사결정과

표 12-3 시대에 따른 규제의 변천

구분	야경국가 (19세기)	2차 세계대전 이후 (1945~1970)	후기 규제국가 (1980년대 이후)
방향잡기(steering)	시민사회	국가	국가
노젓기(rowing)	시민사회	국가	시민사회

자료: Jordana and Levi-Faur(2004); 한국행정연구원(2021) 재인용.

관리 체계, 책임 및 투명성, 참여, 재정, 성과평가에 대한 원칙이 필요한 것으로 보았다.

시대의 흐름에 따라 국정 운영의 패러다임이 변화하면서, 정부의 규제도 달라지게 되었다. 시장과 시민사회 중심의 규제 정책은 시장실패를 극복하고자 하는 수정자본주의로 인해 국가 중심으로 이동하게 되었으며, 이후 정부실패의 경험에 따른 신공공관리의 물결은 규제 완화의 필요성을 강조하면서 정부는 방향을 제시하면서 시장과 시민사회가 자유롭게 뻗어나갈 수 있도록 하는 것으로 전환되었다.

2) 4차 산업혁명과 규제의 한계

4차 산업혁명은 다양한 분야에 대한 동시다발적인 기술의 발달로 예측하기 어려운 수준의 새로운 서비스의 제공이 가능하다. 글로벌화와 정보통신기술의 발달은 새로운 서비스를 타 국가에 빠르게 적용할 수 있게 해주며, 이는 각 국가에서 기존에 존재하고 있는 규제에 대한 새로운 도전이 되고 있다.

기존의 대중교통을 대신할 수 있는 새로운 플랫폼으로 각광 받던 공유 차량의 중개 플랫폼이 택시 사업자와 갈등을 야기시키기도 하였으며, 자율주행 및 전기를 동력으로 사용하는 자동차에 대한 타 국가와의 규제 수준의 차이가 지적되기도 하였다. 글로벌 IT 기업에 대한 지도 사용의 문제 및 결제 수수료의 분쟁 등으로 특정 서비스를 우리나라 국민이 이용할 수 없는 경우도 있었다. 스마트센서가 부착된 사물인터넷 기술에 대해 인증 기준이 미처 준비되지 못하거나, 신재생에너지 및 바이오 분야에서 새로이 개발된 물질이나 기술을 사업화하기 어려운 상황이 발생하기도 하였다.

4차 산업혁명의 특징으로 주류적인 변화의 흐름을 쉽게 파악하기 어려운 상태에서 다양한 방향으로 예측하기 어려운 융복합과 기술적 도약이 이루어지기 때문에 기존의 규제가 이를 미처 쫓아가기 어려운 것이다. 그 중 대표적인 것으로는 최근에 공유경제에 대한 관심의 증가로 인하여 주거공간, 차량, 자전거 등에 대한 다양한 공유 플랫폼이 등장하여 활용되고 있는 흐름이 있다.

다른 한편으로, 과거부터 예측되던 산업의 전환 방향으로서, 소품종 대량생산으로부터 다품종 소량생산이 가능한 기술적 환경이 이루어지고 있다. 3D프린터 및 드론의 보급으로 개인 및 소상공인 단위에서 기술적으로 우수하면서 소수의 대상이 필요로 하는 서비스를 직접 제공할 수 있게 되었다.

표 12-4 산업경제와 공유경제

구분	산업경제	공유경제
거래 관계	Company + Consumer	People + Gig
재화에 대한 태도	소유	공유
특징	집중화, 단일성	분산화, 다양성
중요한 가치	신용과 자산	평판과 신뢰
시장 참여자간 관계	경쟁	협력
작동 기제	시장	네트워크
궁극적 목적	이윤 추구	가치 추구
작동의 결과	환경 파괴	환경 보호
신규진입장벽	높음	낮음

자료: 이민화 외(2018) 재구성.

그림 12-2 글로벌 3D프린팅 시장규모 전망

(단위: 10억$)

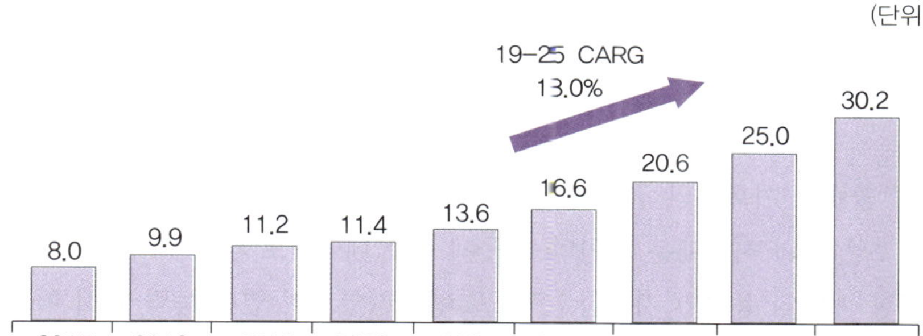

자료: 정부 관계부처 협동(2021) 재인용.

지속적으로 성장할 것으로 기대되는 시장규모에 부응하기 위해 현재 정부는 관련 신소재 및 신공정, SW핵심기술 확보 등에 대한 경쟁력을 확보하고자 노력하고 있다. 동시에 국가표준을 개발하고 국제표준에 대응하면서 3D프린팅 기업을 육성하기 위한 규제 완화를 추진하고 있다. 이는 높은 품질의 소구모 생산을 가능하게 하여 기존에 효율성과 규모의 경제에 기반하는 대기업 중심의 시장구조에 대한 변화로 이어질 것으로 예상된다.

자산의 개념에 대한 변화도 발생하고 있다. 블록체인(blockchain) 기술의 개발과 확산은 기존의 중앙집중적인 자산·정보관리 체계에서 분산적인 데이터 체인의 컴퓨팅 기술로 변화하도록 하고 있다. 이는 일반 시민들의 생활에 직접적인 변화를 가져오는 물질적 기술의 변화는 아니지만, 비트코인(Bitcoin)과 이더리움(Ethereum)으로 대표되는 암호화폐(Cryptocurrency)는 어느덧 많은 사람들에게 익숙하게 되었으며, 이와 연계되어 있는 여러 가상자산이 발생하고 있다. 대체 불가능 토큰(Non-fungible token, NFT)은 디지털 자산 및 저작권에 대한 거래를 가능하게 하고 있으며, 메타버스에 대한 주목은 가상 부동산 등에 대한 자산화로 이어지고 있는 등 다양한 방향성에서 새로운 경제적 가치의 가능성을 제시하고 있다.

코로나-19의 상황은 4차 산업혁명에 대한 중요한 분기점이 될 것으로 보인다. 감염의 위험으로 인하여 공유경제에 대한 흐름은 다소 축소된 것에 반해, 가상화에 기반한 다양한 기술들은 빠르게 확산되었다. 그리고 바이오·의료 분야의 연구와 개발을 가속화하는 동시에, 그간 논쟁의 대상이었던 원격의료에 대한 도입이 비대면 진료의 필요성으로 인해 규제 완화의 흐름으로 이어지게 되었다.

2 빅데이터의 활용

디지털 플랫폼 사회로의 전환이 가속되고, 대다수의 국민이 개인별 통신 기기를 보유하게 된 오늘날의 시대에는 개인의 활동이 모두 데이터로 남아 기록될 수 있다. 최근 디지털 저장 매체의 용량이 기하급수적으로 증가하였으며 연산 능력 역시 빠르게 높아지게 되어, 과거에는 미처 활용하기 어려웠던 데이터들을 다양하게 연계하여 분석하고 표현하는 것이 가능해졌다.

빅데이터는 4차 산업혁명의 핵심적인 키워드로서, 단순히 대용량의 데이터베이스에 대한 관리를 뛰어넘어 비정형적인 데이터로부터 의미 있는 내용을 추출하여 분석할 수 있는 기술을 포함한다. 특히 인공지능(AI) 기술의 발전은 대규모의 비정형 데이터로부터 가치를 추출하는데 큰 기여를 하였으며, 빅데이터를 분석하는데 기계학습(머신러닝)을 활용한 방법론의 발전이 이루어지기도 하였다.

빅데이터의 특징으로 많이 언급되는 특성에 대해 3V로 제시할 수 있다. 첫 번째는 정확성(veracity)으로, 빅데이터는 정보의 양이 매우 많으며, 엄격하게 통제된 상황에서 활용하는 것이 아니기 때문에 데이터의 신뢰성에 대한 의문이 발생할 수 있다. 그러므

표 12-5 전통적 데이터와 빅데이터

구분	전통적 데이터	빅데이터
수집	– 통계청과 같은 데이터관리 기관	– 다양한 경로를 통한 수집
분석 가능 표본	– 모집단에서 표본추출	– 모집단 전체
데이터 표본	– 데이터만으로 기본 정보파악 가능 – 목적에 따른 정제된 데이터	– 데이터만으로 기본 정보파악 불가능 – 상당한 불순물이 포함
데이터 형식	– 구조화/정형화 – 고정적 데이터 – 수치로 객관화시킨 형태	– 비구조화/비정형화 – 실시간 생성 및 확장 가능 데이터 – 역동성, 데이터 간 상호의존성, 관련성 텍스트, 숫자, 동영상 등 다양한 형태
데이터 분류	– 규칙적인 관계적 데이터베이스로 분류 가능	– 규칙적인 관계적 데이터베이스로 분류 불가능
데이터 분석	– 계량적 모형기반 전통적인 분석기법 – 통계적 분석	– 기계학습 등을 통한 다양한 기법 – 통계적 분석 – 데이터 시각화 – 자연어 처리 – 텍스트 분석 – 인공지능 분석
장점	– 통제된 정확성	– 실시간 공개로 인한 투명성 확보
사용상 한계	– 제한된 표본 – 자료수집 비용	– 불순물 – 신뢰성의 결여 – 개인정보와 사생활 침해 – 국가와 조직의 보안 문제 – 정보의 불균형 심화 가능 – 일반화 가능성에 대한 지속적 논의

자료: 김선영(2020).

로 빅데이터의 분석을 통한 활용성을 담보하기 위해서는 수집한 데이터가 충분히 정확한지에 대한 검토가 필수적이라 할 수 있다. 두 번째는 가변성(variability)으로, 빅데이터는 정량적인 데이터 이외에도 정성적인 의견 및 진술 데이터를 적극적으로 활용한다. 이러한 언어적 데이터는 그 특성상 의도와 다르게 작성되거나 해석에 차이를 불러일으킬 수 있으므로, 맥락상 해석의 가변적인 특성이 빅데이터에 존재한다고 할 수 있다. 마지막 세 번째는 시각화(visualization)로서, 대단위의 복잡한 데이터를 쉽게 이해하고 활용할 수 있도록 시각적인 결과를 제공할 필요가 있다.

빅데이터의 활용은 이미 다양한 차원에서 이루어지고 있다. 우리가 인터넷에서 이용하는 정보를 바탕으로 관심을 가질 만한 다른 정보나 상품을 추천해주는 기술이 이미 활용되고 있으며, 외국어 번역에 대해서 수많은 이용자들이 수정하는 내용을 바탕으로 자동번역이 매끄럽게 이루어지는 등의 서비스도 많은 발전을 이루고 있다. 한편, 사회과학연구에서 주요 사회의 이슈 및 여론의 흐름을 파악하기 위하여 텍스트 마이닝 및 소셜 네트워크 분석 등이 활용되고 있는 등 민간기업의 경영기법부터 사회현상에 대한 연구까지 다양한 분야에 활용되고 있다.

그러나 빅데이터 활용의 확장은 민감한 사생활 정보에 대한 원치 않는 유출의 문제가 발생할 수 있다는 우려가 지속적으로 제기되고 있다. 사람들이 알지 못하는 사이에 자신의 개인정보가 무분별하게 수집되어 적절하지 않은 방식과 형태로 활용될 수 있다는 것이다. 그리고 이러한 빅데이터는 대기업일수록 더욱 쉽고 빠르게 수집하여 구축할 수 있어 데이터의 격차 및 독점화가 발생할 수도 있다.

3 참여의 확대와 비대면 시대

1) 공론화 기제의 확대

1990년대부터 정치체계의 민주화와 시민역량의 신장이 이루어져 공공 정책의사결정 체계에 대한 참여의 열망이 증가하게 되었다. 참여적 거버넌스에 대한 시민적 요구의 증대와 기존의 하향적 의사결정 체계의 공존은 우리 사회에 이른바 공공갈등 또는 사회적 갈등의 폭증으로 이어졌다. 공공갈등을 극복하기 위한 주민참여 기제가 발전하면서 갈등영향평가의 활용과 민관의 협력적 위원회 운영 등이 활용되었다. 최근에는 mini-publics를 기반으로 한 공론화 기제를 널리 활용하고 있으며, 이른바 공론화라고 하는 참여기제에 대해서 대표적으로 공론조사가 대표적으로 널리 알려져 있지만, 이 외에도 시민배심원제와 타운홀미팅과 같은 다양한 기법을 활용할 수 있다.

시민의 단순참여가 아닌, 숙의에 의한 참여의 중요성이 강화되면서 공론화 기제에 대한 사례의 성공적인 운영 경험이 축적되고 있다. 원자력 전력 체계의 환경적 위험성에 대한 우려에 대응하기 위해 2017년 신고리 5·6호기 공론화가 이루어졌으며, 이어 교육부 개입정책의 방향성을 모색하기 위한 대입제도 개편 공론화가 추진되었다. 각 지방자치단체에서 지역주민과 갈등이 있는 사안의 바람직한 방향성을 모색하기 위해서도 여러 공론화 사례가 추진되었는데, 제주영리병원에 대한 공론조사, 대전 월평공원 공론조사, 광주도시철도 2호선 공론화, 창원시 스타필드 공론화, 대구시청 신청사 공론화

표 12-6 주요 공론화 기법

구분	공론조사	합의회의	타운홀미팅	시민 배심원제	시나리오 워크숍	플래닝 셀
규모	100~800명 (1,000명 이상 가능)	10~18명	제한 없음 (200~300명)	12~24명	4개 역할그룹 (4~6인)	100~500명
진행 방식	숙의적 토의 전문가의 질의응답	전문가 패널과 심층토론	반복적/ 발전적인 소규모 토론	배심원 회의 청문	시나리오 기반 토론	소그룹토론 및 전체토론
주최	공론화 위원회	운영위원회	운영위원회	시민단체, 독립기관	운영위원회	운영위원회
의사 결정 행위자	숙의참가자	시민패널	토론참여자	일반시민	역할그룹 참가자	토론참여자
기간	1~6개월	3개월 (행사 3~4일)	1~2개월 (행사 1일)	1~2개월 (행사 4~5일)	1~2개월 (행사 1~2일)	1~2개월 (행사 5일)

자료: 조경훈 외(2019).

등이 이루어졌다. 특히 서울시는 2018~2020년의 3년 간 사회적으로 관심이 많은 사안에 대한 공론화를 선행적으로 수행하기도 하였다.

2) 비대면 시대의 도래

2020년 1월 발생한 코로나-19 바이러스로 인하여 전 세계적인 전염병 유행 상태인 팬데믹(pandemic) 상황이 도래하게 되었다. 이는 우리의 일상생활에서 많은 것을 바꾸어 놓았다. 사회적 거리두기 및 집합 제한으로 경제적 위축이 발생하였으며, 개인의 삶에도 마스크에 대한 일상적 착용부터 재택근무의 확산까지 다양한 변화의 영향을 받게 된 것이다.

코로나-19에 따른 소비의 위축은 소상공인 및 자영업자에 대한 고통으로 이어졌으며, 이를 타개하기 위한 정부의 역할에 대해서도 다양한 논의가 이루어졌다. 각국의 정부에서 적극적인 경기부양책을 시도하는 등 전통적인 정부의 역할과 다른 변화가 필요하다는 인식이 확산되었으며, 이는 정부의 역할 확대와 대응성 제고의 필요성을 의미한다고 할 수 있다.

표 12-7 지자체별 공론화 비교

구분	법제도	조사설계	숙의활동	소통활동
서울시 공론화 (2018)	공론화 추진 위원회, 의제 선정 자문 위원회	온·오프라인 이원화하여 시민참여단 운영 1차 436명, 2차 246명	1·2차로 이원화하여 숙의과정 진행	별도의 공론화 추진위 홈페이지를 운영하여 일반시민의 의견을 수렴
창원시 공론화	공론화위원회, 소통협의회	161명의 최종 시민참여단	시민참여형 공론조사방식, 양자택일의 형태	일반시민과의 소통창구 미흡
대구시 공론화	공론화위원회, 전문연구단	252명의 시민참여단, 시민단체 관계자와 전문가를 포함	4개의 선택지 중 하나를 택하는 방식, 연구 용역을 통해 숙의집 내용 강화	컷오프, 페널티 제도 등을 활용
구리시 공론화	구리시 시정자문위원회	206명의 시민참여단	3개의 선택지 중 하나를 택하는 방식	총 9회의 주민설명회 개최
서산시 자원회수시설 공론화	공론화위원회	105명의 시민참여단	양자택일의 형태	피해주민 대상 보상 대책 마련
제주도 공론화	제주도교육공론화위원회	150명 규모의 시민참여단 중 학부모, 학생 다수 참여	토론회 장소에 교복전시회를 실시	공론화위원에 일반도민 다수 포함, 교육청 홈페이지 내 도민청원코너 운영

자료: 조경훈 외(2019).

한편, 코로나-19 이전부터 사회적 문제의 복잡성 증대와 시민의식의 성숙에 발맞추기 위해 정부의 정책의사결정 과정에 국민 및 지역주민이 참여하는 참여형 의사결정구조 또는 대안적 갈등해소방안 등이 널리 활용되고 있었다. 우리나라도 중앙정부 각 기관과 여러 지방자치단체에서 적극적으로 시민의 의견을 수렴할 수 있는 체계를 구축하여 활용하고 있으며, '국민신문고'와 '광화문 1번가'를 중심으로 일반 시민과 전문가가 참여할 수 있는 다양한 사업이 진행되고 있다. 그리고 광역자치단체 10개와 기초자치단체 38개에서는 별도의 제안 체계를 구성하여 운영하고 있으며, 이 외의 모든 지방자치단체에서 국민신문고에 통합하여 운영하고 있는 등 다소 차이는 있으나 국민의 의견을 정책에 반영하기 위한 노력은 계속되고 있다고 할 수 있다(하현상 외, 2021).[2)]

2) 2021년 12월 기준.

그리고 시민의 참여는 단순한 의견제시 및 제안 수준의 단편적인 참여에 머무르는 것에서 더 나아가 공론(public opinion)에 대한 적극적인 관심으로 나아가고 있다. 공론은 단순한 사적 의견의 산술적 합계로 이해되는 여론(general opinion)과는 구분되는 개념으로(Lippmann, 1955), 공론을 형성하는 공론화는 다수가 모여 숙의(deliberation)를 통해 정제된 의견을 도출하고 합의하는 과정이라 할 수 있다(김정인, 2018; 은재호, 2018). 이는 대의민주주의의 한계와 참여민주주의의 현실적 어려움을 극복할 수 있는 방안으로 나타난 숙의민주주의 담론과 궤를 같이 하는데(정병순 · 황원실, 2019), 하버마스(Habermas, 1996)로부터 출발된 숙의적인 공론장을 바탕으로 한 제도와 정책적 시도들이 최근까지 다양하게 이루어졌다.[3] 이러한 시도와 노력의 과정은 시민의 참여에 대한 열망을 반영하는 동시에 성숙한 시민으로서의 역량 제고에 기여하였다는 긍정적인 평가와 함께, 여전히 참여자의 대표성과 절차적 합리성 및 민주성에서 한계를 보였다는 지적이 동시에 있기도 하였다(조경훈 외, 2020).

이러한 맥락에서 코로나-19로 인한 팬데믹 상황은 숙의적 참여 기제에 새로운 도전으로 나타났다. 사회적 거리두기와 집합 제한으로 대면 참여가 불가능해진 상황에서 참여적 기제는 빠르게 온라인 중심의 비대면 참여로 전환되었으며, 이러한 움직임은 기술의 발전과 함께 참여 기제의 확대에 따른 참여자의 증가에 대한 대안으로 이미 팬데믹 이전부터 논의되어 오는 방향성이었다(하현상 외, 2021). 즉, 적극적인 온라인 참여 기제의 활용은 시간적 · 공간적 측면에서 참여비용을 감소시키는 동시에 참여 과정에 대한 쉬운 접근과 결과에 대한 공개의 용이성으로 투명성을 제고할 수 있다는 장점이 있으며, 시청각 자료의 적극적 활용을 통해 학습을 통한 숙의의 목적을 달성할 수 있다는 기대가 있었다.

그러나 갑작스러운 팬데믹으로 인해 미처 준비되지 못한 비대면 참여의 확산은 기대한 만큼의 성과를 거두지는 못하였다. 대표적인 것이 바로 참여에 대한 비용의 감소로 참여의 양적 확대는 발생하였으나 질적인 측면은 저하되었다는 지적이다.

국민참여형 사업인 정부혁신국민포럼은 일반국민이 발의한 제안을 전문가가 포함된 운영위원이 검토하고 보완하여 정책화하는 과정으로 이루어지며, 제1기와 비교하였을 때, 제2기부터 제3기에 이르기까지 제안수가 크게 증가하였음에도 불구하고 팬데믹

3) 대입제도 개편 공론화(2017), 사용후핵연료 공론화(2020), 인천 친환경 폐기물 관리 정책 전환과 자체매립지 조성 공론화(2020), 서울형 공론화(2018~2020) 등

표 12-8 정부혁신국민포럼 운영 결과

(단위: 건)

구분	제안수	팀회의 상정	분과회의 상정	정책화
제1기 (2018.10.~2019.10.)	662	315	68	49
제2기 (2019.10.~2020.10.)	1,719	307	27	18
제3기 (2020.11.~2021.05. 기준)	4,742	359	25	9

자료: 하현상 외(2021) 수정.

상황이 중간에 개시되어 전문가 팀회의를 온라인으로 전환한 특성으로 인해 결과적으로 정책화에 이르게 된 수는 점차 감소하고 있는 것을 확인할 수 있다.

표 12-9 열린소통포럼 운영 결과

구분	포럼개최	개최방식	참여자	정책제안 발굴	정책반영
2018	10회	오프라인	550명	72개	45개
2019	11회	오프라인	838명	60개	47개
2020	13회	온·오프라인	2,923명	45개	37개

자료: 하현상 외(2021) 수정.

열린소통포럼은 정부의 통합적 참여 플랫폼인 광화문 1번가에서 국민, 전문가, 공무원이 주제별 정책 토론을 실시하여 정책 제안을 발굴하기 위한 것으로, 기존에는 오프라인 포럼을 중심으로 운영하였으나, 코로나-19 상황에 대응하여 온라인 생중계와 채팅을 통한 토론을 실시하는 등 온라인 위주의 방식으로 전환하여 참여자가 크게 늘었다. 그러나 실제 발굴되어 반영된 정책의 수는 참여자 수 증가에 비례하지 못하며, 오히려 감소한 것을 확인할 수 있다.

팬데믹으로 인한 비대면 중심의 참여는 4차 산업혁명 시대에 새로운 전환의 기회가 되기도 하였다. '메타버스(meta-verse)' 개념의 등장은 관련 산업 및 게임 업계의 집중 조명 속에 다양한 가능성과 함께 논쟁을 낳고 있으며, 현 단계에서 가장 적실하게 적용될 수 있는 분야로서 참여적 거버넌스가 언급되고 있다. 실제 다양한 적용 가능성이 모색되고 있으나, 기존의 온라인 참여와 비교하였을 때 큰 효과성의 차이가 있는지는 미지수이다.

중요한 것은 팬데믹 상황이 극복된 이후에도 온라인 기반의 참여 기제가 확대될 것이라는 방향성이다. 그 방식이 기존과 같이 게시판에 글을 남기고 댓글로 논의를 하는 방식일지, 실시간 영상회의를 참여하는 방식일지, 또는 메타버스를 통해 새로운 가상세계에서 만나게 될지 모르겠으나, 온라인에서 의사교환이 이루어질 것이라는 측면은 달라지지 않을 것으로 판단된다. 그러므로 중요한 것은 온라인 참여의 방식에서 참여의 질을 높이는 것이라고 할 수 있다. 참여의 비용이 상대적으로 낮은 온라인 참여의 장점에도 불구하고, 실시간으로 깊고 집중적인 논의를 통해 숙의성을 확보하는 것이 제한되는 한계를 극복하기 위한 보완 방안이 필요한 것이다.

제3절

4차 산업혁명 시대의 거버넌스

1 시장과의 관계 재정립: 규제정책의 전환

시장경제의 성숙 과정에서 정부와 시장의 관계는 시대의 요구에 따라 여러 변화를 경험하였으며, 이전에는 분명하게 구분되었던 시장과 정부의 영역이 상호 영향을 주고받았으며, 그 결과로 이른바 회색지대가 등장하기도 하였다. 규제 정책은 특히 시장

그림 12-3 4차 산업혁명 시대 거버넌스의 전환

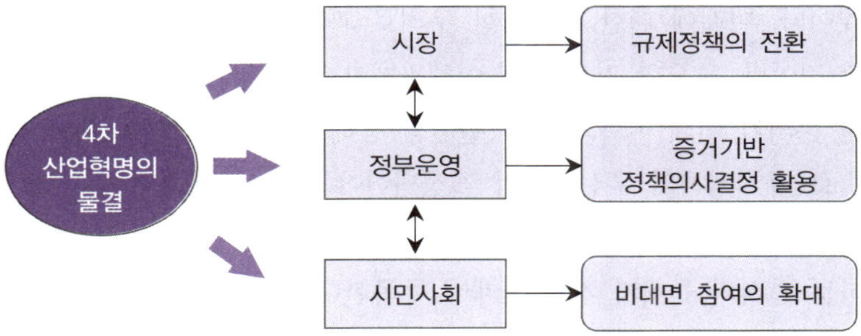

과 시민사회의 범위를 규정하는 동시에 정부가 시장을 어떻게 바라보고 있는지를 확인할 수 있는 척도라 할 수 있다.

4차 산업혁명의 시대에 예측하기 어려운 방향으로 무한히 발산할 수 있는 시장과 시민사회에 대해 과거의 규제정책으로 대응하기는 어려우며, 새로운 시각의 규제 거버넌스가 요구된다. 다양한 기준과 모형이 제시되고 있으나, 대표적으로 세계 경제포럼에서 제시하고 있는 애자일(agile) 규제 거버넌스가 있다. 애자일은 유동적인 상황에 빠르게 대처하는 기민함을 의미하며, 세계 경제포럼은 이에 대한 접근과 규제원칙을 다음과 같이 제시하고 있다.

표 12-10 애자일 규제 거버넌스

애자일 거버넌스의 규제 원칙	애자일 규제 접근법
예견적(anticipatory)	예견적 규제(anticipatory regulation)
결과중심적(outcome-focused)	결과중심적 규제(outcome-focused regulation)
실험적(experimental)	실험적 규제(experimental regulation)
데이터기반(data-driven)	데이터 중심적 규제(data-driven regulation)
협력적(collaborative)	자율규제 또는 공동규제(self- and co-regulation)
	융합적 규제(joined-up regulation)
	규제기관간 국제협력(international regulatory co-operation)

자료: 한국행정연구원(2021) 수정.

첫째 예견적 규제 거버넌스는 빠르게 발전하는 기술변화를 파악하고, 그에 따른 위기와 기회에 적절하게 대응할 수 있는 역량을 의미한다. OECD대한민국대표부(2020)는 이에 대한 6가지 원칙은 다음 〈표 12-11〉과 같이 제시하였다.

예견적 규제 거버넌스는 미래에 대한 예지를 통해 발생이 가능한 일에 대해 사전에 대비하는 것이나, 미래에 대한 부정확한 우려로 과도한 규제 도입이 이루어지는 것은 지양해야 할 것이다. 중요한 것은 여러 이해관계자 및 전문가가 관여하여 여러 정책 도구들에 대한 논의가 미래 예측과 위함 판단을 통해 충실하게 이루어져야 하는 것이며, 이를 바탕으로 규제정책의 우선순위가 결정되어야 한다는 것이다.

둘째 결과중심적 규제 거버넌스는 기존의 규제와 같이 준수해야 하는 틀을 순응하도록 강요하는 방식의 규제가 지닌 한계에 주목한다. 사전에 설정된 규제의 목적과 수단이 급격하게 변화하는 현실을 반영하기 어렵기 때문에 기존의 규제는 언제나 지체되

표 12-11 예측적 규제의 6가지 원칙

구분	주요 내용	세부 내용
포용성 및 협업	• 기업 대중 지방정부 다른 규제당국 등 광범위한 이해관계자를 참여 • 외부 자원을 통해 규제당국의 부족한 역량 보완	• 포용성: 공적 가치를 반영한 우선순위 결정, 다양한 관점의 반영, 숨은 이슈의 발굴 도덕적 가치의 준수 등 도모 • 협업: 신기술로 인한 기회와 위험을 식별하고 대응하기 위한 역량 보완
미래 예측	• 이슈 탐지 등을 통해 변화의 내용 결과 예측	• 빅데이터 분석 등을 통해 현재 진행 중이거나 임박한 파괴적 변화 탐지 • 이슈가 탐지되면 그 변화의 잠재적 영향을 분석하여 대응 시나리오 마련
적극적 사전 대응	• 혁신 주체와의 조기 교류를 통해 신규 이슈의 추적 • 기회분석 • 명확한 결과 예측 등 도모	• 규제당국에 대한 혁신기업의 접근성을 강화하고 규제당국·기업이 보유한 정보의 적극적 공개 및 유도 • 규제 당국이 샌드박스 테스트베드 등 혁신 실험을 지원하고 필요한 경우 혁신 방향을 제시하거나 절차를 마련
점증적 접근	• 즉시 확정적 규칙을 제정하기보다는 유연하고 실험적이며 시행착오를 통한 점증적 발전 방식의 접근 필요	• 테스트베드 및 샌드박스 활용, 모범 관행의 권고, 일몰규정 및 재검토기한 설정 등
성과 기반	• 명령과 통제가 아니라 목표를 정의 • 이를 달성하기 위한 수단과 기업의 노력을 승인하는 접근 방식	• 기업의 완전한 자율에 맡기기보다는 적정한 수준의 의심(healthy skepticism)과 감독이 병행되어야 성과 달성 가능 • 목표를 명확히 설정해야 하며 목표 달성의 수단과 관련된 모범기준 제시 및 이와 관련된 피규제자의 정보공개 유도 등 필요
실험 주의	• 새로운 혁신 기술 또는 그에 대한 규제방식에 대한 지역단위의 다양한 실험을 통해 국가 및 국제사회 차원의 표준 탐색	• 다양한 도시 간 안전한 혁신을 향한 경쟁 도모

자료: OECD대한민국대표부(2020). 참고하여 저자 재구성.

게 되며, 이는 결과적으로 사회 전체적인 비효율을 발생시킨다는 것이다. 그러므로 중요한 것은 규제의 원칙과 성과이며, 원칙 중심 규제(principles-based regulation)와 성과 중심 규제(performance-based regulation)가 이에 부합한다고 할 수 있다.

이러한 결과중심적 규제는 국민 또는 소비자에게 최종적으로 이익을 가져다 줄 수 있는 다양한 서비스가 개발 및 제공될 수 있는 기반이라는 측면에서 그 유용성이 금융 선진국을 중심으로 확인되었다. 이를 위해서는 규제기관에 대한 충분한 재량권이 확보되어 피규제자의 새로운 수단에 대해 평가하고 인정해줄 수 있어야 하며, 이를 위한 역량 확보가 전제되어야 한다.

셋째 실험적 규제 거버넌스는 기존에 존재하지 않던 완전히 새로운 상품이나 아이디어의 가능성을 확인할 수 있는 일종의 실험장을 제공하는 것이 필요함을 강조한다. 규제 샌드박스, 테스트베드, 정책랩, 임시허가 등의 다양한 구체적인 수단이 가능할 것이며, 이러한 과정을 통해서 신규 서비스가 기존의 규제 하에서 어떠한 영향을 받게 되는지 확인할 수 있는 기회를 제공하여 규제 정책을 개선할 수 있는 기회를 제공할 수 있다.

넷째 데이터기반 규제 거버넌스는 빅데이터와 기계학습 등의 발전으로 새로운 규제에 대한 적절한 대응이 가능한 새로운 기술적 지원이라 할 수 있다. 이는 규제의 해석과 적용에 대한 예측을 사전에 가능하게 할 수 있으며, 결과적으로 규제 위반에 대한 위험을 회피할 수 있는 기회를 제공할 수 있다.

마지막으로 협력적 규제 거버넌스는 규제기관과 피규제자를 포함한 다양한 행위자 간의 협력적 관계를 의미한다. 즉, 규제자와 피규제자 사이에서 신뢰를 바탕으로 한 협력이 피규제자로 하여금 규제에 대한 책무성을 제고할 수 있으며, 규제기관 간 조정과 협력을 통해 4차 산업혁명으로 촉발된 새로운 기회에 적극적으로 지원할 수 있는 기반을 마련한다는 것이다.

4차 산업혁명에 대한 정부의 대응에서 규제의 개혁 또는 완화는 빠지지 않고 지적된다. 생명윤리, 바이오산업, 금융, 스마트시티, 블록체인 등 4차 산업혁명을 설명하는 주요 키워드에서 대부분 네거티브 규제로의 전환이나 규제 샌드박스의 적용 등이 강조되고 있다. 다만 규제의 유연화가 필요한 것은 분명하지만 사회적 합의를 고려하여 합리적으로 설정된 수준의 규제가 되어야 할 것이며, 이를 위해 정부는 적극적인 자세를 바탕으로 하여 협력적인 거버넌스를 구축해야 할 필요가 있다.

2 증거기반 정책의사결정의 활성화

정책은 사회의 문제점을 해결하거나 바람직한 방향으로 나아가도록 하기 위한 공공의 역할로서 의의가 있다. 사회에 산재하고 있는 문제 중에서 우선적으로 다루어야 할 필요가 있는 이슈를 중심으로 정책의제가 형성되고, 이 정책의제를 해소하기 위한 목표 설정 및 대안 모색 등의 과정으로 정책의사결정이 진행된다. 이후 대안을 비교하는 과정에서는 효율성과 효과성, 대응성, 형평성 등 다양한 행정의 가치를 고려하게 되며, 최종적으로 선정된 대안을 수행하고 그 결과를 평가하는 것으로 정책과정이 이루어진다.

이러한 정책과정에서의 의사결정은 이전에 수행되었던 정책의 경험, 전문가의 식견, 과학적 분석, 이론 모형 등 다양한 자료에 근거할 수 있다. 영국의 블레어(Blair) 정부는 정부 운영의 현대화와 개혁의 수단으로서 증거기반(evidence-based) 정책의사결정을 활용하였는데, 이를 간략하게 정리하면 정책결정자에게 활용 가능한 증거를 제공하여 정책에 대한 의사결정에 도움을 주는 접근방법이라 할 수 있다. 증거기반 정책의사결정은 정책의사결정의 신속하고 정확한 정책결정을 가능하게 하며, 정책결정을 내리는 증거로서 명분을 제공하여 갈등이 존재하는 경우 해소에 도움이 될 수 있다. 그리고 궁극적으로 정책의 질(Quality)을 지속적으로 제고하여 국민의 신뢰를 확보하는데 기여할 수 있다.

4차 산업혁명에서 빅데이터의 활용은 정책의사결정에서 증거로 활용될 수 있다. 현재 빅데이터의 활용에 대한 논의와 사례는 민간영역에서 상당 부분 이루어지고 있는 것이 사실이나 공공영역에서도 빅데이터의 분석 결과를 기반으로 한 정책의사결정의 가능성이 지속적으로 모색되고 있다. 예를 들어, 교육정책을 위해서 개인의 생애주기에 따른 진학, 성적, 취업 데이터를 활용하는 것이나, 소상공인 및 중소기업 지원을 위한 경제정책에 대해 매출(카드, 현금, 지역화폐 등), 특성(업종, 규모, 상권, 지역 등), 지원정책(경험 여부 및 만족, 매출 기여 등) 등에 대해서 창업부터 폐업까지의 과정을 분석하는 것이 가능할 것이다. 이러한 활용을 바탕으로 기존의 정책에 대한 평가와 새로운 정책에 대한 의사결정이 이루어진다면, 보다 과학적이고 합리적인 정책의사결정이 가능할 수 있을 것이다. 교육부는 교육빅데이터 개방 및 활용을 위한 '교육빅데이터위원회'를 운영하고 있으며, 서울시와 경기도와 같은 지방자치단체에서는 소상공인 지원을 위한 산하단체에서 빅데이터를 관리하기 위한 체계를 수립하고 있다. 그리고 통계청에서는 각 부처에 흩어져 있는 개별 데이터의 활용성을 높이기 위해 MDIS(MicroData Integrated Service)를 제공하고 있다.

공공영역에서 빅데이터를 활용하는데 있어 무엇보다 중요한 것은 개인정보에 대한 보안 문제이다. 소위 데이터 3법으로 일컬어지는 「개인정보 보호법」, 「정보통신망 이용촉진 및 정보보호 등에 관한 법률」, 「신용정보의 이용 및 보호에 관한 법률」으로 빅데이터 이용의 법적 근거를 명확히 하는 동시에 안전장치를 강화하는 의미가 있으나, 안전장치의 효용성에 대한 논의는 여전히 남아 있다. 이러한 논의에 대한 사회적 합의를 확보하고 기술을 진전시킬 필요가 있다.

빅데이터를 활용하여 정부의 정책의사결정 체계를 고도화하기 위해서는 무엇보다 증거기반 정책의사결정의 체계가 정부의 업무 체계에 내재화되는 것이 우선될 필요가 있다. 이를 위해서는 각 부처별로 빅데이터를 활용하여 의사결정을 할 필요가 있는 정책을 선별하고, 그에 부합하는 빅데이터의 매칭하는 동시에 관리 및 활용할 수 있도록 체계를 구축할 필요가 있을 것이다.

3 비대면 참여의 새로운 기준

코로나-19로 인한 팬데믹은 의도치 않게 우리의 삶을 4차 산업혁명의 물결로 더욱 빠르게 편입되도록 하였다. 전염병 확산을 예방하기 위한 비대면은 4차 산업혁명의 다양한 기술적 발전을 적극적으로 수용할 수 있는 새로운 기회를 만들어주었고, 이를 바탕으로 메타버스 개념의 부상 및 화상회의의 일상화 등 다양한 측면에서의 가능성을 확인케 하였다.

정부와 시민의 거버넌스 측면에서는 기존에 오프라인 참여를 중심으로 발전해가던 숙의적 참여기제에 대한 전환적 사고가 필요한 시점이라고 할 수 있다. 앞서 살펴본 바와 같이, 온라인 참여의 확대는 상대적으로 손쉬운 참여를 가능하게 하여 참여의 양적 증가는 가져올 수 있으나, 질적인 부분의 한계로 인해 숙의 및 숙성 기능이 약화될 수 있기 때문이다. 이는 기존의 오프라인 방식의 참여 플랫폼을 단순히 온라인 방식으로 바꾸어 적용하였기 때문이며, 하현상 외(2021)에서는 이에 대한 극복을 위한 방안으로 비대면 참여의 새로운 기준을 다음과 같이 제시하고 있다.

첫째 참여 체계에 대한 재구성이 필요하다. 4차 산업혁명이 가능하게 한 몰입감 있고 자유롭게 전환 가능한 온라인 참여라고 하더라도, 다수의 참여자가 단일한 온라인 플랫폼에서 의사교환이 이루어질 경우 발언 기회의 제한 및 취합의 어려움 등으로 인해 깊이 있는 논의가 이루어지기 어렵다. 그러므로 회의의 목적에 따라 소규모 회의체와 중앙 플랫폼을 분리하여 운영하는 것이 필요할 수 있다. 즉, 각 참여자들이 깊은 논의를 나눌 수 있도록 소규모 회의체를 통해 나누어 숙의가 진행될 수 있도록 하고, 중앙 플랫폼에서는 전체 참여자의 의사결정이 내릴 수 있도록 이원화 된 운영이 필요할 수 있다.

소규모 회의체는 필요에 따라 오프라인 방식으로 구성할 수 있으며, 이러한 경우에도 사회적 거리두기 등의 지침은 고려할 필요가 있다. 소규모 회의체가 다수 운영될 수 있는데, 소규모 회의체 별로 다른 소수의 의제를 배분하여 집중적인 논의가 가능할 수 있을 것이다. 회의체를 소규모로 구분함으로써 개인의 의견을 충실하게 발언하고 교환할 수 있는 기회를 제공한다는 장점이 있으며, 부분적으로 오프라인을 결합하여 운영하는 경우에는 기존에 온라인 참여를 어려워할 수 있는 정보기술 소외계층의 참여를 제고할 수 있다는 의의가 있다. 조경훈 외(2020)에서도 소규모 오프라인을 온라인 플랫폼으로 접속하도록 제안하면서, 온라인 원격강의의 예를 들어 참여자의 집중력을 유지하기 위해서는 전문가 설명의 경우 발표시간이 15분을 넘기지 않을 것을 제시하고 있다.

둘째 시민이 참여하는 거버넌스에서 온라인 방식에서도 숙의성을 제고하기 위해서는 제3자의 적극적인 활용이 필요하다. 전문적 · 객관적인 제3자의 회의체 참여는 기실 국민참여의 질을 제고하기 위한 기법으로서 오랜 기간 강조되어 왔다고 할 수 있다. 4차 산업혁명으로 인한 온라인 중심의 참여 참여 과정에서도 상호 토론과 학습이 원활하게 이루어지도록 하기 위한 전문가 및 퍼실리테이터(facilitator)의 활용을 고려해볼 수 있다. 숙의적 토론은 일상적 대화와 다르게 집중적인 진행 과정을 통해 논증의 장단점을 실시간으로 취합하여 판단하고, 합의를 도출하도록 하는 과정이 어려우며, 이러한 어려움은 온라인 방식에서 더욱 크게 느껴질 수 있다.

우선 전문가는 논의의 심화를 위해 참여자의 전문성을 보완하고 학습을 촉진할 수 있다. 특히 사안 자체가 복잡하거나 어려워 사실에 관한 상호 간 불일치가 있는 경우에 공동의 사실 확인(joint fact-finding)에 대한 전문적이고 기술적인 지원이 필요할 수 있다. 다른 한편으로 합의지향적인 토론에 익숙하지 않은 경우에 숙의적 토론의 과정에서 오히려 갈등이 증폭될 수 있는데, 이러한 경우에 대비하기 위해 상호작용을 촉진시킬 수 있는 퍼실리테이터의 활용이 필요할 수 있다. 퍼실리테이터는 참여의 목적과 공동의 목표에 대하여 참여자들에게 지속적으로 상기시키는 동시에, 논의의 진행 상황에 적절한 질문을 제공하여 참여자들로 하여금 합의가 가능한 부분과 다른 관점에 대한 구별을 효과적으로 가능하게 할 수 있다. 전문가와 퍼실리테이터의 활용은 회의체의 성격과 참여자의 특성을 고려하여야 할 것이며, 학습의 과정이 중점이 되거나 복잡한 지식에 대한 이해가 필요한 사안, 사실에 대한 상호 검증이 필요한 사안에 대해서는 전문가를 활용하는 것이 필요할 것이며, 참여자의 입장 차이가 뚜렷하여 갈등이 발생할 소지가 있거나, 참여자가 골고루 원활하게 발언하여 상호 경청하고 내용을 효과적으로 취합하는 것이 필요한 경우에는 퍼실리테이터를 활용하는 것이 바람직할 것이다.

셋째 정보공유의 활성화를 통해 비대면 참여에서 제한되는 회의에 대한 집중력을 제고하여 참여의 생산성과 숙의성을 확보하는 것이 필요하다. 이러한 과정은 회의의 진행 과정뿐만 아니라, 회의의 사전과 사후 단계에서 이루어질 수 있다. 사전적 정보 제공은 회의에 참여하기 전에 참여자가 가진 편견과 오해를 제거하는 한편, 논의에 도움이 되는 기본적인 지식을 학습할 수 있도록 하여 회의의 원활하고 효율적인 진행에 기여할 수 있다. 사전적 정보제공은 필요에 따라 문서, 사진, 표 및 그래프, 동영상 등으로 제시될 수 있으며, 개인마다 다른 지식의 수준에 따른 회의의 비효율을 극복하는데 기여할 수 있으나, 편향된 사전적 정보는 참여와 숙의의 의의를 크게 저해할 수 있으므로 균형적이고 사실에 입각한 정보로 구성될 필요가 있다. 한편, 회의의 종료 이후에 사후적인 정보의 공유도 필요하다. 가능한 조속히 회의 결과를 요약·정리하여 참여자들에게 제공함으로써 참여의 효능감을 인식할 수 있으며, 추후 이루어질 참여에 대한 논점을 스스로 발전시킬 수 있는 기회를 제공할 수 있다. 특히 여러 차례의 회의가 연속된 참여 기제의 경우, 회의의 앞뒤에 사전적 정보와 사후적 정보가 지속적으로 제공되면서 참여의 숙의성이 크게 향상될 것으로 기대할 수 있다.

제4절 결론: 유연한 미래의 행정

'사회가 빠르게 변화하고 있다'는 표현도 이제는 익숙하고 오래된 표현이 된 듯하다. 언젠가부터 사회의 변화는 당연한 것이고, 그 변화에 점차 가속도가 더해지는 것에 대해서도 자연스러운 진화 과정으로 여겨지고 있는 것이다. 이러한 변화는 이제 4차 산업혁명이라고 하는 동시다발적이고 급격한 변화로 우리 앞에 나타나고 있다. 기존에 산업혁명은 분명한 정의와 구분이 가능한 반면에, 제4차 산업혁명의 개념은 여전히 모호한 것이 사실이다. 그럼에도 불구하고 우리의 생활에 있어서의 편의성 개선은 물론, 가치 체계가 전환되는 새로운 세대로의 전환이 예상되는 것은 사실이다. 이러한 변화에 대응해야 하는 국가적 과제 앞에서, 아이러니하게도 우리의 일상에 크나큰 고통을 준 팬데믹 상황이 오히려 주요 혁신적 기술의 활용과 확산을 앞당긴 것 또한 부정할 수 없는 사실이다.

이러한 4차 산업혁명의 시대에 대응하기 위한 공공의 역할에 대해 다양한 연구와 논의가 현재에도 지속적으로 이루어지고 있으나, 대체로 기존에 존재하던 불합리한 규제의 개선을 통해 시장의 자율성을 강화시키는 방향의 논의가 주를 이루고 있다. 그러나 이는 시장과의 관계에서 정부가 취할 방향성이라 할 수 있으며, 앞서 이외에도 빅데이터를 활용한 증거기반 정책의사결정의 도입 및 비대면 참여의 바람직한 발전가능성을 함께 제시하였다. 기술과 사회의 빠른 발전에 비해 상대적으로 더딘 공공영역의 변화에는 앞으로 이 외에도 다양한 차원의 변화가 필요할 수 있다. 특히 변화와 전환 가능성을 쉽게 예측하기 어려운 4차 산업혁명 시대에 발맞추기 위해서는 보다 혁신적이고 개방적인 사고가 필요할 것이다.

하지만 새로운 변화의 물결이 예측이 어렵게 밀어닥치더라도 거버넌스에서 여전히 가장 중요한 것은 각 행위자의 협력적 관계이며, 이를 위한 상호간 신뢰의 구축과 유지라고 할 수 있다. 이는 사회의 급격한 전환으로 인하여 예상하기 어려운 사회적 문제가 발생하더라도 우리 사회가 안정적으로 지속가능할 수 있는 근원적인 저력이 될 것이다.

참고문헌

김선영(2020). 증기거반 정책에서의 빅데이터에 관한 연구. 「한국정책학회보」, 29(1): 69-90.

김정인(2018). 정책결정 과정에서의 공론화 적용 가능성에 관한 연구: 공론조사의 국가적 특수성, 대표성과 집합적 합리성을 중심으로. 「정부학연구」, 24(1): 343-375.

이민화 외(2018). 「4차 산업혁명 시대 공유 플랫폼 경제의 로드맵과 경기도 발전방향」, 경기연구원 정책연구 2018-17.

은재호(2018). 정책논단: 신고리 원전 공론화가 남긴 것: 평가와 전망. 「The KAPS」, 52: 18-31.

정부 관계부처 합동(2021). 「2021년 3D프린팅산업 진흥 시행계획」.

정부 관계부처 합동 · 4차산업혁명위원회(2017). 「혁신성장을 위한 사람 중심의 4차 산업혁명 대응계획 I-KOREA 4.0」.

조경훈 외(2019). 「서울 플랫폼노동 공론화 프로세스 평가 보고서」. 서울시 연구용역.

조경훈 · 김화연 · 황태연(2020). 「서울 공론화 프로세스 평가 용역」. 서울시 연구용역.

하현상 · 조경훈 · 황태연(2021). 「비대면시대 대응 국민참여 활성화 모델 개발 및 확산」,

행정안전부 연구용역.
한국행정연구원(2021). 「4차산업혁명시대 혁신성장을 위한 규제생태계 조성 방안 연구」, 경제 · 인문사회연구회 협동연구총서 21-13-01.

Habermas, J.(1996). *Between Facts and Norms: Contributions to a discursive theory of law and democracy, trans*. W. Rehg, Cambradge: MIT Press.
Jordana, J. & Levi Faur, D.(2004). *The Politics of Regulation: Institutions and Regulatory Reform for the Age of Governance*. Cheltenham: Edgar Elgar Publishing Limited.
OECD.(2012). Governance of Regulator. OECD: Paris.
______(2020). Global Conference on Governance Innovation: Towards Agile Regulatory Frameworks in the Fourth Industrial Revolution.
OECD대한민국대표부(2020). 신기술 발전에 따른 규제 프레임워크 논의.

제13장

한국의 거버넌스와 디지털 · 사이버 거버넌스

김석준 · 김지혜

제1절

여는 장[1)]

21세기 메타버스(metaverse)와 4차 산업혁명 시대를 맞아 국가간의 경쟁은 더욱 치열해지고 국가는 시민사회나 시장과의 관계뿐 아니라 세계체제 내의 세계국가나 세계시장 및 글로벌 시민사회와의 관계가 더욱 중요하게 되었다. 특히 20세기까지는 개별국가들이 자본주의 산업화와 민주화를 중심으로 경쟁하여 왔으나, 21세기로 접어들면서 지식정보화와 4차 산업혁명 이라는 자본주의의 새로운 시대로 전환하게 되면서 현실 세계에서의 활동뿐만이 아니라 가상공간인 메타버스와 사이버 세계에서의 활동이 더욱 중요하게 되었다.

세계화와 정보화 및 4차 산업혁명은 국민국가의 역할을 변화시키고 국가 개입의 내용과 정도를 새롭게 규정할 것을 요구하고 있다. 4차 산업혁명은 첨단 정보통신기술이 경제・사회 전반에 융합되어 혁신적인 변화가 나타나는 산업혁명이다. 인공지능(AI), 사물인터넷(IoT), 클라우드 컴퓨팅, 빅데이터, 모바일 등 지능 정보기술이 기존 산업과 서비스에 융합되거나 3D 프린팅, 로봇공학, 생명공학, 나노기술 등 여러 분야의 신기술과 결합되어 실세계 모든 제품・서비스를 네트워크로 연결하고 사물을 지능화한다. 이러한 4차 산업혁명은 초연결성(hyperconnectivity)과 초지능(superintelligence)을 특징으로 하기 때문에 과거 1~3차 산업혁명에 비해 더 넓은 범위(scope)에 더 빠른 속도(velocity)로 더 크게 영향(impact)을 준다.

대표적으로 4차 산업혁명은 우리에게 현실세계를 의미하는 '유니버스(universe)'에 '가공, 추상, 가상'을 의미하는 3차원 가상세계인 '메타버스(metaverse)'를 만들어주었다. 메타버스에서는 가상세계 이용자가 만들어내는 UGC(user generated content)가 상품으로서, 가상통화를 매개로 유통되어, 결과적으로 인간은 본인의 선택과는 무관하게 현실과 가상세계에서 동시에 살아가게 되었다. 그동안 가상현실(virtual reality: VR)이나 증강현실(augmented reality: AR)로 표현되던 것을 메타버스라는 진보된 용어로 대체하면서 완전히 몰입되는 3차원 가상공간에서 현실 업무 뒤에 놓인 비전을 기술로 널리 사

1) 이 글은 김석준의 〈한국 사회의 뉴 거버넌스와 사이버 거버넌스〉. 김석준 외(2001). 『뉴 거버넌스와 사이버 거버넌스 연구』. 대영문화사: 27-68의 내용을 김석준・김지혜(서울미디어대학원대학교 AI 소프트웨어 전공)가 대폭 수정하고 새롭게 가필하여 작성한 것이다.

용하게 되었다. 가상공간의 서로 다른 등장인물들이나 주체들은 사회적이든 경제적이든 소프트웨어의 대리자들(아바타로서)과 인간적 교류를 하고 현실세계의 은유를 사용하지만 물리적인 제한은 없다.

2022년 3월 9일 대선과정에 후보자들이 초보적인 수준이지만 아바타를 내세워 선거운동을 하고 비교적 큰 성과를 거둔 것은 정치와 국가 영역에서 메타버스가 실현되고 있음을 보여주는 사례이다. 시장과 시민사회에서는 상당한 수준으로 메타버스가 실현되고 있다. 대표적인 예로 구글 딥마인드가 2015년 신경과학을 기반으로 만든 인공지능(AI) 바둑프로그램인 알파고가 세계 정상 프로기사인 이세돌 등 인간과 대결하여 승리하는 사례들이 나타나면서 AI와 인간의 공존문제는 중요한 인류의 과제로 등장하였다.

이 때문에 국가, 시장 및 시민사회의 관계를 서롭게 규정하는 실제 세계에서의 거버넌스(governance)는 사이버 거버넌스(cyber governance)라는 새로운 영역을 필요로 하고, 이는 국가간의 관계뿐만 아니라 국내 시장과 세계 시장, 국내 시민사회와 세계 시민사회라는 차원을 달리하는 각 주체간의 관계를 새롭게 설정할 것을 요구한다. 정부가 지식정부, 전자정부, 디지털정부, 디지털 플랫폼 정부, 인공지능(AI) 정부, 사이버 정부 등으로 성격이 확산하면서, 거버넌스의 성격도 디지털 거버넌스, AI거버넌스, 사이버 거버넌스 등으로 성격이 크게 변화할 것을 요구하고 있다.

이러한 현실세계에서의 거버넌스뿐만 아니라 메타버스 세계와 사이버 거버넌스를 어떻게 하느냐에 따라 개별 국가와 시장 및 시민사회의 장래가 달라질 수 있다. 이 때문에 한국사회의 새로운 거버넌스는 물론 메타버스 시대의 사이버 거버넌스에 대한 역사적이고 전략적인 접근이 매우 중요하다. 한국에서는 20세기까지 건국, 산업화, 민주화 및 정보화를 성공적으로 달성하며 공동체를 이끌어 온 주요 주체인 국가, 시장 및 시민사회가 각각의 국가발전 단계에서는 성공적인 성과를 이루어왔다. 그럼에도 국가발전의 역사적인 시대가 전환하면서 각 주체들에 대한 역할이 바뀌고 이들에 대한 신뢰가 상실되어, 국가 실패, 시장 실패 및 시민사회의 실패를 극복할 새로운 대안의 하나로 뉴 거버넌스를 이용한 새로운 틀을 요구하고 있다.

이러한 문제의식에 따라 이 연구는 건국, 산업화, 민주화, 정보화 이후의 선진화와 4차 산업혁명의 성공적인 추진을 위한 한국사회의 바람직한 뉴 거버넌스의 틀을 모색하고, 이를 효과적으로 실천할 수 있는 사이버 거버넌스의 틀을 제시하고자 한다.

연구대상의 성격상 문헌 연구와 경험적 연구를 함께 사용하며, 특히 비교 역사적 접근과 미래학적 접근을 활용하도록 한다.

제2절

한국의 국가발전 · 4차 산업혁명과 AI · 디지털 · 사이버 거버넌스의 대두

1 국가발전과 1~4차 산업혁명의 단계별 서로 다른 거버넌스 양식과 능력

대한민국은 역사적으로 시장 · 시민사회와의 관계에서 국가통치 양식이나 정부 성격은 크게 두 가지 차원에서 역사적인 발전과 변혁을 맞아 다양한 형태와 양식 및 서로 다른 능력을 보이면서 전개되어 왔다.

첫째 대한민국은 20세기 중반에서 21세기 초반 사이에 전 세계 어떤 국가에서도 찾아보기 어려울 정도로 건국, 산업화, 민주화, 정보화 및 선진화를 압축적으로 성취해 왔다. 이것을 가능하게 한 핵심 변수는 국가(정부), 시장(기업), 및 시민사회(시민단체) 등이 서로 시대에 따라 다른 적절한 역할을 해왔고 각 단계별로 걸맞는 거버넌스체제와 능력을 가졌기 때문이다. 각 단계별로 주체들의 역할과 거버넌스의 양식이 서로 다르지만, 단순화하면, 건국과 산업화는 국가가 주도했고, 민주화는 시민사회가 주도했으며, 정보화와 선진화는 국가와 시장이 협력하여 주도한 성과라고 볼 수 있다. 그것을 가능하게 한 것이 국가발전단계별로 서로 다른 방식의 거버넌스 양식과 거버넌스 능력이라 할 수 있다.

둘째 한국사회는 해방 이후 지난 80여년 사이에 1차 산업혁명(농업혁명: 1945~1960), 2차 산업혁명(경공업산업화: 1960~1971 및 중화학공업산업심화: 1972~1989), 3차 산업혁명(정보화 · 디지털혁명: 1990~2010)을 각각 성공적으로 달성했고 지금은 4차 산업혁명(2010~)을 성공적으로 진행하고 있다. 1차 산업혁명에서 4차 산업혁명 과정에 국가, 기업, 시민사회가 수행한 역할을 각각 서로 달랐으며 때로는 시행착오를 겪느라 값비싼 대가를 치루었으나, 제 2차 세계대전 이후 식민지에서 벗어나 OECD 회원국인 세계 선진국으로 도약한 것도 거버넌스 양식의 전환과 거버넌스 능력 때문이라는 평가가 크게 인정되고 있다. 다만 1~3차 산업혁명에서의 성공 요인과 새롭게 세계를 지배하고 있는 21세기 초반의 4차 산업혁명은 새로운 양식의 성공모델을 요구하고 그것을 갖추기 위해 세계 선진국가들이 치열한 경쟁을 하고 있다.

2 한국의 4차 산업혁명의 추진

1) 정부의 관련부처의 '4차 산업혁명 대응계획(2017)' 수립 등

전 세계의 지도자들이 참여한 다보스포럼에서 4차산업혁명을 시대적인 화두와 새로운 질서로 부각시키면서 한국에서도 4차 산업혁명은 2017년부터 본격적으로 학계, 언론계, 연구계, 산업계, 정부 등에서 활발하게 전기되었다. 세계적인 기업들은 물론 정부 차원에도 과학기술정보통신부, 산업통상자원부, 행정자치부, 국토교통부, 교육부, 환경부, 중서기업청, 특허청 등(김석준. 2020: 50-53) 정부 관계부처 합동으로 대통령직속 4차산업혁명위원회와 함께 '4차 산업혁명 대응계획(2017)'을 수립하고, 지능화 혁신 프로젝트 추진 · 성장동력 기술력 확보 · 산업인프라 생태계 조성 · 미래사회 변화대응 등의 4대 기본방향을 추진했다.

첫째 지능화혁신 프로젝트는 산업혁신과 사회문제해결을 포함한다. 산업혁신 프로젝트는 스마트 의료(의료기관 간 진료정보), 제조업 디지털 혁신(제조로봇 · 스마트공장, 3D 프린팅 등), 스마트 이동체(자율주행자동차, 드론 등), 미래형 에너지 혁신(스마트 그리드, 온실가스 저감), 스마트 금융(전자금융업) · 물류(핀테크 업체) 및 스마트 농수산업(스마트팜) 등을 포함하고, 사회문제해결 프로젝트는 스마트 시티(통합플랫폼), 스마트 교통(차세대 지능형교통체계 C-ITS등), 스마트 복지, 스마트 환경, 스마트 안전, 스마트 국방 등을 포함한다.

둘째 성장동력 기술력 확보를 위한 지능화 기술(인공지능 오픈 API이용수)경쟁력 확보, 혁신성장동력 육성, R&D 체계 혁신 등을 제시한다.

셋째 산업 인프라와 생태계 조성을 위한 초연결 지능형 네트워크(AI 스피커, IoT 기기연결, 가구별 IoT 보유 기기) 구축, 데이터 생산 · 공유 기반(빅데이터 기술 · 서비스 이용) 강화, 신산업 규제개선, 중소 · 벤처/지역거점 성장동력 등을 제시한다.

넷째 미래사회 변화대응을 위한 핵심인재(지능화 기술 핵심인재 양성) 성장 지원, 미래사회 교육혁신, 일자리 안전망 확충, 사이버 역기능 · 윤리 대응 강화 등을 포함한다.

2) 언론계, 대학, 국회 등

정부 외에도 언론계, 대학, 국회 등이 4차 산업혁명 전파에 앞장섰다. 매일경제, 한

국경제, 서울경제, 전자신문 등 경제전문지와 한국대학신문 등 교육전문지, 그리고 조선일보, 중앙일보, 동아일보 등 종합일간지 등 한국의 언론들이 발 빠르게 4차 산업혁명을 소개하고 진단하는 기사를 기획 보도하여 국민들과 사회 각계에 4차 산업혁명을 파급시키는데 큰 역할을 했다. 특히 한국대학신문이 2017년 3월 이후 4차 산업혁명을 확산하기 위한 집단지성의 3개월에 걸친 연찬회를 전국의 사립대학교 총장, 국립대학교 총장, 전문대학교 총장, 사이버대학교 총장 등 서로 다른 집단을 대상으로 2년 동안 차례로 개최하여 전국 대학교의 교수채용, 교과목 개설, 강의 내용 제공 등을 통해 교육혁신으로 확산시킨 일은 매우 의미가 있었던 일이다.

국회에서도 2017년 6월 28일 〈제4차 산업혁명 포럼〉을 창립한 이후 유사 기구가 지속되어 시장과 사회 및 공공부문에서의 변화에 부응했다(김석준, 2020: 53-56).

3 4차 산업혁명시대의 AI · 디지털 거버넌스와 사이버 거버넌스의 필요성

21세기 초반 4차 산업혁명(the Fourth Industrial Revolution) 시대를 맞아 국가간의 경쟁과 협력은 더욱 치열해지고 국가는 국내의 시민사회나 시장과의 관계뿐 아니라 세계체제 내의 세계국가나 세계시장 및 글로벌 시민사회와의 관계에서 새로운 네트워크가 형성되며 더욱 중요하게 되었다. 특히 20세기까지는 개별 국가들이 자본주의 산업화를 중심으로 경쟁하여 왔으나, 21세기로 접어들면서 지식정보화라는 자본주의의 기본 질서를 바탕으로 4차 산업혁명이 급속하게 추진되는 새로운 시대로 전환하게 되면서 현실 세계에서의 활동뿐만이 아니라 가상공간인 사이버 세계에서의 활동이 더욱 중요하게 되었다. 세계화와 정보화라는 새로운 질서는 국민국가의 역할을 변화시키고 국가개입의 내용과 정도를 새롭게 규정할 것을 요구하고 있다. 이제 현실 세계에서의 활동을 사이버 공간이 대체하거나 새롭게 활동 영역을 창출하면서 기본 질서가 크게 변화하고 있다.

21세기 지식정보사회의 심화와 4차 산업혁명의 급속한 전개는 개별 국가의 성격이나 시장 및 시민사회의 성격을 급격하게 변화시키고 이들간의 관계도 현실세계(real world)에서는 물론 새로운 가상세계(cyber world)가 현실세계에서 더욱 큰 비중을 차지하게 되어 인간은 현실세계와 '현실화된 가상세계(realized cyber world)'에 동시에 살아가게 되었다.

4차 산업혁명은 인공지능(AI: Artificial Intelligence), 빅 데이터(big data), 블록 체인, 증강현실(AR)/가상현실(VR), 클라우드 컴퓨팅, 드론, 자율주행, 웨어러블, 3D 프린팅, 사물인터넷(IoT), 산업인터넷, 스마트시티, 공유경제, 텔레메틱스, 로보틱스, 바이오 등 다양한 분야의 혁신으로 나타나고 있다. 과학기술의 발달은 이러한 인간에게 유용한 기술혁신 만이 아니라 해를 끼치는 사이버전쟁이나 해킹과 같은 새로운 양상의 다양한 형태의 범죄를 유발하고 있다.

특히 4차 산업혁명은 물리학, 디지털, 바이오 등의 경계를 초월하여 융합하고 자원 활용능력과 연결(connectivity)능력을 바탕으로 하여 초연결성의 시대와 초지능시대에 대비하여 인간과 기계의 조화를 바탕으로 하는 만큼 국가, 시장, 시민사회의 구성 변수 간의 연결과 공존·협력이 더욱 중요한 시대로 되었다.

'4차 산업혁명'이라는 용어는 2015년 말 클라우스 슈밥이 한국의 카이스트 학생들과 나눈 대화를 바탕으로 구상해 저술한 『클라우스 슈밥의 제4차 산업혁명』과 2016년 다보스포럼을 계기로 일반화했으나 이미 한국과 독일에서는 2010년부터 진행중이었다. 독일은 2011년 Hannover Mess에서 제조업의 디지털화를 위해 '인더스티리 4.0(Industrie 4.0)'을 출범했다(황준성. 2017: 559; 김은 외. 2017). 한국에서도 기업과 국책연구소들을 중심으로 자율주행차나 드론 등에 대한 시험제작과 빅 데이터의 활용 등에 대해 추진해왔다.

과학기술의 발달과 4차 산업혁명의 전개는 국가, 시장 및 시민사회에 과거와 다른 새로운 변화를 가져왔다. 4차 산업혁명은 연결성의 극대화, 공유경제 및 3D 프린터를 이용한 다품종 소량생산을 가능하게 해 새로운 현실세계와 가상세계를 열어가고 있다. 개별 국가는 물론 전 세계를 하나의 공동체로, 하나의 생활권으로 연결시키고 있다. 4차 산업혁명으로 초연결성(hyper-connectivity)은 물리적 개념을 넘어 사물인터넷(Internet of Things: IoT)을 통해 디지털과 생물체와의 연결까지 가능하게 해 가상공간을 중심으로 하는 개념인 메타버스(meta-verse)에서의 가상현실(VR), 증강현실(AR), 혼합현실(MR), 홀로그램(HR), 확장현실(eXtended Reality: XR)을 통해 현실세계와 가상세계를 하나의 세계로 통합·연계시키고 있다. 사물간의 연결을 강화하는 사물인터넷은 인간의 생활편의에 기여하는 한편, 사물 간 정보의 교류·축적·활용이 가능하게 하며, 궁극적으로 인공물이 스스로 학습하고 발전하는 인공지능의 등장을 가능하게 하였다.

인간과 인간이 만든 인공지능(AI)은 새로운 경쟁시대에 돌입하고 이들간 협력과 경쟁의 관계는 인간과 인공지능의 선택의 영역으로도 들어서고 있다. 현실과 가상의 세계가 공존하고 이들이 혼재하면서 가상세계를 관리하고 활용하는 가상세계의 거버넌스가 새로운 과제로 대두하고 있다. 알파고가 세계 바둑 최고봉인 이세돌에게 승리하고, 왓슨이 인간 최고의 의료진을 대체하고, 법률서비스 로봇이 최고의 변호사와 변리사의 업무를 대신하면서 AI가 인간의 보조적인 지위를 벗어나고 있다. 옛 도시와 역사 및 세계문화유산이나 박물관들이 AR/VR로 되살아나고 제조업 생산과 소비 등의 경제활동도 3D 프린팅과 아마존 · 네이버 · 구글 · 에누리 · 베달의민족 등에서 이루어진다. 드론이 평창동계올림픽 개막식의 하늘을 수놓아 세계인들에게 큰 감동을 주고 산불진화나 재난현장에서 인간의 생명을 구해내고 있다. 자율주행자동차가 대중교통으로 활용되고 AI 로봇이 독거노인이나 1인 가구의 반려자가 되고, 복제동물과 장기복제 및 AI가 인간의 생명을 연장시키고 있다. AI가 인간의 삶의 질과 복지를 크기 향상시키는데 기여한다.

반면, AI가 인류를 파멸의 길로 이끄는 역기능도 심각하다. AI 드루킹이 국민의 여론을 조작하고, AI로봇과 드론이 전쟁과 테러 등에서 인류를 대량살상하는 무기로 악용되고 있다. 사이버군대들이 해킹을 통해 외화를 약탈하여 세계 경제질서를 교란시키고 해킹한 외화로 핵개발비용에 충당한 '악의 축' 국가도 등장했다. 2022년 3월 러시아의 우크라이나 불법 침공에 대한 UN총회의 반대결의안이 선언에 그치지만 가상세계에서의 세계적인 금융제제는 러시아의 국가부도에 큰 위협이 되고 있다. 우크라이나 난민에 대한 개별 국가들의 대응도 다양하다.

4차 산업혁명은 개별 국가 내에서의 삶의 양식과 현실세계 및 가상세계의 관계를 바꿀 뿐만이 아니라 개별 국가들로 구성된 국가간의 관계 및 세계 질서까지도 근본적으로 바꾸고 있다. 이에 국가간 인권 · 개발 · 안보 · 민족 · 환경 · 복지 · 여성 등의 문제는 개별 국가만의 문제가 아니라 국제기구 · 국제NGOs · 초국적 기업 · 대국적 기부단체 · 국가 · NGOs · 풀뿌리조직 등 다양한 조직들이 함께 협력 · 해결하는 공동의 거버넌스가 필요하다. 그것은 현실세계의 거버넌스만이 아니라 AI에 의한 기계적인 자동문제해결 방식이나 축적된 디지털 정보와 빅데이터에 의해 해결하는 방식 및 가상세계에서 자연스럽게 해결하는 사이버 거버넌스의 방식 등 다양한 새로운 해결방식이 필요하다. 코로나-19에 의해 전 세계가 비대면 사회로 되었음에도 개별 국가들의 서로 다른 개입이 코로나의 전 지구적인 확산을 막지 못하고 수 년간 인류를 코로나펜데믹에서 구해내지 못했다. 세계 차원의 펜데믹을 해결해야 할 WHO는 강대국의 정치권력에 휘둘려 전문기구로서의 능력을 발휘하지 못했고, 개별 국가들도 서로 다른 대응으로 인해 펜데믹을 확산시키는데 일조하게 된 셈이다.

세계적인 차원에서 진행되고 있는 4차 산업혁명과 코로나펜데믹 및 전쟁 등과 같은 질적인 변화에 대해 개별 국가들도 새로운 거버넌스체제의 구축으로 새롭게 대응해야 한다. 이 때문에 국가, 시장 및 시민사회의 관계를 새롭게 규정하는 실제 세계에서의 거버넌스(governance)는 정보화시대의 디지털 거버넌스(digital governance)를 넘어 사이버 거버넌스(cyber governance)라는 새로운 영역을 필요로 한다. 기존의 거버넌스는 현실세계의 국가와 시장 및 시민사회가 그들이 이루는 공동체를 공동으로 경영·관리하는 방식인데 반해, AI가 인간의 활동을 보조하거나 부분적으로 대체하면서 이들이 형성하는 가상세계의 영역이 늘어나면서 새로운 형태의 거버넌스 양식이 다양해지고 그 영역도 크게 새롭게 형성되었다. 기존의 현실세계의 거버넌스를 보완하거나 대체하면서 새롭게 등정한 것들이 디지털 거버넌스, 사이버 거버넌스 및 AI거버넌스 등이다. 이러한 새로운 형태의 거버넌스는 현실세계의 거버넌스와 더불어 인간이 피할 수 없는 것들이고, 도리어 적극적으로 대응하고 그 영역을 넓혀야 할 대상들이다.

이는 국가간의 관계뿐만 아니라 국내 시장과 세계 시장, 국내 시민사회와 세계 시민사회라는 차원을 달리하는 각 주체간의 관계를 새롭게 설정할 것을 요구한다. 이러한 현실 세계에서의 거버넌스뿐만 아니라 사이버 거버넌스를 어떻게 하느냐에 따라 개별 국가와 시장 및 시민사회의 장래가 달라질 수 있다. 이로 인하여 21세기 4차 산업혁명이 본격화하는 한국 사회의 새로운 거버넌스는 물론 사이버 거버넌스에 대한 이론적이고 전략적인 접근이 매우 중요하다.

4차 산업혁명에 대해 세계 차원에서 다양하게 진행되고 있으나 한국은 3차 산업혁명에 이어 4차 산업혁명에서도 선두 그룹에서 이끌고 있는 것은 분명하다. 4차 산업혁명의 추진 과정에 COVID-19에 대한 개별 국가주도형 관리로 인해 시장과 시민사회의 자율성이 약화되면서 다소 차질과 왜곡이 일어나고 있는 점은 우려된다. 그러나, 분명한 것은 4차 산업혁명이 더욱 강력하게 진행되고 그 과정에 개별 국가의 거버넌스도 AI 거버넌스와 디지털 거버넌스에서 사이버 거버넌스의 속성을 더욱 강화시키는 방향으로 전환되고 있다는 점이다. 특히 4차 산업혁명이 초연결성의 시대와 초지능시대로의 변화를 이끄는 만큼 개별 국가의 지식정부화나 디지털정부로의 전환만으로는 부족하고 디지털플랫폼 정부를 구축할 필요가 있다(선모은, 2022).

한국은 건국, 산업화, 민주화, 정보화, 선진화 및 사이버화의 단계를 거치면서 거버넌스의 양식과 내용도 급속하게 크게 변화하고 있다. 국가, 시장 및 시민사회의 관계를 바탕으로 형성된 거번너스의 양식과 내용은 국가발전의 역사적인 단계에 따라 달라지기 때문이다. 한국에서는 20세기까지 건국과 산업화 및 민주화의 성공적인 추진을 통해 국가민족공동체를 이끌어 온 주요 주체인 국가, 시장 및 시민사회의 기여를 인정하면서도 그 과정에서의 부작용으로 인해 이들에 대한 신뢰가 부분적으로 상실되고 국가 실패, 시장 실패 및 시민사회 실패를 유발하면서 기존의 국가통치체제의 한계를 극복할 새로운 대안의 하나로 거버넌스를 이용한 새로운 틀을 요구하고 있다. 이러한 문제의식에 따라 이 연구는 한국 사회의 바람직한 뉴 거버넌스의 틀을 모색하고, 이를 효과적으로 실천할 수 있는 디지털 거버넌스, AI거버넌스 및 사이버 거버넌스의 기본 틀을 제시하고자 한다.

제3절 기존 이론의 한계와 한국 사회 디지털 · 사이버 거버넌스 모형의 도출

1 기존 거버넌스의 개념과 이론의 다차원성과 다접근성

거버넌스가 사회과학 분야의 새로운 용어로 널리 사용되고 있으나 개념과 이론의 다접근성과 다차원성(김석준, 2000)으로 인하여 개념적인 혼란과 이론의 미성숙이 충분하게 극복되지 않은 상태이다. 그 동안 많은 분야의 주제에 거버넌스라는 말을 추가하여 거버넌스를 분석의 수준과 단위, 대상, 이슈, 주체 및 내용 등의 유형에 따라 다양하게 사용하고 있다. 예로서, 분석의 수준과 차원에 따라 글로벌 거버넌스, 리저널 거버넌스, 내셔널 거버넌스, 로컬 거버넌스 등으로 구분하고, 대상과 이슈에 따라 그린 거버넌스, 테크노 거버넌스, 인터넷 거버넌스, 디지털 거버넌스, 사이버 거버넌스, NGOs 거버넌스 등으로, 주체에 따라 국가 중심 거버넌스, 시장 중심 거버넌스, 시민사회 중심 거버넌스 등으로, 내용에 따라 코퍼레이트 거버넌스, 굿 거버넌스, 네트워크 거버넌스, AI 거버넌스, 디지털 거버넌스, 사이버 거버넌스 등 다양하게 사용하고 있다.

또한 학문 영역에 따라 거버넌스를 서로 다르게 사용하기도 한다. 행정학은 물론, 정치학, 국제정치경제학, 사회학, 정책학, 제도경제학, 국제관계학, 조직학, 발전이론, 네오 마르크시스트 정치경제학 등 다양한 분야에서 거버넌스를 사용하지만 이들 사이에는 공통성과 차이점이 함께 존재한다.

이 때문에 거버넌스의 개념이 모호하고 혼란스러우며 그 내용도 이론이 갖추어야 할 조건을 충분히 지니지 못하고 있기 때문에 거버넌스 이론으로 부르는 데에는 초기에 많은 제약이 있었다. 그러나 이 개념과 분석틀이 행정학은 물론 다양한 사회과학 분야에서 이용되고 있고, 각 다양한 '거버넌스'학회의 발족・활동 및 관련 학회에서 집단적인 연구를 추진하고 이를 주제로 한 학술대회를 개최하고 있어서 상당한 수준의 학문으로 정립되고 있다.2)

이러한 여러 논의들을 바탕으로 거버넌스가 국가, 시장, 시민사회 및 국제 체제와의 관계 틀에 관한 것으로 이해할 때, 한국은 건국 이후 산업화와 민주화를 추진하는 역사적인 과정에 국가 실패와 시장 실패 및 시민사회의 실패 마저 겪고 있는 만큼 새로운 거버넌스의 모색은 이론적으로나 실천적인 측면에서 중요한 의미를 지닌다. 특히 선진화가 지체되고 4차 산업혁명 시대를 맞아 한국형 AI・디지털・사이버 거버넌스를 보완하는 뉴 거버넌스3)를 모색하는 일은 다양한 이론적인 자원의 검토와 더불어 그 틀의 적실성을 면밀하게 검토해야 하는 어려운 과정을 거쳐야 한다. 이를 위해 먼저 다양한 거버넌스의 이론의 주요 유형이 지니는 성격을 비교하고, 다음으로 한국의 국가가 처한 건국・산업화・민주화・정보화 이후 선진화와 4차 산업혁명이라는 역사적인 의미를 바탕으로 거버넌스의 모델을 새롭게 제시하여야 한다.

2 거버넌스 이론 분석의 세 가지 접근 이론: 국가, 시장, 시민사회 중심이론

거버넌스의 개념과 이론은 다양하지만 접근 시각에 따라 국가 중심 거버넌스, 시장

2) 대표적인 것으로 한국행정학회(2000. 6. 23~24)의 하계학술대회인「국정관리의 새로운 방향과 과제」, 한국정치학회(2000. 7. 21~22)의 기획 세미나인「Post-IMF Governance」및 세계정치학회(IPSA)(2000. 8. 1~5)의「Governance and Community」등의 학술회의를 시작으로 다양한 학술회의가 개최되었다. 이제 거버넌스라는 용어가 학문 영역으로 보편화되어 '거버넌스'를 핵심주제로 하는 다양한 학회들이 형성되어 학회지까지 발행하고 있다.

3) 피터스(Guy Peters)는 올드 거버넌스(old governance)가 효과적인 정부를 중시하는 정부 중심의 거버넌스로, 뉴 거버넌스(new governance)는 사회의 자발성과 자율성을 믿는 사회 중심의 거버넌스로 규정하여 구별하고 있으나(Peters, 2000: 39-46), 이 글에서는 그의 분류 기준에 따른 것이 아니고 새로운 한국의 거버넌스라는 의미에서 뉴 거버넌스를 규정하여 사용하도록 한다. 이는 필자의 기존 연구의 입장에 따른 것이다(김석준, 2000a, 2000b).

중심 거버넌스 및 시민사회 중심 거버넌스로 나눌 수 있다(김석준, 2000: 61-102). 관리주의적 관점이 국가 중심인 반면, 자본주의나 시장주의적 관점은 시장 중심 거버넌스를 중시한다. 그리고 민주주의적 관점은 시민사회 중심 거버넌스를 지향한다. 이는 국가, 시민사회 및 시장이 각각의 논리와 통치 질서에 따라 작동함을 보여 주는 것이다.

거버넌스는 환경의 변화에 따라 시장 실패에서 국가 실패로, 그리고 국가 실패에서 새로운 통치 과정의 등장으로 이어지는 순환론적 반응으로 등장하였기보다는 관련 행위자들의 목적 지향적이고 의식적·능동적인 노력의 결과라고 볼 수 있다(Jessop, 1998). 따라서 거버넌스는 국가 중심의 조정·양식이 한계에 처한 상황에 국가와 시장 및 시민사회를 구성하는 주체들의 영향력 정도에 따라 실제로 다양한 모습으로 나타날 수 있다. 이는 개별 국가가 관료제의 전통이 강한 대륙계 국가이냐, 아니면 시장과 시민사회가 강한 역사적인 기반 위에 수립된 관료제이냐에 따라 주도적인 행위자의 위상이 달라질 수 있지만, 세계화와 정보화의 전지구적인 통치는 그 변형의 가능성과 여지를 남겨 두고 있다.

거버넌스의 유형에 대하여는 로즈(Rhodes, 1996)의 여섯 가지 분류, 오스본과 개블러(Osborne & Gaebler, 1992)의 기업가적 정부의 거버넌스, 피터스(Peters, 1997)의 네 가지 거버넌스 유형이 대표적이다. 이 글에서는 이들을 중심으로 국가 중심이론, 시민사회 중심이론, 및 시장 중심이론이라는 세 가지로 분류하여 각각의 거버넌스의 성격을 규명하도록 한다.

3 국가, 시장 및 시민사회 중심의 관계 모형

국가 중심 거버넌스 이론은 국가, 시민사회, 시장 및 국제 체제와의 관계 속에서 국가가 기본적으로 자신의 운영 논리인 관료주의와 관리주의를 어떻게 시장 원리나 시민사회의 원리에 맞추어 조정하느냐의 문제에 관심을 두고 있다. 이 때 관리주의나 관료주의는 시장과 시민사회의 영향력에 따라 개별 국가의 역사적 맥락에 따라 상대적으로 다르게 나타나지만, 기본적으로는 오랜 정부의 관료주의나 관리주의가 시장 자본주의에 영향을 주고, 이것이 시민사회의 민주주의에 영향을 주면서 삼자간의 결합체를 형성하게 된다. 이것의 대표적인 것은 대륙계 국가 모형들이다.

나아가 시장 중심 이론이나 시민사회 중심 이론의 경우에는 그들 간의 영향력의 행

그림 13-1 국가, 시장, 시민사회 중심 거버넌스 모형

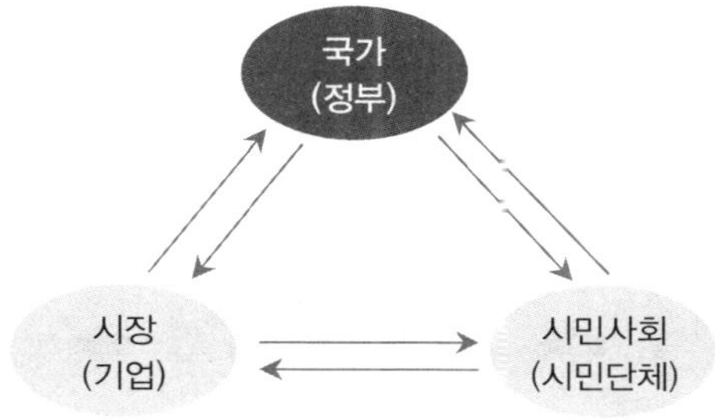

국가 중심 이론: 국가(관료주의) → 시장(자본주의) → 시민사회(민주주의)
시장 중심 이론: 시장(자본주의) → 시민사회(민주주의) → 국가(관료주의)
사회 중심 이론: 시민사회(민주주의) → 시장(자본주의) → 국가(관료주의)

사 위치와 방향이 바뀌게 된다. 개별 국가에 따라 약간의 다양성을 보이나 대부분의 영미계 국가들이 여기에 속한다. 이를 간략하게 표시한 것이 [그림 13-1]이다.

한국의 국가발전 단계에서는 서로 다른 양식의 거버넌스를 보였다. 20세기 중반 이후 건국과 산업화 단계(국가 중심), 민주화(시민사회 중심) 및 정보화(국가 + 시장 중심)단계에서는 각각 서로 다른 형태의 거버넌스를 통해 국가발전을 성공적으로 달성했다. 국가 중심에서 시민사회 중심, 그리고 국가와 시장 중심의 협력의 거버넌스를 통해 각각 건국, 산업화, 민주화 및 정보화를 성공적으로 이루었다. 21세기에 들어와 선진화를 추구하고 4차 산업혁명의 시대를 맞아 한국은 새로운 형태의 거버넌스를 모색하고 있다. 국가, 시장, 시민사회 모두 새로운 역사적인 변화에 따라 스스로 크게 질적으로 달라졌고, 이들 간의 관계 양상도 크게 바뀌었다. 20세기까지 국가, 시장, 시민사회가 각각 주도하던 독립형에서 세 주체들이 서로 연립하며 병존하던 연립병존형을 거쳐 21세기에 걸맞는 국가, 시장, 시민사회의 네트워크형으로 새롭게 공존하는 방식으로 변화하였다. 여기에 초연결성을 기본 속성으로 하는 4차 산업혁명이 작용하여 더욱 상호 공존·연결하는 네트워크형으로 변화하고 있다.

4 한국 사회 거버넌스 모형의 도출

거버넌스의 유형은 국가, 시장 및 시민사회가 맺고 있는 결합의 방식과 정도에 따

그림 13-2 국가, 시장, 시민사회의 관계 모형

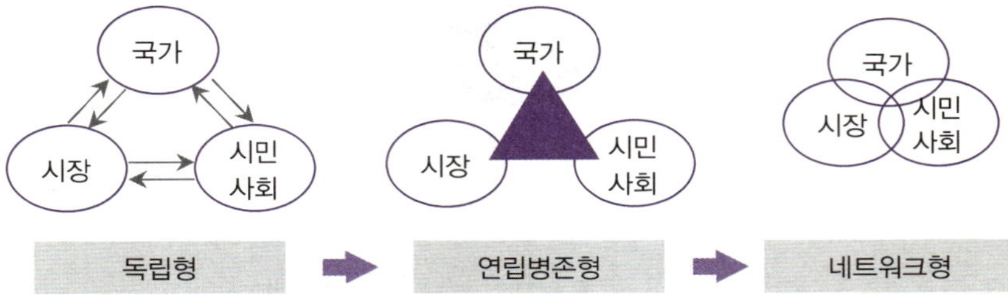

라 그 통치 능력이나 방식이 달라진다. 세 주체들이 독립성을 유지하는 독립형, 상호 어느 정도의 자율성과 연대성을 공유하는 연립병존형, 그리고 상호 긴밀하게 연결된 네트워크형 등이 대표적인 모형이다. 이 경우 각각은 장단점이 있다. 이들의 일반적인 성격을 비교하고, 나아가 이들이 한국 사회의 역사적인 맥락과 비교할 때 어느 것이 더 적실성이 있는지를 검토한 후 한국 사회 뉴 거버넌스 모형을 제시하고자 한다.

1) 독립형

독립형은 국가, 시민사회 및 시장이 서로 독립적인 지위에서 서로 다른 원리에 따라 운영되는 체제이다. 국가는 관리주의와 관료주의에 따라 활동하고, 시장은 자본주의 시장주의와 경쟁 원리 및 고객주의에 따라 움직이며, 시민사회는 참여주의와 공동체주의를 지향하면서 민주주의를 기반으로 작동하게 된다. 이 경우에는 국가, 시장 및 시민사회가 상호 협조적인 관계를 유지할 수도 있지만 많은 경우에는 한 주체가 나머지를 통치하는 관계에 있게 되면서 그들간에는 갈등과 대결 상황이 빈번하게 전개된다.

먼저, 국가와 시장 및 시민사회가 협조적인 관계에 있는 경우는 어느 하나의 주체가 나머지를 주도적으로 이끌어 갈 수 있는 역사적인 발전 단계를 거친 나라들의 경우이다. 영국이나 미국 등 영미계의 국가들은 자본주의 시장이 시민사회의 성장과 민주국가의 발전을 가져오게 한 만큼 무리 없이 시장이 주도하는 시장 중심 거버넌스를 정착시킬 수 있었다. 또한 대륙계 국가들의 경우에는 국가가 중앙집권적으로 오랜 역사를 가지고 먼저 발전하고, 그 뒤에 자본주의가 도입되고 시민사회가 형성된 만큼 국가 중심 이론에 부합한 형태로 발전하였다. 그리고, 자본주의와 복지주의의 조화 과정에 사회의 힘이 강력하게 성장한 서구 복지국가들을 중심으로 시민사회가 주도하는 거버넌스가 정착하게 되었다. 이처럼 이들 선진 국가들은 그들의 정치경제적인 역사적 맥락에 따라 통치 체제가 서서히 발전, 정착하게 되었기 때문에 기존 독립적인 모형이 큰 문제없이 부분적인 통치 체제의 보완 형태로 거버넌스가 논의되고 있다. 이들의 경우에는 국가와 시민사회 및 시장의 기본 관계를 그대로 유지하면서 21세기형의 새로운 거버넌스를 보완적으로 정립시킬 수 있다.

그러나 독립형이 지니는 문제들인 주체 간의 갈등과 대립의 문제는 새로운 거버넌스의 틀을 정립시킴으로써 해결해야 할 문제이다. 이는 기본적으로 행위 주체들 간의 개별적인 문제 때문이라기보다 독립형 거버넌스 제도 자체가 서로 다른 작동 원리로 인해 갈등과 대립을 조장하기 때문이다. 따라서 그러한 불필요한 통치 관계로 인한 사회적인 비용은 거버넌스 체제의 부적절성으로 인한 비용이라 볼 수 있다. 특히, 21세기가 구질서가 해체되고 새로운 통치질서가 정립되지 못할 경우에는 무정부 상태라는 아나키즘(anarchism)이 통치할 것이라는 불길한 예측(Pukis & Bowen, 1997)은 이러한 통치 체제의 재조정을 효과적으로 신속하게 할 필요가 있음을 보여 주는 일이다

한국의 경우에는 대륙계 모형에 따른 국가 중심 통치 체제를 발전시켜 오다가 21세기로 넘어오면서 세계화와 정보화에 따라, 그리고 IMF 관리체제로 인하여 미국형의 시장 중심 모형의 도입을 직·간접적으로 요구받고 있다. 그러나 국가 중심이론에서 바로 시장 중심이나 시민사회 중심이론으로 전환하는 것은 쉬운 일이 아니다. 정치경제 및 사회 구성체를 그렇게 전환할 경우에는 체제 전환 비용에 버금가는 사회적인 비용을 치를 수밖에 없고, 그 자체의 실효성 문제도 여전히 문제로 남는다. 따라서 한국은 현재 독립형 가운데 국가 중심이론 모형에 해당하지만 이것을 극복하는 조화로운 모형의 도출이 필요한 것이다.

2) 연립병존형

연립병존형은 전통적인 중심이론 모형보다는 거버넌스에 가깝게 가는 모형이다. 그러나 연립 병존의 경우 기존 행위 주체들인 국가, 시장 및 시민사회 등의 작동 원리가 그대로 존재하면서 불안정하게 정립하고 있는 과도기적인 모형이다. 이 모형이 잘 작동할 경우에는 상호 장점을 살리면서 공동체를 유지, 발전시킬 수 있으나, 세계시장의 변화나 압력 및 정보화의 급속한 추진으로 인한 국내외적인 환경의 변화는 이러한 잠

정적인 연립 상태를 변화시키려는 요인으로 작용하게 된다.

이 경우에는 그러한 질서의 변화로 인해 앞에서 설명한 독립모형으로 회귀하게 되고, 그 가운데 국가나 시장 또는 시민사회가 주도하는 형태로 변화하게 된다. 이러한 모형의 틀 변화는 새로운 사회적인 불안과 변화의 요소로 남게 되어 통치 체제의 불안이라는 비용을 치를 우려가 커진다. 여기에 세계 체제 요소인 다국적 기업이나 국제자본 관리기구들의 영향력이 작용하게 될 경우 체제의 불안 요인은 더욱 문제로 남을 수 있다.

3) 네트워크형

네트워크형은 국가, 시민사회 및 시장이 각각의 작동 원리를 기반으로 하지만 상호간 변화하는 새로운 질서에 공동으로 능동적으로 대응하기 위한 제도적인 장치를 구축한다. 네트워크형은 독립형이나 연립병존형과 달리 개별 주체들이 자율성을 유지하면서도 제도적으로 상호 공동 목표와 기본 가치를 공유하면서 하나의 실체로 존재할 수 있는 방식으로 연결된 관리 체제를 형성하는 것이다. 이 때문에 네트워크형에 소속되는 행위 주체들은 어느 하나가 다른 주체들을 배타적으로 통치하는 대신 상호 존중의 파트너십을 통해 하나로 묶여지게 된다. 이 때문에 새로운 거버넌스 체제는 공통된 가치와 목표를 지니면서 다양한 이슈들을 갈등 없이 관리할 수 있게 된다.

이 때문에 대륙형의 역사적인 배경을 지닌 한국이 세계화와 정보화라는 보편적인 새로운 세계 질서에 적극 긍정적으로 부응하여 이질적인 영미형의 거버넌스 모형을 택하는 대신 그 중간 유형으로 네트워크형을 택하는 것이 여러 가지 면에서 유리할 수 있다.

5 선진화와 4차 산업혁명 시대의 한국 거버넌스 모형: 국가, 시민사회, 시장의 협력-경쟁 네트워크 모형

건국, 산업화, 민주화, 정보화, 선진화 및 4차 산업혁명 시대를 맞은 한국이 네트워크형을 선택했을 경우, 그 장·단점은 여러 가지 측면에서 논의할 수 있으나, 주요한 것만 간략하게 살펴보면 다음과 같다.

먼저 장점으로는 첫째 독립형 내에서 국가 중심으로부터 시장 중심이나 시민사회 중심으로 전환하는 과정에 발생하는 막대한 체제 전환의 비용을 네트워크형을 선택할 경우 줄일 수 있다.

둘째 실현 가능성도 너무나 이질적인 국가 중심에서 시장 중심이나 시민사회 중심으로의 변환이 관료의 저항, 취약한 시민사회 및 낮은 수준의 시장 기능 등으로 인해 낮을 수밖에 없는데 반해 네트워크형은 이러한 장애 요인이 적기 때문에 상대적으로 더 높게 된다. 영미형을 강요하는 외부적인 압력과 이에 저항하는 내부적인 요소들 간에 갈등이 심화될 경우, 자율적으로 국가 중심에서 시장 중심이나 시민사회 중심으로의 이전이 어려워 불가피하게 IMF나 세계은행(World Bank) 등의 세계 자본의 영향력을 강화시키는 부작용을 가져올 위험이 큰데, 네트워크형의 선택은 그러한 위험을 줄일 수 있다.

셋째 네트워크형은 역사적인 맥락에서의 평가 외에도 보편적으로 각국에서 추진하고자 하는 네트워크형 거버넌스를 미래 지향적으로 도입할 수 있어서 세계화의 추세에도 부응할 수 있다. 이는 서구 각 국가에서 새롭게 제기되는 권위 체제의 붕괴에 따른 아나키즘을 극복하는 대안으로 제기되는 거버넌스를 자연스럽게 도입할 수 있음을 의미한다.

이러한 논의를 바탕으로 볼 때, 21세기 선진화와 4차 산업혁명 시대를 맞는 한국형 거버넌스 모형은 국가, 시장, 시민사회가 공존, 협력, 경쟁 하는 체제가 바람직하겠다(김석준, 2000; 김광웅, 2000). 이에 국가, 시장, 시민사회가 독자적으로 서로의 다른 원리에 따라 운영하는 독립모형에서 상호 병존하는 병존형을 거쳐 장차 상호 네트워크로 연결되어 하나의 논리로 공존, 협력, 경쟁하는 네트워크형으로 변화·발전해 가야 한다. 그 이유들을 국가 차원, 정부 차원 및 행정관리의 세 가지 차원으로 나누어 차례로 더 논의하도록 한다.

그림 13-3 한국의 국가발전과 국가, 시장, 시민사회 중심 거버넌스 모형

건 국 ➡ 국가 중심 이론: 국가(관료주의) ➡ 시장(자본주의) ➡ 시민사회(민주주의)
산업화 ➡ 국가 중심 이론: 국가(관료주의) ➡ 시장(자본주의) ➡ 시민사회(민주주의)
민주화 ➡ 사회 중심 이론: 시민사회(민주주의) ➡ 시장(자본주의) ➡ 국가(관료주의)
정보화 ➡ 국가 중심 이론 + 시장 중심 이론:
시장(자본주의) ➡ 시민사회(민주주의) ➡ 국가(관료주의)
선진화 ➡ 국가 + 시장 + 시민사회 중심 이론
제4차 산업혁명 ➡ 네트워크형: 국가 + 시장 + 시민사회

제4절

국가 차원의 사이버 국가와 사이버 거버넌스: 국가, 시장, 시민사회의 공존형 네트워크 형성

1 국가 차원의 뉴 거버넌스와 사이버 거버넌스

세계화와 더불어 국민국가의 성격이 약화되고, 사이버 공간의 역할이 증가하면서 전통적 행정은 그 기능과 구조가 축소되고 있다. 세계화의 심화로 국가의 경계가 약화되고 글로벌 거버넌스가 확대하면서 선진국을 중심으로 '더 작은 정부, 더 많은 거버넌스(Less Goverment, More Governance)' 라는 구호가 확산하고 있다(Frederickson, 2000; Peters, 1988; Cleveland, 1972). 이는 미국 등지에서 정부의 규모, 인원, 예산 등이 축소되지만 국민들에게는 제3섹터, 민간기구 등 다른 주체들을 통해 더 적은 세금으로 더 많은 양질의 서비스를 제공하고자 하는 것이다.

그러나 기존의 거버넌스 이론은 자본주의나 민주주의의 견제를 제도적·문화적으로 받고 있는 미국 등 서구의 경우에는 잘 작동할 수 있으나, 이러한 장치가 미비한 한국의 경우처럼 정부 기능만 축소된 채 네트워크나 파트너십이 잘 작동하지 않는 체제에서는 그 기능을 원활하게 발휘할 수 없는 한계를 가진다. 그리고 거버넌스 이론은 종래의 정부가 내부적으로 해야 할 일에 초점을 두고 있어서 민간이나 NGOs 또는 국제기구들이 거버넌스의 대상일 뿐 이들이 주체적으로 어떻게 해야 할지를 밝히지 않고 있다. 그러나 우리의 경우 NGOs나 민간 및 제3섹터도 새롭게 정립시켜야 할 입장이다. 뿐만 아니라, 미국 등은 스스로 글로벌 거버넌스의 주체이기 때문에 이것을 별도로 다루지 않고 있으나, 우리에게는 글로벌 거버넌스가 많은 것을 제약하는 변수로 작용하므로 글로벌 거버넌스에 대한 이해와 대응이 새롭게 이루어져야 한다. 다시 말해 미국 등은 이미 신뢰 사회가 구축되어 거버넌스 이론의 핵심인 파트너십, 네트워킹, 아웃소싱, 시장 메커니즘 등이 원활하게 작동하고 있으나 우리는 신뢰 자체를 구축하는 것이 거버넌스의 전제 조건이면서 그 핵심을 이루어야 한다. 따라서 우리는 거버넌스 이론을 보완하여 새로운 형태의 뉴 거버넌스를 모색할 필요가 있다.

2 한국에서의 민주주의 · 자본주의 · 관료주의 관계

한국의 경우, 전통적으로 실제로는 오랜 중앙집권적인 관료 체제를 중심으로 자본주의를 도입하게 되고 뒤이어 민주주의를 도입한 만큼 대륙계에 가까운 성격을 지닌다. 그러나 해방 이후 미군정을 거치고 지난 80여 년간 수차례의 행정개혁을 통해 영미형을 향한 부단한 노력을 기울이고, 지금도 이론적으로나 현실적으로 영미형을 지향하고 있다. 이 때문에 한국의 행정개혁은 단순히 기능적인 차원에서 영국과 미국이 추진하고 있는 방식을 그대로만 채택하여 추진하더라도 그 성과가 쉽게 나타날 수 없는 개혁의 딜레마를 역사적 · 구조적인 맥락에서 지닐 수밖에 없다. 이는 하부 구조와 상부 제도 간의 불일치를 극복하기 위해서 그 하부 구조까지 고쳐야 하는 부담을 한국의 경우 영미형을 선택할 때 이미 내포할 수밖에 없다. 개혁의 성과를 도외시하고, 대륙계인 독일이나 프랑스 및 일본이 추진하는 방향으로의 국가혁신을 선택한다면, 영미형의 개혁을 선택하였을 때보다 비용을 덜 치를 수 있는 것도 이 때문이다.[4)]

3 한국 국가의 역사적 맥락과 선택: 산업화 4세대 · 정보화 1세대 국가에서 4차 산업혁명 선도 국가로

20세기 중 · 후반 한국의 압축 성장과 후기 후발 산업화를 이끌어 오던 한국 모델의 효용성이 사라지고, 새로운 정보사회에 적합한 모형을 도출하여 정보화 국가로서 사이버 강국 또는 지식국가, 문화국가를 이룸으로써 한국행정이 수행할 역할과 기능을 재정립하여야 할 시점에 와 있다. 이는 한국 국가가 세계화와 정보화라는 21세기의 기본 역사 질서에 적응하면서 우리의 역사적인 발전에 적합하게 재정립되어야 함을 의미한다.

---

4) 한국이 영미형과 대륙계의 어느 모형을 택할 경우 비용과 효과가 어떻게 나타날 것이냐에 대하여는 다차원의 복합적인 평가가 필요하다. 한국이 대륙계 국가로서 그 원형을 유지하면서 정부 개혁을 추진할 경우, 체제 전환 비용(system transitional costs) 자체는 영미형이라는 다른 체제로 전환할 경우에 비해 적을 수밖에 없다. 그러나 개혁 미진으로 인한 체제 전환 이외의 비용은 대륙계 국가로 계속 남을 경우 더 들 수도 있어서, 종합적인 개혁의 모델별 비용은 세심한 계산이 필요하다. 이는 '아시아적 가치 논쟁'이나 '아시아 모형 논쟁'의 연장 위에 있다고 볼 수 있다. 1980년대 이후 OECD 국가들 사이에 독일, 프랑스, 일본 등 대륙계 국가들이 영국, 미국, 캐나다, 호주, 뉴질랜드 등 영미형 국가들보다 '신자유주의적 개혁'에 소극적인 점과 이것이 국가 발전에 미친 영향 등을 면밀하게 비교할 경우 간접적인 답을 얻을 수 있다.

세계 자본주의 발달 과정에서 한국은 영국(1세대), 미국, 독일, 프랑스(2세대) 및 일본, 이탈리아, 러시아(3세대) 등에 뒤이어 대만, 싱가포르, 홍콩 등과 더불어 제 4세대 산업화 국가로 분류되고 있다.5) 이 때 산업화의 세대별로 정부를 포함한 경제 주체들의 역할이 다르게 규정되고 있다. 제4세대 산업화 국가들인 한국, 대만, 싱가포르, 홍콩 등은 후기 후발 산업화(late-late industrializer) 국가들로서 20세기 후반에 산업화를 아주 늦게 시작한 만큼 민간 대기업 외에 국가가 중요한 역할을 담당하고 특히 외국 자본에 의존하는 방식을 채택할 수밖에 없었다. 이 때문에 자본도 외부의 다국적기업을 바탕으로 내부적으로는 국가독점자본의 성격을 지니게 되었다. 이로 인해 국가는 간접적인 개입이 아니라 경제에 직접 개입하고 직접 경제의 생산자, 규제자, 금융가, 계획가 등의 역할을 수행하여 신중상주의(neo-mercantilism) 국가의 성격을 가질 수밖에 없었다(김석준, 1994: 711).

이처럼 한국의 경우 세계 자본주의 발달 과정에서 제4세대 후기 후발 산업화 국가가 지니는 성격을 가지면서 지난 40여 년간 압축 성장을 통한 산업화를 비교적 성공적으로 추진하여 한국 모델 또는 동아시아 발전 모델을 이루었다. 이 때문에 국가는 발전국가나 신중상주의 국가로서 경제에 직접 개입하여 계획가, 생산자, 은행가, 규제자 등의 역할을 담당하느라 국가기구는 확대되고 공공 부문의 팽창을 통하여 기능은 강화된 것이다(김석준, 1992).

그러나 21세기에 들어 전 세계는 산업화·정보화를 향한 경쟁이 아니라 새로운 4차 산업혁명을 향한 경쟁을 추진하고 경제활동의 영역도 개별 국가의 국경을 넘어 세계 차원에서 이루어지는 세계화를 맞게 되어 국가의 역할도 새롭게 정의되고 있는 것이다. 21세기를 맞아 산업사회가 후기 산업사회를 지나 새로운 정보사회로 전환하면서 정부의 역할과 기능도 전면적으로 전환할 수밖에 없는 상황에 처해 있다. 이는 국가도 산업화 국가에서 정보화 국가로 근본적인 성격 변화를 겪고 있음을 뜻한다. 정보화 시대 지식 기반 경제(knowledge-based economy)에 적합한 지식국가나 문화국가를 이루고 사이버 공간에서의 강국을 이루는 것이 새로운 시대의 요구에 부응하는 일이다. 이를 통해 전자정부를 이루는 것도 정보화 국가의 정부 차원의 대응이 될 수 있다.

5) 이에 관한 구체적인 내용은 김석준, 1994: 709-711 참조.

4 국가 차원의 거버넌스의 방향: 협력 균형 네트워크 모형

국가혁신은 세계 체제, 시민사회 및 기업과의 관계와 자본주의 민주주의 및 관료주의의 관계까지를 포괄하는 국가의 기본 성격과 틀을 포함하여 고치는 것을 의미한다(김석준, 1997). 한국의 국가혁신은 영미형이나 대륙형 어느 하나에 치중하기보다는 양자의 균형 모형, 즉 민주주의, 자본주의 및 관료주의가 균형을 이루는 것을 모델로 삼아야 하겠다. 이들 3자가 상호 공존 · 경쟁하면서 균형을 이루도록 국가의 틀을 마련하여야 한다. 이는 매우 중요한 일로서 우리의 역사와 개혁 방향을 조화하는 해결 방안이 될 것이다.

국가혁신의 주 내용과 범위는 국가틀의 재조직, 국가 기본 성격의 전환, 세계 체제와 국가의 관계, 국가와 시민사회의 관계, 국가와 기업의 관계, 국가-지방 관계, 행정부 대 입법부, 행정부 대 사법부의 관계 재설정 등을 주 내용으로 한다(김석준, 2000). 정부혁신과 행정관리 혁신은 이러한 국가혁신의 일환으로 '바람직한 국가상'의 실현을 위한 장단기적인 방안으로 설정되어야 한다.

예로써, 통일시대 정보화 1세대 국가를 위한 사이버 국가를 바탕으로 한 '통일문화복지국가'로의 전환과 구체적인 사이버 거버넌스가 뉴 거버넌스의 중요한 내용을 이룬다. 이는 국가 자체를 사이버 패러다임에 입각하여 새롭게 접근하는 것이다. 이는 사이버 국가, 사이버 군대, 사이버 국가 기구들(국회, 법원, 각 행정 부처), 사이버 시민, 사이버 경제활동(전자상거래 등), 사이버 통상외교 활동, 국제 기구나 외국 및 국제 NGOs와의 사이버상 교류 활동 등 그 영역은 무한하고, 거버넌스의 능력과 방식에 따라 국가 능력이 실체적인 차원만이 아니라 사이버 차원의 것이 구체적으로 전통적인 국가의 능력에 추가될 것이다.

이러한 사이버 거버넌스의 내용과 범위는 활용 능력에 따라 긍정적, 부정적인 무한한 가변성을 지닌다. 이러한 내용의 일부가 구체적으로 전자정부의 형태로 나타난다. 이에 대한 국가의 대응 방식과 능력에 따라 정보화 사회가 긍정적인 면으로 올 수도 있지만, 반대로 새로운 부정적인 재앙으로 나타날 우려도 함께 있기 때문에 여기에 대한 대비가 더욱 중요한 것이다.

이러한 국가상은 국가 차원에서는 지식정부, 전자정부, 디지털 플렛폼 정부, 인공지능(AI) 정부, 디지털 거버넌스, 사이버 국가 및 사이버 거버넌스에 대해 다루어야 한다.

이들에 대해서는 뒤에서 자세하게 논의하도록 한다.

5 균형 네트워크 모형에 따른 거버넌스: 시민사회, 정치사회, 시장 및 정부의 경쟁 제고

1) 참여 주체

한국에서는 정부, 정당, 시민단체, 기업, 제3섹터, 민간 등이 함께 경쟁하는 모델이 적용되어야 한다. 특히 정당이 대리인 체제의 한계로 인해 그 기능이 크게 약화되고 이에 따라 국회도 제 기능을 하지 못하면서 국가 실패의 중요한 원인이 되었던 만큼, 정당과 국회에 대한 새로운 역할 부여가 있어야 한다. 이들은 정치사회는 물론 시민 사회에서 NGOs와 함께 대리인 경쟁을 벌여야 할 것이다. 이에 대해 여러 사전 준비들이 필요하지만 다소 시행착오를 겪더라도 이것을 도입할 필요가 있다. 현재 정부가 민간과의 공무원 교류를 정기화하고 확대하는 방안을 추진중이고, 고위 공직에 대한 개방 임용제를 시행하고 있는 것도 기본적으로는 이러한 정신 위에 있는 것이다.

2) 시민사회에 대한 조세제도 및 지원제도 개선

첫째 조세제도의 개혁에 의한 시민들의 시민사회나 정치사회에 대한 자율적 지원제도의 설립이다. 뉴 거버넌스가 정착하기 위하여서는 직접민주주의를 기반으로 한 국민의 정부 선택권 확대와 공공 서비스 선택을 수요자인 국민에게 되돌려 주어 국민이 선택하게 하는 방안이다. 그 대표적인 것으로 중앙정부와 지방정부, NGOs, 각종 단체, 제3섹터, 각 정당, 국회, 국회의원, 지방의원, 사법부 등을 대상으로 국민이 자신의 세금 중 일부를 연말 정산시에 지정 기탁할 수 있게 하는 방안이다. 이러한 제도는 미국 등 선진국에서 정당이나 시민단체에 대한 시민들의 지원을 제도화하는 보편적인 방안의 하나로 널리 이용되는 것이다. 특히, 미국 등 외국에서 정치자금의 경우 정당별 또는 정치권 전체에 기탁하는 제도가 되어 있어서 정당간 정책경쟁을 통해 민주주의 발전에 크게 공헌하고 있음을 볼 때 이 제도는 큰 성과를 거둘 수 있을 것으로 기대된다.

둘째 시민단체에 대한 기존의 정부 지원 방식이 좀 더 시민 주도적인 것이 되도록 개선하는 방안이다. 같은 맥락에서 한국 정부가 2000년 4월부터 '비영리민간단체지원법'에 따라 재정 지원을 시작하였는데 이는 민간단체의 관변 단체화를 가져오고 시민사회를 위축시킬 위험이 있다. 이는 시민단체들이 요구하는 대로 시민대표와 여야 정당이 참여하는 '시민단체지원재단'을 국회 산하에 설치하여 행정부와 독립적인 위치에서 정부의 재정 지원이 시민의 입장에서 이루어질 수 있도록 해야 할 것이다(행정개혁시민연합 건의서, 2000. 5).

3) 시민참여형 위원회 정부

정부가 시민사회 및 시장과 협력하는 거버넌스 체제로 디지털 플랫폼 정부와 시민참여형 위원회 정부를 들 수 있다. 정부, 기업, NGO 등의 의견이 첨예하게 대결하고 공론화가 쉽게 이루어지지 않는 '민주화 이후의 민주주의'의 위기를 겪고 있는 한국에서는 민간전문가와 정부관료들이 공동으로 문제를 해결하는 시민참여형 위원회 정부 형식을 적극 도입할 필요가 있다. 역대 미국 정부가 세계적인 민간 기업의 CEO들을 영입해 행정혁신을 이루는 사례들이 좋은 예이다.

이러한 맥락에서 뉴 거버넌스의 모형은 [그림 13-4]와 같이 요약할 수 있다

그림 13-4 네트워크형 거버넌스의 새로운 모형

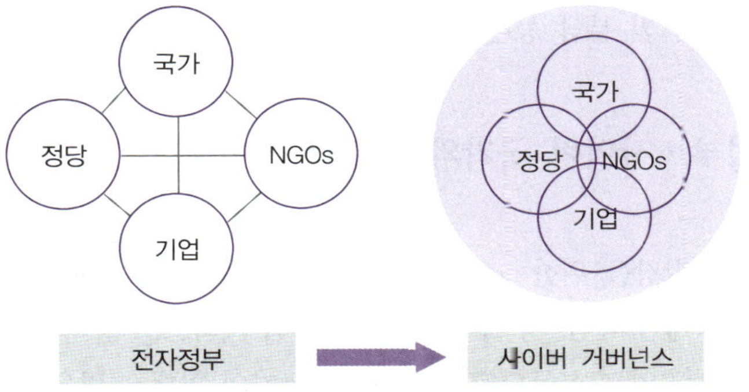

6 세계국가, 세계시장 및 세계 시민사회와의 새로운 관계: 세계주의, 지역주의와의 조화

국가 차원의 뉴 거버넌스가 국가, 시장 및 시민사회의 관계를 새롭게 짜고, 이들이 세계주의(globalism) 및 지역주의(regionalism)와 적절한 관계를 새롭게 구축하는 것이 필요하다. 세계화가 세계 자본주의 확장, 신자유주의의 확산 및 세계적 보편 기준의 지배로 나타나지만 이를 개별 국가, 시장 및 시민사회가 어떻게 조화하면서 새로운 관계를 맺느냐는 매우 중요한 일이다. 나아가 세계주의뿐만이 아니라 지역주의와의 공존 노력도 중요한 일이다. 이는 국가가 세계 체제나 지역 체제와 새로운 질서를 만드는 일이므로 세계화의 일방적인 지배에 대응하는 중요한 국가 차원의 대응 방식이 되는 것이다.

특히 한국의 경우, 20세기까지 남북 분단에 따른 분단국가로서 냉전 체제에서의 역할이 새로운 지역안보 체제의 질서로 변화하는 과정에 지역주의와의 연계는 물론 미국 중심의 세계주의와의 적절한 조화는 국가 생존은 물론 남북 통일이나 국가 번영과도 밀접하게 연결된다는 의미에서 거버넌스의 중요한 대상이 된다. 나아가 세계 자본주의 체제는 물론 IMF, IBRD 등 세계자본이나 세계금융 등 세계시장과의 관계도 매우 중요한 요소들이다. 이들과의 관계에서 단순히 법제도적인 문제만이 아니라 국가나 기업 및 시민단체 차원의 협상 능력은 매우 중요한 거버넌스의 주제로 대두된다. 이 때문에 국제기구의 설립, 참여 및 분담 등은 중요한 거버넌스의 대상이 된다.

7 디지털 정부 · 사이버 국가와 디지털 거버넌스 · 사이버 거버넌스

사이버 국가의 확장을 위한 노력도 국가 차원의 중요한 거버넌스 대상이 되고 있다. 특히 현실 세계에서 국민, 영토, 자본, 시장 등의 제약으로 강대국으로의 도약에 제약 요인을 많이 안고 있는 한국의 경우, 사이버 국가의 확대 노력은 중요한 의미를 지닌다. 이는 사이버 공간의 활동 범위를 전 세계로 넓혀 세계 국민이나 초국적 기업 들이 사이버 국가의 구성 요소롤 포함되는 것을 의미한다. 사이버 군대, 사이버 검찰, 사이버 경찰, 사이버 정부, 사이버 국회, 사이버 법원, 사이버 병원, 사이버 시장 및 전자상거래, 사이버 문화, 사이버 음악 및 예술활동, 사이버 책(전자책, e-book), 사이버 국민, 사이버 종교, 사이버 대학 및 교육 등 사이버상의 정치, 외교, 군사, 경제, 사회, 교육, 문화 등은 사이버 국가의 주요 내용을 이루는 것들이다. 아마존, 구글, 카카오, 네이버 등의 급속한 성장도 사이버 세계 확장의 결과들이다.

사이버 세계는 이미 국가간, 기업간, 개인간 중요한 경쟁 대상 영역이 되고 있다. 각종 컴퓨터 소프트웨어를 통한 사이버 세계에서의 영향력 확장이 경제행위는 물론 정치, 문화, 사회 등 전 분야의 생활에 영향을 주고 있는 만큼 이에 대한 국가 차원의 거버넌스는 매우 중요하다. 이미 IT 분야의 기업이나 전문 인력을 중심으로 한 첨단 지식정보산업 분야의 규모와 질이 세계 경제에서의 비중은 물론 사이버 세계에서의 국가 위상을 결정하고 있음을 볼 때 이는 매우 중요한 전략적인 거버넌스의 대상이 되고 있다.

현실 세계의 자본력이나 시장에서 작은 나라에 지나지 않는 아일랜드, 네덜란드 등의 유럽 국가들이 미국에 대항하는 강력한 지식정보 국가로 대두하거나 인도 등이 지식정보 인력 중심으로 강력한 21세기 국가로 다시 태어나고 사이버 전쟁의 비중 증대 등은 사이버 국가의 중요성을 확인시키는 일들이다.

이러한 사이버 국가의 대두는 관료제의 성격도 근본적으로 변화시켜 사이버 뷰로크라시(cyber bureaucracy: cybercracy)에 대한 새로운 성격 규정과 사이버 민주주의에 대한 활발한 활용을 필요로 하게 되었다.6)

제5절

정부 및 행정관리 차원의 거버넌스와 사이버 거버넌스의 모색

1 정부 차원의 거버넌스와 사이버 거버넌스

1) 정부 차원의 거버넌스

정부 차원의 거버넌스는 정부 자체의 과제, 정부와 기업의 관계 그리고 정부와 시민단체의 관계, 정부-기업-시민단체의 3자 관계 등으로 나누어 볼 수 있다. 그 동안 정부 자체에 대한 논의는 비교적 많이 되어 왔으나, 나머지 세 가지에 대한 논의는 아직 초보적인 단계에 있다. 앞으로 이들에 대한 뉴 거버넌스를 행정학 이론만이 아니라 정

6) 이에 관하여서는 이 책의 제3장에서 배득종 교수가 자세히 다루고 있다.

치학, 사회학, 경제학 등 사회과학 모든 분야의 이론들을 바탕으로 논의의 지평을 넓혀 가야 할 것이다. 이 때문에 거버넌스에 대한 연구도 기존의 좁은 학문의 경계를 전제로 하는 것이 아니라 통합 학문적인 시각과 자원 위에서 이루어져야 하겠다.

첫째 정부 자체와 관련한 거버넌스의 내용과 대상은 구체적으로 정부의 역할과 기능 전환, 기업가 정부, 고객 지향 정부, 전자정부, 규제 조정, 민영화, 민간화, 제3섹터, 정권 변화에 따라 정권 차원에서 대대적으로 벌이는 개혁 등을 주된 내용으로 한다. 고객 지향의 기업가정부 및 첨단 전자정부는 공공 부문 효율성 제고를 위한 정부조직의 대표적인 형태이다. 이에 따라 규제 완화나 민간화 및 민영화 등 정부의 역할과 기능 재조정을 필요로 하는 부문에 대한 연구가 필요하다.

국가 재창조의 개념을 기준으로 정부의 기능과 역할을 근본적으로 재검토하여 공공 부문이 하지 않아도 될 부문과 공공 부문이 새로 해야 할 부문에 대해 전면적으로 재검토해야 한다. 그 이유는 아직도 끝나지 않은 근대적 과제와 새로운 탈근대적 과제를 동시에 추진해야만 하는 한국적인 상황의 이중성 때문이다. 정부에게 종전의 직접 개입(조직가)에서 시민활동(사회활동) 촉진자로의 변화, 후기 산업사회 및 정보화 사회의 도래는 정부 · 민간 부문간 역할 분담의 재설계, 정부의 역할 수행 방식의 전환, 정부의 전략적 기획 기능(정보수집 능력, 분석 능력 등) 중시, 민간 유도 기능의 강화 등을 요구하고 있다. 이로 인하여 정부는 과학기술 · 교육 · 복지 · 환경 분야 등을 중심으로 활동을 전개할 것을 요구받고 있다. 나아가 산업 및 가상사회의 정보화를 위하여 핵심 기술의 개발, 표준화, 정보통신망의 고도화 등 선도적 역할을 수행하면서 정보산업의 육성 지원, 산업 및 사회의 정보화의 촉진 등 유도 · 지원 기능을 효과적으로 수행하여야 하고, 과학기술 인력 양성을 촉진하기 위하여 학제의 개편, 동기부여 제도의 보강 등의 노력을 전개하여야 한다.

이와 관련한 중앙 및 지방 정부조직의 축소 및 개편(조직 통폐합, 책임집행기관화 등 조직 개편, 민영화와 재정 및 인력 감축 등 정부 규모 축소), 지방자치단체의 계층 감축, 국가정책 수립 및 조정기구 개편(대통령실, 총리실과의 관계, 국무회의 등), 중앙과 지방정부 간의 기능 이양 및 갈등 조정, 중앙정부기관 간의 갈등 조정, 지방정부 간의 활동 조정 등 정부간 관계 등이 정부혁신의 주요 대상이다.

이러한 문제들은 지식정보 사회의 거버넌스 차원에서 지식정부의 관점에서 이해할 경우 좀 더 근본적인 차이를 알 수 있다.[7] 이는 지식을 중심으로 정부의 성격이 다르게 규정되고 행정도 지식을 중심으로 이루어짐을 의미한다.

둘째 정부와 기업의 관계에 대한 거버넌스는 시장 중심적 거버넌스 이론의 논의를 많이 원용하여야 한다. 시장의 원리를 중심으로 정부와 기업이 새로운 관계를 형성하고 이들이 공동 생산이나 공동 추진의 네트워크를 긴밀하게 구축할 때 정부와 기업의 관계도 새롭게 구축될 수 있다. 특히 사업성이 중심인 정부기관 관련된 것들을 민영화하고, 그 외의 업무들도 기업과 새로운 네트워크를 구축하여 공동체를 공동 운영하는 방향으로 이끄는 것은 중요한 변화가 될 것이다.

셋째 정부와 시민단체의 관계에 대한 거버넌스도 중요한 과제이다. 대표적인 시민단체는 노동조합, 경실련, 참여연대, 민주노총, 환경연합 등이며, 이들과 정부의 관계에 대한 제도적인 네트워크 구축이 중요하다. 네트워크의 유사한 예로는 김영삼 정부의 세계화추진위원회, 행정쇄신위원회, 부패추방위원회, 김대중 정부의 규제개혁위원회, 정부혁신위원회 등 민관합동회의를 들 수 있으나, 이들 기구에 참여한 인사들이 개인 자격으로 참여했다는 점에서 엄밀한 의미의 네트워크와는 구별된다. 이 외에도 2000년 4월의 경실련이나 총선연대가 벌인 정치개혁운동은 공공 부문이 해야 할 일을 민간이 맡았던 한 예이다. 물론, 그 추진 과정에서 많은 부작용과 문제점이 없었던 것은 아니지만 선관위나 행자부가 할 수 없는 일을 민간이 했다는 측면에서 의의가 있다.

그러나 이 경우에 정부가 의도적으로 시민단체를 들러리로 이용하거나 정부를 대신하여 앞장세우는 등의 형태로 나타날 경우에는 권위주의 국가 통치의 전형적인 수단인 '국가조합주의'의 한 변형으로 전락할 우려가 있다. 시민단체의 재정적인 취약성을 빌미로 삼아 정부의 재정 지원이 악용될 경우 이러한 위험성은 더 커진다. 이 때문에 민주주의 공고화 과정에서 정부와 시민단체의 관계 구축은 중요한 의미를 지니고 시민단체의 자율성을 확보하기 위해 국민들이 직접 세금의 일부를 지원하는 방식이 필요한 것이다.

마지막으로 정부-기업-시민단체의 관계에 대한 거버넌스는 그 동안 크게 활용 되지 못한 분야이며, 향후 그 네트워크의 구축 및 활동 방안을 다양하게 개발해야 할 것이다. 김대중 정부 이후의 노사정위원회가 이 기구의 한 예이다.

2) 정부 차원의 사이버 거버넌스와 전자정부

정부 차원의 거버넌스는 전자정부의 구현을 통한 사이버 거버넌스로 전환될 때 새

7) 이에 관하여서는 이 책의 제2장에서 한세억 교수가 상세히 다루고 있다.

로운 형태의 거버넌스로 자리매김할 수 있다. 현실 세계에서 수행하는 각종 정부의 역할과 기능은 정부의 사이버 행정을 통해 그 효율성, 투명성, 민주성 및 효과성을 높일 수 있는 장점이 있는 반면, 이를 잘못 수행할 경우에는 많은 부작용을 유발할 수도 있다. 이 때문에 각 국가는 21세기형 지식정보 사회에 걸맞는 전자정부의 구축을 위해 노력하고, 한국도 전자정부 구현을 위한 노력을 구체화하고 있다.[8] 이는 전자상거래, 사이버 범죄, 사이버 행정 등이 활발해지고, 시장과 시민사회의 활동도 사이버상에서 많이 이루어지면서 기존의 정부와 행정의 방식으로는 행정 수요를 충족시킬 수 없기 때문에 전자정부를 본격적으로 추진하고자 하는 것이다. 중앙정부 외에도 서울특별시와 지방정부의 전자정부사업이 본격화되고 있다.

이제 전자정부와 사이버 행정을 이용한 정부-기업-시민단체 간의 관계를 가상 공간에서 다루는 사이버 거버넌스는 정부활동의 중요한 부분이 되고 있다.

2 행정관리 차원의 거버넌스와 사이버 거버넌스

1) 행정관리 차원의 뉴 거버넌스

행정관리 차원의 거버넌스도 행정 자체 내부의 관리, 정부와 시민단체의 관계에 대한 관리, 정부와 기업의 관계에 대한 관리 그리고 정부-기업-시민단체의 관계에 대한 관리 등으로 나눌 수 있다.

첫째 정부의 내부관리의 내용과 대상은 능률성 · 효율성 · 생산성 · 민주성 · 투명성 등 행정의 가치와 분권화 제고, 조직 · 인사 · 재무 · 성과관리제도 등, 조직구조 · 의식과 행태 · 과정과 제도 · 관리기술 개혁 · 인원 감축 및 재조정을 핵심 내용으로 한다. 그 동안 역대 정부의 행정개혁이 정부조직의 외형적인 개편에만 초점을 두어 실제 그 조직이 어떻게 행정 서비스의 수요자인 국민들에게 영향을 주는지에 대해서는 관심을 기울이지 못하였다. 그러나 OECD 국가들은 조직개편이라는 하드웨어보다는 조직 내부의 경영혁신이라는 소프트웨어에 초점을 두고 있어서, 이들이 개발한 여러 관리혁신 방안들은 우리에게 문화적인 차이가 있음을 고려하여 선별적으로 적용될 수 있다.

---

8) 그 동안 정부가 행정자치부와 정보통신부로 이원화되어 추진되어 오던 전자정부사업을 통합, 일원화하여 2001년 1월 대통령 직속 기구인 전자정부추진위원회와 추진기획단을 정식으로 출범 시키는 등 역대 정부가 꾸준히 노력하고 있다.

주요 내용으로는 인적 자원 관리 혁신(권한 위임, 계약제 임용, 성과급, 팀제 운영), 예산 및 재무관리 혁신(운영예산제 도입, 산출예산제, 다년도 회계, 발생주의 회계 등), 규제제도 개혁(규제일몰제, 규제 대안 개발, 비용편익 분석제, 규제영향평가제, 중앙규제관리 기관 설치 등) 및 서비스 질 향상과 성과관리 혁신(전략 계획, 성과 협약, 시민헌장제, 서비스 기준제, 경쟁, 상업화 등)이 있다.

둘째 정부와 기업의 관계에 대한 관리문제이다. 그 동안은 국가조합주의적 통제 기제에 의해 전경련, 상공회의소, 무역협회, 중소기업협회, 농·수·축협 등 기업단체와 정부의 관계가 권위주의적인 통제기제에 의해 규제, 지휘, 감독, 통제 등을 중심으로 이루어졌으나, 이들의 관계가 새롭게 대등한 네트워크를 중심으로 자율 조정과 협상 및 타협의 방식에 의한 갈등 조정과 업무 추진으로 바뀌어야 한다. 이외에도 이와 관련하여 중요한 것은 정부 자체의 예산이나 조직 규모 및 인원보다 더 방대하면서도 법적으로는 준공공조직이나 심지어 민간조직으로 구성되어 있지만 실제로는 공공 부문에 속하는 정부 공기업, 정부 출연기관이나 보조·지원기관, 각종 기금, 공단, 협회, 사업단 등 20개 부처 730여 정부 산하기관 및 지원단체의 조직개편 및 경영혁신까지 포함하는 일이다.

셋째 정부와 시민단체의 관계에 대한 관리문제이다. 뉴 거버넌스 의 핵심적인 요소를 이루는 것은 국가와 시민사회, 구체적으로는 정부와 NGOs 등 시민단체의 새로운 관계 구축이다. 일반적으로 국가와 시민사회의 관계는 국가가 제도적 다원주의(institutional pluralism)를 수용하느냐 여부에 따라 여섯 가지의 유형으로 나눌 수 있다. 제도적 다원주의를 거부하는 유형은 억압형·대항형·경쟁형이 있고, 수용하는 유형은 용역형(또는 제3자 정부형), 협력형(또는 보충형), 공조형이 있다(Coston, 1998; 김석준 외, 2000: 262-275). 이 외에도 재원 조달과 서비스 공급의 주도 여부에 따라 정부 주도형, NGOs 주도형, 중첩형, 협동형의 네 가지로 나눌 수도 있다(Gidron, Kramer, & Salamon, 1992; 김석준 외, 2000: 264-5).

이들 가운데, 코스턴(Jennifer M. Coston)의 분류를 간략하게 살펴보면 먼저, 제도적 다원주의를 거부하는 세 가지 유형 가운데 첫째 입장인 억압형은 NGOs의 설립과 활동을 법적으로 금지하고 적대적인 관계인 것이고, 둘째 대항형은 NGOs의 운영과 활동에 정부가 광범위한 권한을 행사하는 것이며, 셋째 경쟁형은 NGOs가 정부에 비판적이고 지역 권력 등에서 상호 경합적인 입장에 있는 것이다. 다음으로 제도적 다원주의를 수용하는 세 가지 유형 가운데 하나인 넷째 용역형 또는 제3자 정부형은 정부와 NGOs가

서로 업무를 나누는 노동 분화형으로 NGOs는 제3자 정부의 성격을 지니며, 다섯째 협력형 또는 보충형은 중립적인 협력형보다는 상호 호혜 관계로 정부에 협력하는 유형이고, 마지막으로 공조형은 가장 공식화된 관계로서 정부와 시민단체가 가장 밀접한 관계 위에 상호 호혜 전략 및 공동 생산을 공식화, 제도화하는 유형이다.

이러한 여섯 가지 관계 가운데 가장 바람직한 것은 정부가 NGOs를 파트너로 인정하여 수용한 가운데 공조형을 유지하는 것이고 그 다음은 협력형이나 제3자 정부형이 바람직하다. 비록 정부가 NGOs를 수용하지 않더라도 경쟁형의 상황에만 있어도 정부와 시민단체는 상호 공존과 경쟁을 할 수 있어서 국가사회를 공동으로 운영하는 효과를 가져올 것이다. 이 외에도 정부 주도형, NGOs 주도형, 중첩형 및 협동형 가운데 협동형이나 NGOs 조도형 및 중첩형의 경우에는 거버넌스에 적합한 유형이다.

그러나 민주주의가 공고화하지 않은 많은 나라의 경우, 정부는 국가사회를 정부 주도로 운영하고자 시민단체를 억압형과 대항형에 따라 다루려고 하며 경쟁형까지도 인정하지 않으려는 성향을 지닌다. 정부 주도의 경우에는 시민단체를 활용하더라도 정부의 의도나 정책을 효과적으로 집행하는데 '둘러리'로 악용하고자 동원하는 경우가 많다. 이는 '국가조합주의'의 지배구조나 통제기제의 유산이 일부 남아 있는 경우 더욱 정부는 그러한 유혹을 느낀다. 특히, 국가 권력 기반이 시장에 비해 취약할 경우 국가통치자는 민중주의 또는 포퓰리즘(populism)을 선호하고 재정 지원이나 법적 통제장치를 원용하여 시민단체를 동원하는 통치 기술을 활용하게 된다. 그러나 시민단체가 자율성을 지니고 민주주의의 공고화가 이루어져 시민사회의 자율적인 기반이 구축될 경우에는 이러한 위험이 크게 줄어든다.

영·미형의 나라들이 오랜 민주주의의 역사를 배경으로 NGOs 주도형이나 공조형 또는 협력형을 유지하는 것은 시민단체 스스로도 민주주의가 지니는 권력에의 유혹을 넘어설 수 있는 시민사회의 능력과 성숙성을 지니기 때문에 민주주의를 지켜나갈 수 있다. 국가와 시민사회, 또는 정부와 시민단체가 맺고 있는 관계는 공공정책의 성격과 영역에 따라 그 유형을 달리할 수도 있지만 기본적으로는 국가, 시장 및 시민사회의 능력과 이들의 관계에 따라 거버넌스의 성격이 규정된다.

이러한 효율적인 국가 차원에서의 거버넌스를 이루어 거버넌스의 능력을 높이기 위한 정부-NGOs 관계의 바람직한 환경을 조성하기 위하여(김석준 외, 2000: 266-8), 첫째 정부는 NGOs 활동 강화, 참여적인 발전 증진 등을 위하여 국가의 다양한 기제의 공적 적응성과 건강한 시민사회를 고무시킬 수 있는 사회, 정치적 정책을 활용해야 한다.

둘째 정부가 정하는 NGOs 규제와 보고 사항 등은 NGOs 성장 균형을 위한 것이어야 한다. 셋째 정부는 NGOs와의 공조를 통해 정책의 효율성을 진작시키는 상생(won-win)의 기회를 조성하여야 한다. 넷째 정부는 공공 정책을 수립하기 위한 의견 수렴 과정 등에 NGOs를 개입시켜 원활한 정책 환경을 조성하여야 한다. 다섯째 정부는 조정을 위하여 노력하되, 정부가 조정의 중심은 되지만 조정 과정을 점유하지 않는 형태가 되어야 한다. 여섯째 정부가 NGOs에게 간접적으로 자금을 지원하는 방법으로 NGOs가 자율성을 유지하고 활발한 활동을 할 수 있는 정책환경을 조성하여야 한다.

2) 행정관리 차원의 사이버 거버넌스

행정관리 차원의 사이버 거버넌스는 활발하게 드입되고 있다. 정부의 보편적인 서비스를 사이버로 하거나, 공공 부문의 예산이나 인력관리의 정보 시스템 도입 등이 그 예가 될 수 있다. 이 외에도 인터넷을 이용한 지리정보 시스템(GIS)의 활용 등도 본격적인 단계에 있다.

3 한국 거버넌스를 위한 지방정부와 시민단체 및 기업의 관계 정립: 로컬 거버넌스

국가와 시민사회의 관계는 로컬 거버넌스의 차원에서도 반영되어야 한다. 지방정부와 NGOs의 관계를 공동생산이론, 위임자-대리인이론, 제3섹터이론, 그리고 민-관 파트너십이론 등에 따라 설명할 수 있다(곽진영, 2000: 268-72), 첫째 공동생산이론(co-production theory)은 공공서비스의 생산과 전달 과정에 지역 주민이 직접 참여 하게 됨으로써 공공서비스의 생산과 전달의 효율성을 강조하면서 지역 NGOs를 통한 참여 유도가 바람직하다고 주장한다(Whitaker, 1980).

둘째 위임자-대리인이론(principal-agency theory)은 지방행정의 주체가 지역 주민이고, 각 지방정부는 주민의 일을 위임받아 처리하고 있다는 입장이므로 자치행정에서 주민이나 지역 NGOs의 참여를 통한 의사 표현이 자치행정의 정책 과정에 주체인 주민의 의견을 투입, 반영할 수 있는 중요한 통로라는 견해이다. 이는 NGOs의 참여와 통제를 자연스러운 것으로 보고 이를 권장하도록 지방정부가 노력해야 함을 강조한다.

셋째 제3섹터이론(third sector theory)은 주민에 대한 공공 서비스와 지역 개발 사업을 공공 부문과 민간 부문이 민관합동의 제3섹터를 만들어 공동 생산, 공동 공급 하는 것을 제시하는 이론이다. 이는 지역 복지 서비스와 같이 지방정부와 공공 부문 이 담당해야 할 분야와 민간이 담당해야 할 분야의 경계가 모호해진 문제에 대한 생산 및 전달 체계에 지역 NGOs를 참여시키는 방안을 중시한다.

넷째 민-관 파트너십 이론(civil-public partnership theory)은 공공 부문과 민간 부문이 지역의 특정 공공 서비스를 생산 공급하는데 있어서 공동의 목적을 달성하기 위해 자율적이고 대등한 입장에서 상호 협의와 교섭 과정을 통해 일정한 합의점을 도출하고 상호 협력하면서 실행하는 것을 제시하는 이론이다. 이는 지방정부에 NGOs의 포괄적인 참여를 권장한다.

이러한 이론들은 중앙정부보다 지방자치를 바탕으로 하는 지방정부에 주민이나 NGOs가 좀더 적극적이고 자치적으로 참여할 수 있는 이론적 토대를 제시하고, 구체적으로 참여하여야 할 부분과 방법을 제시한다는 점에서 의의가 크다. 이는 민주화와 자치화의 진전으로 지방 차원에서 더 거버넌스가 쉽게 정착할 수 있음을 보여 준다.

이 외에도 지방정부와 기업의 관계가 새롭게 구축되어야 한다. 여기에서 기업은 지방의 기업을 중심으로 하지만 국내 혹은 외국의 다국적 기업까지 그 대상으로 해야 한다. 이들의 관계에 대하여는 위임자-대리인이론만 제외한 다른 세 가지 이론들, 즉 공동생산이론, 제3섹터이론, 민-관 파트너십이론 등의 설명을 그대로 적용할 수 있으므로 재론을 생략한다. 마지막으로 로컬 거버넌스를 의미하는 지방정부-시민단체-기업의 관계 역시 위의 세 가지 이론들에 따라 설명할 수 있고, 이들의 바람직한 관계도 이들이 제시하고 있다고 본다.

로컬 거버넌스는 사이버 거버넌스의 중요한 영역이 되고 있다. 대표적인 사례가 서울특별시 등 지방정부들이 사이버 민원실을 중심으로 거의 전 행정 영역에서 사이버행정을 펼치고 있음을 볼 수 있다. 앞으로 시민, 공무원, 지방기업 및 시민단체들이 더욱 활발하게 사이버에서 접촉하고 상호 활동이 이루어질 것이다.

4 한국 거버넌스를 위한 국가와 시장의 새로운 관계 구축: 딜레마의 해소

한국의 경우, 거버넌스의 또 다른 핵심이 국가와 시장, 구체적으로 정부와 기업의 새로운 관계 구축이다. 그 동안 민주주의 공고화에 따라 NGOs들이 활발해지면서 주로 국가와 시민사회의 관계에 대한 관심과 연구는 많았으나, 국가와 시장 및 시장과 시민사회의 관계에 대한 관심과 연구는 제한적이었다. 여기에는 경제학자들의 경우에는 주로 신자유주의적 갈등 해결 방안인 시장 주도의 방안을 규범적이고 무비판적으로 받아들이기 때문이다. 한편, 정치, 행정학자들의 경우에는 이 문제에 대해 관심을 크게 기울이지 않은 것은 정부와 기업의 관계를 정부 중심적으로 이해하기 때문에 달라진 관계를 정부의 시장 개입 축소와 탈규제, 국가조합주의의 해체 문제로 접근하는 경우가 주종을 이루기 때문이다. 그러나 이러한 접근은 국가나 시장, 정부나 기업의 자율성 회복 또는 각각의 능력 제고라는 측면에서 단기적으로는 의미가 있으나, 장기적으로 국가와 시장, 정부와 기업의 자율성을 유지한 상태에서의 새로운 관계에 대해서는 다루지 못하는 한계가 있다.

이에 거버넌스를 실현하기 위한 국가와 시장, 정부와 기업의 관계는 거버넌스의 이론에 따라 새롭게 접근해야 한다. 그 핵심은 국가와 시장의 새로운 협력 관계를 구축하는 것이다. 특히 국내 기업과 다국적 기업에 대해 정부가 이중적 · 차별적 입장에서 접근하는 문제와 실제로 물적 기반에서는 정부와 대등하거나 그 이상의 지위에 있으면서도 권위주의적 정부의 힘으로 인해 인위적인 열등한 지위에서 정부와 관계를 맺고 있는 기업이나 기업단체들의 딜레마 문제를 근본적으로 재점검하여 현실화하는 방안으로 정부나 기업 모두가 노력할 필요가 있다.

첫째 국가와 시장, 정부와 기업의 실질적인 관계의 재설정 문제이다. 한국에서 정부와 기업 사이의 관계에서 1970년대까지는 정부가 월등하게 강력한 지위에 있었으나, 1970년대에는 서로 대등한 관계를 지닐 만큼 기업이 성장하였고, 기업의 물적 기반이나 세력이 정부를 능가하기 시작한 것은 1980년대 후반 이후이다. 이러한 현상은 일본의 경우와 유사하다. 그러나 1990년대 이후 민주주의 이행 과정에 노동 세력이 강력해지면서 기업의 권력 기반은 노동세력과 나누어 갖게 되어 정부와 기업의 관계도 크게 변화하지는 못하였다. 그러나 세계화의 영향으로 기업들이 세계로 진출하면서 정부에 대한 기업의 위상도 강화되어 상대적으로 우위에 있게 되었다. 이렇게 성장한 기업의 세력을 정치사회는 인정하지 않고 과거와 같은 방식으로 규제, 지배, 통제를 계속하면서 기업의 정부와 정치권에 대한 도전과 시위가 나타나게 되었다. 대표적인 사건이 1992년 14대 대선을 앞두고 현대그룹의 정주영 회장이 국민당을 창당하여 대통령 후보로 나선 일이다. 비록 당선되지는 못하였지만 상당한 국민의 지지를 얻고, 나아가 국회의원 총선에서 제3당으로 부상한 것은 중요한 의미를 지닌다.

정부와 기업의 관계는 개별적인 관계만이 아니라 전경련, 대한상의, 무역협회, 중소기업협동조합 등 경제단체와 정부와의 관계에서도 나타난다. 권위주의 시대의 정경유착의 수단이나 채널로서만이 아니라 새로운 정부와 기업의 협력적인 관계의 구축을 위해서 이들 단체의 역할이 재정립되고, 이들에 대한 정부의 관계도 재설정되어야 한다.

둘째 국내시장과 세계시장, 국내기업과 다국적 기업에 대한 정부의 이중적 · 차별적 관계 설정의 문제이다. 정부가 국내시장과 기업에 대하여서는 하위 파트너로 상대 하면서도, 선진국의 다국적 기업에 대하여서는 우대하는 입장에서 상대하고 있는 이중적 · 차별적인 관계를 구축하는 것은 이제 새롭게 재정립해야 할 관계 설정이다. 과거 국가주도의 수출산업화 발전전략을 채택했을 때에는 국내 기업에 대한 각종 특혜를 주어 수출을 장려하면서 반대로 외국 기업에 대한 역차별화 정책을 추진하여 국내 기업을 보호하였다. 그러다가 1990년대 이후 탈냉전, 개방화, 자유화, 세계화가 이루어지면서 반대로 국내 기업보다 외국 기업에 더 많은 혜택을 주는 방향으로 정부 기업의 관계를 내부적으로 변화시켰다. 이러한 성향은 IMF 위기 이후 재벌개혁, 금융 개혁, 구조조정, 공공 부문개혁 등의 과정에 크게 부각되어 16대 총선에서는 이 문제가 첨예한 여야 간의 정쟁 대상이 되기도 하였다(김석준, 2000).

이제 이러한 딜레마를 해소하는 방향으로 정부와 기업, 나아가 국가와 시장의 관계가 재구축되어야 한다.

5 국가-시장-시민사회의 새로운 거버넌스 구축

최근 노사문제, 교육문제, 기타 각종 사회적 갈등 해소를 위한 장치로 국가-시장-시민사회의 새로운 틀을 구축하려는 시도가 많아지고 있다. 대표적인 예가 노사정협의체의 형태로 출범한 경제사회노동위원회와 국가교육위원회이다. 이는 기본적으로 첨예한 집단 간의 갈등 상황에서 정부가 독자적으로 갈등을 해소하기에는 어려움이 있어서 구성한 예들이다.

이들의 경우, 그 역할이 상이하지만 제 기능을 발휘하지 못하게 된 데에는 우선 관련 주체 모두가 성숙되지 못하여 능력이 낮고, 이들을 연계시키는 거버넌스의 틀이 제대로 제도화되어 작동하지 못한 것이 주된 이유이다. 이들을 새롭게 파트너십과 네트워크를 통해 공동 운영 체제인 거버넌스 체제로 구성하는 능력이 필요하다. 이 경우에도 중요한 것은 이러한 새로운 국가-시장-시민사회의 거버넌스 구축이 국가, 시장, 시민사회라는 개별 구성 주체의 능력을 저해하거나 활동을 방해하는 제로 섬(zero-sum)관계나 네거티브 섬(negative-sum)관계가 아니라 서로 상생(win-win)전략을 통하여 포지티브 섬(positive-sum)관계로 나타나야 한다.

이 외에 시장과 시민사회의 관계는 기업 거버넌스(또는 법인 거버넌스: corporate governance)에서 주로 다루지만 사외이사제, 노사협력 체제, 기업의 사회적 책임제도, 소비자 주권제도 등과 같은 제도를 통하여 보완할 수 있다.

6 글로벌 거버넌스, 리저널 거버넌스와 거버넌스 능력

거버넌스의 능력은 글로벌, 리저널, 내셔널, 로컬 수준의 4차원이 함께 잘 조화할 수 있는 다층적인 거버넌스를 구축할 수 있어야 한다. 특히 세계화와 정보화로 인해 각종 공공 영역의 이슈들이 다차원적으로 연계되면서 이를 해결할 수 있는 거버넌스 능력도 다차원적으로 담보되어야 한다. 먼저 네 가지 차원의 거버넌스 가운데, 내셔널 거버넌스가 인권, 빈곤, 안보, 민족, 환경, 복지 및 여성의 모든 분야를 다루어 가장 광범위하게 활동하고, 다음으로 글로벌 거버넌스가 복지문제를 제외한 모든 분야에 관련하여 활동하며, 로컬 거버넌스가 인권, 안보, 민족문제를 제외한 나머지에 관심을 기울이고, 마지막으로 리저널 거버넌스가 빈곤, 안보, 민족문제만 다루어 가장 그 범위가 좁음

그림 13-5 거버넌스의 주요 이슈와 그 적용 차원의 예

	인권	빈곤	안보	민족	환경	복지	여성
global governance	●	●	●	●	●		●
regional governance		●	●	●			
national governance	●	●	●	●	●	●	●
local governance		●			●	●	●

을 보여 준다. 이들 네 가지 차원의 거버넌스가 인권, 빈곤, 안보, 민족, 환경, 복지, 여성 등의 이슈와 얼마나 밀접하게 관련되는지를 나타내는 것이 [그림 13-5]이다.

또한 거버넌스의 주요 주체들을 세분화하여 국제기구, 정부간조직, 다국적 기업, 다원적 기부조직, 국가, NGOs, 시민조직(grassroots organizations: GROs)으로 나눌 때(김석준 외, 2000: 247-275), 국가가 가장 활동의 폭이 넓고, NGOs는 안보 이외의 모든 문제를, 국제NGOs는 민족문제를 제외한 모든 문제에 관심을 가지고, 국제기구는 복지문제를 제외한 모든 문제에 걸쳐 활동하며, 시민조직은 인권과 안보 이외의 문제를 다루며, 다국적기업들의 활동 폭이 가장 좁아 개발과 환경문제에만 주로 관심을 기울인다. 이들이 어느 주제에 관심을 많이 지니는지를 정리한 것이 [그림 13-6]이다.

이처럼 주체별로 관심 사항이 달라 글로벌 거버넌스의 성격도 다양하게 나타나지만, 글로벌 거버넌스는 국제기구-NGOs-MNCs의 관계를 중심으로 나타난다. 이슈별로 관련 국제기구가 다르지만, 대표적인 국제기구는 UN, UNESCO, IMF, IBRD, WTO 등이 있다.

이 가운데 UN을 예로 들면, NGOs에 대한 UN의 입장은 긍정적이다. 이념을 공유하며 이를 효율적으로 실현할 수 있게 하고, NGOs로부터 지역에 대한 정보를 제공 받으

그림 13-6 거버넌스의 주요 행위 주체와 관련 이슈의 예

	인권	개발	안보	민족	환경	복지	여성
국제기구	●	●	●	●	●		●
INGO1	●	●	●		●	●	●
MNCs2		●			●		
MDOs3	●	●			●	●	●
국가	●	●	●	●	●	●	●
NGO1	●	●		●	●	●	●
GROs5		●		●	●	●	●

1. Inter-Governmental Organizations
2. Muitinateral Corpotations
3. Muitinateral Donors Organizations
4. Non-Governmental Organizations
5. Grassroots Organizations

며, 세계 시민과의 직접적인 연계를 가능하게 하여, 이를 통해 정책의 권위와 정당성을 강화시키는 기능을 NGOs가 가능케 한다는 입장이다. 이에 대해 NGOs의 입장은 UN 활동에 참여하여 국제 사회에서 공식적인 발언권을 획득하고 그들의 영향력을 제고시킬 수 있다는 것이다. 이로 인하여 UN과 NGOs는 글로벌 이슈를 함께 논의, 해결하는데 동반자적인 관계를 구축하게 된다. 다른 국제기구들의 활동에 대한 NGOs의 관계도 유사하게 형성되고 있다.

다음으로 리저널 거버넌스의 경우, 국가들 간에도 입장이 다르고 NGOs간에도 선진국 NGOs(NNGOs)와 후진국 NGOs(SNGO)간에 입장이 다르고, 지역 내에서도 서로 이해관계가 상이하여 적절한 관계의 구축이 필요하다. 거기에 역사적・문화적 요소까지 내재할 경우에는 리저널 거버넌스의 효과적인 구축 문제가 더욱 복잡하고 어려운 문제가 된다. EU, NAFTA ASEAN 등이 비교적 활발하게 운영되는 반면 역사적인 이유로 인해 동북아 지역의 지역공동체가 쉽게 구축되지 못하는 것은 문화적・역사적 유산 요소 때문이다.

7 거버넌스 능력의 구성 요소

이처럼 거버넌스는 다차원성을 지니므로 글로벌리즘, 리저널리즘, 내셔널리즘, 로컬리즘 등의 조화와 더불어 국가, 시장, 시민사회의 관계를 새롭게 구축하고, 이것이 얼마나 효과적으로 응집력을 지니면서 포지티브 섬을 지향하여 윈-윈 전략으로 활동할 수 있느냐에 따라 거버넌스의 능력이 달려 있다. 거버넌스 능력은 국가 능력, 시장 능력, 시민사회 능력이라는 구성 요소의 능력을 바탕으로 하면서 이들을 크게 하나로 묶어내는 제도 형성, 협상 및 갈등 해결 활동의 능력을 의미한다.

첫째 파트너십, 공동생산망, 네트워크 구축 등을 통한 국가-시장-시민사회의 공동운영 체제와 제도 형성 능력이 거버넌스 능력의 핵심이다. 이는 제도, 조직, 정책망, 정책 수단, 협의체 구성 등 다양한 형태로 나타나지만 거버넌스 제도를 출범, 정착, 발전시키는 기본 틀과 주체가 된다는 점에서 가장 중요한 요소가 된다.

둘째 국가, 시장, 시민사회의 갈등과 딜레마적인 상황을 협상으로 극복할 수 있는 협상 능력과 갈등 해소 능력이 거버넌스 능력의 중요한 부분이다. 이는 거버넌스의 제도 능력이 축적되고 학습되어 제도로 뿌리를 내리고, 이에 따라 행위 주체들이 포지티브 섬의 방향으로 활동할 수 있는 능력을 의미한다. 특히 노사간 계급 갈등, 지역간 갈등, 이익집단간 갈등, 정부 기구간 갈등, 중앙과 지방의 갈등, 외국과 국내의 갈등, 국내 기업과 외국 기업 및 시민단체와의 갈등, 국제기구와 국내 기업 · 시민단체 · 정부조직 간의 갈등 등 수 많은 갈등을 해결할 수 있는 능력을 의미한다.

제6절

한국 거버넌스와 사이버 거버넌스의 주요 과제

1 한국 거버넌스와 국가 자산으로서의 신뢰

한국 거버넌스와 사이버 거버넌스를 위해 신뢰는 필수적인 요소이므로 먼저 신뢰에 대해 간단하게 살펴본 후 사이버 거버넌스를 설명하도록 한다. 신뢰는 이론적으로 문화적인 측면에서 접근하였지만 지금은 그 자체를 정치경제적 실체로 간주하고 국가 자산이며 국력의 중요 요소로 이해하고 전략적으로 관리하고 있다. 신뢰(trust)는 정치행정학 연구의 오랜 주제로 되어 왔으나 최근 다시 중시되고 있다. 국내 행정학 분야에서는 조직문화를 중심으로 연구되고 있으나 좀 더 거시적인 맥락에서 이해할 필요가 있다. 국가 신뢰도 평가에 따라 국가위기의 정도가 달려 있고, 외국 자본의 국내 투자 여부를 결정하게 하여 신뢰도가 바로 국가자산 및 사회자본으로 나타나고 있기 때문이다.

당초 신뢰는 정치문화와 행정문화의 연구에서 다루어져, 정치행정 제도와 문화의 관계를 분석하는 데 활용되었다. 참여적인 시민문화(civic culture)가 민주주의 제도를 뿌리내리게 하고, 민주주의 제도가 시민문화를 확산시키게 된다는 것이 주된 연구 결과이다(Almond & Verba, 1963). 그 뒤 미국 패권의 위기와 관련하여 강대국의 흥망에 대한 케네디(Paul Kennedy)와 나이(Joseph Nye, Jr.)의 논쟁이 제기되면서 신뢰를 포함한 문화의 실체적 존재를 인정하게 되었다. 케네디(Kennedy, 1987)는 제조업 중심의 경제력과 군사력 등의 경성 권력(hard power)을 중심으로 국력(national power)을 볼 때 미국이 세계 패권 국가에서 퇴조하고 미국, EU, 일본, 러시아, 중국이 21세기의 패권 국가로 대두한다고 분석한 반면, 나이(Nye, 1990)는 경성 권력 외에 문화력과 기술력 등의 연성권력(soft power)이 21세기에는 더 중요하게 되어 미국이 계속 세계 강대국으로 남게 될 것으로 분석하였다. 여기에 후쿠야마(Fukuyama, 1998)는 신뢰가 이데올로기 종언 이후의 가장 중요한 요소가 됨을 주장하면서 한국과 일본의 향후 발전이 신뢰의 차이로 인해 다르게 나타날 것으로 예측하였다. 이러한 논리 위에 미국에서 나이(Nye, 1998)를 중심으로 신뢰에 대한 연구가 계속 활발하게 전개되고 있다.

이 때문에 신뢰의 확립을 한국 거버넌스의 중요한 과제로 삼을 수밖에 없다. 이 때 신뢰는 국가에 대한 국내외의 신뢰도가 가장 중요하지만 이 외에도 구체적으로 정부, 정책, 기업, 대통령, 정당, 시민단체, NGOs, 제3섹터 각종 민간기구, 네트워크, 입법부, 사법부, 군대, 학교, 종교 등에 대한 종합적인 신뢰가 확보되도록 해야 한다. 이를 위해서는 이들에 대한 민주적 통제가 활발하고, 정보공개를 통해 투명성이 확보되며, 부패 척결을 통해 깨끗한 국가와 기업 및 사회가 이루어져야 한다. 이를 위한 각종 정치경제적 장치나 법적 제도 및 문화적인 환경이 마련될 필요가 있다. 권위주의체제에서 벗어나 민주주의 공고화 과정에 진입한 만큼 민주화의 성공적인 정착은 신뢰 그 자체를 크게 향상시켜 신뢰사회를 만들 수 있을 것이다.

최근 국가 부도, 기업 부도, 금융기관 위기, 주식시장 위기 등도 이들에 대한 신뢰와 직결되어 있음은 신뢰가 국가 재창조와 뉴 거버넌스의 핵심이 되어야 함을 의미하는 것이다. 사이버 국가, 전자정부 및 NGOs에 의한 뉴 거버넌스도 신뢰 정도에 따라 그 성과가 크게 달라짐을 유의해야 할 것이다.

2 NGOs · 사이버 국가 · 전자정부를 이용한 뉴 거버넌스와 사이버 거버넌스

사이버 시대의 도래는 전자민주주의, 전자상거래, 전자행정, 사이버 전쟁, 사이버 인간, 사이버 네트워크의 확산 등 새로운 사이버 패러다임의 정립 필요성을 제기하고 있다. 새로운 사이버 시대는 지금까지보다 국가나 사회에 대한 신뢰의 중요성을 더욱 부각시키고 있다. 이 점에서 과거에는 신뢰가 문화적 차원에서 추상적인 의식이나 행태에 미치는 요인 정도로 간주되었으나, 이제는 국가 자산(state capital)이나 사회 자본(social capital)의 핵심으로 전환하여 국력의 척도로 작용하고 있다(Nye et al., 1998; Fukuyama, 1998).

사이버 네트워크나 전자정부의 정착은 정부가 다른 주체와의 파트너십이나 네트워크를 확산시키는 데 중요한 채널로 작용하게 되었다. 이 제도는 기본적으로 정부를 경쟁적인 주체로 전환시켜 정부의 경쟁력과 생산성을 향상시킬 수 있다. 또한, 남북 분단을 극복하고 통일국가를 이루는 정비 작업도 네트워크나 사이버 공간의 활용을 통해 큰 부작용 없이 가능할 것이다.

21세기에는 전통적인 정부 행정의 역할과 기능은 크게 약화, 변화하고 있으나, 공공부문의 거버넌스 자체는 확대된다. 비록 정부는 작아지더라도 더 확장하는 거버넌스를 담당할 주체는 이미 시민사회의 확산으로 그 역할이 강화된 NGOs와 제3섹터, 그리고 일정 영역에서의 민간 혹은 공공 국제기구(global NGOs, 국제기구들)의 역할이 증가하게 될 것이다.

세계주의, 지역주의, 민족주의 및 지방주의 등의 확산으로 중앙정부의 역할과 기능은 수직적으로 지방정부에 이양되거나 때로는 지역 국제기구 또는 세계 국제기구로 넘겨지게 되어 정부는 적어지게 된다. 또한 수평적으로는 중앙정부나 지방정부 모두 의회, NGOs, 제3섹터, 민간 등에 행정 업무나 기능을 이양하게 되어 역시 정부의 기능과 역할은 적어지게 된다. 이처럼 정부 행정이 축소된 것을 다른 주체들인 NGOs, 국제기구, 제3섹터, 민간 등이 담당하게 되는데, 이들 간의 기능과 업무의 배분은 국가간 강제 규정에 의한 경우를 제외하고는 자유로운 시장경쟁의 원리에 따라 이루어지도록 해야 한다.

네트워크의 확대를 통한 사이버 공간의 확산과 전자정부의 실현은 이러한 추세를 가속화시킬 수 있을 것이다. 이 때문에 공공 부문에서의 행정관리 혁신이 각종 제도의 도입을 통해 이루어지지만 기본적으로 전자정부나 사이버 정부의 기능 확대가 정부 부문에서의 새로운 대안이 된다. 이와 더불어 NGOs나 제3섹터 또는 민간 등도 정부와 더불어 새롭게 거버넌스의 주체로 등장한 만큼 시장 경쟁 원리 외에 공공 이익이나 공동선을 실현하기 위한 질서의 재형성이 필요할 것이다. 그러나 이러한 질서와 규칙을 지키고 재설정하는 것은 여전히 정부의 역할이다.

3 사이버 거버넌스 · 인터넷 거버넌스 · 디지털 거버넌스의 개념과 성격

현실 사회에서의 국가, 시장 및 시민사회의 관계를 다루는 국가 중심, 시장 중심 및 시민사회 중심의 거버넌스나 거버넌스의 분석 수준과 차원에 따른 글로벌 거버넌스, 리저널 거버넌스, 내셔널 거버넌스 그리고 로컬 거버넌스 등과 달리 사이버 거버넌스는 사이버 공간이라는 가상 공동체에서 형성되고 있는 거버넌스의 한 형태이다. 21세기와 더불어 정치경제와 사회 등이 정보화의 심화로 나타나면서 인터넷과 가상 공간의 네트워크를 이용한 사이버 공간의 활동이 매우 급속하게 증가하고 있다. 사이버 상거래, 사이버 민주주의, 사이버 국가, 사이버 군대, 사이버 범죄, 사이버 문화 등 다양한 분야에 걸친 가상 공간에서 인간의 활동은 그 범위와 성격을 시간적 · 공간적인 차원에서 무한성과 다양성으로 나타나고 있다. 가상 공간에서의 활동은 기존 현실 사회에서의 그것과 근본적으로 그 성격과 질을 달리하고 있다. 이 때문에 가상 공간에 대한 공동체의 관리는 매우 중요한 과제로 등장하게 되었다. 세계화가 국민국가의 경계를 넘어서 글로벌 수준에서 통합하는 현상으로 나타나는데 그것이 가장 활발하게 일어나는 분야가 사이버 공간이 되고 있다.

이러한 사이버 공간에서 일어나는 일들에 대한 관리와 질서 유지 등의 업무가 공동체의 중요한 과제가 되고 그것이 바로 사이버 거버넌스로 나타난다. 즉 사이버 거버넌스는 물리적 범위와 수준을 하나의 축으로 하고 구체적 정책 이슈를 또 다른 하나의 축으로 하는 2차원으로 구성된 거버넌스의 세계에 제3의 축으로서 가상공간을 연결함으로써 마치 그 반대편의 대칭적 세계에서 거버넌스의 수준과 이슈를 그대로 투영하고 있는 또 다른 완전한 형태의 거버넌스 영역이라고 하겠다.

주로 인터넷을 통해 구축되는 가상공간에 대해 낙관론자들은 이러한 인터넷 세계가 국가, 시장 및 시민사회의 관계, 구체적으로 시민과 정부, 정당 및 기타 제도 간의 대화를 활성화하고 정책 결정에의 시민 참여를 제고하며 정부의 투명성을 증진시킴으로써 공적 신뢰(public confidence)를 회복하고 민주주의에 새로운 회생의 기회를 부여할 것이라고 주장한다. 반면, 비관론자들은 정보통신 기술의 발달과 기존의 권력과 경제적 부(富), 그리고 정보의 불평등은 별개의 것으로서 이러한 불평등을 해소 또는 완화하는 데 전혀 기여하지 못할 것이라고 한다. 이러한 양면성을 지니는 사이버 공간은 정보 공동체를 형성하게 하여 공동체에 속한 사람과 집단 등과 그렇지 않은 개인과 집단 등을 구분하는 중요한 기능을 한다. 이 때문에 사이버 공동체는 정보 공동체, 인식 공동체 및 정책 공동체로 연결될 가능성이 있고, 이로 인해 새로운 형태의 소외가 발생할 수도 있다. 이처럼 사이버 공동체는 새로운 공동체를 형성할 수 있으며, 거버넌스의 새로운 영역으로서 적합한 것인가에 대한 논의 여부에 무관하게 중요한 주제로 필연적으로 등장하게 되는 것이다.

우선 가상 공동체의 개념을 정리하면, 컴퓨터 네트워크의 매개를 통해 말과 생각을 교환하는 사람들의 집단이다라고 할 수 있다(Rheingold, 1993). 이러한 가상 공동체는 대면적 만남을 병행하기도 하며, 지역성과 상업성을 띠기도 하고, 필요에 따라 익명성을 띠거나 포기하기도 하는 등, 공·사 모든 영역에서 매우 다양한 유대 관계를 형성하고 있다. 비록 일부에서는 가상 공동체라는 것은 의사 공동체(pseudocommunity)로서 순수 공동체(genuine community)를 해체할 것이라는 우려도 하지만, 그러한 우려에도 불구하고 오늘날 가상 공동체는 전혀 새로운 유형의 공동체로서 거버넌스라는 새로운 국정 운영의 패러다임이 적용될 수 있는 영역으로서 보는 시각이 지배적이다. 그 동안 사이버 거버넌스라는 용어를 직접 사용한 경우는 많지 않으나 유사 용어로 사용해 온 인터넷 거버넌스, 디지털 거버넌스, 전자상거래 관리, 전자 민주주의 등의 용어들이 이 글에서 사용하는 사이버 거버넌스와 유사한 용례들이다.[9]

사이버 거버넌스가 대상으로 삼는 사이버 공동체, 즉 가상 공동체는 거버넌스와 관련하여 다음과 같은 성격을 갖는다.

첫째 지역성에서는 흔히, 가상 공동체가 지역을 뛰어넘는다는 생각을 하게 되며, 실제로 그러한 증거도 많이 발견되고 있다. 그러나 사이버 공간이 지역을 재생산한다는 증거 역시 많이 발견되고 있다는 점에 주목해야 한다. 가상 공동체는 더 넓은 사이버 공간에 연결되어 있지만 보통 지리적 거점을 가지고 있다(Rheingold, 1993). 또한, 사이버 공간은 거점을 중심으로 새로운 지역적 영역을 형성해 가기도 한다. 따라서, 가상 공간에서 지역성의 여부를 논하는 문제보다 중요시해야 할 문제는 가상 공동체는 새로운 지역적 차원을 형성하고 있으며, 그것이 현실 세계를 그대로 답습하지는 않을 것이라는 것이다.

둘째 익명성에서는 가상 공동체는 익명성이 한계가 되기도 하지만 활동과 친목을 강화하는 요인이 되기도 한다. 또한 사이버 공간에서 강조되는 선택권의 문제를 고려할 때, 실명을 통한 주장이 권위를 인정받게 된다는 측면에서 실명으로 운영되는 가상 공

9) 사이버 거버넌스라는 용어는 필자가 처음으로 사용하는 것으로 인터넷 거버넌스, 디지털 거버넌스, 전자상거래, 전자 민주주의, 사이버 국가, 사이버 군대, 사이버 시민, 세계시민, 사이버 기업, 사이버 은행 등 기존의 용어들을 포함하여 다루는 거버넌스로 사용하고자 한다. 이를 줄여서 Cybernance(Cyber governance)로 부를 수 있겠다. 필자가 처음 사용한 것은 『뉴 거버넌스 연구』(2000)에서이다.

동체의 영향력에 주목하게 된다. 따라서 사이버 공간은 현실 세계와 유사한, 그러나 어떤 면에서는 훨씬 민주적이며 주장의 권위와 책임성이 강한 뉴 거버넌스의 패러다임을 제공할 수 있다.

셋째 가상 공동체의 공공성이다. 가상 공동체의 상업성이 지적받고 있는 것이 현실이지만 분명 가상 공동체는 공공 영역의 문제 해결에 있어서 과거의 공동체가 제공해 줄 수 없었던 많은 기능을 수행해 주고 있다. 혹자는 가상 공동체는 지역 공동체를 점차적으로 대체해 갈 것으로까지 전망하기도 한다. 진실이 어떠하든지 간에 분명한 것은 가상 공동체가 사회적 · 정치적으로 거대한 압력으로 존재하고 있으며, 공공 영역에서 그 영향은 더욱 지대하다는 것이다(윤영민, 2000).

따라서 가상공간에서 형성되는 가상 공동체는 거버넌스의 새로운 영역(dimension)으로 논의되어야 한다. [그림 13-7]은 현실 세계와 가상 공동체의 패러다임을 통해 투영된 거버넌스의 차원과 적용 차원을 가상해 본 것이다. 가상 공간을 통하여 투영된 현실 세계에서는 현실과는 또 다른 양태의 거버넌스가 요청될 것이다. 가상 공동체에서의 거버넌스는 현실 세계에서의 거버넌스의 이슈와 행위 주체들이 추가적 행위자와 이슈의 동참과 함께, 다양한 목적과 방식으로 역동적인 상호 관계를 형성해 갈 것이다. 따라서 앞으로 가상 공동체의 중요성이 증대되고 있음을 주목하여 뉴 거버넌스의 논의도 이 두 가지 세계에서 각각 논의되어야 한다.

그림 13-7 현실 세계와 가상 공동체에서의 거버넌스

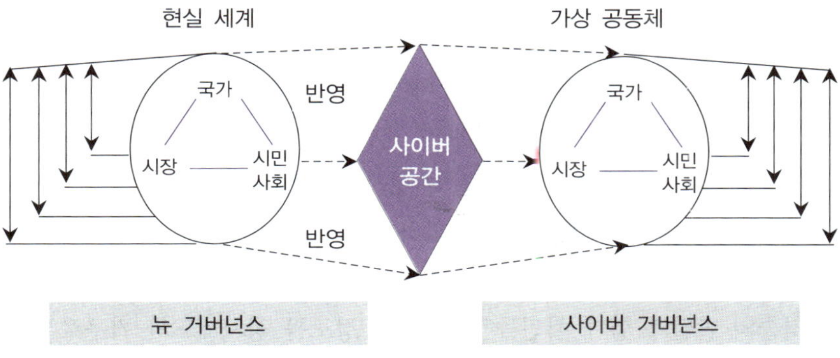

4 사이버 거버넌스의 주요 주제

사이버 거버넌스와 관련된 주제는 정치, 경제, 정치경제, 사회, 문화 등의 분야에 따라 다양하지만 대표적인 주요 주제 중의 하나는 첫째 인터넷을 통한 정부, 정당, 시민단체, 개별 가계의 연결이 민주성을 신장하였는가에 대한 의문이다. 이러한 의문에 대해 다양한 경험적 연구들(Fuchs & Kase, 2000; Norris, 2000)이 현재 나타나고 있는데, 이들의 공통된 연구 결과는 인터넷을 통한 물리적인 연결망의 구축은 상당히 놀라운 속도로 진행되고 있는 반면 이러한 인터넷 네트워크의 구축이 정치 체제의 민주성의 신장으로 연계된 점에 대해서는 대체로 비관적으로 보고 있다는 것이다. 즉 인터넷을 통한 정부와 정당, 그리고 시민과의 연계성은 분명히 증가하고 있고 현재까지 남아 있는 어려움도 급속한 정보통신 기술의 발달로 조만간 해결될 것이지만 가상 공간에서의 민주성이 순수한 형태의 직접 민주주의 체제가 가진 정통성을 확보해 주지는 못한다는 것이다. 그럼에도 불구하고 현재의 경험적 연구들이 일관되게 주장하는 것은 사이버 민주주의가 전혀 불가능한 것은 아니라는 것이다. 사이버 민주주의의 정통성은 좀 더 철저한 인터넷 체제의 개발을 통하여 더 많은 정보가 다양한 계층과 영역의 참여자 간의 쌍방적 의사교환(two-way communication)을 통하여 자유롭게 활성화될 때 가능하리라고 본다.

둘째 사이버 거버넌스의 또 다른 주제는 인터넷을 통한 상호 연결이 거버넌스 체제의 성공을 좌우하는 주요 요소 중의 하나인 사회자본의 형성과 발달에 기여하였는가 하는 문제이다. 이 때문에 신뢰가 사이버 거버넌스의 필요 요소이기도 하다. 이에 대해서도 국내외에서 비교적 활발한 실증적 연구가 진행되고 있는 바, 이들의 공통된 연구 결과는 전자의 경우와는 달리 상당히 긍정적이다. 깁슨・하워드・워드(Gibson, Howard & Ward, 2000)에 의하면, 인터넷 사용자의 제한성에도 불구하고 인터넷을 통한 가상 공동체를 활용함으로써 사회자본과 시민의 정치적 참여는 분명하게 신장되고 있는 것으로 나타나고 있다. 그러나 여기서도 간과하지 말아야 할 것은 이러한 사회자본과 정치 참여의 신장이 기술적 진보에 의하여 자연적으로 이루어진 것이 아니라는 사실이다. 정보통신 기술의 발달과 함께 시민들은 더 많은 정보를 정치제도와 기구로부터 요구하게 되며 더욱 성실하고 신속한 응답을 듣기를 원하게 된다. 이러한 요구에 대해 전통적 정치기구나 조직이 신속하고도 충실히 대응하고 나아가 투명하고 더욱 민주적인 조직으로서 새롭게 태어나지 못할 때 더 이상 가상 공동체는 민주주의의 신장에 기여하지 못하게 될 것이다.

셋째 정치적으로 인터넷을 통한 가상 공동체는 분명히 전자 민주주의를 가능하게 하여 민주주의가 새롭게 태어날 수 있는 공간을 제공해 주고 있다. 문제는 그 실제적 운영으로서, 이러한 새로운 기회의 장이 거버넌스라는 새로운 국정 운영의 패러다임과 결합하여 기존의 비능률과 상호 불신을 해소할 수 있을 것인지, 아니면 현실 세계와는 괴리되어 의사 공동체로서 진정한 공동체를 파괴하는 데 기여하게 될 것인지는 그 속에 있는 참여자의 몫이라 하겠다. 적극적이고 투명한 정부, 민주적 가치에 충실한 정당, 튼튼한 시민성을 함양한 시민과 NGOs, 그리고 합리성과 능률성으로 무장한 기업과 시장이 경쟁과 협력을 통해 스스로 만들어 가는 협력 체제 속에서 사이버 거버넌스도 분명한 실체를 가지고 민주주의 발전에 기여할 것이다.

제7절

전자정부, 디지털 정부, 사이버 국가와 사이버 거버넌스: 4차 산업혁명과 국가 · 시장 · 시민사회의 네트워크형 사이버 거버넌스

1 디지털 정부 · 디지털 플랫폼 정부와 디지털 거버넌스

1) 디지털 정부

디지털 정부(digital government)는 정부통신 기술을 활용하여 행정업무를 혁신해 효율적이며 생산적으로 업무를 처리하고 대국민 서비스를 고급화한 지식정보사회형 정부이다. 정부에서는 「디지털 정부혁신 추진계획(2019)」을 발표하고 디지털 신분증 도입, 전자증명서 서비스확대 등을 추진해 기존에 추진해오던 전자정부의 행정서비스를 보다 질적으로 한 단계 높이도록 했다. 구체적인 실제 사례를 살펴 본다(행정안전부 · 과학기술정보통신부. 2019).

첫째 정부는 위 · 변조나 도용의 위험이 있는 기존의 플라스틱 신분증을 대신해 스마트폰 기반의 디지털 신문증을 도입하고 있다. 2020년 공무원증을 시작으로 2021년까지 학생증, 청소년증으로 대상을 확대해 안전성을 검증한 후 2022년부터 주민등록증까지 확대하고, 운전면허증의 경우 이동통신 3사의 규제 샌드박스 임시허가를 획득한 모바일 운전면허 확인 서비스와 연계할 계획이다.

둘째 정부는 전자증명서서비스 확대를 위해 주민등록 등·초본을 시작으로 2020년 가족관계증명서·토지대장·건축물대장 등 100종, 2021년에는 인감증명서 등 300종을 발급받아 스마트폰에 저장하고 관공서·은행·통신대리점 등에 제출할 수 있게 했다. 정부가 운영하는 온라인 서비스 〈정부24〉 애플리케이션(앱)뿐만 아니라 은행·보험사 등 민간 금융기관 앱에서도 각종 증명서를 전자증명서 형태로 내려받을 수 있게 한다. 또 정부는 국세·지방세·자동차 검사 안내·4대 보험 등의 고지도 디지털화한다. 정부는 연간 9억 건이 발급되는 종이증명서를 2022년까지 절반으로 줄이면 3조원의 사회경제적 비용이 절감된다.

셋째 원스톱 서비스(one-stop service)를 행복출산·안심상속 2개 분야에서 임신·육아·취업·창업 등 10여 개 분야로 확대한다. 공무원이 외부업무용·내부업무용 2대의 pc를 이용하던 것을 노트북 1대로 업무를 처리하게 하고 업무자료를 클라우드에서 작성·공유하도록 해 공무원들이 언제 어디서나 일할 수 있는 환경을 만든다.

2) 디지털 플랫폼 정부

디지털 플랫폼 정부(digital platform government: DPG)는 민원인이 한 번의 클릭으로 부처간 칸막이에 막힌 부처의 따로 노는 17,060개 정보시스템에 고립된 데이터와 행정부·사법주·지자체간의 파편화된 서비스를 하나로 묶어(고진, 2022) 모든 민원과 행정을 해결할 수 있는 구글·아마존·카카오와 같은 플랫폼을 구축하여 행정서비스를 제공하는 정부를 의미한다. 이것이 발전하면 개별 국민들이 신청을 하지 않아도 적절한 시기에 정부 플랫폼이 스스로 개별 국민들에게 적합한 맞춤형 행정서비스를 제공하는 디지털 플랫폼 정부로 심화될 수 있다.

전자정부를 구축한 상황에서도 개별 정부기관과 공공기관·민간기관들이 하나의 넷트워크로 통합·구축되어 통합정부로 운영되지 못해 국민 개인은 정부나 민간 기구의 행정서비스를 받으려면 시청·구청·주민센터, 국세청, 각 정부 기관, 국민연금공단·건강보험공단·각종 복지기관·금융기관 등을 일일이 찾아다니며 각종 서류를 수십 개 떼어 다시 국가기관 등 각 기관에 제출해야 하는데, 이것을 하나로 통합하는 디지털 정부로 만들 때 개별 국민들은 편리한 진정한 행정서비스를 받을 수 있게 된다. 종합민원 서비스체제인 〈정부24〉의 서비스는 디지털 정부의 초기 단계일 뿐이다.

윤석열 정부가 제시하는 디지털 플랫폼 정부는 "모든 데이터가 연결되는 '디지털 플랫폼' 위에서 국민, 기업, 정부가 함께 사회문제를 해결하고, 새로운 가치를 창출하는 정부"로서 디지털 플랫폼을 통해 시스템 연계 및 데이터 · 서비스 전면 개방, 민간혁신 역량 수용기반을 마련해 정부주도에서 민관 협업으로, AI · 데이터 등 첨단 인프라 기반으로 선제적 · 맞춤형 서비스, 과학적 정책결정, 혁신적 비즈니스 창출을 추진하고 있다(고진, 2022: 7).

디지털 플랫폼정부는 분업화 구조에서 통합적 연계구조의 연결, 정부 소유 · 통제에서 자원 개방 · 공유로의 개방, 그리고 정부가 혼자하던 것을 민 · 관이 함께 하는 협업의 방향으로 정부의 역할과 기능을 변화시키고 있다. 이것을 위한 중점 추진 과제는 ① 민 · 관협업, 통합적 서비스 제공을 위한 디지털 플랫폼 정부 혁신 인프라 구현, ② 국민이 원하는 양질의 데이터 전면 개방 및 활용추진(규제철폐 · 개별법령개방 · 활용저해 규정정비, 소극적 법령해석 관행 개선), ③ AI · 데이터 등 첨단기술을 활용하여 정부의 일하는 방식 혁신, ④ 안전하고 신뢰할 수 있는 이용환경 보장(개인정보 접속 이력관리 체계 확립, 개인정보 활용 이상행위 탐지, My Data 전 과정 보안 · 감독 강화, 첨단보안 기술 적극도입) 등이다(고진, 2022: 8).

정부는 민간 소프트웨어 구매활성화를 통한 소프트웨어 시장확대, 공공데이터 전면 개방을 통한 AI · 데이터 산업 육성 그리고 민간 클라우드 기반 테스트베드 지원을 통한 스타트업 활성화를 이루어 디지털 플랫폼 정부를 "디지털 경제 패권 국가 도약의 발판"으로 삼고자 추진하고 있다. 또한 정부는 디지털 플랫폼 정부를 통해 ① 실손보험 자동청구, 맞춤형 복지추진, 청약정보 통합조회 · 신청, 원스톱 등기이전 등 편안한 국민, ② 신규 비즈니스 창출과 공공시장 참여 확대 등 성장하는 기업, ③ 민관협업 일상화, 과학적 정책결정 등 과학적인 정부 등을 실현하고 있다(고진, 2022: 9).

구글 · 아마존 · 카카오 등이 이용자에게 맞는 상품과 서비스를 추천하는 것처럼 인공지능(AI) · 빅데이터를 기반으로 하는 행정이 구현되면 개별 국민 맞춤형 행정서비스가 제공될 수 있다. 이럴 경우 행정서비스는 적극 행정으로 전환하여 노약자나 사회적 약자들에게도 행정이 빠짐없이 적극적으로 제공될 수 있게 된다. 각종 국가정책의 대안도 인공지능과 빅데이터를 기반으로 제시되면 정책결정자는 그 가운데 선택만 하고, 그 단계가 더 발전하면 기술적인 개별 정책프로그램들은 인공지능에 의해 자동적으로 결정・집행할 수 있게 된다.

3) 디지털 거버넌스

디지털 거버넌스는 웹 2.0시대의 디지털 네트워크와 그 안에서 이루어지는 권력이동을 바탕으로 디지털 사회의 권력의 작동 방식과 새롭게 설정되고 있는 국가・시장・시민사회의 협력관계의 양식과 체제를 의미한다. 디지털 사회는 국가・시장・시민사회의 성격을 모두 새롭게 변화시키고 있다. 국가가 디지털 국가・디지털 정부・디지털 플랫폼 정부 등으로 변화하고, 시장은 4차 산업혁명 시대로 접어들면서 AI・빅데이터・자율주행차・디지털 헬스케어・클라우드・3D 프린팅 등 메가트랜드의 영향으로 크게 변화하며, 시민사회는 태그・RSS・트랙백 같은 인터넷 공간 블로그 참여구조를 통해 교류・소통하는 새로운 시민적 주체가 디지털 유목민・생산자이자 소비자인 프로슈머・다중의 성격을 지닌 '시민 2.0'으로 급격하게 변화하고 있다. 새로운 시민적 주체가 디지털 권력으로 성장해 기존의 시장과 정치의 메카니즘이 형성한 '시장 2.0' 및 '정부 2.0'과 더불어 급격히 변화하며 국가・시장・시민사회의 관계 양식을 근본적으로 변화시켜 디지털 거버넌스를 형성하고 있다(조화순. 2021).

디지털 거버넌스는 디지털 기술 융합에 기반을 두고 사회를 운영하는 웹 2.0시대의 새로운 통치시스템이고 사회메커니즘이다. 웹 2.0의 등장으로 국가・시장・시민사회의 통치・운영시스템이 크게 질적으로 바뀌었다. 가상공간에서 참여자 모두가 인터넷을 통해 정보 교환・의견 결집・개인 혹은 집단의 정치적 행동을 이끌어내는 등 쌍방향 소통을 통해 주체가 되어 공동체 문제해결에 직접 적극적으로 참여할 수 있게 되었다. 이에 디지털 거버넌스는 가상공간의 시민과 비정부 행위자의 등장과 역할 증대로 정부의 역할 축소와 보다 수평적이고 보다 평등한 사회운영 메커니즘의 확대를 지향하게 되었다. 인터넷 공간은 개인・기업・정부가 서로 많은 권력을 장악하려고 투쟁을 벌이는 공간으로 권력의 집중과 분산이 동시에 나타나는 곳이다. 정보기술의 발달은 권력의 내용과 작동방식을 변화시켜, 인터넷의 다양한 소통 채널은 기존 권력의 정보 독점을 해체시켜 권력구조를 분화시키고 권력분산을 가져온다.

2 전자정부와 디지털 권력 및 디지털 거버넌스

1) 전자정부와 디지털 거버넌스

디지털 거버넌스는 정부 업무를 전산화해 정책과 행정을 수행하는 전자정부만을 의미하지는 않는다. 전자정부는 정보기술을 국가행정업무의 수행과정에 적극적으로 활용해 국민이 원하는 정보나 서비스를 언제 어디에서나 제공하는 효율적인 정부를 말한다. 그러나 디지털 거버넌스는 국가·시장·시민사회 혹은 정부·기업·시민·NGO 등의 다양한 주체들이 네트워크를 구성하고 서로 수평적인 관계를 유지하며 글로벌·리저널·내셔널·로컬거버넌스라는 다차원의 세계를 이끌어 가도록 하는 효율성을 넘어 민주적인 결정을 지향하는 통치메커니즘이다.

디지털 거버넌스는 비효율적인 관료제와 행정편의주의라는 정부실패를 극복하는 대안으로 등장했다. 자본주의 세계경제체제에서 국제사회의 신자유주의적 기조에, 케인즈주의적 정부가 적극적으로 국민의 복지와 시장에 개입하면서 초래된 정부 내부의 비효율성을 발전된 정보기술로 극복하고자 한 것이다. 다만 인터넷은 야누스처럼 상반된 두 가지 모습을 지닌만큼 디지털 거버넌스 그 자체가 시민들이나 기업들의 참여 범위 확대와 질적 향상을 담보하는 것은 아닌만큼 그 기능도 긍정과 부정의 양면성을 지닌다. 온라인 정보 제공 자체가 참여의 증가를 가져올 수도 반대로 맞춤형으로 제공된 인터넷 정보가 오히려 시민을 비정치적·비공동체적 문제에 집중시켜 참여 배제로 나타날 우려도 있기 때문이다.

2) 디지털 권력과 디지털 거버넌스

디지털 거버넌스는 정부, 시장, 시민이라는 디지털 권력의 세 층위를 어떻게 다루느냐의 문제이다. 디지털 시대에 시민들은 기존의 매스 미디어를 넘어 UCC, 블로그, 트위터 등 다양한 채널을 통해 조직적인 의제의 제기와 집단행동을 해 정부와 시장이 문제해결을 위한 대응을 하도록 만든다.

정보기술의 발달은 권력의 내용과 본질 및 이들의 작동 방식을 크게 변화시켰다. 20세기 산업사회의 시민이 제한적인 정보에 의한 정치적 조작의 대상이 되었다면 디지털 기술은 이러한 닫힌 구조를 열고 정보의 투명성과 시민참여를 높이고자 한다. 이에 정부, 시장, 시민은 기존의 본질과는 다른 '정부 2.0', '시장 2.0' 및 '시민 2.0'이라는 새로운 디지털 권력의 층위를 형성하고 이들은 새로운 디지털 거버넌스를 구축한다.

'정부 2.0'은 웹 2.0 기술을 이용해 시민을 정부 단순한 소비자로 남겨두지 않고 정책의 적극적인 제안자와 소비자인 프로슈머로 만드는데 주력한다. 디지털 거버넌스의 성공 여부는 정부의 정책과정에 얼마나 많은 시민이 참여하고 시민의 목소리에 정부가 얼마나 진정성 있게 반응하느냐에 달려 있다.

'시장 2.0'은 전통적인 시장 거래와는 달리 사이버 공간을 통한 상품 거래가 이루어지면서 시장에서 독점적인 포탈 기업과 저작권을 둘러싼 사회적 갈등을 통해 시장의 구조적 변화로 새로운 절차와 방식이 생겨난 것을 의미한다. 독점적 포탈은 기존 언론 권력 이상으로 시민의 지식과 자유를 침해하며 한 사회의 담론과 문화를 조작할 힘을 지니고 있다며 기업의 자율성이 곧 시민들의 자유를 보장한다는 신자유주의적 담론을 비판한다. 나아가 현재의 저작권보호법은 기술과 정보를 독점하는 기업과 국가의 이익을 강화해 참여적이고 숙의적인 디지털 거버넌스에는 다소 부정적인 측면이 있다.

'시민 2.0'은 디지털 시대 인터넷 공간 블로그가 태그, RSS, 트랙백 등으로 교류와 소통이 증진된 참여의 구조를 통해 나타난 시민적 주체로서, 디지털 유목민, 생산자이자 소비자인 프로슈머, 그리고 다중의 정체성을 지닌다. 새로운 시민적 주체인 '시민 2.0'은 현재의 시장과 정치적 메커니즘을 급격하게 변화시켜 이들의 디지털 권력을 바꿔 국가, 시장 및 시민이 서로 소통하고 협의하는 새로운 디지털 거버넌스를 형성한다(조화순, 2021).

3) 인터넷과 디지털 거버넌스의 미래

정보통신 기술의 발달은 정보의 투명성과 시민참여를 지향하지만 권력의 획득과 분배의 방식을 변화시켰을 뿐 권력의 근본적인 문제를 해결하지 못한 채 해체된 듯이 보이는 권력은 네트워크 형태로 재구성되고 재등장한다. 디지털 거버넌스는 국가가 배제된 시장이나 시민사회의 자율관리체제가 아니고, 다중들의 자율적인 상호 교류를 통해 생산된 지식과 정보를 새로운 사회와 경제의 메커니즘으로 이용하는 것이다. 다중의 정보와 지식은 언제나 임시 버전이고 유동적임을 〈위키피디아〉의 사례가 입증하고 있다. 집단지성이 보여주는 자율성과 창조성은 새로운 기업경영 뿐만이 아니라 국가나 시민사회의 경영에서도 중요한 화두가 되고 있다.

인터넷 공간은 새로운 디지털 시대에 국가나 시장 및 시민사회가 각각 권력과 이익을 추구하는 중요한 활동 무대가 되고 새로운 사이버 세계를 열어 가고 있다. 국가는 인터넷 공간의 권력을 얻기 위해 다른 국가, 다른 행위자들과 치열하게 경쟁하고 있고, 해킹 등 시장이 해결할 수 없는 개인 정보유출이나 전자상거래 사기와 같은 문제를 해결할 수밖에 없다.

디지털 기술의 발달로 등장하는 다양한 문제들을 해결하기 위해 국가통제 메커니즘과 시장통제 메커니즘 사이의 균형을 어떻게 유지하느냐의 과제가 디지털 거버넌스가 해결해야 할 현재와 미래의 과제이다. 이들의 관계 양상에 인간의 미래 사회와 삶이 달려 있다.

3 사이버 국가와 사이버 거버넌스

1) AI 정부와 사이버 거버넌스

과학기술의 발달과 4차 산업혁명의 추진으로 인공지능이 본격적으로 생활화하면서 생산과 노동 및 경제활동만이 아니라 자율주행차량, 의료서비스, 법률서비스, 재난 대응, 복지서비스, 행정서비스 등에서 인간의 역할을 대체하는 일들이 많아지고 있다. 정부에서도 행정의 일부를 보조하는 지식정부나 전자정부 및 디지털정부를 넘어 스스로 일정한 행정을 수행하는 AI정부가 늘어나고 있다. 현실세계가 인터넷 공간에서 활동이 이루어지는 가상공간의 사이버 활동으로 나타나면서 정부와 국가는 사이버 정부와 사이버 국가로 급속히 대체되고 있다.

군대에서는 인터넷 해킹과 사이버전쟁을 현실 세계에서의 전쟁활동과 같은 수준으로 중시하면서 국가간의 전쟁연습도 실제 부대의 전거나 이동 없이 가상적인 전쟁게임으로 대체하고 있을 정도이다. 러시아의 우크라이나 침공에 대해 사이버 공간에서 러시아 군대를 공격하는 사이버 공격이 이루어지는 것도 현실세계에서의 참전이 아니라 사이버 공간에서의 전쟁이다. 개별 국가의 차원에서도 대규모 사이버 군대를 보유하고 운영을 지원하는 것도 사이버 군대와 사이버 전쟁이 더욱 중요해지기 때문이다.

2) 사이버 국가와 사이버 거버넌스

인공지능 정부의 비중과 역할이 증가하면서 시장과 시민사회도 점차 인공지능에 의한 시장과 시민사회로 전환하는 비중이 더 빠른 속도로 늘어나고 있다. 코로나-19의 영향으로 기업들의 시장에서의 활동은 비대면 인터넷 상거래를 통해 가상공간에서 더욱 활발하게 전개되었다. 이에 카카오, 네이버, 쿠팡, 구글, 알라딘 등의 비중은 더욱 커지고, 이들의 활동은 사이버에서 이루어져 사이버 국가와 사이버 거버넌스의 역할이 더욱 중요시 되고 있다.

인터넷 거버넌스, 디지털 거버넌스, 사이버 거버넌스 등이 서로 혼용되고 있지만 인공지능이 인간을 대체하는 영역이 늘어나면서 AI정부, 사이버 국가, 사이버 거버넌스의 비중은 더욱 증대한다. 이것은 어떤 주체가 규제하고 막을 수 있는 차원을 이미 넘어서 새로운 사이버 국가와 사이버 거버넌스가 거대한 빅데이터와 인공지능을 바탕으로 새롭게 해결해야할 시대적·역사적 과제이다. 로보트나 인공지능이 인간을 지배하느냐 아니면 인간이 로보트와 인공지능 및 사이버 세계를 지배하느냐의 문제도 AI정부, 사이버 국가 및 사이버 거버넌스가 해결해야 할 현재와 미래의 과제이다.

제8절

맺는 말

한국은 21세기 4차 산업혁명 시대를 맞으면서 국가, 시장, 시민사회의 새로운 틀을 이들 3자간의 상호 협력과 공존을 바탕으로 한 네트워크 체제를 구축함으로써 뉴 거버넌스를 이루어야 하고, 이에 따라 디지털 플렛폼 정부와 디지털 거버넌스 및 사이버 거버넌스가 이루어져야 함을 밝혔다. 이를 위해 다양한 분야에서 논의되는 기존의 거버넌스 이론들을 국가 중심, 시장 중심, 및 시민사회 중심으로 나누어 비교할 때 한국에는 어느 하나의 모형보다는 이들 3자를 유기적으로 연계시키는 상호 자율성과 파트너십을 바탕으로한 경쟁적인 네트워크형이 바람직함을 검토하였다. 여기에는 이론적인 평가와 한국의 정치행정적 맥락을 경험적으로 분석한 적실성의 기준이 네트워크형 뉴 거버넌스 모형을 제시하게 했음을 밝혔다.

한국 거버넌스의 틀을 구축하고 사이버 거버넌스를 실현하기 위해 국가, 시장 및 시민사회가 서로 자율성을 가지고 상호 제도적으로 연계되는 것이 필요하고 이들 행위 주체 간에 상호 신뢰가 확립되는 것이 매우 중요한 과제이다. 나아가 이 네트워크에 대한 국민들의 신뢰가 함께 할 때, 새로운 공동체의 관리 체제와 양식인 뉴 거버넌스와 사이버 거버넌스가 뿌리를 내릴 수 있게 될 것이다. 따라서 중요한 것은 공동체의 기본적인 골격과 구성 방식에 대한 개혁과 관련하여 바람직한 뉴 거버넌스의 틀을 구축하고 이에 대해 국민들의 신뢰를 획득하는 일이다.

신뢰는 제도가 안정된 나라에서는 그 자체를 향상시키는 것을 정부혁신의 요체로 삼을 정도로 중요한 일이다(Nye et al., 1998). 신뢰성은 21세기 정부개혁의 핵심 과제로 삼을 정도로 중요한데 미국의 일부 학자는 그 자체를 국가의 힘의 가장 중요한 요소로 지적할 정도이다. 이 외에도 신뢰성은 거버넌스의 성공적인 운영을 위해 필요하다. 정부가 아닌 NGOs, 제3섹터, 민간단체 등이 전통적으로 정부가 해오던 일들을 담당하게 될 경우에도 이들에 대한 국민의 신뢰가 매우 중요하기 때문이다. 이처럼 신뢰는 중요성을 지니는 만큼 향후 정부는 행정개혁의 비전과 프로그램 내용은 물론 추진 기구의 재조정 과정에도 국민의 지지를 얻으면서 추진하는 것이 행정개혁의 성공 여부에 매우 중요한 역할을 할 것임을 유념해야 할 것이다.

이제 정부는 행정개혁을 통해 당면한 IMF 관리체제를 극복할 뿐만 아니라 21세기의 새로운 국가를 재창조하는 일이 이루어지도록 해야 하겠다. 지난 50여 년간 세계 체제나 국내 사회와 맺고 있는 국가의 기본적인 관계 틀을 재정립하고, 정부 스스로의 조직과 기능 및 역할을 다시 규정하며, 그러면서도 선진국들이 실천하고 있는 행정조직 내부의 관리 방식을 혁신하는 일은 정부와 정치권뿐만 아니라 노동자, 기업가, 시민단체가 함께 추진해야 할 일이다.

이 장에서 제시한 국가 차원, 정부 차원 및 행정관리 차원에서의 뉴 거버넌스와 사이버 거버넌스의 방향과 내용은 모든 국민이 지금 슬기롭게 추진해야 할 최소한의 일들이다. 권위주의 시대와는 달리 정부나 정치권만이 아니라 국민이 주도적으로 이러한 개혁을 추진하는 것은 이 시대의 역사적인 사명이기도 하다. 선진국이 시민혁명을 통해 이룬 민주주의와 민주정부를 우리는 평화적인 방법으로 달성할 수 있을 것인가는 우리 국민의 역량에 달려 있다. 제2의 경제위기가 우려되는 상황에서 우리는 국민 주도의 자율적인 방식으로 평화롭게 시민혁명을 통해 국가혁신, 정부혁신 및 정부 관리혁신을 이루어 새로운 국가 재창조를 이루도록 해야 한다. 이러한 현실 세계에서의 뉴 거버넌스 틀을 새롭게 범위와 영향력을 넓히고 있는 사이버 공간에서도 지원할 수 있게 하는 사이버 거버넌스의 구축이 당면 거버넌스 개혁의 중요한 과제이다.

세계화의 덫을 국민의 슬기를 바탕으로 정부행정을 대신하는 뉴 거버넌스와 사이버 거버넌스로 넘는 일이 이 시대의 역사적인 과제가 되고 있다. 민주주의, 자본주의 및 관료주의의 관계에서 우리나라는 여전히 관료주의가 우월한 위치에 있는 만큼, 국민의 힘에 의한 민주주의가 관료주의를 개혁하는 일이 이루어져야 하겠다. 때문에 NGOs, 제3섹터, 민간단체, 사이버 정부 등이 새로운 거버넌스의 주체로 국민의 힘에 의해 등장해야 하는 것이다. 2000년 4월 총선연대가 낙선운동이라는 네거티브 캠페인을 통해 국민의 힘을 과시하여 이에 대한 평가가 긍정과 부정으로 국내외에서 서로 다르게 나타난 것은 모처럼 시민사회가 강하게 자라나는 데 역기능을 했음을 유념해야 한다. 그리고 2002년의 지방선거와 대통령선거를 대비하여 이들 중 일부가 후보로 나서는 등 정치 참여를 조직의 차원에서 결정하면서 시민사회가 둘로 나뉘는 것은 시민사회의 하부구조가 취약한 상황에서 시민사회의 실패를 가속화시킬 내부 요인들이다. 이후 정권의 핵심으로 동참한 NGOs 지도급 인사들에 대한 각종 비판도 시민사회가 거듭나 성숙하기 위한 채찍으로 생각해야 할 것이다. 전 세계에 유래가 없을 정도로 한국의 NGOs가 세계에서 가장 짧은 기간 안에 정부에 가장 강력한 영향력을 행사한다는 점은 뉴 거버넌스의 성공을 위한 바람직한 현상이다. 그러나 일부 NGO들이 스스로 정부와 결탁하여 각종 권위주의 체제 운영기제인 조합주의적인 장치들로 전락하고 있는 점은 성공적인 민주주의의 공고화를 위해서도 바람직한 일이 아니다.

나아가 IMF 위기와 코로나-19로 어려움에 처한 국내 기업들의 경우에도 시장을 회복할 수 있는 힘을 스스로 육성하여야 한다. 정부의 지원은 재난 복구 수준에서 제한적일 수 밖에 없으므로, 대기업과 중소기업의 공존, 제조업과 지식 기반 산업 및 벤처산업이 공존 협력하는 질서 회복은 시장 기능 회복을 위한 전제조건이다. 정부와 금융도 시장이 자율적으로 시장주의에 따라 운영되도록 각종 개입과 장애를 제거해야 할 것이다.

21세기의 한국사회 뉴 거버넌스는 강한 국가, 강한 시장 및 강한 시민사회를 형성하고, 이들 간에 균형된 파트너십을 바탕으로 한 강한 네트워크를 형성함으로써 세계화와 정보화 시대에 적합한 공동체를 형성할 수 있을 것이다. 이를 바탕으로 구체적으로 정부, 정당, NGOs, 기업, 제3섹터, 민간 등의 각 분야가 자율적이고 책임성 있는 성숙한 조직으로 발전하고 이들 사이에 강한 네트워크를 구축하는 일이 중요한 과제가 되고 있다. 이것이 자율적으로 내부에서 이루어질 때, 강한 힘으로 오고 있는 세계화의 압력과 4차 산업혁명의 도전을 잘 극복할 수 있을 것이다. 세계 자본주의 발달 과정에 20세기까지는 한국이 산업화 4세대 및 정보화 1세대 국가였지만, 21세기에는 4차 산업혁명 선도 국가가 될 수 있느냐의 여부가 뉴 거버넌스와 사이버 거버넌스의 도입 여부에 매우 밀접하게 달려 있다. '정부 없는 거버넌스'나 '작은 정부, 더 많은 거버넌스'가 이루어지기 위해서는 뉴 거버넌스와 사이버 거버넌스의 바른 선택과 정립이 중요한 일이다.

국가의 근본적인 변혁을 요구하는 세계 체제나 시장 및 시민사회의 압력 아래 실제 국가와 정부는 작으면서도 지식과 정보의 면에서 광범위한 능력을 보유한 큰 사이버 국가와 사이버 정부가 된다면 한국은 틀림없이 21세기 지식 정보사회를 앞서서 나가게 될 것이다. 이것을 위하여서는 시장과 시민사회도 사이버에서의 강력한 능력을 함께 보유하여 사이버 국가와의 균형을 이루어야 할 것이다.

북한의 사이버 군대가 사이버 세계에서 해킹을 통해 막대한 외화를 획득하고 그것을 핵무기와 미사일 개발에 사용했다는 언론의 보도는 우리가 더욱 사이버 세계에서 거버넌스 능력을 높여야 함을 보여주는 도전이다. 필자는 이러한 사이버 세계의 중요성을 예측하고 국회의원으로 2005년 5월 국회 대정부 질문에서 『한민족사이버공동체 통일방안: 남과 북, 뭉치면 죽는다. 통해야 산다』(김석준, 2005, 2008)를 제시하여 당시 노무현 정부에서도 적극 공감 · 동의하고 정부 관련 6개 부처 차관들이 수 차례 후속 조치를 논의하다가 마무리 되지 못한 아픈 경험을 가지고 있다. 그 뒤 2008년 3월 이것을 이명박 정부의 대통령 보좌관이 자신의 아이디어로 추진하려다가 실패했던 일이 있었다.

지금이라도 한국이 21세기 4차 산업혁명을 성공적으로 추진하고 한국과 북한이 통일을 이루어 민족국가를 발전시키기 위해서는 21세기에 걸맞는 한국사회 뉴 거버넌스와 사이버 거버넌스를 성공적으로 추진할 필요가 있다. 국가, 시장 및 시민사회가 구축하는 거버넌스는 국민의 선택이고 정부, 기업 및 시민들이 서로 협력하여 새로운 미래를 열어가는 가장 중요한 수단이기 때문이다.

참고문헌

곽진영 외(2009). 『거버넌스: 확산과 내재화』, 대전: 대경.

거버넌스 연구회(2009). 『동아시아 거버넌스』. 대전: 대경.

경제 · 인문사회연구회 편(2019). 『분권형 국정관리 거버넌스 구축 방안』, 세종: 경제 · 인문사회연구회.
고진(2022). "윤석열 정부의 새로운 혁신: 디지털 플렛폼 정부 추진방향", 『디지털, 그린 코로나: 대전환의 시대 행정을 고민한다(2)』, 한국행정학회 2022통계학술대회 자료집: 5-10.
김광웅(2000). "협력체제(partnership)와 효과적인 국정 운영: 정부와 NGO," 한국행정학회 2000년도 기획세미나 발표논문집, pp. 11-28.
김대호(2015). 『인터넷 거버넌스』, 서울: 커뮤니케이션북스.
______(2018). 『인공지능 거버넌스』, 서울: 커뮤니케이션북스.
김병준(2018). 『국민갈등해소를 위한 정책 거버넌스: 원자력 정책분석 사례를 중심으로』, 서울: 한국정책분석평가학회.
김병준 외 5인(2014). 『대한민국의 미래와 거버넌스』. 서울: 휴머니즘.
김상배(2010). 『정보혁명과 권력변환: 네트워크 정치학의 시각』. 서울: 한울.
김상배 외(2017). 『사이버 안보의 국가전략』. 서울: 사회평론아카데미.
김석준(1992). 『한국산업화 국가론』, 서울: 나남.
______(1994). 『국가변동론』, 서울: 법문사.
______(1997). "국가혁신: 21세기 세계화, 정보화와 국가재창조," 대통령자문정책기획위원회 정책자문회의 발표 논문.
______(2000). "한국 국가재창조와 뉴 거버넌스: 새로운 패러다임 모색," 『한국행정학보』, 34(2).
______(2005). 『남과 북, 뭉치면 죽는다, 통해야 산다: 한민족사이버 공동체 통일방안』, 제256회 국회(정기회) 통일외교안보 분야 대정부질문. 서울: 김석준 의원실.
______(2008). 『한민족 사이버공동체 통일방안과 신성장 동력산업 육성 필요성: 17대 국회 대정부질문으로 바라본 18대 국회 현안과제』, 서울: 김석준 의원실.
______(2020). 『4차 산업혁명과 교육혁신』, 서울: 부크크.
김석준 외(2000). 『뉴 거버넌스 연구』, 서울: 대영문화사.
______(2001). 『뉴 거버넌스와 사이버 거버넌스 연구』, 서울: 대영문화사.
______(2002). 『거버넌스의 정치학』, 서울: 법문사.
김재윤(2011). 『더 체인지: 메가트랜드로 보는 미래비즈니스』. 서울: 삼성경제연구소.
김진석(2016). 『정부3.0 기반의 ICT 거버넌스 구현 방안 연구: 기상청 정부3.0 및 빅데이터 융합사례를 중심으로』. 서울: 기상청.
김태유 · 김연배(2021). 『한국의 시간: 제2차 대분기 경제 패권의 대이동』. 서울: 샘앤파커스.
라영선 · 황인표(2014). 『인터넷 거버넌스 분석 및 정책방향』, 서울: 인터넷진흥원.
바른사회시민회의 편(2015). 『정부와 시민사회 간 거버넌스 구축방안 모색』. 서울: 바른사회시민회의.

박재영(2017). 『NGO와 글로벌 거버넌스』, 파주: 법문사.
______(2018). 『국제기구와 글로벌 거버넌스』, 파주: 법문사.
박재창(2010). 『한국의 거버넌스』, 서울: 아르케.
______(2018). 『한국의 거버넌스: 협의민주주의의 길을 묻는다』. 서울: 한국외국어대학교 지식출판컨텐츠원.
______(2021). 『코로나-19와 한국의 거버넌스』, 서울: 박영사.
선모은(2022). "윤석열표 디지털 플랫폼 정부, 전자정브와 무엇이 다를까". 『이코노미스트』. 2022.4.1
안성호(2012). 『선진한국의 굿 거버넌스 구축: 지방분권, 주민참여, 동네자치, 충남의 역할』, 공주: 충남발전연구원.
오카다 미쓰히로 지음. 김정환 옮김(2010). 『클라우드 시대의 업무달인 스마트 워커』, 서울: 새로운 제안.
유승의·홍순구·최형림(2020). 『스마트 거버넌스: 공공서비스 혁신』, 서울: 유원북스.
윤영민(2000), "21세기 공동체의 전망: 가상공동체의 분석을중심으로," 『한국행정연구』, 9(1).
원숙연·장용석 편(2017). 『대한민국 정부의 재설계: 조직개편과 정부혁신의 미래』, 서울: 문우사.
이건명(2018). 『인공지능: 튜링 테스트에서 딥러닝까지』, 서울: 생능출판.
이계남(2018). 『한국형 혁신의 길을 찾다』. 서울: 한경사.
이명석(2017). 『거버넌스 신드롬』, 서울: 성균관대학교출판부.
이선화 편(2019). 『국가장기발전을 위한 거버넌스 개혁 의제 연구』, 서울: 국회미래연구원.
이승주 외 8인(2020). 『미중 경쟁과 글로벌 디지털 거버넌스』. 서울: 사회평론아카데미.
이형용 외(2012). 『21세기 국가운영 선진화와 거버넌스 신복지사회 거버넌스 국가를 향하여』, 서울: 휴머니즘.
임지원·안순재·이새미(2020). 『스마트 거버넌스: 디지털 발자국, 시민참여의 혁신』, 서울: 유원북스.
정보통신부 편(2002). 『지방정부 홈페이지 구축 및 운영실태 조사: Cyber-Governance의 관점에서』, 서울: 정보통신부.
정보통신산업진흥원(2014). 『미 정부, 인터넷 거버넌스 프기 발표, 비난 여론 무마용 분석』, 대전: 정보통신산업진흥원.
정용남(2021). 『한국의 ICT 거버넌스』, 서울: 운성사.
정용찬(2018). 『4차 산업혁명 시대의 데이터 거버넌스 개선방향』, 진천: 정보통신정책연구원.
정용택(2016). 『사물인터넷: 스마트센서로 정복하다!』, 서울: 공감북스.
조성갑·김계철·안종철(2017). 『정보 거버넌스』, 서울: 북두출판사.
조완섭(2013). 『빅데이터 거버넌스: 지속가능한 빅데이터 활용의 전제조건』, 대전: 정조통

싱산업진흥원.
조화순 엮음(2012). 『소셜네트워크와 정치변동』. 서울: 한울.
조화순(2021). 『디지털 거버넌스: 국가 시장 사회의 미래』. 서울: 책세상.
조화순 · 민병원 · 박희준 · 최항섭(2011). 『집단지성의 정치경제: 네트워크 사회를 움직이는 힘』, 서울: 한울.
한국인공지능법학회(2021). 『인공지능 윤리와 거버넌스』, 서울: 박영사.
한국정치학회(2000). 『국정관리의 새로운 방향과 과제』, 한국행정학회 하계학술대회.
홍순구 외 5인(2020). 『스마트 거버넌스: 정책과정의 혁신』, 서울: 유원북스.

Bissessar, Ann Marie ed.(2012). *Governance: is it for everyone?* New York: Nova Science Publishers.
Boon Siong Neo & Geraldine Chen(2007). *Dynamic Governance: Embedding Culture, Capabilities and Change in Singapore*, World Scientific Publishing Co.
Braithwaite, Valerie and Margaret Levi eds.(1998). *Trust and Governance*, New York: Russell Sage Foundation.
Chung, Choong-sik(2020). *Developing Digital Governance: South Korea as a Global Digital Government Leader*, New York: Routledge.
Dean, Mitchell(1999). *Governmentality: Power and Rule in Modern Society*, London: Sage.
Denis, Diane K., John J. McConnell ed.(2005). *Governance: an international perspective.* v. 1-2. Cheltenham: Edward Elgar Publishing Co.
Donahue, John D, Joseph S. Nye Jr.(2002). *Market-based Governance*, Cambridge, Mass.: Visions of Governance in the 21st Century.
Dunn, Myriam, Sai Felicia Krishna-Hensel, Victor Mauer(2007). *The Resurgence of the State: Trends and Process in Cyberspace Governance*, Hampshire, England: Ashgate.
Fuchs, D. and M. Kaase(2000). “Electric Democracy”, Paper presented at IPSA World Congress 2000. Aug. 1-5.
Gelb, Alan, Anit Mukherjee, and Kyle Navis(2018). *Digital Governance in Developing Countries: Beneficiary Experience and Perceptions of System Reform in Rajasthan*, India, Washington, D.C.: Center for Global Development.
Gibson, R. K., P. E. Howard, and S. Ward(2000). “Social Capital, Internet Connectedness, and Political Participation: A Four-country Study.” Paper presented at IPSA World Congress 2000. Aug. 1-5.
Greenwood, Stephen, Laurel Singer, and Wendy Willis(2021). *Collaborative Governance: Principles, Processes, and Practical Tools*, Nsw York, NY: Routledge.

Haggart, Blayne, Natasha Tusikov and Jan Aart Scholte ed.(2021). *Power and Authority in Internet Governance: Return of the State?*, New York, NY: Routledge.

Hague, Barry N. and Brian D. Loader eds.(1999). *Digital Democracy: Discource and Decision Making in the Information Age*, New York: Routledge.

Karippacheril, Tina George(2016). *Bringing Government into the 21st Century: the Korean Digital Governance Experience*, Washington, D.C.: World Bank.

Kjaer, Anne Mette(2004). *Governance*, Cambridge: Polity.

Knake, Robert K.(2010). *Internet Governance in an age of Cyber Insecuriy*, New York: Council on Foreign Relations.

Maidment, Richard et. al.(1998). *Governance in the Asi-Pacific*, New York: Routledge.

Norris, Pippa(2000). "Internet World: Parties, Governments and Online Democracy," Paper presented at IPSA World Congress 2000. Aug. 1-5.

OECD(2017). *Korea's Digital Governance*, Paris: OECD.

Office of the Chief Economist(2021). *Data, Digitalization, and Governance*, Washington, D.C.: World Bank Group.

Perters, B. Guy(2019). "Governance: ten thoughts about five propositions," *International Social Science Journal* 227 · 228: 5-14.

Pierre, Jon ed.(1999). *Debating Governance: Authority, Steering and Democracy*, Oxford: Oxford University Press.

Purkis, Jon, and Bowen, James(eds.)(1997). *Twenty-First Century Anarchism: Unorthodox Ideas for a New Millennium*, Lomdon: Cassell Welington House.

Rabou, Ahmed Abd, (2021). *Good Governance and Civil Security Relations*, New York: Routledge.

Rheingold, H.(1993). *The Virtual Community: Homesteading on the Electronic Frontier*, Reading, Mass.: Addison-Wesley Publishing Co.

Rhodes, R. A. W.(1996). "The New Governance: Governing Without Government," *Political Studies*, 44(4): 652-667.

Spinu, Ms. Natalia(2021). Ukraine *Cybersecurity Governance Assessment*, Geneva Centre for Security Sector Governance.

Toulouse, Chris and Timothy W. Luke, eds.(1998). *The Politics of Cyberspace*, New York: Routledge.

Turke, Ralf-Eckhard(2008). *Governance: systemic foundation and framework*, Heidelberg: Physica-Verlag.

Wilheim, Anthony G.(2000). *Democracy in the Digital Age: Challenges to Political Life in Cyberspace*, New York: Routledge.

제14장

지속가능발전과 거버넌스: ESG로의 개념 진화

채원호

제1절

머리말

2004년 유엔글로벌컴팩트가 'ESG'란 용어를 처음 사용한 이래 국내외에서 ESG 경영에 대한 관심이 높아지고 있으며, 특히 자본시장에서 ESG가 화두가 되고 있다. ESG 경영이 글로벌 추세가 되고 있는 가운데 국내 대기업과 공공기관에서 ESG 관련 위원회를 속속 설치하고 있다. 정부(기획재정부)도 ESG, 사회적 가치 등 민간과 공공의 논의 동향을 고려하여, 2021년 공공기관의 사회적 가치와 관련된 공시 항목[1]을 대폭 확대한 바 있다.

기재부는 "공시는 공공기관에 대한 투자판단과 평가의 기초가 되는 정보를 제공한다는 점에서 ESG 경영을 촉진하기 위한 핵심 요소"라며 "앞으로도 국민이 원하는 공공기관 정보가 보다 투명하고 정확하게 알리오를 통해 공시될 수 있도록 노력할 것"이라고 밝힌 바 있다

이와 같이 ESG 경영이 세계적인 흐름이 되고 있는 가운데, 한국에서는 자산 2조원 이상 코스피(유가증권) 상장사 중 절반 이상이 이사회 산하에 ESG위원회를 설치한 것으로 나타났다. 20일 기업평가사이트 CEO스코어가 코스피 상장사 820개 기업을 대상으로 조사한 결과 ESG위원회를 설치한 곳은 15%(123곳)로 조사됐다. 이 중 대부분(93곳)이 자산 2조원 이상 기업이다. 이는 2조원 이상 코스피 상장사 169곳 중 55% 수준으로, 아직 기업 규모별로 ESG 경영에 대한 인식 차가 컸다. 이들 기업의 83.9%(78곳)가 올해 위원회를 신설·개편했다. 분기별로는 1분기 23곳, 2분기 36곳, 3분기 19곳이다. 신규 설치한 기업은 71곳, 기존 위원회를 ESG에 맞게 개편한 기업은 22곳으로 조사됐다(뉴시스 2021.10.20. 10: 23 기사).

ESG 경영은 후술하듯이 지속가능발전과 관련하여 진화한 개념이다. 지속가능발전은 전지구적이고 총체적인 사회발전에 관한 문제의식이자 담론으로, 생태적으로 건강

---

* 이 장은 2022년 12월 28일 한국행정학회 지방행정연구회에서 발표한 글임을 밝힙니다.

1) 2007년부터 공운법에 따라 모든 공공기관에서 실시하고 있는 경영공시는 경영에 관한 주요 정보를 공시하는 제도로, 「공공기관 경영정보 공개시스템」(알리오: All Public Information In-One)을 통해 대국민 공개를 시행하고 있다. 2022년 2월 7일 기재부의 보도자료에 의하면 공공기관에 대한 사회적 요구 등 시의성 있는 정보 제공을 위해 공시항목은 지속적으로 확대 중에 있음을 확인 할 수 있다. * '07년 27개→'09년 33개→'11년 34개→'14년 37개→'16년 39개→'21년 41개.

하고 경제적으로 타당하며 사회적으로 정의로운 발전을 지향한다. 지속가능발전법 제2조에 따르면 "지속가능성"이란 현재 세대의 필요를 충족시키기 위하여 미래세대가 사용할 경제, 사회, 환경 등을 낭비하거나 저하시키지 아니하고 서로 조화와 균형을 이루는 것을 말하며, "지속가능발전"이란 지속가능성에 기초하여 경제의 성장, 사회의 안정과 통합 및 환경의 보전이 균형을 이루는 발전을 말한다.

이하에서는 지속가능발전의 실천 패러다임이 ESG로 진화한 개념적 발전경로를 살펴보고, 사회적, 환경적 책무 이행기제로서 거버넌스의 의의에 대해 분석한다. 아울러 기업과 지자체에서 ESG경영을 어떻게 추진하고 실천하야 하는지에 대해 설명하고자 한다.

제2절 지속가능발전과 ESG 경영

1 지속가능발전

지속가능발전이란 본래 환경보전에 관한 기본적인 공통이념으로 등장하여 국제적으로 널리 인식되기 시작한 개념이다. 이는 환경과 발전을 양립시키는 것으로 환경보전을 고려한 발전이 중요하다는 생각에 입각한 것이다. 즉, 인구증가와 경제의 글로벌화에 수반되는 전 지구적인 문제해결을 위해 고안된 개념이다. 1987년 UN에 의해 구성된 '세계환경개발위원회(WCED)'의 '우리공동의 미래(Our Common Future)' 보고서는 "미래 세대의 필요를 만족시키는 능력의 손실 없이, 현서대의 필요를 만족시키는 발전"이라고 정의한 바 있다.

1992년 브라질 리우에서 열린 유엔환경개발회의(UNCED)에서는 '지속가능발전'을 실현할 구체적인 노력으로 2개의 선언, 1개의 성명, 그리고 2개의 협약을 채택하였고, 보다 더 효과적인 지구환경보전 전략 수립을 위하여 '유엔지속발전위원회(United Nations Conference on Sustainable Development: UNCSD)'를 설치하기로 결정하였다. 선언의 구체적인 내용으로는 지속가능한 개발 목표 달성을 위한 원칙적인 내용의 '리우선언'과 리우선언 이행을 위한 21세기 지구환경보전 실천 강령으로 정책목표와 지침을 제시한

'의제 21(Agenda 21)'이 있다.

우리나라 역시 1996년 '의제 21'을 국가실천계획으로 수립하여 UN에 제출하였고, 관계부처간 협의와 조정을 수행할 범정부적 기구로서 2000년 9월 대통령 직속 지속가능발전위원회(PCSD)를 설치, '의제 21'의 국가실천계획의 이행상황을 평가하고 보완하는 작업을 지속적으로 수행하고 있다.

2015년 9월 25일 유엔은 향후 15년 간의 새로운 지속가능한 발전의 지침으로 「지속가능발전을 위한 아젠다」를 채택했다. 여기에는 2015년까지의 밀레니엄 발전목표(MDGs)를 계승・발전시킨 지속가능발전목표(SDGs)가 포함되어 있다. SDGs는 복잡한 사회적, 경제적, 환경적 과제를 폭넓게 망라하고 있다. 구체적으로 살펴보면 다음 그림에서 보듯이 인류의 보편적 문제(빈곤, 질병, 교육, 여성, 아동, 난민, 분쟁 등)와 지구환경문제(기후변화, 에너지, 환경오염, 물, 생물다양성 등), 경제사회문제(기술, 주거, 노사, 고용, 생산 소비, 사회구조, 법, 대내외경제) 등 17가지 주 목표(Goals)와 169개 세부목표(Targets)로 구성되어 있다.

169개 세부목표는 목표 달성을 위한 전략이라고 볼 수 있는데, 193개국이 모두 참

그림 14-1 유엔 지속가능발전 목표(UN SDGs)

여한 것이라 17개 목표별로 각국의 발전 단계에 따른 세부목표가 서로 다를 수 있다. 17개 목표는 크게 5P(인간, 지구, 번영, 평화, 파트너십)로 분류되며, 230여 개의 평가지표가 제시되어 있다.

2 ESG의 등장 배경과 개념

본래 '지속가능발전' 개념은 환경과 발전의 양립에서 비롯되었지만, 유엔지속가능발전 목표에서 보듯이 사회적 책임 의제까지를 망라하는 형태로 진화하고 있다.

영국의 대처 미국의 레이건, 일본의 나카소네 정권 등 신보수주의 등장 이후 1980년대에 등장한 신자유주의 흐름은 정부를 위시한 공공부문에 신공공관리(NPM: New Public Management) 패러다임을 등장시켰다. 시장원리와 효율성의 가치를 중요시하는 흐름과 더불어 세계화가 진전됨에 따라 시장에서는 다국적기업이 크게 성장하는 등 이전과는 다른 양상이 나타났다. 사회에 대한 기업의 영향력이 증가하고, 한 국가 안에서만 영향을 미치던 기업 활동이 국경을 넘어 전 세계에 경제·사회적으로 영향을 줄 수 있을 만큼 성장함에 따라 사회적 실체로서 기업의 역할과 기능에 대한 관심이 증폭되었다. 특히 이윤만 추구하는 기업 활동에 대한 반성의 목소리가 높아지면서 기업의 공공성이 강조되었으며, 이러한 사회적 관심은 기업에 일정 부분 사회적 역할과 책임을 촉구하는 압력으로 작용하였다.

공공부문에서 시장원리와 효율성이 강조되는 흐름과는 다르게 민간부문에는 기업의 공공성 문제가 새로운 과제로 제기되면서, 기업의 사회적 책임(Corporate Social Responsibility, 이하 필요한 경우 CSR)과 윤리경영이 부각되었다. UN, OECD, ISO와 같은 국제기구들이 기업의 사회적 책임을 강조하는 조약·가이드라인·규범들을 지속적으로 내놓고, 기업 내부에서도 지속가능 발전이 기업경영에 중요한 화두로 떠오름에 따라, 기업들은 스스로 사회적 책임과 윤리경영에 관심을 가지고 능동적으로 대처하지 않을 수 없게 된 것이다.

영리추구를 목적으로 하는 기업에서도 경영 환경의 변화로 이윤극대화만을 표방하기 어려운 시대가 된 것이다. 기업의 존속을 위해서는 다양한 조건을 충족시켜가며, 적정 이윤을 확보하는 것이 시대적 요청이 되고 있다. 최근 기업의 환경적 책임이나 사회적 책임이 강조되고 있지만, 기업을 평가하는 척도로서 사회성(社會性)은 수익성이나 안전성과 더불어 기업을 평가하는 척도로 이미 활용되어 온 개념이다.

기업의 경영활동은 시장질서와 법·제도의 준수는 물론이고 시대에 따라 조금씩 다르게 요구되는 사회적·환경적 책임을 다해야 한다는 압력을 받고 있다. 구체적으로 내부에서는 종업원·소비자의 권리 보호, 지배구조개선, 주주권한의 보장, 회계 및 감사의 투명성 확보 등 이해관계자들의 요구와 압력을 받고 있으며, 외부적으로는 법·제도준수, 환경에 대한 책임, 사회공헌활동, 인권보장, 반부패 활동 등 시민사회의 압력이 존재한다.

특히 최근에는 내·외부적으로 이해관계자나 시민사회를 통해 요구되는 사회적 책임들을 무시하거나 충족시키지 못하는 기업에게 강력한 제재가 가해지고 있다. 엔론, 나이키를 비롯한 많은 사례들에서 그러한 압력들은 노조파업, 주주집단소송, 사회적 책임 투자(Social Responsibility Investment), 불매운동 등 구체화되고 있으며, 실질적으로 경영활동에 큰 영향을 미치고 있다.

이와 같이 지속가능발전을 위한 기업의 책임은 환경적 영역에만 머무르지 않고 사회적 영역으로까지 확대되고 있으며, 실천을 위한 이행기제로서 거버넌스가 함께 강조되면서 ESG경영이라는 개념이 등장했다.

ESG는 환경(Environment), 사회(Social), 지배구조(Governance)의 영문 첫 글자를 조합한 단어로, 기업 경영에서 지속가능성(Sustainability)을 달성하기 위한 3가지 핵심요소이다. 과거 기업의 가치는 재무제표와 같은 단기적·정량적 지표에 의해 주로 평가되어 왔던 데 반해, 전 세계적 기후변화 위기와 코로나-19 팬데믹에 직면한 최근에는 ESG와 같은 비재무적 가치의 중요성이 더욱 증가하고 있다. ESG와 밀접한 연관을 맺고 있는 용어인 '지속가능성'에 나타나 있듯이, ESG는 기업가치에 중·장기적인 영향을 미친다. 그러나 그 중요성이 단기적인 재무적 성과보다 덜하다고 볼 수는 없다. 환경, 사회적 가치를 중시하는 방향으로 변화될 전 세계적인 패러다임 전환 하에서, ESG는 기업의 장기적인 생존과 번영에 직결되는 핵심적인 가치로 자리매김할 것이다

ESG에 대한 사회적 관심 증가 및 이해관계자 요구 강화로 기업은 기존의 단순한 사회공헌 활동 추진 및 사업과 전략적으로 연계한 가치 창출을 넘어 기업의 운영과 사업 활동 전반에 ESG 요소를 광범위하게 통합하는 가장 고도화된 지속가능성 통합 경영의 단계로 발전하고 있다(백인규, 2022). 다음의 그림은 ESG 경영 패러다임이 등장하기까지의 진화과정을 나타내고 있다.

그림 14-2 ESG 경영 패러다임의 등장

		CSR	CSV	ESG
	기업과 사회의 분리	기업 역량 활용 사회공헌	사업 연계 가치 창출	지속가능성 통합 경영
	Biz | Social	Biz → Social	Biz ↔ Social	Biz Sustainability Social
개념	• 사회적 가치 창출과 사업 활동의 분리	• 기업이 보유한 역량과 자원을 사회공헌에 활용	• 사회적 가치 창출과 사업 활동의 전략적 연계	• 지속가능성 및 ESG 요소 기반 통합적 가치 창출
전략적 집중영역	• 리스트 관리 • 법적/제도적 준수(컴플라이언스)	• 기업과의 연관성이 높은 부분에 집중	• 사업 모델 개편 및 사회적 투자를 통한 비즈니스 효과 제고	• 사업 내 ESG 요소 완전 통합 • 공급망 및 가치사슬로의 ESG 이니셔티브 확산
접근방법	• 기업과 사회 문제가 분리되어 정부의 역할이 중요	• 현금 및 현물 기부 또는 자선/봉사활동 • 임직원의 참여 유도 중심 접근	• 사내 벤처, 벤처캐피탈, 오픈 이노베이션 중심 접근을 통한 사업 관련 생태계 육성에 초점	• 전사적 비전 및 전략 수립 기반 체계적인 추진과제 이행 및 성과 관리 • 이사회 및 전담조직 구성

자료: 백인규(2022: 8).

기업의 사회적 책임(CSR)이 기업 역량을 활용한 사회공헌과 법령준수 등의 활동을 의미한다면 기업의 공유가치 창출(Creating Shared Value, 이하 필요한 경우 CSV)은 기업과 사회의 공유가치 창출을 의미한다. 공유가치창출(CSV)은 기업이 당면한 사회적 요구를 파악하고 그 문제를 해결하는 과정에서 경제적 수익과 동시에 사회적 가치를 창출하는 경영전략을 말한다. 하버드대 마이클 포터(Michael Porter)교수가 2011년 1월 하버드 비즈니스리뷰(HBR)에서 "자본주의 어떻게 치유할 것인가?(How to Fix Capitalism)"란 논문을 발표하며 주창한 개념이다.

기업의 이익을 사회에 환원하는 소극적 가치 창출 형태의 CSR과 달리, CSV는 사회와 함께 공유할 수 있는 가치를 창출하는 것을 기업 본연의 책무로 설정한다. 현대 소비자들은 제품의 기능적 속성뿐만 아니라 제품이 담고 있는 가치와 의미도 중요하게 생각하기 때문에, 이러한 기업의 공익적·사회적 가치 창출 활동은 그 기업의 월등한 경쟁력이 된다. 기업의 핵심역량을 바탕으로 사회적 문제를 해결해야 한다는 인식을 바탕으로 경제적 이익을 실현하고자 하는 기업의 경영전략이다.

비재무적 정보가 기업성과에 미치는 영향을 분석한 연구한 연구(임옥빈, 2019)에

표 14-1 공유가치와 기업의 사회적 책임 비교

CSR	CSV
가치: 선행(doing good)	가치: 투입비용 대비 높은 사회·경제적 가치창출
시민의식, 자선활동, 지속가능성	기업과 공동체 모두를 위한 가치 창출
자유재량, 혹은 외부 압력에 대한 반응	경쟁의 필수 요소
이윤 극대화와 관계없는 활동이 이루어짐	이윤 극대화를 위한 필수 요소
외부 요구나 개인적 취향에 따라 활동내용이 정해짐	기업별 상황과 내부 요인에 따라 활동내용이 정해짐
다른 기업 활동이나 CSR 예산 문제로 영향력이 제한됨	CSV를 위해 기업 전체 예산 재편성
사례: 공정 구매	사례: 조달 시스템 자체를 혁신해서 품질을 개선하고 생산량 증대

주: 양측 모두 관련 법규와 윤리 기준을 준수하고 기업 활동이 사회에 미치는 피해를 줄인다는 원칙을 따른다고 가정함.
자료: 김태영(2022).

따르면, ESG 가운데 환경등급(E)은 당기 및 차기의 기업가치에 미치는 영향이 나타나지 않았으나, 사회등급(S), 지배구조등급(G)은 당기 및 차기의 기업가치가 높아지는 것으로 나타났다. 최종 ESG 합산 점수에서도 당기 및 차기의 기업가치가 증가하는 결과를 보였다. 동 연구는 환경등급(E)을 제외하고 기업의 사회적 활동이 기업 가치를 높이는 유용한 정보임을 시사한다.

3 ESG의 규범화 진전과 공시 의무화

기업 입장에서 ESG 대응은 크게 두 가지 경영활동으로 구분할 수 있다. 첫 번째는 앞서 설명한 것과 같이 ESG 관점에서 경영전략을 수립하는 것이고, 두 번째는 ESG 성과를 시장에 공시하는 것이다.

2000년을 전후로 하여 세계 주요 국가에서는 ESG 요소가 기업의 투자수익이나 위험성 등 다양한 측면에서 기업 가치 및 경제적 성과에 영향을 줄 수 있다는 논의가 확대되기 시작했다. 이들 흐름을 배경으로 ESG 공시에 관한 논의도 촉발되었는데, EU는 2003년 회계현대화지침(EU Account Modernization Directive 2003/51/EC)에서 연차보고서상 회사의 사업과 성과를 이해하는 데 필요한 범위 내에서 환경, 고용 등의 비재무적 요소를 공시하도록 하였다. 영국 역시 2000년대 초반 연기금에 ESG 정보공시를 처음 도입하였다. 특히, 2006년 UNPRI가 기업의 지속가능한 성장 관련 6대 원칙 등을 발표하면서 본격적으로 기업의 비재무적 요소에 대한 공시 강화가 추진된 바 있다.

2018년 EU는 '지속가능성장 재원조달 실행계획'의 일환으로 지속가능금융관련 규제를 발표했다. 이는 ESG공시 규정, 분류체계 규정, 저탄소 벤치마크 규정 등을 골자로 하고 있다. 또한 영국에서는 표준화된 기후변화 관련 공시체계 도입을 위해 TCFD(기후변화 관련 재무정보공개 태스크포스)가 제안한 지배구조, 경영전략, 위험관리, 탄소배출량 측정 및 목표 설정에 관한 권고사항을 평가하고, 재무보고서 등에 공개하는 개정안을 발표했다. 현재 국제적으로 ESG 공시를 의무화한 국가들은 20개국으로, 유럽은 2021년 3월부터 연기금을 시작으로 은행과 보험사, 자산운용사 등으로 공시 의무를 확대하도록 했고, 영국은 모든 상장기업을 대상으로 2025년까지 ESG 정보공시를 의무화할 예정이다.

한국은 2019년부터 자산총액 2조 원 이상의 코스피 상장사를 중심으로 기업지배구조 핵심정보를 투자자에게 의무적으로 공시하도록 개정하였다. 더불어 2021년 1월 14일 금융위원회는 ESG 책임투자 활성화를 위한 제도적 기반 마련 차원에서 ESG 정보의 자율공시를 활성화하고 단계적 의무화 추진 방안을 발표한 바 있다. 이에 따르면 크게 3단계 접근으로 1단계 (현재~2025년)는 자율공시를 활성화하고 2단계(2025~2030년)는 일정 규모 이상(예: 자산 2조 원 이상) 기업에게 ESG 공시를 의무화하였으며, 3단계(2030년 이후)에서는 전 코스피 상장기업들을 대상으로 지속가능경영 보고서 공시를 의무화하였다.

ESG 요소 중 글로벌 차원의 주요 고려 사항인 기후변화 관련 정보공개 마련을 위해 G20 재무장관과 중앙은행 총재들은 금융안정위원회(FSB)[2]에 기후변화가 금융시장에 미칠 영향에 대한 검토를 요청하고 FSB는 2015년 TCFD(Task force on climate-related finacial Disclosure; 기후와 관련된 재무 정보 공개를 위한 협의체)를 설립했다. TCFD는 금융기업 · 비금융기업들로 하여금 환경 관련 일관된 정보를 공시하도록 하여 투자자들 및 이해관계자들이 올바른 의사결정을 할 수 있도록 기준을 마련하고, 기업에

2) FSB는 1999년 국제금융시스템의 안정성을 증대하고 국제적 수준의 금융 감독을 위해 설립된 FSF(Financial Stability Forum, 금융안정포럼)가 확대 · 개편된 조직이다. 현재 25개국의 금융당국(중앙은행, 재무부 및 감독기관)과 10개 국제기구 대표가 회원으로 활동하고 있으며 우리나라에서는 한국은행과 금융위원회가 참여하고 있다.

게 지배구조, 투자전략, 위험관리, 탄소배출량 측정 및 목표 설정의 4개 부문을 보고하도록 권장하고 있다.

기후위험공시를 의무화하는 국가들이 늘어남에 따라 2021년 1월 기준 총 77개 국, 약 1,700여 개 기업 · 기관에서 TCFD에 대한 지지선언(Supporter)을 한 바 있다. 유럽의 가입 기관 수가 664개로 가장 많으며, 아시아의 경우 447개 기관이 가입했다.

제3 절

책무 이행기제로서의 거버넌스와 파트너십

1 유엔 지속가능발전목표(SDGs)와 거버넌스

유엔의 지속가능발전목표(Sustainable Development Goals, SDGs)는 2015년 UN 총회에서 2030년까지 달성하기로 결의한 의제이다. 인간, 지구, 번영, 평화, 파트너십이라는 5개의 영역에서 인류가 나아가야 할 방향성을 17개 목표와 169개 세부 목표로 제시하고 있다. 이를 통해 선진국과 개발도상국, 저개발국을 포함한 모든 국가들이 인류의 번영을 위해 힘쓰고, 환경을 보호할 것을 촉구하고 있다.

문제 해결을 위해서는 각국 정부뿐만 아니라 세계 곳곳의 기업들이 SDGs를 기반으로 투자, 솔루션 개발, 기업 활동을 통해 지속가능발전을 증진하도록 촉구하고 있다. 기업 입장에서 보면 SDGs를 기업 전략 및 활동에 연계함으로써 리스크를 최소화하고, SDGs의 성공적인 달성에 기여할 수 있다. 다음의 표에서 보듯이 거버넌스와 파트너십은 사회발전, 경제개발, 환경보존을 담보하는 이행기제로서의 의미를 가진다.

오늘날 거버넌스의 개념의 등장은 현대 행정학이나 정부 운영에 심대한 영향을 끼

표 14-2 SDGs 목표의 주제별 분류

일반적 목표	빈곤과 기아 종식(1,2)과 불평등(10)		
영역별 목표 내용	사회발전 (3,4,5,11)	경제개발 (8,9,10,12)	환경 (6,7,13,14,15)
이행기제	책무성과 거버넌스(16)		이행수단과 글로벌 파트너십(17)

치고 있다. 정치사회적 맥락에서 보면 20세기에 지속된 행정국가화의 경향이 약화하면서 시민사회의 영향력이 증대하고 국가의 독점력이 감소하기 시작했다. 다양한 지구적 문제의 해결을 위해 국제사회에서도 다양한 거버넌스 사례가 속출하고 있다. 소유와 경영의 분리에서 야기되는 주인-대리인 이론의 관점에서 보면 주인-대리인 사이에는 정보의 비대칭성이 존재한다. 주인이 대리인의 행동을 관찰할 수 없을 때 발생하는 도덕적 해이(moral hazard) 현상과 대리인이 주인보다 우월한 정보를 갖고 있을 때(hidden knowledge) 발생하는 역선택(adverse selection) 현상 등의 문제로 시민사회의 역량 강화가 과제로 대두했다.

정책결정과정에서 보면 각종 시민단체의 참여확대와 숙의제도가 발전하게 되었으며, 정책집행과정에서도 신공공관리론의 영향으로 공공서비스 전달과정에서 외부위탁이나 시장주의 원리가 적용되기 시작했다. 시민사회 발전과 함께 등장한 보이스(Voice)형 NGO는 대의민주주의를 교정·보완하는 기제로 주목받았으며, 서비스전달(Service Delivery)형 NGO는 공공서비스의 민간위탁 기제로 주목받았다(채원호, 2022).

다음의 〈표 14-3〉에서 보듯이 유엔의 지속가능발전을 담보하기 위해 이행기제로서 책무성과 거버넌스, 글로벌 파트너십을 강조하고 있다. 전지구적인 문제 해결을 위해서는 정부, 시장(기업), 시민사회가 접촉면을 늘려가며 협력하고 파트너십을 증진시켜야 한다.

표 14-3 SDGs 17대 목표 및 세부목표(거버넌스 및 이행기제 관련)

주제	지속가능발전목표(SDGs)
책무성과 거버넌스	목표 16. 지속가능발전을 위한 평화적이고 포괄적인 사회 증진과 모두가 접근할 수 있는 사법제도, 모든 수준에서 효과적 책무성 있는 포용적인 제도 구축 Promote peaceful and inclusive societies for sustainable development, provide access to justice for all and build effective, accountable and inclusive institutions at all levels 16.1. 전 지역에서 모든 형태의 폭력과 이와 관련된 사망률의 대폭 축소 16.2. 아동 학대, 착취, 인신매매 및 모든 형태의 폭력과 고문 근절 16.3. 국가 및 국제차원에서의 법치 촉진 및 모두에게 평등한 사법 접근성 보장 16.4. 2030년까지 불법적인 자금 및 무기유입 감축, 은닉한 재산의 환수, 모든 형태의 조직범죄 근절 16.5. 모든 형태의 부패와 뇌물수수의 실질적 감소 16.6. 모든 차원에서 효과적이고 신뢰할 수 있는 투명한 제도/기관 개발 16.7. 모든 차원에서 여론에 응답성이 제고되고 포용적이며 참여적이고 대의적인 의사결정 보장

	16.8. 국제기구에서 개도국 참여 확대 강화 16.9. 2030년까지 출생 등록을 포함한 모든 사람에게 법적 지위 보장 16.10. 국내법과 국제협약에 의거하여 정보접근성 보장 및 기본적 자유 보호 16.a. 국제협력 등을 통해서 폭력예방과 테러리즘과 범죄 근절과 관련된 국내제도 강화 16.b. 지속가능발전을 위한 비차별적 법률과 정책 추진 및 법제화 강화
이행 수단과 글로벌 파트너십	목표 17. 이행수단 강화 및 지속가능발전을 위한 글로벌 파트너십 재활성화 Strengthen the means of implementation and revitalize the global partnership for sustainable development 17.1. 개도국의 세금과 공공수익 징수에 관한 역량발전을 위해 국제적 지원 확대와 국내재원 동원 역량 강화 17.2. 선진국은 개도국에 지원하기로 약속한 ODA/GNI 비율 0.7%를 달성하는 노력을 비롯하여 ODA 강화를 완수해야 하며, 이 중 0.15-0.2%는 최빈국에 제공 17.3. 다양한 방식을 통해 추가적인 재원 동원 17.4. 부채조달, 채무탕감, 부채조정 등을 위한 공조정책을 통해 개도국의 장기부채지속성을 지원하고, 부채의 고통에서 벗어나도록 고채무국의 외채 문제를 적극적으로 고려 17.5. 최빈국에 투자촉진 체제 도입 및 시행 기술 17.6. UN 차원에서 현존하고 있는 조정메커니즘과 합의 시 국제기술증진 메커니즘을 통하여 과학기술 및 혁신 분야에서의 남북, 남남, 삼각협력, 지역 및 국제협력 강화와 상호합의에 의한 지식공유 확대 17.7. 상호 합의에 의한 양허 및 특혜조건을 포함하여 개도국에게 유리한 조건으로 환경적으로 건전한 기술을 개발・이전・보급・확산 노력 강화 17.8. 2017년까지 최빈국을 위한 기술은행, 과학기술혁신 역량강화 메커니즘을 완전히 가동하고 ICT 등의 적정기술 사용의 확산 역량강화 17.9. 개도국이 남북, 남남, 삼각협력 등을 통해 모든 지속가능발전 목표 이행을 위한 국가계획을 지원하는 것을 목표로 역량강화 실행에 대한 국제적 지원 확대 무역 17.10. 〈도하개발어젠다〉 협상에서 나온 결론 등을 포함하여 WTO 체제 하의 범세계적이고 규칙에 기반한, 공개적・비차별적・평등한 다자간 무역체제 구축 17.11. 2020년까지 전 세계 수출 중 최빈국의 비중을 2배로 확대하는 것을 포함한 개도국의 수출량 확대 17.12. WTO 결정의 연장선 상에서 최빈국으로부터 수입에 대한 특혜원산지 규정 적용을 투명하고 단순화하여 시장진출을 촉진하도록 도모하는 것을 보장하는 등 최빈국이 지속적으로 무관세 및 무할당 시장진출 이행을 위한 모든 조치를 시의 적절하게 실현 체계적 쟁점 17.13. 정책조정과 정책일관성을 통한 글로벌 거시경제의 안정성 향상 17.14. 지속가능발전을 위한 정책일관성 증대 17.15. 빈곤퇴치와 지속가능발전을 위한 정책을 수립하고 이행하는 과정에 있어 개별 국가의 정책과 리더십을 존중 다양한 이해관계자 간 파트너십 17.16. 모든 국가에서 특히, 개도국에서 지속가능발전목표를 달성하기 위하여 지식, 전문성, 기술, 재원 등을 지원할 수 있도록 다양한 이해관계자 간에 파트너십을 구축하고 이로써 지속가능발전을 위한 글로벌 파트너십이 완성될 수 있도록 협력 17.17. 경험을 바탕으로 파트너십 전략을 활용하는 효과적인 공공, 공공-민간, 시민사회 파트너십의 확장 및 증진 데이터, 모니터링 및 책무성

	17.18. 2020년까지 최빈국 및 SIDs를 포함한 개도국에서 소득, 젠더, 연령, 민족, 이민신분, 장애, 지리적 위치와 기타 국내적으로 관련이 있는 내용을 종합한 수준 높은 시의적절한 신뢰할 수 있는 데이터를 확보할 수 있도록 역량강화를 지원 17.19. 2030년까지 국민총생산량을 보완할 수 있는 지속가능발전 정도를 측정할 수 있는 지수를 개발하여 개도국의 통계역량강화 지원

2 ESG 경영에 있어서 거버넌스의 중요성

기업이나 공공기관, 지자체 등에 ESG를 적용하고 실천하는 구축전략에서 거버넌스 이슈나 활동의 중요성에 대한 인식은 기업이나 기관별로 다를 것이다. 그러나 거버넌스가 환경적, 사회적 책무를 담보하는 기제로서 작용하는 점을 고려하면 아무리 강조해도 지나치지 않을 것이다.

일본 기업을 대상으로 ESG 활동의 주요 과제를 조사한 연구에 따르면 과제 순위는 〈표 14-4〉와 같다. 표에서 보듯이 ESG 활동 가운데 주요한 과제 순위는 ① 기업지배구조(71.7%) ② 기후변화(63.6%) ③ 다양성(43.2%)으로 나타났다. 이는 지배구조(G), 환경(E), 사회(S) 부문의 대표적 이슈 가운데 전년보다 응답 비율이 크게 상승한 과제는

표 14-4 일본 기업의 ESG 활동에서의 상위 10대 과제(총 25개 항목)

2020년 순위	2019년 순위	주요과제	2020년	2019년	증감
1	1	기업지배구조	71.7%	70.8%	+0.9
2	2	기후변화	63.6%	53.9%	+9.7
3	3	다양성(diversity)	43.2%	44.0%	−0.8
4	4	건강과 안전	40.6%	32.6%	+8.0
5	5	인권과 지역사회	37.0%	34.7%	+2.3
6	6	제품서비스의 안전	30.7%	30.8%	−0.1
7	7	위험 관리	28.6%	29.8%	−1.2
8	8	공급망	23.5%	20.2%	+3.3
9	9	정보 공시	20.4%	23.3%	−2.9
10	10	이사회 구성・평가	17.1%	16.2%	+0.9

주: 표의 증감에서 빨간색은 전년대비 '상승'한 항목임.
자료: GPIF, 2021. 「第6回 機関投資家のスチュワードシップ活動に関する上場企業向けアンケート集計結果」. 코트라(2021, 64)에서 재인용.

기후변화(+9.7%), 건강과 안전(+8.0%)으로, 기후변화 관련과 코로나 사태의 영향이 반영된 것으로 보인다. 10위 이내에 든 주요 과제들 가운데 기업지배구조 외에 다양성(diversity)이나 이사회 구성・평가 등의 과제도 포함되어 있어 거버넌스 관련 과제가 중요시되고 있음을 알 수 있다.

일본은 정부 차원에서 UN, G20 및 EU 등에서의 ESG 대응 중시 및 ESG투자 확대라는 국제 사회 흐름의 국내 적용, 글로벌 ESG투자의 유치 확대 등을 위해 다양한 가이드라인을 제시해 왔다. 첫째 「일본부흥전략」과 같은 국가 성장전략을 통해 ESG 정책의 방향을 결정하고, 그에 따라 경제산업성, 환경성 등을 비롯한 각 부처가 가이드라인을 제시하는 형태로 대응하는 특징을 보였다. 둘째 일본 정부가 제시하는 부문별 가이드라인은 유럽과 같은 의무화가 아닌 기업이 참고하여 대응할 수 있도록 하는 실무지침서 역할을 하고 있다. 따라서 대부분의 명칭이 가이드라인, 가이던스, 실무지침 등의 형태이다. 셋째 ESG에 대한 일본 정부의 대응은 주로 G 및 E를 중심으로 진행되고 있다. 거버넌스를 통한 환경 및 사회에의 대응(ES through G)을 중시하는 한편 세계적인 조류로서 기후변화 대응 차원에서 E가 중요하기 때문인 것으로 보인다. 넷째 거버넌스(G) 측면에서 유럽과 미국은 리스크 억제에 중점을 두는 반면, 일본은 경영자원의 집약을 통한 자본생산성(ROE)의 향상을 주목적으로 하고 있다(코트라, 2021).

이처럼 일본의 경우 유럽과 다소 다른 맥락이긴 하나 거버넌스 이슈를 중요시하고 있음을 확인할 수 있으며, 전술했듯이 환경적, 사회적 책무의 이행기제로서 거버넌스를 강조하고 있다.

2004년 유엔글로벌컴팩트가 'ESG'란 용어를 처음 사용한 이래, ESG 경영에 대한 관심과 인식은 그 어느 때보다 빠르게 높아지고 있다. 기후변화, 기업의 사회적책임, 지배구조의 투명성 등에 대한 글로벌 이니셔티브와 투자자들의 요구는 거스를 수 없는 글로벌 추세다. 또한, 유럽의 글로벌 공급망 ESG 실사 의무화 규제 강화 등으로 인해 기업의 환경, 노동, 인권, 준법윤리 관련 경영 수준 자체가 글로벌 무역경제의 새로운 진입장벽이 될 전망으로, 수출 의존도가 높은 한국기업들이 이 흐름에 합류하지 못하면 예기치 못한 난관에 직면할 수 있다. 미국 경제전문지 월스트리트저널(WSJ)은 매년 전세계 5,500여 개 상장기업을 대상으로 '세계에서 가장 지속 가능한 100대 기업(The 100 Most Sustainably Managed Companies in the World)'을 발표하고 있는데, Arabesque S-Ray(Sustainability-Ray: 지속가능경영의 X레이)라는 기업 ESG 경영지수 평가시스템을 활용하여 환경/사회/지배구조 관련 주요 지표에 점수를 매기는 방식으로 대상기업을 선정한다(Kang, 2022).

Arabesque의 ESG 데이터베이스에 의하면 한국 기업의 ESG 평균수준은 글로벌 전체 기업의 평균보다 낮으며, 유럽 대륙은 물론 아시아/아프리카 대륙보다도 낮다. 또한, E/S/G 영역별 점수를 비교해 보면, 한국 기업들은 글로벌 기업들에 비해 환경(E) 및 사회(S) 영역은 유사하거나 잘하는 수준이지만 지배구조(G) 영역은 글로벌 기업에 비해 많이 미흡한 것으로 나타났다.

그림 14-3 한국과 글로벌 기업의 ESG 영역별 점수 비교

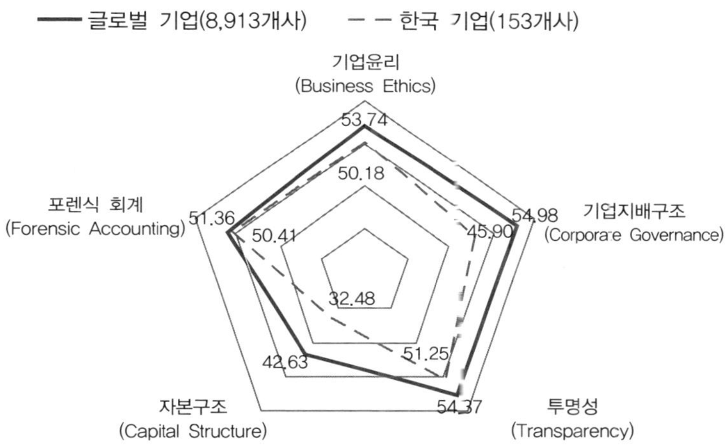

전술했듯이 유엔 지속가능발전목표(SDGs)가 책무 이행기제로서 거버넌스와 파트너십을 강조하고 있는 점을 상기하면 거버넌스 혁신이 시급하다.

| 제4절 |

ESG 경영 추진 전략

1 ESG 경영 추진

한국의 경우 자본 시장 발전을 위한 주요 Code(기준)을 제 · 개정하고 ESG평가, 의안분석서비스, 정책연구 등을 제공하는 공익 추구 기관으로 한국ESG기준원이 있다. 동 기관에서는 다음의 그림에서 보듯이, 미래지향적인 관점에서 지배구조 및 사회책임경영의 방향을 제시해 국내 기업들이 대내외적으로 신뢰받을 수 있도록 E · S · G 모범규준을 제정하여 발표하고 있다.

ESG 모범규준 가운데 환경영영모범규준은 글로벌 기후변화와 다양한 환경적 변화에 능동적 으로 대응할 수 있도록 전사적 환경경영의 방향을 제시한다. 2010년 10월 제

그림 14-4 ESG 모범규준

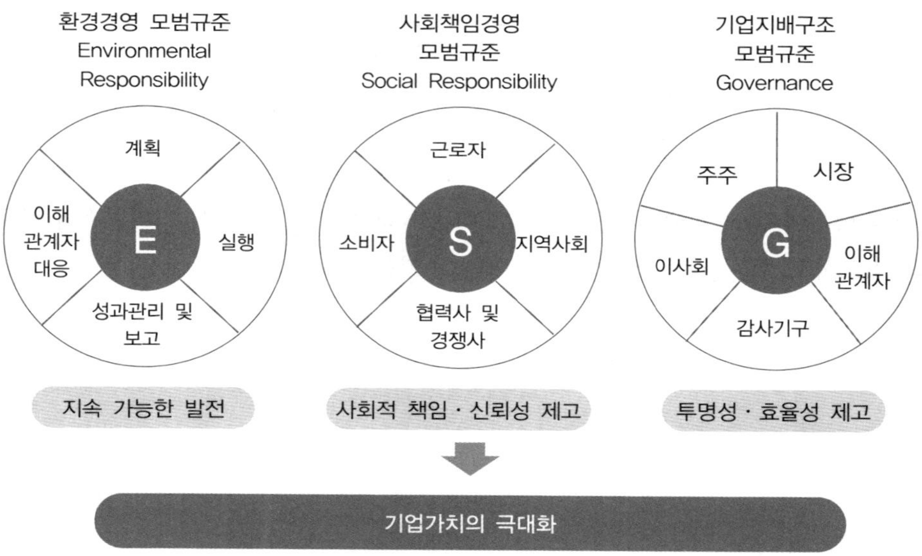

자료: 한국ESG기준원 홈페이지(http://www.cgs.or.kr/business/best_practice.jsp).

정이후 2021년 8월 개정을 거쳤다. 사회책임경영모범규준은 다양한 사회적 이슈를 포괄하는 비재무적 위험을 선제적으로 제시하고 이를 기회로 활용할 수 있도록 규준을 제시하고 있다. 2010년 12월 제정이후 2021년 8월 개정을 하였다. 기업지배구조모범규준은 주주의 이익을 넘어 이해관계자 이익도 고려한 지속가능성을 위해 보다 투명하고 책임성 있는 지배구조 방향을 제시하였다. 1999년 9월 제정 이후 2021년 3차 개정을 거쳐 발표됐다.

전술한 내용에서 알 수 있듯이 ESG 모범규준은 지속가능발전을 위한 필수적인 경영방침으로 진화하고 있으며, 투자자들은 투자대상회사의 지속가능발전에 어느 때보다 높은 관심을 보이고 있다.

한국 ESG기준원(이전 명칭; 한국기업지배구조원)의 경우 2003년 지배구조 평가를 시작으로 2011년부터는 환경 및 사회 부문을 추가하여 ESG 통합평가를 수행하고 있다. 매년 900여 개 상장회사를 대상으로 평가를 실시하고 있으며, 2018년부터는 비상장 주

그림 14-5 ESG 경영 추진 가이드 맵

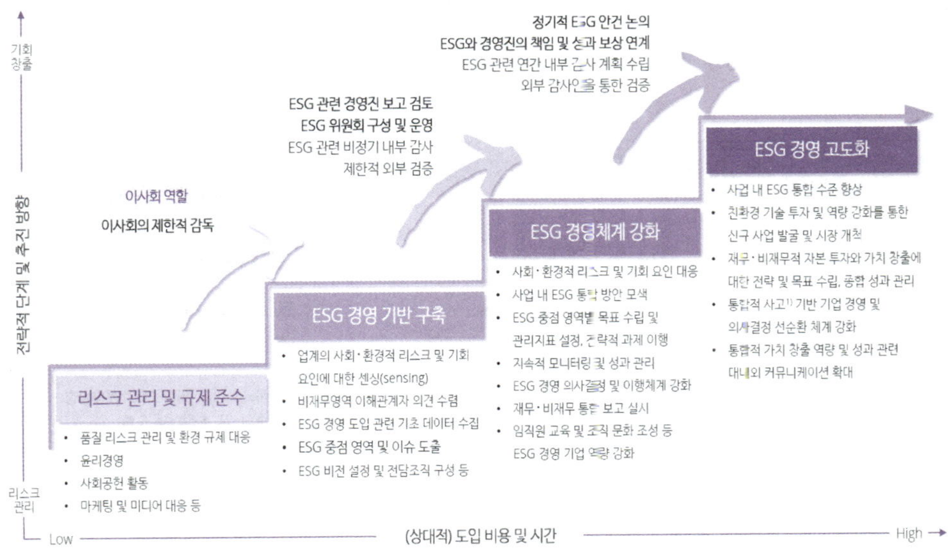

주: 사업모델의 전 과정에 걸쳐 기업이 사용하거나 영향을 주는 재무·비재무적 자본과의 관계에 대해 통합적으로 고려한 것으로, 통합적 가치 창출을 위한 의사결정 및 활동을 지향.

자료: 백인규(2022. 11).

요 금융기관의 지배구조를 별도로 평가하고 있다.

성공적인 ESG 경영 추진을 위해서는 도입 이후 조직 차원의 꾸준한 내부 역량 강화와 고도화 노력을 통해 지속적인 모멘텀 유지가 필요하며, 이사회의 혜안 있는 가이드와 경영진의 오너십 및 리더십은 이를 주도하는 가장 중요한 요소이다(백인규, 2022). [그림 14-5]에서 보듯이 전략적 추진단계 및 방향은 리스크 관리 및 규제 준수 → ESG 경영 기반 구축 →ESG 경영체제 강화 → ESG 경영 고도화 순서로 추진해야 한다. 추진이 고도화할수록 ESG 경영이 기회창출로 연결된다.

2 지방정부의 ESG 행정체계 구축 및 전략

1) 지속가능발전과 지방정부의 ESG 행정체계 수립

1992년 '아젠다21(Agenda21)'부터 2015년 지속가능발전목표(Sustainable Development Goals: SDGs)로 대표되는 '글로벌 2030 의제(Global 2030 Agenda)'까지, 국제사회는 유엔(UN)을 중심으로 전 지구적 지속가능발전을 위한 노력을 이어오고 있다. 지방정부도 이러한 흐름 속에 지속가능한 도시만들기에 대한 관심을 높여 왔다.

앞서의 기업의 ESG 경영 추진에 관하여 살펴보았으나, ESG 경영은 기업뿐만 아니

그림 14-6 ESG 행정체계와 전략 수립

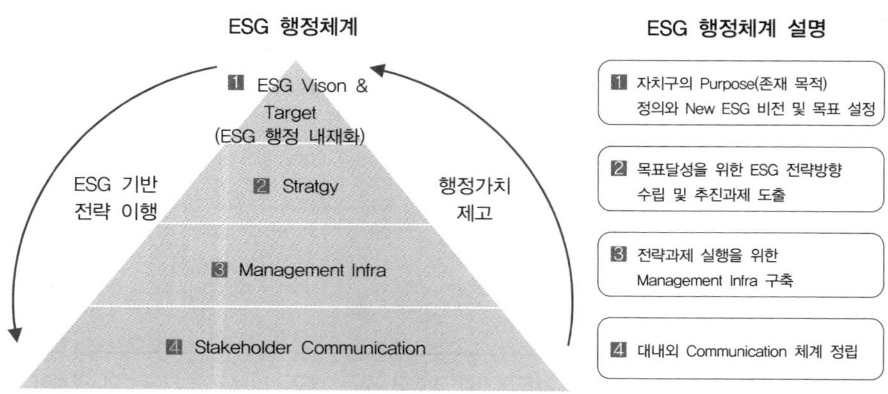

자료: 이효정외(2021, 28) 수정.

라 지자체 경영에서도 중요한 의미를 갖는다. 지방정부나 공공부문에서도 ESG 경영이란 결국 'ESG 경영전략'과 'ESG 정보공시'를 통해 행정 가치를 제고하는 것을 의미한다. 성공적인 ESG 행정을 위해 지자체는 'ESG 비전 수립'부터 '이해관계자 커뮤니케이션 방안'까지 ESG행정체계를 갖추고, 각 단계별 액션플랜(Action Plan)을 수립하여 이를 추진해야 한다.

지자체에서 ESG 경영전략 수립을 위해서는 먼저 지자체 행정이 어떤 수준의 ESG 평가를 받고 있는지 항목별로 분석해야 한다. 또한 왜 이와 같은 평가를 받고 있는지, 이를 통해 어디에 중점을 두고 ESG 전략을 전개해야 하는지 판단해야 한다. 이를 위해서는 ESG 진단이 선행되어야 한다. ESG 진단을 우해서는 국내외 기업들의 ESG 진단 및 평가지표 및 평가 자료를 참고할 필요가 있다. 세계적으로 공신력 있는 MSCI(Morgan Stanley Capital International)는 30여 개 세부 ESG 항목을 기반으로 기업의 ESG 성과를 평가하고 있다. 실제로 글로벌 주요 투자기관이나 핵심 이해관계자들은 기업의 ESG 수준을 판단할 때 MSCI ESG 평가와 같은 글로벌 ESG 평가기관의 결과에 대한 활용도가 높다. 지자체와 같은 공공기관의 경우 아직 평가체계가 확립되어 있지 않지만, 최근 정부에서는 진단 및 평가체계를 마련하고 있다. 개별 지자체에서든 자체 ESG 진단 등을 통해 단계별 ESG 실천전략을 수립해야 할 것이다.

지자체의 장 및 의회가 주도하여 ESG를 위한 거버넌스를 구축하는 것도 필요하다. 지자체에서 ESG 전략은 국가의 법령 제개정도 필요하지만, 지자체에서는 조례 등 자치입법으로 대응해야 한다. ESG 전략 수립은 리스크 관리 차원을 넘어 해당 지자체에서 새로운 가치 창출(Value Creation) 도구로서 활용될 필요도 있다. 따라서 ESG 전략은 지자체 수장이나 지방의회가 긴밀한 협의 하에 주도해야 하며, 주요 ESG 이슈가 관리되어야 한다. 전술한 대로 ESG 전략을 실천하려면, 지자체의 행정체계를 ESG 행정체계로 재설계하는 것이 중요하다. 지자체의 존재 목적과 비전을 ESG 기준에 맞게 재정립하고, 지자체 행정 성과를 ESG 평가지표로 통합하여 새로운 전략목표를 수립해야 하며, 전략목표 실천을 위한 전략과제들을 도출해야 한다.

2) 지방행정 부문별 ESG 진단 가이드라인 제정 및 환류

외국의 GRI 가이드라인이나, 글로벌 조사기관의 ESG 평가모형, 국내 한국 ESG기준원 ESG 평가모형 등을 참조하여, 지방행정의 정책부문별 ESG 진단 가이드라인을 제정하고 적용할 필요가 있다. ESG 평가항목이 기업의 산업별, 업종별 적용기준을 달리하는 것처럼, 지방행정 모델에 적용하기 위해서는 일반 행정, 문화, 환경, 지방자치, 지역개발 등 정책부문별 특성을 고려한 ESG 진단 모델을 마련하는 것이 중요하다. 관련 조례를 제정하여, ESG 진단 가이드라인과 평가체계가 구축하면, 지방행정의 의사결정 및 예산배분에 있어 UN PRI의 투자전략에서 제시한 것과 같은 포지티브 전략 및 네거티브 전략을 활용할 수 있다.

포지티브 전략은 정책사업의 우선순위 결정에 ESG 영향력이 높은 사업을 우선적으로 예산배분 하는 것을 의미한다. 반면, 네거티브 전략은 ESG 영향력이 낮은 정책 사업에 대해 상대적 우선순위를 낮게 배치하는 것이다. 예를 들면 당해 연도 추진계획이 논의되는 정책사업들을 모아놓고 ESG 평가기준에 따라 상대적 점수를 부여하는 것도 한 방법이다. 즉, 평가결과를 고려하여 예산배분의 우선순위를 결정하는 방식으로 운영할 수 있다. 이러한 절차를 통해 탄소배출 등 환경오염이 유발이 현저하여, ESG 기준에 부합하지 않는 정책 사업에 대해서는 사업추진을 재고할 수도 있다.

3) ESG경영, 전략이 아닌 실천

최근 ESG경영이 중요한 키워드로 등장했지만, ESG경영을 전략으로만 이해하는 것은 구두선에 불과하다. 많은 기업들이 ESG 위원회를 만들고 전략을 수립하고 있고, 지자체에도 ESG경영이 도입되고 있다. 그럼에도 한국의 ESG 경영 수준은 글로벌 기업과 비교했을 때, 여전히 미흡한 수준이다. 중대재해처벌법이 국회를 통과해 성립했음에도 어처구니 없는 산업재해는 계속되고 있다. 2022년 초 HDC 아파트 붕괴사고, 2022년 10월 말 이태원 참사가 문제를 웅변하고 있다. ESG 경영은 지구환경, 노동인권, 사회기여 등 사회 구성원으로서 기업이 가져야 하는 역할과 책임에 대한 요구이다. ESG경영 전략에 그치지 않고 실천이 뒷받침될 때 비로소 의미를 가진다.

그 동안의 '지속가능경영'은, '선한 기업'으로서의 브랜드 이미지를 위한 기업의 자발적 노력을 기대하는 경영 조류였다. 반면에 ESG경영은 자발적 노력을 기대하는 것이 아니라, 기업의 ESG활동과 노력을 평가하고 이를 기업의 가치와 지속가능성 평가에 반영하겠다는 투자자와 소비자의 적극적 요구다. ESG경영의 표면적 형식은, 기업이 고유한 업의 특성과 경영환경에 따라 다양한 ESG경영요소를 도출하고, 철저한 계획과 실행을 통해 성과를 도출해야 하며, 이를 글로벌 기준에 따라 외부 전문기관에 의해 평가를 받는 절차다. 하지만 본질적이고 내면적인 평가영역은 기업의 지속가능성이다. 당장 수익성이 높은 기업인가하는 문제가 아니라, 기업 스스로 사회의 구성요소로서 자신의 역할과 소명을 다하고 있으며, 사회로부터 공존할 가치가 있는 기업으로 인정받고 있는가에 관한 답변이다(Kim, 2021).

한국ESG기준원에서 발표한 'ESG 모범규준'에드 ESG 경영을 추진하기 위해서는 최고경영진의 역할과 책임이 중요하다는 점을 강조하고 있다. 단기적 재무적 성과만이 아니라 장기적인 가치 창출을 위해서는 ESG 경영을 추진해야 하는데 이러한 의사결정은 최고경영진의 몫이기 때문이다. 즉, 환경적 책임(E)와 사회적 책임(S)를 담보하는 이행기제로서 거버넌스(G)를 구축하고 내재화하는 것은 최고 경영진의 의지가 뒷받침될 때 가능하다.

참고문헌

김태영(2022). 기업의 사회적 가치 창출전략(CSR/CSV)과 감사위원회. 「AFC감사위원회포럼 자료집」.

백인규(2022). 감사위원회의 ESG 대응 관련 글로벌 현황 및 시사점. 「AFC감사위원회포럼 자료집」.

오쿠노 노부히로 외 1인(2015). 새로운 공공의 도시시대: 사람을 이어 도시를 살리다, 국토연구원.

유지인 · 홍순욱(2019). 기업의 사회적 책임과 이익조정. 「차세대컨버전스정보서비스기술논문집」, 8(1).

이용재 · 엄소용(2018). 사회적기업의 공유가치창출이 조직성과에 미치는 영향. 「한국콘텐츠학회논문지」, 18(4).

이준희(2020). 한국기업들의 ESG 경영을 위한 변화Ⅰ: ESG 경영의 개념과 접근 방법. 「Deloitte Insights」, No. 16.

이효정 외(2021). ESG의 부상, 기업은 무엇을 준비해야 하는가? 「Samjong INSIGHT」, Vol. 74.

임옥빈(2019). 비재무적 정보가 기업성과에 미치는 영향: ESG점수를 중심으로. 「국제회계연구」, 86.

장승욱 · 김용현(2013). "기업의 ESG와 재무성과", 「재무관리연구」, 제30권 제1호, 한국재무관리학회, 2013.

채원호(2011). 한국 공기업의 윤리경영 강화방안 연구. 「한국정책분석평가학회보」, 21(1).
채원호(2022). 도시거버넌스. 「도시행정의 이론과 실제」. 대영문화사.
채원호 외(2021). 「ESG 기반의 지방행정 모델 구축을 위한 연구」. 서울시구청장협의회 보고서.
최승현(2019). [개신교와 인권조례 ①] 쏟아지는 반동성애 '민원 폭탄'-전국 지자체 21곳 인권 조례 제정 무산. 뉴스앤조이, 2019. 12. 06.
코트라(Kotra)(2021). 「일본의 ESG 대응전략 분석과 시사점」. Global Market Report 21-02801
키움증권 리서치센터(2021). 「글로벌 연기금 동향과 한국 ESG 채권 점검」.
한국거래소(2020). ESG 정보공개 가이던스.
한국금융투자협회(2020). 「최근 글로벌 ESG 투자 및 정책동향」.
한국기업지배구조원(2020). 「ESG 평가 샘플보고서」.
한국기업지배구조원(2021a). 「한국지배구조원 ESG 평가안내」.
한국기업지배구조원(2021b). 「ESG 모범규준」.
한국ESG기준원 홈페이지.

Kang, S. W.(2022). 한국기업 ESG 경영 평가 수준, 글로벌 평균 이하.(http://www.gaonpartners.com)
Kim, K. H.(2021). ESG경영, 생각해야 할 3가지 관점. (http://www.gaonpartners.com)
Global Sustainable Investment Alliance(2019). *2018 Global Sustainable Investment Review*.
後藤敏彦(2020). SDGs と TCFD: 不確實性時代の企業・自治体の中長期ビジョン. 「共生科學」, 11.
內山和紀(2021). SDGs時代のガバナンス: 共同体ガバナンスの可能性 考察. 「大和總研コンサルタントレポート」.

찾·아·보·기

ㄷ

ㄹ

ㅁ

ㅂ

ㅅ

ㅇ

ㅈ

ㅊ

ㅋ

ㅌ

저자 소개

김석준(金錫俊)

서울대학교 졸업(학사, 석사)
미국 UCLA 대학원 졸업(석사, 박사)
미국 phi Beta Kappa 회원
하버드대학교 · 옥스퍼드대학교 · UCLA 초빙교수
대통령자문 정책기획위원회 위원, 행정개혁위원회 위원
이화여자대학교 행정학과 교수 · BK21 뉴 거버넌스 교육연구단장 · 정보과학대학원장
한국행정학회 회장
17대 국회의원 · 과학기술정책연구원장
안양대학교 총장 · 서울미디어대학원대학교 총장

[단독 저서]

The State, Public Policy & NIC Development(Daeyoung, 1988)
한국자본주의국가위기론 · 한국산업화국가론 · 국가변동론 · 미군정시대의 국가와 행정 · 국가능력과 경제통치술 · 현대대통령연구 · 한국고대국가학 · 한국중세국가학

[공저]

뉴 거버넌스 연구 · 뉴 거버넌스와 사이버 거버넌스 연구 · 한국정치와 거버넌스 · 거버넌스의 이해 등 저서와 연구논문 150여 편
e-mail: ksj7979@hotmail.com

강인호(姜仁皓)

건국대학교 졸업(행정학 학사)
건국대학교 대학원 졸업(행정학 석사)
미국 아크론대학교 행정 및 도시학과 졸업(M.P.A. & Ph.D.)
한국지방자치학회 이사 역임
한국정책과학학회 편집이사 역임
한국부패학회 편집위원을 역임
행정고시, 지방고시 출제위원 및 행정자치부 7급 공채 문제선정위원 역임
현 조선대학교 사회과학대학 행정복지학부 교수

[저서 및 논문]

행정학교육워크숍(공저, 2002)
지방정부기능론(공저, 2001)
현대지방자치의 이해(공저, 2001)
광역시 의회의 의정활동 평가(공저, 2002)
광역자치단체 공무원들의 윤리적 신념에 관한 연구(2002)

지방행정서비스에 대한 주민만족도 분석(공저, 2001)
행정인턴십 프로그램의 도입 · 운영에 관한 시론적 연구(공저, 2001) 외 다수

김정렬(金正烈)

고려대학교 졸업(행정학 박사)
규제개혁위원회 전문위원
지방공기업평가원 책임전문위원
2010년 플로리다주립대 방문교수
5급, 7급, 9급 출제와 선정 및 채점위원
행정안전부 지방공기업 경영평가위원
지방자치단체 정부합동평가 지표개발위원
교육부 평생학습도시 재지정평가 위원
현 대구대학교 자치경찰학전공 교수

[저서 및 논문]
국내일주로 배우는 지역과 도시(박영사, 2022)
세계일주로 배우는 사회탐구(박영사, 2019)
공공파이만들기: 굿 거버넌스를 찾아 세계를 누비다(박영사, 2017)
역동적 거버넌스: 명품행정의 조건과 정책사례의 학습(행복에너지, 2016)
행정개혁론: 차세대 정부의 도전과 변화(박영사, 2016)
비교발전행정론: 세계 각국의 발전전략 비교와 한국의 발전전략(박영사, 2005)
정부의 미래와 거버넌스(한국행정학보, 2000)
E-mail 주소: jung9555307@naver.com

최태현

서울대학교 법학사, 행정학 석사
University of Southern California 정책 · 계획학 박사
University of Hawaii at Manoa 교수
한국조직학회보 편집위원장
현 서울대학교 행정대학원 교수

[저서 및 논문]
모두를 위한 사회 연구: 과학, 방법, 민주주의(법문사)
협력적 거버넌스에서 집단학습과 성과: 교류인지체계 개념을 중심으로(한국사회와 행정연구. 30(4): 189-220. 2020)
Contributors and Free-Riders in Collaborative Governance: A Computational Exploration of Social Motivation and Its Effects. (Journal of Public Administration Research and Theory. 29(3): 23-51. 2019)
공과 공의 사이에서: '작은 공'들의 공공성 가능성의 고찰(한국행정학보. 53(3): 1-27. 2019)

제도와 마음의 공공성: 청탁금지법 관련 쟁점을 중심으로(한국행정학보. 52(2): 337-362. 2018) 외 다수

강제상(姜齊相)

한양대학교 졸업(행정학 학사)
미국 뉴욕대학교(Albany) 졸업(행정학 석사)
미국 뉴욕대학교 졸업(행정학 박사)
한국행정학회 회장
한국인사행정학회 회장
현 경희대학교 행정대학원 교학부장 · 입학관리처장
현 경희대학교 행정학과 교수

[저서 및 논문]
행정기획론(공저)(박영사, 2001)
인사행정의 이해(공저)(법문사, 2000)
고위공무원 개방형 임용제도(공저)(나남출판, 2000)
정보기술과 조직혁명(공역)(한언, 1996)
한국 공무원의 성별 직무 관련 태도 차이에 관한 실증적 조사연구(한국행정학보 34: 2, 2000)
지방행정조직의 생산성 장애요인 인식에 관한 연구(한국정책학회보 9: 2, 2000)
말콤 볼드리지 모델을 이용한 지방자치단체조직평가(한국행정학보 33: 3, 1999)
이중몰입의 결정 요인에 관한 실증적 연구(정책분석평가학회보 9: 2, 1999)
AHP 방법론을 이용한 우편집중국 입지 선정에 관한 연구(정책분석평가학회보 9: 2, 1999)
한국 공무원들의 근무성적평정 인식에 관한 경로분석(한국행정연구, 1998)
수질규제정책에 대한 정책대상집단의 순응에 관한 연구(한국정책학회보, 1996)
조직몰입도 요인과 경로분석을 통한 인력관리의 접근 방법(정책분석평가학회보, 1996)
e-mail: jskang@khu.ac.kr

문병기(文丙基)

서울대학교 졸업(정치학 학사)
미국 애크론대학교 졸업(행정학 석사)
미국 오하이오주립대학교 졸업(정책학 박사)
한국지방자치학회 회장 역임
한남대학교 사회과학대학 사회과학부 행정학 전공 조교수 역임
한국방송통신대학교 교무처장, 기획처장, 국제협력단장, 출판문화원장 등 역임
현 한국이민정책학회 회장
현 한국방송통신대학교 사회과학대학 행정학과 교수

[저서 및 논문]
콤무니타스 이코노미: 모두를 위한 경제는 어떻게 가능한가(공역)(북돋움출판협동조합, 2020)
신 지방의회론(공저)(박영사, 2019)
로컬 거버넌스(공저)(법문사, 2003)
참여행정론(공저)(한남대학교출판부, 2000)
뉴 거버넌스 연구(공저)(대영문화사, 2000) 외 다수
사회적기업 생태계의 네트워크 특성 비교분석: 무상성과 전이적 호혜성의 확산을 중심으로 (한국공공관리학보, 34(3), 2020. 09)
이주민에 의해 새롭게 만들어진 국민의 일자리에 관한 시론적 연구(한국이민정책학보, 3(1), 2020. 06)
사회적기업의 위험감수성 비교분석(한국공공관리학보 32(3), 2018. 09)
체류외국인 사회통합교육 성과에 대한 실증분석(한국공공관리학보, 31(1), 2017. 03)
사회적 경제조직 유형별 정체성 분석: 개방성을 중심으로(한국정책과학학회보, 20(3), 2016. 09)
사회적기업의 성과평가체계 구축: B-Corporation 평가인증체계의 한국적 적실성 검증과 연계(한국행정학보, 49(1), 2015. 03) 외 다수
e-mail: moonbg@mail.knou.ac.kr

이종열(李鍾烈)

미국 뉴욕시립대학교(정치학 박사)
한국행정학회 편집위원 역임
한국정책과학학회 편집위원장 역임
서울행정학회 부회장 역임
대구광역시지방재정계획심의위원회 위원 역임
한국행정학회 이사 역임
현 경일대학교 행정학과 교수

[저서 및 논문]
도시행정론(공저, 1998)
지역개발론(공저, 2000)
환경행정론(공저, 2000)
정책학강의(공저, 2000)
새행정이론(공저, 2002)
환경영향평가제도 비교 연구(공저, 1999)
대구광역시 채무건전성 평가와 채무관리의 개선 과제(2001)
한국환경정책의 전개 과정과 특성분석(공저, 2000)
e-mail: jylee01@bear.kyungil.ac.kr

이재호(李宰昊)

경북대학교에서 행정학 박사과정 수료
현 경북대·계명대·동국대학교 등 강사
현 한국정책과학학회 편집 간사
현 (사)대구사회연구소 연구원

[저서 및 논문]
정책사례연구(공저, 2002)
쉽게 풀어 쓴 행정학(공저, 2000)
지방정부 음식물쓰레기 재활용 정책의 평가와 활성화 방안(공저, 2002)
환경영향평가제도의 ESSD 효율성에 관한 연구(공저, 2001)
환경영향평가에 있어서 매트릭스 분석기법 활용에 관한 사례연구(공저, 1999) 외 다수
e-mail: jhlee916@hanmail.net

윤태범(尹泰範)

서울대학교 졸업(행정학 박사)
부경대, 충남대 행정학과 교수
한국조세재정연구원 경영평가연구팀장
정부혁신지방분권위원회 전문위원
서울특별시 감사위원회 감사위원
국정기획자문위원회 위원
한국지방행정연구원 원장
국무총리 세종특별자치시지원위원회 위원
정부업무평가위원회 위원
현 한국방송통신대학교 행정학과 교수

[저서 및 논문]
행정통제와 윤리(공저)(한국방송통신대, 2023)
새행정학 3.0(공저)(대영문화사, 2022)
위기와 미래(공저)(정책기획위원회, 2022)
공기업론(공저)(한국방송통신대, 2020)
행정윤리(공저)(양성원, 2020)
지역의 비전 국가의 미래(공저)(한울, 2016)
한국사회의 부패(공저)(박영사, 2013)
민주정부 3.0(공저)(선인, 2012) 외 다수

최병대(崔炳大)

한양대학교 졸업(행정 학사)
서울대학교 환경대학원 졸업(도시계획학 석사)
미국 애크론대학교 졸업(도시행정학 석사, 행정학 박사)
서울연구원 도시경영연구부장 및 기획조정실장 역임
서울특별시 정책기획관(부이사관) 역임
한국지방자치학회 회장 역임
한양대학교 사회과학대학장 및 지방자치대학원장 역임
수원시정연구원장 역임
현재 한양대학교 명예교수

[저서 및 논문]
도시의 속살 엿보기: 우리 도시의 숨은 진면목을 찾아서(2021)
도시공동체의 민낯: 갈등도시에서 공생도시로(2021)
포스트 코로나를 대비하라(2021)
한일지방자치비교(공저, 2010)
시장·군수학(공저, 2009)
한국지방자치의 이해(공저, 2008)
자치행정의 이해(2008)
거버넌스의 이해(공저, 2002)
정부조직진단(공저, 2002)
한국지방자치론(공저, 2000)
Good Local Autonomy & Governance(공저, 2007)
Building Good Governance: Reforms in Seoul(공저, 2002)
Urban Management in Seoul: Policy Issues & Responses(공저, 2001)

박흥식(朴興植)

중앙대학교 졸업(행정학 학사)
서울대학교 행정대학원(행정학 석사)
미국 플로리다국제대학교(행정학 박사)
한국행정학회 운영이사, 편집위원 역임
한국정책학회 운영이사 역임
참여연대 맑은사회만들기운동본부 정책단장, 실행위원장 역임
국무총리 국무조정실 자문위원 역임
투명성 포럼 실행위원 역임
현 중앙대학교 사회과학대학 공공정책학부 행정학 전공 교수

[저서 및 논문]
내부고발의 논리(나남, 1999)
투명성 가치: 개념적 구조와 의미(한국 사회와 행정 연구, 2001)
반부패 마케팅 전략과 함축적 의미(한국부패학회보, 2002)
전자정부를 통한 부패의 통제: 논리와 방법 및 한계(2002)
한국 정책연구의 이론과 현실, 그리고 적실성 간의 부정합성에 대하여 (한국정책학회보, 2002)
내부고발제도 발전의 기대와 한계: 몇 가지 제의(형사정책연구, 2002)
Whistleblowing in Korean Society: The Effects of Confucian Ethics and Collectivism on Reporting Corruption(2002)
e-mail: parkh@post.cau.ac.kr

조경훈(趙卿勳)

성균관대학교 졸업(법학 학사, 행정학 석사 및 박사)
경기연구원 연구위원 역임
한국지방자치학회 총무위원장 역임
한국이민정책학회 총무위원장 역임
현 한국방송통신대학교 행정학과 교수

[저서 및 논문]
행정학개론(공저)(한국방송통신대학교 출판문화원)
성과관리론(공저)(한국방송통신대학교 출판문화원)
배타성이 다문화수용성 인식에 미치는 영향에 대한 연구(현대사회와 행정, 32(1): 89-116, 2022)
지방자치단체 재정사업평가에 대한 메타평가 연구. (국정관리연구, 15(2), 2020)
지방공기업의 고객만족에 대한 인과조건 연구. (지방정부연구, 22(2): 223-251, 2018)
지방재정권 강화와 국가경쟁력(한국지방자치학회보, 29(4), 79-103, 2017) 외 다수
e-mail: khcho0520@gmail.com

김지혜(金知慧)

부경대학교 졸업(물리학 · 경제학)
서울미디어대학원대학교 인공지능응용 소프트웨어 전공
e-mail: jhkim1@smit.ac.kr

채원호(蔡源互)

연세대 행정학 학사
서울대 행정학 석사 및 박사
동경대 대학원(국제사회과학전공) 석사 및 박사 수료
서울행정학회 회장, 한국도시행정학회 회장
경실련 상임집행위원회 위원장, 경실련30년사 편찬위원장
중국 대련민족대 겸직교수
21대 국회의원선거기사심의위원회 위원장
현 가톨릭대학교 행정학과 교수

[저서 및 논문]
도시행정의 이론과 실제(공저)(대영문화사, 2022)
신지방의회론(공저)(박영사, 2019)
경제자유구역(공저)(대영문화사, 2017)
새한국정부론(공저)(대영문화사, 2014)
일본행정론(공저)(애플트리태일즈)(2009)
한국지방자치의 이해(공저)(박영사. 2008)외 다수

개정판

거버넌스의 이해

펴낸날 제1판 제1쇄 2002년 11월 10일
개정판 제1쇄 2023년 2월 1일

지은이 김석준 · 강인호 · 김정렬 · 최태현 · 강제상
문병기 · 이종열 · 이재호 · 윤태범 · 최병대
박흥식 · 조경훈 · 김지혜 · 채원호

펴낸이 임춘환

펴낸곳 도서출판 **대영문화사**

주소 (본사) 사무실: 경기도 고양시 일산서구 주화로 70
우신프라자 307호 (㊝ 10387)
(본사) 물류센터: 경기도 고양시 일산서구 덕산로
107번길 68-50 (㊝ 10205)

등록 1975년 12월 26일 제3-16호

전화 (031) 913-3062, (031) 914-3884~5

팩스 (031) 913-3839

홈페이지 http://www.dymbook.co.kr

ISBN 978-89-7644-881-1

값 35,000원